연세경영연구소 총서 시리즈 2024-2

기업경영과
회계정보

손성규

박영사

머리말

「기업지배구조와 회계의사결정」이라는 저술을 간행한 이후 2년 만에 새로운 저술을 간행하게 되어 매우 기쁘다. 특히나 개인적으로는 정년 퇴임을 앞두고 33년 반 동안의 현직 교수 생활을 마감하는 저술이라 남다른 의미를 갖는다.

본 저술은 「회계감사이론, 제도 및 적용」(2006), 「수시공시이론, 제도 및 정책」(2009), 「금융감독, 제도 및 정책 – 회계 규제를 중심으로」(2012), 「회계환경, 제도 및 전략」(2014), 「금융시장에서의 회계의 역할과 적용」(2016), 「전략적 회계 의사결정」(2017), 「시사적인 회계이슈들」(2018), 「지배구조의 모든 것(연강흠, 이호영과 공저)」(2018), 「회계문제의 대응과 해법」(2019), 「기업경영에서의 회계의사 결정」(2020), 「회계정보를 이용한 전략적 의사결정」(2021)과 「기업지배구조와 회계의사결정」(2023)에 이은 저술이다.

최근 들어 ESG가 화두로 대두되면서 기업지배구조보고서, 지속가능보고서 등이 의무화되고, 이들 문건 또한 회계의 영역, 즉 제도권 안으로 들어오게 된다. 또한, 일부에서는 ESG는 진보론자들의 주장이며 보수 측에서는 과거 우리가 추구하던 가치로 복귀해야 한다는 주장을 하기도 한다.

지난 40년의 인생을 저자와 함께 동행해 온 아내, 고두연에게 깊이 감사한다. 또한 어머님과 장모님께서 모두 90대 중반이신데 여전히 우리 곁에 계심에 무한한 감사를 드린다. 큰 아들 승현, 며느리 현정, 손주 하늘과 둘째 아들 승모와 둘째 며느리 보은이 건강한 사회인으로 생활하고 있음도 큰 기쁨이며 고마울 뿐이다.

지난 31년 동안 저자와 같이 연구활동을 수행한 제자 교수들과 석박사 과정 졸업생들에게도 감사를 표한다. 세상 모든 일은 혼자 할 수 있는 일이란 거의 없다. 항상 더불어 할 때, 뭔가를 이룰 수 있다.

본 저술 과정에서 실로 많은 분들께 도움을 받았다. 서울대학교 법학전문대학원의 장승화, 노준혁 교수님, 삼정회계법인의 남상민 전무님, 서울대학교 곽수근 명예교수님, 이화여자대학교 한종수 교수님, 베트남 호지민 은행 김병호 이사회 의장, 가천대학교의 신일항 교수, 포스코홀딩스 김영종 전 법무팀장님, 경영전략팀의 고범석 리더, 인재경영실의 박승대 상무님, 허민석 부장, IR실의 한영아 실장님, 정도경영실의 황효성 리더, 이사회 사무국의 이준영 리더/변호사, 삼성자산운용의 양승훈 재경팀장, 삼정회계법인의 어경석 전무님, 포스코경영연구원의 이상현 수석연구원, 고려대학교 박경서 교수님, 연세대학교 상경대학 응용통계학과의 김현중 교수님과 삼성증권의 김현아 지점장께 감사한다.

저술 작업 중인 2022년 3월 주총에서 포스코홀딩스의 사외이사/감사위원으로 선임되면서 본 저술의 많은 부분에 포스코홀딩스의 경영에 관여하는 과정 중에 체득하고 학습한 내용도 적지 않게 포함된다. 특정 기업이기는 하지만 미국 증시에 상장된 기업이라 자본주의의 최선봉에 있는 미국 선진 제도를 학습할 수 있는 기회이기도 하고, 지주회사이며, 많은 사업을 영위하는 회사라서 다수 기업에 적용될 수 있는 사례라고 판단된다. 또한 KB금융지주와 포스코홀딩스는 소유와 경영이 분리된 기업으로서 기업지배구조를 선도하는 기업의 입장에서 다른 기업에 best practice(모범적인 모델)을 제시해야 하는 역할도 수행하고 있다고 판단한다.

특히나 경영에 관여하면서 법에 대한 지식이 많이 필요하다는 것을 점점 더 실감하게 된다. 경영활동은 법과 시행령 등에 의해서 규제를 받게 되며 특히나 회계는 회계기준이라는 정형화된 틀, 회계감사는 회계감사기준이라는 제도와 규제의 틀 안에서 작동된다.

본 저술 과정 중, 지은상, 김고운 박사과정, 이아름 석사 과정이 조교로서 많은 도움을 주어서 이들에게 감사한다.

본 저술의 각 chapter 내용은 독립적이다. 단, 다른 chapter 내용 중, 관련된 내용이 있을 경우는 각주로 이를 기술한다.

졸저를 지속적으로 간행하도록 도움을 주신 박영사 관계자 여러분과 수년간 꼼꼼하게 초안의 편집을 맡아 주신 전채린 차장님, 이번에 교정을 맡아주신 조영은 대리님, 전반적인 마케팅 업무를 담당하시는 장규식 차장님께 감사한다.

2025년 2월

저자

이 책은 연세대학교 경영연구소의 '전문학술저서 및 한국기업경영연구총서' 프로그램의 지원을 받아 출간되었습니다.

목차

chapter

01

지속가능보고서

지속가능보고서

외국의 경우 외부감사인에게 지속가능보고서에 대한 인증을 받는 경우가 거의 60%에 이르는 것으로 알려져 있는 반면, 우리나라의 경우 이 비율은 3−4%에 그친다고 한다. 이렇게 되는 사유는 지속가능보고서에 인증에 대한 수임료가 수백만원에서 1,000만원에 못 미치는 경우가 많아 특히나 대형 회계법인의 입장에서는 경제성이 맞지 않는다고 한다.

지속가능보고서에 대한 인증이 재무제표에 대한 인증과 비교하여 용이하지 않은 것이 재무제표에 대한 감사는 정형화된 회계감사기준(GAAS, generally accepted auditing standards)에 의해서 객관적인 감사가 수행되는 반면, 지속가능성은 재무제표에 비해서 주관성과 임의성이 개입될 가능성이 매우 높다. 특히나 재무제표나 회계감사가 정량적으로 측정 가능한 데 비해서 지속가능보고서의 내용 중에는 정성적으로 서술한 내용이 많아서 객관적으로 인증한다는 것이 얼마나 가능한 것인지에 대한 의문이 존재한다.

내부회계관리제도에 대한 인증도 동일할 수 있는 것이 내부회계제도에 대한 표준(모범기준)이 상장회사협의회의 내부회계관리제도 운영위원회에 의해서 제·개정되기는 하지만 회계감사기준과 같이 정치한 기준은 아니다. 이렇게 매우 오랜 기간을 상장협에서 자체적으로 기준을 정해 오다가 최근에 와서 변화를 겪게 된다. 최근에는 금융감독원 제정 시행세칙(고시)으로 변경되었다. 즉, 전에는 자율규정이었다가 변경 이후는 법제화되는 제도상의 변화가 있었다. 자율규제에서 제도권 안으로 들어오면서 그 의미가 더 강해졌다고 보면 되며 규제/감독기관의 통제의 영역으로 들어왔다고 할 수 있다.

또한 내부회계관리제도라는 것이 해답이 있다고 하기도 어렵고 기업마다의 상황이 모두 상이하다. 그럼에도 불구하고 내부회계관리제도에 대한 인증에 있어서 회계법인들이 비적정의견을 표명하는 경우가 있다[1].

때로는 신용평가업이 수행하는 신용평가의 경우는 회계감사기준이나 내부회계관리제도의 표준과 같은 수준의 가이드라인이 존재하는 것도 아니다. 물론 신용평가가 재무제표에 대한 감사나, 내부회계제도에 대한 감사와 같이 적정/비적정으로 이분법적으로 구분될 수 있는 것은 아니다.

재무제표에 대한 인증(계속기업과 관련된 변형된 의견 이외에), 내부회계관리제도에 대한 인증, 지속가능보고서에 대한 인증에 대해서 모두 사후적으로 잘/잘못에 대한 판단이 가능한 것은 아니다. 단, 신용평가의 경우, 신용평가를 좋게 받은 기업이 부도가 발생한다면 이는 당연히 사후적으로 신용평가가 뭔가 잘못 진행된 것에 대한 반증이라고도 할 수 있다. 결과론적인 접근이다. 물론, 계속기업과 관련된 변형된 의견 조차도 이러한 의견을 받는 기업이 반드시 부도가 발생한다는 의견은 아니며 단지, 이를 신호하고 경고함을 목적으로 하는 의견일 뿐이다. 내부회계관리제도에 대한 의견이 재무회계와 무관하지 않고 회계사기가 사후적으로 문제시 되었다면 내부회계관리제도에 대한 의견도 사후적인 판단으로 연관될 수 있다[2]. 계속기업과 관련된 변형된 의견이 표명되고 이 회사에 대한 존속에 문제가 발생하지 않더라도 회계상으로는 아무 문제가 없다. 계속기업과 관련된 문제를 단정적으로 표명한 것이 아니고 단지 그 개연성만을 지적했기 때문이다.

내부회계관리제도에 대해서 금융위원회/금융감독원 차원의 감리가 수행된 것도 얼마 되지 않는다. 지속가능보고서에 대한 인증의 감독에 대한 구체적인 내용이나 일정이 정해져 있는 것이 아니므로 아직 어떻게 진행될지는 알 수 없다. 단, 모든 공인회계사의 인증 업무의 적합성에 대해서 감독원 차원의 점검이 진행되므로 지속가능보고서의 인증보고서에 대한 인증이 부실하게 수행되고 적정 의견이 신의성실(due care) 없이 표명된다면 감독기관이 이를 두고만 보고 있을 수는 없을 것이다.

---

1 통계치는 2장에 제시된다.
2 chapter2의 2016년 4월 16일의 정정된 대우조선해양의 내부회계관리제도에 대한 검토보고서를 참고한다.

특히나 회계정보에 익숙한 투자자나 공인회계사들은 모든 것이 수치화될 때, 이에 대한 옳고 그름을 판단하는 데 익숙해져 있다. 지속가능보고서에 포함되는 내용은 이렇게 수치화된 내용이라기 보다는 서술적인 내용이 다수이며 주관적이고 임의적인 판단을 요하는 경우도 많기 때문에 명확하게 사실 여부를 판단하기가 재무제표에 비해서 어려울 수 있다.

또한 회계법인이 본격적으로 지속가능보고서에 대한 인증을 수행한다고 하면 감독/규제 기관도 회계법인이 성실하게 업무를 수행하고 있는지에 대해서 개입할 가능성이 높다. 이러한 인증은 투자자들에게 전달되는데, 이러한 인증이 적법하게 수행되는지를 점검하는 것은 감독기관의 몫이다.

이러한 인증이 외부 감사의 영역이라고 하면 주식회사 등의 외부감사에 관한 법률(외감법)에 따라 인증 업무가 수행되어야 하며 공인회계사가 이러한 업무에 개입되므로 공인회계사법도 준수하여야 한다.

물론 이러한 인증의 수준이 감사가 아닌 검토라고 하면 이는 외감법에서 규제할 내용은 아니다. 외감법은 감사 단계의 인증에 대해서만 규제하고 있기 때문이다.

월성 원전에 대한 평가보고서가 크게 이슈가 될 때도 이 평가보고서를 회계법인이 작성한 것이라 공인회계사법에 의해서 범법 여부가 문제가 되는 것이지 다른 전문가가 평가하였다고 하면 문제가 안되는 것이니 회계사들은 회계사 자격증을 포기하고 평가보고서를 작성하는 것이 더 유리하다는 우스갯 소리를 하기도 한다. 동일하게 인증 업무를 수행하는 데 한 직능(공인회계사)이 수행한 업무에 대해서만 점검과 규제가 진행된다면 이는 형평성에 어긋난다고도 할 수 있다.

한국경제신문. 2022.12.28. 지속가능경영보고서 공시 128사로 1년만에 50곳 늘어
ESG 경영이 화두로 떠오르면서 올해 지속가능보고서를 공시한 기업이 급증했다.
한국거래소는 27일 유가증권시장 상장법인 중 지속가능보고서 공시 기업 수가 작년 78개에서 올해 128개로 64% 늘었다고 밝혔다. 지속가능경영보고서를 공시한 기업의 88%는 자산이 2조원이 넘는 곳이었다.

시가총액 규모가 큰 기업일수록 관련 공시에 더욱 충실한 모습을 보였다. 시가총액 10조원 이상 기업 중에선 73%(29곳 중 21곳)가 공시했다. 시총 2조~10조원 미만 기업은 53%(90곳 중 48곳), 1조~2조원 미만 기업은 40%(58곳 중 23곳)가 지속가능경영보고서를 공시했다.

공시 기업 중 대기업집단에 속한 기업은 95곳으로 전체 128곳 중 74%를 차지했다. 그룹별로는 현대자동차(10개사), 롯데(9개사), SK(9개사) 순으로 공시 기업이 많았다. 업종별로는 금융업(25개사), 화학(20개사) 순이었다.

지속가능보고서는 2025년부터 상장사 자산 규모에 따라 단계적으로 의무화된다. 거래소 관계자는 "ESG 정보 공개 가이던스를 확대 개편하고 교육과 홍보를 강화하겠다"고 말했다.

현재 포스코홀딩스에서 발간하고 있는 '기업시민보고서'는 2004년부터 발간한 '지속가능보고서'의 이름을 2019년에 변경한 것이며, 포스코홀딩스의 기업시민보고서는 다른 기업의 지속가능보고서와 동일한 내용이며 2024년부터는 지속가능보고서로 발간하고 있다.

다만, 각 기업에서 자발적으로 발간하고 있는 지속가능보고서의 경우 나름대로 글로벌 표준을 따르고는 있지만 자신들의 장점만 중점적으로 부각하는 측면이 있기 때문에 미국 SEC, EU, IFRS 등을 중심으로 ESG 관련 데이터를 의무적으로 공시하는 방안을 준비 중에 있다.

포스코홀딩스의 경우 미국에 상장된 회사이므로 미국은 2023년 회계년도부터, 유럽은 2025년 회계년도부터 의무공시 대상에 포함되어 있으나, 공시내용과 방법 등 구체적인 내용은 아직 확정된 것은 아니다. 따라서, 포스코 그룹차원에서 ESG 관련 데이터를 정의하고, 수집하는 활동을 중점적으로 추진하면서, 미국, 유럽, IFRS에서 추진하는 공시기준을 모니터링하여 대응방안을 수립토록 할 계획이다.

동시에 최근에는 기업지배구조보고서와 지속가능보고서를 통합해야 한다는 의견도 있다. 기업의 회계담당자의 입장에서는 너무 많은 형태의 보고서가 있기 때문에 보고를 위한 보고서가 되지 않도록 유사한 형태의 보고서는 통합해 주어야 한다는 의견도 제시되고 있다.

기업 공개(상장)를 고민하는 기업 중에는 일단, 상장을 하게 되면 준수해야 하는 규정과 의무화된 보고서도 너무 많아서 공시 의무가 회사 관리에 큰 부담이 된다는 기업공개의 역기능도 존재한다.

지속가능보고서에 대한 독립된 인증보고서는 아직 의무화되고 있지는 않다. 단, 많은 보고서에 대해서 기관들로부터 인증을 받고 있으며 포스코홀딩스의 기업시민보고서의 경우 삼일회계법인으로부터 검토라는 인증을 받게 된다.

인증의 기준은 GRI Standards(Global Reporting Initiative, core option 적용)이며, 2022년 보고서에 대한 2023년 7월 20일자 기업시민보고서에 대한 독립된 인증보고서의 검토 인증 문단은 다음과 같이 기술된다.

"우리의 인증 절차 수행 결과, 보고서가 중요성의 관점에서 회사가 사용한 준거 기준에 따라 작성되지 않은 사항이 발견되지 아니하였습니다."

즉, 재무제표에 대한 검토의견서의 내용과 동일하며 소극적인 인증의 모습이다. 즉, 준거 기준에 따라 작성되지 않은 부분이 있을 수도 있는데 이러한 내용이 발견되지 않았을 개연성도 내포하므로 소극적인 인증이다.

2023년 4월 3일에 개최된 IFAC(국제회계사연맹) IESBA(International Code for Ethics for Professional Accountants) 라운드테이블에서는 감사인이 지속가능성 정보 인증 업무를 하는 경우 독립성 문제는 없으며, 오히려 재무보고와 지속가능성 정보의 연계 차원에서 시너지 효과가 있다는 의견이 제시되었다. 이태리·프랑스·스페인의 경우는 현재도 감사인이 지속가능보고서에 대한 인증을 수행하고 있다. 단, 감사인이 지속가능보고서의 작성 또는 자문 업무를 수행하는 것은 불가하다. 물론, 인증과 작성/자문은 별개의 이슈이다.

국내 지속가능보고서 인증 현황은 다음과 같다[3].

2022년

회계법인	13개	6%
한국경영인증원	78개	35%
한국경영인증원	26개	12%

---

3 안진회계법인. 기업지배기구발전센터. 2023.6.21.

한국표준협회	20개	9%
한국품질재단	18개	8%
기타	51개	23%
미인증	16개	7%

FY2022 외부감사인과 대표자 내부회계관리제도 운영 실태 보고서 의견 일치율

외부감사인 내부회계 의견 변형 회사 수	84
경영진 내부회계 의견 변형 회사 수	15
외부감사인과 경영진 의견 일치율	17.8% (15/84)

FY2022 감사(위원회) 내부회계관리제도 운영실태 평가 보고서 의견

외부감사인 의견 변형 회사 수	84
감사가 내부감사기구인 경우 비적정 비율	28.2% = 20/71

위의 두 장표를 비교해 보면 경영진보다는 외부감사인이 비적정의견을 표명할 때, 감사(감사위원회)가 외부감사인과 의견을 같이 한 경우가 더 높았다. 이는 감사/감사위원회의 독립성을 고려하면 예상했던 당연한 결과이다. 만약, 이와 반대의 현상이 나타난다면 이는 감사/감사위원회의 독립성이 시장의 기대에 못 미친다는 결론이 도출될 수 있다.

동시에 경영진의 경우, 명확한 확증이 있는 경우를 제외하고는 본인들이 경영하는 회사가 뭔가 미흡하다는 것을 인정하기는 태생적으로 쉽지 않을 것이다.

도입 초기의 중요한 취약점을 일대일로 비교함에는 무리가 있다. 미국의 경우, 엔론 사태 이후 PCAOB의 설립 시점인 2002년부터 내부회계관리제도에 대한 감사 인증이 도입되었지만 우리의 경우는 내부회계관리제도가 한시법인 구조조정촉진법으로 도입되었다가 상시법인 외감법에 도입되었고, 또한 이에 대한 인증은 내부회계관리제도가 도입된 이후 수년이 경과되어 수행되었으므로 제도가 정착될 시간 여유를 가질 수 있었다. 또한 초기의 인증의 수준은 소극

적 수준의 인증인 검토였다가 나중에 감사라고 하는 적극적 인증으로 변경된 것과도 무관하지 않다.

한미 내부회계관리제도 중요한 취약점 보고[4]

도입원년	한국	미국
2019년 vs 2004년	2.5%	15.8%
2021년	0.6%	5.8%

중요한 취약점 중 '업무 분장', 'IT일반 통제' 비중

한국 0.8% 미국 36.3%

지속가능성보고서와 이에 대한 인증이 최근에 와서 확산되고 있는데 국제회계사연맹(IFAC, International Federation of Accountants)은 국제윤리기준위원회(IESBA, International Ethics Standards Board for Accountants)를 출범하여 지속가능성보고윤리기준과 국제지속가능성인증윤리기준(IESSA, International Ethics Standards for Sustainability Assurance)을 작성하고 있다.

비적정 감사의견 회사의 감사위원회 평가의견 현황[5]

비적정감사의견 법인 중 소수 회사만 감사(위원회)의 의견이 부적정으로 감사위원회의 독립성 평가에 의구심이 제기될 수 있다.

감사(위원회)는 외부감사인과 적시 의사 소통하여 중요한 취약점에 적극적인 대응이 필요하다.

내부회계관리제도 비적정 감사의견 회사 수

	FY2019	FY2020	FY2021	FY2022
외부감사인	4개	6개	3개	38개
감사(위원회)	1개	1개	1개	12개

4 심정훈, 2024.6.27. 감사위원회 역할과 책임 포스코그룹 감사위원 교육 자료
5 심정훈, 2024년. 삼정회계법인

우리 모두 익숙한 재무제표에 대한 감사보고라는 인증(assurance)은 정치한 기업회계기준에 의해서 작성된 재무제표에 대한, 또한 매우 상세한 감사기준에 의한 인증인 반면 지속가능보고서는 매우 추상적일 수 있는 내용을 내포할 수도 있고 이에 대한 인증도 감사기준에 비해서는 매우 개념적인 잣대에 의한 인증일 수밖에 없어 논란의 대상이다.

IESBA의 인원 구성도 이러한 인증이 이미 회계업계의 범주를 넘어가 있기 때문에 공인회계사들로만 구성된 것은 아니며 그렇다고 이러한 인증과 관련된 명확한 자격증이 있는 것도 아니니 더더욱 고민할 내용이 많다.

수치화하고 정형화되어 있지 않은 지속가능성이라고 하는 추상적인 개념에 대해서 인증을 수행한다는 것이 과연 가능한 것인지에 대한 의문도 있고, 인증하는 기관은 인증에 대해 어디까지 책임을 져야 하는지도 아직은 정리되지 않은 내용이다. 그리고 지속가능하다는 정보의 속성상 어느 정도는 미래지향적인 forward/future looking한 정보일 수 있는데 미래가 어떻게 진행될지는 항상 가변적이고 앞으로 진행될 미래 경제 상황에 따라 영향을 받는 것이니 이에 대한 인증도 결코 쉽지 않다.

재무제표의 감사품질의 측정도 용이하지 않은데, 이에 비해서 덜 정형화되어 있는 지속가능성 보고에 대한 인증의 품질도 question mark이다. 지속가능보고서가 공시의 영역이며 더더욱 이에 대한 인증이 수행되면 보고서와 인증에 대한 투자자 보호의 이슈가 대두될 것이니 감독/규제 기관도 이러한 내용에 대해서 관여하지 않을 수 없을 것이다. 다만, 지속가능보고서를 어떻게 작성할지와 이에 대한 인증은 어떻게 수행할지는 국제적 표준으로 작성될 수 있지만 감독/규제는 각 국가의 주권 하에서 수행되므로 이를 표준화하기는 어렵다.

지속가능성에 대한 인증을 회계법인도 수행할 수 있고 회계법인이 아닌 기관도 인증을 수행할 수 있는데 회계법인에 대한 감독권한이 금융위원회/금융감독원에 있고 회계법인에 대해서만 강한 규제가 부과된다면 이는 인증하는 기관 간의 형평성의 문제가 대두될 수 있다.

지속가능성보고서에 대한 인증이 재무제표에 대한 감사와 대등한 수준의 인증이 아니고 재무제표에 대한 감사인증이 더 주된 인증이라면, 지속가능성 보고서에 대한 인증은 재무제표 감사에 비해서는 비감사서비스의 영역이 되면서 이 또한 감사 측면에서 외감법이나 공인회계사법의 규제의 대상일 수 있다. 반면에 지속가능 보고서에 대한 인증이 재무제표에 대한 감사와 대등한 수준의 인증이라면 이를 감사에 대한 비감사업무로 분류할 수는 없다고 하는 이슈도 풀어야 할 숙제이다.

TCFD(Task Force on Climate-related Financials Disclosures)에도 관심을 가지고 어떻게 진행이 되는지를 유심히 살펴야 한다.

또한 ICSR(Internal control over sustainability reporting)이 ICFR(internal control over financial reporting)과의 유사점도 찾아가야 한다.

최근의 국가별 통계치는 다음과 같다[6].

법정 감사인의 인증비율 73% (프랑스 93%, 이탈리아 97%, 스페인 87%)
국제 감사인증기준위원회 ISAE 적용비율 72%
회계법인의 ISAE 3000 적용비율 92%
other service provider는 ISAE 3000 38% 적용

감사보고서일과 ESG보고서 인증일과의 차이도 암시하는 바가 크다[7].

25% 감사보고서 발행일과 ESG 인증보고서 발행일이 같음
1.5개월 감사보고서 발행일로부터 평균 1.5개월 이후 ESG 인증보고서 발행
5일 EU 국가들은 감사보고서 발행일로부터 5일 이후에 ESG 보고서 발행

---

6 오창택. 2024.9. 지속가능성과 영업손익 표시 변경에 대한 기업의 대응. EY한영 제5회 회계투명성 세미나
7 오창택(2024)

chapter

02

내부회계관리제도

내부회계관리제도

한국경제신문. 2022.2.25. 기업내부회계관리 비적정 사유 1위는 '재무제표 수정'

　국내 상장사들이 '내부회계관리제도 비적정' 의견을 받는 가장 큰 이유는 '감사과정에서 재무제표 수정' 때문인 것으로 조사됐다.

　삼정 KPMG가 24일 발간한 '한미 내부회계관리제도 비교와 시사점' 보고서에 따르면 재무제표 수정으로 내부회계관리제도 비적정의견을 받은 국내 기업은 전체 비적정 사례 중 26.8%를 차지했다. 재무제표 제출 이후 외부감사인으로부터 재무제표 수정 권고를 받으면 내부회계가 부실했다는 이유로 비적정 의견이 달리게 된다. 이 밖에 국내 기업이 비적정 의견을 받는 대표적인 사유로는 내부회계관리제도 구축과 운영부실로 인한 '범위 제한'(18.3%) '회계 인력 및 전문성 부족'(14.4%), '자금 통제 미비'(12.4%) 등이 꼽혔다.

　삼정KPMG는 또 보고서를 통해 "최근 대규모 횡령 사건이 연이어 발생해 기업의 자금 통제 중요성이 커졌다"고 강조했다. 자금 통제와 관련한 주요 취약점으로 '업무분장 미비', '회계 기록과 은행 기록을 비교하는 모니터링 통제 미비'를 지적했다.

　내부회계관리제도에 대한 비적정의견이 표명되는 두 번째 사유가 내부회계관리제도 구축과 운영부실로 인한 범위 제한이라고 하는데 이 사유는 재무제표 재작성에 비하면 매우 주관적인 비적정의견 사유이다.

　내부회계관리제도에 대한 인증이 처음 도입될 때부터도 이 인증이 재무제표에 대한 인증에 대한 추가적인 인증인지 아니면 이미 재무제표에 대한 인증을 하는 과정에서 당연히 내부회계관리제도에 대한 인증을 수행하고 있었으므로 추가적인 인증이 아니라는 주장도 있었다. 추가적인 인증인지 아닌지는 이 인증이 추가적인 인증이라면 당연히 부가적인 수임료가 추가되어야 하기 때문이다.

내부회계관리제도가 도입된 사유가 내부회계관리가 충실히 수행되면 이러한 내부회계로부터 산출되는 회계정보는 당연히 문제가 없을 것이라는 논지였다. 즉, 내부회계관리제도는 시스템적인 접근이다. 어떻게 보면 감사보고서 감리를 감독기관이 중점적으로 수행하다가 수년 전부터는 품질관리감리 즉, 감사인 감리에 중점을 두는 것이나 궤를 같이 한다고도 할 수 있다. 즉, 회계법인의 시스템이 잘 갖춰져 있다고 하면 회계법인이 수행하는 감사업무는 높은 품질의 감사과정을 거치면서 감사보고서의 품질도 당연히 높아질 것이다. 따라서 감사보고서라고 하는 output을 점검하는 것보다도 감사보고서가 산출되는 source에 대한 점검이 선행된다면 감사보고서의 품질은 저절로 보장될 수 있다는 논지이다. 이러한 차원에서 내부회계관리제도와 품질관리감리(감사인 감리)는 궤를 같이 한다고도 할 수 있다. 즉, 이러한 사유에서 시스템 적인 접근이라고 할 수 있다.

물론, 내부회계관리가 적절한 회계정보와 일대일로 mapping되는 것은 아니고 수년 동안의 내부회계관리에 대한 인증과 재무제표에 대한 인증을 비교해도 내부회계관리제도에 대한 인증은 적정인데 재무제표가 비적정인 경우도 있고, 내부회계관리제도에 대한 인증은 비적정인데 재무제표가 적정인 경우도 있다. 물론, 두 내용이 모두 비적정으로 일치하는 경우도 있다.

2015년 3월 13일의 정정 전, 대우조선해양의 내부회계관리제도 검토의견서는 다음과 같다.

경영자의 내부회계관리제도 운영실태평가보고서에 대한 우리의 검토 결과 상기 경영자의 운영실태보고 내용이 중요성의 관점에서 내부회계관리제도 모범규준의 규정에 따라 작성되지 않았다고 판단하게 하는 점이 발견되지 아니하였습니다.

우리의 검토는 2014년 12월 31일 현재의 내부회계관리제도를 대상으로 하였으며 2014년 12월 31일 이후의 내부회계관리제도는 검토하지 않았습니다. 본 검토보고서는 주식회사의 외부감사에 관한 법률에 근거하여 작성된 것으로서 기타 다른 목적이나 다른 이용자를 위하여는 적절하지 않을 수 있습니다.

위의 인증 부분은 전형적으로 검토 보고서에서 사용되는 문구이다. 규정에 따라 작성되지 않은 부분이 있을 수도 있지만 발견되지 않았다는 의미일 수도 있으므로 감사가 아닌 검토라고 하는 소극적인 인증이다. 검토는 limited assurance, 감사는 reasonable assurance라는 영어식 표현이 더 와닿을 수도 있다.

즉, 내부회계관리제도가 규정에 맞게 작성되었다는 감사라고 하는 확신을 가진, 적극적 인증 내용과는 인증 수준에 있어서 명확한 차이가 있다.

2016년 4월 16일 정정 후 검토보고서는 다음과 같다.

우리는 회사로부터 주식회사의 외부감사에 관한 법률 제2조의2에서 정하고 있는 내부회계관리제도에 관한 운영실태 평가보고서는 제시 받았으나 이를 검토할 수 있는 충분한 내부 평가자료를 제시받지 못했습니다. 따라서, 우리는 회사의 내부회계관리제도 운영실태에 대한 보고내용을 검토·보고하는데 필요한 절차를 수행할 수 없었습니다.

우리는 상기 문단에서 설명하고 있는 사항이 재무제표 및 내부회계관리제도에 미치는 영향이 중요하기 때문에 대우조선해양주식회사의 2014년 12월 31일 현재의 내부회계관리제도의 운영실태보고의 내용이 내부회계관리제도 모범규준에 따라 작성되었는지에 대하여 검토의견을 표명하지 아니합니다.

우리의 검토는 2014년 12월 31일 현재의 내부회계관리제도를 대상으로 하였으며 2014년 12월31일 이후의 내부회계관리제도는 검토하지 않았습니다. 본 검토보고서는 주식회사의 외부감사에 관한 법률에 근거하여 작성된 것으로서 기타 다른 목적이나 다른 이용자를 위하여는 적절하지 않을 수 있습니다. 또한 본 검토보고서는 회사의 2014년 12월 31일로 종료되는 보고기간의 재무제표의 재작성에 따라 필요한 감사절차를 수행하면서 재발행하게 되었습니다.

따라서 2014년 3월 13일자의 내부회계관리제도 검토보고서는 더 이상 유효하지 않습니다.

중요한 내용을 다시 한번 기술하면 "이 내부회계관리제도에 대한 검토보고서는 재무제표를 재작성하면서 수행되었다"고 적고 있다. 이를 다시 풀어서 기술하면 재무제표가 재작성되지 않았다면 내부회계관리제도에 대한 검토보고서도 재작성하지 않았음을 암시하고 있어서 재무제표에 대한 내용과 내부회계관리제도에 대한 인증이 무관하지 않음을 알 수 있다. 또한 이미 발행된 보고서의 내용이 정정됨으로 인해 이전에 발행된 보고서는 더 이상 유효하지 않음도 명확히 밝히고 있다. 그럼에도 유통되고 있는 정정 전체 보고서를 회수할 수 있는 방법은 없고 이를 공시하는 것이 사후적으로는 최선이다. 즉, 이미 간행된 정정 전 보고서를 잘못 사용하였다고 하는 이용자들을 보호해줄 수 있는 방법은 없다.

재무제표를 재작성하는 경우도 동일하다. 이미 유통되고 있는 재무제표를 회수할 수 있는 방법은 없으니 재무제표가 재작성되었다는 것을 공시하는 방법 이외는 없다. 수정 공시를 하였으니 잘못이 없다는 설명도 어느 정도는 궁색하지만 달리 방법이 없다.

안진회계법인 보고서(2023.6.21.)에 의하면, 미국의 내부회계관리제도 감사 미비점 유형의 빈번하게 인용되는 다섯 사유는 다음과 같다.

1. 회계인력 전문성 및 인력 부족 48%
2. 정보기술통제 미비 44%
3. 업무분장 미흡 34%
4. 적시에 정확한 공시 미이행 23%
5. 결산시 중요한 회계처리 오류 발견 19%

내부회계관리제도의 운영실태의 경우, 대표이사가 감사위원회, 이사회, 주총에 보고하며 내부회계관리제도의 운영실태 평가보고서는 감사위원회가 이사회에 보고하도록 되어 있어서 회사의 관련된 여러 기능 간에 보고하고, 보고받는 관계가 얽혀져 있다. 평가보고서에는 여러 가지 내용이 기술되지만 내부회계관리제도 운영실태보고서의 시정 계획이 해당 회사의 내부회계관리제도를 개선하는데 실질적으로 기여하지 못하고 있다고 판단한 경우의 대안도 제시한다.

대표이사의 감사위원회 보고는 대표이사가 수행하는 것이 원칙이지만 어려운 경우는 내부회계관리제도 실무 책임자가 보고를 대신하는 경우도 있고 이 또한 적법하다. 물론, 대표이사가 주주총회 의장으로서 주총에 내부회계관리제도 운영 실태를 보고하며 이 보고는 주총에서 통상적으로 보고되는 기존의 영업보고, 감사보고, 특수관계자와의 거래보고에 수년 전부터 추가되어 진행되고 있다.

한영세미나 (2023.9.1.) 연말결산 및 내부회계관리제도 중점 관리사항에 의하면 연도별 자산 규모별 ICFR(internal control over financial reporting) 감사의견 현황 의견변형 회사 수는 다음과 같다.

2019년	2조 이상 4개
2020년	2조 이상 1개, 5000억원 이상 4개
2021년	5천억원 이상 4개
2022년	5천억원 이상 4개, 1천억원 이상 31개

내부회계관리제도 평가 및 보고 기준은 기존에는 상장회사협의회 제정 모범 규준에 기초했었는데, 최근에는 금융감독원 제정 시행세칙(고시)내의 '내부회계관리제도 평가 및 보고기준'으로 규정화하였다. 즉, 전에는 자율규정이었다가 변경 이후는 법제화되는 제도상의 변화가 있었다. 자율규제에서 제도권 안으로 들어오면서 그 의미가 더 강해졌다고 보면 된다. 단, 모든 경우에 있어서 규제 기관의 감독이 더 강하고 자율규제가 더 약한 것은 아니다. 어떤 경우는 자율규제가 더 강하고 법적 규제가 이를 감경하는 경우도 존재한다. 예를 들어 비상장기업에 대한 감리는 공인회계사회가 자체 감리를 하게 되고 이를 증선위에 보내서 최종적인 조치 수준이 결정되는데, 증선위에서 감경하는 경우도 있다.

chapter

03

교보생명

교보생명[8]

매일경제신문. 2022.12.2. 한공회 "교보생명 풋옵션 평가 공인회계사 부실 징계 아니다"

한국공인회계사회가 교보생명 풋옵션 가치를 부풀린 혐의를 받고 있는 회계사에게 '조치 없음' 의견을 낸 것에 대해 "적법한 절차를 거쳤다"며 부실 징계 의혹을 정면 비판했다.

한공회는 1일 발표문을 통해 "지난 2월 10일, 교보생명의 고발로 검찰이 안진회계법인 소속 공인회계사 등을 기소한 사건에 대해 1심에서 모두 무죄 판결이 나왔다"며 "사안의 중대성을 감안해 이례적으로 윤리조사심의위원회(윤조심위)와 윤리위원회에서 각각 수차례 심도 있는 논의를 거쳐 최종적으로 '조치 없음'으로 종결된 사안"이라고 밝혔다.

검찰이 교보생명의 풋옵션에 대한 valuation을 수행한 안진회계법인의 회계사들을 기소하는 일이 발생하였다. 안진회계법인의 회계사들이 풋옵션 가격을 산정함에 있어서 독립적으로 작업을 수행한 것이 아니라 풋옵션 이해관계자인 어피니티가 요구한 금액으로 자의적이고 임의적인 평가 작업을 수행하였다는 주장이었다. 이 과정에서 안진회계법인의 공인회계사들이 과도하게 어피니티 측과 의견 교환을 수행하였고, 검찰의 입장에서는 안진의 공인회계사들은 어피니티와의 유착에 의해서 어피니티 측이 제시한 금액을 안진 보고서의 금액으로

---

8 저자는 교보생명과 어피너티와의 고등법원 차원에서의 법적 공방 과정에서 어피너티 측에 전문가 의견서를 작성해 주었다. 학문적인 저술은 법적 분쟁이 있는 건에 대해서 공정하게 기술하여야 하기 때문에 가능하면 저자의 이 건에 대한 입장 표명 없이 객관적이고 중립적인 사실에 대해서만 기술한다.

평가하였으며 검찰은 이 내용이 외감법과 공인회계사 법에 대한 위반이라고 형벌로 이를 기소한 것이다.

회계법인의 가치평가 업무와 관련된 법적 책임 내용을 기술한다[9]. 특정 자산의 공정가치를 평가하기 위하여 회계법인이 수행한 가치평가 결과가 재무제표의 개별 계정 과목에 반영되는 경우는, 외부감사법의 적용을 받아 외부감사에 대한 감리 등을 통해 관리/감독된다고 볼 수 있다.

> **허위보고에 의한 공인회계사법 위반죄**
> 공인회계사법 제53조 제2항 제1호, 제15조 제3항
> 공인회계사는 직무를 행할 때 고의로 진실을 감추거나 허위보고를 하여서는 아니된다.

대법원은 주식평가보고서의 평가금액 및 그 평균치가 모두 적정평가액의 범위 내에 속한다 하더라도 그 평균치를 의뢰받은 금액에 맞추고자 각각의 평가금액 그리고 이를 도출해 내기 위한 전제가 되는 주요 인자를 인위적으로 조작한 경우 허위의 보고서라 볼 수 있다는 취지의 판시를 한 바 있다(대법원 2005.4.29. 선고 2005도856 판결).

가치평가는 본질적으로 그 과정에서 평가자의 추론 내지 추정을 필요로 할 뿐만 아니라 오늘날 기업의 가치에 외부적인 경제요인이나 규제환경 그리고 기업 내부의 비재무적 요소들이 큰 영향을 미치는 현실을 감안하면, 기업의 가치를 평가함에 있어서도 어떤 형태로든 주관이 개입될 수밖에 없고 가치평가자의 전문가적 재량과 임의적인 판단은 폭넓게 인정되어야 한다.

허위 보고를 한다 함은 진실에 반하는 허위 내용으로 보고함을 의미할 텐데, '사실'이라기보다는 '의견'의 범주에 가까운 가치평가 결과를 허위라는 잣대로 검증하는 것이 현실적으로 가능할지 그리고 개념상 적절한지는 의문이다.

그렇기 때문에 자본시장법에서도 예측정보가 가정에 기초한 것이고 실제 정보와 차이가 있을 수 있음을 밝히면서 추정을 하는 경우는 safe harbor rule(면책조항)이 적용된다. 즉, 추정 정보가 여러 가지 가정에 근거하며 미래에 전개

---

9 안태준. 2023.1.11. 한국공인회계사회 세미나

될 상황에 의해서 추정이 정확하지 않을 수도 있다는 reservation을 기술하였을 경우는 추정이 정확하지 않은 경우라도 경영자에게 책임을 묻지 않겠다는 보호 법규이다. 이러한 면책 조항이 없다면 경영자가 본인이 추정하는 예측치를 시장과 공유하려고 해도 책임 문제 때문에 이 정보의 공유를 주저할 수 있다. 예측 정보의 공유도 정보의 불균형(information asymmetry)를 해결할 수 있는 좋은 방편이므로 경영자를 보호하면서도 이 정보의 공유를 권장할 수 있다. 최근 밸류업 관련되어 정부가 자율공시를 통해서 기업의 전망과 관련된 정보 공유를 촉구하고 있는데 이 경우도 면책과 관련된 내용이 무관하지 않다.

의뢰인 회사가 목표 평가금액을 제시하고 공인회계사가 평가 결과 산출에 필요한 데이터나 자료에 관하여 의뢰인 회사와 협의하는 과정을 거친 후 결과적으로 의뢰인 회사의 목표 평가 금액에 근접한 평가 결과가 도출된 경우 이러한 일련의 과정이 문제인가라는 점이 논점의 핵심이다.

한공회 가치평가서비스 수행기준(문단 16)은 가치평가자가 수행할 업무에 대하여 의뢰인과 상호 이해하여야 한다고 규정하고 있는데, 가치평가에 필요한 데이터나 자료에 대한 공인회계사와 의뢰인 사이의 긴밀한 협의와 조언 과정은 그러한 상호 이해 과정의 일환으로 볼 수 있다.

계약 체결 전 또는 계약 초기에 의뢰인 회사로부터 목표 평가금액을 제시받는 부분도, 가치평가용역계약의 관행상 회계법인이 당해 가치평가용역의 수임 여부 결정을 위해 필요한 측면이 있다. 즉, 의뢰인의 목표 평가금액이 통상적인 가치평가의 방법론상 산출될 수 있는 금액 범위를 벗어난다고 판단할 경우 초기에 당해 용역 의뢰를 거절하기 위한 목적일 수도 있다.

가치평가 업무는 공인회계사 내지 회계법인만이 수행할 수 있는 것은 아니고, 신용평가회사나 증권회사 등도 수행할 수 있다. 가치평가 과정이나 결론상의 문제로 공인회계사만이 허위보고에 의한 공인회계사법 위반죄로 형사처벌까지 받아야 한다는 것은 가치평가 업무를 수행하는 타 전문가 또는 기관과의 형평성에 맞지 않다.

가치평가자들의 민형사상 책임이 문제가 될 경우 가치평가 의뢰인이 그 법률비용을 전보해 주기로 하는 약정을 하는 것이 문제라는 점도 재판 과정 중에 논점으로 제기되었고 이슈가 되었다. 한공회 표준 외부감사계약서 양식에도 나와 있듯이, 법률비용에 대한 면책 약정의 경우 회계법인의 표준적인 계약 양식에 대부분 관행적으로 포함되는 조항이다.

변호사의 경우 변호사법 제24조 제2항이 "진실을 은폐하거나 거짓 진술을 하여서는 아니된다"는 의무를 부과할 뿐 그 의무 위반에 대한 형사처벌규정은 두고 있지 않다. 그럼에도 공인회계사에게만 상당한 수준의 도덕성을 강제하고 있다.

회계법인의 업무 영역이 다양화된 오늘날 허위보고를 이유로 한 공인회계사법상의 형사처벌 규정은 지나치게 확대 적용될 위험성이 있으므로 그 적용범위를 축소하거나 폐지하는 것을 검토해야 한다. 독립성이 요구되는 외부감사 업무에만 그 적용을 한정하는 법개정도 고려해 볼 수 있겠으나 이미 외부감사법상으로 허위감사보고서 작성죄를 규정하고 있으므로 외부감사 업무에도 허위보고에 의한 공인회계사법 위반 죄를 적용할 필요성은 거의 없어 보인다.

다만 자본시장의 발전과 함께 가치평가 업무 수행에 있어서의 적정성이나 공정성에 대한 기대는 더 커지고 있고 이를 담보할 정책적 수단은 반드시 필요할 것인데 이를 위해서는 다른 전문가 직역처럼 형벌적 제재가 아니라 행정적 제재(과징금, 과태료, 자격정지 등) 또는 관련 협회의 자율규제(징계 등)를 정비하는 방안이 적절할 것이다.

교보생명은 이 평가과정에 관여한 회계사들이 윤리 규정을 위반했다고 하여 한국공인회계사회에 징계를 요청했는데 이 과정에서 한공회의 징계 과정이 잘못되었다는 비난을 하였으며 한공회는 이에 대해 p.23의 기사 내용과 같이 반박한다.

> 한경비즈니스. 2023.2.8.–14. 1, 2대 주주의 충돌… 되짚어 본 교보생명 '풋옵션' 분쟁 일지
> 특히 ICC는 신 회장이 풋옵션 조항을 이행했더라면 분쟁이 발생하지 않았을 것이라며 어피너티의 중재 비용과 변호사 비용 절반을 부담하라고 판정했다.

매일경제신문. 2023.2.10. "교보생명 회장 측 법원 판결 승복을"

교보생명과 법정 공방을 벌이고 있는 재무적 투자자 어피너티 컨소시엄이 "신창재 교보생명 회장 측이 교보생명을 활용한 사법시스템 남용을 즉각 중단하고 법원 판결에 승복해야 한다"고 압박했다. 어피너티 컨소시엄은 9일 공식 입장을 통해 신회장 측이 이번 무죄 판결에 대해 모순된 주장을 하고 있다고 비판했다. 앞서 지난 3일 서울고법은 공인회계사법 위반 혐의로 불구속 기소된 딜로이트안진 임원 2명에게 1심과 같이 무죄를 선고했다. 함께 기소된 딜로이트안진 직원 1명과 어피너티 임직원 2명도 모두 무죄를 받았다.

컨소시엄은 "신회장이 ICC 중재 판정을 비롯한 어피너티와 분쟁과정에서 '풋옵션 약정은 무효'라는 억지 주장을 내놓으면서 고소 고발의 핵심 근거로 삼아 왔다"며 "무죄 판결이 나오자 기존 입장과 모순된 주장으로 상황을 다시 잘못된 방향으로 끌어 가려고 시도하고 있다"고 지적했다.

헤럴드경제. 2023.11.29. '교보생명 풋옵션 평가' 안진회계법인, 회계사법 위반 무죄 확정

교보생명의 재무적 투자자(FI)를 위한 기업가치 평가보고서 작성 과정에서 풋옵션(특정 가격에 팔 권리) 가치를 부풀린 혐의로 재판에 넘겨진 딜로이트안진 소속 회계사들이 최종 무죄 판결을 받았다.

29일 법조계에 따르면 대법원 1부(주심 오경미)는 공인회계사법 위반 혐의를 받은 딜로이트안진 임원 2명 등에게 이 같이 선고했다. 1·2심에 이어 대법원도 무죄로 판단했다.

시간은 2012년으로 거슬러 올라간다. 신창재 교보생명 회장은 재무적투자자(FI)인 어피너티와 주주 간 계약을 체결했다. 어피너티가 교보생명 주식을 인수하는 대신 3년 뒤에도 교보생명의 기업공개(IPO)가 이뤄지지 않으면 풋옵션을 행사할 수 있는 내용이었다. 그런데 상장이 미뤄지면서 어피너티가 2018년 풋옵션을 행사했다.

양측은 이때부터 풋옵션의 가치를 둘러싸고 다툼을 벌였다. 어피너티 측에서 풋옵션 가치 평가기관으로 안진회계법인의 회계사들이 참여했는데, 교보생명은 "안진에서 부정한 청탁을 받고 가치를 부풀려 평가했다"고 주장했다. 반면 안진 측에선 "평가 과정에서 위법한 행위가 없었다"며 무죄를 주장했다.

검찰은 이들을 "징역 1년~1년 6개월을 선고해달라"고 재판부에 요청했지만 1·2심은 무죄를 택했다.

1심은 지난해 2월 "안진이 적용 가능한 여러 가치평가 접근법 중 하나를 선택했을 뿐"이라며 "어피너티 측에 유리한 방법만 사용한 것은 아니다"라고 판단했다. 이어 "안진과 업무 의뢰인이 수차례에 걸쳐 수행한 커뮤니케이션은 공모 행위가 아니라 통상적인 업무 협의에 해당할 수 있다고 보여진다"고 판시했다.

2심도 지난 2월 무죄를 선고했다. 2심은 "어피너티가 평가방법 및 평가 인자를 정해주는 등 부정한 청탁을 하거나, 안진에서 허위의 보고서를 작성했다고 보기 어렵다"며 "(가격 결정이) 안진의 전문가적 판단 없이 어피너티 측의 일방적 지시로 이뤄졌다고 볼 수 있는 객관적 증거가 없다"고 판시했다.

대법원의 판단도 같았다. 대법원은 29일 "원심(2심) 판단에 공인회계사법 등에 대한 법리를 오해해 판결에 영향을 미친 잘못이 없다"며 검사 측 상고를 기각했다고 밝혔다. 이로써 무죄 판결이 확정됐다.

회계법인 카르텔

회계법인 카르텔

윤석열 대통령이 '이권 카르텔'에 대한 비판을 쏟아 내면서 카르텔이라는 표현이 정치권에서 빈번하게 회자된다. 어떤 정파의 이권을 위해서 배타적으로 뭉치는 것이 카르텔의 개념이다. 즉, 일단의 집단이 진입 장벽으로부터 보호를 받으며 배타적인 이익을 누린다는 의미이다. 노동조합 카르텔로부터 기득권을 지키려는 모든 노력에 대해서 대통령은 카르텔이라고 비판한다. 어떤 특정 집단의 이익을 보호하기 위해서 나머지 이해관계자를 배제하는 행위이다. 어떻게 보면 일부의 참여자들에게만 특혜를 준다는 의미이기도 하다. 감시역할을 해야하는 사외이사들이 경영진과 유착되어 짬짜미로 서로 밀어 주고 임기를 연장해 주는 행위도 당연히 이권 카르텔로 이해될 것이다.

2024년 2월과 3월에 진행되고 있는 의사정원 증가에 대한 정부의 입장 발표와 이에 대응한 의료계의 반발도 의료 카르텔로 정부는 인식하고 있고 국민들에게 의료 혜택을 보장하기 위해서는 의사 수가 급격하게 증가되어야 한다는 입장이며 의료계는 의료인의 과잉 공급은 기존 의료 체계를 붕괴시킬 것이라는 주장이다.

회계법인 시장에도 카르텔의 이슈는 예외가 아니며 이러한 점에 대해서 기술한다.

한국경제신문. 2022.12.2. 40개 회계법안만 상장사 감사

일정 요건을 갖춘 40개 회계법인만 상장법인을 감사할 수 있도록 한 '감사인 등록제'가 2019년 말 도입된 이후 등록과 비등록 회계법인 간 매출 격차가 갈수록 확대되고 있는 것으로 나타났다. 등록 회계법인에만 일감이 상대적으로 몰린 결과다. 하지만 제도 시행 3년이 되도록 퇴출과 신규 진입 등 교체가 전무해 '등록 회계법인의 카르텔'이 고착화하고 있다는 목소리가 커지고 있다. 일각에서는 상장사 회계감사의 품질이 저하될 수 있다는 우려도 내놓고 있다.

1일 회계업계와 금융감독원에 따르면 삼일·삼정·한영·안진 등 '빅4 회계법인'을 비롯한 40개 감사인 등록 회계법인의 지난해 감사 부문 매출 총액은 1조 2246억원으로, 167개 미등록 법인의 매출 총액 2070억원보다 1조175억원 많았다.

제도 시행 전인 2018년엔 이들 등록 법인 40곳의 매출 총액은 7479억원이었고, 나머지 회계법인 143곳의 매출은 2014억원이었다. 제도 도입 이후 3년 새 등록과 비등록 법인 간 매출 격차가 배 수준으로 벌어진 것이다. 회계업계에서 "감사인 등록제 시행 이후 회계법인의 '부익부 빈익빈' 현상이 강해지고 있다"는 불만이 나오는 이유다.

일각에서는 감사인 등록제가 "공인회계사 인력 낭비를 심하게 만드는 요인이 되고 있다"는 지적도 나온다. 미등록 회계법인에 근무하는 회계사들은 상장사에 적용되는 국제회계기준 감사업무를 할 수 없고 비상장법인에 적용되는 일반회계기준(K-GAAP) 감사 업무만 담당해야 해서다. 작년 말 기준 미등록 법인에 소속된 공인회계사는 3200명에 달한다. 등록법인 소속 회계사 1만 627명의 30%에 해당하는 수준이다.

감사인 등록제는 인력과 물적 설비 등이 일정 수준 이상인 회계법인에만 상장사 외부감사를 맡을 권한을 주는 제도다. 상장사들에 대한 감사 품질을 향상하기 위해서다. 회계사 40인 이상 보유, 대표이사 경력기간 10년 이상, 품질관리담당이사 경력기간 7년 이상 등이 정량적 요건에다, 합리적 급여 체계, 지배구조 건전성, 의사결정의 투명성 등 정성적 요소도 반영된다.

하지만 제도 도입 후 40개 등록법인이 확정된 뒤 퇴출 진입이 전무한 것은 문제라는 지적이 나온다. 2019년 말 2198개였던 상장사가 올해 6월말 2353개로 7.0% 증가했음에도 이들을 감사할 수 있는 회계법인은 40개로 한정돼 있기 때문이다.

한 공인회계사는 "감사 대상은 증가하는데 감사할 수 있는 회계법인은 고정돼 있다 보니 인력 부족 등으로 상장사 회계감사 품질이 구조적으로 약화될 수밖에 없는 상황"이라며 "상장사가 늘어난 것에 비례해 등록 법인도 증가해야 양적으로 감사 품질을 맞출 수 있다"고 말했다. 정도진 중앙대 경영학과 교수는 "이미 등록된 회계법인이라도 감사 품질이 떨어지거나 훼손될 가능성이 크면 등록을 폐지하고 자격을 갖춘 회계법인들의 신규 등록을 촉진해 경쟁을 유발할 수 있는 제도 개선이 필요하다"고 말했다.

카르텔이라는 표현은 그들만의 리그가 형성된다는 것이다. 자유경제체제하에서 진입과 퇴출이 자유롭게 진행되어야 하는데 즉, 진입장벽이 없어야 하는데, 회계법인 시장의 상황이 그렇지 않은 듯하다. 이는 빅4 회계법인에 대한 시장도 동일하다. 주기적 지정제를 시행함에 있어서도 감독당국이 회계법인을 여러 변수에 근거하여 5개 그룹으로 구분하였는데 (가) 그룹에 해당하는 대형 회계법인의 조건을 만족하는 경우도 빅4로 제한된다. 삼덕, 신한, 대주 등의 회계법인이 빅4 다음의 중견회계법인이지만 규모 등에서 빅4와는 차이가 있으므로 대기업의 지정 감사는 빅4로 제한한다. 빅4 회계법인은 과거의 빅8 회계법인에서 인수 합병의 과정을 거치면서 빅4로 축소되었다. 중견회계법인과 그 밑에 있는 중소회계법인과의 차이도 크다.

일부 회계법인들이 카르텔을 형성해서 이권을 챙긴다는 의미로 해석될 수도 있는 기사인데 그렇다고 하면 이에 대한 반론은 그렇다면 조직화되고 체계화되지 않은 회계법인에게 상장기업의 감사를 맡겨도 된다는 의미인지에 대한 답이 있어야 한다. 카르텔 논리를 이용한 비판이 이어지다 보면 카르텔을 타파하기 위해서는 품질도 양보해야 하는지에 대한 답을 해야 한다.

한국경제신문. 2022.7.18. 자산 2조 넘는 상장사 지정감사, '빅4' 회계법인만 맡는다.

한공회 속에는 중견회계법인협의회, 중소회계법인협의회, 여성공인회계사회 및 청년공인회계사회가 구성되어 있지만 공인회계사회 산하의 공식적인 기구로 인정받는 것은 아니니 비공식 이익 집단이라고 이해하면 된다. 회계법인 규모별로 이해가 나뉘며 그 이해 별로 대통령이 자주 사용하는 카르텔이 존재하는 것이다. 동일 이해 집단이 뭉쳐서 이권을 보호한다는 것이 부정적이지는 않지만 우리 편이 아닌 사람들은 내치겠다고 하면 이는 완전히 별개의 내용이다. 카르텔이라는 단어가 사용되면서 집단주의적인 문화가 강조된다.

대형회계법인만이 가능한 업무가 있으므로 그 이상으로의 자유도(degree of freedom)가 있는 것이 바람직하지만 대형회계법인은 4개로 국한된 것이 국제적인 현실이다. 하물며 신용평가업일 경우는 S&P, Pitch와 무디스에 국한되므로 이 산업에서의 카르텔은 더 심각한 모습이다.

국내의 신평사의 경우도, 한국신용평가, 한국기업평가, 나이스신용정보 정도이다. 과점의 문제를 피해갈 수 없는 상황이며 특히나 신용평가의 경우는 복수평가를 수행하므로 세 개 신평사 중 2개의 신평사가 복수평가에 관여하면서 이세 업체가 총 신용평가업 시장의 1/3을 거의 완전한 과점 체제로 분할하고 있다. 업계의 경우 1/3씩 시장을 분할하는 것은 굳이 경쟁을 할 이유도 별로 없는 것이라서 경쟁이 없는 시장으로 고착화될 가능성도 있다. 이러한 과점의 문제의 심각성은 'too big to fail'이라고 지금 현재도 과점의 문제가 발생하는데 더 이상 회사의 수가 줄어든다면 이러한 문제가 더 심각하게 되므로 오히려 이들 대형회계법인이나 신용평가사의 영업 정지 등의 과감한 행정조치를 부과하는 것이 오히려 감독기관에게 부담으로 다가온다는 현실적 한계이다. 어떻게 보면 조치가 문제가 아니고 감독/규제기관은 이들 대형 업체들을 지켜주고 보호해 줘야 하는지를 고민할 수도 있다.

한때 정부가 제4의 신용평가회사에 대한 인가와 경쟁 체재 도입을 고민한 적이 있으나 이 시장 전체의 매출규모가 1000억원[10] 대에 머무르고 있어서 2조원 대의 회계업계 시장에 비해서는 영세성을 벗어나지 못하고 있으니 경쟁 체제 도입이 얻는 것보다도 영세성을 더 악화시켜 잃는 것이 더 많을 수도 있는 즉, 큰 의미가 없다는 판단하에 더 이상 추가적인 신용평가 업체의 인가는 정부의 고민의 대상이 아닌 것으로 귀결되었다. 즉 세 개 회사가 1000억원대 시장을 배분하는데 여기에 추가적인 경쟁사가 도입된다면 한 회사당 매출 규모는 낮아질 수밖에 없게 되어 더 영세한 시장이 될 수밖에 없으니 정부가 고민하던 양질의 신용평가에 관한 해결책은 아니라고 결론을 내린 것이다.

주기적 지정제를 시행하는 경우도, 비감사서비스를 수행하는 회계법인은 감

---

10 이 논의가 진행되던 10여년 전의 시장규모이고 현재의 시장 규모는 약 1200억원 시장이다.

사인이 될 수 없고, 자유수임제에 의해서 회계감사를 맡아 온 법인은 지정 감사인이 될 수 없을 뿐만 아니라 지정 감사인 또한 자유수임하에서의 감사인이 될 수 없다. 따라서 빅4 회계법인 안에서 회계법인이 rotation이 된다고 하면 지정에 의하여 감사인이 선정되거나 아니면 자유수임에 의해서 감사인이 선정될 때, 후보가 될 수 있는 빅4 회계법인은 매우 한정되게 되며 어떤 경우는 빅4 회계법인 중, 후보가 될 수 있는 회계법인이 단 한곳만이 가능할 경우도 있다. 이렇게 되는 경우는 회계법인 간에 선임되기 위한 선의의 경쟁보다는 피감기업이 빅4 회계법인 중, 후보 자격이 될 수 있는 법인이 거의 자동적으로 선임할 수밖에 없는 경우도 있게 된다. 즉, 과점의 문제가 생각보다 심각하다. 즉, 과점의 문제는 감사인의 선택의 자유도를 과도하게 제한하게 된다. 그렇다고 정부나 감독/규제기관이 자율 시장에 개입하여 빅4 수준의 회계법인을 늘릴 수도 없는 상황이다.

특히나 기업집단의 경우, 연결하는 기업의 감사인은 연결 대상 기업의 비감사서비스를 수행하는 경우는 이 비감사업무가 외감법과 공인회계사법으로 병행이 불가능한 업무를 수행하는 경우는 원천적으로 감사인에서 배제되게 된다. 따라서 연결하는 회사 또는 지주회사의 감사인으로 선임되기를 희망하는 회계법인은 계열사의 비감사업무를 수행하지 않고 연결회사 또는 지주회사의 감사인으로 선정되는 기회를 보거나 아니면 아예 연결하는 회사 또는 지주회사의 감사인으로 선임되는 것을 포기하고 모회사나 계열사의 비감사업무를 집중적으로 수행할 수 있다. 아니면 모회사나 지주회사와의 감사계약을 하기 이전에 문제가 되는 비감사용역을 모두 종료해야 한다.

과거에 비해서 주기적 지정제에 의해서는 6년 또는 3년마다 감사인이 변경되므로 이러한 고민을 수행할 경우가 회계법인에게 더 빈번하게 있게 되는 것이다.

이러한 과점의 현상을 외국에서는 'too big to fail'이라고 해서 신평사 3개사거나 빅4회계법인은 이 그룹에 소속된 회사가 너무 소수라서 이들이 그나마 fail한다고 하면 과점 체제가 더욱 쪼그라들 수 있기 때문에 정부의 입장에서도 이 과점이 더 축소되는 것을 원하지 않게 된다.

대우조선해양의 분식회계 건이 문제가 됐을 때, 대우조선해양의 감사인이었던 딜로이트안진회계법인이 회계법인의 존속에 치명적인 조치인 업무정지를 받게 되는 것은 아닌지가 초미의 관심이었다. 과거의 경험을 보면, 산동, 청운 회계법인 등의 업무정지는 궁극적으로 회계법인의 폐업/청산으로 이어지기 때문이다. 결국 금융감독당국은 안진회계법인에 1년간 신규 선임을 금지하는 조치를 내리게 된다. 만에 하나 안진이 청산의 과정으로 갔었다고 하면 빅4가 아니라 우리의 major 회계법인 시장이 빅3로 축소되며 주기적 지정제는 더 심각한 운용상의 어려움을 겪었을 것이다. 감독기관은 이러한 문제가 있기 때문에 주기적 지정하는 기업의 수도 어느 정도까지의 상한선을 두고 있고 주기적 지정을 순차적으로 진행하고 있는 것이다. 주기적 지정을 하는 감독기관에서는 주기적 지정하는 기업의 수가 200개를 넘어가면서 주기적 대상이 되는 모든 기업과 그 연결대상 회사까지의 감사인과 비감사용역을 수행하는 회계법인을 전수 파악하고 이를 피해 가면서 감사인을 지적하는 것이 매우 어렵다고 한다.

이 과정에서 안진이 삼정과 어깨를 나란히 하던 회계법인에서 지금은 삼정이 안진을 매출 규모 등에서 앞서 나가는 계기가 되었다. 신규 수임을 하지 못하게 되면서 안진은 당해연도에 거의 400억원의 매출 손실을 본 것으로 알려졌고 회계법인 영업에 치명적인 손상를 입게 되었으며 단 한번의 부실 감사의 여파가 어떻게 귀결되는지를 보이면서 회계업계에 상당한 경각심을 불러 일으키는 단초가 되었다.

chapter

05

금융판 중대재해법

chapter
05

금융판 중대재해법

한국경제신문. 2022.11.30. '중대금융사고' 터지면 CEO에 책임 묻는다.

앞으로 대규모 횡령과 불완전 판매 같은 '중대 금융사고'가 터지면 금융지주회장이나 은행장 등 최고경영자가 제재를 받게 된다. 금융당국은 금융회사의 내부통제 실효성을 높이기 위한 조치라고 설명하지만, 금융권에서는 "중대 사고의 범위가 모호한 데다 CEO에게 모든 책임을 지우는 것은 과도하다"는 지적이 나온다.

금융위원회는 금융사 CEO에게 포괄적인 내부통제 관리의무를 부여해 사고가 발생하면 총괄적 책임을 묻겠다는 내용의 '금융권 내부통제 제도 개선 TF' 중간 논의 결과를 29일 발표했다. 여기에서 책임은 해임 권고나 직무 정지, 문책 등의 금융회사지배구조법상 제재를 뜻한다. 금융위는 CEO가 현실적으로 모든 금융사고를 방지하는게 어려운 만큼 사회적 파장이 큰 중대금융사고에 한정해 적용하기로 했다.

중대 사고가 터졌다고 무조건 CEO를 제재하는 것은 아니다. 금융사고를 예방할 수 있는 규정과 시스템을 갖췄고, 이 시스템이 정상적으로 작동하도록 관리했다면 CEO의 책임을 경감하거나 면제할 수 있다는 게 금융위 설명이다. 반면 한 은행권 관계자는 "사고 예방 노력을 잘 기울였다는 점을 소명하더라도 이미 사고가 발생한 이후면 금융당국이 이를 변명으로 여길 공산이 크다"고 했다.

금융위는 이사회가 CEO 등의 내부통제 관리 업무를 감독할 수 있도록 권한을 부여할 계획이다. 임원들은 대표가 책임지는 중대 금융사고 이외의 일반 금융사고 발생을 막기 위한 책무를 맡는다.

한국경제신문. 2022.12.1. '금융판 중대재해법' 예고.. 거액 횡령 불완전 판매 땐 은행장 제재

금융위는 이사회의 내부통제 감시 감독 의무를 명문화해 이사회의 경영진 관리의무 실효성을 높이기로 했다. 중대사고가 아닌 일반 사고는 담당 임원이 책임을 져야 한다. 금융위는 임원별 책무를 명확히 할 계획이다.

매일경제신문. 2022.12.1 금융횡령 전산장애 터지면 지주 회장까지 책임 묻는다.

내부통제 관련 '권한'은 위임이 가능하지만 '책임'은 회피할 수 없다는 점을 분명히 했다.

중대재해법의 '금융판'이라는 일각의 주장에 대해 금융위는 '중대' 금융사고에 한정해 최고경영진이 책임지게 했고, 적절한 내부통제시스템을 갖추고 이를 정상 운용했을 경우엔 책임을 경감 면책하겠다며 일단 선을 그었다.

매일경제신문. 2022.12.1. 실권 없는 실무진만 제재하는 금융사고 '꼬리 자르기' 차단

한편 정부는 이사회가 대표이사를 비롯한 경영진의 직무 집행을 감독하게 해 관리 의무의 실효성도 높일 예정이다. 또한 금융기관 이사회가 경영진의 내부통제 관리 업무를 감독하도록 이사회의 내부통제 감시와 감독 의무도 명문화할 계획이다. 이사회가 대표이사 등의 내부통제 관련 의무 이행 현황에 대해 보고하도록 요구할 수 있는 권한도 이사회에 줄 계획이다.

어느 직급이 어디까지 책임을 져야 하는지를 가늠하는 것은 매우 어렵다. 예를 들어 2022년 10월 할로인데이에 이태원에서 압사 사고가 났을 때, 국회는 야당 주도로 행정자치부 장관이 책임이 있다며 해임권고 의사결정을 수행한 것이고 대통령실은 장관이 책임질 일이 아니라며 거부권을 행사하게 되며 국회는 이에 대해 탄핵을 결정하여서 헌법재판소에 회부되었다가 심판관 전원의 의견으로 기각되었다. 용산경찰서장과 용산구청장의 책임 여부도 논란의 대상이었고, 1심 재판 결과, 용산경찰서장은 3년 금고, 용산구청장은 무죄 선고를 받게 된다.

행자부 장관이 용산 지역만을 책임지고 있는 것이 아니므로 장관이 책임질 일이 아니라는 주장도 일리가 있는 반면, 사람이 150명 이상 사망했는데 아무도 책임질 사람이 없으면 누구 책임이라는 것이냐는 반론도 일리가 있다.

조선경제. 2024.7.4. 금융사고 땐 은행장까지 문책... 지주 회장은 처벌 어려울 듯

금융 당국이 2일 '책무구조도' 시행을 골자로 한 개정 지배구조법(금융회사의 지배구조에 관한 법률) 해설서를 발표했다. 책무구조도는 횡령, 불완전 판매 등의 금융 사고를 막기 위해 금융회사 대표이사와 임원에게 내부 통제 관련 구체적 책무를 지정해 문서화한 것이다. 금융사고가 발생해도 금융지주 회장이나 은행장 같은 최고경영자는 책임져야 할 범위가 모호하기 때문에 처벌이 어렵다는 지적에 따라 법령을 촘촘히 한 것이다. 하지만 계열사에서 금융사고가 발생할 경우 모회사인 지주회사 회장에게 책임을 묻기 어려운 구조여서 '반쪽짜리 대책'이라는 비판이 나온다.

금융 사고 시 CEO까지 처벌

금융위원회가 개정 지배구조법 시행을 하루 앞두고 2일 공개한 해설서에는 책무의 개념과 범위부터 책무를 어떻게 나누고 지켜야 하는지 등 책무 구조도를 만들어 운영해야 하는 금융회사가 알아야 할 내용들이 구체적으로 설명되어 있다.

해석서에 따르면 CEO를 비롯해 최고 위험관리책임자(CRO), 최고고객책임자(CCO) 등 이른바 'C레벨' 임원들이 모두 책무 지정 대상에 포함된다. 기존에는 구체적 책무가 임원별로 정해져 있지 않았기 때문에 은행에서 직원 횡령 같은 사고가 터질 경우 담당 임원이나 CEO는 "하급자의 위법 행위를 알 수 없었다"고 하면 빠져 나갈 수 있었다. 하지만 앞으로는 해당 직원과 부서장뿐 아니라 은행 내에서 이상 자금 흐름을 감시해야 하는 임원이나 직원들의 일탈이나 비윤리적 행위를 감독해야 하는 은행장도 처벌 대상이 된다.

은행장을 비롯한 금융회사 CEO는 내부 통제를 위한 정책 기본방침 전략을 세워 운영해야 하고, 금융 사고의 잠재적 위험 요인과 취약 요인을 계속 점검해야 하는 등 13개에 달하는 세부 지침을 지켜야 한다. 금융위 관계자는 "예전처럼 금융사고가 터졌을 때, CEO, 은행장이 임원이나 부서장에게 책임을 떠넘기고 빠져 나가기 어려워진 것"이라고 말했다.

지주 회장에겐 계열사 사고 책임 묻기 어려워

하지만 책무구조 도입에도 금융지주 회장은 여전히 처벌하기 어려운 점은 허점으로 꼽힌다. 책무구조도는 지주사, 은행, 증권, 보험 등 개별 법인이 각자 CEO 책임 하에 따로 만들어 운영해야 하기 때문이다. 예컨대 은행에서 횡령이나 불완전 판매 같은 사고가 터졌을 당국이 책무구조도를 근거로 책임을 물을 수 있는 대상은 은행 장까지로 한정된다. 지주 회장은 은행을 비롯해 증권 보험 카드 등 계열사에 절대적 영향력을 행사하지만 지주사의 CEO일 뿐이다. 지주사에서 금융 사고가 벌어지지 않는 한 지주 회장을 처벌할 수 없는 것이다. 그런데 지주사들은 직접 영업을 하지 않고 계열사 관리만 하기 때문에 돈과 관련된 금융 사고가 터질 가능성이 낮다. 한 금융분야 연구원은 "은행 등 계열사를 사실상 지배하는 지주회장에 대한 처벌이 어렵다면, 금융지주가 전사적 노력을 기울여 금융 사고 발생을 원천 봉쇄하도록 하는 것은 쉽지 않을 수 있다"고 말했다.

금융 당국은 이 같은 문제를 막기 위해 금융회사가 책무를 배분해야 하는 대상에 '책무에 사실상 영향력을 미치는 다른 회사 임원(대표이사 포함)'도 넣기로 했다. 다른 회사인 지주사 소속이어도 처벌할 수 있다는 점을 밝힌 것이다. 하지만 지주 회장이나 지주사 임원이 계열사에 어떤 영향을 끼쳐 금융 사고가 발생한 것인지를 규명하는 것은 매우 어려운데 계열사가 직무 구조도를 만들 때 지주사의 책임을 구체적으로 쓰지 않아도 되기 때문에 실효성이 떨어질 것이라는 것이라는 지적이 나온다. 금융위 관계자는 "지주 회장은 지주사에 대해서만 책임을 지는 것이 원칙이긴 하지만 지주에 '계열사 관리 업무'도 있어서 금융 사고 시 지주회장과의 연관성을 완전히 차단하기는 어려울 수 있다"며 "책무 구조도 등이(금융 사고 예방을 위한) 실효적 제도로 정착될 수 있도록 보완 작업을 해나갈 예정"이라고 말했다.

책무구조도는 금융회사 임원 등이 담당하는 내부 통제와 관련된 구체적 책무를 지정해 문서화한 것으로 영국 싱가포르 등 금융선진국에서 활용되고 있다. 금융지주 회장, 은행장 같은 최고경영자를 비롯해 최고위험 관리 책임자(CRO), 최고고객책임 자(CCO) 등 이른바 'C레벨' 임원들과 준법감시인 위험관리책임자 등 일부 직원이 책무 지정 대상에 포함된다.

한국경제신문. 2022.12.21. 금융사 내부통제 책임 명확해진다.

은행 등 금융회사는 대규모 횡령이나 불완전 판매 등의 금융사고를 예방하기 위해 앞으로 대표이사와 임원의 내부통제 관련 책임 영역을 명확히 정해야 할 것으로 보인다.

변제호 금융위원회 금융정책과장은 20일 자본시장연구원 주최로 열린 '바람직한 내부통제 제도 개선 방향' 세미나에 참석해 "'누가(직무 권한), 무엇을(책임 영역), 어떻게(통제 활동)함으로써 책임을 지는지'에 대해 명확히 규율할 필요가 있다"고 밝혔다. 금융당국은 금융사 스스로 임원별 책임 영역을 사전에 정하고 금융사고 발생을 막기 위한 관리 의무를 부여한 뒤 사고가 터지면 담당 임원을 제재하는 방안을 추진한다.

대표이사는 중대 금융사고, 기타 임원은 일반 금융사고에 대한 책임을 지게 된다. 각 임원이 합리적인 내부통제 조치를 취했는데도 불가피하게 사고가 발생했다면 과감하게 면책하기로 했다. 내부통제 권한은 위임할 수 있어도 책임은 전가할 수 없다는 원칙을 정립하고, 금융사고가 터진 이후 경영진이 어떤 방지 노력을 했는지 소명하도록 제도화를 꾀한다는 게 금융위의 구상이다.

이효섭 자본시장연구원 자본산업실장은 이날 "내부통제를 충실히 이행했다면 제재를 경감하는 등의 인센티브를 제시하고 합리적인 면책 조건을 마련해야 한다"고 말했다. 책임지도, 맞춤형 내부통제 정책, 정례평가, 임직원 교육 등을 면책 조건 사례로 들었다. 김용재 금융위원회 상임위원은 "권한과 책임의 불일치로 단기성과 추구에 대한 내부통제가 제대로 이뤄지지 않고 있다"며 "내실 있는 통제가 이뤄지도록 경영전략과 조직 문화 전반을 수정해야 할 것"이라고 했다.

금융위는 내년 1분기에 구체적 제도 개선 방안을 담은 법률 개정안을 입법 예고할 계획이다.

한국경제신문. 2023.3.27. '금융판 중대재해법' 강화하는 야

경영진의 내부통제 책임 강화
김한규, 이달 관련법 대표발의
금융위도 내달 입법 예고

금융회사 직원들의 대규모 횡령 사고가 잇따르면서 경영진의 내부통제 책임을 강화하는 법안이 잇따라 발의되고 있다. 금융당국도 다음 달 관련 법안을 제출할 계획이어서 입법 논의가 급물살을 탈 전망이다.

26일 정치권에 따르면 김한규 더불어민주당 의원은 이번주 '금융회사의 지배구조에 관한 법률 일부 개정안'을 대표 발의한다. 개정안은 대표에게 회사의 내부 통제 기준을 점검하고 보완해 이사회에 보고하는 책임을 부여한다. 금융회사 대표는 사업 영역별 내부 통제 책임자를 지정하고, 준법감시인과 책임자들은 주요 리스크를 대표에게 보고하는 법적 의무를 갖게 된다. 이사회는 대표의 내부통제 점검 업무를 감독하는 역할을 맡는다. 내부통제가 정상적으로 작동될 경우 보상책도 들어간다. 개정안은 금융사고가 발생할 때 내부통제가 정상적으로 작동되면 대표 또는 임직원의 책임을 감면할 수 있도록 한다.

김 의원이 이런 법안을 발의한 것은 내부통제 실패에 대한 대표와 이사회의 책임을 명시한 법적 근거가 없어 금융회사에서 대형 사고가 발생해도 경영진이 처벌받는 사례가 드물기 때문이다. 김의원은 "금융회사 횡령 건수는 감소하고 있지만 피해 금액은 늘어나고 있다"며 "금융회사 대표와 이사회의 실질적인 책임을 명시하면서 이를 준수할 수 있는 인센티브를 부여해야 한다"고 설명했다.

정치권에선 다음 달부터 관련 법안 논의가 본격화할 것으로 예상됐다. 금융위원회가 다음 달 관련 법안을 입법예고할 예정이기 때문이다. 금융위 입법안엔 내부통제 실패로 중대한 금융사고가 발생했을 때 대표에게 해임 직무정지 등 제재를 가하는 내용 등이 담긴 것으로 전해졌다. 국회 관계자는 "논의가 순조롭게 이뤄질 경우 법안이 상반기에 국회를 통과할 수 있을 것"이라고 전망했다.

대표에게 책임을 묻는다는 것은 대표가 개인이기 때문에 더 와닿을 수 있는데 회의체라고 하면 회의체 모두에게 책임을 묻는다는 것이 실질적으로 얼마나 가능한지에 대한 의문을 갖게 한다. 결국은 회의체에 소속된 개인에 대한 책임으로 전가될 것이다. 예를 들어 민사에 의해서 이사회 이사들에 대해 연대 손해배상 소송이 제기되었다고 하면 피고는 원고 누구에 대해서도 구상권을 행사할 수 있다.

중대재해처벌법이 제정된 이후에 기업에서 사고가 발생하면 과연 누가 책임을 져야 하는 것인지에 대해서 많은 논란과 우려가 있었다. 큰 기업의 경우, 대표이사가 챙겨야 할 업무가 한 두가지가 아닌데 이러한 모든 데 대해서 책임을 지라고 하면 과연 책임을 질 수는 있는 것을 책임지라고 요구하는 것인지에 대해서도 많은 논의가 있다.

이와 같이 중대재해처벌법에 있어서의 책임이 과중하자 최대주주들은 대표이사로 선임되더라도 각자 대표로 선임하면서 책임을 피해가려 한다. 정부나 입법기관의 입장도 일응 이해가 간다. 책임져야 하는 자의 직위를 올려야 이 업무가 얼마나 중요한 업무인지를 경영진이 실감/이해하고 잘 챙길 것이다는 논지이다. 단, 이슈는 이러한 책임이 얼마나 현실적이고 실현 가능한지가 논점의 중심이다.

매일경제신문. 2022.2.21. 현대모비스, 롯데케미칼, GS칼텍스... 각자 대표로 '안전 경영' 강화

10대 그룹에서 대표이사를 맡고 있는 오너 경영인은 12명이다. 그룹 회장이 대표이사인 기업은 현대차, SK, LG, 롯데, GS 등 5개 그룹이다.

정의선 현대자동차그룹 회장은 현대차와 현대모비스, 최태원 SK그룹 회장은 SK(주), 구광모 LG그룹회장은 (주)LG, 신동빈 롯데그룹회장은 롯데지주, 롯데제과, 롯데케미칼, 허태수 GS그룹 회장은 (주)GS 대표이사다.

전문경영인인 권오갑 현대중공업그룹 회장은 현대중공업지주 대표다.

4대 그룹은 삼성을 제외하고[11] 모두 그룹 회장이 대표이사 직함을 갖고 있다. 삼성의 경우 이부진 사장이 호텔신라 대표다.

한화와 신세계그룹 회장은 미등기 임원이다. 김승연 한화그룹 회장은 (주)한화, 한화솔루션, 한화건설 미등기 임원이며, 이명희 신세계 그룹회장은 신세계와 이마트 미등기 임원이다. 정용진 총괄부회장과 정유경 총괄부회장도 등기 임원이 아니다.

오너 대표이사가 가장 많은 그룹은 GS이다. 허태수 회장분 아니라 허용수 GS에너지 대표, 허연수 GS리테일 대표, 허세홍 GS칼텍스 대표 등 이 각 회사 대표 최고경영자다.

SK는 최태원 회장 사촌동생인 최창원 부회장이 SK디스커버리 대표이사다. SK디스커버리는 SK케미칼, SK가스, SK플라자 등을 자회사로 갖고 있는 지주회사다.

창업주 3세가 대표이사를 맡고 있는 회사도 있다. 김동관 사장은 한화솔루션 전략부문 대표, 정기선 사장은 현대중공업지주와 한국조선해양 대표이사다. 오너 대표이사 12명 중 7명이 지주사 대표다. ㈜SK, SK디스커버리, (주)LG, 롯데지주, (주)GS, GS에너지, 현대중공업지주, 한국조선해양 등이다. 허용수 GS에너지 대표를 제외한

---

11 이재용 회장이 회장으로 선임되기 이전의 기사이기도 하지만 이재용회장은 법률 리스크에 의해서 등기이사를 맡고 있지 않다.

6명은 지주사 복수 대표다.

지주회사는 자회사 관리가 주 업무인 회사로, 제조 현장이 없다. 중대재해처벌법 관련 위험이 상대적으로 낮다. 제조업체 대표를 맡고 있는 오너 경영인은 정의선 현대차그룹회장, 신동빈 롯데그룹회장, 허세홍 GS칼텍스 대표다. 현대차, 현대모비스, 롯데케미칼, 롯데제과, GS칼텍스는 모두 단독 대표가 아닌 각자 대표이사 체제다. 한화솔루션의 경우 김동관 사장은 전략 부문 대표다. 제조 현장이 있는 한화솔루션 큐셀부문, 케미칼부문, 첨단소재부문은 전문 경영인 대표이사가 있다. 이부진 사장이 대표를 맡고 있는 호텔신라는 서비스업체다.

대표이사를 맡고 있는 최대주주 일가 사위도 있다. 정태영 부회장은 현대카드 대표, 문성욱 사장은 시그나이트파트너스와 신세계 톰보이 대표이사다. 정 부회장과 문 사장 모두 중대 재해가 발생할 가능성이 낮은 서비스 업체를 경영하고 있다.

재계 관계자는 "10대 그룹 오너는 정의선 회장, 신동빈 회장, 허세홍 대표를 제외하고, 모두 지주사나 전략 서비스 관련 대표이사를 맡고 있다"며 "중대재해법 리스크에서 벗어나 있는 모습"이라고 말했다.

정용진 총괄부회장은 최근에 회장으로 선임되었다.

"지주회사는 자회사 관리가 주 업무인 회사로, 제조 현장이 없다"고 위 기사에 기술되어 있으나 이는 순수 지주회사의 경우이고, 사업 지주회사는 지주사 내에 제조업을 수행해서 제조 현장이 있을 수도 있다.

이코노미스트. 2023.6.26.-7.2. '많게는 수백억원'.. 고액 연봉 받는 미등기 오너 살펴보니

'중요한 자산의 처분 및 양도, 대규모 자산의 차입, 지배인의 선임 또는 해임과 지점의 설치 이전 또는 폐지 등 회사의 업무집행은 이사회의 결의로 한다.'(상법 제399조)

기업의 설립과 운영 그리고 해산에 관한 법률은 상법이다. 준법 경영의 기본이 되는 상법 제382조부터 제408조는 등기이사와 이사회에 관한 책임과 의무를 정리하고 있다. 상법 제399조는 기업 경영의 중요한 의사결정은 '이사회'를 거쳐야 한다고 명시하고 있다. 이사회를 구성하는 이사들이 바로 주주총회에서 선임하는 등기이사다.

등기이사는 기업 경영의 주요 결정에 참여하는 만큼 기업 경영의 과실이나 문제에 책임을 져야 한다. 상법 제399조는 '이사가 고의 또는 과실로 법령 또는 정관에 위반한 행위를 하거나 그 임무를 게을리한 경우에는 그 이사는 회사에 대하여 연대하여 손해를 배상할 책임이 있다'고 못박고 있다.

하지만 '미등기임원'으로 불리는 '비등기이사'는 다르다. 비등기이사는 '주주총회에서 선임하지 않는 이사'를 말한다. 회사의 필요에 의해서 '이사'라는 직함을 준 이들이다. 상법은 비등기이사의 잘못에 대하여 당사자가 아닌 회사가 책임을 져야 한다고 밝히고 있다. 상법 제 395조 '사장, 부사장, 전무, 상무 기타 회사를 대표할 권한이 있는 것으로 인정될 만한 명칭을 사용한 이사의 행위에 대하여는 그 이사가 회사를 대표할 권한이 없는 경우에는 회사는 선의의 제3자에 대하여 그 책임을 진다'고 명시하고 있다.

등기이사와 비등기이사의 가장 큰 차이는 책임인 것이다.

위 기사 중, "상법은 비등기이사의 잘못에 대하여 당사자가 아닌 회사가 책임을 져야 한다고 밝히고 있다"는 점에 대해서 기술한다.

이사 및 감사위원은 회사에 대해서도 또한 제3자에 대해서도 책임이 있으며 발행주식 총수의 1% 이상의 주식을 보유한 주주는 회사에 대하여 이사의 책임을 추궁할 소의 제기를 청구 가능하다.

등기 이사가 아닌데 직책을 가지고 업무를 수행하는 경우를 업무집행지시자라고 상법에서 규정하고 있다. 위의 기사에서 상법 제399조는 이사는 회사에 대해서 연대하여 손해를 배상할 책임이 있다고 규정하고 있어서 주주에 대한 책임이 아니라 회사에 대해서 책임을 지라고 규정되어 있다. 소송을 제기한 특정 주주에 대한 배상이 아니고 회사에 대한 책임인 것은 이사/이사회의 과거 의사결정에 대한 보상일 경우, 이러한 의사결정을 수행하는 시점의 주주가 이러한 배상 의사결정이 수행되는 시점의 주주가 아닐 경우도 있어서 주주를 찾아 배상하는 것이 가능하지 않을 수도 있다. 법인격이라는 하는 회사에 배상하게 되면 이러한 법인격을 구성하는 자연인인 주주가 모두 혜택을 받을 수 있다. 물론, 혜택을 받는 시점의 주주가 이사회가 의사결정을 잘못 수행하는 시점의 주주가 아닐 수 있지만 회사라고 하는 법인격은 영속적일 수 있다.

> **조선일보. 2023.12.27. 총수 일가가 책임 안지는 미등기 임원인 회사 136곳**
>
> 대기업 집단의 총수 일가가 이사회 구성원이 아닌 미등기 임원으로 재직 중인 회사가 136곳에 이르는 것으로 집계됐다. 경영상 책임은 피하면서 각종 권한과 혜택만 챙기는 관행이 남아 있는 것이다.
>
> 26일 공정거래위원회는 이런 내용을 담은 '2023년 공시대상기업집단 지배구조 현황'을 발표했다. 73개 기업집단, 2735개 계열회사를 조사한 결과다.
>
> 공정위에 따르면, 총수 일가가 경영상 책임을 부담하지 않는 미등기 임원으로 재직 중인 회사는 전체 분석 대상(2602곳) 중 136곳(5.2%)이었다. 기업집단 중에선 하이트진로(46.7%), DB(23.8%), 유진 (19.5%), 중흥건설 (19.2%), 금호석유화학 (15.4%) 등이 총수 일가가 미등기 임원으로 재직 중인 회사 비율이 높았다. 특히 총수 일가 미등기 임원의 절반 이상(57.5%)이 사익 편취 규제 대상 회사에 재직 중이었다.

위 기사 이후 신동빈 회장은 2022년 사업연도에 대한 2023년 주총에서 추가로 롯데칠성의 이사로 등기하게 된다. 현대중공업 지주는 HD현대 지주로 사명을 변경했다.

위의 기사에서와 같이 최대주주의 경우, 전략 부문 대표와 같이 중대재해처벌법에 의해서 책임을 져야 하는 각자 대표 영역은 피해 가는 경향을 위의 기사에서 기술하고 있다. 우리 기업 경영에서 최대주주가 차지하는 위치를 생각해 보면 중대재해처벌법에 대한 대응을 일면 이해할 수도 있다. 대기업이라는 것은 적절한 권한의 위임에 의해서 운영되는 것인데 모든 과실에 대한 책임자는 주식회사의 대표자인 대표이사의 몫이라고 하면 이는 과도하다.

국내에서 발생하는 모든 사고에 대한 책임은 정부가 예방해야 하는 책임이 있으니 국가 원수인 대통령이 매번 책임지라고 하면 1년에도 몇 번씩 대통령이 바뀌어야 한다. 물론 가당치 않은 얘기이며 어느 선에서는 의사결정이 위임되고 책임도 끊어줘야 한다. 금융권에 있어서의 사고에 대해서도 금융지주회장이거나 은행장의 책임이 끝없는 논쟁거리이며 금융지주 회장의 연임/선임에까지도 영향을 미치고 있다.

한국경제신문. 2023.1.19. 중대재해처벌법 1년 CEO만 덤터기 썼다

중대재해법 시행 1년간 법 위반 혐의로 기소된 기업은 모두 대표이사가 법정에 선 것으로 나타났다. 법 시행 전부터 경영계가 우려한 '최고 경영자(CEO) 재판'이 현실화했다는 평가가 나온다.

18일 대검찰청 등에 따르면 중대재해법을 시행한 지난해 1월 27일 이후 이날까지 검찰이 중대재해법 위반 혐의로 기소한 사건은 총 11건이었다. 11건 모두 대표이사가 경영책임자로 인정돼 재판에 넘겨졌다.

최고안전책임자(CSO)를 뒀음에도 대표이사만 기소되는 일도 벌어졌다. 창원지방검찰청 통영지청은 지난해 11월 중견 조선사인 삼강에스앤씨와 이 회사 대표 A씨를 재판에 넘겼다. 검찰은 CSO가 있지만, 대표이사가 실질적으로 안전보건 확보에 관한 결정권을 행사한 경영책임자라고 판단했다. 중대재해법은 사업을 대표하고 총괄하는 권한과 책임이 있는 사람 또는 이에 준해 안전 보건에 관한 업무를 담당하는 사람을 경영책임자로 규정하고 있다.

법조계는 수사 단계에서 중대재해법 위반 정황이 확인되면 대표이사가 재판을 피하기 쉽지 않을 것이라는 우려가 사실로 드러났다고 보고 있다. CSO의 권한과 책임을 체계적으로 규정해 운용하고 있음을 입증하지 못하면 CEO가 형사 책임을 지는 결과로 이어질 가능성이 높다는 관측이 나온다.

검찰이 최근 들어 본격적으로 기소 여부를 결정하기 시작한 만큼 중대재해 재판은 올해 동시다발적으로 이뤄질 전망이다.

대검 중대재해 자문위원회 위원장인 권창영 법무법인 지평 변호사는 "앞으로 나올 하급심 판결들을 대법원 판례가 확립될 때까지 중대재해 재판의 중요한 참고자료가 될 것"이라며 "중대재해법 위반죄 성립과 양형을 두고 기업과 검찰 간 치열한 공방이 예상된다"고 말했다.

한국경제신문. 2023.1.19. '안전 확보' CEO 책임 범위 모호... 기업-검 치열한 법리 다툼 예고

중대재해처벌법 위반 혐의로 기소된 사건은 법 시행 8개월 후인 지난해 9월까지만 해도 단 한 건에 불과했다. 사고는 속출했고, 수사도 대대적으로 벌였지만 전문가인 검찰 조차 새 법을 기준으로 기소 여부를 판단하기까지 오랜 고민이 필요했던 탓이다. 그랬던 검찰이 최근 3개월여간 10개 기업을 추가로 기소하면서 중대재해 사건 처리가 급물살을 타고 있다.

중대재해처벌법을 위반한 경영책임자는 1년 이상 징역이나 10억원 이하 벌금형을 받는다. 법인은 최대 50억원까지 벌금을 내야 한다.

법조문 해석 다툼 가열 조짐

중대재해처벌법 재판에서 유죄가 나오려면 크게 '안전보건 확보 의무 미이행, 사고와의 인과관계, 예견 가능성, 고의성'이 동시에 입증돼야 한다. 기업이 법에서 요구한 안전 보건 확보 의무를 지키지 않아 사고가 일어났고, 사고 발생 가능성이 예견됐음에도 안전 보건 확보 의무를 제대로 준수하지 않은 상태를 방치했다는 근거가 필요하다.

법조계에선 안전보건 확보의무 이행 여부를 둘러싸고 가장 첨예한 공방이 벌어질 것으로 보고 있다. 명확하지 않은 규정으로 인해 기업과 검찰이 각자 유리한 대로 해석할 가능성이 높아서다. 사업주의 예산 편성 집행 의무를 규정한 내용이 대표적이다. 중대재해법 및 시행령에는 '사업주가 재해 예방을 위해 시설, 장비 구비 등에 쓰는 예산을 편성해야 한다'고만 기재돼 있다. 어떤 식으로 얼마나 편성해야 하는지는 나와 있지 않다.

경영책임자가 안전 보건에 관하여 목표와 경영 방침을 세워야 한다는 규정 역시 구체적인 내용이 없다. 어떤 방식이어야 설정했다고 볼 수 있는지를 두고 의견이 엇갈릴 수 있다.

이외에도 사업주와 경영책임자 등에게 '안전보건관리책임자 등에게 업무를 충실하게 수행하는데 필요한 권한과 예산' 사업주나 법인 또는 기관이 실질적으로 지배 운영 관리하는 사업 또는 사업장에서 종사자의 안전보건상 유해 위험 방지 조치를 요구한 내용 등이 추상적으로 규정돼 있다. 법조계 관계자는 "기업은 각종 정황과 증거를 앞세워 법을 준수했음을 주장하며 수사기관의 유죄 논리를 깨려고 할 것"이라며 "법원 역시 수사 기소 과정보다 더욱 깐깐한 잣대로 판단할 가능성이 높다"고 설명했다.

대기업 첫 기소 시점에도 관심

대기업의 중대재해 재판 사례가 언제 나올지도 산업계의 주요 관심사다. 지난 1년여간 대기업 생산 현장에서도 사고가 쏟아져 수사가 진행됐지만 아직 기소 여부가 결정된 곳은 없다. 고용노동부가 지난해 말까지 기소 의견으로 검찰에 송치한 사건 33건 중에서도 대기업은 현대제철, 쌍용C&E, 삼표산업 등 손에 꼽는다. 중대재해법 도입 전부터 많은 비용을 투입해 안전사고 예방 체계를 구축하려고 한 대기업이 적지 않았던 만큼 수사기관 역시 위법 여부를 쉽게 판단하지 못하고 있다는 분석이다.

이 같은 상황을 고려하면 중소기업 재판이 꽤 진행된 후에야 기소되는 대기업이 등장할 전망이다.

대형 로펌 중대재해 담당 변호사는 "대기업들은 직접 법정 다툼을 통해 초기 판례를 만들긴 어려워졌지만, 그동안 중대재해 예방을 위해 예산과 인력을 투입하고 안전보건 확보 의무 이행 여부를 정기적으로 점검했다면 유죄 판결이 나오긴 어려울 것"이라고 말했다.

한국경제신문. 2023.1.19. "최종 책임자, CEO냐 CSO냐" 대검 논문집에도 비판 의견 나와

"중대재해법은 기업 경영책임자에 대한 형사처벌이 필요하다는 단순 논리에 근거해 졸속 입법됐다"고 지적한 논문이 대검찰청 논문집에 등재했다. 중대재해처벌법 위반 혐의로 첫 번째로 기소된 두성산업이 창원지방법원 재판부에 위헌법률심판제정을 신청한 데 이어 법률에 대한 법조계의 비판도 나온다.

18일 법조계에 따르면 대검찰청이 최근 발간한 계간 논문집 '형사법의 신동향'에는 이상철 법무법인 태평양 변호사의 논문 중대재해처벌법상 경영 책임자 등의 개념'이 실렸다. 중대재해법 제2조 제9항은 처벌될 수 있는 '경영책임자 등'을 '사업을 대표하고 사업을 총괄하는 권한과 책임이 있는 사람 또는 이에 준하는 안전보건에 관한 업무를 담당하는 사람'이라고 규정한다. 중대재해 사고가 발생하면 대표이사를 비롯한 경영책임자 또는 안전보건최고책임자(CSO)를 처벌할 수 있다는 규정이다.

이 변호사에 따르면 CSO가 안전보건에 관한 최종적 의사결정 권한을 갖고 있다고 하더라도 대표이사가 책임을 벗을 수 있는지는 명확하지 않다. 특히 '이에 준하여'를 어떻게 해석하는지가 쟁점이다. 이 변호사는 한 고용노동부 관계자가 "'이에 준하는 자'는 안전 보건 조치를 위반한 현장 소장이나 공장장에 대한 징계권 및 작업중지 권한을 행사하고, 도급 계약을 체결하면서 계약 상대방까지 정할 수 있어야 한다"고 언급한 데 주목했다.

이 발언에 따르면 CSO는 일정 범위에서 대표이사를 배제하고 독자적인 경영권을 행사할 수 있어야 한다. 그러나 산업계에서는 "현실성이 낮은 얘기"라고 지적했다. 법조계에선 "최근 노동청 등이 중대재해 사건에서 이 같은 해석에 따라 경영책임자 기소에 초점을 맞추고 있다"고 언급한 데 주목했다.

이 변호사는 산업안전보건법 등 관련 법령의 정비 필요성을 제기했다. 산안법에 따르면 대표이사는 안전보건 계획을 수립해 이사회에 보고해야 한다. 그런데 중대재해법에서 대표이사가 면책되기 위해선 CSO가 안전보건 관련 업무를 전담하도록 해야 한다. 이사회에 보고하지만 관련 업무를 전혀 맡지 않는 이중적인 상황이 발생하는 것이다.

위의 신문 기사에서는 대표이사를 배제하고 경영권을 행사한다는 문구가 인용되는데 이는 상법에서의 대표이사의 지위, 책임과 권한을 무시한 내용이다. 안전이 아무리 중요하더라도 모법인 상법 기관을 뛰어 넘는 경영활동은 존재할 수 없고 탁상행정의 결과 아닌가라고도 판단된다.

한국경제신문. 2021.11.18. 고용부 "중대재해 최종 책임은 결국 CEO"

내년 1월 27일 중대재해처벌법이 시행되면 기업에 안전담당 임원을 두더라고 법 위반 시 대표이사의 처벌이 불가피할 전망이다. 정부가 중대재해법 처벌 대상과 관련, 최고안전책임자를 선임했다는 것만으로 대표이사가 면책될 수 없다고 판단했기 때문이다.

고용노동부는 17일 이런 내용을 담은 '중대재해처벌법 해설'을 발표했다. 중대재해법과 시행령이 모두 처벌 수준에 비해 지나치게 모호하다는 지적에 따라 내놓은 사실상 '정부 지침'이다.

중대재해법은 근로자 사망 사고 등 중대재해가 발생한 기업의 경영책임자 등이 재해 예방을 위한 안전보건 관리체계 구축 등 의무를 다하지 않았을 경우 처벌하도록 하는 법률이다. 중대재해는 사망 1명 이상, 6개월 이상 치료를 요하는 부상자 2명 이상, 동일한 요인으로 직업성 질병자 1년 내 3명 이상이 발생한 경우를 말한다. 근로자 사망 시 경영책임자는 1년 이상 징역에 처해진다.

이례적으로 하한형을 두는 등 처벌 수위가 높다 보니 경영계에서는 경영책임자의 범위를 구체화해 달라고 지속적으로 요구해 왔다. 이에 정부는 이번 해설서를 통해 '처벌 대상은 사업 전반의 안전 보건에 관한 조직 인사 예산의 최종 의사결정권을 가진 자'라며 "대표이사에 준하는 안전보건업무는 담당하는 사람이 있다는 사실만으로 면책될 수 없다"고 못 박았다. 사실상 안전 담당 임원이 있다 하더라도 '최종 결정권'이 없는 이상 대표이사도 처벌된다는 얘기다.

한국경영자총연합회는 이날 성명을 내고 "법 제정 취지에 맞는 자를 경영책임자로 선임한 경우에도 사업 대표가 처벌 대상이 되는지 명확하지 않다"며 "원 하청 관계에서 종사자의 안전보건 책임 소재가 불명확하고 매우 혼동된다"고 지적했다.

조직 인사 예산을 책임지고 있어야 한다는 차원에서는 경영책임자는 실제로 '실세'여야 한다는 의미이고 결국 '최종 결정권자'를 의미하게 된다. 즉, 경영책임자도 아닌데 누구를 속죄양으로 삼는 것은 인정하지 않겠다는 의미이다.

기업 내에서의 최종 결정권자는 궁극적으로 CEO밖에는 없다는 결론을 내릴 수 있다.

한국경제신문. 2021.11.18. 해설서까지 나왔지만... 중대재해 처벌 기준 책임 소재 여전히 '안개속'

중대재해처벌법의 산업재해 분야 소관부서인 고용노동부가 내년 1월 중대재해법 시행을 앞두고 지난 8월 가이드북에 이어 17일 '해설서'를 내놨다. 하지만 경영책임자의 범위 등 핵심 쟁점이 여전히 불명확해 법 시행 이후 산업현장에 일대 혼란이 우려된다. 특히 정부는 안전 담당 임원을 선임했다고 하더라도 '경영책임자'가 면책되진 않는다면서도 경영책임자가 구체적으로 누구인지는 명확히 적시하지 않았다.

해설서 나와도 여전히 모호

중대재해법에 따르면 경영책임자는 사업상 안전보건 확보 의무를 지며, 이를 위해 안전보건 관리체계를 구축해야 한다. 만약 이를 소홀히 해 산재가 발생할 경우 경영책임자를 처벌한다는 게 이 법의 골자다. 하지만 중대재해법은 제정 당시부터 '졸속 입법'이라는 비판을 받았다. 이에 고용부는 8월 120쪽짜리 '가이드북'을 배포해 사업주의 '안전보건 관리체계 구축 의무'를 제시했지만 경영계의 우려를 전혀 씻어내지 못했다.

이번 해설서는 총 233쪽에 달한다. 중대재해처벌 대상자인 '경영책임자'의 의미, '안전보건 관리체계 구축' 관련 아홉가지 의무의 구체적 이행 방안 등을 쉽게 알려주기 위한 자료라는 게 고용부의 설명이다.

하지만 경영계의 기대와 달리 해설서는 여전히 명확한 기준을 제시하지 못했다는 비판이 나온다. 김동욱 법무법인 세종 변호사는 "모호한 내용을 예전과 똑같이 반복하고 있다"며 "법을 적용받을 사람들이 겪을 어려움을 해소하는 데 큰 도움이 될 거

같지 않다"고 지적했다.

우선 기업들이 가장 궁금해 하는 '경영책임자'와 관련한 고용부의 입장이 명확하지 않다. 최고경영자(CEO)가 책임을 지지 않는 경우가 없지는 않다. 우선 최고안전책임자(CSO)가 안전 분야 조직, 인력, 예산에 대해 최종 결정을 내릴 수 있어야 한다. 기업은 또 법령이 정하는 모든 요건에 맞게 체계를 갖추고 항상 노력해야 한다. 기업계 관계자들은 "CSO가 안전분야에선 CEO를 제치고 책임을 질 수 있어야 하는데 경영 현실을 비춰보면 불가능하다"고 한결 같이 지적했다. 결국 CEO에게 포괄적 책임을 묻겠다는 것이 정부의 뜻이라고 경영계는 보고 있다. 김상민 법무법인 태평양 변호사는 "해설서는 안전보건책임자가 있더라도 대표이사가 책임을 피하기 어렵다는 의미로 보인다"며 "둘 다 책임을 진다면 '또는'으로 규정한 법 문언에 어긋난다"고 지적했다.

"결국 기업별로 알아서 하라는 얘기"

중대재해법이 가장 큰 문제점으로 지적돼온 불확실성이 해설서로 되레 가중됐다는 지적이다. 안전보건 관리체계 구축을 위해 투입해야 하는 '적정한 예산'의 수준에 대해 '합리적으로 실행 가능한 수준만큼'이라고 한 것이 대표적이다. "개별 기업이 알아서 판단하라는 의미냐"는 비판이 나오는 이유다.

해설서가 법에 근거가 없는 자의적 해석을 하고 있다는 비판도 제기된다. 가령 법령에서는 안전보건 관리체계 구축의 일환으로 '안전 경영 방침을 세우라'고 정하고 있을 뿐인데, 해설서에는 '구체적인 대책과 세부적인 로드맵을 만들라'는 식으로 과도한 의무를 부과한다. 또 해설서는 '안전관리 전담조직'과 산업안전보건법상 '안전관리자'를 구별하도록 하고 있는데, 사실상 기업에 이중 부담을 지우는 격이라는 지적이다. 김동욱변호사는 "법령 어디에도 사업장의 안전보건조직이 안전보건 전담조직을 겸할 수 없다는 근거가 없다"며 "법 위반 시 형사처벌이 될 수 있다는 점을 고려하면 심각한 문제"라고 말했다.

이에 대해 산업안전보건본부 관계자는 "어느 수준으로 준비해야 하는지는 기업 스스로가 가장 잘 알 것"이라며 정부 인증제 마련 요구와 관련해선 "획일적으로 정할 수 없다"고 선을 그었다.

일각에서는 법 시행 이후 이른바 '원님 재판'이 현실화될 수 있다는 우려도 나온다. 한 대형 로펌 형사 전문 변호사는 "법을 위반하면 형사처벌이 되는데, 스스로 알아서 잘 지키라는 거 "네 죄를 네가 알렸다'는 의미"라며 "죄형법정주의에 위배될 수 있다"고 말했다.

경영계에선 근본적으로 부실 입법이라 해설서로 논란을 정리하기엔 무리가 있다고 지적한다. 한국경영자총협회 관계자는 "고용부가 해설서에서 '경영책임자'의 판단 기준을 밝혔다고 하지만, 해설서 발간 직후 기업들은 그와 관련한 질문을 가장 많이 하고 있다"고 전했다.

실제 회사 경영에서 책임이라는 것이 애매하다.

예를 들어 내부회계관리제도에 대한 총 책임자는 대표이사이다. 대표이사가 감사위원회에 내부회계관리제도의 운영 실태에 대해서 보고를 한다. 물론, 실질적으로 업무를 수행하는 실무 책임자는 CFO 등이 될 수 있지만 이 모든 책임은 CEO의 책임 하에 이루어진다. 물론, 법에서는 대표이사가 직접 감사위원회에 내부회계관리제도의 실태 보고하지만 이를 수행하는 것이 어려울 경우는 실무 책임자가 대신할 수도 있도록 규정하기도 한다.

이뿐만 아니라 대표이사는 기업지배구조하에서의 가장 중요한 회의체인 주주총회에서도 내부회계관리제도의 운영 실태에 대해서 보고한다.

그럼에도 내부회계관리제도에 대한 보고가 실제와는 달리 잘못된다고 할 때, 이러한 업무에 대한 공식적인 책임을 지고 있는 대표이사에게 책임을 묻는 것이 옳은지 아니면 실질적인 실무책임자에게 책임을 묻는 것이 옳은지도 의문이다.

대표이사가 내부회계관리제도에 대한 궁극적인 책임자인 것은 감사위원회와 주주총회에서의 보고 의무가 있는 것으로 판단하면 맞는 것이기는 하지만 이는 상징적인 책임을 의미한다.

법에서의 책임과 실제로 이러한 업무가 문제가 되어서 누가 실질적인 책임을 져야 할지를 판단할 때는 주관적인 판단의 영역이 된다.

예를 들어 이사회에서의 의사결정에 있어서는 이사회의 상근 이사, 기타비상무이사, 및 사외이사를 포함한 모든 이사가 상법에서의 선량한 관리자와 충실성에 근거해서 동등하게 의사결정에 대한 책임을 져야 한다. 그럼에도 이사회에서 의사결정을 수행하는 정보나 업무에 관여하는 시간과 관련해서는 사내이사와 사외이사가 동등할 수는 없다. 그러나 이러한 사내와 사외이사의 책임의 차이는 법적인 차이가 아니라 사법부의 재량적인 판단의 차이이다. 이는 상법에서는 이사의 책임에 대해서 사내이사, 기타비상무이사 및 사외이사를 구분하지 않기 때문이다. 법의 적용과 판단은 당연하지만 사법부의 몫이다.

다음과 같은 경우도 법적, 상징적인 책임과 실질적인 책임의 차이가 될 수 있다. 수년 전부터 감사보고서에 감사를 담당한 engagement 파트너의 실명이 포함된다. 물론, 해당 파트너가 희망하지 않으면 의무사항은 아니지만[12] 거의 대부분의 감사 건에서 담당 이사의 이름이 포함되며 이는 담당 파트너가 책임지고 감사를 수행할 뿐만 아니라 감사보고서를 발행할 때도 뒤에 숨지 말고 떳떳하게 실명을 드러내라는 것이다. 단, 이러한 engagement 파트너의 실명 공개는 상장기업 감사에만 요구되고 있다. 물론, engagement 파트너의 실명 공개는 본인에게는 무척 부담되는 일이다. 일반 투자자가 이렇게 공개된 파트너의 실명으로 누가 감사업무를 담당했는지를 파악하고 직접 회계사를 접촉하여 질의를 할 수도 있으니 부담되는 것은 당연하다.

단, 이는 담당 이사의 실명을 표시하는 것이지, 그럼에도 감사보고서에 서명을 하는 것은 회계법인의 대표이사이다. 이는 외감법에 의해서 감사인은 회계법인이나 감사반이지 개인 공인회계사거나 담당 이사가 아니기 때문이다. 회계감사일 경우, 법적인 실체가 있는 회계법인이 수행하는 것이기 때문에 이 용역은 회계법인의 대표이사 명의로 인증하는 감사보고서를 간행하는 것이다. 물론, 회계법인이라는 자연인이 아닌 법인격이 감사 수행의 주체이기는 하지만 감사라는 것이 屬人적인 것이므로 양벌 규정에 의하면 회계감사에 오류가 포함될 경우는 개인, 법인 모두 책임을 묻게 된다.

법무법인이 용역을 수행하게 되면 관여된 변호사들이 실명으로 서명을 하게 되는 것이지 유한회사(Limited Liability Co.) 법무법인의 대표 이사 명의로 용역보고서가 발행되는 것은 아니다.

동일한 유한회사이지만 법무법인의 경우, 용역의 주체가 법인의 대표자라기

---

12 〈회계감사기준 700.45〉 그러나 드문 상황으로서, 업무수행이사의 이름을 공시하는 것이 개인의 안전에 대한 유의적 위협을 발생시킨다고 합리적으로 예상되는 경우에는 그러지 아니한다. 상장사 중(주로 과거엔 코스닥) 상장폐지위기 등에 몰린 회사의 감사인을 보호하기 위한 조치이다. 예전에 코스닥 상장사 중 적정의견 외의 의견을 받거나 상장폐지 등에 몰린 한계기업의 감사인에게 위해를 가하는 상황이 종종 있었다. 그러한 회사에 외부 세력(일종의 기업화된 조직폭력배 등등)이 주주로 있는 경우, 감사 회계법인까지 찾아와 행패를 부리는 경우가 있어서 감사인을 보호하기 위한 조치로 위와 같은 예외 규정을 두었다.

보다는 실질적으로 용역보고를 수행한 담당 변호사라는 점이 더 중요하다는 의미라고 사료된다. 이 용역 보고서의 주체가 법인인지 아니면 관련된 변호사가 주체인지의 이슈이다.

단, 법적인 책임이나 상징성은 이렇다 하더라도 대형 회계법인의 경우, 진행되는 감사 건이 수백 수천 건인데 이 모든 감사 건에 대해서 대표이사가 이러한 모든 업무를 꼼꼼하게 챙기고 점검하는 것을 기대하는 것은 아니다. 상징적인 책임을 진다는 의미이다. 물론, 이는 어떻게 보면 통제(control)의 책임을 진다고도 할 수 있다. 즉, 본인이 직접 이러한 업무를 챙길 수 없으면 본인이 지휘하는 누구로 하여금 이 업무를 수행하도록 관장하는 것이다.

다음과 같은 내용도 유사한 사례가 될 수 있다.

기업의 대표이사와 재무담당이사는 가결산한 재무제표를 감사인에게 제출할 때 확인서를 작성해야 하며 이는 적법한 회계 감사의 절차이다. 즉, 제출하는 재무제표에 잘못된 오류가 포함되지 않았다는 점을 확인해 주는 확인서이다. 어떤 기업의 재무제표는 주석만 수백 쪽에 이른다. 회계나 재무 전문가인 CFO가 포함된 내용에 대한 상세한 내용을 모두 파악하고 있는 것은 가능할 수 있지만 회계나 재무 전문가가 아닐 수 있는 대표이사가 이를 모두 확인하고 확인서를 제출했다고는 생각하기 어렵다.

아마 수백쪽에 이르는 주석 사항을 모두 검토하지 못했을 수도 있을 것이다. 그럼에도 이러한 CEO에게 재무제표를 확인하고 감사인에게 제출하는 의무를 지우는 것은 회사의 대표자로서 공시되는 재무제표에는 책임을 지라는 의미이다.

위의 몇 건에서 우리는 기업의 CEO가 되었든, 회계법인의 대표이사가 되었든, 또는 사외이사가 비상근이어서 정보 접근에 대한 한계가 있고, 책임을 질 수 없지만 그럼에도 법적으로는 책임을 지도록 법에 규정하는 경우를 검토했다.

물론, 법적으로 책임을 묻는다면 사법부에 의해서 어디까지 책임을 져야 하는지가 판단되어야 한다.

예를 들어 사외이사는 사내이사와는 법에서의 책임에는 차이가 없지만 법정에서 사외이사의 한계가 인정되는 경우도 다수 있으며, 그렇지 않고 사외이사이기는 하지만 본인의 의무를 수행하지 않는데 대한 책임을 묻는 경우도 있다.

대우조선해양의 경우도, CEO와 CFO에 대해서는 분식회계에 대해서 법적인 책임을 묻게 되었지만 사외이사나 감사위원들에게는 법적인 책임을 지도록 했다는 판례가 없다.

아래의 경우는 2심에서의 판결을 대법원이 번복한 경우이다. 즉, 사외이사로서의 한계에 대해서 대법원이 이러한 한계를 부정하고, 책임을 물은 경우이다. 동일한 한계가 법 해석에 따라 무죄의 근거로도, 또한 유죄의 근거로도 사용되기도 하는 매우 흥미로운 판례이다.

매일경제신문. 2015.1.12. '불성실한 사외이사'도 분식회계 책임 있다.

사외이사가 이사회에 참석하지 않고 감시 업무를 게을리했다면 회사가 저지른 분식회계에 책임을 져야 한다는 첫 대법원 판단이 나왔다. 출근도 하지 않고 거수기 역할만 하는 이른바 '무늬만 사외이사' 관행에 대법원이 제동을 걸었다는 평가가 나온다.

대법원 2부(주심 신영철 대법관)은 투자자 69명이 코스닥 상장사인 '코어비트' 전현직 임원과 삼일회계법인을 상대로 제기한 손해배상 청구 소송에서 윤모 전 사외이사(55)에게 책임을 묻지 않은 부분을 파기하고 서울고법으로 돌려보냈다고 11일 밝혔다. 대법원은 "주식회사 이사는 대표이사 및 다른 이사들의 업무 집행을 전반적으로 감시해야 한다"면서 "특히 재무제표 승인 등 이사회 상정 안건에서는 의결권을 행사해 대표이사의 업무 집행을 감시 감독할 지위에 있으며 사외이사라고 달리 볼 수 없다"고 설명했다.

코어비트에서 윤씨는 2008년 12월부터 2009년 4월까지 사외이사를 지냈다. 금융감독원 전자 공시에 따르면 당시 회사는 사외이사를 포함한 이사에게 1인당 한해 평균 4000만여원의 급여를 지급했다.

윤씨는 엉겁결에 사외이사로 선임되고 최대주주 반열에 올랐지만, 실제 경영에는 관여하지 않았고 사외이사로서 실질적 활동도 하지 않았다고 주장했다. 2심은 윤씨의 주장을 받아들여 배상책임을 묻지 않았으나 윤씨의 면책 주장은 대법원에서 오히려 불리하게 작용했다. "주주 여부는 사건 책임과 관련이 없고 이사로서 역할을 주된 판단 요인으로 봤다"고 설명했다.

코어비트 회계부정은 2008년 한 해에만 150억원을 과대 계상할 정도로 심각했다. 분식회계도 백화점식으로 모든 방식을 총동원한 것으로 드러났다. 코어비트 전 대표 박모씨는 비상장 주식 55만주를 17억 6000만원에 사들이고 재무제표에는 110억 원에 사들인 것처럼 기재했다. 이뿐만 아니라 박씨는 횡령을 은폐하려고 관계사 명의로 선급금 20억원과 대여금 15억원을 허위 계상했고 이미 영업이 중단된 회사에서 영업권을 20억 4800만원에 사들였다고 하기도 했다.

분식회계 사실은 2009년 12월 코어비트 최대주주가 대표이사 박씨와 전 현직 임원이 회사 돈 130억원을 빼돌렸다고 고소하면서 시작됐다. 코스닥시장상장위원회는 2010년 2월 횡령액이 자기자본 5%를 넘었다며 상장폐지를 결정했다. 증권선물위원회는 2010년 6월 감사결과를 발표하며 분식회계 사실을 밝혀냈고, 이를 방조한 책임을 물어 삼일회계법인에 손해배상 공동기금을 30% 적립하고 코어비트 감사업무를 2년 제한하도록 했다.

대법원은 회계 감사 절차를 준수했다면 분식회계를 적발하지 못한 책임을 물을 수 없다며 삼일회계법인은 배상 책임이 없다고 봤다.

회계전문가들은 대법원의 이번 판단에 환영한다는 뜻을 밝혔다.

거의 유사한 건에 대해서 아래의 사법부의 판단은 반대의 방향성을 갖는다.

내일신문. 2018.3.23. "대우조선 감사위원 무혐의 의견, 봐주기 수사"

대우조선해양 분식회계 사건과 관련해 내부 회계감사를 맡았던 감사위원들을 경찰이 모두 무혐의 의견으로 검찰에 송치했다.

기업의 투명경영을 위해 사외이사의 역할이 갈수록 강조되고 있지만 사외이사 중에서 임명되는 감사위원이 제 역할을 못해도 법적 제재가 어렵다는 것이어서 검찰의 판단이 주목된다.

경찰은 21일 대우조선해양 분식회계 기간 중 감사위원을 맡았던 10명에 대해 사법처리가 어렵다고 판단했다. 분식회계 기간에 대우조선 회계팀장(상무)을 맡았던 A씨와 당시 외부감사를 담당한 안진회계법인 부대표 B씨 등도 함께 고발됐지만 경찰은 '혐의 없음'으로 검찰에 사건을 보냈다.

청년공인회계사회는 22일 "회계사들에게 전문가의 책임을 물어 실형판결을 내렸음에도 회계·재무전문가인 감사위원을 기소하지 않는 것은 권력 있는 자들에 대한 봐주기 수사로 밖에 볼 수 없다"고 비판했다.

참여연대와 청년공인회계사회는 지난해 7월 공동으로 대우조선 감사위원들을 외부감사법과 자본시장법 위반혐의 등으로 고발했다. 이들은 고발장에서 "감사위원들은 회계부정 발생을 방지해야 할 의무가 있지만, 당시 분식회계를 충분히 인식할 수 있었음에도 이 같은 결과를 용인했다"고 주장했다.

분식회계를 인식할 수 있었을 것으로 추정되는 정황은 △현금흐름표상 이상 징후 △이사회 논의 과정을 통한 인식 가능성 △외부감사팀의 회계분식 징후 지적 △STX조선 분식 이후 금감원 기획감리 등 4가지다. 대우조선 분식회계 관련자들의 형사재판 판결문 등을 토대로 의심스런 정황을 지적했다.

참여연대 등은 "이사회에서 고재호 전 사장이 경영목표에 집착하면서 달성을 하지 못하면 성과급이나 급여 부분이 어려워질 수 있다고 한 발언에 대해 법원이 '총공사 예정원가 축소계상 및 진행률 과대 산정을 통한 회계분식을 고 전 사장이 이미 충분히 인식하고 있었다는 사정'으로 판단했다"며 "당시 감사위원들도 회계분식 가능성을 충분히 인식할 수 있었을 것"이라고 주장했다.

이들은 또 "외부감사팀 공인회계사들이 외부감사 업무를 수행하면서 파악한 회계분식 징후를 지속적으로 회사측에 지적했다"며 "회계분식 징후는 외부감사인이 파악해야 할 가장 중요한 사안이므로 회사의 회계정보 및 내부통제절차에 권한이 있는 감사위원에게 누구보다 먼저 전달됐을 것"이라고 말했다.

청년공인회계사회는 "대우조선해양을 감사한 회계사들은 2심까지 실형이 선고돼 복역 중에 있다"며 "외부감사인이 회계부정에 대해 인지했다고 판단했다면 그 앞 단계인 내부감사인이나 작성자의 책임이 더 크면 컸지 결코 작을 수가 없다"고 말했다.

이총희 청년공인회계사회 회장은 "감사위원 등의 책임이 작다고 사법당국이 인정한다면 사외이사나 감사위원들이 거수기로 행동할 때 더 안전하다고 스스로 인정해 준 꼴이 된다"며 "아무것도 하지 않은 사람들은 몰라서 죄가 없다고 한다면 앞으로 누가 감사를 열심히 할지 의문"이라고 지적했다.

이 회장은 "감사위원들이 감사보고서를 제대로 작성하지 않아도, 이사회에서 재무제표를 제때 승인하지 않아도 아무런 책임을 지지도 묻지도 않는데 누가 자발적으로 사외이사의 책무를 다하겠느냐"고 반문했다.

대우조선 감사위원들에 대한 기소 여부는 서울중앙지검이 판단할 예정이다. 하지만 검찰이 대우조선 수사 과정에서 이들을 기소하지 않은 만큼 기소 가능성은 크지 않다.

청년공인회계사회는 "엄정히 법을 집행해야 하는 검찰이 법에서 명시하고 있는 감사위원들의 책임을 관행이라는 이름으로 덮어 스스로 법의 근간을 무너뜨리지 않길 바란다"고 말했다.

우리가 상식적으로 생각할 수 있는 점이 사법부의 재판정에서도 고민하는 부분이다.

감사위원회 활동이라는 것이 실무 업무를 수행하는 것이 아니므로 이사회도 그러하지만, 감사위원회 역시 위원회에 제시된 문건으로만 위원회를 진행하게 된다. 즉, 이사회나 감사위원회는 정책을 정하고, 방향을 설정하는 역할을 수행하지 현업이나 실무를 수행하는 실무 부서가 아니다.

감사/감사위원회 위원장이 주주총회에서 낭독하는 감사보고서의 일반적인 내용에 보면 감사위원회가 실무를 수행한 듯이 기술하고 또한 주총에서도 이러한 활동을 수행한 것으로 낭독하게 되는 것이 일반적이다. 단, 감사위원회는 사내에서 실무를 수행하는 위원회가 아니라 정책적인 판단을 수행하는 위원회이다.

실무는 기업 내부의 내부감사부서가 또는 외부감사인이 수행하고 감사위원회는 이를 보고 받고 방향성을 제시하는 역할을 수행하는 것이지 감사위원회가 실제로 실무 업무를 수행하는 것은 아니다.

이는 감사원도 동일하다. 감사원의 최고 의사결정기구는 감사위원회이며 감사원장은 감사위원회의 위원장이다. 감사위원회는 실무를 수행하지는 않고 실무는 감사원 사무국이 수행하게 되며 사무국의 책임자는 사무총장이다. 즉, 기업이나 감사원이나 감사위원회는 실무진이 수행한 결과에 근거하여 정책적인 판단을 수행하게 된다.

증권선물위원회의 의사결정도 동일하다. 회계분식 건에 대해서 금융위 사무처 공무원이나 금융감독원 직원들이 조사한 내용을 보고 받고 증선위는 위원회 차원에서의 판단을 수행하는 것이다. 위원회가 실무 조사 작업을 수행하는 것은 아니다.

물론 내부회계관리제도의 운영 실태 평가에 대해서 감사위원회가 이사회에 보고하므로 감사위원회가 내부회계관리제도의 운영 실태에 대해서 sample로 몇 활동에 대해서 운영 실태 점검을 해 볼 수는 있고, 또한 이렇게 진행하는 기업이 있기도 하지만 회사가 제안한 활동에 대한 점검일 뿐이다.

감사위원회 위원장은 주총에서 감사위원회가 무슨 업무를 수행하였다고 보고할 때 주의하여야 한다. 수행하지도 않은 업무를 수행했다고 보고하면 이 보고에 대해서는 책임을 져야 한다.

아래의 양식의 포스코의 감사위원회가 주주총회에 보고하는 양식이다.

감사위원회의 감사보고서

주식회사 xxxx의 감사위원회는 제11기 사업연도(2015년 1월 1일부터 2015년 12월 31일까지)의 회계 및 업무에 대한 감사를 실시하고 그 결과를 다음과 같이 보고합니다.

1. 감사방법의 개요

회계감사를 위하여 회계에 관한 장부와 관계서류를 열람하고 재무제표 및 부속명세서를 검토하였으며 필요하다고 인정되는 경우 대조, 실사, 입회, 조회, 그 밖에 적절한 감사절차를 적용하였습니다.

업무감사를 위하여 이사회 및 그 밖의 중요한 회의에 출석하고 필요하다고 인정되는 경우 이사로부터 영업에 관한 보고를 받았으며 중요한 업무에 관한 회사의 보고에 대해 추가검토 및 자료보완을 요청하는 등 적절한 방법을 사용하여 검토하였습니다.

신뢰할 수 있는 회계정보의 작성 및 공시를 위하여 설치한 내부회계관리제도의 운영실태를 내부회계관리자로부터 보고받고 이를 검토하였습니다.

2. 재무제표에 관한 사항

상기 재무제표는 회사의 2015년 12월 31일의 현재의 재무상태와 동일로 종료되는 회계연도의 재무성과, 이익잉여금 및 자본의 변동과 현금흐름의 내용을 법령, 정관 및 한국채택 국제회계기준에 따라 중요성의 관점에서 적정하게 표시하고 있습니다.

3. 이익잉여금처분계산서에 관한 사항

이익잉여금처분계산서는 법령 및 정관에 적합하게 작성되어 있습니다.

4. 영업보고서 및 주석에 관한 사항

회사의 제48기 사업연도의 영업보고서는 법령 및 정관에 따라 회사의 상황을 적정하게 표시하고 있습니다.

위의 내용은 수년 동안 상장회사협의회가 상장사들에게 표준적인 양식으로 제시한 내용에 근거하여 포스코의 감사위원장이 2014년까지 낭독한 내용이었다. "대조, 실사, 입회, 조회, 그 밖에 적절한 감사절차를 적용하였습니다"라고 기술하고 낭독하였는데 이는 과거 포스코가 물적분할에 의해서 포스코홀딩스로 분사되기 이전에 포스코정도경영실에서 현업 차원에서 실시하던 감사업무를 나열하고 있다.

또는 포스코가 외부감사인에 의뢰해서 감사인이 진행한 감사업무를 지칭하기도 한다. 즉, 정책적인 판단을 수행하는 감사위원회의 업무와 실무를 수행하는 과거 내부감사실(정도경영실)이나 외부감사인인 감사인의 업무는 명확하게 구분되어야 한다.

감사위원회가 본인들이 하지도 않은 "대조, 실사, 입회, 조회 그 밖에 적절한 감사절차를 적용하였다"고 보고하는 것은 사실이 아니다. 다만 상장협에서 통상적으로 표준 감사보고서로 사용하던 문구를 수정 없이 그대로 인용/사용한 것이다. 또한 과거의 포스코 뿐만 아니고 많은 회사의 감사위원회 위원장도 이러한 내용을 동일하게 수용하여 낭독하였고, 지금도 일부 기업은 낭독하고 있을 것이다.

물론, 이러한 감사보고서 내용에 대해서 나중에 회계 사기가 발견되는 경우, 수행하지도 않은 업무를 수행한 것과 같이 기술한 내용에 대해서는 책임 문제가 대두될 수도 있다. 상장협의 표준 문구를 그냥 그대로 받아서 서명하고 낭독했다고 답할 수는 없을 것이다.

포스코 감사위원회는 대신 2015년부터 사용되는 감사보고서 문건에는 "재무제표의 적정성을 확인하기 위해서 내부감사부서로 하여금 회계에 관한 장부와 관계서류를 열람, 대조, 조회, 기타 적절한 감사절차를 적용하여 감사하도록 하고 그 결과를 확인하였습니다"라고 기술하고 있어, 내부감사부서가 수행한 업무와 감사위원회가 수행한 업무를 명확하게 구분하고 있다(segregation of duty). 내부감사부서는 대조, 조회 등의 감사절차를 수행하고, 감사위원회는 내부감사부서로 하여금 이러한 업무를 수행하도록 하고 그 결과를 확인한 것이다.

이러한 감사업무는 내부와 외부에서 안팎으로 동시에 진행된다.

다음은 2015년부터 포스코에서 감사위원장이 낭독한 감사보고서 내용이다.

감사보고서

주주제위 귀하

본 감사위원회는 주식회사 포스코 및 그 종속기업(이하 "회사")의 제48기 사업연도 (2015년 1월 1일부터 2015년 12월 31일까지)의 회계 및 업무에 대한 감사를 실시하고 그 결과를 다음과 같이 보고합니다.

1. 감사방법의 개요

(가) 회계감사

회사의 제 48기 사업연도의 재무제표 연결재무제표(이하 '재무제표')에 대한 회계감사를 위하여 다음과 같은 절차를 적용하였습니다.

첫째, 신뢰할 수 있는 회계정보의 작성 및 공시를 위하여 구축한 내부회계관리제도의 운영실태를 내부 회계관리자로부터 보고받고 이를 평가하였습니다.

둘째, 재무제표의 적정성을 확인하기 위해서 내부감사부서로 하여금 회계에 관한 장부와 관계서류를 열람, 대조, 조회, 기타 적절한 감사절차를 적용하여 감사하도록 하고 그 결과를 확인하였습니다.

셋째, 분기별 재무제표에 대해서는 외부감사인의 검토 결과, 연간 재무제표에 대해서는 외부감사인의 회계감사 결과를 보고받고 그 내용을 검토 확인하였습니다.

(나) 업무감사

업무감사를 위하여 이사회 및 기타 중요한 회의에 출석하고 필요하다고 인정되는 경우 담당이사 및 집행 임원으로부터 업무에 관한 보고를 받았으며, 중요한 업무에 관한 서류를 열람하고 그 내용을 검토하는 등 필요하다고 판단한 절차를 적용하였습니다.

2, 3, 4는 위의 양식과 유사.
2016년 3월 11일
주식회사 포스코
감사위원회 위원장 xxx (인)
　　　　　위원　　 xxx (인)
　　　　　위원　　 xxx (인)

물론 주총에서의 이러한 보고 이외의 보고사항으로는 대표이사의 내부회계관리제도의 운영 실태에 대한 보고, 특수관계자와의 거래 내용 보고, 영업보고를 수행하게 된다.

이러한 감사보고서 양식이 2022년 주총에서는 다음과 같이 변경된다. 위의 문헌에는 '내부감사부서로 하여금'이라는 표현을 사용하였는데, 2022년 주총에서는 '내부감사부서를 통해'라는 표현을 사용하였다. 표현상의 차이는 있으나 내용 상의 큰 차이는 없다. 물론 2015년에는 내부회계관리제도에 대한 기술이 전혀 없다가 2022년 감사보고서에는 이러한 내용이 추가되었다. 물론, 포스코가 2022년 3월 포스코홀딩스로 분사되기도 하였다.

또한 위에서의 감사보고에서는 내부감사를 통한 점검은 재무제표에 대해서만 기술하였지만 아래의 경우는 업무감사의 경우에 대해서도 내부감사부서를 통해서 감사 업무를 수행하였다고 기술하고 있다.

감사위원회 위원장 xxx 입니다.

감사위원회가 2021년 1월 1일부터 2021년 12월 31일까지 제54기 사업연도의 회계 및 업무에 대한 감사를 실시한 결과를 다음과 같이 보고 드립니다.

첫째, 감사방법의 개요에 대해 말씀 드리겠습니다.

먼저, 회계감사를 위해서는 신뢰할 수 있는 회계정보의 작성 및 공시를 위하여 구축한 내부회계관리제도의 설계와 운영의 적정성을 대표이사로부터 보고받고 이를 평가하였습니다.

재무제표의 적정성을 확인하기 위해서 내부감사부서를 통해 회계장부와 관계서류를 열람, 대조, 실사, 조회, 기타 적절한 감사절차를 적용하여 감사하도록 하고 그 결과를 확인하였습니다.

분기별 재무제표에 대해서는 외부감사인의 검토 결과를, 연간 재무제표에 대해서는 외부감사인의 회계감사 결과를 각각 보고받고 내부감사부서를 통해 그 내용을 검토·확인하였습니다.

다음으로, 업무감사를 위해서는 이사회 및 기타 중요한 회의에 출석하고 필요하다고 인정되는 경우 이사로부터 업무에 관한 보고를 받았으며, 내부감사부서를 통해 중요한 업무에 관한 서류를 열람하고 그 내용을 검토하는 등 적절한 방법을 사용하여 검토하였습니다.

둘째, 재무제표에 관해서는 재무제표는 법령, 정관 및 한국채택국제회계기준에 따라 회사의 재무상태와 재무성과, 이익잉여금 및 자본의 변동과 현금흐름의 내용을 중요성 관점에서 적정하게 표시하고 있습니다.

셋째, 이익잉여금처분계산서에 관해서는 이익잉여금처분계산서는 법령 및 정관에 적합하게 작성되어 있습니다.

넷째, 영업보고서에 관해서는 영업보고서는 법령 및 정관에 따라 회사의 상황을 적정하게 표시하고 있습니다.

즉, 포스코홀딩스의 감사보고서 문구를 보면 감사위원회는 내부회계관리제도 및 재무제표에 대한 점검, 또한 감사위원회에 맡겨진 업무를 수행함에 있어서 내부감사실무 부서의 도움을 받았다는 것을 명확히 밝히고 있다. 즉, segregation of the duty를 명확하게 구분하고 있다. 위원회가 수행하는 업무와 실무 부서가 수행하는 업무를 명확하게 구분하고 있다. 또한 감사 업무 중 업무 감사와 회계 감사를 모두 시행했다는 점을 명확히 하고 있다.

감사보고서는 주주총회에서 보고되는 법적인 문건이라서 면밀하게 이 내용을 분석하고 점검할 필요가 있다. 위의 보고서에서 재무제표와 이익잉여금처분계산서를 구분한 사유는 회계기준에서의 주된 재무제표는 이익잉여금처분계산서를 포함하지 않기 때문이다. 다만 상법에 근거해서는 주총에서 보고되어야 할 재무제표이다.

상법 제413조의 내용은 다음과 같다.

제413조(조사·보고의 의무) 감사는 이사가 주주총회에 제출할 의안 및 서류를 조사하여 법령 또는 정관에 위반하거나 현저하게 부당한 사항이 있는지의 여부에 관하여 주주총회에 그 의견을 진술하여야 한다.

"이사로부터 업무에 관한 보고를 받았으며"라는 내용이 포함된다. 다른 회사도 동일하지만 포스코홀딩스의 모든 감사위원들은 감사위원인 동시에 사외이사이므로 당연히 이사회에 참석한다. 이사회 member와 감사위원회 위원이 중복되는 우리나라의 지배구조에서는 누가 누구에게 보고한다는 것이 애매하다. 물론, 감사위원회는 이사회에 내부회계관리제도의 운영 실태 평가에 대해서 보고한다. 이러한 보고는 이 두 위원회가 별개의 위원회이니 위원회 차원에서 보고를 하고 보고를 받을 수 있다. 즉, 거의 대부분의 업무집행과 감독이 완전히 분리되어 있지 않다. 사외이사/감사위원은 업무집행도 하고 감독도 수행하는 모습이다. 어느 정도 자기감사(self-audit)의 문제가 존재한다.

이사회가 주주총회에 상정하는 안건을 결의하는 이사회를 개최한 이후 감사위원회는 바로, 이 안건 상정이 적법하게 수행되었는지를 점검하게 된다. 이것이 법적으로는 옳은 절차이기는 하지만 다른 회사는 주총에 상정하는 안건을 심의하는 이사회 이전에 감사위원회를 개최하여 이사회에서 결의하고 보고할 안건이 적법한지를 사전적으로 점검하는 순서로 감사위원회를 개최하기도 한다.

이렇게 회의 순서를 정하는 사유는 이사회가 적법하지 않게 주총에 상정되는 안건을 심의하고 그 다음에 감사위원회가 이 내용을 점검하는 과정에서 오류를 발견한다면 이사회를 다시 개최하여 감사위가 지적한 내용을 반영한 내용으로 이사회 안건을 결의해야 한다. 이러한 모든 복잡한 과정을 회피하기 위해서 감사위원회를 먼저 개최하여 이사회가 주총에 상정할 안건을 사전적으로 심의하는 절차를 밟기도 한다. 명분보다는 실리를 챙기려는 것인데 전자의 순서로 이사회를 먼저, 감사위를 나중에 개최하는 것이 절차적으로 더 적법하다.

내부회계관리제도 운영실태의 경우는 대표이사로부터 감사위원회에 보고를 하게 되어 있는데 그 이외에 대표이사가 감사위원회에 보고하도록 제도적으로 의무화되는 경우는 없다. 그만큼 내부회계관리제도에 대한 중요성을 법에서 강조하고 있다.

유럽에서의 이사회와는 달리 우리의 이사회가 감독이사회와 경영을 자문하는 형식의 2 tier 형태의 이사회로 구분되어 있지 않기 때문이며 member가 중복되어 있고 어느 위원회가 어느 여타 위원회에 보고한다는 것이 얽혀 있다.

예를 들어 베트남의 민간 은행의 경우는 Board of Directors라는 우리의 이사회와 같은 체계가 있고 이 BOD는 이사회 의장이 chair를 맡는다. 또한 그 밑에는 Board of Management(BOM)라고 CEO가 chair를 맡는 경영활동을 위한 또 하나의 회의체가 있다고 하는데 많은 경우의 BOM의 의사결정은 BOD에 올라가서 다시 의결을 받아야 하는 2 tier의 형태를 가진다고 한다. 흥미롭기는 BOD에는 대주주들이 observer로 참석한다고 하니 각 국가별로 이사회 구성 행태에는 여러 가지 차이가 있다.[13]

이러한 지배구조의 형태는 베트남이 프랑스의 식민지였기 때문에 유럽식 지

---

13 이러한 내용을 자문해준 베트남 호치민 은행 김병호 이사회 의장에게 감사한다.

배구조를 유지한다고 판단된다.

예를 들어 주총 안건을 확정하는 이사회에서는 사외이사들이 참석하여 주총 안건을 확정한다. 이 이사회 이후에 감사위원회를 다시 개최하여 이 이사회에서 결의한 안건을 주총 안건으로 부의하기 이전에 감사위원회가 다시 한번 점검하게 된다. 이는 이사회를 모니터링해야 하는 감사/감사위원회의 고유기능이다. 주주안건 상정을 결의하는 이사회는 어떻게 보면 1년 중 수행하는 이사회 중, 가장 중요한 의미를 갖는 이사회이며 이 이사회 안건만큼은 감사위원회가 점검해야 한다는 의미를 갖으며 이 내용이 위의 상법 내용이다.

단, 이사회 멤버와 감사위원회 member들이 모두 사외이사이므로 위원들이 완전히 중복되거나 아니면 어느 정도는 중복된다. 단, 이는 屬人적인 판단이다. 본인들이 이사회에서 확정한 안건을 다시 한번 감사위원회에서 확인하게 된다. 어떻게 보면 필요 없는 업무를 두 번 반복한다고도 할 수 있지만 법에서 정해진 절차이다. 모든 위원회 활동을 자연인인 이사들이 수행하지만 법적으로 접근하면 감사위원회는 상법기관으로서 이사회의 주총 상정 안건을 점검할 책임과 의무가 있다. 감사위원회에 맡겨진 이사회에 대한 감시의 업무이다. 이사회도 그렇고 감사위원회도 상법상의 상설위원회이므로 법적으로는 법에서 정한 별개의 업무를 수행하는 것이다. 단, 인원이 중복됨으로 인한 실행상의 문제는 별개이기는 하지만 상법 차원에서 개선의 여지가 없는지를 고민해야 한다. 단, 이미 이러한 체계에서 거의 모든 제도를 갖춘 것이며 제도가 실타래와 같이 얽혀 있으므로 이러한 문제를 완벽하게 해결하는 것은 불가능하다고 판단된다.

경영행위가 어느 정도는 속인적인 부분이 없지 않다. 어떻게 보면 경영행위는 모두 속인적인 것이라고 할 수도 있다. 감사위원들이 감사위원회에서 결정한 사안을 이사회에 보고할 때, 다시 이사회의 이사로서 감사위원회의 보고를 받게 되는데 그 사람이 그 사람이라서 실효성이 떨어진다.

물론, 소속된 위원회가 상이하므로 member가 중복된다고 하여도 별도의 위원회이고 보고의 형태를 띨 수 있지만 그럼에도 member가 구분된 것에 비해서는 별도 위원회의 효과성과 독립성이 떨어지게 된다. 본인들이 관여된 업무를 수행하고 다른 위원회에 가서 다른 의견을 내지는 않을 것이기 때문이다.

유럽의 경우는 두 위원회의 역할을 완전히 구분한 것이며 감시하는 위원회와 감사 대상이 되는 기능을 구분한다는 차원에서는 이러한 접근이 더 옳다.

한국경제신문. 2022.1.26. 안전센서 달아도 직원이 꺼버리는데... 중기 CEO '중대재해 포비아'

충남 기업 한 중기 제조업체는 중대재해처벌법 시행과 함께 생산라인 작업자를 대상으로 휴대폰 수거함을 만들었다가 근로자의 반발로 철회했다. 현장 안전을 위해 모든 차량에 후방 센서와 사각지대용 카메라도 달았지만 직원들이 "작업 속도를 높이는데 방해가 된다"며 장치를 꺼버리는 사례가 많아 무용지물로 전락했다.

중대재해법이 시행된 지 1년을 맞았지만 주요 중소기업 현장에선 실질적인 사고예방 효과가 크지 않다는 평가가 주를 이룬다. 무엇보다 안전 규정 위반시 사업주만 처벌하고 근로자에겐 이렇다 할 제재 수단이 없는 '반쪽 규정'에 대한 불만이 많다. "근로자가 법 안 지키면 무슨 수로.."

중대재해법에서 사고의 책임은 사업주에 초점이 맞춰져 있다. 단 한번의 사망사고라도 발생하면 사업주는 1년 이상 징역 또는 10억원 이하 벌금에 처한다. 여기에 법인 벌금, 행정제재, 징벌적 손해배상까지 4중 처벌이 가해질 수 있다.

하지만 중기 현장에서 벌어지는 재해 상당수가 '근로자의 부주의 탓'에 빚어지는 현실에 눈 감았다는 지적이 많다. 중소기업중앙회의 '중대재해법 시행 100일 실태조사' 결과 산재 사고 원인의 80.6%를 '근로자 부주의 등 지침 미준수'가 차지했다.

실제로 사업주가 안전 장치를 강화해도 근로자가 이를 무시하는 사례는 수두룩하다. 수도권 한 플라스틱 제조업체 대표는 지난해 60개 대형 설비에 자동 정지 센서를 달았다. 거액을 들여 안전 시스템을 강화했지만 근로자들은 이마저도 "불편하다"며 임의로 코드를 뽑고 일하는 경우가 다반사였다. 이 업체 대표는 "안전 수칙을 어긴 근로자에겐 아무런 처벌 수단이 없고 사업주만 형사처벌하는데 어떻게 안전이 지켜지나"고 호소했다.

중기업계는 '산업안전 보건 기준에 관한 규칙'을 개정해 근로자의 책임과 의무를 명확히 하고 안전 수칙 미준수 시 처벌 등 불이익 조치가 가능하게 해야 한다고 주장하고 있다. 한 중대재해 사건 전문 변호사는 "독일은 안전 수칙을 어긴 근로자를 처벌하는 등 선진국은 노사 공동 책임을 강조하는 추세"라며 "한국은 대부분 15만원 이하 과태료에 불과하고 이마저도 회사가 대신 내는 실정"이라고 했다.

'태풍의 눈' 50인 미만 사업장 적용

중대재해법을 둘러싼 중기 현장의 혼란은 더욱 확대될 전망이다. 내년 1월 27일부터 5인 이상 50인 미만 기업으로 중대재해법이 확대 시행될 예정이다. 50인 이상 기업도 현실과 동떨어진 법 규정 때문에 좌충우돌을 거듭하는 상황에서 안전에 투자할 여력이 없는 50인 미만 영세사업장으로까지 중대재해법을 확대 적용하는 것은 무리라는 시각이 많다. 경남의 한 용접기자재 업체 대표는 "원자재값 상승, 인력 부족, 금리 인상 등 눈앞에 닥친 압박이 많은데 중대재해법에 대응할 자금, 시간, 인력 여력이 없다"고 하소연했다.

50인 미만 사업장이 68만 개에 달하는 점도 고민이다. 4만 6000개의 50인 이상 사업장 관리도 제대로 하지 못하는 상황에서 영세 사업장으로의 법 적용 확대는 득보다 실이 많다는 지적이다. 이에 따라 중기 업계에선 50인 미만 사업장에 대해서 2년간 중대재해법 적용 유예를 강력하게 요구하고 있다. 중기 중앙회 조사 결과 50인 미만 사업장의 93.8%가 '준비 기간 부여 또는 법 적용 제외'가 필요하다고 답했다.

매일경제신문. 2023.1.29. 중대재해법 1년... 첫 판결 앞두고 기업들 촉각

중대재해처벌법(중처법)이 지난해 1월27일 시행된 지 1년을 맞는 가운데 다음 달 중처법 위반 첫 선고가 나올 예정이라 산업계 관심이 모아지고 있다. 지난 1년간 중처법 위반으로 기소된 사건은 총 11건이지만 아직까지 법원의 판결이 나온 적은 없다. 산업계에서는 법의 모호성 등을 지적하며 법 개정을 요구하고 있다.

26일 법조계에 따르면 창원지법 마산 지원은 다음 달 초 경남 함안의 한국제강 법인의 대표이사 A씨의 중처법 상 산업재해치사 등 혐의 사건에 대해 선고를 할 전망이다. 지난해 3월 16일 한국제강 협력업체 소속 60대 근로자가 크레인에서 떨어진 1.2t 방열판에 부딪혀 숨지는 사건이 발생했고, 창원지검 마산지청은 지난해 11월 한국제강과 A씨를 중처법 위반과 산업안전보건법 위반 혐의로 기소했다.

법무부의 국회 제출 자료에 따르면 지난해 12월 30일 기준 검찰은 고용노동청으로부터 총 33건의 중처법 위반 사건을 송치 받았고, 그중 11건 22명을 불구속 기소했으며 1건은 불기소 처분했다. 강은미 정의당 의원실이 제출받은 이들 11개 중처법 위반 사건 공소장에 따르면 검찰은 해당 사건 모두에서 사업주 법인의 대표이사를 경영책임자로 판단했다.

11개 중처법 사건 중 4건은 제조업체, 7건은 건설공사 사건이었는데 건설 공사의 경우에는 공사를 발주한 도급인에 대해서는 중처법을 적용하지 않았다. 또 공소사실 등에서 산업안전보건법상의 안전보건관리책임자 등의 안전 조치 의무 위반이 존재하고, 그 의무 위반의 결과로 중대재해가 발생한다는 점을 공통적으로 지적했다.

이런 가운데 중처법이 헌법재판소의 판단 단계로 갈 가능성이 제기된다. 이 경우 중처법 사건 전방에 대한 일선 법원의 판단이 멈출 수 있다는 전망이 나온다. 중처법 위반 1호 기소 사건 당사자인 두성산업 측 변호를 맡고 있는 법무법인 화우는 지난해 10월 창원지법에 위헌법률심판을 제청했고, 이달 18일 법원에 신청 취지를 설명했다.

김재욱 법무법인 화우 변호사는 "불명확성, 법의 균형성 등의 관점에서 바라볼 때, 중처법 조항은 헌법상의 명확성 원칙, 과잉금지 원칙, 평등 원칙에 위배되고 그에 따라 법의 실효성도 떨어지므로 개선이 필요하다"고 주장했다.

가령 중처법 제4조 제1항 제1조 "재해 예상에 필요한 인력 및 예산 등 안전보건관리 체계의 구축 및 그 이행에 관한 조치"는 내용이 모호하거나 불명확하고 자의적인 법 해석이나 법 집행이 배제된다고 보기 어려워 죄형법정주의의 명확성 원칙에 위배된다는 것이다.

법원은 다음달 22일 재판을 속행한 이후 결심공판에서 위헌 법률 심판 제청의 인용 여부를 결정할 예정이다. 재판부가 이를 인용할 경우 헌법재판소 결정이 있을 때까지 재판은 정지된다.

chapter

06

내외부 감사기능의 이견,
경영진과 내부 감사기능의 이견

내외부 감사기능의 이견,
경영진과 내부 감사기능의 이견

　내부회계관리제도에 대한 비적정의견을 표명하게 되는데, 의견을 표명하는 주체가 다음과 같이 상이할 수 있다[14].

　내부회계관리제도의 문제점에 대해서 인증 의견을 표명하는 경우는 외부 회계법인이고 비적정의견을 보인 회수는 2019년부터 4개 기업, 2020년 6개 기업과 2021년 3개 기업이었다.

　내부회계관리제도 운영 실태를 대표이사가 보고하는데, 대표이사는 당연한 것이지만 감사인보다는 회사에 우호적인 의견을 표명하게 된다. 대표이사가 본인이 책임을 지고 있는 회사에 문제가 있다는 점을 자의적으로 인정하기 어려운 것이다. 일단, 대표이사가 본인 회사의 내부회계관리제도 운영 실태에 문제가 있음을 인정한다면, 이에 대한 첫 번째 반응은 문제가 있으면 이를 고치면 된다는 것인데 어떠한 이유에서 수정하지 않고 문제를 인정하기만 한다면 시장에서는 이를 비판적으로 받아들일 것이다.

　물론 외부감사인은 내부자가 아니므로 본인이 감사하는 피감회사에 대한 문제점을 지적하는 데 큰 부담을 느낄 것 같지는 않다. 그럼에도 문제가 있으면 피감기업이 고치도록 계도할 수 있는데 고치지는 않고 왜 문제만 지적하는 것이냐는 동일한 비판을 받을 수도 있다. 따라서 내부든 외부이든 문제점에 대한 지적은 부담이 될 수밖에 없다. 물론, 외부감사인은 제3자의 입장이므로 문제

---

14 남상민 (2022) 발표 문건에서 일부 내용을 인용한다.

를 수정함에 있어서 주도적인 역할을 수행할 수는 없다.

감사/감사위원회는 이사회에 내부회계관리제도 운영실태 평가를 보고해야 하는데 경영진이 보고하는 운영 실태 보고와는 별개의 보고서이다. 운영실태 보고서와 운영실태 평가보고서가 얼마나 큰 차이가 있는지는 주관적인 판단의 영역이다. 이 보고서에서도 비적정의견이 소수이기는 하지만 표명될 수 있다.

흥미로운 것은 동일한 내부회계관리제도에 대한 의견인데, 이에 대해서 의견을 표명하는 주체별로 차이가 있다는 것이다. 물론, 외부보다는 내부의 경영자나 감사위원회가 기업에 우호적이고 의견을 관대하게 표명하고 있다. 이는 피할 수 없는 내부와 외부의 차이이다.

내부회계관리제도에 대해서 비적정하다는 판단이 수행된 빈도수는 아래와 같다.

	2019년	2020년	2021년
외부회계법인	4	6	3
경영진	0	1	1
감사(감사위)	1	1	1

2019년 감사/감사위원회 비적정 회사: 동부제철
2020년 경영진과 감사/감사위원회 비적정 회사: KSS 해운
2021년 경영진과 감사/감사위원회 비적정 회사: 오스템임플란트이다.

외부 회계법인은 내부에 비해서 조금 더 부정적인 의견을 주었다는 판단을 할 수 있다.

물론, 감사의견을 표명하는 주체가 상이하고 각자 상이한 방식으로 감사를 진행했으므로 의견 역시 상이할 수는 있다. 그러나 동일한 내부회계관리제도에 대한 의견이 이렇게 상이하다는 점은 주목해야 한다.

오스템임플란트는 자본금 정도의 금액에 대해서 횡령 사고가 발생한 기업이므로 경영진 자신과 감사/감사위원회가 내부회계관리제도에 대해서 의문을 제기한 것이 이상할 것이 없다.

흔히 경영진과 감사(감사위)는 한 묶음으로 생각하게 되는데 2019년의 경우, 동부제철 감사(감사위)가 경영진과 동일한 의견을 보이지 않는다. 이론적으로는 한 묶음이어서는 안되는데 기업지배구조상 현실적으로는 한 회사 소속이니 한 배를 타고 있다고 생각하기 쉽다. 단, 맡겨진 역할에 분명한 차이가 있는 것이다. 경영진은 내부회계관리제도의 운영실태에 대한 보고이며, 감사위원회는 운영 실태에 대한 평가이므로 접근이 상이할 수 있다고도 보여지는데 두 보고가 근본적으로 차이가 있는 것인지는 의문이다.

동부제철의 경우는 감사(감사위)가 경영진에 비해서는 적법하게 제 역할을 했다는 판단이며, 주주총회의 회의 안건에 외부감사인의 내부회계관리제도에 대한 인증 내용이 보고되는데 위 장표의 내용은, 감사위원회/감사는 내부회계관리제도의 운영 실태에 대한 평가에 있어서 문제가 있음을, 동시에 주주총회 의장(대표이사)은 내부회계관리제도 운영 실태에 문제가 없다고 주주총회에서 보고하는 모습이었을 것이다.

물론, 동일한 내부회계관리제도에 대한 감사를 내부와 외부에서 진행하므로 내부와 외부에서는 보는 시각에 차이가 있는 것은 이해할 수 있다. 또한 감사 제도가 상법에 1962년에 도입될 때부터 감사는 경영진과 대립 구도로 설정되어 있으므로 경영진과 감사(감사위원회)도 한 묶음으로 볼 수는 없지만 그럼에도 우리나라 기업지배구조의 현실에서 경영진과 감사/감사위원회가 동일한 의견을 내지 않는 경우는 매우 특이하고 흥미로운 경우이다. 경영진이 내부회계관리제도의 책임자로서 감사위원회와 이사회에 내부회계관리제도를 보고하게 되는데 감사/감사위원회가 이를 보고받고 평가 시점에 이견이 드러났음을 의미한다.

감사는 내부와 외부로 나뉘어져서 동일한 작업을 내/외부에서 진행하게 되므로 내/외부가 내부회계관리제도에 대한 적정성에 대해 상이한 의견을 보이는 것은 충분히 이해할 수 있다.

더더욱 경영진과 감사(감사위원회)가 본인들이 소속된 회사의 내부회계관리제도가 비적정하다고 인정하는 것은 결코 쉽지 않다. 내부회계관리제도가 적정하지 않으면 수정하면 되는 것이기 때문이다.

물론, 회사 내부와 외부의 의견이 일치하지 않는 경우는 내부회계관리제도의 평가에만 국한되는 내용은 아니다. 회사가 작성한 재무제표를 감사인에게 제출할 때, 대표이사와 CFO의 확인서를 함께 제출하게 된다. 재무제표에 오류가 없다는 확인이다. 물론, 감사 과정에서 피감기업과 감사인 간에는 밀고 당김이 당연히 있을 수밖에 없고 이러한 확인서에도 불구하고 재무제표에 대해서 비적정의견이 표명된다고 하면 이 또한 재무제표와 관련되어 내부와 외부가 의견을 달리한다는 점이 표출되는 것이다.

단, 대표이사와 CFO의 확인서가 외부로 공개되는 문건이 아닌데 반해서, 내부회계관리제도의 적정성에 대한 문건은 공개된다. 이러한 확인서가 공개되지는 않지만 CEO와 CFO가 감사전 재무제표에 대해서 문제점을 인정하는 경우는 생각하기 힘들다.

감사위원회는 이사회에 내부회계관리제도의 운영실태보고에 대해서 평가 보고를 한다. 이뿐만 아니라 대표이사가 주주총회 의장으로서 주주총회에서 내부회계관리제도에 대해서 운영실태를 보고하도록 되어 있으므로 어떻게 보면 내부회계관리제도에 대한 평가의 차이가 더욱 확연하게 표출되게 된다.

즉, 대표이사가 감사위원회에 내부회계관리제도 운영실태에 대해서 보고할 때, 운영실태 평가과정에서 내부회계관리제도의 적정성에 대해서 동의하지 않는 감사위원회와 대표이사의 의견이 처음으로 표출되었을 수 있고, 이 내용에 근거해서 감사위원회가 이사회에 보고할 때는 정식 문건으로 내부회계관리제도의 운영실태 평가보고에 있어서 부정적인 평가를 수행했을 것이다.

SOX 인증 관련되어서는 다음의 통계치가 있다[15].

15.9% > 2.5%
미국에서 초도 연도에 SOX 감사에서의 비적정 인증 확률 > 한국에서의 첫 SOX 인증 시 비적정 인증 확률

비적정 확률 간의 대조가 되는 비율의 차이이다. 우리나라는 내부회계관리제도를 도입한 이후에 수년이 지난 이후에 이에 대한 인증, 그것도 낮은 수준의

---

15 임성재. 2023.5.17. 내부회계관리제도. 지난 3년의 교훈과 나아갈 방향. 포스코그룹. 삼일회계법인에서 인용한다.

인증인 검토가 진행된 경우이므로 비적정의견을 받을 가능성이 낮으며 미국은 SOX를 도입하면서 바로 '감사'라는 높은 수준의 인증을 수행하였기 때문에 비적정의견을 받을 가능성이 높고 우리의 경우와 큰 차이가 있다.

내부회계관리제도에 대한 인증이 처음 도입될 때부터 재무제표에 대한 인증과 별도의 인증인지 아니면 재무제표에 대한 인증을 수행하는 과정에서는 내부회계관리제도는 당연히 점검해야 하므로 별도의 인증이 아닌지가 논쟁의 대상이었으며 이러한 논쟁은 회계법인에 대한 별도의 추가 수임료의 이슈이기도 하였다.

아래의 장표는 재무제표에 대한 인증과 내부회계관리제도에 대한 인증이 어떤 관계인지를 보이는 내용이다. 2022년의 경우 SOX 비적정을 받은 기업 중, 재무제표가 적정을 받은 기업은 45%이다. 즉, SOX 비적정을 받은 기업 중, 재무제표도 비적정을 받은 기업의 비중은 55%라는 의미이다. 즉, SOX 감사와 재무제표 감사가 일치하지는 않는다는 반증이다.

재무제표 감사의견 vs SOX 비적정

재무제표 감사의견	2022	2021	2020	2019
재무제표 적정	33	29	24	27
SOX 비적정	74	78	79	77
SOX 비적정 중	45%(=33/74)	37%	30%	35%
재무제표 적정 비율				
SOX 비적정 중				
재무제표 비적정 비율	55%	63%	70%	65%

외부감사인 vs 경영진

구분	2022	2021	2020	2019
외부감사인 의견 변형	74	78	79	77
경영진 의견변형	13	8	2	7
의견 일치 비율	17%(=13/74)	10%	3%	9%

위의 장표는 외부감사인도 내부회계관리제도에 대해서 인증을 수행하는데 외부감사인이 의견을 변형한 기업 중 경영진도 의견을 변형한 기업의 비율을 보인다. 즉, 외부감사인과 경영진이 동시에 의견을 변경한 경우가 18%에 이른다. 나머지 82%의 경우는 외부감사인은 변형된 의견을, 경영진은 적정의견을 표명하였음을 의미한다. 여기에 경영진의 내부회계관리제도의 운영 실태에 대해서는 감사위원회가 별도로 내부회계관리제도의 운영 실태에 대한 평가를 수행하므로 위의 경영진, 외부감사인의 내부회계관리제도에 대한 의견에 감사위원회의 의견이 추가되어 표시될 수도 있다.

동일 건에 대해서 외부감사인과 경영진이 의견을 달리하는 경우이며 당연히 경영진이 본인이 근무하는 회사의 내부회계관리제도를 더 긍정적으로 평가하는 경우이다. 또한 외부감사인과 경영진이 별도의 확인 작업을 통해서 개별적인 의견을 표명하므로 의견이 상이할 수는 있지만 그럼에도 동일회사에 대한 의견이 이렇게 다르다는 점은 흥미롭다.

이 비율 변화의 일반적인 추세는 경영진과 외부감사인의 의견이 상이하기는 하지만 과거에 비해서 수렴하는 현상을 보이고 있다. 외부감사인도 의견을 변형하기가 쉽지만은 않을 것인데 의견 변형에는 모두 사유와 근거가 있을 것이니 경영진이 이를 부정만 할 수는 없을 것이다.

감사위원회는 사내의 상설기구이므로 경영진과 다른 의견을 표명하지 않을 수도 있지만 그럼에도 최근에 오면서 감사위원회의 책임과 권한이 강화되는 추세이므로 감사위원회가 독립적인 평가를 수행하였을 수 있고 또한 이렇게 기대되고 있다.

chapter

07

우발채무

우발채무

매일경제신문. 2022.11.18. 대우조선 우발채무 어쩌나 한화, 본계약 앞두고 고민

한화그룹이 대우조선해양 인수 본 계약을 앞두고 인수 실사를 진행 중인 가운데 드릴십(원유시추선) 관련 우발채무 발생 가능성에 관심이 쏠리고 있다. 대우조선해양은 현재 3척의 드릴십 재고를 보유하고 있는데 이와 관련한 추가 우발채무 발생 가능성이 제기된다. 한화그룹은 막바지 단계에 이른 실사 상황을 살피면서 최종 인수 여부를 고민하고 있는 것으로 알려졌다.

대우조선해양 3분기 보고서에 따르면 올 3분기 말 발주처와 선박 계약 관련 손해배상청구액(우발채무액)은 2억 96만달러로 나타났다. 이는 올 6월말 대비 2억달러(약 2700억원) 안팎의 손실을 본 것으로 알려졌다. 원 발주처가 계약취소를 하면서 다른 시추회사에 판매하기로 한 물량이 또 석연찮은 이유로 계약 취소돼 손실을 봤다. 결국 대우조선해양은 크게 할인된 가격으로 또 다른 시추회사에 이 드릴십을 매각했다. 대우조선해양은 계약 취소를 일방적으로 통보한 시추회사 측에 손해 배상 소송을 제기한 상태다. 대우조선해양 관계자는 "관련 손실은 이미 실적에 반영됐다"며 "실적 개선을 위해 일부 발주처와 손해배상 소송을 진행하고 있다"고 설명했다.

현재 한화는 지난달 중순부터 6주 일정으로 대우조선해양에 대한 정밀 실사를 진행하고 있다. 투자합의서에는 실사 과정에서 우발채무가 1조원 넘게 나올 경우 계약을 취소할 수 있다는 조항이 포함된 것으로 알려졌다.

드릴십은 유가가 급등하던 2010년대 초반 발주가 쏟아진 선종으로 심해에서 원유와 가스 시추 작업을 수행한다. 하지만 이후 유가가 떨어지자 발주처들이 잇달아 계약을 해지하면서 조선사들이 재고를 떠안게 됐다. 드릴십 한 척 당 가격은 6억달러에서 현재는 2억~3억 달러 수준으로 내려앉았다.

대우조선해양은 현재 3척의 드릴십 재고 중 2척은 인도할 선주사가 정해졌고, 대금도 70% 가량 납입돼 부실 가능성이 높지 않다고 주장했다. 1척은 인수처를 찾지 못했다.

결과적으로 우발채무가 큰 문제가 되지는 않고 계약을 하게 되었다. 우발채무, 지급 보증 및 특수관계자의 거래 등은 주석에 보고되는 내용 중에서도 기업의 존속에 까지도 영향을 미칠 수 있는 내용이다. 일반적으로 주석에 이러한 내용이 공시되며 대부분의 재무제표 이용자들은 주석의 내용은 재무제표 본문보다 덜 중요하다고 생각하기 쉬우나 지급보증, 우발채무, 특수관계자와의 거래는 매우 중요한 내용이니 주석에 공시되었다고 해서 소홀히 할 수 없는 정보이다. 특수관계자와의 거래는 범법의 원천이 되기도 한다.

시사저널. 2023.2.18. 거센 비판에 마일리지 재검토 들어간 대한항공… 부채 줄이기 실패?

마일리지 개편안을 놓고 '개악' 논란이 거세지자 대한항공이 한 발 물러섰다. 고객 의견을 수렴해 개선한 개편안을 다시 내놓겠다고 입장을 선회한 것이다. 원희룡 국토교통부 장관이 개편안을 지적하고 나선지 6일 만이다. 이에 일각에서는 마일리지 개편으로 부채비율을 줄이려는 대한항공의 포석에도 제동이 걸렸다는 분석이다.

오는 4월부터 시행하려 했던 대한항공의 새 마일리지 제도 도입이 사실상 연기됐다. 대한항공은 20일 "마일리지 관련 현재 제기되는 고객들의 의견을 수렴해 전반적인 개선 대책을 신중히 검토 중"이라고 밝혔다.

앞서 대한항공은 현행 지역별 마일리지 공제에서 운항 거리에 비례, 국내선 1개, 국제선 10개 등 기준을 세분화해 공제율을 조정하기로 했다. 이에 장거리 노선의 마일리지 공제율이 높아지면서 일방적으로 마일리지 혜택을 축소했다는 지적이 나왔다.

대한항공이 마일리지 개편안 재검토에 나선 것은 정부·여당의 거센 비판에 이은 여론 악화에 따른 고육지책이다. 앞서 원희룡 국토부 장관은 지난 15일 자신의 페이스북에 대한항공 마일리지 개편안에 대해 "역대급 실적을 내고도 고객은 뒷전인 것 같다"며 비판의 포문을 열었다. 여당도 가세했다. 성일종 국민의힘 정책위의장은 지난 17일 원내대책회의에서 "대한항공은 마일리지 공제 방안을 재검토하라"고 주문했다.

이 과정에서 대한항공의 해명이 뿔난 여론에 불을 붙였다. 대한항공은 개편안이 단거리 고객에게는 더 유리한 구조라고 항변했다. 마일리지로 사용하는 보너스 항공권을 구매하는 고객 중 국내선 이용 비중이 50%에 가깝고 일본, 중국, 동남아 등 국제선 중·단거리까지 포함하면 76%에 달해 대다수의 회원들이 혜택을 볼 것이라는 주장이었다.

하지만 여론은 쉽게 사그라지지 않았다. 단거리 노선의 마일리지 사용 비중이 높은 것은 그만큼 장거리 노선의 마일리지 좌석이 부족하기 때문이라는 불만이 쏟아져 나온 것이다. 아울러 지금도 구하기 힘든 마일리지 보너스 항공권 확대에는 손도 대지 않고 마일리지 차감 확대에만 초점이 맞춰져 있다며 마일리지 제도의 근본적인 수정을 요구하는 목소리도 커졌다.

이에 대한항공은 보너스 좌석 비중 확대 등 해결 방안을 국토부에 보고했으나 원 장관은 부정적인 의견을 내놓은 것으로 알려졌다. 지난 19일에는 원 장관이 직접 입을 열었다. 그는 건설사 간담회를 마친 후 기자들과 만난 자리에서 "눈물의 감사 프로모션을 하지는 못할망정 국민 불만을 사는 방안을 내놓았다"며 "이것(개편안)이 더 국민에게 유리하다고 가르치는 자세로까지 나오는 것은 자세가 근본에서부터 틀려먹었다"고 강하게 몰아붙였다.

"마일리지=국민 재산권… 국적기 위상 맞는 결정해야"

마일리지 개편안이 사실상 원점 재검토에 들어가면서 대한항공의 부채비율 축소 계획에도 차질을 빚을 것으로 보인다. 영업상의 이유로 항공사들은 마일리지 규모는 외부에 공개하고 있지 않다. 하지만 통상 마일리지는 회계 장부에 부채(이연수익)로 인식된다. 지난해 3분기 재무제표에 따르면, 대한항공의 이연수익은 약 2조 780억 원이다. 코로나 이전 1조 6000억원 수준이었다가 국제선 운항이 사실상 중단되면서 급격히 늘어났다.

부채비율이 늘어나면 금융권 이자비용 부담이 가중되고 자금조달도 어려워진다. 특히 대한항공은 현재 아시아나항공과의 기업결합을 준비 중이다. 이에 따른 자금부담도 상당할 것으로 보인다. 이에 마일리지 차감 폭이 큰 장거리 노선의 공제율을 높여 재무적 부담을 줄이려 한 것 아니냐는 지적도 나온다.

박순장 소비자주권시민회의 사무처장은 "단거리 노선은 저비용 항공사(LCC) 등 선택권이 많지만 장거리의 경우 그렇지 않다"며 "장거리 여행 고객 비율이 증가하는 추세에서 결국 소비자만 손해 보는 개편안"이라고 지적했다.

그러면서 "은행, 카드사, 보험사, 백화점 등과 연계해 마일리지 적립을 유도해 놓고 이제 와서 기준을 바꾸려는 꼼수"라며 "마일리지는 다양한 경제활동으로 적립한 재산권이라고 법원에서도 명시한 개념이기 때문에 국적기 위상에 맞게 소비자 편익을 늘리는 방향으로 재검토해야 할 것"이라고 밝혔다.

항공사의 마일리지 프로그램은 고객들이 누적된 마일리지로 무료 항공권을 교환받거나 아니면 비즈니스나 first class 항공권으로 upgrade하는 데 사용되는데 소비자들은 어느 정도까지 마일리지를 사용할지를 사전적으로 알기 어렵기 때문에 어느 정도를 부채로 추정해야 하는지가 이슈이고 항공사뿐만 아니라 많은 백화점 마트 등의 유통기업에서 고객에 대한 유사한 프로그램을 운영 중이다. 물론 마일리지가 어느 정도 무료 항공권이나 업그레이드로 전환되는지의 과거 경험률에 근거하여 합리적으로 추정이 가능하기는 하지만 정확히 이 금액을 구해내기는 어렵다. 추정을 얼마나 적극적으로 또는 소극적으로 수행하는지에 따라서 당연히 충당금의 금액이 달라진다.

매일경제신문. 2024.1.3. 건설사 부실 뇌관 '우발 부채' 공시 의무화

2023 사업연도 재무제표부터 건설사들은 부동산 프로젝트파이낸싱 관련 우발부채에 대해 입지와 사업형태 등 사업장별 구체적 정보는 물론이고 보증금액과 만기를 일목요연하게 정리해 주석 사항에 명기해야 한다. 건설회사의 위험 수준에 대한 평가 비교 가능성을 높이기 위함이다.

2일 금융감독원은 건설회사의 부동산 PF 관련 잠재 위험이 보다 명확히 공시되도록 주석 공시 모범 사례를 마련했다고 밝혔다.

금감원이 제시한 모범 사례에 따르면 금융당국은 PF 우발부채 현황을 한눈에 파악할 수 있도록 종합요약표를 신설해 표기하기로 했다.

앞으로 건설사들은 부동산 PF 사업의 단계나 종류별로 우발부채 현황이 명확하게 파악되도록 상세한 사항을 재무제표에 기재해야 한다.

먼저 회사마다 보증금액, 실행금액, 대출금액 등으로 제작시 표시하던 '현재 익스포저'는 앞으로 '보증금액'으로 통일해 표시하도록 했다. 마찬가지로 최대 익스포저는 '보증한도'로 쓰도록 했다.

사업장별 부동산 PF 익스포저 만기일은 물론이고 사업장이 어디인지, 사업유형은 공동 주택인지 오피스텔인지, PF대출 종류가 브리지론인지 본 PF인지 등 세세한 정보도 제공해야 한다. 또 하나의 사업장에 연대보증 채무인수 자금보충 매입약정 등 형식으로 복수의 신용 보강을 제공했다면 전체 익스포저를 파악할 수 있도록 중첩된 부분을 제외한 금액을 종합요약표에 기재하도록 했다.

국가재무제표 감사

국가재무제표 감사

시사저널. 2022.11.13. 감사원, '나라살림 결산' 회계법인에 의존 그런데도 수조원 오류 반복

정쟁의 중심에 선 감사원이 최근 국회로부터 중대한 '경고 카드'를 받았다. 감사원이 나라 살림, 즉 국가회계를 결산하면서 매년 10조원 가량의 '오류'를 반복하고 있다는 지적이 나왔다. 감사원이 뒤늦게 발견해 수정한 오류 규모만 지난 10년간 총 95조원에 이르는 것으로 확인됐다. 더 큰 문제는 감사원이 국가 결산 업무를 그동안 민간 회계법인에 의존해 왔다는 점이었다. 이에 대한 법적 근거 역시 미비한 상태다. 국회 예산정책처는 해마다 "국가회계에 대한 신뢰성을 떨어뜨리는 일"이라며 시정을 요구하고 있지만, 감사원이 개선 의지를 보이지 않고 있다는 비판이 나온다.

국가회계에 대한 철저한 감사는 감사원의 최우선 업무이다. 이는 헌법이 증명한다. 헌법 제 97조엔 '국가의 세입 세출의 결산, 국가 및 법률이 정한 단체의 회계검사와 행정 기관 및 공무원의 직무에 관한 감찰을 하기 위하며 대통령 소속하에 감사원을 둔다'고 규정되어 있다. '결산'이 감사원의 존재 이유 가장 앞에 명시돼 있는 것이다. 감사원법에도 감사원의 '임무'를 규정한 제20조 서두에 '감사원은 국가의 세입 세출의 결산 감사를 한다'는 말이 적혀 있다.

자체 인력 54명에 외부 인력 80명 투입

감사원의 현실은 어떨까. 취재 결과, 그 동안 감사원은 제1의 업무인 국가 결산 검사에 외부 민간 회계법인 인력을 다수 투입한 것으로 확인됐다. 이에 대한 법적 근거는 관련 법 어디에도 없다. '감사시무의 대행'을 규정해 놓은 감사원법 제50조의 2에도 '감사원은 필요시 기관에 대한 감사사무 중 일부를 각 중앙관서의 장에게 대행하게 할 수 있다'고 명시돼 있을 뿐, '민간에 맡겨도 된다'는 얘기는 나와 있지 않다.

그럼에도 감사원은 그동안 결산 감사 업무에 자체 인력보다 더 많은 민간 회계법인 인력을 투입해 왔다. 감사원이 내부에 '국가 결산감사 태스크포스'를 꾸려 결산감사를 수행하기 시작한 2018년부터 2021년까지 인력 현황을 평균 낸 결과 감사원이 자체 인력 54명을 투입하는 동안 외부 회계법인에선 80명의 인력이 투입됐다. 감사원 본연의 업무에 6대 4의 비율로 외부 인력이 더 많이 동원된 것이다.

이에 대해 감사원은 크게 문제 될 것이 없다는 입장이다. 감사원은 시사저널에 "국가 결산심사는 감사원 자체 인력들이 주도적으로 업무를 수행하고 있고 회계법인은 그저 업무의 효율성을 위해 보조 역할을 해주는 것뿐"이라며 "따라서 관련한 법적 근거를 두고 있지 않다"고 해명했다. 업무를 민간에 '위임'하거나 '대행'토록 한 것이 아닌 '보조용역'에 그치기 때문에 법적 근거가 필요치 않다는 의미다. 인력 구성과 운용에 대한 지적엔 "내부적으로도 감사원 자체 인력을 늘리기 위해 노력하고 있다"면서 "해당 업무에 자체 인력을 추가로 채용하면 감사원 내 다른 부서 인력을 줄일 수밖에 없는 구조라서 쉽지는 않다"고 설명했다.

그간 감사원은 주로 삼정회계법인 삼일회계법인 한영회계법인 등 국내 대표적인 법인들과 국가 결산감사 업무를 함께 해왔다. 그 대가로 이들에게 해마다 12억원이 넘는 혈세를 지불한 것으로 확인된다. 하지만 비용이나 업무 효율성을 떠나 국가회계 업무에 '민간'이 투입되는 것이 국가 안보상 적절하냐는 우려도 있다. 각 정부 부처와 기관의 살림이 모두 담긴 국가 재무제표이니만큼 내밀한 내용이 포함돼 있을 수 있는데, 이것이 외부로 유출될 가능성을 배제할 수 없다는 지적이다. 이에 대해 감사원은 "업무를 수행하기 전에 해당 회계법인들로부터 비밀 엄수 서약을 받고 있기 때문에 걱정할 필요가 없다"고 했다.

아울러 감사원이 특정 회계법인에 사실상 '일감'을 챙겨 주었어도 현재 시스템 상 이를 포착하기 쉽지 않다는 점도 문제로 거론된다. 이러한 가능성을 점검하기 위해 시사저널은 국회의원실을 통해 감사원에 최근 수년간 감사원과 회계법인들 간 인사이동이나 인적 교류 현황에 대한 자료를 요청했다. 이에 대해 감사원은 "제출할 수 없다"는 의사를 밝혔다. 감사원은 "감사원에 속한 회계사나 세무사는 공직자윤리위원회의 심사를 거치지 않고 퇴사 후 바로 민간에 취업할 수 있기 때문에 감사원 차원에서 퇴직자들의 현황을 따로 관리하지 않고 있다"고 설명했다.

감사원의 일부 인력 활용에 대해 국회 입법조사처는 "언제든 절차적 정당성의 논란이 발생할 수 있고, 장기적으로도 해당 업무에 대한 감사원의 역량 강화 차원에서 바람직하지 않다"고 지적했다. 어렵더라도 외부 인력 의존도를 낮추고 자체 전문 인력을 충원하라는 것이다.

문제는 감사원이 숱한 우려와 지적을 무릅쓰고 매년 예산까지 들여가며 민간 회계법인 인력을 투입했음에도 해마다 막대한 회계 오류를 내고 있다는 점이다. 국가재무제표에 대한 감사원 결산이 이뤄진 지난 10여년 간 매년 10조원을 넘나드는 오류가 발생해 왔다. 국회 예산정책처에 따르면 2012년(회계연도 기준)부터 2021년까지 국가재무제표상 '전기오류수정손익'은 총 95조 191억원에 이른다. 전기오류수정손익이란 감사원이 미처 찾아내지 못하고 이듬해 추가로 밝혀낸 회계오류를 뜻한다. 즉 감사원이 뒤늦게 발견해 고친 오류가 10년간 95조원이 넘는 것이다.

오류 반복하면 기업은 상폐, 국가는 책임 공방

이처럼 중대한 오류가 발생한 이유로는 주로 국유재산을 많이 보유하고 있는 국토교통부나 국방부 등이 자산을 누락하거나 대장 가액을 잘못 입력하는 등 '실수'를 범했기 때문이다. 감사원은 "각 기관에서 시스템에 자산을 늦게 등재하는 등 일종의 시간 차가 발생하면서 불가피하게 오류가 나는 부분이 적지 않다"며 "개선하기 위한 노력은 하고 있지만 한계도 분명 존재한다"고 해명했다. 하지만 예산정책처는 "이 같은 반복적 오류는 국가회계 전반에 대한 신뢰도를 저하시킬 수 있는 문제"라며 빠르고 확실한 시정을 촉구했다.

오류는 숫자 그 이상으로 심각한 의미를 지닌다. 민간기업의 사례를 떠올려 보면 쉽다. 기업의 경우 재무제표에 단 한자만 틀려도 상장사는 즉각 정정공시를 해야 한다. 이것이 반복되면 해당 기업의 신뢰도는 추락하고 상장폐지 심사와 같은 거대한 후폭풍을 맞게 된다. 그런데 지금 한 나라의 살림에서 일개 기업에선 상상할 수 없는 거대하고 반복적인 오류가 발생하고 있다.

기업은 이 같은 오류가 발생할 경우 강력하게 책임 소재를 따져 묻는다. 그러나 국가재무제표 오류엔 그동안 누구도 책임을 묻거나 따지지 않았다. 전문가들은 이러한 '책임의 부재'야말로 중대한 오류가 매년 반복되는 핵심적인 이유라고 강조한다. 유호림 경제정의실천시민연합(경실련) 재정세제위원장은 "민간기업에 이 같은 오류가 발생했을 때 얼마나 치명적인지를 알고 있으면서도 국가 회계를 매년 이렇게 다룬다는 건 관계자들이 그저 기계적으로 업무를 하고 있다는 것으로 밖에 볼 수 없다"고 지적했다. 그러면서 "감사원이 책임성과 전문성을 갖추는 데 자신이 없으면, 일부 외국의 사례처럼 우리도 국가 회계 결산을 위한 별도의 독립기구를 마련해야 한다"고 말했다. '감사원의 국가재무제표 결산 감사 제도 및 운영에 대한 비판적 검토와 개선 방안' 논문을 쓴 정도진 중앙대 교수 역시 "아무도 국가재무제표 결산에 사인(서명)을 하지 않는 책임 공방이 일차적 문제"라고 지적했다. 이어 "결산에 오류가 생겼을 경우 명백히 책임질 수 있도록 최소한 각 부처 장관과 감사원장의 사인이 명시돼야 한다"고 강조했다.

정 교수는 또 하나의 원인을 지목했다. 예산과 결산이 전혀 '연계'돼 있지 않다는 문제다. 그는 "예·결산 간의 연계성을 매우 강조하는 외국과 달리, 우리나라는 매년 발표하는 한 해 결산 정보를 다음 예산 편성에 전혀 활용하지 않는다. 모두 매년 예산을 따오기에만 급급할 뿐, 이것이 실제 어떻게 쓰였는지는 확인하지 않는다. 그러다 보니 결산 업무에 모두가 무관심한 것"이라고 지적했다. 정 교수는 "국가의 결산과 관련한 조사 연구 기능이 강화되어야 하며, 이것이 일정 부문 의무적으로 다음 예산에 반영될 수 있도록 시스템화해야 한다"고 힘주어 말했다.

결산 감사할 위원회 폐지는 '국가 회계의 수치'

정 교수는 지금 결산에 대한 국가의 인식이 오히려 '거꾸로' 가고 있다는 우려도 표했다. 그는 지난 9월을 '국가 회계 수치의 달'이라고 규정했다. 정부에서 국가 회계와 관련한 3개(기획재정부 국가회계제도심의위원회, 공익법인 회계기준심의위원회, 행정안전부 지방회계제도심의위원회)를 모두 폐지했기 때문이다. 정 교수는 "정부와 독립돼 국가 재정을 살피는 이들 전문가 위원회를 없앴다는 건 국가 재정의 신뢰성을 더욱 떨어뜨리는 길로 가겠다는 것과 다름없다"고 지적했다. 나아가 "이제 결산 오류에 대해 관심을 갖는 사람들은 더 없어질 것이며 자칫 누군가가 의도적으로 오류를 발생시킬 가능성도 높아진다. 감시의 눈이 사라져버리기 때문"이라고 강하게 비판했다.

당장 할 수 있는 일은 무엇일까. 국회예산정책처와 입법조사처에선 그중 하나로 "감사원이 국가결산보고서에 감사의견을 첨부하는 방안 등을 검토해 볼 필요가 있다"고 제안했다. 단순하게 왜곡 사항을 적발하는 것이 아니라 감사원 차원에서 국가 재무제표에 대한 적정성 의견을 내도록 한다면 더욱 책임감을 가질 수 있게 된다는 설명이다.

실제 이러한 내용을 포함한 '국가재정법' 개정안이 지난 4월 국회에 발의되기도 했다. 감사원이 결산 감사를 한 후 재무제표에 대한 검사의견을 기획재정부장관에서 송부하도록 하고, 재무제표 작성에 중대한 오류가 발견된 경우 관련 공무원에 대한 교육을 실시하도록 권고하는 내용이다. 감사원을 비롯해 국가 결산 담당자들의 책임감을 높이기 위한 최소한의 조치다. 그러나 해당 법안은 6개월간 별다른 논의 없이 국회에서 잠자고 있다.

해당 기관의 장관이나 감사원장의 서명이 없다는 것은 국가재무제표에 대해서 아무도 책임을 지지 않는다는 것을 의미한다. 기업과 관련된 모든 문건에는 실질적인 실무를 맡은 실무자가 서명을 하거나 아니면 업무를 총괄하는 책임자가 명확하게 서명을 하도록 하여 관리의 책임을 묻게 하는데, 오히려 정부는 아무도 책임을 지지 않으려고 서명이 누락되었다고 하니 내로남불이 아닌가 한다. 하물며 최근에 변경된 제도에 의하면 감사보고서에는 회계법인의 대표이사가 서명을 하지만 engagement 파트너가 실명을 감사보고서 내에 기술하도록 요구하고 있지 않는가. 중대재해법의 통과로 기업의 CEO에게는 감당할 수 없는 부담을 주는 데 반하여 정부의 기관장들은 이러한 책임 부담을 피해가고 있는 것이다.

감사전 재무제표를 작성하여 감시인에게 감사를 요청하기 이전 단계에서도 CFO와 CEO는 확인서에 서명을 하게 되는데 이 또한 피감기업이 작성한 재무제표에 대해서 CEO가 책임을 지겠다는 확인이다. 대표이사의 경우도 엄청나게 많은 업무에 대해서 책임이 있지만 그럼에도 대표이사의 서명은 감사전 재무제표는 대표이사 책임 하에 작성된다는 증빙이다. 한 부서의 재무제표에 장관이 서명한다함은 장관이 회계전문가가 아니지만 그럼에도 해당 부서의 업무에 대한 회계적인 기록에 대해서의 책임은 피해가기 어려워야 한다. 장관 본인이 잘 챙길 수 없으면 지휘 체계하에서의 누군가가 챙기도록 감독하고 대신 본인이 이를 확인하고 서명을 하면 된다. 기관의 모든 업무는 어차피 위임 전결에 의해서 진행하게 되지 모든 업무를 기관장이 수행하도록 기대되는 것은 아니다.

일반 민간 기업에 대한 감사에서 외부감사인은 감사의견을 표명할 수 있다는 것이 엄청난 권리와 무기로 작용한다. 기업의 회계처리에 대해서 감사인이 동의하지 않을 경우, 당연히 감사인이 재무제표 수정을 요청할 것이며 피감기업과 감사인 간에는 밀당이 있을 수밖에 없다. 재무제표는 기업이 작성의 주체이므로 감사인의 의견이 수용되지 않으면 감사인이 쓸 수 있는 카드는 감사의견밖에 없다. 피감기업과의 이견을 감사의견으로 표명하게 되는 것이다.

감사원의 명칭만 보더라도 우리의 감사원에 해당하는 미국의 기구는 GAO office

로 Government Accounting Office이다. 단, 우리의 감사원의 명칭은 Board of Audit and Inspection of Korea라고 되어 있어서 회계 기능보다는 (업무)감사 기능을 강조하고 있다. 민간의 감사도 회계감사와 업무감사로 구분되며 민간의 감사는 업무 감사보다는 회계감사에 방점이 가 있다. 즉, 민간의 경우의 감사는 부정 적발이 목적이 아니다. 물론, 감사 과정 중에 부정을 적발할 수는 있지만 회사에서 제공되는 문건으로 수행되는 감사 과정에서의 부정적발은 외부 감사인에게도 쉬운 일이 아니다.

위의 기사에서도 기술하고 있듯이 민간의 경우 재무제표에 포함된 오류에 대해서 상장폐지까지 시킬 수 있는데 정작 국가재무제표의 오류에 대해서 정부는 아무런 조치를 하지 않는다는 것이 무엇인가 앞뒤가 맞지 않는다는 판단을 할 수 있다.

또 하나의 문제는 민간 회계법인이 정부 부처에 대해서 점검을 하는 과정에서 심각한 문제가 발생해도 민간의 피감기업에 대해서와 같이 비적정의견을 표명할 수 없다는 데 있다. 감사인의 힘은 감사의견에서 나온다. 떳떳하게 비적정의견을 표명할 때, 감사의 효과가 나타나는 것이다. 별도의 감사의견으로 감사결과를 나타내지 못하고 또한 피감기업이 감사 지적 사항에 대해서 동의하지 않는다고 하면 감사인이 재무제표를 수정하기 위해서 사용할 수 있는 방법이 없는 것이다.

우리는 민과 관의 관계에 있어서, 관이 항상 민 위에 서 있는 데 익숙해져 있다. 어떻게 보면 관이 민 위에 군림하는 것이다. 반드시 그래야 하는 것은 아니고 어떻게 보면 자본시장에서는 민이 관 위에 서 있어야 한다고도 생각할 수 있다. 자본시장은 민이 주도하는 시장이다. 우리 경제에서 가장 크게 경제에 보탬이 되는 것이 고용 창출이고 고용 창출의 역할은 민간이 해 주어야 한다. 최근 대통령이 대한민국 제1 영업사원을 자칭하고 있는 것도 큰 의미가 있다. 단, 대통령이 주관하는 행사에 업무에 바쁜 재벌 회장들을 모두 동원하고 언론의 표현을 빌면, 병풍으로 쓰는 것에 대해서는 여러 가지를 생각하게 한다. 어쨌거나 대통령이 대한민국 제1호 영업사원이라고 칭함은 신선하다.

감사인이 가장 명확하게 의견을 전달할 수 있는 과정이 감사의견의 표명인데 정부의 입장에서는 정부가 작성한 회계정보에 대해서 민간 회계법인이 비적정의견을 표명하는데 대해서는 분명 거부감이 있을 것이다.

chapter

09

감사수임료

감사수임료

매일경제신문. 2022.11.2. 회계감사비 논란 정부, 적정성 조사

상장사들과 회계법인 간 갈등이 이어지고 있는 감사비에 대해 금융당국이 조사에 나섰다. 1일 관련 업계에 따르면 금융위원회는 최근 회계학회에 '회계개혁 과제의 평가'라는 연구용역을 의뢰했다. 2019년 신외감법 시행 해 4년 간 얼마나 성과를 냈는지, 효과가 있는지에 대해 조사하는 것이다.

이번 조사에서 가장 관심을 끄는 것은 감사보수다. 금융감독원에 따르면 전체 회계법인의 평균 감사보수는 신외감법 시행 전인 2017년 2900만원에서 지난해 4630만원으로 높아졌다. 시간당 감사보수는 2017년 7만 8000원에서 2019년 신외부감사법 시행 후 상승해 2020년 9만 8000원 수준이 됐다. 이에 대해 상장사 업계에서는 부담이 크다는 의견이고, 회계업계에서는 비정상적 가격의 정상화라는 입장이다.

대우조선해양 분식회계 사건으로 촉발된 회계개혁은 표준감사시간, 주기적 지정 감사제, 내부회계관리제도 강화 등을 골자로 이뤄졌다. 회계투명성 제고라는 긍정적 평가도 있었지만 한편으로는 기업의 감사 부담 증가라는 부정적인 시각도 존재했다. 특히 감사보수의 급격한 증가나 금융당국이 직접 지정해준 감사인 측의 갑질 등으로 상장사 불만도 존재하는 것이 현실이다. 연구용역은 내년 1월에 최종 결과가 제출되고 다음달 하순께 중간 결과가 나올 것으로 보인다.

금융위는 지난 9월 회계개혁으로 도입된 제도의 운영 성과를 객관적으로 평가해 보고 개선 사항을 도출하기 위해 기업 회계업계 학계 모두가 참여하는 회계개혁 평가 개선 추진단을 구성했다. 상장사들은 "신외부감사법으로 많은 제도가 일시 도입됐고 기업에 심각한 영향을 미치는 제도도 있지만 기업들 의견이 충분히 반영되지 않

　비정상의 정상화라는 표현을 회계업계에서 쓰기는 하지만 혹자는 대형 회계
법인의 파트너들이 회기말 정산 때 받아가는 보상을 보면 수임료가 낮다고는
하기 어렵다는 의견을 내기도 하지만 자본주의에서 급여 수준을 가지고 높다/
낮다를 평하기는 어렵다.

　그러나 결코 쉽지 않은 것이 어느 정도의 수임료가 적정 수임료인지에 대한
판단은 매우 어렵다. 물론, 우리나라와 미국 등 선진국의 시간당 수임료나 자
산 대비 감사투입시간 등을 비교하면서 우리나라의 수임료가 적정한지를 점검
할 수 있다. 단, 국가간의 경제 규모, GDP 등의 차이가 있으므로 비교가 쉽지
만은 않다.

　유사한 비교로 임원 급여에 대한 이슈도 있다. 유수 기업의 CEO의 급여가
어느 정도 되는 것이 합리적인지를 묻는다면 해답이 없다는 것이 모범 해답일
것이다. 가장 쉽게 접근하는 것은 '남들 주는 만큼은 줘야 한다'는 상대적 접근
이다. 즉 Relative Performance Compensation의 개념이다. 절대 금액을 산정
하기 어려우니 서로 동종산업의 경쟁 기업의 급여 수준이 표준이 될 수 있다.

　미국 기업의 CEO들은 천문학적인 금액의 급여를 받는 경우가 다수이다. 우
리의 경우 삼성전자의 임원들이 엄청난 금액의 급여를 받는데 나머지 기업의
경우는 천문학적 금액의 급여와는 거리가 있다.

　임원들이 과도한 급여를 받는 것이 임/직원 간의 형평성 차원에서도 문제가
될 수 있으므로 임원 평균 급여 대비 직원 평균 급여를 공시하기도 한다. 상대
적인 급여 수준이라는 것이 다른 회사와의 관계, 회사 내에서의 임원과 직원
관계 모두에게서 이슈가 될 수 있다.

　자본시장에서의 가격은 품질에 대한 대용치일 수 있다. 가격이 균형가격 대
비 너무 높으면 시장에서 퇴출되게 되고, 가격이 너무 낮으면 영리를 맞출 수
가 없다. 단, 회계감사 시장에서의 가격 기능은 이보다는 조금 더 복잡한 것이

회계감사의 품질은 외부에서 관찰하기가 어렵다. 회계감사 용역이 성실하게 수행되는지는 피감기업과 감사인만이 접근 가능한 정보이기 때문이다. 즉, 감사인이 due care를 하여 감사를 수행하였는지 아니면 불성실하게 감사를 수행하였는지를 확인하는 방법이 묘연하다. 왜냐하면 결과물로 남는 것은 감사의견만이기 때문이며 감사의견은 대부분은 적정이다. 어떠한 과정을 거쳐서 적정의견이 도출되었는지 이러한 감사의견이 도출되는 과정은 black box이기 때문이다.

물론 이 재무제표와 감사건이 상장기업의 경우 금융위원회/금융감독원의 감리, 또는 비상장기업의 경우 한국공인회계사회의 감리의 대상이 되어 이들 감독/자율감독 기관이 블랙박스를 열어서 과정을 자세히 점검하는 경우가 아니라면 감사과정이 적법하였는지를 확인할 수 있는 방법이 없다.

감사수임료는 감사시간×시간당 임률로 결정된다. 수년전부터 한공회사 표준감사시간에 대한 가이드라인을 발표하고 있으며 시간당 임률은 빅4 회계법인의 경우는 거의 10만원, 지정으로 감사가 정해졌을 경우는 11만원 정도의 선에서 결정되고 있으므로 감사수임료는 회계법인별로 큰 차이를 보이지는 않는다.

chapter

10

손해배상금

손해배상금

한국경제신문. 2022.10.12. 대법 "대한전선, 손해배상금 다시 따져라"

허위공시 후 정상공시를 다 한 이후에도 주가가 지속적으로 하락했다면, 정상공시 시점의 가격을 정상주가로 단정할 수 없다는 대법원 판단이 나왔다.

11일 법조계에 따르면 대법원 2부(주심 천대엽 대법관)는 대한전선 소액 주주 121명이 대한전선과 경영진 그리고 이 회계 회계감사를 맡은 안진회계법인 등을 상대로 낸 손해배상 소송에서 이같이 판단하고 서울고등법원으로 파기 환송했다. 허위공시가 적발된 대한전선 등이 주주들에게 지급해야 하는 손해배상금이 더 커질 전망이다.

대한전선은 2012년 3월부터 이듬해 8월까지 대손충당금과 재고자산평가손실을 과소계상하는 방식으로 허위공시했다. 이후 2013년 11월부터 이듬해 11월까진 재무상황을 정상적으로 공시했다. 금융위원회 증권선물위원회는 2014년 12월 대한전선의 분식회계를 적발해 과징금을 부과했고, 주식매매거래는 이듬해 12월까지 1년간 정지됐다.

투자자들은 허위 공시로 손해를 봤다며 소송을 제기했다. 재판에선 손해 배상금 산정 기초가 되는 정상주가를 어느 시점의 주가로 봐야 할 지가 쟁점이 됐다. 주가가 정상화된 뒤 주가 변동은 허위 공시와 인과관계가 인정되지 않아 손해배상금에 포함되지 않기 때문이다.

정상공시 직후인 2013년 11월 20일 대한전선 주식 종가는 2485원이었고, 증선위의 매매거래 정지 처분 당시 주가는 1200원으로 떨어졌다. 매매거래 정지가 해제된 직후인 2015년 12월 10일 주식 종가는 479원이 됐다.

1심은 거래 재개 후 시점의 주가인 479원이 정상주가라고 보고 대한전선 등이 58억원을 배상해야 한다고 판결했다. 그러나 2심에서 배상금은 약 18억원으로 줄어들었다. 정상공시 직후 가격인 2485원이 정상주가라고 판단했기 때문이다.

하지만 대법원은 2심 판결이 잘못됐다고 봤다. 정상공시 이후 가격 변화도 허위공시와 관련이 있을 수 있다고 판단했다. 증선위가 분식회계를 공표하기 전에는 대한전선에 대한 시장의 평가가 온전히 반영되지 않았을 수 있다는 이유에서다.

정상공시 직후 형성된 주가를 정상 주가로 보려면, 허위 공시에 따른 가격 상승이 제거된 가격이라는 점을 피고가 증명해야 한다고 명시적으로 판시한 첫 판결이다. 대법원 관계자는 "같은 유형의 손해배상 사건을 심리할 때 지침이 되는 판례가 될 것"이라고 말했다.

위의 기사에서 인과관계를 기술하고 있는데 사회 현상에서 인과관계를 명확하게 규명하는 것은 매우 어렵다. 이는 논리에 의해서 주장을 할 수는 있지만 이를 입증하는 것은 거의 불가능하다. 왜냐하면 원인이 되는 현상 이외에도 결과에 영향을 미칠 수 있는 다른 상황(confounding effects)들이 발생하면서 결과가 초래되므로 이러한 다른 상황들을 통제한다는 것이 사회현상에서는 불가능하기 때문이다[16].

그리고 소송에서 입증책임을 누가 책임지는가는 재판의 결과에도 영향을 미치는 매우 중요한 이슈이다. 입증한다는 것이 어려운 상황에서는 입증책임을 피고가 지든, 원고가 지든 간에, 입증책임을 지는 객체가 판결상에서 원천적으로 불리할 수 있기 때문이다. 의료사고도 동일하다. 환자에게 입증책임이 있거나 의사에게 입증책임이 있거나에 따라서 유불리가 달라질 수 있어서 입법과정에서 누구에게 입증책임을 지우는지가 매우 중요하다.

매일경제신문. 2023.9.20. 대법 "의료사고 민사 소송 개연성 입증만으로도 충분"

대법원이 의료사고 민사소송에서 과실의 인과관계를 입증하기 위한 환자 측 증명책임을 완화하는 판단을 내렸다. 대법원 1부(주심 김선수 대법원장)는 숨진 A씨의 유족이 한 의료재산을 상대로 제기한 손해배상 청구 소송에서 원심의 원고 일부 승소 판결을 확정했다고 17일 밝혔다.

---

16 chapter 48에서도 사회현상에서의 인과관계와 상관관계에 대해서 기술하고 있다.

앞서 A씨는 2015년 12월 병원에서 수술을 받다가 혈압이 떨어져 심정지로 숨졌다. 유족은 2019년 7월 병원을 운영하는 이 재단을 상대로 1억 6000만여 원의 배상금을 요구하는 민사소송을 냈다. 실제로 담당 의사는 A씨에게 전신 마취제를 투여하고 약 30분 뒤 간호사에게 감시할 것을 지시하며 수술실을 비웠던 것으로 확인됐다.

대법원은 이번 판결을 통해 "환자 측이 의료행위 당시 임상의학 분야에서 실천되는 의료 수준에서 통상 의료인에게 요구되는 주의 의무 위반, 즉 진료상 과실로 평가되는 행위의 존재를 증명하고, 그 과실이 환자 측에 손해를 발생시킬 개연성이 있다는 점을 증명한 경우에는 진료상 과실과 손해 사이 인과관계를 추정해 증명 책임을 완화하는 것이 타당하다"고 판시했다.

문제가 모두 해결된 이후, 또한 이러한 사실이 모두 공개된 이후의 정상가격으로 돌아 오는 시점을 정하는 것은 시장만이 알고 있는데 시장이라는 개념은 모든 시장 참여자에 의한 다수의 의사결정이니 명확히 구체화하기 어렵다. 불특정 다수라고 할 수 있는 시장의 경우 명확한 실체가 없다. 흔히 사회적으로 어떤 내용이 이슈화됐을 때, 일반 국민들이 즉, 여론이 어떤 생각을 하고 있는지를 가늠하기 어렵다. 물론, 설문조사를 통하면 다수의 뜻을 밝혀낼 수도 있지만 그럼에도 설문조사는 한 통계치에 그치는 것이니 언론이 여론을 대변하기도 하며 언론이 어떤 입장을 취하는지가 매우 중요하다. 또한 설문조사의 공정성에 대해서는 지속적으로 비판의 의견이 있으며 여론 조사에 대한 조작의 가능성도 존재한다. 동시에 언론이 주관적인 판단을 개입시키며 일반 국민의 뜻을 오도할 수도 있다.

우리의 신문도 보수와 진보 성향으로 나눠지듯이 사물을 보고 판단하는 원칙에 차이가 있다. 하물며 미국의 언론은 대선이 있기 전에 해당 언론이 어느 후보를 공개적으로 지지하게 된다. 우리로 봐서는 公器로서의 공정한 언론의 정당성을 완전히 훼손한다고도 할 수 있지만 이미 논조를 보면 특정 언론이 어느 후보를 지지한다는 것이 읽히게 되니 뒤에 숨어서 선호하는 후보의 입장을 대변하는 것보다는 떳떳이 누구를 지지한다고 밝히는 것이 더 공정한 것일 수도 있다.

사회적으로 이슈가 되는 건에 대해서 여론의 추이를 정확히 읽어 낼 수 없으니 언론의 추이에 기초해서 판을 읽어야 하는 경우가 다수 또는 대부분이다.

일단 언론에 어떤 논점이 보도된 이후에는 이러한 내용의 사실 여부를 떠나 독자들은 거의 사실로 인정하게 되니 언론이 어떠한 판단을 하고 있는지는 매우 중요하다. 즉, 언론이 여론을 반영할 뿐만 아니라 여론을 한 쪽 방향으로 이끌어 갈 수도 있다. 정치인들 마저도 언론의 움직임에 대해서 민감하게 움직이며 국회의 청문회나 국정감사장에도 여론을 대변한다는 차원에서 국회의원들이 신문을 들고 발언을 하기도 한다.

증선위가 분식회계를 공표한 이후에도 시장이 이 사실을 모두 인지하고 주가에 반영되어 균형가격으로 수렴하는 데 걸리는 기간도 해답이 없다. 모든 시장의 참여자가 얼마나 sophisticated 투자자인지 등에 의해서 결정된다. 투자자가 시장을 이해하고 이를 가치평가에 반영하는 데는 각기 다른 기간을 필요로 한다. 결국은 이러한 정보에 반응하는 투자자들의 평균 시간이 그 해답이어야 하는데 이는 결코 쉬운 이슈가 아니다. 매매거래정지라는 조치를 거래소가 부과하는 경우도 있는데 이는 불안한 시장 상황이 안정되기를 기다리는 조치인데 매매거래정지가 기업에 대한 벌(penalty)인지에 대해서도 의문이 있다.

2024년 상반기에 홍콩 H지수에 기초한 ELS 상품이 대거 원금 손실이 실현되는 사고가 발생하였다. 감독기관은 투자자 개인 책임이라는 이슈와 금융기관이 투자자에게 ELS의 위험을 충분히 공지하지 않고 상품을 판매한 것은 금융기관의 책임이라는 내용으로 고심을 한 결과, 금융기관이 손실액의 어느 정도를 보상해 줘야 하는 잣대로 다음의 두 기준을 제시하였다. 첫째는 피해자의 연령, 주부 또는 금융기관의 임직원인지 여부, 둘째는 과거 ELS에 투자해 보았는지의 경험이다. 금융기관에도 잘못이 없지 않은 것이 어느 금융기관은 영업사원의 KPI를 정할 때, ELS 상품 판매 실적도 고려했다고 하니 투자자들에게 위험을 떠넘겼다는 비판에서 비켜갈 수도 없는 상황이고 이 내용이 드러났으니 금융기관은 책임이 아예 없다는 주장에도 문제가 있다. 이러한 경우의 피해에 대한 책임은 어느 정도 서로 분담하는 것이 해답일 수 있다.

누가 sophisticated 투자자인지를 시험을 치르고 판단할 수도 없으니 연령이나 과거 투자 패턴 등, 누구나 공감할 수 있는 기준을 설정하려 한 것인데 이 기준도 얼마든지 공격을 받을 수 있는데 더 나은 대안도 별로 없는 거 같다.

chapter

11

쌍방대리

chapter

11

쌍방대리

  '쌍방대리' 금지는 회계법인의 비감사서비스 병행과 궤를 같이 한다. chinese wall, firewall이 아무리 완비되어 있다고 해도, 공동 목표를 추구하는 one firm으로서의 동일 회계법인인 것을 부정하기는 어렵다. 법률사무소, 법무법인인 경우도 피고와 원고를 동시에 변호하면 누가 승소하든지 법률사무소/법무법인 입장에서는 한쪽은 승소할 것이니 손해 볼 것이 없다고 할 수 있다. 물론 사건을 담당한 변호사들 차원에서는 승/패소 결과가 나눠지는 것은 당연하며, 피고 또는 원고를 대리한 변호사들의 개별적인 금전적인 보상의 차원과 법인 차원에서의 수입에 대해서 같이 생각해야 한다.

  모든 본부가 독립채산제와 같이 운영되며 원고 피고를 대리하는 변호사들이 다른 사업본부 소속이라고 하면 법인 전체의 이해보다는 사업본부의 성과가 더욱 중요하므로 사업 본부 간에도 무한 경쟁을 할 수 있다. 완벽하게 wall이 작동되지 않는다고 하면 이해상충의 문제가 발생한다.

회계법인의 사업 본부 간에도 서로 경쟁을 하는 경우가 있어서, 한 bidding 건에 동일 회계법인의 두 사업부가 동시에 경합하는 경우도 있다고 한다. 이는 법인 내에서의 profit sharing이 어떤 원칙하에서 수행되는지에 의해서도 정해질 수 있다.

그럼에도 불구하고, 동일 회계법인 내에서는 회계법인 차원에서의 공동 가치라는 것이 존재하고 사업부가 경쟁하더라도 이 공동가치를 부정할 수는 없다. 즉, 회계법인에서의 one firm의 체계가 얼마나 확고하게 정해져 있는지와 관련된 내용이다.

'대리'와 '자문'이 명확하게 구분되는지도 애매하다. 과거 회계법인이 피감기업에 IT 시스템을 대신 설치하는 대행 업무는 불가하지만 consulting은 가능하다고 해서 대행 업무와 consulting이 명확하게 구분되는 것이 아니라는 비판이 있었다.

대행은 대신 업무를 수행해 주는 것이고 자문은 단지 옆에서 도움을 주는 것이지만 이 두 업무가 완전히 구분될 수 있는 것은 아니다. 과거에 자문인지 대행인지가 이슈화되었을 때 다음의 논란이 있었다. 명확한 대행은 재무제표의 대리 작성인 경우인데 다음과 같은 경우는 명확하게 구분하기가 쉽지 않다.

한국경제신문. 2005.10.31. 외부감사 맡은 회계법인이 컨설팅계약도 내부회계관리 '편법수주' 논란

상장기업의 내부회계관리제도 도입 과정에서 외부감사를 맡고 있는 회계법인이 컨설팅 계약을 따내는 사례가 잇따르는 등 '편법수주' 논란이 일고 있다. 공인회계사회가 공인회계사법에 따라 정한 회계감사 기준은 외부감사인의 내부회계관리제도 구축을 금지하고 있지만 회계법인들이 '컨설팅' 형식을 통해 관련 규정을 피해가는 것 아니냐는 지적이다.

31일 회계업계에 따르면 회계법인들이 연간 3,000억~4,000억원 규모로 추산되는 내부회계관리제도 컨설팅 시장의 주도권을 잡기 위해 각축전을 벌이는 가운데 대형 회계법인들을 중심으로 이 같은 움직임이 확산되고 있다. 업계 1위인 삼일이 LG전자, LG화학 등과, 2위인 하나, 안진이 현대자동차 등과 각각 컨설팅 계약을 맺은

게 대표적이다. 이들 회계법인은 모두 해당 기업의 외부감사인이다.

한 중소형 회계법인 대표는 이와 관련, "이름만 컨설팅이지 실제로는 회계법인이 직접 내부회계관리제도를 구축해 주는 경우가 많다"며 "이 같은 행위는 법 취지는 물론 글로벌 스탠더드에도 어긋난다"고 주장했다. 외부감사인은 매 사업연도 말에 해당 기업의 내부회계관리제도를 감사해야 하는데 결과적으로 '자기가 만든 시스템을 자기가 감사하는' 모순이 발생한다는 것이다.

그러나 대형 회계법인들은 "회계법인이 내부회계관리제도를 직접 구축하는 것이 아니라 자문역으로 참여하는 것인 만큼 전혀 문제될 게 없다"는 반응이다. 내부회계관리제도는 기업이 재무제표를 기업회계기준에 따라 작성, 공시하기 위한 내부시스템으로 상장 대기업은 내년부터, 상장 중소기업과 비상장 대기업은 2007년부터 적용된다.

위 기사에 언급된 하나회계법인은 추후에 안진과 통합하게 된다. 대행인지 자문인지의 다툼은 어떻게 보면 '눈가리고 아웅'하는 방식일 수도 있다.

가치평가 업무 전후 가치평가기관인 회계법인이 동일한 의뢰인으로부터 다른 성격의 용역을 다수 수임하는 것이 문제인가[17]?

독립성 규정에 위배되지 않는 한 빅4 회계법인이 주요 대기업 개별 고객에 대하여 다수의 용역을 제공하는 것은 업계에서 흔하게 볼 수 있다.

한국경제신문. 2023.7.19. 상고심 수년 더.. 남양유업 경영권 '오리무중'

홍회장 측은 주식매매계약 직전 양측 법률 대리를 맡은 김앤장 법률사무소의 업무 처리를 문제 삼았다. 당시 한앤컴퍼니와 약속한 백미당 사업권 보장과 홍회장 가족들에 대한 임원 예우 등의 내용이 계약서에 빠졌음에도 김앤장 변호사가 계약 체결을 강행했다는 주장이다. 김앤장 측이 법률대리를 맡는 '쌍방대리'도 위법하다고 지적했다.

1, 2심 법원은 한앤컴퍼니의 손을 들어줬다. 재판부는 주식매매계약 체결 전 식사자리에서 한앤컴퍼니 대표가 홍 회장 측에 '앞으로도 잘 대우하겠다'는 취지로 말한 것만으로 임원 예우를 확약했다고 볼 수 없다고 봤다. 또 백미당이나 외식사업부에 대한 확약이 있었다는 점도 확신할 수 없다고 판단했다. 쌍방대리에 대해선 업무 내

---

17 안태준교수 발표문에 포함된 내용

용상 홍회장 측을 대리한 게 아니라 자문한 것이기 때문에 문제가 없다고 봤다.

홍 회장 측은 상고 이유서를 통해 "원심에서 쌍방대리의 위법성에 대한 심리를 다하지 않았다"고 주장했다. 대법원은 이 부분을 집중적으로 다시 심리할 것으로 법조계는 예상했다.

chapter

12

연구개발비

연구개발비

조선일보. 2022.6.13. 법원 "영화 특수효과비용은 연구개발비 아니다"

약 2600만명의 관객을 동원하면 흥행에 성공한 영화 '신과 함께' 시리즈 제작사가 특수효과 제작에 쓰인 비용을 세액공제 항목에 포함시켜 달라는 취지의 소송을 냈지만 패소했다. 서울행정법원 행정6부(재판장 이주영)는 이 시리즈를 만든 A제작사가 중부 세무서를 상대로 법인세 일부를 환급해 달라며 낸 소송에서 원고 패소 판결을 했다고 12일 밝혔다. 지난 2019년 A사는 '신과 함께-인과 연', '신과 함께-죄와 벌' 등을 제작하면서 새로운 특수효과 등을 만들기 위해 162억여원을 사용했다고 밝혔다. 조세특례제한법 제10조는 2017년 개정되기 전까지 '고유 디자인의 개발을 위한 비용'을 연구 개발비 세액공제를 적용 받는 대상 중 하나로 규정했기 때문에 A사의 2018년도 법인세 중 7억 2700여만원을 환급해줘야 한다는 주장이었다. 하지만 중부 세무서는 이 비용이 세액공제 대상인 연구개발비에 해당하지 않는다며 환급을 거부했다. 조세심판원도 같은 판단을 내리자 A사는 "기존의 영화 제작 지식 및 기술 수준에 획기적 진전을 가져왔고 영화제 등에서 다수 수상해 연구개발비에 해당한다"며 소송을 냈다.

그러나 재판부는 A사의 주장을 받아들이지 않았다. 재판부는 "디자인 비용이 세액공제 대상이 되려면 '과학적 또는 기술적 진전을 이루기 위한 활동'이어야 한다"며 "영화에서 새로운 특수효과를 시도하는 것은 통상적인 영화 제작 활동을 수행한 것에 불과하고 과학적 또는 기술적 진전으로 볼 수 없다"고 했다. 이어 "연구개발비에 대해 세액공제를 인정하는 취지는 그 속성상 시행 착오나 실패 위험이 뒤따르는 연구개발에 대한 기업의 투자를 독려하기 위한 것"이라며 "법을 제한적으로 해석하지 않으면 영화 제작에 사용된 특수효과 비용은 대부분 세액 공제 대상에 해당하게 돼 규정 취지와 부합하지 않는다"고 밝혔다.

연구 개발비 관련된 회계 이슈는 항상 가장 어려운 판단의 대상이다. 수년전에 제약회사가 개발비 자산과 연구비 비용을 회계처리하는 방식에 있어서 제각각이라서 제약업에서의 회사 간에 횡단면적인 비교 가능성에 문제가 드러났다. 감독기관에서 가이드라인을 주면서 식약처에서의 신약 단계에서의 몇 상인지의 판단 기준이 잣대로 제시되기도 하였다. 특히나 신규 제약회사의 경우 신약 개발과 관련된 투자를 모두 비용화하는 경우는 손익계산서가 초기 신약 개발 단계에서 지속적으로 손실로 보고되는 문제가 발생하는데 반해서 대형 제약사의 경우는 신약 개발과 관련된 투자를 비용화하여도 기존 약품에서의 수익 때문에 손실이 보고되는 경우가 없어서 보고되는 재무제표에 문제가 발생하지 않는 대조적인 모습을 보였다.

자산인지 비용인지 판단의 관건은 미래의 수익을 창출하는 자원은 자산으로 그렇지 않은 투자는 비용으로 회계처리한다는 간단 명료한 회계기준을 실제 산업 현장에 적용할 때, 생각하지 못했던 복잡성이 개입된다.

chapter

13

감리

chapter
13

감리

매일경제신문. 2022.6.3. 금감원 회계감리 기한 1년내로 제한... 기업 방어권도 강화

금융당국이 외부감사 대상 법인의 회계감리 기한을 '1년 원칙'으로 명문화하기로 했다. 3년 넘게 감리를 받은 뒤 분식회계 혐의를 벗게 된 셀트리온 그룹과 같은 사례를 막겠다는 취지다. 금융당국이 특정 사례를 언급하며 이 같은 '반성문'을 쓴 것은 매우 이례적으로 지난 정부 당시 무분별한 회계감리로 인한 부작용을 공식적으로 인정했다는 평가가 나온다. 금융당국은 기업의 방어권 보장도 강화하기로 했다.

금융위원회와 금융감독원은 2일 이 같은 내용을 골자로 한 '회계감리 절차 선진화 방안'을 발표했다. 선진화 방안에 따르면, 금감원의 감리 조사 기간은 원칙적으로 1년으로 제한된다.

금감원은 2018년부터 지난해 말까지 셀트리온에 대한 회계감리를 진행했다. 셀트리온그룹에 의도적인 회계 부정 의혹이 있다고 본 것이다. 이 안건은 지난해 11월부터 금융위 감리위원회를 거쳐 지난 2월 금융위 증권선물위원회에 상정돼 논의됐다.

그러나 증선위 의결 결과, 의도성은 없었다는 판단 아래 셀트리온 그룹 임직원은 검찰 고발 통보 대상이 되지 않았다. 당연히 투자자들 사이에서 우려되던 상장적격성실질심사(거래정지) 대상이 되지도 않았다. 하지만 회계감리 기간이 길었던 만큼 회사와 투자자들은 유 무형의 물리적인 손실과 기회비용 상실이 불가피했다.

증선위는 의결 사항에서 "감리 기간의 지나친 장기화를 방지하고, 금감원 조사 단계에서도 피조치자(조치를 받는 자)의 방어권이 실질적으로 보호될 수 있는 방안을 마련할 것"을 권고했다. 현행 회계감리 절차가 감리의 지나친 장기화를 낳을 수도 있고, 피조치자의 방어권도 약하다는 의미인 것이다.

실제 금융가에 따르면 문재인 정부 당시 금융당국의 회계감리는 무리하고 균형감각이 부족했다는 평가가 많다. 셀트리온은 대표적인 사례일 뿐이고 금융당국이 반기업정서가 팽배했던 전 정권의 코드 맞추기에 나서면서 결국 기업과 투자자들에게 손실을 끼쳤다는 것이다. 이런 상황에서 윤석열 정부가 들어서고 새 대통령이 '기업의 자유'를 주장하자 금융당국이 급변하는 모습을 보여주고 있다는 분석이 나온다. 금감원 관계자는 "공교롭게도 시기적으로 그렇게 보일 수 있지만, 금감원은 독립적으로 본연의 업무를 계속해 왔다"고 말했다.

그렇지만 이날 선진화 방안에 감리 기간 1년 원칙을 명문화한 것은 조사 방해와 자료 제출 거부가 아닌 이상 장기화된 회계감리가 불필요하다는 데 금융당국의 의견이 모인 것으로 해석된다. 금융위에 따르면 최근 4년간 총 255건 중 136건(61%)만이 1년 이내에 감리가 끝났다.

금융당국은 "회계감리는 자본시장 혁신과 투자자 신뢰 제고를 달성하기 위해 중요한 요소"라며 "특히 이 두 요소는 새 정부의 국정과제에도 들어가 있기에 회계감리 선진화 방안이 필요하다고 봤다"고 추진 배경을 설명했다. 만약 1년 이상의 회계감리가 필요하다면 금감원장의 사전 승인을 받아 6개월 단위로 연장할 수 있다. 금감원 관계자는 "조사를 받는 쪽이 감리를 방해하거나, 고의로 자료 제출을 지연하는 경우 등 불가피한 때에만 감리 기간을 연장하겠다는 의미"라고 설명했다.

아울러 피조사자(조사를 받는 자)의 방어권 보장은 여러 부분에서 강화된다. 조사에 함께 참여한 대리인이 조사의 주요 내용을 수기로 기록하는 것이 가능해진다. 또 감리과정에서 집행기관과 피조사자의 답변 내용이 기록된 '문답서'를 피조사자가 열람할 수 있는 시점도 이전보다 약 2주 앞당겨진다.

피조사자가 문답서를 열람하는 것은 검찰 조사에서 조회서를 읽고 서명을 하는 절차와 유사한 과정으로 이해하면 된다.

감리기간이 오래 걸린다는 것은 감독기관이 징계를 함에 있어서 신중하게 접근한다고도 이해할 수 있지만 감독기관의 입장에서는 정해진 기간 내에서 조사를 끝내서 기업이 정상적인 경영 활동을 수행할 수 있도록 해 주어야 한다. 법에는 항상 소멸 시효라는 것이 있어서 법 적용이 영원히 갈 수는 없는 것이다.

재무제표 재작성을 하는 경우 정보의 효율성과 재작성 비용 등을 감안하여 재작성 기간을 3년 정도로 제한하는 것이 적절할 것이라는 주장도 있다. 물론, 3년이 경과했다고 해도 인지하고 파악한 과거의 오류를 묻고 가야 하는 정당성은 무엇인가에 대한 질문이 제기될 수는 있다. 특히나 재무상태표의 계정은 영구계정으로 한번 잘못 기록된 수치는 언젠가 이를 수정하지 않으면 영원히 잘못해서 기록되게 된다. 재작성 기간에 한도를 둔다는 것은 잘못 공시된 재무제표를 계속 떠안고 가며 감내하겠다는 의지가 있어야 한다.

국세기본법에서도 국세부과 제척 기간을 5년으로, 사기, 기타 부정한 행위가 개입된 경우에만 7년으로 기간을 두고 있는 것을 참고할 수 있다[18]. 하다못해 가장 악독한 살인죄라고 해도 과거에 15년의 시효가 적용되었다. 범죄는 계속 발생하는데 오랫동안 미해결된 범죄자를 잡기 위해서 검찰이나 경찰의 수사력이 과거에만 매몰될 수는 없는 것이다. 그렇다고 지난 범죄에 대해서 면죄부를 주는 것이 옳은지에 대한 의문이 제기될 수도 있다. 모두 정무적/정책적인 판단의 이슈이다.

대법원장이 교체되면서 재판 지연의 경우도 문제가 수면위로 부상하고 있다. 신중한 재판은 긍정적인 것이지만 그렇다고 무한정하게 재판이 갈 수는 없고 정해진 일정 하에 매듭을 지어 주어야 한다. 재판 과정 중에 재판부가 변경되게 되면 피고 입장에서는 긴 재판 기간/과정으로부터 심신이 피폐하게 된다.

한국경제신문. 2023.4.5. "문정부 금감원, 삼바 회계감리서 적법절차 어겨"

금융감독원이 2017~2018년 삼성바이오로직스(삼바) 회계 특별감리를 하면서 적법 절차를 어겼다는 감사원 감사결과가 4일 나왔다. 문재인 정부 당시 금감원의 삼바 감리와 관련한 문제점이 처음 드러난 것이다.

감사원은 감리업무 수행 과정에서 적법 절차를 준수하도록 금감원장에게 주의를 요구했다고 이날 발표했다. 감사원은 이번 감사에서 2017년 4월부터 2018년 7월까지 이뤄진 금감원의 삼바 특별감리 과정을 집중 조사했다.

당시 금감원은 삼바가 상장을 앞두고 자회사인 삼성바이오에피스의 가치를 부풀리는 분식회계를 했다는 결론을 내렸다. 바이오에피스에 대한 지배력 상실을 이유로 자회사 가치를 취득가액이 아니라 시장가액으로 평가해 회계장부에 반영한 것은 문제가 있다고 본 것이다.

---

18 박종성. 2022.3.29. "회계제도, 미래로의 개혁혁신" 공정과 신뢰 회복을 위한 회계 개혁 제언 세미나. 한국회계학회 세미나

쟁점은 바이오에피스의 2대 주주(지분 15%)인 미국 바이오젠의 콜옵션 행사 여부였다. 바이오젠이 콜옵션을 행사하면 1대 주주인 삼바가 바이오에피스의 지배력을 상실할 상황이었다. 콜옵션 행사 만기는 2018년 6월이었다. 그러자 금감원 실무진은 같은 해 4월 11일 원승연 부원장에게 "콜옵션이 실제 행사되면 감리조치의 타당성이 논란이 될 소지가 있다"며 "5월까지는 조치가 완료될 필요가 있다"고 보고했다.

　　이후 금감원은 감리를 속전속결로 했다. 금감원은 우선 삼바와 감사인에 대한 질문서 발부를 생략했다. 삼바가 질문서 발부를 요청하자 답변 기한을 통상 (5일)보다 짧은 2일만 줬다. 답변서가 기한 내 도착하지 않자 같은 달 30일 감리 결과 처리안을 결재하고 5월 1일 조치안 사전통지서를 발송했다.

chapter

14

회계법인

회계법인

이 내용은 수년전 논의를 거쳤던 소위 audit only firm의 개념이다. 즉, 회계법인내에서 비감사업무를 수행한다고 하면 아무리 fire/chinese wall을 설치한다고 해도 어느 정도의 이해 상충을 피할 수 없으므로 회계법인은 고유 업무인 회계감사만을 수행하도록 해야 한다는 주장인데 그 파급효과가 너무 커서 논의 단계에서 더 진행되지 않았던 내용인데 이러한 주장이 다시 제기되고 있는 듯하다.

공인회계사법과 외감법에서 외부감사인이 병행 수행할 수 없는 비감사 업무를 규정하고 있고 일부의 업무에 대해서는 감사위원회의 승인을 받아서 비감사서비스 병행을 진행하게 된다. 단, 회사 실무진에서 감사위원회에 외부감사인의 비감사서비스 병행을 요청할 때, 독립성에 위배되지 않는다는 설명과 함께 안건을 상정하게 되므로 감사위원회가 명백하게 이해상충이 있는 경우가 아니라면 이를 거부하는 경우는 매우 드물 것으로 추정된다.

따라서 감사위원회에게 이러한 판단을 수행하도록 제도를 정하는 것보다는 오히려 제도적으로 가능한 업무, 불가한 업무를 엄격하게 사전적으로 정해 두는 것이 더 나은 대안일 수 있다. 단, 신외감법이 개정되는 과정에서 감사위원회가 회계감사와 관련된 많은 업무를 수행하도록 제도가 확정되었다.

과거 어느 대기업의 감사위원회에서는 감사위원장이 해당 회사의 외부감사인은 회사에 가장 중요한 회계감사를 수행하고 있으므로 가능한 비감사서비스는 맡지 않는 것으로 하자며 매우 선언적인 ment를 했다고 한다. 아무리 감사위원장이지만 제안하기 결코 쉽지 않은 내용이며, 이렇게 진행하는 회사도 최근 들어서는 간혹 있는 듯하다.

> **한국경제신문. 2023.8.17. 글로벌 회계법인 '빅3'로 재편되나**
>
> 미국계 사모펀드(PEF) 운용사인 텍사스퍼시픽그룹(TPG)이 세계 3대 회계법인 EY의 컨설팅 부문 지분을 사들여 별도 상장하는 계획을 구상 중이라고 파이낸셜타임즈가 16일 보도했다.
>
> 보도에 따르면 TPG는 최근 내부 보고용으로 올린 서한에서 EY의 컨설팅 부문과 감사 부문을 분리하기 위한 부채와 지분 거래 계획을 밝혔다. TPG는 "다른 재정적 후원자 참여 없이 자사가 운용 중인 펀드와 출자자(LP)만으로 (지분 인수)에 필요한 금액을 충당할 수 있다"고 설명했다. TPG는 1370억 달러(약 183조원) 가량을 굴리는 글로벌 5대 PEF 운용사다.
>
> TPG는 EY의 컨설팅 사업부 지분을 사들여 주식시장에 상장하는 방안까지 검토하고 있는 것으로 알려졌다. 분사를 통해 수백억달러의 가치를 창출할 수 있을 것으로 봤다. 이해 상충 제한에 묶여 감사 고객을 상대할 수 없던 컨설턴트들이 영업 확정을 통해 더 많은 수익을 낼 수 있을 거란 논리다.
>
> EY도 지난해 9월부터 컨설팅 사업부를 즉시 기업공개하는 방식으로 분할하는 일명 '에베레스트' 프로젝트를 추진했다. 하지만 지난 4월 미국법인의 일부 경영진이 재정 문제를 내세워 반대하면서 좌초됐다.

TPG는 "자사의 제안이 에베레스트 프로젝트에 비해 자본 조달 리스크가 작다"고 주장했다. 자체 분사 과정에선 주식 가치 하락에 따른 재정적 어려움이 초래될 가능성이 있다. 또한 세무 부문을 독립된 컨설팅 사업부로 옮기려고 해 미국 법인의 반발을 산 에베레스트 구상과 달리 TPG는 세무 사업부 분할 계획을 전면 재검토하겠다고 밝혔다. EY사업부가 최종적으로 쪼개지면 20여 년 전 아서앤더슨 붕괴로 글로벌 회계업계가 '빅4' 구도로 재편된 후 최대 지각변동이 일어날 전망이다.

한국경제신문. 2023.9.12. 글로벌 회계법인 PwC, 미서 컨설팅 업무 중단 검토

세계 4대 회계법인 중 하나인 영국 프라이스워터하우스쿠퍼스가 미국에서 컨설팅 업무 중단을 검토하고 있다. 감사 대상 기업과의 이해 상충 문제를 방지하기 위해서다. 컨설팅 업계의 한 축인 회계법인이 빠지게 되면 산업 구조가 재편될 것이란 관측이 나온다.

파이낸셜 타임즈는 10일 PwC가 미국에서 일부 자문 서비스를 중단해 2025년까지 단계적으로 컨설팅 부문을 축소할 예정이라고 보도했다. 다만 세무 컨설팅 업무는 이 계획에 포함되지 않았다. PwC는 또 감사 업무 중 비윤리적 행위가 포착되거나 금융스캔들을 일으킬 경우 미국 고위 임원진의 급여를 환수하고, 소속 회계사가 고객사의 파산 가능성 등을 판단할 때 검토해야 하는 범위를 확대하는 안을 마련했다. 미국 외 다른 나라 법인에도 추후 적용할 가능성이 높다고 회사 측은 설명했다. 시장의 신뢰를 회복하기 위한 조치로 풀이된다.

PwC와 같은 회계법인이 컨설팅을 중단 축소하려는 이유는 각국의 규제 때문이다. 각국은 글로벌 회계법인에 컨설팅 부문 독립을 촉구해 왔다. 피감기업에 대한 컨설팅 업무까지 수행하면 감사가 느슨해질 것이란 우려 때문이다.

PwC가 컨설팅 업무를 축소하면 업계에 미치는 영향이 만만치 않을 것이라는 예상이 나온다. 경쟁사도 참고할 수밖에 없기 때문이다. EY는 컨설팅 사업부의 분사, PwC는 이해충돌을 방지하는 내부 프로세스를 마련하고 있다. PwC는 앞서 경쟁사들에 감사품질센터(CAQ)를 통해 공동 행동에 나서자고 제안했으나 업계의 지지를 얻지 못해 무산됐다. 지난해 PwC, EY, 딜로이트, KPMG 등 4대 회계법인이 미국 내 컨설팅 수익은 15억달러(약 2조원)였다.

우리의 big 4 회계법인과 외국 본사와의 관계도 중요하다.

한영과 안진은 거의 완전한 one firm의 형태이지만 삼일회계법인은 국내에서의 no.1 firm의 위상으로 이들 회계법인보다는 PwC에서 어느 정도 독자성을 인정받고 있다고 하고, 삼정은 KPMG로부터 삼일의 autonomy와 한영/안진의 중간 정도의 위치를 미국 headquarter에서 점하고 있는 것으로 알려져 있다. 삼일은 이러한 차원에서 member firm이라기보다 network firm이라고 불리우기도 한다고 했지만 최근에 오면서는 삼일도 삼정도 network firm이라는 표현을 사용하며 member firm, network firm을 혼용하고 있다.

chapter

15

공시

공시

매일경제신문. 2022.5.18. 내부거래 공시부담 10년 만에 확 낮춘다.

규제 완화를 천명한 윤석열 정부 출범을 맞아 공정거래위원회가 기업 공시 부담을 완화하기 위한 공시제도 개선 작업에 본격 착수됐다.

우선 공시 의무를 부과하는 '대규모 내부 거래' 판단 기준 금액을 10년 만에 높여 공시 대상에서 제외하는 소규모 내부거래 범위를 넓히는 방안을 추진한다. 현행 분기별 수시 공시 방식은 연간 정기 방식으로 바꿔 공시 횟수를 축소하는 것을 검토한다.

17일 매일경제 취재 결과, 공정위는 이 같은 내용의 공시제도 효용성 제고를 위한 연구 작업에 착수했다.

핵심은 대규모와 소규모 내부거래를 판단하는 기준 금액을 상향 조정하는 것이다. 현행 '대규모 내부거래에 대한 이사회 의결 및 공시에 관한 규정'은 내부거래 금액이 자본금 자본총계 중 큰 금액의 5% 이상이거나, 거래 규모가 50억원 이상인 경우 대규모 내부거래로 보고 공시 의무를 부과한다. 거래 금액이 이보다 작으면 소규모 내부거래로 분류해 공시 대상에서 뺀다.

앞서 20대 대통령직 인수 위원회는 이달 초 110대 국정과제를 발표하면서 '공시 기준 금액을 상향하고 공시 항목 및 주기를 합리화하겠다'는 공시제도 개편 기본 방향을 밝힌 바 있다.

기준 금액이 상향 조정될 경우 2012년 이후 약 10년 만에 내부거래 공시 규제가 완화되는 것이다. 그간 공정위는 대기업의 일감 몰아주기로 중소기업의 경쟁 기반이 약화되고 있다며 규제를 강화해왔다. 2012년 4월 1일 자본금 자본총계 10% 이상, 거래규모 100억원 이상이었던 기준을 각각 5%, 50억원으로 낮춰 공시 대상을 확대했고 10년이 지난 지금까지 이를 유지하고 있다. 2020년에는 공익법인도 내부거래 공시 대상에 새롭게 포함시켰다. 공정위는 적정 기본 금액을 새롭게 도출할 방침이다.

다만 공정위는 이 같은 규제 완화가 대기업 총수의 사익편취에 악용되는 것을 막기 위해 사익편취 규제 대상 회사는 검토 대상에서 제외하기로 했다.

사익편취 규제 대상은 총수 일가의 보유 지분이 20% 이상 지분을 보유한 회사의 자회사로 지난해 공정위 발표 기준 총 214개가 해당된다. 공정위 관계자는 "지나치게 작은 규모의 내부거래까지 하나 하나 공시하는 게 기업에 부담이 되고, 정작 중요한 내용이 묻혀버릴 수 있다는 지적이 많았다"고 말했다.

공정위는 공시 주기도 기업 부담을 완화하는 방향으로 조정할 계획이다. 연 4회 이뤄지는 기업 집단의 분기별 현황 공시는 연간 1회로 축소하는 방안을 검토한다.

"지나치게 작은 규모의 내부거래까지 하나 하나 공시하는 게 기업에 부담이 되고, 정작 중요한 내용이 묻혀버릴 수 있다는 지적이 많았다"는 기사 내용을 인용하면 이는 회계에서의 중요성의 원칙이다. 중요한 정보만을 공시해야지 너무 작은 금액이 공시의 대상이 되는 것이 바람직하지 않을 수 있다.

매일경제신문. 2022.4.25. 공시번복 계약해지에 멍드는 코스피

올해 들어 유가증권시장에서 불투명한 공시로 제재를 받는 상장사가 늘어나는 추세다. 24일 금융감독원 전자공시시스템에 따르면 올해(1월 3일~4월 22일) 코스피 11곳, 코스닥 16곳 등 총 28곳 상장사가 불성실공시법인으로 지정됐다. 코스닥의 경우 전년 동기(27곳)에 비해 11곳 감소했지만, 코스피는 전년 동기(5곳)보다 2배 이상 늘었다. 지난해 양 시장에서 117건, 2020년 136건 등 매년 100곳 이상의 상장사가 불성실공시로 제재를 받고 있는데, 올해는 코스피에서 이 같은 사례가 증가하고 있다. 2021년과 2020년 코스피 불성실공시법인은 각각 18곳, 15곳에 그쳤다.

사유를 살펴보면 신고 기한에 공시를 하지 않은 '공시 불이행'과 공시 내용을 취소하는 '공시 번복'이 대부분을 차지했다. 공시 불이행에서는 계약 등 중요 사실을 발생일보다 늦게 알린 '지연 공시'가 많았다. 코스피에선 대표적으로 에스디바이오센서가 지난 1월7일 경쟁사에서 소송을 제기 당한 사실을 뒤늦게 공시해 불성실공시법인으로 지정됐다. 한화 솔루션은 2019년 3월 계약 금액을 정정한 사실이 있었지만, 이를 1년 9개월 후인 작년 12월에 지연 공시해 제재를 받았다. 일성건설 역시 지난해 5월 1300억원 규모 재개발공사 도급 계약이 해지된 사실을 올해 2월 뒤늦게 공시해 문제가 됐다. 이밖에 동원산업은 타인에 대한 담보 제공 결정 지연 공시, 참엔지니어링은 계약 체결 사실 지연 공시, 에이블씨엔씨는 주주총회 소집 결의 지연 공시로 불성실공시 법인으로 지정됐다. 대부분의 경우 제재금 800만원을 부과받았다.

계약 해지, 결정 철회 등 공시 번복으로 제재를 받은 코스피 상장사는 한창과 비케이탑스였다. 비케이탑스는 지난해 9월 148억원어치 매매 계약 사실을 공시했다가 3개월 후 계약 해지를 밝혀 1400만원의 제재금을 부과받았다.

LG생활건강은 지난 2월 실적 공시 전에 내용 일부를 증권사에 전달해 실적 공정공시 불이행으로 문제가 된 바 있다. 유가증권 시장 공시 규정상 매출액, 영업손익, 법인세 비용 차감 전 계속사업손익이나 당기순이익 등에 대한 전망 예측은 공정공시에 해당한다. LG생활건강은 일부 증권사 애널리스트들을 대상으로 작년 4분기 영업 실적과 관련해 지난해 12월 면세점 매출이 일시적으로 거의 발생하지 않았다는 정보를 제공했다. 실적과 관련한 민감한 정보를 미리 특정 기관에 알리는 것은 불공정거래로 여겨질 수 있다.

이처럼 시가총액 상위권 대기업을 비롯해 코스피 상장사들의 불성실공시가 빈번하게 발생하자 투자자들의 불만이 높아지고 있다. 불성실공시법인으로 지정된 기업은 주가가 급락하거나 상장폐지로 이어질 위험성이 있어 투자자들의 피해가 크기 때문이다. 대부분 기업이 불성실공시 법인 지정 예고 이후 주가가 크게 떨어진 것으로 나타났다. 일성건설은 불성실공시법인 지정 예고 이후 7거래일간 주가가 13% 넘게 하락했다. 비케이탑스는 지정 예고 당일 하루 만에 주가가 3.68% 하락했고 한화솔루션은 이틀 만에 3.93% 떨어졌다.

불성실공시로 지정된 곳 외에도 매출을 잘못 기입하는 단순 실수나 공시제도 신뢰를 깎아 먹는 행태로 매년 반복되고 있다. 지난달 22일 크라운제과는 2021년 사업보고서에서 매출은 38경 1212조원, 영업이익은 1경 5876조원으로 잘못 기재했다. 재무제표에 '원'으로 기재해야할 내용을 '백만원'으로 잘못 기재한 것이다. 또 지난해 4월엔 현대차증권 분기보고서에 공시 담당자가 '공시업무 지겨워' 등 내용을 흰색 글씨로 숨겨놓은 것이 뒤늦게 발각돼 논란이 됐다. 한국거래소는 이 같은 공시 실수와 불성실공시를 막기 위해 2020년 하반기부터 중소상장법인을 대상으로 공시 체계 구축 컨설팅을 제공하고 있다.

공시지연의 경우 과거에는 공시불이행과 별도의 불성실공시로 지적했으나 수년전부터 공시불이행으로 지적하고 있다. 정보를 공유한다는 것은 정보 불균형(information asymmetry)을 해소할 수 있는 좋은 기회이지만 위 LG생건의 공정공시의 위반 건인 경우는 정보를 제공받는 증권사와 그렇지 않는 증권사 간에 또 하나의 정보 불균형의 문제가 초래된다. 즉, 공정공시는 특정 이용자의 독점적이고 배타적인 정보의 존재를 인정하지 않는 제도이다. 그럼에도 불구하고, 정보를 생성하는 자는 이 정보를 다른 이해관계자와 공유하기 이전까지는 이 정보에 대해서는 독점을 할 수밖에 없다. 즉, 정보의 생성 초기 단계에서는 이 정보는 정보로서의 가치가 불투명하므로 공정공시의 대상이 되는가에 대한 의문이 생긴다. 숙성되어 정보로서의 가치가 생기기 이전에도 공정공시의 대상이 되는 것인지는 명확하지 않다. 미숙성 정보까지도 공정공시의 대상이라고 하면 큰 기업의 경우, 이에 해당하는 대상 정보는 넘쳐날 수 있다. 벤처 회사의 경우, 벤처 아이디어 모두가 공시의 대상일 수는 없다. 사업성이 있어도 실질적으로 상품화되는 건수는 매우 극소수의 경우에만 해당된다.

불성실공시에 대한 제재로는 매매거래정지와 불성실공시 법인으로의 표시가 있다. 매매거래정지는 공정하게 전달되지 않은 정보가 주식시장에 전파되고 투자자들이 이 정보를 이해하고 기업 가치에 반영하는 시간이 필요하다는 의미일 수 있지만 실질적인 제재/징계인지에 대해서는 의문이 있을 수 있다. 불성실공시 법인으로서의 표시는 주홍글씨의 표시이므로 시장에 전달하는 바가 명확하다.

직전 연도의 경우와 비교해서 30% 이상의 차이가 있는 경우, 손익구조변경공시라고 수시공시를 해야 한다. 대기업의 경우에는 이 차이가 15%로 확대되어 15%만의 차이로도 손익구조변경공시에 해당한다.

한국경제신문. 2022.2.18. 실적시즌에 울리는 '30% 공시' 사이렌... 주가 출렁

엔씨소프트는 지난 16일 52주 신저가를 기록했다. 전날 장 마감 후 '매출 또는 손익구조 30%(대규모 법인은 15% 이상) 변경' 공시를 내며 지난해 영업이익이 전년 대비 54.5% 급감했다는 사실을 알렸기 때문이다. 같은 날 의료기기 제조업체인 바이오플러스는 장중 13% 가량 폭등했다. 장중에 '매출 또는 손익구조 30% 이상 변경' 공시를 내며 창사 이후 최대 실적을 달성했다는 소식을 알렸기 때문이다.

17일 금융감독원 전자공시시스템에 따르면 올 들어 이날까지 '매출 또는 손익구조 30% 이상 변경'으로 공시된 건수는 600건이 넘는다. 이 같은 공시가 잇따르는 건 상장사의 손익 구조가 전년보다 큰 폭으로 변화했을 때 주주총회 4주(연결 기준은 6주) 전에 알리도록 의무화했기 때문이다.

분기가 아니라 연간 실적에만 해당된다. 자산 2조원 이상 대규모 법인은 매출이나 영업이익, 순이익이 전년 대비 15% 이상 변동이 있을 때, 자산 2조원 미만 법인은 30% 이상 변동이 있을 때 공시 의무가 생긴다.

이를 제대로 공시하지 않으면 한국거래소 심의를 거쳐 불성실공시법인으로 지정되고, 벌점 기준(유가증권시장 기준 10점 이상)에 따라 매매가 정지되는 등 제재를 받을 수 있다. 이 때문에 투자자들은 이 변경 공시를 사업보고서 제출 전 실적을 가늠할 투자 지표로 삼기도 한다.

하지만 이 같은 변경 공시는 외부감사인이 꼼꼼하게 재무제표를 들여다보기 전에 집계된 잠정 실적이다. 사업보고서의 연간 실적과는 차이가 날 수 있다. 신세계 I&C는 지난달 29일 '매출 또는 손익구조 30% 이상 변경'공시를 냈다가 이달 16일 정정했다. 투자주식(영업외 수익) 평가 변동에 따라 지난해 순이익을 419억원에서 390억원으로 고쳤다. 거래소 관계자는 "해당공시는 내부 결산을 통한 잠정치로, 추후 감사과정에서 정정 공시를 내면 실적이 크게 달라질 수 있다는 데 주의해야 한다"고 설명했다.

손익구조변경공시는 직전 연도의 영업의 결과와 비교하여 큰 차이가 있을 경우, 선제적으로 또한 적시에 이러한 내용을 공시하는 순기능이 있다. 다만 이러한 정보가 설익은 정보일 수도 있어서 주의가 요망되는 부분도 없지 않다.

수시공시의 특징은 신속하게 정보를 알리라는 목적의 공시이다. 정보로서의 가치가 있는 내용이 공시되지 않는다고 하면 이 정보는 일부의 내부자만 접근 가능한 정보가 될 수 있고 이러한 경우, 내부자 정보로 악용될 수 있다. 따라서 모든 수시공시 내용은 신속성과 정확성에 있어서 trade-off 관계가 있다.

적시성을 과하게 강조하다 보면 설익은 덜 성숙된 정보가 시장에 전달될 수 있는데 이 또한 바람직하지 않은 현상이다.

chapter

16

중국기업

chapter
16

중국기업

한경비즈니스. 2022.3.28.-4.3 뉴욕 증시 퇴출 위기에 몰린 중국 기업들

미국 금융 당국이 처음으로 뉴욕 증시에서 퇴출될 가능성이 있는 중국 기업 리스트를 발표했다. 미국에 상장된 270여 개 중국기업들은 상세한 감사 보고서를 제출하지 않으면 상장이 폐지될 위기에 몰려 있다. 중국 당국은 미국과의 협의를 통해 자국 기업의 상장을 유지시킨다는 방침이다.

"중국 기업도 미국 기관에 회계 검증 받아야"

미국 증권거래위원회는 3월 10일 패스트푸드 차이나를 운영하는 얌차이나, 바이오 기업 베이진 자이랩 허치메드, 반도체 장비 업체 ACM리서치 등 5개사를 '외국회사책임법' 적용 대상 리스트에 올렸다.

외국회사책임법은 2020년 12월 미국 의회가 통과시킨 법률이다. 미국 증시에 상장한 외국 기업들에 미국 상장기업회계감독국(PCAOB)의 감독을 받도록 하는 게 핵심이다. 미국은 2001년 엔론의 회계 부정 사건 이후 상장사들에 독립된 회계법인이 작성한 감사 보고서를 PCAOB가 다시 검증받도록 하는 이중의 감시 체계를 마련했다. 상장사들은 감사 보고서의 바탕이 되는 상세한 기업 현황 보고서를 제출해야 한다.

중국 기업들은 미국과 중국이 2013년 체결한 회계 협정에 따라 미국 PCAOB가 아니라 중국 증권감독관리위원회(증감위)의 검증만 받으면 되는 예외를 인정받아 왔다. 하지만 2020년 초 '중국판 스타벅스'로 불리던 루이싱커피가 3억 달러 규모의 매출을 부풀린 게 발각되면서 상장이 폐지되는 등 중국 기업들의 회계 불투명성 문제가 계속 제기됐고 미·중 갈등이 더욱 심화되면서 도널드 트럼프 전 미 대통령이 회계 협정을 파기했다.

이어 미 의회도 사실상 중국 기업들을 겨냥한 조치로 평가되는 외국회사책임법을 입법했다. 외국회사책임법은 3년 연속으로 보고서를 제출하지 않은 기업들의 상장을 폐지할 수 있도록 하고 있다. 실제 중국 기업들의 퇴출이 시작되는 시점은 2021년, 2022년, 2023년 보고서를 내지 않은 게 확정되는 2024년 초다. 법 시행 이후 상장한 기업들에는 이 법이 바로 적용된다.

이날 공개된 리스트는 SEC가 외국회사책임법을 적용할 수 있다고 확인한 기업들이다. 2021년 실적을 공개했지만 상세 보고서는 제출하지 않아 법을 위반한 상태가 된 것이다. SEC는 이 리스트를 업데이트해 갈 예정이다.

중국 기업들의 주가는 일제히 폭락했다. 리스트 발표 당일 얌차이나는 15%, ACM리서치는 27% 급락했다. 중국 최대 전자상거래 업체 알리바바(-9%), 동영상 스트리밍 업체 아이치이(-22%) 등 리스트에 아직 들어가지 않은 기업들의 주가도 큰 폭으로 내렸다. 뉴욕에 상장된 중국 기업은 270여 개에 달하며 시가 총액 합계는 2조 달러(약 2,465조원)가 넘는다. 미국에 상장된 중국 종목들로 구성된 나스닥골든드래건 중국지수는 최근 1년 동안 60%까지 내렸다.

중국 기업들은 진퇴양난에 몰려 있다. 중국은 국가 안보를 이유로 정부의 승인 없이는 자국 회사가 외국에 회계를 포함한 모든 정보를 제공할 수 없도록 하고 있다. 2013년 두 나라가 체결한 회계 협정은 이런 중국의 규제 때문에 미국에 특례를 인정해 준 것이다.

중국 공산당과 정부는 미국이 외국회사책임법을 시행한 이후인 지난해 7월 해외 상장 기업에 대한 통제 강화를 골자로 하는 '증권 위법 활동 엄격 단속 지침'을 내놓기도 했다. '해외에 상장된 중국 기업에 대한 감시 시스템을 확립한다'와 '국경을 넘는 정보 이동을 통제하고 해외 상장 기업에 비밀 유지 의무를 부과한다'는 내용을 담았다. 외국회사책임법과 정면으로 충돌하는 의무를 명시한 것이다.

결국 중국은 자국 기업의 미국 상장을 유지하기 위해 한 발 물러섰다. 외신 등에 따르면 중국 금융 당국은 미국 증시에 상장된 알리바바 바이두 징둥닷컴 등을 소환해 2021 회계연도 상세 자료를 준비하라고 지시했다.

이와 함께 시장을 안정시키는 대책도 발표했다. 시진핑 중국 국가주석의 경제 책사로 불리는 류허 국무원 부총리가 이끄는 금융안정발전위원회는 3월 16일 특별 회의를 열고 자본 시장 안정 대책을 내놓았다. 위원회는 "미국 상장 주식들에 대해 현재 미 중 양국 규제 기관이 원활하게 소통하면서 진전을 보이고 있고 구체적 협력 방안을 형성하는 데 주력하고 있다"고 밝혔다. 중국 당국이 미국 상장 폐지 문제와 관련해 진전을 보이고 있다고 공식 발표한 것은 처음이었다.

위원회는 또 빅테크 기업들에 대한 규제도 조속히 마무리하겠다는 방침을 내놓았다. 위원회는 "안정적이고 예상 가능한 규제를 통해 빅테크들의 개선 작업을 이른 시일 내에 완료하고 국제 경쟁력을 높이겠다"고 밝혔다.

제3의 증시로 향하는 중국 기업들

중국 기업의 미국 상장 폐지 리스크가 완전히 해소된 것은 아니다. 이에 중국 기업들은 홍콩에 이어 영국과 스위스 등에서 상장을 추진하고 있다.

사니중공업, 의료 기기 업체 러푸, 전기 자동차 배터리 제조업체 궈쉬안 등 3개사는 3월 17~18일 스위스 증권거래소에 상장 신청서를 제출했다. 사니중공업은 상하이 증시, 러푸와 궈쉬안은 선전 증시 상장사로 3개사 모두 스위스에 2차 상장을 추진하고 있다.

사니중공업은 대표적인 중국의 인프라 투자 수혜주로 꼽힌다. 세계 굴착기 시장 점유율 15%로 1위를 달리고 있다. 러푸는 심혈관 스텐트 중국 1위 기업이다. 궈쉬안은 중국 4위, 세계 8위 배터리 업체로 폭스바겐을 고객사로 확보하고 있다. 3개사모두 스위스 증시 상장을 통해 해외 시장 공략을 가속화하겠다는 목표를 제시했다.

중국 증권업계에선 이 기업들이 스위스 증시에 상장을 신청한 시점이 금융안정발전위원회가 기업들의 해외 상장을 독려하겠다는 방침을 내놓은 직후라는 점에서 당국과의 사전 협의를 거친 것으로 보고 있다.

중국은 미국과의 갈등이 깊어지면서 유럽 자본 시장과의 교류 확대를 시도하고 있다. 2018년에는 상하이 거래소와 영국 런던 거래소 간 교차 거래 시스템인 후룬통을 열었다. 이어 지난 2월 교차 거래 대상을 스위스와 독일로 확대했다. 다만 교차 거래 시스템을 통해 모든 상장 주식을 살 수 있는 것은 아니고 각국 거래소가별도로 지정한 종목들만 거래할 수 있다.

스위스 거래소가 상장을 승인하면 유럽 등 글로벌 투자자들이 해당 기업들의 주식을 보다 쉽게 살 수 있게 된다. 또 중국 국내 투자자들도 교차 거래 시스템을 통해 스위스에 상장된 자국 기업 주식을 거래할 수 있다.

2018년 후룬통 개설 이후 화타이증권 퍼시픽보험 창장전력 궈터우전력 등 4곳의상하이 증시 상장사가 런던 증시에 2차로 상장했다. 기업공개(IPO)로 조달한 자금규모는 총 58억 달러다. 같은 해 하이얼스마트홈이 독일 프랑크푸르트거래소에 추가로 상장했다.

많은 중국 기업들은 리스크를 줄이기 위해 홍콩에 상장을 진행하고 있다. 알리바바 징둥 넷이즈 등이 홍콩에 중복 상장돼 있고 신생 전기 자동차 업체인 웨이라이(NIO)도 3월10일 홍콩에 입성했다. 이번에 리스트에 포함된 베이진은 뉴욕 외에 홍콩과 상하이에도 상장돼 있다. 블룸버그는 올해 70여 개의 미국 상장 중국 기업들이 홍콩에 2차로 상장할 것이라고 예상했다.

2001년 미국에서의 엔론 사태가 SOX와 PCAOB의 단초가 되었는데 그때 분식 금액이 6억 달러(약 8000억원), 1992-2002년 월드컴의 분식 금액이 110억 달러(14조원)이었다고 하니 2014년 대우조선해양의 5조원과 2003년 SK글로벌 1.5조원 분식, 분식인지 여부가 논란의 대상이 되고 있는 삼성바이오로직스의 4.5조원 분식 금액도 대단한 금액이라는 판단을 할 수 있다. 1990년대 말의 대우그룹의 분식 금액은 41조원 분식이라고 하니 이는 그야말로 천문학적인 수치이다.

중국고섬이라는 회사가 우리 거래소에 상장됐다가 수개월 만에 상장폐지 과정을 거치면서 우리 거래소에 상장하는 중국기업에 대해서도 많은 관심과 우려가 있다. 한국거래소가 다른 선진 국가의 거래소와 경쟁하면서 우량 외국 기업에 대해서 우리 주식시장에 상장하도록 유치 경쟁도 하고 있지만 우리 거래소에 관심을 보이는 기업은 대부분 중국기업이다. 다른 거래소에 상장이 어려우니 우리 거래소에 관심을 보이게 되는데 문제는 한국거래소에 상장하는 기업의 회계 투명성에 대해서 우리가 직접 통제할 수 없는 상황이라는 데 있다.

중국에서 자국 회계법인에 의해서 감사를 받는데 이 감사의 수준이 어느 정도의 품질이 확보되어 있는지 확인이 어렵다.

중국기업의 이슈는 아니지만 다른 국가에 현지 법인 자회사가 있는 경우는 12월 결산이 아닌 경우도 다수 있어서 이들 국가에 위치하는 자회사를 연결하는 이슈도 있다. 예를 들어 인도는 법정 감사 기말 시점이, 즉 결산연월이 3월 말이다.

한국경제신문. 2022.3.24. 중, 미국 상장 자국 기업에 회계 자료 공개 준비 지시

중국 당국이 미국에 상장한 자국 기업들에게 상세한 회계자료를 미 당국에 공개할 준비를 하라고 지시했다고 로이터통신이 22일 보도했다.

중국 증권감독위원회는 이달 초 알리바바, 바이두, 징둥닷컴 등 뉴욕증시 상장 빅테크(대형정보기술 기업)들을 소환해 미국 당직자들이 요구할 수 있는 2021 회계연도 감사보고서 상세 자료를 준비하라고 요구했다. 증감위는 이와 별도로 미국 측에 민감한 정보를 다루지 않는 중국 기업들의 회계정보 등 정보를 검증할 수 있도록 하는 방안을 제시할 것으로 알려졌다.

중국 당국의 이런 조치는 중국 기업의 정보를 외국 정부에게 제공하지 않겠다는 기존 입장에서 한 발 물러선 것으로 평가된다. 중국은 국가 안보를 이유로 정부의 승인 없이는 자국 회사가 외국에 회계를 포함한 모든 정보를 제공할 수 없도록 해 왔다. 미국에 상장한 중국 기업들은 감사보고서에 대한 검증을 미국 당국이 아닌 중국 증감위에서 받아 왔다.

이러한 경우, 중국 회계법인도 우리나라 회계법인과 같이 PCAOB의 inspection의 대상이어야 하지만 중국 정부는 미국 정부의 중국 회계법인에 대한 inspection을 거부해 오고 있었다. 따라서 해외 시장에 상장되는 중국기업의 회계 투명성을 담보하기 어렵게 된다.

이 문제를 타개할 수 있는 가장 확실한 방법은 우리 한국거래소 시장에 상장하는 중국기업을 감사하는 감사인의 적합성을 우리 감독기관이 직접 점검하는 것이다. 미국의 경우는 자국의 주식시장에 상장한 기업을 감사하는 감사인에 대해서 PCAOB가 직접 점검/조사할 수 있는 권한이 있다.

외국 회계법인에 대한 조사 권한은 회계 주권과 관련되며 미국 정도 위상의 국가라고 하면 해외 법인에 대한 조사권한을 강제할 수 있지만 미국 이외에 이러한 조사 권한을 가진 감독기관은 없는 것으로 이해한다.

한국경제신문. 2022.12.17. 미 증시 상장 중 기업, 상폐위기 모면하나 당국 회계 감리 받아

미국 감독 당국이 사상 처음으로 뉴욕 증시에 상장된 중국 기업에 대한 회계감사 감리 권한을 행사했다. 불투명한 회계 기준 탓에 상장폐지 위험에 처한 중국기업 200여 곳이 이번 감리로 기사회생할 수 있게 됐다는 분석이 나온다.

미국 상장기업회계감독위원회(PCAOB)는 15일 성명을 내고 "역사상 처음으로 중국 본토와 홍콩에 있는 회계법인들에 대해 완전한 감리 권한을 확보해서 행사했다"고 밝혔다.

중국 기업이 기준에 맞게 재무제표를 작성했는지 회계감사를 하는 외부 회계법인에 대해 조사할 권한을 확실히 얻었다는 의미다. PCAOB는 대표적 분식회계 사건인 엔론 파산 사태를 계기로 미국 상장사를 감사하는 회계법인에 대해 소재지와 상관 없이 감리하기 위해 설치됐다.

미국은 그간 중국의 기업 회계감사 불투명성에 대해 문제를 제기해왔다. 그러나 중국은 국가 보안을 이유로 감사 기록에 대한 미국 당국의 접근 요구를 거부했었다. 이에 미 의회는 2020년 자국 회계기준에 따른 감리를 3연속 거부한 중국 기업을 미국 증시에 퇴출할 수 있도록 외국회사문책법(HFCAA)를 제정했다.

미국 측의 감리를 계속 거부하는 중국 기업들은 2024년 초부터 뉴욕증시에서 퇴출될 위기에 처했다. 올해 미 증권거래위원회가 알리바바 등 중국 업체 160여 개사를 상장폐지 예비 명단에 올리는 등 압박이 더욱 거세졌다. 일부 중국 상장사는 홍콩 증시에 2차 상장을 하거나 자진 상폐하는 쪽으로 대응했다. 하지만 중국 당국이 지난 8월 미국 당국의 접근 권한에 동의하면서 상황이 급반전했다. 로이터통신은 "이번 감리로 상폐 위기에 내몰렸던 중국 기업들은 어느 정도 안도할 수 있게 됐다"고 전했다.

chapter

17

국민연금

chapter

17

국민연금

2022년과 2023년에 진행된 KT 대표이사 사장의 선임과정에서 KT 이사회가 2023년 주총 때, 등기이사 중에 사외이사 1인만 남아 있을 정도로 이사회와 지배구조가 초토화되는 과정을 거쳤다. 2023년 7월 신규 사외이사 선임을 마치고 8월에는 신규 대표이사 선임이 완료되고 주총을 거쳐서 대표이사 선임까지 종료되었다. 인선자문단 5인이 이사회의 대표이사 후보자 선정을 도운 것으로 알려져 있다.

포스코는 사외이사 선임을 위한 인선 자문단을 2004년부터 운영하고 있는데 인선자문단의 운용에 대해서 비판적인 의견도 있다. 이사들은 이미 주주로부터 경영과 관련된 의사결정을 수행하도록 주총에서 위임/대리되었는데, 이사들이 이러한 의무를 하지 않고 다른 대리인으로 하여금 이러한 책임과 의무를 공동으로 지도록 하는 것은 어떻게 보면 책임회피라고 보일 수도 있다. 물론, 이사들이 자기네들만의 league를 형성해서 짬짜미로 밀실에서 작업한다는 공격을 받기도 하므로 이를 다른 위원회가 개입하여 한번 필터링된 명단을 가지고 선정 작업을 수행하였다고 하는 즉, safe guard를 한번 더 거쳤다고 하는 장점은 존재한다. 이렇게 외부 위원회의 도움을 받는데 대한 찬반 양론이 있다.

소유과 경영이 분리된 기업은 포스코, KT, KT&G, 금융지주 등 일부에 국한된 것이 사실이지만 이들 기업이 best practice로 role model 역할을 해줘야 하는 것이 지금은 한국기업의 전형적인 형태가 소유와 경영이 분리되어 있지 않지만 언젠가는 소유와 경영이 분리되는 수순을 밟을 수도 있고 그러한 때가 되면 소유와 경영이 분리된 기업은 어떻게 경영활동을 수행하는지가 모범이 될 수 있다. 외국의 경우도 대주주가 이사회에서의 seat만 차지하고 경영에는 직접 참여하지 않는 모습일 수 있다. 물론 이렇게 추정하는 사유 뒤에는 우리나라의 상속제도가 영향을 미칠 것이다. 상속세가 50%이지만, 기업을 상속하려고 하면 중과세가 부과되며 상속세가 거의 60%에 이른다. 앞으로 삼성과 같은 기업도 이재용 회장 자손들에게 기업을 승계한다는 것은 어차피 불가능하며 재벌 총수의 재산이 손주 때까지 가면 상속세 이후에 상속할 수 있는 자산은 40% × 40%인 16% 즉, 거의 10% 정도밖에 남지를 않게 되어 앞으로의 최대주주가 경영권을 가지고 직접 경영활동을 수행한다는 것이 점점 더 어려워질 것이면 결국 최대주주는 지분을 가지고 이사회 정도에만 관여하지 지금과 같이 경영의 사결정에 주도적인 역할을 수행하기는 어려운 때가 언젠가는 도래할 것이다. 이러한 때를 위해서도 소유와 경영이 분리된 기업의 지배구조가 우리 경제계에 잘 정착되어 있어야 한다.

한국경제신문. 2022.12.20. 연임 적격에도 '경선 역제안' 승부수… KT 구현모의 '자신감'

구현모 KT 대표가 연임 적격 판단을 받고도 복수 후보 심사를 자처하면서 차기 KT 최고경영자(CEO) 자리를 놓고 '경선 레이스'가 본격화할 전망이다.

KT 이사회는 대표이사 후보군 선정 등 일정을 아직 공식화하지 않았다. 불과 열흘 남짓 남은 터라 연내 후보군 선정은 물리적으로 어려울 것으로 예상된다. CEO 후보군 선정이 늦어지면서 그룹 임원 인사도 지연되고 있다. "조속히 차기 대표가 정해져야 조직개편 및 신사업 수립 등 미래 사업 추진이 차질을 빚지 않을 것"이란 지적이 나온다.

'경선 역제안' 구현모… 연내 후보군 선정은 쉽지 않아

19일 업계에 따르면 최근 KT 이사회는 복수 후보와 경쟁하겠다는 구 대표의 요청을 수용하고 차기 대표이사 후보군을 새로 심사할 일정과 방식 등을 논의 중이다. 이사회는 후보군 심사 일정에 속도를 내는 것으로 알려졌지만, 발표가 다소 늦춰질 가능성도 제기된다. KT 관계자는 "조속히 후보군 심사 일정과 방식 등을 확정해야 할 필요성을 인지하고 있다"고 밝혔다.

KT 이사회는 그룹 내부에서 후보군을 모집하고 외부 인사 지원자도 받을 예정이다. 외부 인사로는 김기열 전 KTF 부사장, 임헌문 전 KT 사장, 홍원표 전 삼성 SDS 대표이사 등이 거론된다. 내부 후보군 조건은 KT 본사 또는 계열사 재직 2년 이상이면서 본사 직급 기준 부사장 이상이어야 한다. 올해 3분기 기준으로 살펴보면 본사 내에선 윤경림 그룹트랜스포메이션 부문장 사장, 강국현 커스터머부문장 사장, 박종욱 안전보건총괄 경영기획부문장 사장, 서창석 네트워크부문장 부사장, 송재호 AI·DX융합사업부문장 부사장, 신수정 엔터프라이즈 부문장 부사장, 신현옥 경영지원부문장 부사장 등이 해당된다.

후보군을 추천받고 이들을 심사하는 과정에도 시간이 필요한데, KT 내규에 따르면 현직 대표가 연임 우선 심사 대상이면 후보 선정에 기한을 두지 않는다. 이에 따라 차기 CEO 후보군 선정이 해를 넘길 것이란 예상도 나온다.

과거 황창규 전 KT 회장이 연임 의사를 표명했을 때인 2017년에도 1월에 CEO 추천위원회가 구성돼 심사한 전례가 있다. 당시 연임 우선 심사 대상이었던 황 전 회장은 1월 말 차기 회장 후보로 추천돼 3월 주총에서 재선임됐다. 이처럼 CEO 후보군 선정이 늦어지면서 그룹 연말 임원 인사도 함께 지연되고 있다.

외풍 의식해 '승부수' …실적 개선 등 성과 뒷받침도 배경

구 대표가 이사회로부터 연임 적격 판단을 받고도 경선을 택한 이유는 '외풍'을 의식한 것으로 보인다. 최근 KT의 최대주주인 국민연금은 '주인 없는 기업'들의 연임 관행을 비판했다.

김태현 국민연금공단 이사장은 지난 8일 취임 100일을 맞아 진행한 기자간담회에서 "소유분산기업이 대표이사나 회장 선임 및 연임 과정에서 현직자 우선 심사와 같은 내부인 차별과 외부 인사 허용 문제를 두고 쟁점이 되고 있다"고 지적했다. KT, 포스코 등처럼 명확한 지배 주주가 없는 기업은 회장의 '황제 연임'이 이어지거나, 내부 우선 등용 관행 등이 있다는 점을 꼬집은 것이다. 이런 논란을 불식시키기 위해 구 대표는 복수 후보군 요청을 통해 '정면 돌파'를 선택한 것으로 풀이된다.

다만 구 대표는 취임 이후 괄목할 만한 성장을 이끌었다는 점에서 사실상 '안정적 승부수'를 던진 것으로 보인다. 구 대표는 2020년 취임 직후 디지털 플랫폼 기업(DIGICO·디지코)으로의 전환을 선언하고 인공지능(AI), 빅데이터, 클라우드 등을 바탕으로 기업 간 거래(B2B) 사업을 강화했다.

실적과 주가도 개선됐다. KT는 지난해 연결 기준 매출액 24조 8980억원, 영업이익 1조 6718억원을 기록해 전년 대비 각각 4.1%, 41.2% 증가해 실적 개선을 이끌었다. 올해 역시 디지코 사업이 성과를 보이면서 누적 연결 영업익은 1조 5387억원을 기록해 전년보다 18% 증가한 호실적을 거뒀다. 여기에 KT스튜디오 지니가 투자한 '이상한 변호사 우영우' 등 미디어 신사업 등도 성과를 보이면서 두각을 드러냈다.

구 대표는 연임을 통해 신사업 성과 등을 지속해 나가겠다는 입장. 그는 지난달 연임 평가를 앞두고 대대적으로 '인공지능(AI) 강화 전략'을 내세웠다. 당시 구 대표는 기자들과 만나 "2020년 3월 취임 후 KT를 디지코로 전환하며 많은 변화를 가져왔는데, 이런 변화가 구조적이고 지속될 수 있는지가 관건"이라며 "2~3년간 진행되어 온 변화가 여기서 끝날 것인가, 아니면 구조적으로 바뀌어 새로운 형태의 사업자로 거듭날 수 있느냐란 면이 남아있다. 아직 구조적이고 지속가능성을 확보했다고 판단하기는 어려워 연임을 생각하게 된 것"이라고 언급한 바 있다.

공개적으로 연임의 필요성과 당위성을 대내외적으로 인정받겠다는 의도로 풀이된다.

포스코 홀딩스의 경우도 2023년 12월까지의 CEO 선임 방식에 의하면 현 CEO가 연임을 희망하는 경우, CEO 승계 council에서 경쟁자 없이 현 CEO의 연임 여부를 우선적으로 결정하게 되어 있었는데, 연임 결정이 되는 경우는 현 CEO를 이사회를 통해서 주총에 추천하게 되고, 현 CEO에 대해서 연임이 거부되는 경우는 사내, 사외 후보를 대상으로 공모를 통해서 후보자를 결정하는 과정을 거치게 되었다. 결국 KT의 최근까지의 대표이사 사장의 연임 의사결정 과정과 동일한 의사결정 과정인데, KT와 포스코의 이러한 현 대표이사의 연임 의사결정은 '짬짜미'라 공정한 경선 과정이 아니라는 비판을 받게 되었고, 따라서 포스코의 경우도 2023년 4월부터 지배구조개선TF를 가동하면서 승계 council을 폐지하게 된다.

현 CEO가 충분히 잘하고 있고 이미 과거에 공정한 선임과정을 거쳤으니 연임의 경우는 별도로 심사한다는 취지도 충분히 이해할 수 있지만 특혜나 공정성 시비로부터 자유롭지 못하니 승계 council은 폐지하는 것이 옳다는 것이 경제계의 지배적인 의견이다. 3년에 한번씩 CEO선임과정은 진통을 겪게 된다. 외국의 경우, CEO가 잘하는 경우에는 장기로 임기를 가져 가기도 하는데 우리의 경우, 금융지주의 CEO가 임기를 장기로 가져 가면서 경제적인 보상도 당연히 이에 따라 간다. 이러한 점에 대해서 국회에서 조차도 금융지주 회장이 최대주주도 아니면서 참호구축에 의해서 장기 집권을 한다고 비판하기도 하니 쉽지 않은 이슈이다.

2023년 가을, 저자가 근무하는 연세대학교의 신임 총장 선임과정이 시작되었다. 2024년 2월부터 임기를 시작하는 차기 총장을 뽑기 위한 과정이었고, 임기를 마치는 총장을 포함하여 교내에서 8명의 후보자가 재단에 등록하였다. 재단과 교수평의회는 8인 중, 일단 5인을 1차적으로 선임하여 본선을 진행하는 절차를 밟았는데 현 총장의 경우는 예선을 거치지 않고 5명의 최종 후보에 포함하도록 하였다. 8인의 후보자 중에는 이러한 방식에 대해서 공정하지 않다는 의견을 내기도 하였지만 총장 선임에 대한 고유 권한이 있는 재단은 어쨌거나 현 재임자(encumbent)를 존중하겠다는 의도로 사료된다.

이러한 포스코와 KT의 대표이사 선임 과정과 KB금융지주의 대표이사 선임 과정과는 차이가 있다. KB의 대표이사회장 추천위원회는 KB 계열회사의 부회장 4인과 외부 인사 2인의 후보자를 두고 평가 과정을 진행하였는데, KB금융지주의 경우, 공모 과정을 거쳐서 외부 인사가 선정된 것은 아니고 이사회가 별도의 선정 과정을 진행한 것인데 어떠한 과정을 거쳤는지는 알려진 바가 없다. 외부 인사가 대표이사 회장으로 선임될 가능성이 어느 정도인지는 알 수 없지만 외부 경합 없이 내부자들로만 후계자 선임과정을 운영하고 있다는 비판을 불식시킬 수 있을 것이다.

한국경제신문. 2022.12.30. 'CEO 찍어내기' 총대 멘 국민연금

서원주 본부장은 KT 이사회가 구 대표의 연임을 결정하자 "투명하고 공정한 절차에 따라 이뤄져야 한다는 경선의 기본 원칙에 부합하지 못한다"며 반대 입장을 분명히 했다. 국민연금이 특정 기업 CEO 인사에 기금운용본부장 명의의 입장문을 낸 것은 1999년 기금운용본부가 출범한 이후 처음이다.

국민연금은 안팎에서 절차적 정당성이 훼손됐다는 평가도 제기된다. 기업의 임원 선임 및 해임에 영향력을 행사하는 것은 자본시장법상 '경영 참여'에 해당하는데, 이를 위해서는 기금운용위원회의 승인과 투자목적 변경 공시가 필요하다. 국민연금 내부적으로 정해 놓은 단계별 주주권 행사 프로세스도 무시됐다.

그나마 정부는 보건복지부 산하의 10% 지분을 가진 국민연금을 통해서 영향력을 행사할 수 있는데, 여당 과학기술정보방송통신위원회 국회의원들이 KT의 대표이사 사장 선임과정을 비판하는 것은 참으로 이해하기 어렵다. 주주도 아닌데 무슨 자격으로 의견을 내는 것인지가 의문이다. 한 가지 이해될 수 있다면, 통신이 규제산업이라는 정도일 것이다

한국경제신문. 2022.12.30. 문 땐 재벌개혁 동원, 이번엔 인사 개입.. 국민연금발 '기업 수난 시즌2'

서원주 본부장은 이들 기업의 CEO 인사를 위해 "이사회가 아니라 명망 있고 중립적인 새로운 사람들로 추천위원회를 구성해 투명하고 공정한 경선 과정을 거쳐야 한다"고 주장했다.

재계 관계자는 "민간 기업 CEO를 공모를 통해 뽑아야 한다는 주장이 주주가치 증대에 도움이 되는 것인지 의문"이라며 "전임 정부에서 선임된 CEO를 끌어내리기 위해 국민연금이 동원된 것으로밖에 해석하기 어렵다"고 말했다.

전 정부도 최소한의 절차는 지켰다.

문제는 이 과정에서 의결권 행사에 대한 내부 절차도 지키지 않았다는 점이다. 국민연금은 기업이 주주총회 안건을 공시한 뒤 세부적으로 분석에 나선다. 안건 의안 분석, 준법감시 검토, 의결권 행사 방향 결정으로 이어지는 순서다. KT는 아직 주총 안건이 공시되지 않아 기초 참고자료인 의결권 자문사들의 의견도 없다. 취임 이틀차인 CIO가 KT인사에 대한 직관적인 판단에 따라 의결권 행사 방향을 제시한 셈이다.

모든 의결권 행사 방향을 기금운용본부가 결정하는 것도 아니다. 수탁자책임전문위원회가 요구하면 기금운용본부는 의결권 행사 권한을 넘겨야 한다. 기금운용위원장이 전권을 갖고 있지도 않은 의결권 행사에 대해 주총을 3개월여 앞둔 시점에 가이드라인을 제시해 파장이 커질 전망이다.

국민연금을 재벌개혁에 동원한 전 정부에서도 최소한의 절차는 지켰다는 게 국민연금 안팎의 지적이다. 기금운용위원회와 산하 전문위원회의 내부 검토 끝에 수위를 낮추거나 백지화한 주주권 행사와 책임투자 정책도 다수였다. 김원식 명예교수는 "KT 이사회는 나름의 절차를 거쳐 구 대표를 차기 CEO 후보로 확정했는데 국민연금은 공론화 절차도 건너뛰고 반대 메시지를 내놓은 건 더욱 큰 문제"라고 지적했다.

자본시장 관계자는 "국민연금이 주주로서 구 대표에게 불만이 있다면 주총 안건에 반대 의사를 밝히거나 선호하는 CEO 후보를 이사회에 추천하면 될 일"이라며 "이 사회까지 무시하고 장외에서 목소리를 내는 건 다른 의도가 있는 것으로 해석될 수밖에 없다"고 말했다.

수탁자책임위원회는 주주권행사 분과위원회와 책임투자분과위원회 위원으로 구성되며 총 9인이다. 2024년 3월 현재, 상근 3인은 사용자단체(현재는 경영자총 연맹), 지역가입자단체(현재는 한국공인회계사회), 근로자 단체(현재는 한국노총)에서 각각 1인이 추천되고 나머지 3인은 사용자 단체, 근로자 단체, 지역가입자 단체에서 각각 1인씩이 추천된다. 나머지 3인은 금융연구원, 금융투자협회 등의 금융 전문가 단체에서 추천된다. 2024년 2월 현재는 자본시장연구원 선임연구위원과 한국국제경제학회회장이 선임되어 있다.

이 위원회 이외에도 국민연금은 9인으로 구성된 지배구조개선자문위원회를 2023년 12월에 발족하고 2024년부터 활동을 시작하였다. 자문위원회와 수책위의 관계에 대해서는 알려진 것이 별로 없지만 자문위원회는 현재로서는 자문에 그치는 것으로 알고 있다.

2024년 포스코의 사내이사들과 사외이사들이 캐나다로 호화 이사회를 다녀왔다고 시민단체에 의해서 고발되는 사건이 있었고 이 사실이 언론에 의해 이슈화되었다. 2024년 주총에서 고발된 두 사외이사들의 연임 건이 이슈가 되면서 국민연금의 이사장이 고발된 사외이사들이 연임되는 것은 문제 있다는 의견을 언론에 전달하였다. 반면에 이사장과는 독립적으로 운영되는 수탁자책임위원회는 이들 사외이사들의 연임에 대해서 반대하지 않는 의사결정을 수행하면서 주총에서의 연임 의사결정은 문제 없이 진행되었다.

의결권에 대한 의사결정은 적법하게 수탁자책임위원회가 수행하게 되어 있는데 연금공단의 이사장이 개인 의견이기는 하지만 언론에 피력하는 것에는 문제가 없는지에 대해서 논란이 있었다. 公人의 개인 의견은 더 이상 개인 의견이 아니다.

수탁자 책임활동에서 중점관리대상 기업이 되는 경우는 다음의 절차로 진행된다.

선정 후 1차연도

1. 비공개 대화 대상 기업을 대상으로 활동을 개시한다.
2. 미 개선 기업에 대해서는 비공개 대화를 실시한다.

선정 후 2년연도

3. 비공개 중점 관리기업 대상 활동을 실시한다.

3차 연도

4. 공개 중점 관리 기업을 대상으로 활동을 하는데 기업명단을 공개하고 공개서한을 발송하게 된다. 2024년 2월 현재 약 10-20개 기업이 이에 해당하는 것으로 알려져있다.

4차 연도

5. 적극적 주주활동을 수행하며 주주제안도 포함된다.

주주제안은 법에서 규정한 다음의 내용이다.

주주제안 (상법 제363조의2 및 제542조의8)
○ 주식 0.5% 이상을 6개월 전부터 보유한 주주는 주주총회일 6주 전까지 사외이사 후보를 제안할 수 있음
○ 주주제안 접수 시, 이사후보추천위원회는 주주제안 후보를 반드시 포함하여 주주총회에 사외이사 후보를 추천하여야 함(선임 소요 이사 수의 동수 또는 초과 추천 여부 결정 필요)

상법 제363조의2(주주제안권)
① 6개월 전부터 계속하여 의결권 없는 주식을 제외한 발행주식 총수의 1천분의 5 이상(자산총액 2조원 이상인 상장회사)에 해당하는 주식을 가진 주주는 이사에게 주주총회일(정기주주총회의 경우 직전 연도의 정기주주 총회일에 해당하는 그 해의 해당일)의 6주 전에 서면 또는 전자문서로 일정한 사항을 주주총회의 목적사항으로 할 것을 제안(이하 '주주제안')할 수 있다.

③ 이사는 주주제안이 있는 경우에는 이를 이사회에 보고하고, 이사회는 주주제안
의 내용이 법령 또는 정관을 위반하는 경우와 그 밖에 대통령령으로 정하는
경우를 제외하고는 이를 주주총회의 목적사항으로 하여야 한다.

상법 제542조의8(사외이사의 선임)

⑤ 사외이사 후보추천위원회가 사외이사 후보를 추천할 때에는 주주제안권을 행사
할 수 있는 요건을 갖춘 주주가 주주총회일의 6주 전에 추천한 사외이사 후보
를 포함시켜야 한다.

위의 경우는 정상적인 활동의 대상이 되는 경우이며 예상하지 못한 우려 대
상 기업에 대해서는 다음으로 진행된다.

1. 선정 후 1차연도
비공개 대화 대상기업으로 대상 활동을 개시하며 비공개 대화를 시작한다.

2. 2차연도에는
주주제안을 포함한 적극적 주주활동을 수행한다.

주식 등의 대량보유상황보고(5%) 내용의 범위 및 시기 등의 판단 기준 중
하나인 '경영권에 영향을 주는 것'의 범위를 명확화 등을 위하여 자본시장법 시
행령이 개정됐다.(제135조 제1, 3, 5항)

과거에는 경영권 영향 목적의 투자와 경영권 영향 목적이 없는 단순 투자만
이 존재하였는데, 개정 이후에는 경영권 영향이 없는 경우도 일반투자와 단순
투자로 구분하여 일반투자는 경영권 영향 목적은 없으나 적극적인 유형의 주주
활동을 의미한다.

위의 신문 기사에서 "이사회가 아니라 명망 있고 중립적인 새로운 사람들로
추천위원회를 구성해 투명하고 공정한 경선 과정을 거쳐야 한다"고 주장했다고
기사화되어 있는데 전 정권 하에서 구성된 이사회가 정치적으로 중립적이지 않
다는 사실에 대한 비판인지 CEO 선임 권한이 이사회가 아닌 누구에게 있다는
것인지 이해할 수 없다.

포스코의 경우도 2023년 말 차기 회장의 선임과정에서 0.5% 이상의 지분을

6개월 이상 소유한 주주들에게 차기 회장 후보를 추천할 수 있는 기회를 부여하였지만 어떤 주요 주주도 후보를 추천하지는 않았다. 과거에도 주요주주가 CEO 후보를 추천한 경우는 없다. 2024년 초, 세 번째 대주주였던 NSC (Nippon Steel Corporation 일본제철)는 경쟁사의 입장에서 CEO 후보를 추천함이 이해상충이라서 추천을 거부하였다. 사외이사의 경우도 주요 주주에게 이사후보추천위원회에 후보를 추천할 수 있는 기회를 부여하는데 이제까지 후보를 추천한 경우는 한 건밖에는 없었고 한 경우도 회사가 찾는 영역의 후보와 주요주주가 추천한 영역이 불일치하여 불발되었다. 0.5% 이상의 주주로 국한하는 것이 10 주주도 되지 않으므로 이 기준을 더 낮춰서 시행하는 방안에 대해서도 지배구조개선 위원회 TF 차원에서 고민 중이다.

> **한국경제신문. 2023.2.24. 외부 압박에 하차한 구현모 KT CEO '20년 수난사' 반복**
>
> KT 이사회는 명단이 공개되지 않은 외부 자문단을 통해 사외 후보 18명과 사내 후보 15명 등 총 33명 부호를 추려내고 있다. 오는 28일까지 후보자를 압축하고 국민연금과 노동조합 등 이해관계자의 의견을 듣는다. 이사회는 다음달 7일께 새 최종 후보를 발표해 3월 말 주주총회에서 차기 대표 선임을 추진할 예정이다.

> **매일경제신문. 2023.2.24. 구현모 연임 포기에... 소유 분산 기업 '술렁'**
>
> KT 지배구조위원회, 대표이사 후보군 압축,
> 이사회 외부 자문과 면접 등을 거쳐 다음달 7일 최종 후보 1명을 선정할 계획이다.

인선자문단을 비공개로 운영하는 것 자체가 문제가 되자 KT는 자문단 명단을 공개하면서 정치권 인사도 아닌 중립적인 인사로 자문단이 구성되어 있음을 공개하였다. 단, 1차 자문단 명단은 공개했지만, 2차 사외이사 선임 작업을 위한 자문단과 CEO 선임을 위한 자문단 명단을 비공개로 진행하였다.

KT사태 중에 정치권 인사들이 차례로 사퇴하게 된다. 또한 정치권 사외이사가 아닌 사외이사들도 주주총회를 앞두고 사퇴하면서 사외이사 한 명만이 이사회 이사로 남게 되는 즉, 이사회가 초토화되는 파국을 맡게 된다. 두 사외이사는 노무현 정권 때 청와대 수석을 역임한 인사들이며 또 한 사외이사는 문재인 대통령의 대선 캠프 출신이라고 한다. 이 과정에서 김용헌 사외이사만이 KT 이사로 남아 있게 된다. KT가 규제산업이므로 정치권 인사가 사외이사로 이사회에 참여하게 되는 것을 막기는 어려웠을 것이며 이러한 사유로 정권이 바뀌었을 경우, 사퇴 압력을 버티기도 어려웠을 것이다. 어쨌거나 민간 기업의 이사회에 정권 차원에서 개입하면서 사외이사들을 사퇴시키는 것은 매우 안 좋은 선례를 남긴 것이다.

수출입은행과 같은 경우의 사외이사들도 정권 차원에서의 임명이 아닌 경우일지라도, 전 정권하에서 선임된 사외이사들에게 사임을 요구하는 경우도 있다. 한 사외이사의 경우는 연임되고 얼마 있지 않아서 사임 요구를 받았다고 한다. 사외이사의 독립성을 훼손하는 정치행위라고 하지 않을 수 없다.

물론 국책은행의 경우, 정부의 영향력 안에 있어도 정치적으로 선임된 사외이사가 아닌 이상, 임기가 있는 사외이사까지 압력을 행사하여 사퇴하도록 하는 것은 과도하다. 전문성을 인정받아 사외이사로 선임된 것이고 대통령 후보자의 캠프 등에서 활동한 것도 아닌 전문가들은 임기를 보장해 주어야 하며, 이러한 것이 사외이사의 독립성이다. 정권 차원에서 사외이사의 독립성을 흔드는 일은 다시는 반복되어서는 안된다. 야당이 이러한 주장을 하다가 정권을 잡아 여당이 되면 똑같은 일이 반복되게 된다.

KT는 규제산업이기 때문에 정치권의 영향력 안에 있을 수밖에 없고, 사외이사에 정치권 인사를 선임해야 정치권으로부터 보호받을 수 있다고 생각할 수도 있다. 그러나 정권은 5년에 한 번씩 대선을 거치면서 바뀌게 되어 정권이 바뀌면서 대표이사 사장을 보호해 주어야 하는 이사회가 정치적으로 흔들리게 된다.

전직 장차관 출신들이 사외이사로 많이 활동한다. 정권 창출과정에서 캠프에 관여하였거나 아니면 청와대에 근무했다는 것과 technocrat으로 능력이 되어 성공한 공무원으로 장차관을 역임하였다는 데는 차이가 있다는 판단을 할 수 있다. 즉, 정치색을 어느 정도 띠고 있냐는 것이 판단의 잣대여야 한다. 어느 정권이 되든 누군가는 정무직 장차관을 맡아야 하는데 해당 정권 때, 장차관을 맡았다고 해서 어느 정권 사람이라고 정치색과 연관하는 것은 옳지 않다. 이는 과도한 진영 논리이다. 정권이 바뀌면 전 정권 사람들을 적폐로 몰아가는 후진적인 정치행태이다. 능력이 되어 장 차관 급의 정무직 공무원이 되었다고 하면 정치적 성향에 무관하게 인재로 등용해서 쓸 수 있어야 하며 사외이사도 동일하다. 관에서 오랜 기간 경제 관련 부서 공무원 생활을 했어서 경제를 읽는 시야가 넓을 수도 있다. 또한 최근에 오면서는 통상 이슈가 기업의 주된 업무로 부상하면서 전직 외교관을 기업에서 필요로 하기도 하며 일부 기업이나 법무법인은 외국에서 고위 공직자 경험이 있는 사람을 임원으로 채용하기도 한다. 기업 경영에 정치색이 입혀지는 것은 경계해야 하며, 정경분리의 원칙 또한 철저히 지켜져야 한다.

물론, 포스코나 KT와 같이 개인 대주주가 없는 기업에서 정치권의 힘 있는 사람을 사외이사로 선임하여 정권 차원의 도움을 받을 수 있으면 좋겠다고 단기적/임기응변식으로 생각할 수도 있지만 권력은 짧다. 오히려 이런 정치권 인사들로 인해 지배구조가 흔들릴 수 있다고 생각하면 아예 이사회 구성에 정치색을 배제하는 것이 최선이다. 사외이사 선임 과정이 공정하다고 하면 정치권 인사가 사외이사로 선임되기도 어렵다. 대표이사 사장이나 대표이사 회장은 정치권의 힘 있는 사외이사들로부터 잠시 나마 도움을 받을 수는 있겠지만 요즘의 우리 정치 현실과 같이 정권이 바뀌면 전 정권 사람들에 대해 적폐몰이하는 식의 행태가 만연된 이분법적인 정치현실에서 정치권 인사의 이사회 진입은 득보다는 실이 많다.

과거에 정부의 영향력 하에 있는 기관의 임원 선임 과정에서 노동조합이 내부승진보다는 외풍을 막아 줄 수 있는 힘 있는 인사를 지지한 선례를 보면 아이러니가 아닐 수 없다. 즉, 다른 능력보다도 외풍을 막을 수 있는지가 대표이사의 자격 요건이라고 하면 이는 또 하나의 정치이다.

포스코나 KT, KT&G 같이 경영과 소유가 완전히 분리된 기업의 경우, 경제 논리로서 모든 것을 접근해야지 정치권에 기대려고 하면 2023년의 KT 사태와 같은 일이 민영화된 사기업에서 다시 한번 발생하지 않으란 법도 없다.

이에 KT는 주주로부터 기업지배구조개선 TF 위원추천을 받아 5인의 위원을 선임하게 되는데 외부에 알려지기는 국민연금도 기업지배구조 전문가 1인을 추천하였다. 국민연금이 직접 사외이사를 추천한 것은 아니지만 TF 위원 1인을 추천한 것을 보아서는 국민연금이 과거보다는 조금 더 적극적으로 경영에 관여한다는 판단이다.

chapter

18

비상장사 규제

비상장사 규제

    정부가 새로운 제도를 도입할 때, 선진적인 제도는 당연히 많은 투자자의 이해가 관여되어 있는 상장기업에 도입하게 된다. 비상장기업일 경우는 주주 수도 제한될 뿐만 아니라 공개 기업이 아니니 정부가 나서서 주주의 가치를 보호해 줄 이유가 별로 없다.

    상장사에 대해서 제도를 선 도입하는 경우도, 이 제도는 금융회사지배구조법에 의해서 금융회사에 도입된 제도를 자산규모 2조원 이상의 대기업에 대해서 전향적이고 적극적으로 제도를 도입할 수 있다. 가장 최근에 예를 찾아보면 감사위원 분리 선임이 수년전 금융회사지배구조법에 의해서 금융기관에 먼저 도입되었다가 최근 상법 개정에 의해서 일반 기업에 도입되었다.

    금융업은 규제 산업이므로 거의 모든 건에 대해서 제도를 선제적으로 도입하는 경우가 많다. 단, 자산규모가 큰 비상장기업일 경우, 경제에 미치는 영향을 고려하면 상장기업에 못지 않게 경제에 미치는 영향이 커지게 된다.

    정부가 상장기업에 대해서 우선적으로 규제를 하게 되는데 어떠한 정책은 자산규모가 큰 비상장기업에 대해서도 상장기업에 준하는 제도를 적용하는 경우도 있다. 적용되는 제도에 따라서 비상장기업의 규모가 상이하지만 많은 경우 자산규모 1,000억원을 넘는 비상장 기업에 대해서는 상장기업에 준하는 제도를 적용한 경우가 다수 있다.

    단, 자산규모 1,000억원이 넘는 비상장기업에 대해서 상장기업에 준하는 규제를 적용하는 것이 너무 과하다는 비판도 있어왔다. 자산규모는 경제에 미치는 영향에 대한 대용치이다.

물론, 기업 규모에 대한 대용치가 자산규모만 있는 것은 아니다. 일반적인 규모에 대한 대용치는 자본금, 시가총액, 매출 규모가 사용될 수 있다. 단, 시가총액은 시황에 따라 변화의 폭이 크며, 매출은 경제 상황에 따라 가변적이니 변동성이 가장 적은 변수는 자산규모라고 할 수 있고 이러한 차원에서 자산규모가 규모에 대한 대용치로 제도권에서 사용된다고 할 수 있다. 물론, 자산의 처분으로 자산 규모도 영향을 받을 수 있는데 큰 규모의 자산의 처분이 흔하게 발생하는 건은 아니다. 예를 들어 공정거래위원회에서 자산규모 5조원이 넘는 기업은 공시대상기업, 10조원이 넘는 기업은 출자전환제한 기업으로 규제하는 것도 같은 맥락에서 이해할 수 있으며 자산 규모는 여러 면에서 의미가 있으며 규모에 대한 대용치로서 가장 흔하게 사용된다.

자본금이 사용되는 경우로는 자본금이 10억원이 넘는 기업에 대해서 감사를 두어야 한다. 자산규모가 1,000억원이 넘는 경우는 상근감사나 감사위원회를 두어야 하는데 비해서는 자본금과 자산규모를 동일 제도의 적용에 있어서 차등적인 잣대로 사용하는 것이다.

매일경제신문. 2022.12.23. '자산 1천억 → 5천억' 회계 규제 비상장사 기준 완화

내년부터 상장사 수준의 회계규제를 적용받는 대형 비상장회사 범위가 축소된다.

금융위원회가 22일 이 같은 내용을 담은 '주식회사 등의 외부감사에 관한 법률' 시행령 및 하위 규정 입법 예고를 실시했다.

중소기업에 대한 과도한 회계부담을 완화하기 위해 금융당국이 지난 10월 내놓은 '중소기업 회계 부담 합리화 방안'의 일환이다.

가장 큰 변화는 대형 비상장회사의 범위를 현행 자산 1000억원에서 5000억원으로 조정한 것이다. 대형 비상장회사는 이해관계자가 상대적으로 많은 점을 고려해 내부회계관리제도 구축 운영 의무, 감사인 선임위원회 설치 의무 등 상장사에 준하는 회계규제를 적용받는다.

그러나 이 같은 규제가 너무 광범위하다는 지적에 대형 비상장회사 범위를 축소하기로 한 것이다.

회사 내부회계관리제도 자율 개선을 유도하는 방안도 추진된다. 내부회계관리제도 감리에 따른 제재 수준이 회사의 개선 노력과 연계되지 않아 자발적으로 취약점을 파악하거나 이를 고치려는 유인이 낮았다고 판단해서다.

금융당국은 회사가 내부회계관리제도의 취약점을 자진 공시하거나 개선한 경우 제재 조치 가중 사유에서 제외하는 인센티브를 부여하기로 했다.

지금 현재에도 5,000억원이라는 잣대가 어느 정도 규모가 되는 기업군으로 분류되어 사용되기도 한다. 준법지원인 제도는 자산 규모 5,000억원이 넘는 상장 기업에 의무화되고 있다.

이 준법지원인 제도를 채택하지 않은 기업도 30%에 이르는 것으로 알려져 있으며 이는 금융기관에서 의무화되는 준법감시인의 경우, 이 제도를 채택하지 않으면 연 5,000만원의 penalty가 있는 반면, 준법지원인 제도를 준수하지 않는데 대해서는 penalty가 없다. 제도를 도입해 두고 이를 의무화할 때, 이에 순응하지 않는 기업에 대해서 penalty를 부과하지 않는 것도 이해하기 어렵다. 이는 원하지 않았음에도 정부의 정책에 순응하여 이 제도를 도입/채택한 기업의 입장을 매우 어렵게 만들 수 있다.

아래의 경우에서 볼 수 있듯이 이제까지 비상장기업의 규제는 자산 규모 1,000억원 이상인 기업에 대해서 부과되었는데 위의 논지에 의해서 이러한 기준이 5,000억원으로 높아진다는 의미이다. 물론, 구체적으로 어떤 규제에 대해서 이렇게 기준이 높아지는지에 대해서는 아직 확정되지 않고 다만 정책 방향만 변경되었음을 의미한다. inflation 등의 사유로 기업 규모는 계속 성장하니 이에 비례적으로 이러한 잣대가 상향 조정되어야 한다. 이는 외부감사대상 기업(외감대상 기업) 선정의 기준이 시간이 지나면서 점진적으로 상향 조정되는 것과 동일하다.

아래에는 자산규모 1,000억원 또는 5,000억원이 제도가 의무화되는 잣대로 사용되는 경우만 모아서 기술한다. 단, 모든 경우의 수를 모은 것은 아니다.

1. 내부회계관리제도란 재무제표 오류와 부정비리를 막기 위해 재무보고와 관련된 회사 업무를 관리 통제하는 내부 통제 시스템을 말한다.
   외부감사에 관한 법률(외감법) 개정에 따라 2005년부터 상장기업과 자산 1000억원 이상인 비상장 기업은 외부감사인의 검토를 의무적으로 받고 있다.
   2018년 신외감법 도입으로 2019년 사업연도부터 자산 2조원 이상인 상장기업부터 순차적으로 "검토의견"이 아니라 "감사의견"을 받아야 한다. 한국거래소는 코스닥에 한해 내부회계관리 비적정 기업을 '투자주의환기'종목으로 지정하고 2년 연속 '비적정'을 받으면 상장적격성 실질심사에 올린다.

[네이버 지식백과] 내부회계관리제도 (한경 경제용어사전)

2. 주기적 감사인 지정제도가 도입됐다. 상장사이거나 소유와 경영이 미분리된 비상장사는 9년 중 3년간 증선위가 지정하는 감사인에게 외부감사를 받아야 한다. 비상장사는 자산 총액 1000억원 이상인 회사로 지분 50% 이상인 지배주주가 대표이사인 회사가 해당된다.

위의 기준에서 자산 총액 1,000억원 이상인 비상장사회사의 경우에서 지배주주가 대표이사인 회사로 국한한 이유는 소유와 경영이 분리되지 않는 경우를 염두에 둔 제도라고 판단된다. 지배주주가 대표이사를 맡고 있을 경우만 소유와 경영이 합치된 것으로 판단한 것인데, 지배주주가 대표이사가 아니더라도 등기만을 했다고 해도 이사회에서의 경영활동이 지배주주 중심으로 주도될 수 있다. 혹은 지배주주가 대표이사를 맡지 않고 이사회 의장만을 맡고 있더라도 주도권을 지배주주가 가질 수 있다. 대표이사를 맡는 경우만으로 위 제도를 제한하는 것이 옳은지에 대한 의문이 있다. 위 제도는 대표이사의 역할에 상당한 방점을 둔 제도이다. 물론, 대표이사가 회사를 대표해서 경영활동을 수행하므로 충분히 이해할 수 있지만 어떻게 보면 대표이사의 역할을 너무 과대평가한 결과일 수도 있다.

저술 중인 현재 시점에 삼성, SK, 현대차, LG, 포스코, 롯데 6대 재벌 중, 최대주주가 등기하지 않은 기업은 삼성과 포스코밖에 없다. 물론 포스코의 전임 최정우 회장과 현 장인화 회장은 최대주주가 아니다. 이재용 회장이 등기를 하지는 않았지만 삼성에 대한 이재용 회장의 영향력에 대해서는 아무도 의심하지 않는다.

한국경제신문. 2016.2.1. 자산 1000억 이상 비상장사 감사 전 금감원에 재무제표 제출해야 2200여 곳 올해부터

올해부터 자산총액이 1000억원 이상인 비상장회사는 감사 전 재무제표를 금융감독원에 제출해야 한다.

금감원은 지난해 상장사를 대상으로 도입한 '감사 전 재무제표 제출의무 제도'를 올해부터 비상장사로 확대한다고 31일 발표했다.

감사 전 재무제표 제출의무 제도는 회사의 재무제표 작성 책임을 분명히 하고 감사인의 회계감사기능을 강화하기 위해 도입됐다.

3. 비상장기업에 적용되는 자산규모 5,000억원의 잣대는 아니지만 자산규모 5,000억원의 상장기업에 대해서 다음과 준법지원인제도가 적용되기도 한다.

상법 시행령 제39조【준법통제기준 및 준법지원인 제도의 적용범위】

법 제542조의 13 제1항에서 "대통령령으로 정하는 상장회사"란 최근 사업연도 말 현재의 자산총액이 5천억원 이상인 회사를 말한다.

다만, 다른 법률에 따라 내부통제기준 및 준법감시인을 두어야 하는 상장회사는 제외한다. (2012. 4. 10. 개정)

다른 법률에 의해서 준법 감시인을 둬야 하는 회사는 금융회사를 의미한다. 즉, 금융기관에 의무화되는 준법감시인과 금융기관이 아닌 일부 회사에 의무화되는 준법지원인제도가 어느 정도 중복되는 역할을 수행하기 때문에 준법감시인 제도가 있는 금융회사는 준법지원인이 의무화되지 않는다.

4. 분기 재무제표에 대한 검토 또한 수년전에는 자산규모 2조원이 넘는 기업에 의무화되다가 이 기준이 점차적으로 자산 규모 1조원, 현재로는 5천억원이 넘는 기업에 대해서 분기 재무제표에 대한 검토가 의무화되고 있다.

5. 감사인선임위원회, 상장기업과 자산규모 1,000억원 이상의 비상장기업에 의무화한다.

chapter

19

삼성생명

삼성생명

한국경제신문. 2022.12.23. "삼성생명 계약자 배당금은 부채"

금융감독원이 삼성생명의 삼성전자 지분 보유에 따른 계약자 배당금 추정액을 회계상 '자본'이 아니라 '부채'로 분류하기로 했다. 삼성생명은 5조~15조원에 이르는 자금을 자본으로 분류할 수 없게 돼 외형상 재무구조 악화가 불가피할 전망이다.

다만 삼성전자 주식을 미래에 팔지 않을 주식으로 분류하는 방안을 허용해 주식 매각 부담은 덜었다는 평가가 나온다.

22일 정부와 업계에 따르면 금감원은 내년부터 삼성전자 지분 평가이익 가운데 나중에 유배당 보험 계약자에게 돌려줘야할 돈(계약자 지분 조정)을 부채로 분류하도록 감독규정 개정에 나선 것으로 확인됐다.

당초 삼성생명은 새 국제회계기준(IFRS17)을 도입하는 내년부터 유배당 보험 계약자 보험금을 부채가 아닌 자본으로 분류하려 했지만 일각에서 고객(보험 가입자)에게 지급해야 할 돈을 주주 몫으로 분류하는 게 타당한 것이냐는 비판이 제기됐다. 이에 금감원은 논의 끝에 계약자 지분 조정은 부채 표시가 적법하다고 결론냈다.

금융당국은 삼성생명이 삼성전자 주식을 전략적 보유 목적(미래에 팔지 않을 주식)으로 분류하는 데 동의했다. 이렇게 되면 삼성전자 주식(매각차익)을 원천으로 한 계약자 배당은 발생하지 않는다. 이 때문에 원칙상 이를 회계상 '자본'으로 보는 게 IFRS17 원칙에 더 부합한다는 게 전문가들의 지적이다.

한국경제신문. 2022.12.23. 주식매각 부담 던 삼성생명...IFRS17 충돌 우려

삼성생명이 유배당 계약자에게 지급해야 할 자금의 회계처리를 놓고 발생한 논란은 삼성그룹 지배구조와 연결돼 있다. 내년 처음으로 적용되는 새 국제회계기준 (IFRS17)을 앞두고 삼성생명이 보유한 삼성전자 지분의 회계처리가 수반된 문제여서이다. 삼성생명은 회계상 자본 감소를 받아 들이는 대신 당장 삼성전자 지분 매각 계획을 공표해야 하는 부담에서 벗어나게 됐다는 평가다.

국제회계기준의 '나비효과'

삼성생명은 삼성전자 주식 8.51%를 보유하고 있다. 시가로 약 30조원에 달한다. 삼성그룹의 지배구조는 오너 일가 → 삼성물산 → 삼성생명 → 삼성전자로 이어진다. 삼성생명이 갖고 있는 삼성전자 주식이 그룹 지배구조의 핵심 고리인 셈이다. 부채의 시가 평가를 골자로 한 IFRS17과 금융상품회계기준(IFRS9)이 내년 전체 보험사에 도입되면서 삼성생명 보유 주식의 회계처리 문제도 수면 위로 떠올랐다.

삼성생명은 내년 새 회계기준 도입 시점에 삼성전자 주식을 전략적 보유 목적(매각하지 않을 주식) 또는 투자목적(매각할 주식) 중 하나로 선택해 분류해야 한다. 투자목적으로 분류할 경우 삼성전자 주식 가치 변동을 곧바로 손익에 반영해야 한다. 삼성전자 주가가 10% 하락하면 그해 3조원의 손실이 발생한다는 의미다. 또 주식 매각에 따른 향후 현금흐름도 추정해 재무제표에 반영해야 한다. 삼성생명이 언제 삼성전자 주식을 매각할지 구체적인 청사진을 대내외에 알려야 한다는 뜻이다.

이런 탓에 삼성생명이 삼성전자 주식을 전략적 보유 목적으로 분류한 것은 불가피했다는 분석이다. 이는 재무제표 작성 시점부터 앞으로 100년간 삼성전자 주식을 매각할 계획이 없다고 회계적으로 가정한 셈이다. 이렇게 되면 삼성전자 주식을 손익이 아니라 자본항목인 기타포괄손익으로 분류할 수 있어 주가 변동성 리스크에서 벗어난다. 주식 매각 계획을 세워야 할 필요도 없다.

이 과정에서 계약자 배당금 회계 처리 논란이 발생한다. 삼성전자 주식을 전략적 보유 목적으로 분류하면 수십조원 규모의 매각 차익이 한푼도 발생하지 않기 때문에 유배당 보험 가입자에겐 그만큼 불리할 수밖에 없다. 삼성생명은 계약자 지분 조정을 아예 자본으로 회계처리하려 했지만 금융당국과의 협의 끝에 다시 부채로 처리하기로 입장을 바꿨다.

부채 표시는 당국의 정치적 결정

삼성생명은 삼성전자 주식 매각 부담을 덜고, 금융감독원은 소비자 몫을 회계장부에 정확하게 표기할 수 있게 됐다. 이번 결정이 정치적 타협의 산물이라는 지적이 나오는 이유다. 문제는 여기서 끝나지 않는다. 팔지 않을 주식의 계약자 배당금을 부채로 인식하도록 한 당국의 이번 조치가 IFRS17 취지를 거스릴 수 있다는 게 회계 전문가들의 시각이다. 금감원은 IFRS17의 '일탈' 조항을 들어 이번 조치가 적법하다고 주장한다. 여기서 일탈 조항이란 IFRS17이 포괄할 수 없는 특수 상황에 한해 예외 사항을 둘 수 있다는 규정이다.

하지만 전문가들은 국제회계기준위원회가 일탈 조항을 허락한 전례가 없다는 점에서 우려하고 있다. 과거 한국은 건설사 자체 분양 공동 주택에 대한 수익 인식 방법, 조선사의 외화 미수금 파생상품 회계 처리 등을 놓고 IASB에 일탈 조항 적용을 요청했지만 모두 거절당했다.

이 같은 회계처리에 대한 논란이 다른 보험사로 확대될 수 있다는 전망도 나온다. 해외에 상장돼 있는 국내 금융지주 계열 보험사들이 보유 중인 계열사 지분에 대해 동일하게 회계 처리할 경우 현지 감독당국으로부터 제재 등을 받을 수 있다는 얘기다. 신한 라이프 KB생명 등이 여기에 해당한다. 상장을 추진 중인 교보생명도 영향을 받을 수 있다는 지적이다.

매일경제신문. 2022.12.29. "삼성생명의 삼전 지분 배당금 지금처럼 '부채' 처리해도 된다"

금융감독원이 삼성생명이 보유한 삼성전자 지분 배당금에 대해 새로운 회계기준인 IFRS 17 시행 이후에도 현행대로 '부채' 계정으로 처리해도 된다는 유권해석을 내렸다. 일각에서는 삼성생명이 유배당 보험 계약자가 '간접' 주식 투자를 한 삼성전자 지분 몫에 대해, 회계기준 변경 이후 자기자본으로 편입해 고객에서 배당하지 않으려 하는 것 아니냐는 의혹을 제기했다.

28일 금감원은 "삼성생명이 지난달 16일 질의한 내년 K-IFRS 시행에 따른 계약자 지분 조정의 재무제표 표시에 대해 질의 회신 절차를 거쳐 부채 표시를 고려할 수 있다고 회신했다"고 밝혔다. 삼성생명은 삼성전자 지분 8.51%(보통주 지분)을 보유하고 있다. 시가 기준 30조원에 달하는 막대한 지분이다. 삼성생명은 삼성전자 주식에 장기 투자한 까닭에 30조원 중 상당 금액이 평가이익으로 잡힌다. 회계상 보유 주식에 대한 평가이익은 자기자본에 산입하는 것이 원칙이다. 하지만 삼성생명이 과거 판매한 유배당 보험금 중 일부가 삼성전자 지분 취득에 허용됐다는 점이 쟁점이다.

유배당 보험은 투자에 대한 이익을 보험 가입자에게 돌려 줘야 하고, 이는 삼성생명의 몫(자본)이 아니라 유배당 보험 계약자(부채)의 몫이다. 때문에 삼성생명은 부채 항목에 '계약자 지분 조정'이라는 계정을 두고, 보험 계약자 몫 삼성전자 투자이익을 산정해 왔다. 유배당 보험 계약자 몫 삼성전자 투자이익은 박용진 더불어민주당 의원실 추산 6조원에 달한다.

IFRS17 출범 이후 '원칙적으로' 유배당 계약자 몫 삼성전자 지분 투자이익이 삼성생명 보유 전체 삼성전자 투자이익을 포함해 자본 영역에 표시돼야 한다는 지적이 일부에서 나왔다. 하지만 금감원은 "재무제표 이용자의 오해를 유발하는 것으로 회사 경영진이 판단했다면 달리 회계처리하는 것을 고려할 수 있다"며 회계기준원, 한국공인회계사회, 학계, 회계법인, 기업 등 전문가 11명과 협의해 이를 회신했다. 간단히 말해 유배당 계약자 몫 삼성전자 지분 투자이익을 기존처럼 '부채' 계정에 회계처리할 지를 삼성생명이 알아서 판단하라는 것이다.

삼성생명은 당국에 감독 규정을 재확인한 것일 뿐, 지금과 달라진 것이 없다는 입장이다. 전문가들에 따르면 삼성전자 주식의 평가손익을 '자본'으로 평가하든 '부채'로 평가하든 회사의 자산이나 이익은 달라지지 않는다.

국제회계기준위원회(IASB)의 입장에서도 어느 국가에만 예외를 인정해 주기 시작하면 감당할 수 없는 일들이 발생할 수 있으므로 예외 적용에 제한적일 수 있다는 점은 충분히 이해할 수 있다. 그럼에도 불구하고 chapter 80에 기술되었듯이 영업이익의 구분 표시는 2011년 국제회계기준이 도입되었을 때, IASB가 한국에 예외적으로 인정하였다.

매일경제신문. 2023.1.3. 확 바뀐 '보험사 회계장부' 옥석가리기는 아직

새해부터 보험사들의 '회계장부'가 완전히 달라졌다. 회계 작성 방식이 글로벌 기준인 'IFRS17(IFRS9도 동시에 시행)로 바뀌었고, 기존에 보험사 건전성 지표로 활용되던 지급여력(RBC) 비율 대신 신지급여력제도(K-ICS)가 시행된다. 보험 가입자와 투자자 입장에서 알아야 할 사항을 정리했다.

새 기준을 적용하면 자본, 자산, 부채 등 보험사 회계장부가 이전과는 완전히 달라진다. 이 중 최근 관심이 높은 계약자 배당금과 관련해 가장 먼저 짚어볼 것은 장부상 표기가 달라질 뿐 회계상 '자본'으로 분류하든, '부채'로 분류하든 회사에 이득이나 손해가 없다는 점이다. 만기가 길게는 수십 년에 달하는 보험상품 특성상, 보험사가 보유한 부채와 자산은 장기적 성격을 가진 것이 많다. IFRS17에 명확히 규정돼 있는 경우 기준에 따라 자본과 부채로 분류하면 되지만 그대로 분류하면 오히려 시장이 오해할 수 있는 경우도 있다. 이럴 때엔 오해를 줄이기 위해 표기 방식을 변경하는 '예외'를 허용해 준다.

기준이 모호하다면 회사가 판단해서 어떻게 분류할지 선택할 수 있다는 것이다. 단, 경영진이 자본 혹은 부채로 한 번 정하고 나면 다시는 바꿀 수 없다. 최근 삼성생명이 계약자 배당금을 어떻게 분류할지 문의한 것도 이 때문이다. 이때 회사는 왜 이렇게 분류했는지 투자자와 계약자들이 잘 알 수 있도록 적극 공시해야 할 의무가 있다.

특히 중요한 것은 유배당 상품 계약자의 배당금도 회계상 표시만으로는 달라지지 않는다는 점이다. 예를 들어 A보험사가 보유한 채권이나 주식에 대한 평가손익을 자본으로 분류하든, 부채로 분류하든 장부상 표기만으로는 계약자에게 지급되는 배당 금액이 달라지지 않는다. 배당금 규모는 해당 채권이나 주식의 가격 등락과 매각한 시점 등에 따라 달라진다.

보험사 경영 전략도 확 바뀔 것으로 보인다. IFRS17의 핵심은 '보험 부채의 시가 평가'다. 보유한 보험 부채를 매년 '시가'로 평가하기 때문에 현재 금리가 매우 중요해진다. 매년, 매 분기 경제 상황이 장부상으로 고스란히 반영되기 때문에 보험사들의 판매 전략과 체질 개선이 불가피해졌다.

보험사 관계자는 "보험사 입장에선 단순히 보험료가 비싼 상품을 팔기보다 계약서비스마진(CSM)이 높은 상품을 많이 판매하는 것이 중요해졌다"고 설명했다.

통상 암보험과 건강보험 같은 보장성보험이 CSM 비중이 높은 편으로 알려져 있다. 보험사 재무 건전성을 평가하는 기준도 강화됐는데, 새 제도 (K-ICS) 하에서는 기존 5대 리스크에 더해 5가지 항목을 더 추가했다. 리스크 측정 방식도 정교해져 보험사들은 더 많은 자본을 쌓아둬야 하는 상황이 됐다.

새로운 회계제도는 보험주 투자자들에게도 초미의 관심사다. 일부 보험사들은 새 제도 시행 후 기업가치가 오를 것이라며 '호재'라고 홍보하기도 하지만 1~2분기는 지나봐야 알 수 있을 것으로 보인다. '리스크 관리'가 까다로워진다는 점에서 단기 악재로 보는 관점도 있고, 실질적으로 달라지는 것이 없다고 보는 전문가도 많다.

전문가들은 이번 제도 변화를 장기적 관점에서 봐야 한다고 조언한다. 진봉재 삼일회계법인 파트너는 "한국 보험산업의 글로벌 위상을 높일 수 있고 소비자들도 더 투명하게 보험사 사정을 볼 수 있지만, IFRS17이 정착되려면 시간이 필요하다"고 조언했다.

단, 경영진이 자본 혹은 부채로 한 번 정하고 나면 다시는 바꿀 수 없다는 내용은 만기보유증권을 매도가능으로 재분류하면 3년간 다시 회복 불가하다는 taning rule과 유사하다. 즉, 회사의 기회주의적인 회계처리를 미연에 방지하겠다는 의미이다.

chapter

20

공인회계사

공인회계사

조선일보. 2022.12.29. 회계사 모자라니, 1차 합격자 2배 늘려 '지원' 맡긴다는데

정부가 공인회계사 시험 1차 합격자를 현행보다 2배 늘리는 방안을 검토 중이라고 합니다. 지금은 최종 합격자 수의 2배 정도를 합격시키는데 4~5배로 늘린다는 겁니다. 2000명 정도에서 4000~5000명으로 대폭 늘리는 거지요.

최종 합격자 수는 늘리지 않을 것이라고 합니다. 그럼 왜? 라는 생각이 드시죠. 괜히 합격할 수 있다는 '희망 고문'을 하려는 건 아니라고 합니다.

공인회계사 1차 시험에 합격할 정도의 회계 감사 능력을 갖췄다는 것이 증명된 구직자들이 채용 시장에 많이 나갈 수 있도록 하겠다는 겁니다. 일종의 '자격증'처럼 통용되도록 한다는 겁니다. 일반 기업 등에서 '회계업무 지원 인력'으로 활용할 수 있도록 말입니다.

이런 방안은 최근 심각해지고 있는 회계사 인력난을 해결하기 위한 궁여지책인 모양입니다. 2018년 신 외감법 도입 이후 중소 회계법인의 회계사 구인난이 심각해지고, 기업들은 회계를 좀 아는 직원이 필요한데 회계사들은 찾아보기 어려워졌기 때문입니다. 올해 '빅4' 회계법인(삼일·삼정·안진·한영)에서 채용한 회계사가 1340명으로, 회계사 시험 최종 합격자 수인 1237명보다 많은 기현상이 벌어질 정도입니다. 대형 회계법인이 회계사들을 싹쓸이하고 있는 겁니다.

그렇다고 합격자 수를 늘린다면 다시 줄이기 어려운 점도 있어 1차 합격자를 늘려 채용 시장에 공급하는 방안을 생각하게 된 겁니다. 취업 준비생들에게는 새로운 '스펙'이 생기는 것이고, 회계사들은 일손을 덜 수 있을 것으로 보입니다. 언발에 오줌 누기식 미봉책이라고 볼 수도 있지만, 신선한 발상이기도 합니다. 다만, 국가 공인자격증의 제도 변경인 만큼 정교하고 합리적인 방안을 찾기 바랍니다. 회계사들은 달갑지 않을 수도 있겠지만, 최종 합격자 수를 더 늘리는 방안도 신중하게 검토해 볼 만하다는 생각이 듭니다.

외국의 경우, 조회서 발송 등의 단순 행정 업무는 공인회계사가 아닌 경우도 업무에 관여할 수 있도록 한다. 그런데 우리나라의 경우, 모든 감사 업무에 공인회계사가 아닌 경우는 관여할 수 없도록 하며 특히나 외국 공인회계사 자격증 소지자의 경우도 국내에서는 회계사 자격증이 아니므로 인정이 되지 않는다.

이러한 이슈가 부각된 것이 국내의 회계법인에서 근무하는 외국 공인회계사 자격증 소지자들의 업무와 관련된 내용이다. 국내에서 활동할 때, 회계감사에 관여할 수 있는 공인회계사는 국내 공인회계사 자격증만이 인정된다.

외국 공인회계사 소지자들이 회계감사 과정에 참여하는 것이 문제가 되자 회계법인들은 외국 공인회계사 소지자들의 명함이 국내 회계사 자격증과 혼동되지 않도록 명함 조차도 사내에서 규제하게 되었다.

법무법인이나 조합에 소속된 변호사의 경우도 동일하다. 국내 변호사가 아닐 경우, 국내에서 변호사로 활동할 수가 없으니 법정에서 법률 전문가로 활동하는 것은 불가하지만 최근 기업의 국제 업무가 확대되면서 계약서의 작성 및 용역 업무 등을 수행함에는 아무 제약이 없다. 국내 송사에만 직접 관여하지 않으면 무방하다.

한국경제신문. 2023.2.6. 공인회계사 1차 합격자 2배로 늘리나

정부가 공인회계사 시험 1차 합격자를 지금보다 2배 이상 늘리는 방안을 검토 중이다. 지난해까지 1차 합격자 수는 최종 (2차) 합격자 수의 2배 정도였다. 기업계 등 회계 관련 인력난이 심하다는 시장의 목소리에 귀를 기울여 올해는 1차 합격자 수를 400명 늘리기로 했는데, 향후 4000명 이상까지 늘리는 것을 고려 중이라는 얘기다. 1차 합격자를 늘리고, 이들의 전문성도 어느 정도 인정해 회계 인력난을 해소하겠다는 아이디어도 고려되고 있는 것으로 알려졌다.

5일 금융위원회 등에 따르면 정부는 회계 감사 능력을 갖춘 구직자들이 채용 시장에 많이 진출할 수 있는 기회를 제공하는 차원에서 공인회계사 시험 1차 합격자 수를 2배 가량 늘리는 방안을 검토하고 있다. 정부는 회계사 시험이 개편되는 2025년부터 시험 1차 합격증을 배포하는 방안 역시 고려 중인 것으로 알려졌다.

다만 최종 합격자 수를 늘리는 것은 고려하지 않는 것으로 전해진다. 회계 감사 전문 업무에 맞는 자격자(최종 합격자)의 수급은 상황에 따라 맞춘다는 기조를 그대로 가져간다는 입장이다.

1차 합격자 증원은 이들을 회계 업무 지원 인력으로 활용하자는 계획에 따른 것이다. 금융당국 관계자는 "1차 합격 문호를 넓혀 다양한 사람들이 회계 지식을 습득하게 하고 2차 합격을 못해도 재무제표를 작성할 수 있게 하는 게 목표"라고 말했다.

시험 합격을 떠나서 1차 합격자들에게 합격증을 배포한다는 것은 회계 전문가의 저변을 확대한다는 장점은 있다. 시장에서는 굳이 공인회계사가 아니더라도 입증된 회계 전문가를 찾는 경우도 많고 이미 회계 관련 다양한 자격증이 있다. 물론, 국가가 인증하는 공인회계사 자격증 정도의 위상을 가진 자격증은 아니다. 1차 합격자로서의 자격을 국가가 인증하는 의미와 전문가를 경제계에 공급할 수 있다는 장점은 충분히 있다.

chapter

21

공정거래위원회의 동일인

공정거래위원회의 동일인[19]

　공정거래위원회의 동일인과 관련된 논란이 지속되고 있다. 기업집단에서 누가 가장 중요한 의사결정권자인지 즉, 총수인지를 보이는 행정 과정인데 상법 등에서 정한 우리의 적법한 지배구조에서의 의사결정 주체인 대표이사, 이사회와는 간극이 있다. 즉, 제도상의 의사결정 절차 배후에는 해당 기업집단의 실세가 있음을 정부기관이 인정하고 이 사람이 누구인지를 밝히는 과정이라 법에서 정한 의사결정 절차/제도와의 차이를 정부가 규명하려는 노력이라 우리의 경영 실무 행태가 제도와는 달리 가고 있다는 것이 공개적으로 드러난다.

　기업의 주된 경영의사결정의 배후에 누가 있다는 것을 밝혀서 정부가 뭐를 이루겠다는 것도 명확하지 않아서 경제계 일부에서는 동일인을 규명하는 행정 자체가 후진적이라고 비판을 하기도 한다. 이러한 비판도 일리가 있는 것이 동일인에 대해서 공정위가 어떠한 행정 제재를 할 수 있는 것도 아니므로 동일인을 밝혀서 뭐를 하겠다는 것인지도 명확하지 않다. 동일인 친인척이 회사로부터 어떤 특혜나 일감몰아주기 등에 대해서 규제를 하겠다는 정책적인 의미를 갖는다.

　우리의 경영 행태가 소유와 경영이 분리되지 않은 경우가 많으므로 대부분의 경우는 최대주주가 동일인으로 지정되게 된다. 적법한 기업지배구조 제도 하에서의 경영 책임자는 형식적인 경영 책임자일 뿐이고 소유주는 최대주주로서의 동일인으로 정해지는 경우가 대부분이다. 대표이사 조차도 최대주주가 아니면 명목상의 경영책임자라는 의미로 해석될 수도 있다.

---

19 손성규(2022)의 chapter 1. 동일인을 참조한다.

과거 적용되던 동일인의 친족 범위가 핵가족화하는 우리의 삶의 방식과는 동떨어져 있다는 비판이 오랫동안 있어 왔다. '이웃사촌'이라는 표현이 있듯이 4촌을 넘어가는 친척은 이미 우리의 전통적인 친척의 개념에서 멀어져 갔고 이러한 친척에게 무슨 혜택을 준다는 개념도 현실적이지 않음에도 공정거래위원회의 제도가 구태의연하게 오래전의 친척 개념에 매몰되어 있었다. 사실혼의 경우도 가족의 개념이 변화하면서 혼인관계에 의한 가족 관계 뿐만 아니고, 민법에서 인정하는 사실혼의 개념이 도입되었다. 이러한 민법의 내용도 반영되었지만, 이러한 사회의 변화가 모두 법에 적용되는 것은 아니다. 사실혼이라는 것은 본인들만이 관계를 아는 것인데 이를 인정해 주는 것 자체가 오히려 가정사 관련된 복잡한 문제를 초래할 수 있다.

지금은 폐지됐지만 주식 거래에서의 대주주 지분을 판단하는 기준도 6촌 이내의 친인척을 포함하여 대주주 요건을 적용하면서 주식 양도 차익에 대한 과세를 부과하였던 기간도 있다. 물론, 여러 불만이 표출되면서 이 내용이 폐지됐지만 연좌제도 아니고 최근에 오면서는 6촌의 경우 누가 누군지도 알 수 없고 전혀 교분이 없는 경우도 다수이다. 어느 주주의 경우 신문에 본인이 누군지를 알리면서 6촌 친척의 경우 해당 회사 주식을 보유할 경우 알려 달라고 신문 광고를 통해 공지했다고 하니 코메디와 같은 내용이다. 이 정책이 얼마나 황당한 정책인지, 정책 입안자들은 본인들의 6촌 형제들이 다 어디서 무엇을 하고 사는지 등을 알고 있다는 것인지 참으로 허황되다.

매일경제신문. 2023.7.12. 회장 아니어도 지배력 크면 '총수'로 인정

대기업집단의 총수(동일인)를 지정하는 기준을 놓고 다양한 비판이 제기되는 가운데 정부가 1986년 대기업집단 지정 제도를 도입한 이후 처음으로 명문화된 지침을 제시했다. 정부는 동일인 판단 기준의 핵심으로 '지배력 행사'를 꼽았다. 대기업집단의 지분을 가장 많이 보유하지 않거나 공식 직함이 '회장'이 아니더라도 기업 경영에 지배적인 영향력을 행사한다면 총수로 지정할 수 있다는 점을 공식화한 것이다.

20일 공정거래위원회는 이 같은 내용을 담은 '동일인 판단 기준 및 확인 절차에 관한 지침' 제정안을 다음달 20일까지 행정 예고한다고 밝혔다.

현행 제도에서 동일인은 기업 규제의 출발점으로 여겨지고 있다. 현행 공정거래법은 동일인을 기점으로 친족, 계열사 등 일정한 범위 안에서 기업집단 규제 적용 대상을 정하고 있다. 동일인으로 지정되면 기업집단 관련 각종 신고와 자료 제출 의무를 지게 되고 사익 편취 등의 규제도 적용받는다. 경우에 따라서는 형사처벌 대상이 된다.

개정안에 따르면 동일인 판단 기준은 -기업집단 최상단회사의 최다 출자자, -기업집단의 최고 직위자, -기업집단 경영에 대해 지배적 영향력을 행사하는 자, -기업집단 내외적으로 대표자로 인식되는 자, -동일인 승계 방침에 따라 기업 집단의 동일인으로 결정된 자 등이다. 5개 요건을 모두 충족해야 하는 것은 아니며, 이런 요건을 종합적으로 고려해 동일인을 지정한다. 기준에 부합하는 자연인이 없으면 법인을 동일인으로 지정한다. 공정위는 지난 4월 총 82개의 대기업집단을 지정했다. 이 중 10곳에 대해 총수 없이 법인을 동일인으로 분류했다. 개인이 아닌 법인이 동일인인 기업들은 포스코, KT&G 등 민영화된 옛 공기업이거나 한국 GM, 에쓰오일 등 외국계 기업이다.

한기정 공정거래위원장은 "5개 기준 중 '지배적 영향력을 행사하는 자'라는 실질 기준이 가장 중요하고, 나머지 기준은 굉장히 중요한 참고 사항이 된다"며 "다양한 형태의 지배구조가 등장하고 있고, 동일인 지정 관련 변수가 복잡 다양해져 5가지 기준을 균형 있게 살펴봐야 한다"고 설명했다. 미국 국적인 김범수 쿠팡 의장을 두고서는 "3가지 요건을 충족해 동일인으로 볼 만한 실질을 가지고 있다"면서도 "통상 마찰 이슈 때문에 자연인을 쿠팡의 동일인으로 지정하지 못했다"고 덧붙였다.

공정위는 기업집단 최상단 회사의 출자자가 자연인이 아니라 계열사나 경영 참여

목적이 없는 기관투자자일 경우, 직간접 지분이 자연인 가운데 가장 많은 사람이 동일인 요건을 충족하는 것으로 판단했다. 경영에 지배적 영향력을 행사하는지는 대표이사 등 임원의 임면, 조직 변경, 신규 사업 투자 등 주요 의사 결정 또는 업무 집행을 주도하거나 승인하는 지 등으로 따진다. 법원 등기에 등재된 직함이 '회장', '이사회 의장' 등이 아니더라도 기업집단 내에 상위 직급자가 존재하지 않으면 최고 직위자로 볼 수 있다. 대표자로 인식되는 자는 회사의 창업주이거나 기업집단을 대표해 대외활동을 하는 자를 의미한다.

다만 이 같은 기준은 공정위가 실무적으로 동일인 지정에 활용해온 판단 근거를 명문화한 것이어서 당장 동일인 지정 결과에 변화가 생기는 것은 아니다. 공정위는 이미 유사한 기준에 따라 2019년 한진그룹 총수로 최다 출자자인 사모펀드 KCGI 대신 조원태 회장을 지정한 바 있다. 2021년에는 네이버를 총수 없는 기업집단으로 지정해 달라는 이해진 글로벌투자책임자(GIO)의 요청을 거부했다. 국민연금 등 기관투자자를 제외하면 이 GIO가 네이버의 최다 출자자이고 경영에 지배력을 행사하는 등 4가지 요건을 충족했다고 판단했기 때문이다.

한편 경제단체장들은 기업 집단 동일인 지정제도 자체의 실효성을 검토해야 한다는 입장이다. 유정주 전국 경제인 연합회 기업제도팀장은 "자연인을 동일인으로 지정하지 말고, 그룹 핵심 기업을 동일인으로 지정하도록 개선해야 한다"며 "장기적으로는 동일인 제도를 폐지할 필요가 있다"고 전했다.

공정거래위원장이 '지배적 영향력을 행사하는 자'라는 기준이 가장 중요하다는 내용은 회계에서 지분법의 적용과 연결재무제표 작성에 있어서의 실질지배력 기준(de facto control)에서의 판단 기준과 유사하다. 즉, 여러 정황을 검토하여 지배구조와 의사결정에서의 영향력이 지분율 만큼 중요하다는 것이다. 지배구조에 있어서 의결권이 가장 중요하다고 하면 이는 지분율로 판단되어야 한다.

대표자로 인식되는 자라는 '인식'도 조금 애매한 표현이다. 인식이라는 표현은 실질은 그렇지 않는데 남들이 그렇게 알고 있다는 표현이다. '기업집단을 대표해 외부활동을 하는 자'라는 표현도 밖에서 어떻게 인지되는지에 방점이 가 있는 접근이다. 실질보다는 외면(appearance)에서의 형식도 중요한 항목이라는 의미인데 생각해 보아야 한다. 우리가 감사인의 독립성을 의미할 때도 실질적인 독립성과 외관적인 독립성을 모두 포괄하게 된다. 즉, 독립성이 외부에서 어떻게 보여지는지도 매우 중요한 독립성의 요소라는 것이며, 동일인의 판단에 있어서도 이 두가지를 모두 포함한다는 것이다. 공정거래위의 이러한 판단도 회사 내부에 들어가서 누가 최종 결정을 수행하는지를 알 수 없기 때문에 외부의 상황을 판단하여 누가 최종 결정을 하는 것으로 판단되는지가 동일인 지정의 결과일 것이다. 즉, 밖에서 이를 정해 줄 때는 '인식'이 '실질'과 같이 주요한 판단 기준일 수 있다. '실질'이라 함은 공정위의 이러한 요청에 대해서 회사 측에서 우리 회사의 동일인은 누구라고 정해서 공정위에 알리는 행위일 것이다.

조선일보. 2023.7.12. 공정위, 쿠팡 김범석 겨냥... '총수' 판단 기준 5개 명문화

공정위는 5가지 기준을 모두 충족해야 하는 것은 아니고, 이를 종합적으로 고려한다고 설명했다. 공정위 관계자는 "동일인 선정 과정이 불투명하고 자의적이라는 비판이 제기돼 객관성과 투명성을 높이기 위한 것"이라고 했다.

공정위는 올 초 대통령 업무 보고 때 연내에 "외국인 동일인 지정 기준을 마련하겠다"고 보고했다. 하지만 산업부가 통상 마찰 우려를 제기해 논의가 지지부진하다. 예컨대 에쓰오일은 동일인을 법인으로 보면서, 김범수 쿠팡 의장을 총수로 보면 자유무역협정(FTA) 최혜국 대우 조항에 위배될 수 있다는 것이다.

이날 한 위원장은 "쿠팡은 첫 번째, 세 번째, 네 번째 요건을 충족해 김범석 의장을 동일인으로 볼 만하다"고 했다. 김의장이 기업집단 최상단 회사(쿠팡 Inc)의 최대 출자자이면서, 경영에 지배력을 행사하는 동시에 대표로 여겨진다는 것이다.

반면, "에쓰오일이나 한국 GM 등 외국계 회사는 5가지 기준에 해당하지 않아 개인을 동일인으로 지정할 이유가 없다"고 공정위 관계자는 전했다. 산업부가 제기하는 통상 마찰 우려에 대해서도 공정위 내부에선 '문제가 없다'고 보고 있다.

동일인 (총수) 판단 기준

1. 기업집단 최상단회사의 최다 출자자
2. 기업집단의 최고 직위자
3. 기업집단의 경영에 대해 지배적 영향력을 행사하고 있는 자
4. 기업집단 내외부적으로 인식되는 자
5. 동일인 승계 방침에 따라 기업집단의 동일인으로 결정된 자

한진 2~4 충족

현대차 정의선, 네이버 이해진 1~4 충족

한국경제신문. 2023.12.28. 동생이 미 쿠팡 지분만 보유... 김범석 '총수 예외 기준' 다 충족할 듯

에쓰오일은 그대로 둔 채 김의장만 총수로 지정해 규제하면 미국 기업과 미국인을 차별하는 행위라고 지적한 것이다. 이미 미국 증권거래위원회(SEC) 감사를 받고 있는 쿠팡이 '이중 규제'를 받게 되는 문제도 있다.

매일경제신문. 2023.12.28. 총수 기준 최초로 명문화했지만 ...예외 조항 탓에 여전히 모호

지침에 따르면 공정위는 '기업집단을 사실상 지배하는 자연인을 그 기업집단의 동일인으로 본다'는 동일인 판단원칙을 유지했다.

사실상 지배하는 자연인에 대한 판단은 -기업집단 최상단 회사의 최다 출자자, -기업집단의 최고 직위자, -기업집단의 경영에 지배적 영향력을 행사하고 있는 자, -내외부적으로 기업집단을 대표해 활동하는 자, -동일인 승계 방침에 따라 기업집단의 동일인으로 결정된 자

동일인 제도는 특정 기업집단이 자본을 활용한 '문어발식' 확장으로 발생할 수 있는 폐단을 막기 위해 1987년 도입됐다.

대기업 집단의 사익편취 규제에 사각지대가 생길 수 있다는 우려도 나왔다. 사익편취는 동일인이 자연인인 경우에만 적용돼, 동일인이 법인인 기업집단은 공정거래법상 대기업집단의 사익편취 규제를 피할 수 있기 때문이다.

자연인 동일인 판단 조건
- 동일인을 법인으로 보더라도 기업집단 범위에 변화가 없는 경우
- 자연인이 최상단법인 외 계열사 주식을 보유하지 않는 경우
- 친족의 국내 계열사 주식 보유 또는 경영 참여가 없는 경우
- 자연인이나 친족에 대한 채무보증 자금대차가 없는 경우

1987년 동일인 제도가 재벌의 문어발식 경영의 폐단 때문에 도입되었다고 위 기사에 적고 있다. 문어발식 경영이라는 표현은 '재벌그룹들이 중소기업의 영역일 수 있는 사업 분야까지도 돈 되는 일은 모두 한다'는 뜻으로 사용하는 부정적인 표현이다. 단, 재무관리는 위험 분산을 가르친다. 어느 사업 분야가 성공할 사업일지, 어느 사업 분야가 실패할 사업 분야일지를 사전적으로 알 수 없는 상황에서 위험 분산의 차원에서 portfolio를 구성하는 것인데 무조건 기업 집단이 잘못하고 있다고 폄하하는 것은 아닌 듯하다.

chapter

22

품질관리실

chapter
22

품질관리실

한국경제신문. 2022.12.21. 중형회계법인, 품질관리 인력 확보 '발등의 불'

중형 회계법인들이 금융당국의 품질관리 인력 요건 강화 방안 시행을 앞두고 대규모로 관련 인력 채용에 나서고 있다. 하지만 중소형 회계법인에 관련 인력풀이 적은 데다 삼일·삼정 등 대형 회계법인 인력들은 중형 법인으로의 이동을 꺼리고 있어 구인난을 겪고 있다. 당국의 요건을 충족하지 못하는 회계 법인은 한 단계 낮은 군으로 강등되면서 상장사 등을 감사하는 데 제약을 받을 것으로 예상된다.

21일 한국 공인회계사회에 따르면 이달 들어 등록회계법인 군 분류상 나, 다군에 속하는 삼덕·한울·우리 등 중형 회계법인 10곳 안팎이 품질관리 인력 채용을 공고했다. 품질관리 인력은 회계감사 실무 부서와 의견을 조율하면서 감사 품질을 유지하고 관련 위험을 관리하는 업무를 담당한다.

중형 회계법인들이 일제히 채용에 나선 것은 강화된 품질관리 인력 요건의 유예기간 만료가 3개월 앞으로 다가 왔기 때문이다. 제도가 시행되면 상장사나 대형 비상장사를 감사할 수 있는 등록회계법인 중 나군에 해당하는 중견회계법인 중 기본 품질관리업무 담당자 수의 140%, 다군은 120% 이상을 뽑아야 한다.

예컨대 공인회계사가 300명인 일반 회계법인은 기본적으로 6명의 기본 품질관리 업무 인력을 두면 되지만, 등록 회계법인 나군이면 여기에 3명, 다군이면 2명 이상을 더 유지해야 한다. 등록회계법인 중 가군은 자산 2조원 이상, 나군은 5000억~2조 미만, 다군은 1000억~5000억 미만, 라군은 1000억원 미만의 상장사 또는 대형 비상장사를 감사할 수 있다.

하지만 채용은 쉽지 않다는 게 중형회계법인들의 설명이다. 다군이 속하는 한 회계법인 대표는 "계속 품질관리 인력 공고를 하고 있지만 다른 회계법인들도 한꺼번에 뽑고 있어 쉽지 않다"고 말했다.

무엇보다 품질관리 인력들은 삼일 등 빅4의 연봉 수준으로 맞춰주더라도 중형 회계법인으로의 이직을 원치 않는다는 분위기다. 회계법인 업계 관계자는 "대형에서 중소형 회계법인으로 가면 품질관리 시스템 세팅부터 새로 해야 한다"고 말했다.

중소형 회계법인에는 품질관리 인력 자체가 많지 않다. 독립채산제로 운영되는 시스템 때문이다. 독립채산제에서는 감사본부 등 각 부서가 실적을 올리고 이를 해당 부서가 가져간다. 돈을 벌어오는 부서 중심으로 각자 알아서 돌아가기 때문에 '공통 부문'에 해당하는 품질관리 부서는 뒷전이 될 수밖에 없는 구조다.

"중소형 회계법인이 부서별 성과에 치중해 감사 품질에 큰 관심을 두고 있지 않았던 것이 이번 구인난으로 이어졌다"는 지적이 나오는 이유다.

내년 3월까지 품질관리 인력을 충원하지 못하면 나군 회계법인은 다~라군, 다군은 라군으로 하향된다. 기존 외부 감사 계약은 유지되지만 기업들은 그 기간만큼 등급이 낮은 법인으로부터 감사를 받아야 하는 셈이다. 등급이 낮아진 회계법인은 이에 대비해 비용 절감 차원에서 감사 투입 인력을 줄이는 등 부작용도 우려된다.

회계법인 군별 감사 가능한 상장사

가군	자산 2조원 이상
나군	자산 5000억~2조원 미만
다군	자산 1000억~5000억 미만
라군	자산 1000억원 미만

회계법인은 영리기업이다. 물론, 그들이 수행하는 감사 업무의 경우는 공익성이 있으므로 quality control이 영업만큼이나 중요하지만 기본적으로 영리 목적으로 의사결정을 수행한다는 것을 부정하기 어렵다. 특히나 심리부서는 quality control을 위한 부서이니 cost center라고 분류할 수 있다.

예를 들어 변호사들의 경우 사회정의를 위해서 일하는 것인지 아니면 본인들의 경제적인 유인을 위해서 일하는 것인지가 이슈가 될 수 있다. 과거 모 대법원장이 "변호사들이 만든 서류는 사람을 속여 먹으려고 말로 장난치는 것이 대부분이다. 그걸 믿고 재판하는 것은 곤란하다"는 ment를 하면서 엄청나게 논란에 휩싸인 적이 있다. 자본주의에서 영리 앞에 사회정의나 공익성이 우선될 수 있을지는 의문이다.

감사인 등록제가 신외감법에 채택되면서 또한 감사보고서 감리보다는 감사인감리(품질관리감리)가 중요시되면서 회계법인 업무의 quality control에 대한 관심이 높아졌다. 이 과정에서 품질관리실, 또는 심리실에 대한 심사가 강화되었다. 감사인 등록제 하에서도 품질관리실 업무 환경이 등록 업무의 가장 핵심적인 내용이 되는 것이다.

　회계법인이 영리를 품질에 앞세우지 못하도록 품질관리실 담당자들의 급여 수준까지도 보장받을 수 있는 실무적이고 실질적인 장치까지도 마련하였다. 물론, 영리 기업인 회계법인 차원에서 다른 회계법인과 경쟁하는 것도 버거운데 실적에 도움이 되지 않는 품질관리에까지 신경을 쓰는 것이 쉽지만은 않을 것이다.

　단, 부실감사가 초래할 회계법인 차원에서의 명예의 훼손이나 징계 등을 생각한다면 품질관리는 영리와 비교해서 2차적으로 추구할 가치인 것은 아니다. 품질관리부서는 가장 대표적인 cost center이며 감사/컨설팅/세무 부서에서의 사업으로 발생한 이익으로 이 cost를 커버해 주어야 한다. 따라서 회계법인의 입장에서는 품질관리부서의 적정 수준에서의 활동이 후순위로 밀릴 수 있다.

　이는 건설업의 경우도 마찬가지다. 건설 과정에서는 당연히 감리업체가 선임되어 건설과정에서의 안전과 품질을 점검해야 한다. 단, 건설업체의 입장에서는 감리업체의 존재가 눈에 가시일 수도 있다.

이사회 의장/대표이사

chapter
23

이사회 의장/대표이사

이코노미스트 2023.1.2.−1.8. 말로만 책임 경영 대기업 총수일가 이사 등재 비율 down

국내 대기업 총수 일가의 책임 경영이 미흡한 수준이라는 평가가 나왔다. 공정위는 '2022년 대기업집단 지배구조 현황'을 통해 총수 일가의 이사 등재 회사 비율이 14.5%로 지난해(15.2%)보다 0.7% point 감소했다고 밝혔다. 총수 본인의 이사 등재 회사 비율도 같은 기간 4.7%에서 4.2%로 줄었다.

2022년 4월 기준 67개 공시대상기업집단 소속 2521개(상장사 288개, 비상장사 2233개) 회사를 대상으로 분석한 이번 자료에 따르면 자산 총액 2조원 이상 상장회사인 주력 회사 총수 일가 이사등재비율은 37.1%로 나타났다. 사익편취 규제대상 회사 중 총수 일가 이사등재 비율은 34.0%로 집계됐다. 계열사 주식을 보유한 공익법인의 총수 일가 이사 등재 비율은 66.7%로 계열사 주식을 보유하지 않은 공익법인의 총수 일가 이사등재비율(35.7%)보다 높았다.

대기업 총수들은 평균 3개 회사에 재직하고, 2, 3세의 경우 평균 2개 회사에 재직하고 있는 것으로 조사됐다. 총수 본인의 이사 겸직 수는 SM(13개), 하림(7개), 롯데(5개), 영풍(5개), 한라(5개), 아모레퍼시픽(5개) 순으로 많았다.

총수 일가가 이사회 활동을 하지 않는 비등기임원으로 재직한 회사의 비율은 5.3%였다. 특히 이런 기업 총수의 경우 사익편취 규제대상 회사에 집중적으로 재직하는 것으로 나타났다. 총수가 미등기 임원으로 이름을 올린 곳은 평균 2.4곳으로 중흥건설(10개), 유진(6개), CJ(5개), 하이트진로(5개) 순이었다.

공정위는 "총수 일가 미등기 임원은 사익편취 규제대상회사에 집중적으로 재직하고 있는 바, 총수 일가의 책임과 권한이 괴리되는 상황은 여전히 지속되고 있는 것으로 보인다"며 "계열사 주식을 보유하고 있는 공익법인에 총수 일가가 집중적으로 이사로 등재돼 있다"고 지적했다.

책임 경영이라는 차원에서는 총수들이 지주사나 계열사에 등재하는 것은 바람직하다고 할 수 있다. 다만, 총수라고 하더라도 너무 많은 계열사에 동시에 관여하는 것은 소수 회사의 경영에 집중할 수 있는 시간을 분산시키기 때문에 바람직하지 않을 수도 있다. 상장기업일 경우, 사외이사로 등기할 수 있는 회사를 2곳으로 제한하는 취지도 이러한 데 있을 것이며, 금융지주/은행의 경우, 사내이사가 복수의 회사에 등기하는 것을 금하고 있다.

총수가 등기한 회사 수도 중요하지만 등기한 이후 이사회에서 얼마나 적극적으로 활동했는지도 중요하다. 등기한 이후 이사회 활동에 소극적이라고 하면 이는 외관적으로는 경영에 참여하는 것과 같이 보이지만 실질적으로는 그렇게 하지 않는 것이다. 물론, 이사회 활동에 얼마나 적극적인지를 외관적으로 평가하는 것은 쉽지 않다. 이러한 판단이나 평가는 주관적일 수밖에 없으므로 일부 기업에서는 단순히 이사회 참석 비율로 이를 판단하고 있다. 더 정확하게는 이사회에서 경영의사결정에 얼마나 도움이 되는 의견을 제안하였는지가 관건이 되어야 하지만 항상 주관적인 평가보다는 참석률과 같이 객관적인 수치가 구하기 쉽다.

우리나라에서 문화적으로 누구를 공정하게 평가한다는 것이 편한 사회는 아니다. 사회적으로 어느 정도 위치에 가 있는 사외이사들 간의 상호 평가도 용이하지 않고 기업 내부의 사내이사나 더더구나 실무진이 등기한 사외이사를 평가하는 것은 더더욱 힘들다. 일부 기업은 이사회 의장이 사외이사들을 평가하기도 하는데 동료 간의 평가가 어렵다. 일부 기업은 자기 평가 시 모두 만점을 줄 수 없으니 평가 항목 몇 개는 만점을 주지 말자고 서로 말을 맞추기도 한다. 외국에서는 평가 업체가 이사회에 배석하면서 사외이사를 평가하기도 하는데 국내에서 이러한 전문성을 갖춘 업체를 찾아 보기 어려우니 이렇게 진행되기는 앞으로도 요원하다. 또한 이사회에서는 여러 가지 민감한 대외비 대화가 진행될 수 있는데 제3자가 이사회에 배석하는 것을 허용하기도 결코 쉬운 일이 아니다.

과거에는 사외이사들에 대해서만 이사회 참석률이라는 통계치가 공시되었는데 이제는 사내이사에 대해서도 이사회 참석률이 공개되고 있어서 최대주주들이 이사회에 이름만 걸어 놓고 빈번하게 결석을 하면서 이사회를 형해화하는 것은 불가능하다.

최태원 회장은 등기이사로서 (주)SK에 관여하고 있으며 비등기임원으로서 SK이노베이션, SK텔레콤과 SK하이닉스에 관여하고 있다. 등기임원이 아니니 이사회에 참여하는 것은 아니지만 SK 계열사 중, 핵심적인 회사에는 일정 부분 관여하고 있는 것이다. 솔직히 비등기 임원으로 회사에 관여한다는 것이 정확히 무엇을 의미하는지와 어떤 역할을 수행하는지도 명확하지 않다. 등기한 임원이 아니므로 의사결정과 관련된 결재선이 지정되는 것도 아니니 주요 경영의사결정에 참여하는 것은 아닐 것이며, 그렇지 않으면 상징적인 대관 업무, 회사의 전체적인 macro한 의사결정 등을 생각할 수 있다.

최대주주가 회사에 관여하게 되는 패턴은 다음과 같다. 등기하는 경우로 대표이사를 맡는 경우, 등기하는 경우도 이사회 의장을 맡는 경우, 등기하는 경우로 대표이사와 이사회 의장을 동시에 맡는 경우, 등기는 하지만 대표이사나 이사회 의장을 맡지 않는 경우이다. 최대주주가 등기를 하지만 이사회 의장을 맡지 않는 경우는 전문 경영인이 의장을 맡거나 사외이사가 의장을 맡게 된다. (주)SK의 경우는 최태원 회장이 등기이사이지만 이사회 의장을 사외이사가 맡고 있다.

주식회사의 주된 의사결정이 이사회에서 수행되므로 이사회에 참여하지 않고 회사에 관여하는데 대해서는 한계가 있을 수밖에 없다. 다만, 최대주주가 전문경영인을 통해서 이사회에 영향을 미칠 수 있으니 미등기 임원으로 회사에 관여하는데 대해서는 그 무게감을 느낄 수는 있고 SK의 경우, 최태원 회장이 이노베이션, 하이닉스, 텔레콤에 비등기이사로 관여하는 목적도 이러한 데 있다고 할 수 있다. 단, 미등기상태로 회사에 관여한다는 것이 법적으로 판단하면 어떻게 관여한다는 것인지를 판단하기 어렵다.

삼성의 이재용 회장의 경우는 삼성전자에 등기한 이사는 아니지만 해외 사업 등, 최대주주로서 챙겨야 할 상징적인 업무를 수행하고 있으며 최대주주가 의사결정 과정에 관여한다는 상징성이 있다. 이재용 회장의 경우는 2024년 현재 법률 risk에서 완전히 해방된 것이 아니므로 등기는 시기상조인 듯하다.

2023년 8월, 이찬희 삼성의 준법감시위원회 위원장은 삼성이라고 하는 거대한 조직의 경우 control tower의 필요성에 대해서 언급한다. 이미 미래전략실이라고 하는 조직이 해체되었지만 준법감시위원장이 이러한 조직의 필요성을 언급함은 아이러니다. 삼성의 전경련(한국경제인협회)에 삼성이 복귀하는 데에 대해서도 준법감시위원회가 의견을 내는 것을 보면 삼성의 준법 감시위원회가 어떤 성격의 역할을 수행하는 기관인가에 대해서도 의문이 있다.

과거 우리 재벌 기업은 여러 명칭의 control tower를 운영하였다. 삼성의 미래전략실, 현대의 경우는 기획조정실(기조실), SK와 LG의 구조조정추진본부(구조본), 롯데의 정책본부 등이 모두 총수 밑에서 그러한 업무를 수행하였다. 이러한 기구들이 지주사가 출범한 기업의 경우 자연스럽게 지주가 그러한 역할을 수행하게 전환되었다.

삼성의 준법감시위원회를 본따서 최근 여러 가지 도덕적인 이슈가 불거진 카카오의 경우, 준법신뢰위원회를, SPC의 경우 안전경영위를 발족하여 control tower 차원에서의 준법의 이슈를 담당하게 된다. 삼성의 준법감시위원회가 법에서 인정되는 적법한 기관이 아닌데 이러한 초법적인 기관을 다른 회사가 모범적인 것으로 추종하는 것에 대해서는 매우 우려스럽다. 삼성준법감시위원회와 계약을 맺은 회사의 이사회 차원에서도 이 기구의 적법성에 대한 의문이 제기되었다고 한다.

규제가 가장 강한 금융산업일 경우, 상근 이사로 복수의 회사에 등기를 할 수 없도록 제한하는 것도 같은 취지로 이해할 수 있다. 다만, 금융산업 중 여신업체의 경우에 대해서만 예외를 인정한다.

그러면 최대주주가 등기를 하는 경우 어떤 형태로 경영에 관여하는 것이 가장 바람직할 것인지에 대해서 생각해 본다.

삼성의 이재용 회장은 삼성전자에 비등기임원으로 회장을 맡고 있고, 현대차의 정의선 회장은 현대차, 기아차, 모비스에 모두 등기를 하고 있다. SK 최태원 회장은 위에도 기술하였지만 (주)SK에 등기를 하고 있고, 텔레콤, 하이닉스 및 이노베이션에는 미등기 임원으로 관여하고 있다. LG의 구광모 회장은 (주)LG에 등기이사를 맡고 있다. SK와 LG는 지주에 등기하면서 전체 그룹을 통솔하는 모습을 보이는 것이며, 삼성의 경우 삼성전자가 지주사는 아니지만 가장 주된 핵심 주요 회사에 미등기하는 모습입니다.

일부 기업의 최대주주들이 대표이사 맡기를 꺼려하는 이유 중의 하나는 중대재해법의 적용으로 대표이사가 기업 내 재해에 대해 법적 책임을 떠 맡아야 하게 되므로 이러한 책임과 의무를 피하려 할 수도 있다[20].

일부 기업의 경우는 공동 대표이사를 맡으면서도 각자 대표로 지정하고 중대재해에 관련된 업무에는 관여하지 않는 경우도 보게 된다. 물론, 최대주주의 구속은 경영위기를 초래하므로 법적 risk를 회피하고, 최대주주를 보호하기 위한 방편이다.

그러면 최대주주가 등기를 하는 경우, 대표이사를 맡는 것이 옳은가 아니면 이사회 의장을 맡으면서 CEO의 경영활동을 견제하는 것이 더 바람직한가에 대해서 생각해 본다. 또는 두 직을 모두 맡는 대안도 있다.

이사회 의장과 대표이사 모두가 기업 지배구조에서는 매우 중요한 위치이지만, 대표이사는 상근으로 daily operation을 책임지게 되고, 이사회 의장은 정기적으로 개최되는 이사회를 이끌게 된다. 최대주주가 강력한 리더십으로 회사를 이끈다는 차원에서는 대표이사와 이사회 의장을 겸직으로 맡는 것도 대안이지만 이렇게 되는 경우 회사의 경영이 견제 받지 않는 독단에 빠질 수 있는 가능성도 있다. 동시에 두 직을 모두 맡는 것이 책임 경영의 발로일 수도 있다. 그렇기 때문에 많은 형태의 모범 규준에서는 이사회 의장과 대표이사의 분리를 권면하고 있지만, 지배구조에서 해답은 없다.

이 두 직이 분리된다는 가정에서는 대표이사는 이사회 의장보다도 더 많은 책임과 임무를 지니고 있다. 물론 상근이라는 것도 이 직책의 무게감을 느끼게 한다. 이사회 의장은 등기이사로서의 책임을 지기는 하지만 그 이외의 operation에서의 책임을 지지는 않는다.

지배구조에 있어서 다른 회사에 best practice가 될 수 있는 KB금융지주, 신한금융지주, 포스코홀딩스의 이사회 의장의 선임 practice는 많은 차이가 있다.

우선 포스코홀딩스는 2006년부터 선임 사외이사가 1년씩 돌아가면서 이사회

---

20 chapter 5의 다음 기사를 참고한다. 매일경제신문. 2022.2.21. 현대모비스, 롯데케미칼, GS 칼텍스... 각자 대표로 '안전경영' 강화

의장을 맡도록 이사회 규정에 되어 있다. 동일 연도에 선임이 되었다고 하면 연령이 높은 사외이사가 먼저 의장을 맡게 된다. 사외이사가 이사회 의장을 맡는 제도가 대표이사의 전횡에 대한 견제의 의도가 있다고 이해하면 이사회 의장에게도 힘이 쏠릴 수 있는데 순번으로 이사회 의장을 돌아 가면서 맡게 되는 제도는 이를 미연에 방지하는 취지의 제도일 수 있다. 한국은행의 금융통화위원회도 좌석배정의 순서가 선임 순이라고 하니 이 또한 seniority를 정함에 있어서 중요한 잣대일 수 있다.

　KB금융의 경우는 연령 순으로 최고령 사외이사가 의장을 맡게 되며 포스코홀딩스의 경우와는 달리 임기 제한이 없다. 물론, 정관에 의해서 사외이사 임기는 5년으로 제한된다. 연령이 높은 신임 사외이사가 선임된다면 회사에 대한 이해에 한계가 있으므로 처음부터 이사회 의장를 맡기가 어려우며 신규 사외이사 선임과정에서부터 이를 고려한다고 한다.

　(주)LG는 최대주주가 이사회 의장을 맡게 되며 (주)SK, SK하이닉스, SK텔레콤, SK이노베이션, SKC 등의 SK 주요 계열사들은 모두 사외이사가 이사회 의장을 맡고 있는데 rotation은 아니다.

　KB금융지주에서는 최고령자가 이사회 의장을 맡는다고 하니 연령은 한국 사회/기업에서는 중요한 기준이 되는 것 같다.

　법에 의해서 사외이사의 임기는 6년으로, 계열사로 옮기더라도 9년으로 한도가 정해져 있다. KB금융지주의 경우는 법과는 달리 정관에 사외이사의 임기에 5년이라는 별도의 cap을 두고 있다. 신한금융지주의 경우는 첫 임기가 2년이고 매년 1년씩 연임을 할 수 있고 6년까지 임기를 하는 것이 가능하지만 1년씩 임기로 연임을 하는 방식은 사외이사의 독립성에 영향을 미칠 수 있다. 최초 선임은 CEO가 영향을 미칠 수 없도록 제도를 만들어 두어도 연임에 있어서는 영향을 미칠 수도 있는데 확인이 어렵다.

　임기를 정하는 방식은 회사마다 차이가 있어서 2년씩 연임을 한 이후에 3연임을 원천적으로 하지 않는 기업, 선임하고 1년 임기로 3연임까지 하는 기업, 3년으로 단임으로 끝나는 기업 등등의 여러 경우의 수가 있다. 또는 모든 이사의 임기를 정관에 상법과 같이 3년 이내로 정해 두고 사외이사들이 일시에 퇴직하는 것을 피하려고 차등적으로 사외이사의 임기를 정하기도 한다. 어떤 기업은 3년, 2년, 1년으로 연임을 하면서 특별한 하자가 없는 경우 6년 임기를 채우고 회사를 떠나게 한다.

사외이사 연임이 바람직한지 아닌지에 대해서는 여러 의견이 있을 수 있다. 연임이 옳다는 생각은 전문성에 방점이 있는 의견이다. 회사에 오래 사외이사로 근무하게 되면 회사와 산업에 대한 전문성이 높아져서 도움이 되는 의견을 이사회에서 표명할 수 있는 순기능과 관련된다. 반대로, 회사에 오래 근무하면 사내이사들과의 유착관계에 의해서 독립성이 훼손되니 단임으로 끝나는 것이 옳다는 주장도 있다. 양쪽 모두 일리가 있으며 정답은 없다. 감사인의 임기와도 논지는 동일하며 독립성이 더 중요한지 아니면 전문성이 더 중요한지의 선택과도 연관된다.

어느 그룹의 경우는 모든 등기 사내 임원의 임기가 대표이사 회장 이외는 1년이다. 이는 과거 임기가 남아 있는 이사가 인사발령에 의해서 보직에서 해임되었는데도 불구하고 주주총회에서 정한 임기까지는 근무하겠다고 하면서 모든 사내이사의 임기를 1년으로 조정하는 계기가 되었다고 한다.

사내이사의 경우도 연령제한이 있는 경우가 있다. 하나금융지주의 직전 김정태 회장의 연임 건이 이슈가 되었다. 하나금융의 지배구조 내부규범에 따르면 '이사의 재임연령은 만 70세까지로 하되, 재임 중 만 70세가 도래하는 경우 최종 임기는 해당일 이후 최초로 소집되는 정기주주총회일까지로 한다'고 명시돼 있다. DGB금융 지배구조 내부 규범 15조(이사의 임기)는 '회장은 만 67세가 초과되면 선임 또는 재선임될 수 없다'고 규정하고 있다. 아마도 경영자의 경영능력이나 의사결정하는 판단에 연령이 영향을 미친다는 판단이었을 것이지만 위 내용이 규정화되었을 때 정확히 어떤 고민이 있었는지는 확실치 않다.

즉, 연임과 관련되어 한도를 두는 것이 부자연스럽게 보일 수도 있으므로 연령으로 연임을 어느 정도 제한하였다고 판단된다. 능력이 되는 CEO가 기업의 장기 성과를 위해서 장기간 업무를 맡는 것이 기업 가치 제고에 도움이 되지만 특정인이 너무 오랜 기간 직을 맡는데 대한 부작용도 있을 수 있다.

유럽의 일부 기업은 72세로 이사 연령을 제한하고 있고 미국의 일부 기업은 75세로 연령을 제한하고 있다. 외국에서 연령으로 무슨 직을 제한한다는 것이 부자연스러울 수도 있으나 생체적 능력에 한계가 있음을 감안한 제도라고 사료된다.

예를 들어 미국 연방 대법관의 경우는 독립성 확보라는 차원에서 임기가 종신이다. 물론, 본인이 고령, 질병 등의 건강 상태 등의 사유로 사퇴하는 것은 자유의사이다. 대통령은 5년 단임, 서울특별시장과 같은 지방자치단체장의 임기는 4년으로 3연임까지가 가능하다. 대통령 중임제도에 대한 의견이 간혹 제기되기도 하는데 대통령의 독재로 인한 과거의 역사 때문에 쉽게 개정될 거 같지는 않다. 국회의원은 연임 제한이 없다. 모든 직에 대해서도 일정한 rule이 있는 것이 아니다.

이러한 임기를 두는 제도는 정부나 민간에만 있는 것이 아니다. 많이 알려지지는 않았지만 사법부의 판사도 10년이라는 재임용제도를 두고 있지만 재임용에서 탈락하는 경우는 매우 소수에 그치는 것으로 알려져 있다. 판사도 인성이 완벽할 수 없고 문제가 있는 판사가 당연히 있고 평가의 과정에서 자격이 안되는 판사는 재임용에 탈락해야 하는 것이 당연하다.

판사가 되기 위해서는 변호사 등의 경력이 2013~2017년 3년 이상, 2018년~2021년 5년, 2022~2025년 7년, 2026년부터 10년 등 단계적으로 높아질 예정이니 사법부 판사의 무게감을 느끼게 한다. 단, 이러한 변화가 판사 수급에 문제가 있어서 국회가 판사 임용을 위한 법조 경력 조건을 5년으로 완화하는 법원조직법 개정안을 2024년 9월에 통과시켰다.

헌법재판관, 헌법재판소장, 대법관, 대법원장, 중앙선거관리위원의 임기가 6년으로 이들의 신분도 임기로 보장하고 있는데 단임 대통령보다도 더 긴 기간이며 긴 임기는 이들의 신분을 보장한다. 행정부와 독립적으로 임무를 수행하라는 의미이다. 감사원의 감사위원, 금융통화위원도 4년의 임기를 보장하며 이 기간 동안은 신분이 보장된다.

임기 관련되어 흥미로운 점은 사학교육기관의 재단에서 찾을 수 있다. 재단 이사의 경우는 4년의 임기로 연임할 수 있는데 연임 회수에는 제한이 없다. 단, 재단 감사의 경우는 감사의 업무 자체가 이사장이나 이사에 대한 견제에 있기 때문에 이들의 임기는 2년 또는 3년씩 재임으로 제한된다. 감사가 이사들과 유착할 수 있는 가능성을 미연에 예방하기 위한 법 정신으로 이해한다. 한때 이사들의 임기에도 제한을 둬야 한다는 의견도 있었지만 이는 재산권 침해에 해당된다는 주장이 대두되면서 이러한 방향의 개정은 더 이상 진행되지 않았다.

매일경제신문. 2024.3.20. 롯데, 사외이사 이사회 의장 제도 도입 "독립성 강화"

20일 롯데가 '사외이사 이사회 의장'과 '선임사외이사' 제도를 도입한다고 밝혔다. 이사회의 투명성을 강화하고 사외이사 독립성을 제고하기 위한 취지다.

롯데는 사외이사를 이사회 의장으로 선임하는 제도를 비상장사인 롯데GRS와 대홍기획에 우선적으로 적용할 계획이다. 이사회 의장은 사내이사가 맡는 것이 일반적이지만, 이사회의 독립성과 견제·균형의 거버넌스를 구축하기 위한 목적이다.

대표이사와 이사회 의장의 분리는 ESG(환경·사회·지배구조) 경영에서 이사회의 독립성을 대표하는 핵심지표다. 사외이사 의장은 사내이사 의장과 동일하게 이사회를 소집하고 진행할 수 있으며, 대표이사의 경영활동 전반을 견제·감독할 수 있다.

롯데는 사외이사 의장 제도를 상장사 전체에 적용하는 방안을 검토 중이다. 아울러 롯데는 10개 상장사에 '선임사외이사 제도'를 도입한다. 선임사외이사 제도는 사내이사가 이사회 의장을 맡고 있을 경우, 사외이사를 대표하는 선임사외이사를 임명해 균형과 견제를 추구하는 제도다. 선임사외이사는 사외이사 전원으로 구성되는 사외이사 회의를 단독으로 소집할 수 있으며, 경영진에 현안보고를 요구하고 의견을 제시하는 중재자 역할을 한다. 경영진을 견제하고 감독하는 것이다.

국내 금융권은 선임사외이사 제도를 의무화하고 있지만 일반 기업에는 의무사항이 아니다. 롯데는 선임사외이사 제도를 상장사에 선제적으로 도입함으로써 거버넌스 체제를 개편할 계획이며, 추후 비상장사에도 확대해 나갈 계획이다. 각 상장사의 선임사외이사는 주주총회가 끝난 후 진행되는 이사회를 통해 선임된다.

롯데쇼핑이 2021년 선도입했던 'BSM지표(이사회 역량지표)'도 10개 상장사에 확대 적용한다. BSM은 'Board Skills Matrix'의 약자로 등기이사의 역량 정보를 직관적인 매트릭스 형태로 주주에게 제공하는 기법이다. 등기이사 구성, 능력, 다양성 등을 도표로 표현해 다각도로 평가한다. BSM지표는 각 사별 특성에 맞춰 이사들이 갖춰야 할 대표 역량을 정해, 관련 정보를 주주에게 상세하게 제공한다는 특징이 있다. BSM지표는 향후 기업지배구조 보고서를 통해 공개된다.

롯데 관계자는 "거버넌스 체제 혁신을 위해 사외이사 의장 제도 및 선임사외이사 제도를 도입했다"며 "해당 제도를 지속적으로 계열사에 확대 적용해, 롯데그룹의 경영 투명성을 강화하고 이사회 중심의 책임 경영을 정착해 나가겠다"고 말했다.

chapter

24

노조 회계 공시

노조 회계 공시

매일경제신문. 2023.1.13. 노조 회계공시 의무 공공기관부터 적용

윤석열 정부가 노동조합의 회계 투명성 강화를 추진하는 가운데 노조 회계 공시 시스템이 공공기관부터 먼저 도입된다. 12일 매일경제 취재를 종합하면 정부는 노조의 회계 공시시스템 도입 여부를 공공기관 평가에 반영하는 방안을 적극 검토하는 것으로 확인됐다.

대통령실 핵심 관계자는 "노조에 적용하기 위해 '다트'와 같은 회계공시 시스템을 구축하고 있지만, 이 시스템을 만들어 놓더라도 법적 근거가 아직 없기 때문에 민간 기업에 바로 적용하기는 어렵다"며 "먼저 공공기관에 대한 평가 요소로 삼는 방안을 생각 중"이라고 말했다. 민간 기업에 직접 개입하는 것은 법적 근거가 마련되지 않아 시기 상조지만, 공공기관의 경우 정부가 관여할 근거가 충분하다고 판단한 것이다. 공시 시스템은 오는 7~8월께 만들어질 예정이다.

윤석열 대통령은 지난달 수석비서관 회의를 주재한 자리에서 '다트'를 거론하며 기업들이 재무상태를 투명하게 공개하듯 노조도 회계를 공개해야 한다고 강조한 바 있다. 이에 고용노동부가 오는 3분기까지 노조 회계 공시시스템을 구축하는 것을 목표로 하겠다고 업무보고를 통해 밝혔다.

윤석열 정부가 공공기관 평가항목에 노조 회계 공시시스템 도입 여부를 포함한다면 공공기관 노조에는 상당한 압박 수단으로 작용할 것으로 보인다. 공공기관에 근무하는 직원들의 성과급을 산정하는 데 있어서 기관 평가 점수가 큰 영향을 미치기 때문이다. 조합원에게는 임금 문제로 연결될 수 있어 노조 집행부 입장에서도 상당한 부담이 된다.

특히 공공기관으로 분류되는 철도공사(코레일)가 해당 시스템을 도입할지 주목된다. 민주노총 공공운수노조에는 코레일네트웍스 지부와 철도 고객센터 지부가 있고, 이에 따라 민주노총에 소속된 다른 산별노조와 지부에도 영향을 미칠 가능성이 크다.

정부가 강조하는 '노조 회계 투명성'이라는 개념은 모든 사람에게 공개된 노조 회계라기보다는 최소한 회비를 내는 조합원에게 회계를 공개할 필요가 있다는 취지라서 조합원들, 그중에서도 소위 MZ세대 사이에선 큰 공감대가 있는 상황이다.

돈이 가는 곳에는 이를 측정하고 기록하는 회계가 반드시 같이 동반되어야 한다. 노조뿐만 아니라 간혹 학생회에서도 공금 횡령과 같은 사고가 발생한다.

학교, 병원, 하물며 비영리기관에서까지도 횡령이나 비리가 발생할 수 있다. 정신대 할머니들에 대한 보조금까지도 손을 대는 탐욕스러운 비영리기관 관계자들이 있으니 기부를 하려고 해도 이러한 기부금이 원하는 용도로 사용될 것이라는 확신이 없이는 섣불리 기부를 하기도 어렵다. 따라서 가이드스타 같은 기관에서는 비영리기관의 회계라든지 시스템이 정상적인지에 대한 별도의 평가를 해서 이를 공유하기도 한다. 물론, 비영리기관도 행정처리를 위해서는 직원을 채용해야 하고 이들에 대한 인건비도 당연히 지급해야 하지만 이들 기관이 업무의 성격 상, 방만 경영을 할 수는 없다. 기부가 비영리기관 종사자를 위한 기부가 되어서는 안된다.

영리기관과 관련된 회계감독기관은 당연히 금융감독원/금융위원회이지만 교육기관은 교육부, 병원의 경우는 보건복지부 등이 관여되어야 하므로 회계와 관련된 정부기관도 금융감독원/금융위원회에 국한된 것이 아니다. 따라서 과거에도 광범위한 정부의 행정기관을 아우를 수 있는 총리실의 국무조정실과 같은 기구가 회계를 책임지는 기관이 되어야 한다는 의견도 있어왔다.

매일경제신문. 2023.2.8. 대형 노조, 15일까지 정부에 회계장부 보고
고용노동부는 노동조합 회계 투명성을 높이기 위해 오는 15일까지 조합원 수가 1000명이 넘는 대규모 노동조합과 연합단체 334곳을 대상으로 재정에 관한 장부와 서류 등의 비치 보존 의무 이행 여부를 보고받겠다고 1일 밝혔다. 이번 조치는 지난해 12월 29일부터 올해 1월 31일까지 약 한 달간 노조가 재정 상황을 스스로 점검하도록 자율점검 기간을 운영한 데 따른 후속 조치다.

공문을 받은 노조는 서류 비치 보존 여부를 확인해 2월 15일까지 고용부 본부나 지방 노동관서에 점검 결과서와 증빙 자료를 제출해야 한다. 고용부는 '노동조합 및 노동관계조합법(노조법)'을 근거로 자료를 제출하지 않거나 제출한 자료를 검토한 결과 법 위반 사실이 확인된 노조에 대해 최대 500만원의 과태료를 부과하는 등 엄정 대응에 나서겠다는 방침이다.

조합원 수가 1000명 이상인 단위 노조와 연합단체 등 총 334곳이 보고 대상이다. 민간 253곳을 조직 형태별로 나눠보면 단위 노조 201곳, 연맹 34곳, 총 연맹 4곳(한국노총, 전국노총, 대한노총)이다. 단위 노조는 민주노총 금속노조 같은 산업별 노조와 산업별 노조에 속하지 않은 개별 사업장 노조를 모두 포함하는 개념이다. 산업별 노조에 속한 개별 사업장 노조는 이번 보고 대상이 아니다. 253곳을 상급 단체별로 살펴보면 한국노총 136곳, 민주노총 65곳, 전국노총 4곳, 대한노총 1곳, 미가맹 47곳이다.

한편 고용부는 오는 3월 노조 회계감사원의 독립성 전문성을 높여 회계 투명성을 담보할 수 있도록 관련 법령 개정에 착수할 방침이다. 또 올해 3분기 중 노조 회계 공시 시스템을 구축할 계획이다.

한국경제신문. 2023.2.17. 노조 63%가 회계장부 제출 안했다.

정부가 대형 노동조합을 대상으로 회계 점검 결과를 보고하라고 했지만 60% 이상의 노조가 이를 준수하지 않은 것으로 나타났다.

고용노동부는 '노조의 서류 비치 보존 의무 이행'을 점검한 결과 대상 노조의 36.7%만이 고용부 요구에 따라 자료를 제출했다고 16일 발표했다. 고용부는 지난해 12월 29일 조합원 1000명 이상의 단위 노동조합과 연합 단체를 대상으로 한 달간 노조법 14조에 따른 회계 관련 서류 비치 및 보존 의무 준수 여부를 스스로 점검 보완하라는 내용의 '자율 점검' 안내문을 발송했다. 자율점검 기간이 지난달 31일 종료됨에 따라 고용부는 해당 노조에 이달 15일까지 행정관청에 점검 결과를 보고하라고 통보했다.

집계 결과 327개 대상 노조 중 120곳만이 자료를 제출했다. 일절 제출하지 않은 노조는 54개(16.5%)였으며, 자율 점검 결과서나 표지는 제출했으나 내지를 제출하지 않은 경우 미제출로 간주한다. 상급 단체별로 분석한 결과 전국민주노동조합총연맹의 제출 비율이 24.6%로 가장 낮았고 한국노동조합총연맹이 38.7%로 뒤를 이었다. 고용부는 "양대 노총에서 조직적으로 불응하기 위해 제출을 거부하라는 대응 지침을 배포한 탓"이라며 "노조들이 오히려 '깜깜이 회계'라는 불신을 자초했다"고 비판했다. 조직 대상별로는 공무원 교원 노조의 제출 비율이 48.1%, 일반 노조 33.1%로 공공 부문 노조도 50% 미만을 기록했다.

고용부는 전체 및 일부 미제출 노조 207곳에 14일의 시정기간을 부여하고 응하지 않으면 다음달 15일께 500만원의 과태료를 부과할 계획이다. 이후에도 제출을 거부하거나 소명하지 않을 경우 현장 조사에 나서고, 또 다시 응하지 않으면 추가 과태료를 부과한다는 방침이다.

매일경제신문. 2023.2.22. 노조 '셀프 회계감사' 못하게... 전문가로 못 박는다

정부가 시행령을 고쳐 노동조합 회계감사를 담당할 보유자로 한정하는 방안을 추진하고 있다. 21일 정부에 따르면 고용노동부는 조만간 이 같은 내용을 담은 '노동조합 및 노동관계 조정법' 시행령 개정안을 발표한다. 현행 노조법 시행령은 노조 회계감사원 자격 요건에 관한 규정이 없다. 노조 대표자가 회계 감사원을 지정해 반기마다 감사 결과를 노조원에 공개하도록 하고 있을 뿐이다. 자격 규정이 없다 보니 노조 임원이 감사를 맡는 사례도 많다. 고용부 관계자는 "감사를 받아야 할 피감단체 임원이 '셀프 감사'를 하는 관행은 맞지 않는다"며 "시행령에 규정을 신설해 전문 자격 보유자만 감사원이 될 수 있도록 하면 노조의 외부감사 확대를 유도할 수 있다"고 설명했다.

윤석열 정부는 지난해 말 노조에 대한 독립된 기관의 외부감사를 정착시켜 노조 회계 투명화를 이루겠다고 공언했다. 시행령 개정은 이에 따른 후속 조치다. 법률 개정이 아니어서 국회 동의를 구할 필요도 없다. 정부는 적용 대상이 될 노조 범위를 일정 규모 이상으로 제한하는 방안도 고려하고 있다. 영세 소규모 사업장은 사내 회계 자격증을 보유한 인력이 없을 가능성이 크고, 노조가 외부감사인과 계약할 비용을 감당하기도 어렵다. 다만 또 다른 고용부 관계자는 "법령 적용을 받을 노조 범위를 규정하는 방안은 아직 확정된 것이 아니다"고 선을 그었다.

매일경제신문. 2023.3.14. 노조에 전문 회계감사원 배치 조합원 과반 요구 땐 공시의무

정부와 여당인 국민의 힘이 노동조합에 전문성을 갖춘 회계감사원을 두고, 조합원 요구가 있을 때는 회계 내용을 공시하거나 감사를 실시하도록 하는 방안을 추진하기로 13일 합의했다. 당정은 노조 규약에 회계감사원 자격과 선출에 관한 사항을 포함하기로 했다. '회계감사원 자격'으로는 회계 관련 지식이나 경험 등 '직업적 전문성'을 가진 사람을 제시했다. 성일종 국민의 힘 정책위원장은 "회계 감사원의 독립성을 강화하기 위해 총회에서 조합원이 직접 비밀, 무기명 투표로 선출하고 임직원 겸직을 금지하는 방안을 검토했다"고 설명했다. 회계 서류 보존 기한은 기존 3년에서 5년으로 확대된다.

또 당정은 조합원 2분의 1 이상이 공시를 요구하는 경우와 횡령 배임 등 고용노동부령으로 정하는 사항이 발생해 장관이 요구한 경우 노조 회계의 공시를 의무화할 예정이다.

당정은 또 거대 노조가 소수 노조나 비노조원의 노동권을 침해하는 사례에 대해 엄정 대응할 방침이다. 성 의장은 "노조가 폭행, 협박 등으로 노조 가입이나 탈퇴를 강요하거나 다른 노조와 근로자의 정당한 조합 활동과 업무 수행을 방해하는 행위를 금지할 것"이라고 말했다.

chapter

25

영어 공시 확대

영어 공시 확대

한경비즈니스 2021.8.23-29 대표 기업 생사마저 '휘청' 일본의 영어 실력이 위험하다.

2012년 11월 세계 금융시장은 당시 일본을 대표하던 전자 기업 샤프가 발표한 공시 한 통에 패닉이 됐다. 샤프가 영어판 결산 보고서를 통해 '회사의 존립을 결정 짓는 중요한 문제가 발생한 상황'이라고 공시했다.

2011년 3760억엔(약 5조원)의 순손실을 기록한 샤프는 그해에도 적자 규모가 6 조원이 넘을 것으로 예상되고 있었다. 회사의 존속 여부가 불투명해지면서 샤프에 투자한 전 세계 투자자들이 극도로 예민해져 있던 시점이었다. 그때 회사가 스스로 "곧 망하게 생겼다"고 만천하에 공표해 버린 것이다.

'할지도 모른다'를 '했다'로 번역해 낭패 본 샤프

해외 투자가들의 앞 다퉈 샤프의 주식과 채권을 내던지자 샤프는 허겁지겁 영어 판 공시를 수정했다. 알고 보니 일본어판 공시의 '회사의 존립을 결정짓는 중대한 문제가 발생할지도 모르는 상황이 존재한다'는 대목을 영어로 옮기는 과정에서 '중대 한 문제가 발생했다'로 잘못 번역한 것이다.

샤프의 영어 공시 소동을 지금도 일본인의 영어 실력이 일본을 대표하는 기업의 존립마저 휘청거리게 만들 수 있다는 것을 보여주는 사례로 회자된다. 경영난에 시 달리던 샤프는 결국 2016년 대만 폭스콘에 매각된다. 일본 대표 전자 업체가 한 수 아래로 여겨지던 해외 기업에 팔린 첫 사례이다.

영어보고서 제출하는 상장사 비율 겨우 8.5%

상장사수(약 4000개)는 미국과 비슷한데 시장 구분이 뚜렷하지 않아 옥석 가리기가 쉽지 않다는 글로벌 투자자들의 지적을 받아들인 것이다. 특히 최상위 시장인 프라임 시장 상장사에는 글로벌 기관투자가들의 까다로운 투자 기준을 충족시킬 수 있는 여러 조치를 취했다.

이사회 멤버의 3분의 1 이상을 외국인과 여성이 포함된 사외이사로 채워야 하고 주요 공시 사항을 영어로도 제출해야 한다. 지난 6월 11일 금융청과 도쿄증권거래소가 개정한 '기업 지배구조 지침(corporate governance code)'은 프라임 시장 상장사에 '필요한 정보는 영어로 제시, 제공해야 한다'고 명시했다. 현재 일본 기업의 영어 실력으로는 쉽지 않은 요구 사항이라는 평가가 지배적이다.

일본 금융 당국이 수년째 영어 공시의 중요성을 강조하고 있지만 현재 1부 시장 상장사 2186곳 중 결산보고서를 영어로도 공시하는 기업은 1214사에 그친다. 주주총회 소집 통지(1100사)와 기업 설명회(IR) 자료(1006사)를 영어로 제공하는 1부 상장사의 사정도 크게 다르지 않다. 기업의 정보를 가장 상세하게 담은 유가증권 보고서까지 영어로 제출하는 상장사는 187곳으로 8.5%에 불과하다.

지난 5월 한 정보기술 상장사가 발표한 결산 보고서를 보면 일본어판은 9페이지인데 영어판은 2페이지였다. 2페이지 분량인 회사 현황 설명이 영어판에는 통째로 생략됐기 때문이었다. 일본어 공시의 '인재에게 적극적으로 투자한다'는 대목도 회사의 성장 전략을 이해할 수 있는 중요 사항이지만 영어 공시에는 빠졌다.

이 회사는 요미우리 신문에 "결산 보고서를 담당하는 직원이 1명뿐인데 이 직원이 번역까지 담당하고 있어 어쩔 수 없다"고 설명했다.

일본 기업에 대한 외국계 행동주의 펀드의 개입이 잇따르자 이를 피하기 위해 의도적으로 영어 공시를 하지 않는 상장사도 있다. '영어 공시를 안 하는 것이 외국계 행동주의 펀드에 대한 최선의 방지책'이라는 것이다.

무엇보다 대기업도 공시 관련 서류를 100% 자체적으로 번역할 수 있는 상장사가 많지 않다는 게 일본 재계의 자체 분석이다. 위험한 수준이라고까지 평가되는 일본인의 영어 실력 때문이다.

일본 증시에서 외국인 투자자가 차지하는 비율은 60~70%에 달한다. 하지만 일본의 현실은 외국인 투자자가 영어 공시와 안내만 봐서는 중요한 투자 정보를 놓칠 수밖에 없는 구조다. 일본 증시가 글로벌 시장에서 외면 받는 큰 이유 가운데 하나라는 분석이다.

2017년 조사에서 해외 투자가들의 73%가 일본 기업의 영어정보 제공이 '불만스럽다'고 답했다. '만족한다'는 응답은 7%에 불과했다.

영어 공시에 대한 압박감이 커지면서 번역회사들은 특수를 누리고 있다. 영어 공시 번역 요금은 1자당 12엔이다. 회사로서는 엄청난 부담이다. 번역을 위해 발표 전의 실적 정보를 외부에 내보내는 것을 꺼리는 기업도 적지 않다. 인공지능을 활용한 번역서비스가 등장했지만 실용화까지는 개선할 점이 많다는 평가를 받는다.

샤프의 영어 공시 사태에서 보듯이 공시 오류는 기업의 주가는 물론 신뢰성에도 상당한 악영향을 미칠 수 있는 사안이다. 대책 마련이 시급하지만 일본 최대 경제단체 게이단렌 관계자는 "글로벌화의 진전으로 영어 능력이 필수가 됐는데도 일본 기업의 상황은 빈약하기 짝이 없다"고 말했다.

한경비즈니스 2021.8.23-29 대표 기업 생사마저 '휘청' 일본의 영어 실력이 위험하다.

이사회 멤버의 3분의 1 이상을 외국인과 여성이 포함된 사외이사로 채워야 하고 주요 공시 사항을 영어로도 제출해야 한다.

사외이사 중 외국인을 포함하는 것이 국제화의 척도인지 아니면 외국인 유능한 사외이사가 국내 사외이사가 보지 못하는 것을 볼 수 있다는 것인지는 이해하기 어렵다. 저자가 현재 사외이사를 맡고 있는 포스코홀딩스(과거의 포스코)도 외국계 한국인(국적)과 외국인 국적자가 사외이사로 활동하기도 하였지만 얼마나 큰 도움이 되었는지는 세월이 지나서 파악하기 어렵다. 단, 내국인으로 사외이사를 맡은 분들이 영어에 한계가 있을 것이고 모든 회의 과정에서 통역을 완벽하게 하는 것도 어려움이 있었을 것이다. 또한 회의 중에 동시통역은 다른 회의 참석자들에게 어느 정도 방해가 되기도 한다. 2018년 포스코 주총에서는 외국인 사외이사가 아니고 외국인 CEO 대표이사 회장 후보가 심각하게 고려의 대상이었다고 한다. 사외이사 제도가 처음 도입되었을 때, 우리 모두가 이 제도에 생소해서 이사회를 어떻게 운영하는 것이 바람직한지 잘 모르는 시점에는 외국 사외이사로부터 학습할 수 있는 부분이 있을 수 있었다. 단, 최근에는 외국에서 교수활동을 하다가 귀국하는 경우도 다수 있고, 또한 외국 선진 기업의 이사회 활동을 간접적으로 경험할 수 있는 경우도 다수라서 굳이 외국인 사외이사의 필요성이 있는지는 의문이다. 구색 맞추기를 위한 외국인의 선임은 큰 의미가 없다는 판단이다.

외국인 사외이사와 같이 활동을 수행하는 기업지배구조 전문가 1인은 외국 사외이사들의 가장 큰 장점은 내국인들은 이사들 간의 인간적인 관계 때문에 쉽게 발언하지 못하는 의견을 괘념치 않고 말할 수 있는 것이 외국인 사외이사들의 가장 큰 장점이라는 의견을 내기도 한다. 한국은 네트워크 사회이니 일면 이해가 가기도 한다. 과거 국가대표 축구팀의 감독을 구할 때, 내국인보다 외국인을 선호했던 사유가 실력도 실력이지만 내국인 감독의 경우, 특정 학교 출신 국가대표를 선발해 달라는 로비/청탁 등으로부터 자유롭지 않을 뿐더러 때로는 올림픽이나 아시안 게임의 경우 메달 색에 따라서 국방의 의무가 면제되기도 해서 군 미필자를 국가대표로 선정했다는 의심을 받기도 한다. 성적을 최우선으로 하는 사회라면, 네트워크 사회가 아니라면 일어날 수 없는 일들이다.

국내 기업 중, S-oil은 이사회를 영어로 진행한다고 한다. 쌍용자동차가 과거 인도 마힌드라가 대주주일 경우도 이사회를 영어로 진행했다고 한다.

이사회를 다양하게 구성한다는 것은 바람직할 수도 있지만 보여주기식의 구성은 바람직하지 않다. 미국의 일부 증권거래소에서는 성 소수자도 포함해야 한다는 의견을 내기도 하는데 아무리 사회가 변한다고 해도 성에 무관하게 이사를 선임한다고 하면 몰라도 성 정체성까지도 뛰어 넘어 이사회를 구성해야 한다는 것은 이해하기도 힘들고 너무 앞서나간다는 판단을 할 수 있다.

[보도자료] 김소영 금융위 부위원장, 「2022 한국ESG기준원 우수기업 시상식」 참석·축사

□ 김소영 부위원장은, 기업지배구조의 투명성을 높이고 우리 기업과 경제의 지속가능 성장을 뒷받침하기 위한 정부의 노력을 더욱 강화해 나가겠다고 밝혔습니다.

  ○ 첫째, 글로벌 선진시장에 부합하도록 낡은 제도를 획기적으로 정비하겠다고 밝혔습니다.

   - 특히 우리 자본시장의 경우 외국인의 주주 비중이 상당히 높은 상황*임에도 불구하고 이들에게 충분한 정보가 적시에 제공되지 못했다는 지적이 있어온 만큼,

   * 유가증권시장 외국인 투자자 주식 보유비중('22.6월말): 30.7%(시가총액 기준)

- 대규모 상장사를 중심으로, '23년 중 준비기간을 거쳐 '24년부터 영문공시를 단계적으로 의무화*할 계획이라고 밝혔습니다.
  * ('24년) 자산 10조원 이상 코스피 상장사(예: '21년 기준 약 93개사)
  → ('26년) 자산 2조원 이상 코스피 상장사(예: '21년 기준 약 234개사)
- 기업의 준비상황을 감안하여 투자자에게 꼭 필요한 정보를 중심으로 단계적으로 의무화하여, 외국인 투자자들이 적시에 충분한 정보를 제공받을 수 있도록 정보접근 환경을 대폭 개선하겠다고 밝혔습니다.

매일경제신문. 2023.4.3. 자산 10조 이상 대기업 내년 영문공시 의무화

내년부터 대규모 코스피 상장사는 거래소에 제출하는 공시 중 주요 정보에 대해 국문공시 제출 후 3일 내에 영문공시도 함께 내야 한다.

금융위원회와 한국거래소는 2024년부터 시행할 예정인 영문공시 의무화 도입을 위해 관련 규정 '한국거래소 유가증권 시장 공시규정 및 시행세칙' 개정을 지난달 29일 완료했다고 2일 밝혔다. 이는 지난 1월 발표된 '외국인 투자자의 자본시장 접근성 제고 방안'에 포함 된 '영문공시 단계적 확대 방안'에 따른 후속 조치다.

금융위는 지난해부터 외국인 투자자에 대한 자본시장 접근성을 높이는 대안 중 하나로 영문공시를 단계적으로 의무화하겠다는 방침을 밝혔다. 지난해 12월 김소영 금융위 부위원장이 '2022 한국 ESG기준원 우수기업 시상식'에 참석해 이 같은 방침을 공식화했다.

당시 김 위원장은 "기업의 준비 상황을 고려해 투자자에게 꼭 필요한 정보를 중심으로 단계적으로 의무화하겠다"며 "외국인 투자자들이 '적시'에 '충분'한 정보를 제공받을 수 있도록 정보 접근 환경을 대폭 개선할 계획"이라고 설명했다.

'영문공시 단계적 확대 방안'에 따르면, 1단계 (2024~2025년)와 2단계 (2026년 이후)에 걸쳐 대규모 상장사부터 시장에서 필요한 중요 정보를 중심으로 영문공시가 단계적으로 의무화된다. 1단계에 해당하는 기업은 자산 10조원 이상 혹은 외국인 지분 30% 이상(자산 2조~10조)의 코스피 상장사다.

금융위는 2021년 말 기준으로 1단계에 해당하는 상장사가 106개 정도라고 보고 있다. 이는 전체 코스피 상장사의 13% 수준이다. 여기에 해당하는 코스피 상장사는 -결산 관련 사항(유 무상 증자 결정), -매매거래 정지 수반 사항(주식 소각 결정) 등 발생 시 거래소에 국문 공시를 제출한 후 3일 내에 영문공시도 제출해야 한다.

2단계에서는 영문공시 의무화 대상이 자산 2조원 이상 코스피 상장사로 확대된다.

매일경제신문. 2023.7.31. 오늘부터 외국인도 영문공시 실시간 확인

31일부터 외국인도 전자공시시스템(DART)에 올라오는 법정공시의 보고서 제목을 영문으로 실시간 확인할 수 있게 된다. 또 3분기부터 미국 유럽처럼 국제표준 전산 언어로 주요 기업 재무제표의 다양한 속성값(국제 표준 ID 차 대변 속성, 표시 단위 등)을 조회할 수 있게 된다. 외국인 투자자들의 국내 시장 접근성을 높여 코리아디스카운트를 완화하기 위함이다. 30일 금융감독원은 외국인 투자자의 자본시장 접근성을 제고하기 위한 '단계적 영문 공시 확대 방안'의 일환으로 영문 DART 시스템을 개선해 31일부터 정식 가동한다고 밝혔다. 주요국에 비해 영문공시의 다양성과 접근성 부족 등이 국내 증시에 대한 저평가 요인으로 작용했기 때문이다.

chapter

26

지주사/계열사 관계

지주사/계열사 관계[21]

조선경제. 2024.7.4. 금융사고 땐 은행장까지 문책... 지주 회장은 처벌 어려울 듯

chapter 5의 위의 신문기사는 지주회장은 모든 자회사/사업회사에 대한 통제의 책임이 있기는 하지만 자회사에서 발생한 사고에 대해서까지 문책을 하기는 실질적으로는 쉽지 않다고 기술하고 있다. 이러한 지주사와 사업회사와의 관계는 지주사 이사회와 사업회사 경영활동에서의 책임과도 무관하지 않다. 지주사 이사회가 사업회사의 경영에 조언을 할 수는 있지만 그렇다고 사업회사의 경영에 책임을 지는 것은 쉽지는 않다.

이 보고서에서 지주사 이사의 위상에 대해서 다음으로 기술하고 있다.

- 지주회사 경영진 혹은 이사가 계열회사의 이사에 준하는 지위에서 계열회사의 경영에 참여하는 것은 법적 책임의 이슈가 발생하기도 하기 때문에 주의가 필요함.(현실적으로는 이슈 가능성 낮음)
- 영국: 지주회사의 이사를 계열회사의 사실상의 이사(de facto director)로 보는 이론
- 한국: 상법의 업무집행지시자 책임 조항

즉, de facto director의 개념은 지주사의 이사가 계열사에 등재한 것은 아니

---

21 노혁준 등(2022)을 참고하였다.

지만 실질적으로는 계열사의 이사의 역할을 수행하고 있다는 의미이다. 이 개념은 회계에서는 지분법이나 연결재무제표를 적용함에 있어서 지분율에 근거해서는 지분법이나 연결회계 처리를 할 수 없는 지분을 가지고 있지만 그럼에도 실질적으로는 지분법 대상 또는 연결 대상 기업에 어느 정도 이상의 영향력을 미치고 있으므로 지분법이나 연결 회계로 처리하는 경우를 지칭한다. 회계기준의 이슈이지만 영향력에 대한 판단은 기업 지배구조의 이슈이다. chapter 21의 공정거래위원회의 동일인에 대한 판단의 경우도 영향력이 관건이다.

지주사 정관에는 계열사에 대해서 보고의무를 규정하고 있다.

우리와는 다른 형태의 이사회 구도를 가져가고 있는 유럽의 경우에는 모회사의 경영이사회(management board)의 이사가 자회사 감독이사회(supervisory board)의 감독이사로 선임되어 자회사에 대한 감독업무를 수행하기도 한다.

> **제401조의2(업무집행지시자 등의 책임)**
>
> ① 다음 각호의 1에 해당하는 자는 그 지시하거나 집행한 업무에 관하여 제399조·제401조 및 제403조의 적용에 있어서 이를 이사로 본다.
>   1. 회사에 대한 자신의 영향력을 이용하여 이사에게 업무집행을 지시한 자
>   2. 이사의 이름으로 직접 업무를 집행한 자
>   3. 이사가 아니면서 명예회장·회장·사장·부사장·전무·상무·이사 기타 회사의 업무를 집행할 권한이 있는 것으로 인정될 만한 명칭을 사용하여 회사의 업무를 집행한 자
> ② 제1항의 경우에 회사 또는 제3자에 대하여 손해를 배상할 책임이 있는 이사는 제1항에 규정된 자와 연대하여 그 책임을 진다.

상법에서는 업무집행지시자를 사용하지만 금융회사의 지배구조법에서는 업무집행책임자 또는 '주요 업무집행책임자'의 개념을 사용한다.

금융회사 지배구조법에서의 업무집행책임자는 다음과 같다.

> **제2조(정의)의5** "업무집행책임자"란 이사가 아니면서 명예회장 · 회장 · 부회장 · 사장 · 부사장 · 행장 · 부행장 · 부행장보 · 전무 · 상무 · 이사 등 업무를 집행할 권한이 있는 것

으로 인정될 만한 명칭을 사용하여 금융회사의 업무를 집행하는 사람을 말한다.

(3. "이사"란 사내이사, 사외이사 및 그 밖에 상시적인 업무에 종사하지 아니하는 이사(이하 "비상임이사"라 한다)를 말한다.)

1. 경영전략 수립 등 전략기획 업무, 2. 재무, 예산 및 결산 회계 등 재무관리 업무,
3. 자산의 운용 등에 대한 위험관리 업무,

이상 3가지 업무를 수행하는 업무집행책임자를 주요업무집행책임자로 정하고 있다.

즉, 금융회사의 지배구조법에서는 업무집행책임자와 '주요 업무집행책임자'도 구분하고 있어서 '주요 업무집행지시자'는 업무집행지시자보다도 더 중요한 임무를 수행하는 자를 의미한다고 할 수 있다.

상법에서 이사의 분류를 사내이사, 사외이사, 기타비상무이사로 구분하는 데 비해서 금융회사의 지배구조법에서는 사내이사, 사외이사 및 비상임이사로 구분하는 것에도 차이가 있다. 금융회사가 아닌 회사의 기타비상무이사는 금융회사의 비상임이사와 내용적으로는 동일한 것으로 이해한다.

어떻게 보면 상법에서 조차도 업무집행지시자를 인정했다는 것은 현실을 반영하는 타협을 상법이 했다고도 할 수 있다. 즉, 법에서는 적법하게 이사로 등기한 이사회 이사들만이 경영활동에 관여해야 하지만 우리의 현실에서는 최대주주가 명예회장 등의 title을 가지고 실질적인 경영활동을 수행할 수 있다. 동일인 개념과 같은 맥락이다. 적법한 경영활동을 수행하는 기업지배구조가 있지만 그럼에도 기업에는 의사결정을 실질적으로 수행하는 실세가 있다는 것은 정부기관이 인정하고 또한 대부분의 회사에서 소유와 경영이 분리되지 않은 우리 경제의 현실이기도 하다.

지주회사의 이사가 계열회사의 경영에 어느 정도 이상 관여(engage)하고 있으므로 계열사의 사실상의 이사라고까지 분류하고 있는 것이며 따라서 성격적으로는 우리의 상법에서 정의한 업무집행지시자의 범주에도 포함될 수 있다는 주장을 하고 있는 것이다. 즉, 계열사에 등기한 것은 아니지만 그럼에도 관여한 이상 책임이 없다고 할 수도 없다.

위의 내용은 지주회사의 이사가 계열사의 기타비상무이사로 관여하는 일부

기업의 경우와 궤를 같이 한다.

단, 계열사/사업회사의 의사결정에 관여한 만큼 책임이 있다고 할 수 있고, 직접 관여하는 지주사만큼 계열사/사업회사 사정을 알지 못한 상태에서 의사결정을 수행하라고 하면 소극적인 의사결정을 수행할 가능성도 존재한다.

또한 지주회사 소속인데 계열회사에 기타비상무이사로 선임된 이사는 이해상충가능성이 있는 안건에는 지주회사의 의견 개진 후 찬반 투표 시 기권하는 방식으로 의사결정하는 것을 권면하기도 한다.

이사회가 회의체이고 기타비상무이사도 주총에서 지주사의 의견을 대변하도록 선임되었으니 지주사의 지분만큼의 의결권/권리가 계열사 이사회의 의결 과정에서 대표(represent)되는 것이 바람직할 수도 있는데 의결권 행사를 자제해야 하는 것인지는 의문이다. 이 보고서에서는 이사회가 모든 주주의 이해를 대변해야 하는데 지주에서 파견한 기타비상무이사가 이사회에서 의결에 참여함으로, 계열사 이사회가 계열사 주주의 이해를 위한 의사결정이 아닌 지주사의 이해만을 대변하는 이사가 이사회 의결에 참여하는 데 대한 이슈라는 의견이다.

이사회가 회의체라는 차원에서는 1/n의 개념으로 각자 이사가 개인 의견을 표명하면서 다수결 원칙으로 의견을 종합하면 되지만 아마도 최대 주주가 있는 기업 집단의 경우, 지주에서 참여하는 기타 비상무이사의 의견이 최대주주의 의사를 반영할 수도 있다는 차원에서는 계열사 이사들이 기타비상무이사의 눈치를 볼 수도 있다. 단, 이사회는 주주총회가 아니니 의결권에 비례해서 1주=1의결권의 개념으로 의견을 낼 수 있는 회의체는 아니다. 이사는 이사회에서 fiduciary duty에 의해서 행동하지만 동시에 자신의 주관과 소신에 의해서 의견을 표명하면 되는 것이다. 대부분의 이사는 누군지 모르는 주주의 표에 의해서 선임되었으니 그 주주의 의사를 반드시 반영해야 하는 것은 아니며 개별 건건 의견 별로 주주의 의사를 확인해야 하는 것은 아니다. 이사가 주주의 뜻을 반영한 의사결정을 이사회에서 수행하지 않았다고 하면 임기를 마치는 시점에 연임이 안 되면 본인의 의사결정에 대한 책임을 지는 것이다. 주총은 1주=1의결권의 개념이지만 이사회의 경우는 한 seat가 한 회의체에서의 한 의결권이다. 최대주주가 아무리 많은 지분을 가지고 이사회의 seat을 차지하고 있다고 하여도 이사회에서는 한 개의 투표권만이 주어진다. 투표권과 최대주주의 영향력은 별건이다.

일부 기업집단에서는 지주사 소속의 기타비상무이사가 이사회 의장을 맡는 경우도 있어서 사업회사/계열사의 경영에 주도적인 역할을 수행하기도 한다.

일부 기업에 해당하는 내용이기는 하지만 임기 중에 최대주주의 뜻에 대해서 동의를 하지 않은 사외이사들의 경우 연임이 어렵다는 언론 보도도 있다. 또한 일부 기업의 경우 정치권 인사가 선임되는 때도 있는데 이들도 정권이 바뀌면 연임이 불발하는 경우가 있다. 정권은 5년에 한번씩 바뀌게 되어 있으므로 정치권 인사를 선임하는 것은 정경유착의 차원에서 바람직하지 않다.

어느 기업지배구조 전문가는 사외이사들이 이사회에서 제 목소리를 내지 못하는 이유 중에 하나가 모두 연임을 생각하기 때문에 그렇다고도 한다. 사내이사에 대한 사외이사의 장점이 독립성인데 연임 때문에 사외이사가 본인들이 주장을 펴지 못하고 최대주주 눈치를 본다면 사외이사의 독립성이라고 하는 장점이 사라지는 것이며 연임을 위해서 최대주주 눈치를 보는 사내이사와 사외이사는 독립성 차원에 별반 다름이 없다고도 할 수 있다. 또한 어느 사외이사는 6년 사외이사 임기 한도 제도하에서, 3년 연임된 이후에는 더 이상 연임을 기대할 수 없으니 이사회에서 최대주주가 듣고 싶지 않아 하는 내용에 대해서도 전혀 부담 없이 하고 싶은 얘기를 다 한다는 얘기도 한다.

사외이사라는 직이 경제적인 유인이 당연히 있는 것이니 사외이사들이 임기를 시작하면서 연임을 생각하는 것도 어떻게 보면 당연하다. 누구는 우스갯 소리로 생계형 사외이사가 있는데, 이는 바람직하지 않은 사외이사의 상이며 이러한 생계형 사외이사는 금전적인 유인 때문에 본인에게 맡겨진 업무를 잘 수행하기 어렵다고 한다.

또한 첫 임기가 회사 정관에 의해서 2년이든 아니면 3년이든지 첫 임기 중에는 회사와 산업에 대해서 학습하는 기간이고, 연임 이후의 기간이 실질적으로 회사에 보탬이 되는 기간이다. 이러한 차원에서 사외이사에 대한 경제적인 보상도 적정 수준에서 정해져야 하는데 항상 그러하듯 적정 급여라는 것이 매우 주관적이라서 쉽게 정하기 어렵고 상근 임원의 급여와 같이 다른 회사 사외이사 급여 간에 상대적일 수 있다.

SK의 수펙스협의회와 같은 협의체에 대해서 생각해 본다. SK는 지주사와는 별도로 수펙스협의회가 존재하며 20여 계열사와의 계약에 의해서 수펙스협의회가 계열사 경영에 상당한 수준으로 관여하는 것으로 알고 있다. (주)SK와 수펙스협의회의 관계는 외부에서 보기에는 명확하지 않고, 또한 수펙스협의회의 법적인 실체도 명확하지 않다. 수펙스협의회가 홈페이지를 운영하고는 있지만 이는 형식 요건이고 실질적으로 어떻게 운영되는지를 외부에서 파악하는 데는 한계가 있다.

SK그룹만의 고유의 경영철학을 바탕으로 '따로 또 같이' 경영의 실행력을 높이는 역할을 한다고 하고 '집단 지성 체계'라고도 한다[22].

물론 수펙스협의회의 태동 시점에 SK가 처한 상황을 보면 이러한 집단지도체제 식의 control tower의 필요성을 이해할 수는 있다. 수펙스협의회는 최태원 회장의 구속으로 최대주주의 경영활동이 불가할 때, 전문 경영인들 중심으로 경영활동이 수행되어야 하는데 그 누구도 최대주주를 대신해서 그룹을 경영할 수 없기 때문에 이러한 집단 지도 체제 형식의 협의체를 만들어 최고경영진들이 주요한 안건에 대해서 합의나 협의에 의해서 집단적 의사결정을 수행한 것이다. 이러한 행태가 고착화되면서 굳어진 것으로 이해한다.

반면, 수펙스협의회는 계약에 의한 협의체이니 구속력이 있는 것도 같은데, 외부에서의 이 협의체에 대한 이해에는 한계가 있다. 어떻게 보면 법적인 실체를 뛰어 넘어서 과거 삼성의 미래전략실과 같은 초법적인 성격이라고도 이해된다. 계열사와의 계약에 의해서 경영에 관여함은 삼성의 준법감시위원회 활동과도 무관하지 않다.

삼성의 준법감시위원회라고 하는 애매한 성격의 위원회가 이재용 회장의 재판 과정에서 판사의 요청에 의해서 기업집단 차원에서 구성되어 삼성의 지배구조에 대한 자문을 하고 있기는 하지만 이 초법적인 위원회의 실체에 대해서 끊임 없이 의문과 비판이 제기되고 있는 것이나 유사하다. 일개 판사의 요청에 대해서 한국 최대 기업 집단인 삼성이 법에도 없는 기구를 만들었다는 것에 대해서는 이해가 어렵고 이 준법감사위원회와 계약을 체결한 한 회사의 이사회 의장의 요청에 의해서 해당 회사는 계약을 하기는 하지만 이 위원회의 적법성

---

22 한경비즈니스. 2024.7.31.-8.6. BBC(배터리 바이오 케미칼) → ABC(AI 배터리 반도체) 전환에 수펙스도 변화… SK 콘트롤타워 변천사

에 대한 의문을 계약서에 기술했다고 한다. 또한 삼성이 전경련(한경련, 한국경제인연합회)에 복귀하는 과정에서도 준법감시위원회는 정경유착을 거부한다는 조건하에 전경련 복귀를 결정하였지만 삼성증권 이사회는 이에 반대하는 등, 준법감시위의 위상이나 역할에 대한 여러 가지 의견들이 있다. 삼성증권은 준법감시위와 계약을 체결한 삼성전자, 삼성전기, 삼성SDI, 삼성SDS, 삼성물산, 삼성생명, 삼성화재의 7 계열사가 아니니 준법감시위의 결정에 구속될 필요가 없다. 그도 너무나 당연한 것이, 개별 회사는 각 개별회사의 지배구조에 의해서 상법에 근거하여 의사결정을 해 나갈 것인데 준법감시위의 위상이나 개입은 법에 기초하지 않기 때문이다.

2022년엔 이찬희 위원장이 "글로벌 기업인 삼성의 최고 경영진이 재판 때문에 제대로 경영을 할 수 없다면 결국 국민이 피해를 보는 것"이라며 이 회장의 사면을 요청하는 발언으로 '감시자 역할을 망각하고 변호인 역할을 하고 있다'는 비판도 받았다.[23] 또한 이재용회장의 이사회 복귀에 대한 의견을 표명하기도 또한 삼성그룹 전체의 control tower의 필요성에 대한 필요성을 피력하기도 한다.[24]

SK의 경우는 director's summit이거나 소위 이천 포럼 등을 통해서 지주사와 계열사 간에 또는 계열사 간에 정보를 교환하고 있다. SK가 지배구조 차원에서 governance story 등 여러 모범적이고 실험적인 시도를 수행하고 있으니 SK가 움직이는 방향을 유심히 관찰할 필요가 있다고 사료된다.

그러나 역사적으로 재벌그룹에서 개별 계열사와 분리된 또는 상위에 있는 것처럼 보이는 조직에 대해서 비판적인 시각이 존재한다. 특히 100% 소유가 아닌 자회사에 대해서도 사실상의 관여나 협의가 필요한 상황에서, 협의를 위한 정기적인 협의체를 통한 협의를 공식화하기도 한다.

모 자회사 사이의 협의의 방식이나 통로는 다양할 수 있기 때문에 이를 굳이 하나의 공식적 협의체 형식으로 제한할 필요가 없다는 의견도 있다. 금융사는 규제산업이므로 모든 정관이나 규정 등이 일반 기업에 비해서 더 일찍 정형화되어 있다.

---

23 한경비즈니스. 2023.9.20.-26. 삼성 준법위, '워치독'과 '변호인' 갈림길...
24 매일경제신문. 2024.10.19. "삼성 위기... 이재용, 등기이사 복귀애야"

- KB금융지주 정관 제47조(완전자회사등에 대한 이사회의 권한과 책임)
- 제1항 이사회는 완전 자회사 및 완전 손자회사의 경영사항에 대하여 조언·시정권고 및 자료 제출요구 권한을 보유한다. → 지배구조법 시행령 내용
- 제3항 이사회는 자회사 및 손자회사 전체를 통합하기 위하여 금융회사의 지배구조에 관한 법률 등 관련 법령이 정하는 바에 따라 내부통제기준을 마련하고 그 준수여부를 점검하기 위해 준법감시인을 선임할 수 있다.

이 문제는 모회사 이사회의 자회사에 대한 지시권이라는 형태로 논의가 되고 있다. 지시권을 명시적으로 인정하는 외국의 사례나 입법례는 찾아보기 어렵고, 지시권을 명문화한 것은 독일의 콘체른법이 거의 유일한데, 이 경우에도 지시권은 계약콘체른, 즉 지배계약이 체결된 경우에 한정되고, 주식 소유를 통한 사실상 콘체른에서는 지시권이 인정되고 있지 않다. 우리의 경우, 지배계약이 존재할 수 없고 주총에서의 의결권과 이사 선임 권한이 그 역할을 수행하고 있다고 할 수 있으며 어떻게 보면 의결권이 모든 것을 설명한다.

일반적으로 100% 자회사가 아닌 경우, 특히 우리나라와 같이 많은 자회사가 별도 상장되어 있는 경우에는, 모회사는 한 주주에 불과하므로, 모회사의 지시권이 인정되는 것은 이론적으로도 거의 불가능하다. 모회사의 지시권을 인정하게 되면 자회사의 다른 주주와 이해상충이 발생할 수 있다.

구글의 모회사는 알파벳이라는 상장회사이며, 구글은 100% 비상장 자회사이다. 따라서 구글 주식을 별도로 소유할 수 없으며 구글에 관심이 있는 투자자들은 알파벳 주식을 보유할 수 있다. 구글은 어떻게 보면 알파벳의 사업부적인 성격이므로 구글과 관련된 별도의 기업 정보를 구하기도 어렵다. 다만, 알파벳의 회계정보 중, 사업부에 대한 segment reporting이 존재한다면 그 경우는 구글에 대한 정보를 구할 수 있다.

상법에서는 모회사에 대해서 다음의 감사의 조사권 권리는 인정하고 있다.

상법 제412조의5(자회사의 조사권)

① 모회사의 감사는 그 직무를 수행하기 위하여 필요한 때에는 자회사에 대하여 영업의 보고를 요구할 수 있다.

② 모회사의 감사는 제1항의 경우에 자회사가 지체 없이 보고를 하지 아니할 때 또는 그 보고의 내용을 확인할 필요가 있을 때에는 자회사의 업무와 재산 상태를 조사할 수 있다.

③ 자회사는 정당한 이유가 없는 한 제1항의 규정에 의한 보고 또는 제2항의 규정에 의한 조사를 거부하지 못한다.

위의 조사권한은 감사(내부감사)의 자회사에 대한 권한을 의미하지만 회사에 대한 감사는 내부 감사와 외부 감사가 동시에 진행되며 외부 감사에 대해서는 연결재무제표의 이슈가 개입된다.

금융지주의 경우는 다른 제조사 지주회사와는 달리 지주 이사회가 계열사의 CEO에 대한 인사권도 행사하고 있다. 계열사 CEO 후보 추천위원회 등의 경우도 회의체의 형태로 운영되는데 이에 반해서 포스코홀딩스와 같은 경우, 회의체가 아니라 지주사 대표이사 회장의 인사권의 영역이다. 아마도 금융지주의 경우는 모든 자회사가 비상장회사인 것과도 무관하지 않아 금융지주가 계열사에 대한 인사권을 온전히 행사할 수 있다.

LG의 경우도 2023년 12월 초에 그룹 인사발령이 있었는데 각 계열회사는 각자의 이사회를 개최하여 그룹 차원에서의 인사발령에 맞춰서 인사안을 결의하는 절차로 진행되었다.

계열사 대표이사의 선임권한을 지주 대표이사가 아닌 지주 이사회가 행사하는 두 대안을 비교해 본다.

회의체로 진행된다고 하면 사외이사들이 개입할 것인데, 지주의 사외이사들이 후보자들의 장단점을 얼마나 잘 파악하고 있어서 인사에 영향을 미칠 것인지에 대한 의문이 있다. "선무당이 사람 잡는다"는 우리 속담이 있듯이 daily operation을 하지 않는 사외이사들이 사내 후보자들을 객관적으로 잘 파악하기 어렵다. 그럼에도 불구하고 회의체가 가질 수 있는 장점도 존재한다.

독일식 supervisory board는 management board의 경영이사들의 선임에 대

한 권한을 갖고 있다고 한다. 회사 내의 가장 강력한 권한인 인사권을 super-visory board의 주주이사들과 노조 이사들이 갖고 있는 것이다.

소유와 경영이 분리된 지주사인 포스코홀딩스나 KT의 경우, 개인 최대주주도 아닌 지주 대표이사가 과도한 권한을 행사하는 것이 옳은 것인지에 대한 의문도 있다. 지주 대표이사의 권한을 분산한다는 차원에서는 계열사 CEO에 대한 인사권을 독임제와 같이 행사하게 하지 말고, 회의체의 결정으로 진행되는 것이 옳다고도 할 수 있다. 다만 지주회사 대표이사 회장으로서의 권한이 주어졌는데 가장 중요한 인사권을 행사하지 말라고 하면 지주회사 대표이사 회장은 실세가 아니고 지주회사 이사회가 대표이사 회장을 제쳐 두고 실세가 된다. 인사권이라는 것이 가장 중요한 권한이니 그러하다.

위의 내용은 감사인의 차원에서는 연결재무제표의 내용과 무관하지 않다. 연결하는 실체를 감사하는 감사인의 입장에서는 연결 대상 회사의 재무제표를 동일 감사인이 감사를 수행하지 않더라도 피 연결회사에 대한 책임을 지게 된다. 연결하는 회사의 CFO나 감사위원회가 연결 대상 기업의 재무제표에 대해서 책임이 있는 것이나 동일하다.

물론, 연결 대상 회사가 동일 회계법인일 경우는 편하게 연결 대상 회사에 대한 확인과 점검 작업이 가능하겠고 그렇기 때문에 국제회계기준이 도입된 2011년 이후에 많은 기업 집단에 대해서 회계법인 일치화가 진행이 되었지만 여러 가지 사정으로 일치화가 되지 않은 기업집단도 적지 않다.

일치화가 연결대상 기업의 적절한 감사절차의 필수절차인 것은 아니다. 일치화가 되지 않아도 연결하는 회사의 감사인과 연결 대상 기업의 감사인이 협조하여 소통이 원활하다고 하면 순조롭게 감사가 진행될 수 있다.

포스코그룹의 경우 특히나 주된 계열사인 포스코(철강), 포스코퓨처엠 (포스코케미칼), 포스코인터내셔널, 포스코건설(포스코E&C) 중 2022년에는 포스코인터와 포스코건설이 포스코홀딩스를 감사하였던 삼정회계법인으로 일치화가 되지 않았고 2023년 사업연도에는 포스코이앤씨만 일치화가 되지 않았는데 그 사유는 다음과 같다.

[포스코인터내셔널]

- 19~21년: EY와 3년 계약
- 22년: 23년 주기적 지정 대상임에 따라 기존 감사인인 EY 재선임
    * 22년 그룹 감사인 일치를 위해 KPMG로 선임할 경우
    23년 증선위 지정 시 KPMG 外 회계법인이 지정되어
    포스코인터내셔널은 21년(EY), 22년(KPMG), 23년(KPMG 外 지정
    감사인) 연속해서 감사인을 교체하는 비효율 발생
- 23년: 증선위 주기적 지정 결과, KPMG 지정되어 지주회사와 감사인이
    일치화됨

[포스코건설]

- 21년: 금감원 감리 결과 KPMG 지정(1년)
- 22년: 전년도에 지정된 감사인(KPMG)은 교체해야 된다는 규정에 따라
    EY 3년(22년~24년) 선임
    * 자산 1천억원 이상 비상장사는 3년 계약

따라서 2023년 사업연도 감사의 경우, 포스코그룹의 주요 계열사 중에는 포스코 이앤씨(건설)만이 KPMG 삼정이 아닌 EY한영이 감사를 수행하였다.

이러던 것이 2024년 감사에 대해서는 홀딩스가 주기적 지정에 의해서 한영이 지정되었고 순차적으로 포스코, 포스코인터내셔널, 포스코퓨처엠, 포스코 이앤씨에 한영이 감사인으로 선정되게 된다. 단, 이들 계열/사업회사의 감사인의 선정은 각 개별 회사의 감사기능이 별개로 독립적으로 결의한 것이지만 당연히 홀딩스 차원에서 사업/계열사에 대한 감사인 일치화에 대한 선호도가 전달되었을 것이다.

사업보고서/영업보고서

사업보고서/영업보고서

흔히 사업보고서와 영업보고서가 혼동된다.

영업보고서는 상법에 근거한 문건이며, 사업보고서는 상법에 의한 문건이 아니다. 또한 사업보고서의 기한은 사업연도말 경과 후 90일 이내라고 정해져 있는데, 영업보고서는 정기총회일 6주 전에 감사에게 제출해야 한다.

naver: search, 사업보고서 영업보고서

사업보고서는 증권 발행회사의 사업상황·재무상황 및 경영실적 등 기업 내용을 일반투자자들에게 정기적으로 공개함으로써 합리적인 투자판단자료를 제공하고 증권시장에서 공정한 가격형성이 이루어지도록 하여 공정거래질서를 확립하고 투자자를 보호하기 위한 제도이다. 사업연도말 경과 후 90일 이내에 사업보고서를, 분기·반기말 경과 후 45일 이내에 반기보고서(사업연도 개시일로부터 6월간 보고서) 및 분기보고서(사업연도 개시일부터 3월간 및 9월간 보고서)를 금융위원회와 한국거래소에 제출하여야 한다. 사업보고서에는 회사의 목적, 상호, 사업내용, 임원보수, 이사회 등 회사의 기관 및 계열회사 현황, 주주에 관한 사항, 임직원에 관한 사항, 이해관계자와의 거래내용, 재무에 관한 사항 및 그 부속명세, 감사인의 감사의견 등을 기재하여야 한다. 분기·반기보고서의 기재사항은 사업보고서의 기재사항을 준용한다. 다만, 재무사항 중 부속명세와 공인회계사의 감사의견은 생략할 수 있으나, 감사인의 확인 및 검토의견을 받아 기재해야 한다.[25]

---

25 [네이버 지식백과] 사업보고서 (금융감독용어사전, 2011. 2.)

영업보고서

이사는 대통령이 정하는 바에 따라 영업에 관한 중요한 사항을 기재하여 정
기총회의 6주간 전에 감사에게 제출하여야 하며(상법 제447조의2, 제447조의3),
감사는 영업보고서를 받은 날로부터 4주간 내에 감사보고서를 이사에게 제출
하여야 한다(제447조의4). 또 이사는 영업보고서를 정기총회에 제출하여 그 내
용을 보고하여야 한다(제449조 제2항).

이사는 정기총회의 1주간 전부터 영업보고서를 본점에 5년간, 그 등본을 지점
에 3년간 비치하여야 하며, 주주와 회사채권자는 영업시간 내에 언제든지 열람
할 수 있고, 영업보고서의 등본이나 초본의 교부를 신청할 수 있다(제448조).[26]

제447조(재무제표의 작성) ① 이사는 결산기마다 다음 각 호의 서류와 그 부속명세
서를 작성하여 이사회의 승인을 받아야 한다.
1. 대차대조표
2. 손익계산서
3. 그 밖에 회사의 재무상태와 경영성과를 표시하는 것으로서 대통령령으로 정하는
   서류
② 대통령령으로 정하는 회사의 이사는 연결재무제표(聯結財務諸表)를 작성하여 이
   사회의 승인을 받아야 한다.
[전문개정 2011. 4. 14.]

제447조의2(영업보고서의 작성) ① 이사는 매결산기에 영업보고서를 작성하여 이사
회의 승인을 얻어야 한다.
② 영업보고서에는 대통령령이 정하는 바에 의하여 영업에 관한 중요한 사항을
   기재하여야 한다.
[본조신설 1984. 4. 10.]

---

26 [네이버 지식백과] 영업보고서 [business report, 營業報告書] (두산백과 두피디아, 두산백과)

제447조의3(재무제표등의 제출) 이사는 정기총회회일의 6주간 전에 제447조 및 제447조의2의 서류를 감사에게 제출하여야 한다.

[본조신설 1984. 4. 10.]

제447조의4(감사보고서) ① 감사는 제447조의3의 서류를 받은 날부터 4주 내에 감사보고서를 이사에게 제출하여야 한다.

② 제1항의 감사보고서에는 다음 각 호의 사항을 적어야 한다.
 1. 감사방법의 개요
 2. 회계장부에 기재될 사항이 기재되지 아니하거나 부실기재된 경우 또는 대차대조표나 손익계산서의 기재 내용이 회계장부와 맞지 아니하는 경우에는 그 뜻
 3. 대차대조표 및 손익계산서가 법령과 정관에 따라 회사의 재무상태와 경영성과를 적정하게 표시하고 있는 경우에는 그 뜻
 4. 대차대조표 또는 손익계산서가 법령이나 정관을 위반하여 회사의 재무상태와 경영성과를 적정하게 표시하지 아니하는 경우에는 그 뜻과 이유
 5. 대차대조표 또는 손익계산서의 작성에 관한 회계방침의 변경이 타당한지 여부와 그 이유
 6. 영업보고서가 법령과 정관에 따라 회사의 상황을 적정하게 표시하고 있는지 여부
 7. 이익잉여금의 처분 또는 결손금의 처리가 법령 또는 정관에 맞는지 여부
 8. 이익잉여금의 처분 또는 결손금의 처리가 회사의 재무상태나 그 밖의 사정에 비추어 현저하게 부당한 경우에는 그 뜻
 9. 제447조의 부속명세서에 기재할 사항이 기재되지 아니하거나 부실기재된 경우 또는 회계장부·대차대조표·손익계산서나 영업보고서의 기재 내용과 맞지 아니하게 기재된 경우에는 그 뜻
 10. 이사의 직무수행에 관하여 부정한 행위 또는 법령이나 정관의 규정을 위반하는 중대한 사실이 있는 경우에는 그 사실
③ 감사가 감사를 하기 위하여 필요한 조사를 할 수 없었던 경우에는 감사보고서에 그 뜻과 이유를 적어야 한다.

[전문개정 2011. 4. 14.]

제449조(재무제표 등의 승인ㆍ공고) ① 이사는 제447조의 각 서류를 정기총회에 제출하여 그 승인을 요구하여야 한다. 〈개정 2011. 4. 14.〉

② 이사는 제447조의2의 서류를 정기총회에 제출하여 그 내용을 보고하여야 한다. 〈신설 1984. 4. 10.〉

③ 이사는 제1항의 서류에 대한 총회의 승인을 얻은 때에는 지체없이 대차대조표를 공고하여야 한다. 〈개정 1984. 4. 10.〉

이사회와 감사위원회 간에는 영업보고서를 보고하고 감사하는 기능을 양분하게 된다. 즉, 이사회는 영업보고서를 승인하여 감사(점검)을 위해서 감사위원회에 제출하고, 감사위원회는 이를 감사하고 이사에게 제출해야 한다.

chapter

28

공정위 규제 대상 기업

chapter
28

공정위 규제 대상 기업

매일경제신문. 2023.1.27. 공정위, 공시 의무, 일감 몰아주기 규제 대상 기업 확 줄인다.

정부가 공시 대상기업집단 지정 기준을 현행 '자산 5조원 이상'보다 높이는 작업을 추진한다. 이럴 경우 총수 일가의 사익 편취 규제나 공시 의무 부과 대상 규제 등을 받는 기업 수가 절반 가까이 줄어들 것으로 전망된다. 금산 분리제도와 지주회사 제도를 기업 부담을 완화하는 방향으로 개편하는 방안도 모색한다.

26일 한기정 공정거래위원회 위원장은 이 같은 내용을 골자로 한 업무 추진 계획을 윤석열 대통령에게 보고했다. 대기업집단은 일부 대기업 규제를 적용받는 공시대상기업집단 (자산 5조원 이상)과 상호 출자 금지 등 전체 규제를 적용받는 상호출자제한 기업 집단(자산 10조원 이상)으로 구분된다. 상호출자제한 기업집단 지정 요건은 공정거래법 개정에 따라 내년부터 자산규모가 국내총생산(GDP)의 0.5% 이상인 기업 집단으로 바뀔 예정이다. 이에 따라 공시대상 기업 집단 지정 기준도 GDP와 연동하거나 기준 금액을 상향하겠다는 것이다.

윤수현 공정거래위원회 부위원장은 "GDP의 0.2%나 0.3%로 할 수도 있고, 자산 기준을 6조원이나 7조원으로 늘리는 방법도 있다"며 "(학계 법조계 이해 관계자 등이 참여하는) 기업집단 정책 네크워크의 의견을 듣고 저희도 연구해서 정할 계획"이라고 설명했다.

공시대상 기업집단에서 제외되면 계열사 간 주식 소유 현황, 특수관계인과의 거래 현황, 순환 출자 현황 등을 정기적으로 공시하지 않아도 된다. 총수 일가 일감 몰아주기 등 사익편취도 적용받지 않는다.

자산 기준액 7조원으로 높아지면 공시대상 기업집단은 지난해 5월 기준 76곳에서 56곳으로 20곳이 줄어든다. 크래프톤, 삼양, 애경, 한국GM, 하이트진로, 현대화재해상보험, OK금융그룹, 농심 등이 해당된다. 상호출자제한 기업집단과 기준을 같이 하면 47곳까지 감소한다.

공정거래법 금산 분리 제도(금융사의 의결권 제한, 지주회사의 금융 비금융사 동시 소유 금지), 지주회사 제도 등도 개편 대상이다. 다만 편법적 적대적 승계, 부실 계열사 지원 등에 대해선 엄정히 제재하겠다는 방침이다. 이를 위해 총수익스왑(TRS) 등 금융상품을 이용한 부당 지원 및 재무 보증 금지 규제 우회 행위에 대한 규율 방안을 검토할 예정이다.

외국인을 기업집단 동일인(총수)으로 지정하기 위한 기준 마련도 계속 추진한다. 동일인 판단 기준 변경 절차 등에 대한 지침을 마련하고 기업에 동일인 지정에 관한 의견 제시 기회를 부여한다는 설명이다.

공정위는 동일인의 배우자나 2, 3세가 외국인 또는 이중 국적자인 기업집단이 최소 10여 개인 것으로 추정하고 있다. 윤 부위원장은 "외국인 동일인 지정 문제는 (미국 국적의 김범석 의장이 지배하는) 쿠팡만 관련된 사안이 아니다"며 "산업통상자원부 등 관계부처와 협의해 원만하게 진행하려고 한다"고 언급했다.

공정거래위원회는 출자제한 기업에 대한 자산규모 범위를 수년에 한번씩은 상향 조정해 오고 있었고 이러한 조정이 있을 때마다 기업은 자산 규모 범위를 상향 조정해 줄 것을 요구해 왔어서 공정위와 기업간에 밀고 당기는 일이 반복되었다. 공정위는 이에 대한 판단 기준이 주관적이기보다는 GDP에 연계하는 방안을 모색하였고 이에 대한 논의가 현재도 진행 중이다. 명확한 formula가 있다고 하면 소모적인 논란을 할 필요가 없어진다. 단, GDP로 잣대를 이용한다고 해도 위 기사에 기술되었듯이 그 퍼센티지를 어떻게 정할지가 논란의 대상이 될 수 있다. 이러한 내용은 외감대상 기업의 기준을 정하는 가이드라인에도 같이 적용된다. 순차적으로 외감대상 기업을 정할 때, 자산규모에 근거하여 잣대를 조정하였는데 조정 때마다 감독기관과 피감기업 간에 밀당이 진행된다.

조선일보, 2024.2.9. '자산 5조'인 대기업 지정 기준, 'GDP와 연동'으로 변경

공정거래위원회가 '자산5조원 이상'인 공시대상기업집단(대기업집단) 지정 기준을 국내총생산(GDP)과 연동하는 방식으로 바꾸기로 했다. 국내 경제 규모는 계속 커지는 반면, 대기업 집단 기준은 '5조원 이상'으로 묶여있어 경직된 규제라는 지적에 따른 조치다.

공정위는 8일 이 같은 내용을 포함한 '2024년 주요 업무 추진 계획'을 발표했다. 공정위는 올해 주요 업무 중 하나로 '대기업 집단 제도의 합리적 운영'을 손꼽았는데, 대기업 집단 지정 기준 변경이 그 핵심이다. 어떤 기업 그룹이 대기업 집단으로 지정되면 총수와 그 일가의 지분 보유 현황과 계열사 간 주식 출자 현황 등을 공시해야 한다. 다만 GDP의 몇 %로 할지는 아직 정해지지 않았다.

앞서 공정거래법 개정으로 올해부터 상호출자제한기업집단 기준은 '자산총액 10조원 이상'에서 '명목 GDP의 0.5%(약 10조 4000억원) 이상'인 기업으로 바뀌었다. 상호출자제한기업집단으로 지정되면, 공시 의무 뿐 아니라 추가로 상호 출자 금지 등의 규제를 받는다.

공정위 관계자는 "공시대상 상호출자제한 기업들의 지정 기준을 GDP 연동 방식으로 통일해 정책적 정합성을 추구하려는 것"이라며 "물가 상승률 등의 지표보다 GDP 연동 방식이 상대적으로 안정적인 점을 감안했다"고 밝혔다.

chapter

29

은행 손실 준비금

은행 손실 준비금

매일경제신문. 2023.1.27. 은행, 손실 준비금 더 쌓아야… 배당 줄어들 수도

금융위원회가 은행권의 손실 흡수 능력을 확충하기 위해 '특별 대손준비금 적립 요구권'을 도입하는 내용의 은행업감독규정 개정을 추진한다고 26일 밝혔다. 특별대손준비금 적립 요구권이란 예상 손실액에 비해 은행의 대손충당금 등이 부족하다고 판단되면 금융당국이 은행에 대손준비금 등의 추가 적립을 요구할 수 있는 권리다. 금융당국이 은행에 대손준비금 추가 적립을 요구할 경우 은행 자기자본에 미치는 영향은 없지만 배당가능이익은 그만큼 줄어들고 그 대신 은행의 손실 완충 능력은 높아지는 효과를 거둔다. 최근 부실 채권 대비 대손충당금과 총 여신 대비 부실 채권 비율 흐름이 개선되고 있다. 하지만 금융위는 이 같은 지표 개선이 착시 효과일 가능성을 염두에 두고 이번 규정 개정에 나섰다.

은행권 총 여신은 2019년 1981조원에서 지난해 9월 기준 2541조 1000억원으로 증가한 반면 부실 채권 규모는 15조 3000억원(부실채권 비율 0.77%)에서 9조 7000억원(0.38%)으로 줄었다. 금융당국은 코로나19 사태 이후 대출 만기 연장 등 정책 지원 효과에 따른 것일 수 있다고 판단했다. 이 때문에 적립 요구권을 도입해 향후 경기 상황에 따라 당국과 은행권이 탄력적으로 대응할 수 있는 장치를 마련해 두겠다는 생각이다. 은행업감독규정이 개정되면 금융당국은 대손충당금과 대손준비금 수준의 적정성을 평가한 뒤 부족하다고 판단되면 추가 적립을 요구할 수 있다. 금융감독원이 평가하고 금융위가 추가 적립을 요구하는 구조지만, 시간적 여유가 없으면 금감원이 적립을 요구하고 금융위에 보고하는 것도 가능하다.

금융당국은 은행권 대손충당금 적립 모형 내실화를 위한 예상 손실 전망 모형 점검 체계도 구축하기로 했다. 은행별 대손충당금 적립 기준이 천차만별이라고 판단해서다. 앞으로 은행은 매년 독립적인 조직의 검증 등을 통해 적정성을 점검하고 그 결과를 금감원에 제출해야 한다. 금감원은 점검 결과가 미흡하다고 판단되면 개선을 요구할 수 있게 된다.

한국경제신문. 2023.11.7. "은행, 손실 대비 충당금 더 쌓아라"

위기에 대비한 은행의 손실흡수능력을 높이기 위해 금융당국이 특별대손준비금 적립을 요구할 권한을 갖게 됐다. 금융위원회는 1일 정례회의에서 이 같은 내용을 담은 은행업 감독규정 일부 개정고시안을 의결했다. 금융위는 금리 상승 등 대내외 불확실성 확대에 대응해 은행의 위기대응능력을 높이기 위한 것이라고 설명했다.

은행이 손실에 대비하는 수단으로는 대손충당금과 대손적립금이 있다. 대손충당금은 채권을 받지 못할 것에 대비해 미리 비용으로 처리하는 것이다. 비용이 발생하기 때문에 순이익이 줄어든다. 올해 6월말 기준 국내은행의 총여신 대비 충당금 적립률은 0.93%로, 미국(1.67%)과 유럽(1.51%)보다 크게 낮다.

대손준비금은 은행업 감독규정에 따라 추가로 적립해야 하는 자본이다. 대손준비금을 늘리면 순이익에는 영향을 주지 않지만 배당가능이익은 줄어든다. 금융위는 은행의 대손충당금과 대손준비금 적립 수준이 부족하다고 판단할 경우 특별대손준비금을 적립하라고 요구할 계획이다.

이제까지 금융당국이 은행들에 선제적으로 손실흡수능력 확충을 요구할 수 있는 제도적 근거가 없었다. 이에 금융감독원이 협조를 요청하는 식으로 대응해왔다. 금융위는 "은행권의 자산건전성 추이를 보면서 금융위 의결을 거쳐 특별대손준비금 요구권을 행사할 것"이라고 했다.

금융위는 또 예상손실 전망 모형 점검 체계를 구축해 각 은행이 자체적으로 마련한 모형의 적정성을 검증하기로 했다. 현재 은행은 각자의 예상 손실 전망 모형을 만들고, 이를 기반으로 손실을 추정하고, 대손충당금을 적립하고 있다. 은행은 앞으로 예상손실 전망 모형에 따른 충당금 적립의 적정성을 점검해 그 결과를 금감원에 제출해야 한다. 금감원은 이를 토대로 예상되는 손실을 은행이 적절히 측정했는지 등을 확인해 개선 요구 등의 조치를 할 수 있게 된다.

대손충당금과 대손준비금

정의, 부실채권을 미리 손실로 반영: 손실에 대비해 확충하는 자본

적립기준, 회계기준: 은행법 감독 규정

회계처리, 비용으로 처리해 순이익 감소: 이익잉여금, 순이익 영향 없음

chapter

30

교보생명과 관련된 법적 판단

교보생명과 관련된 법적 판단27

매일경제신문. 2023.2.7. '교보생명 풋옵션 평가' 회계법인 2심도 무죄

교보생명과 재무적투자자 간 풋옵션 분쟁이 5년째 이어지고 있는 가운데 법원이 관련 형사소송 2심에서도 딜로이트안진회계법인의 손을 들어줬다. FI인 어피너티 컨소시엄은 2018년 교보생명에 '특정 가격'에 주식을 다시 사가라는 풋옵션을 행사했는데, 안진은 이때 풋옵션 가격의 기반이 되는 가치평가를 담당했다.

서울고법 형사1-1부는 3일 공인회계사법 위반 혐의로 불구속 기소된 딜로이트안진 임원 2명에게 1심과 같이 무죄를 선고했다. 함께 기소된 딜로이트안진 직원 1명과 어피너티 임직원 2명도 모두 무죄를 받았다. 이들은 2018년 10월 풋옵션 행사 가격을 평가하면서 어피너티 측에 유리하게 가치를 부풀린 혐의를 받고 있다.

이날 판결에서 재판부는 "회계사의 가치평가 업무에서 어떤 의견을 평가자와 의뢰자 중 누가 먼저 제안했는지가 중요한 것이 아니라 회계사의 전문적 판단 없이 어피너티 컨소시엄의 일방적 지시로 이뤄졌다고 보기에는 객관적 증거가 없다"고 밝혔다.

어피너티 컨소시엄 측 변호인들은 "안진 회계사들과 어피너티 컨소시엄 측 관계자들의 억울함을 조금이나마 풀어줄 수 있어 다행"이라고 밝혔다.

교보생명은 "다수의 공모 정황과 증거가 있었음에도 무죄 판결이 나온 것에 대해 유감스럽지만 법원의 판단을 존중한다"는 입장을 내놨다. 그러나 교보생명은 이번 재판 결과가 어피너티와 안진이 산출한 풋옵션 행사 가격(주당 41만원)을 정당화하는 것은 아니라고 주장했다. 그 근거로 교보생명은 2021년 9월 국제상사중재 (ICC) 판정

---

27 저자는 교보생명과 어피너티 콘소시엄간의 법적 다툼에 어피너티 측을 위한 전문가 의견서를 작성해 주었다. 저술에서의 편향된 의견 표명을 회피하기 위해서 언론 기사에 근거한 내용만을 정리하였다. 관련된 내용은 손성규(2023)의 chapter 15에서도 기술된다.

에서 '신창재 교보생명 회장이 41만원에 주식을 매수해 줄 의무가 없다'고 판결했다는 점을 들었다. 어피너티는 이에 반발해 ICC 중재판정부에 2차 제소를 하고 결과를 기다리고 있다.

다만 이번 무죄 판결과 풋옵션 의무 이행에 대한 압박이 커질 것으로 전망된다. 신회장은 그동안 풋옵션 의무를 이행하지 못하는 주된 이유로 안진평가보고서가 위법하다는 점을 들었다. 반면 어피너티 컨소시엄 측은 신 회장이 풋옵션 의무를 이행하지 않기 위해 무리하게 공격했다고 비판해왔다.

분쟁의 핵심은 '행사 가격'이다. 어피너티는 2018년 말 신 회장에게 자신들이 보유한 교보생명 지분 24%를 주당 41만원에 다시 사가라며 풋옵션을 행사했다. 이 회사는 2012년 9월 대우인터내셔널과 한국자산관리공사(캠코)가 보유 중이던 교보생명 지분을 사들인 바 있다. 당시 어피너티의 매입 가격은 주당 24만 5000원(총 1조 2000억여 원)이었다.

한국경제신문. 2023.2.7. 교보생명 "어피너티 무죄...풋옵션 국제중재와 무관"

2012년 9월 1차 중재 판정은 당시 형사재판 1심이 진행 중이던 어피너티와 안진회계법인 관련 당사자들에 대한 '무죄 추정의 원칙'을 적용해 결론 낸 것이어서 2심에서도 1심과 같은 판단이 나온 만큼 달라질 것이 없다는 설명이다.

이후 어피너티 측은 작년 2월 법률 대리인을 교체하고 신 회장에게 평가기관을 통해 산정한 공정시장가격 평가보고서를 제출할 것을 요구하는 2차 중재를 신청했다. 교보생명은 "단심제 성격인 1차 중재 판정에 승복하지 않고 2차 중재를 신청한 것"이라며 "결국 1차 중재와 쟁점은 같다"고 설명했다.

가치평가의 과정이라 함은 여러 가지 가정을 전제로 하고 있을 수밖에 없으므로 당연히 주관적이고 어떤 경우는 자의적, 임의적일 수 있다. 또한 가치 평가 과정에서의 가정이 맞지 않으면 가치평가도 달리 나타날 수밖에 없다. 이러한 가치평가 과정에서의 어려움과 한계는 그 용역 수행 기관이 회계법인이라고 해도 예외가 아니다

chapter

31

배당 확정 후 투자

chapter
31

배당 확정 후 투자

조선일보. 2022.9.20. 주주배당금 지급 방식 선진국 식으로 바꾼다.

대부분의 상장 기업이 매년 12월 말 배당을 받을 주주를 확정(배당 기준일 지정)한 뒤, 다음 해 3월 주주총회에서 배당금을 정하고 4월에야 지급하는 현행 배당 제도 개편이 추진된다. 미국 등 금융선진국들처럼 매년 1~3월 주총이나 이사회에서 배당금 규모를 결정한 뒤에 지급하는 방식으로 바꾸려는 것이다.

현행 배당 제도는 주총이 열리는 3월 주주들이 전년 12월 주주들에게 줄 배당을 결정하게 된다. 주요국 가운데 한국과 일본에만 있는 독특한 관행이다. 배당을 받을 주주를 정한 뒤 배당금 규모를 정하기까지 3~4개월이 걸리기 때문에 대주주와 달리 소액 주주들은 상당한 변동이 생긴다. 따라서 작년 12월 주주들을 위한 배당금 요구를 강하게 하지 않을 가능성이 있다. 또, 배당금을 높이더라도 작년 말 주주들에게 지급되기 때문에 배당으로 인한 주가 부양 효과가 낮다는 지적을 받는다.

배당 방식이 변경되면 1400만명에 달하는 개인 투자자 입장에서는 배당금 지급에 걸리는 시간이 3~4개월에서 1개월 정도로 크게 단축되고, 배당금 규모가 결정된 뒤 투자를 할 수 있어 '배당 투자'의 예측 가능성이 높아진다. 또 기업 입장에서는 더 많은 투자자를 모으기 위해서 배당을 늘려야 하기 때문에 배당 수익도 높아질 수 있다.

19일 자본시장 업계에 따르면, 금융위원회와 한국거래소, 법무부 등 관련 부처와 기관들이 이 같은 개편을 위한 작업에 착수했다. 빠르면 내년부터 시행될 것으로 알려졌다. 정부 관계자는 "연내에 개편 작업을 마무리할 계획"이라고 말했다.

즉, 위의 신문기사에서 기술되었듯이 배당을 결정하는 주주와 배당을 받는 주주가 동일하지 않을 수 있다. 즉, 많은 기업이 주총에서 배당을 결정하는 것은 주주의 의결권의 이슈인데, 주총 당시의 주주가 배당을 받을 주주가 아니면서 주주 본인이 받을 배당을 결정한다는 자기 결정권이라는 매우 기본적인 법 원칙이 흔들리게 된다. 즉, 주총 시점의 현재의 주주가 과거의 주주가 받는 배당을 결정하는 mismatch가 발생하게 되는 것이다. 또한 배당에 관심이 높은 주주들일 경우, 본인들이 받을 배당을 주총에서 높게 결정할 수도 있는데 배당 결정일 이후에 주주가 된 신규 주주들은 본인이 받을 배당이 아닌 회사의 이익을 이미 주주가 아닌 즉, 어떻게 보면 회사와 이제 아무런 관련성이 없는 '남'을 위해서 높게 배당을 책정할 아무런 이유가 없게 된다. 남에게 줄 배당을 높게 책정하느니 회사 내에 유보하거나 아니면 중간배당이 있는 회사일 경우는 중간배당으로 더 지급하거나, 아니면 중간배당이 없는 회사라고 해도 그 다음 해 주총 때, 현재 주주가 받을 미래의 배당을 위해서 현재 배당을 낮게 책정하는 것이 더 합리적인 의사결정이다. 어떻게 보면 과거의 이러한 배당 실무는 자본주의의 원칙을 흔드는 실무 관행이었다고도 판단된다. 우리의 운명은 주인인 우리 주주가 정한다고 하는 주주총회의 정신이 완전히 무시되는 행태를 우리가 이제까지 아무 비판 없이 견지해 왔을 수도 있다.

오히려 주총 시점의 주주가 배당을 받을 권리가 있는 주주가 아니라고 하면 배당을 관대하게 의사결정할 사유가 명확하지 않다. 즉, 현재의 주주와 배당을 받을 권리가 있는 주주가 괴리되어 있다고 하면 남을 위해서 굳이 충분하고 합당한 배당을 의사결정할 유인을 찾기 어려울 수도 있다. 이는 회사의 주주들이 회사라는 법인격에 남겨둘 이익과 아니면 사외유출하여 개인적으로 사용할 이익을 결정하는 주주의 자기결정권이 원칙째 흔들리는 현상일 수도 있다. 오히려 이익을 많이 유보하여 나중에 주총에 참여하는 주주들이 받을 미래의 배당을 최대화하는 것이 가장 현명한 대안일 수 있다. 따라서 과거와 같은 제도는 주주의 자기 결정권한이 심대하게 훼손되는 문제를 초래한다. 어떻게 보면 주식회사의 의사결정 체계 자체가 심각하게 훼손된다고도 할 수 있다. 이러한 문제를 정부가 최근에야 정책방향성을 정하고 법무부와 금융위원회가 유권해석[28]

---

28 법무부, 금감원, 한국거래소, 예탁결제원, 상장사협의회, 코스닥협회가 모두 정부와 뜻을 같이 했다.

을 통해서 가이드를 줬다는 것 자체도 이미 너무 늦었다는 판단을 할 수 있다. 이러한 문제가 해결된 이후에는 이사회가 배당을 주총에 부의할 때도 더 전향적으로 제안할 가능성이 높아진다. 단, 이러한 사유 때문에 이사회가 제안한 배당이 주총에서 거부되는 경우가 거의 없었으므로 이러한 우려가 현실화되는 것은 아니다.

이론적으로만 보면 주총에서 배당을 의결하는 주주의 입장에서는 배당기준일 이후에 주주가 되었다면 이미 주주가 아닌 주주를 위해서는 배당을 충분히 할 아무런 이유가 없고 오히려 남에서 배당을 더 주는 것보다는 이익을 유보하는 것이 주총 당시의 현재 주주들에게 당연히 더 유리하다. 주총 당시의 주주가 연말 시점의 주주들을 위해서는 배당을 충분히 지급할 수 있지만, 남을 위한 배당에는 관대하지 않을 수 있다. 물론, 이는 배당기준일과 주주총회 기간 동안에 기존의 주주 구성에 얼마나 많은 변화가 있었는지에 의해서도 달라지므로 간단하지 않은 이슈이다.

조선일보. 2022.9.20. 순익 배당률 영 56%, 미 41%... 한 27%로 하위권

배당제도 개편 추진

배당제도 개편이 이런 문제들을 해결해 상장 기업들의 배당성향을 높이는 데 도움이 될 것으로 정부와 자본시장 업계에서는 전망한다. 낮은 배당성향은 국내 증시가 신흥국들보다도 저평가 받는 '코리아디스카운트'의 원인 가운데 하나로 꼽힌다.

블룸버그와 대신증권에 따르면, 지난해 한국 상장 기업의 배당성향은 26.7%에 그쳤다. 미국(41%), 영국(56.4%), 프랑스(45.4%) 등에 크게 뒤지고, 세계 주요 25개 증시 가운데 브라질(26.6%)에 이어 둘째로 낮다. 우리나라와 배당 제도가 같은 일본도 31.1%로 하위권이다.

금융선진국들은 배당금 규모를 먼저 정한 뒤 배당받을 주주를 확정하고 있다. 미국의 경우 이사회가 배당금 규모와 배당 기준일을 정해서 집행한다. 독일과 프랑스는 주총에서 배당을 결정하는데, 배당 기준일은 주총 이후 '근접한 날'로 정하도록 한다.

상법은 2011년과 2020년 두 차례 개정을 통해 배당 기준일 전에 배당금을 결정할 수 있고, 주총 대신 이사회에서 배당 결정을 내릴 수 있도록 규정하고 있다.

법 체계는 법이 있고 법에 대한 시행령으로 법을 보충하지만 때로는 법에 대한 적용에 있어서 유권해석까지 필요할 경우가 있고 위의 경우가 이런 케이스이다. 여야간의 대치 등으로 법 개정이 어렵기 때문에 법에 규정되어야 할 내용을 정부가 시행령에 포함하여 입법 과정을 피해 입법부를 패싱하며 간다는 비판을 받기도 한다.

정관 개정으로 이사회가 배당을 확정할 수 있도록 상법에서 문호를 열어 놓고 있지만 그럼에도 아직도 많은 기업은 주총에서 배당을 확정하게 된다.

2022년 한국 상장사 협의회에서 12월 결산 코스피 상장사를 대상으로 실시한 설문조사(응답율 45%, 351개사 참여)에 따르면 정관상 재무제표 승인 권한이 주주총회에 있는 회사는 71%인 248개사, 정관 상 이사회에 있는 회사는 29%, 103개 사이며, 정관 상 이사회에 있는 회사 중 실질적으로 이사회에서 최종적으로 재무제표를 승인한 회사는 13%에 불과한 45개사로 나타났다.[29]

또한 이사회가 배당 확정을 할 수 있는 것으로 정관에는 정해져 있지만 그럼에도 이사회가 배당 확정을 주총에 미룰 수도 있다. 이렇게 중요한 의사결정을 왜 회사의 최고의사결정 기관인 주총이 아니고 이사회가 하는지라는 의문이 제기될 수 있으며 이사들이 이에 대한 부담을 느낄 수 있다. 또한 이사회가 배당을 결정하는 것은 주주 중심 경영이라는 대의에 어긋난다는 주장을 할 수도 있다. 그렇다면 애시당초 왜 이렇게 정관은 개정했는지의 의문을 가질 수도 있다.

---

29 이러한 정보를 제공해준 포스코홀딩스 한영아IR담당에게 감사한다.

② 제1항의 기간은 3월을 초과하지 못한다. 〈개정 1984. 4. 10.〉

③ 제1항의 날은 주주 또는 질권자로서 권리를 행사할 날에 앞선 3월내의 날로 정하여야 한다. 〈개정 1984. 4. 10.〉

④ 회사가 제1항의 기간 또는 날을 정한 때에는 그 기간 또는 날의 2주간전에 이를 공고하여야 한다. 그러나 정관으로 그 기간 또는 날을 지정한 때에는 그러하지 아니하다.

매일경제신문. 2023.2.1. 배당액 확정 후 투자 가능해진다.

법무부가 상법 유권해석과 자본시장법 등을 개정해 앞으로는 배당액을 보고 투자를 결정할 수 있도록 배당 절차를 개선한다. 법무부는 이에 따라 한국 증시의 낮은 배당 성향이 개선되고 글로벌 투자자 자금이 유입되는 등 '코리아 디스카운트' 해소에 기여할 수 있을 것이라고 밝혔다.

법무부와 금융위원회는 31일 합동으로 '글로벌 스탠더드에 부합하는 배당 절차 개선 방안'을 발표했다. 현재 대부분 국내 기업은 연말에 배당받을 주주를 먼저 확정하고 다음해 봄에 열리는 주주총회에서 배당금을 결정하는 방식을 취하고 있다. 그러나 앞으로는 배당주주 확정 시기를 배당금이 결정되는 이후로 미룰 수 있도록 상법 제354조에 대한 유권해석을 안내할 예정이다. 법무부는 해당 조문이 '의결권 기준일'과 '배당 기준일'을 구분하고 있어 반드시 현재의 배당 관행을 지켜야 할 필요는 없다고 보고 있다. 또 이를 위해 올해 상반기 중 분기 배당 절차를 규정한 자본시장법 제165조의12에 대한 개정안을 발의해 '선 배당액 확정, 후 배당 주주 확정'이 가능하도록 할 계획이다. 법무부는 이러한 개정을 통해 배당 투자가 활성화되고 장기 투자도 확대될 것으로 기대하고 있다. 또 장기 배당 투자가 촉진되는 등 코리아 디스카운트 해소에도 기여할 것으로 전망했다.

자본시장법 제165조의12(이익배당의 특례) ① 연 1회의 결산기를 정한 주권상장법인은 정관으로 정하는 바에 따라 사업연도 중 그 사업연도 개시일부터 3월, 6월 및 9월 말일 당시의 주주에게 이사회 결의로써 금전으로 이익배당(이하 "분기 배당"이라 한다)을 할 수 있다.

[본조신설 2009. 2. 3.]

위의 자본시장법 규정에서 3월, 6월 및 9월 말일 당시의 주주에게 이사회 결의로써 금전으로 이익배당(이하 "분기 배당"이라 한다)을 할 수 있다고 규정하고 있어 기준일을 분기말로 규정하고 있으며 분기 배당기준일이 분기 배당이 확정된 이후의 일자로 정해지기 위해서는 이 규정이 개정되어야 한다. 이는 중간배당에 해당하는 자본시장법 규정이며 연차 배당은 상법의 유권해석의 이슈이다. 중간배당을 실시하는 기업이 다수인 것은 아니지만 중간 배당을 하는 회사의 숫자가 늘고 있다. 그럼에도 분반기 배당이 크게 문제가 되지는 않는다.

한가지 우려스러운 상황은 자본시장법이 개정되지 않는다면 2023년 사업연도에 대한 연차 배당에 앞서 2024년 1분기에 대한 분기 배당이 직전 연도의 연차 배당을 앞서는 조금 특이한 일이 발생할 수도 있고 이러한 현상이 2024년 사업연도와 이후 연도에 반복될 수 있다. 이러한 역전 현상이 법적으로 불가한 것은 아니지만 뭔가 부자연스럽다. 실제로 모 기업은 2023년 기말배당과 2024년도 1분기 배당이 기업지배구조보고서 핵심지표 달성을 위해 주주총회 이후인 4월 초를 기말배당 기준일로 고려 중으로 1분기와 역전이 전망되기도 하였지만 이렇게까지 하지 않아도 기업지배구조보고서 핵심지표 달성에 문제가 없다는 유권해석 이후에 기말배당 기준일을 2월 말로 정하게 된다.

금융위원회의 이 정책과 관련된 발표 내용은 다음과 같다. 즉, 정부는 어떤 철학을 가지고 이 정책을 추진하고 있는지를 엿볼 수 있는 내용이다.

국내 기업의 '선 배당기준일, 후 배당 확정' 방식의 배당 절차는 글로벌 스탠다드와 상이하여 해외투자자들의 개선 요구 지속 및 국내 증시 저평가요인으로 작용하고 있음

즉, 배당금 규모를 모르는 상태에서 투자하는 '깜깜이 배당'으로 단기매매차익 위주의 거래 환경 조성 등 국내 증시 변동성 확대

MSCI Global Market Accessibility Review ('22.6) "한국기업은 배당권리락 이후 배당금을 공시하는 등 국제기준과 다름"

주요선진국 배당 절차: 공통적으로 배당확정(예상) 금액 공시 후 배당기준일을 운영

미국은 주총이 아닌 이사회에서 배당액 확정 후 배당기준일 결정
프랑스는 배당 결의를 위한 주총일 이후 배당기준일 결정
영국은 배당기준일 전 이사회 결의를 통해 결정된 배당예정액 공시
독일은 배당기준일(주총일) 1개월 전 배당 예상액 공시

국내 배당절차를 '배당금을 보고 투자 여부를 결정'하는 선 배당 확정 후 배당기준일 방식으로 기업들의 개선을 유도하여 글로벌 투자자금 유입 등 코리아 디스카운트 해소 기여 기대한다.

금융위원회 발표 내용
기말 배당은 법무부의 상법 유권 해석에 따라 2023년 3월의 정기주총에서 정관 개정 시 차기 주총 기말 배당부터 개선된 배당절차 활용 가능하다.

유권해석(상법 제354조 제1항)

통상 결산기 말일을 의결권(주총에서 배당액을 결정하는 자) 및 배당기준일(배당을 수령할 자)로 통합 운영 중이나 현행 상법상 의결권 기준일 배당기준일 간 분리가 가능하며, 주총일 이후로 배당기준일을 별도 지정할 수 있다.
금융위는 금번의 배당절차 개선 방안이 강행 규정이 아닌 만큼 기업 실정에 맞춰 개선해 나갈 것을 당부하되, 참여기업 인센티브 제공을 통한 기업들의 참여 유도 및 정책의 조기 안착을 기대하고 있다. chapter 81에서 기술된 정부가 최근 추진하는 밸류업 프로그램도 기업이 이 움직임에 순응하기 위한 당근책을 정부가 제시하고 있다.
'23년 기업지배구조보고서('24년 5월 공시)상 15개의 지배구조 핵심지표[30]에 배당절차 개선 여부를 추가하려고 한다. 이러한 제도의 변화에 대해서 기관 투

---

30 chapter 36의 내용

자자들의 입장은 다음과 같다.

Black Rock: 투명한 배당 정책과 이익 준수가 장기투자가에게는 가장 중요하며, 가격 투명성 측면에서 제도 변화에 대해 긍정적으로 평가

국민연금, Bearing자산운용 등: 신 제도 적용 시 배당 기준일로부터 지급일까지의 기간 단축으로 펀드 운용 시 실무 편의성 및 배당 예측가능성이 제고될 것으로 기대되어 긍정적으로 평가.

주주친화정책: 배당금액을 알고 투자를 결정할 수 있는 주주친화적 배당절차 도입으로 주주중시경영 강화

현행 상법상 '배당 결정에 대한 권리(주총)'와 '배당금 수령에 관한 권리(배당기준일)'를 분리할 수 있고, 의결권 기준일(주총)과 배당기준일을 분리할 수 있으므로, 배당결정이 이루어지는 주총일 이후로 배당기준일을 따로 지정할 수 있다.

위의 내용은 다음으로 정리할 수 있다.
1. 상법 제354조 제1항은 '주주총회에서 의결권을 행사할 자(주총에서 배당결정)'와 배당을 받을 자(배당금 수령)을 구별하고 있음
2. 과거 실무 관행도 적법하다, 현재 관행과 같이 '배당 결정에 대한 권리'와 '배당금 수령에 대한 권리'를 동일 주주가 행사하여야 한다는 법령상 제약이 없다. 그럼에도 불구하고 위에서도 기술되었듯이 논리상으로 이들 주주가 동일한 것이 더 합리적이다.
3. 결국 '배당결정에 관한 권리(주총)'와 '배당금 수령에 관한 권리(배당기준일)'를 분리할 수 있고, 각 권리의 행사에 대한 기준도 분리할 수 있음
4. 유권해석에 의해서 상법 제354조 제1항의 '배당을 받을 자로서의 권리'는 '배당금 수령에 대한 권리'를 의미한다.

위의 논의는 주총에는 누가 참석하여 의결권을 행사할 수 있는지의 논의와도 연관된다. 배당을 누가 받는지와 주총에 누가 참석하는지는 별개의 이슈이다.

주주총회에 참여하여 의결권을 행사할 수 있는 주주의 권한 cut off 시점은 해당 회사의 정관과 주주총회 소집 공고에 명시된 기준일(cut-off date)에 따라 결정된다. 이 기준일은 '기준일' 혹은 '소집공고일'이라고 하며, 각국의 법률

및 회사의 내규에 따라 다를 수 있다.

한국의 경우, 상법에 따르면 회사는 정기주총을 개최하기 6주 전에 기준일을 설정해야 하며, 주주명부 폐쇄 기준일 또는 주주명부 기준일로부터 1주 전까지 주주명부에 등재된 주주가 의결권을 가질 수 있다.

예를 들어, 만약 회사가 3월 30일에 주총을 개최한다면, 해당 주총에서 의결권을 행사할 수 있는 주주는 주주명부 기준일인 2월 중순에 해당 회사의 주식을 소유하고 있는 주주일 것이며, 정확한 날짜는 회사의 공고나 공식 문서를 통해 확인할 수 있다.

즉, 실질적인 변화는 배당기준일을 12월 말에서 3월로 변경하는 것이고 배당 금액이 정해지는 의사결정에는 변화가 없다.

한국경제신문. 2023.2.23. 현대차의 '주주친화' 깜깜이 배당 바꾼다.

현대자동차 그룹이 선진국처럼 배당금 규모를 먼저 정하고 나중에 배당금을 받을 주주를 확정하는 방식으로 배당제도를 바꾸기로 했다. 이에 따라 내년부터 투자자는 배당금 규모를 확정하고 투자할 수 있게 된다.

현대차는 22일 주주총회 소집결의 공시에 '기말 배당기준일을 변경한다'는 내용의 정관 변경 추진안을 담았다. 현재 '선 배당 기준일, 후 배당액 확정'을 '선 배당액, 후 배당 기준일 확정'방식으로 바꾸기 위해서다. 현대차 그룹은 현대모비스, 기아 등 주요 계열사의 배당 제도도 다음 달 정기 주주총회에서 함께 바꾼다는 방침이다.

현대차그룹은 실제 배당금이 얼마인지 모르는 '깜깜이' 상태에서 연말에 주식을 사야 배당 받을 수 있는 현행 제도가 글로벌 스탠더드에 부합하지 않는다는 지적이 나오자 선택적으로 제도 개선에 나선 것으로 풀이된다. 세계 최대 지수 산출 기관인 모건스탠리캐피털인터내셔널(MSCI)은 선진지수에 편입하지 않는 이유 중 하나로 불투명한 배당 제도를 꼽았다.

정관 변경안이 주총에서 통과되면 현대차그룹 계열사는 내년 3월 주총에서 배당금 규모를 확정하고 4월께 결정되는 배당기준일에 주식을 보유한 주주에게 배당금을 지급한다. 정관 변경안은 특별 결의 사안이지만, 주주들이 배당 제도 개선에 우호적이어서 주총 통과 가능성이 높은 것으로 분석된다.

포스코홀딩스도 지난 20일 주총 소집결의 공시에 기말 배당기준일 변경 안건을 올렸다.

포스코홀딩스도 위의 내용이 정관 개정안이므로 특별결의로 의결되었다.

한국경제신문. 2023.2.23. 기아 포스코 배당금 보고 투자... 내년부터 가능해진다.

현대자동차 기아 현대모비스 등 현대차그룹 주요 계열사와 포스코홀딩스 등 국내 대기업들이 배당금 규모를 먼저 정하고 나중에 배당금을 받을 주주를 확정하는 방식으로 소속 배당 제도를 바꾸기로 한 것은 예측 가능한 배당 투자를 할 수 있도록 한 조치다. 전문가들은 배당제도 변경이 확산하면 글로벌 배당주 펀드 등의 신규 자금이 국내 증시에 유입되면서 코리아 디스카운트 해소에도 기여할 수 있다고 전망했다.

잇따르는 대기업의 배당 제도 변경

금융위원회는 올 1월 말 법무부와 함께 배당 제도 개선안을 내놨다. 의결권 기준일과 배당 기준일을 분리해 주주총회일 이후로 배당 기준일을 정할 수 있도록 유권해석을 내렸다. 자본시장법 개정을 통해 중간배당을 할 때 배당액을 먼저 확정할 수 있도록 하겠다는 계획도 발표했다.

하지만 국내 기업들이 이런 정부 정책에 얼마나 호응할지에 대해선 두고 봐야 한다는 관측이 적지 않았다. '선 배당액, 후 배당 기준일 확정' 방식으로 바꾸면 배당 성향을 높여야 할 가능성이 높고 정관 변경을 위해 주총 특별 결의라는 까다로운 절차를 거쳐야 하기 때문이다.

하지만 대기업들의 반응이 예상 밖으로 적극적인 것으로 나타났다. 현대차 그룹, 포스코 등이 정부의 배당정책 개선 방안에 적극 호응해 이번 주총부터 정관 변경을 추진하고 있기 때문이다.

증권업계 관계자는 "대기업들은 국내외 기관투자가의 영향을 많이 받다보니 주주 환원 정책에 더 적극적"이라며 "정부가 배당정책을 바꿀 수 있는 길을 터주자 신속하게 정관 변경에 나선 것으로 보인다"고 말했다.

배당 투자 신규 자금 유입 가능성

대기업들의 배당 제도 개선 움직임에 대해 증권가는 환영한다는 분위기다. 기존 '깜깜이 배당제도'에서는 제대로 된 배당주 투자를 할 수 없었지만 배당 제도를 개선한 기업들은 불확실성 없이 배당 투자를 할 수 있기 때문이다.

외국계 자산운용사 한 관계자는 "기존 제도하에서 기관들은 배당주 투자를 꺼렸다"며 "하지만 배당제도를 바꾼 기업은 앞으로 배당 수익률을 확실하게 인지한 상태에서 투자할 수 있게 돼 배당 투자를 늘릴 것"이라고 예상했다.

증권사 한 관계자는 "그동안 일부 배당주 펀드는 한국을 투자 기피국가로 정한 곳도 있다"며 "배당 투자의 예측 가능성이 높아지면 글로벌 배당주 펀드 자금이 자본시장에 유입되는 선순환이 이뤄질 것"이라고 말했다.

현대차그룹과 포스코에 이어 다른 기업들도 배당 제도 변경에 동참할지 관심이 쏠리고 있다. 상당수 상장사가 이번 주총에서 배당 제도를 변경하는 방안을 내놓을 가능성이 있다는 분석이 나온다. 중장기적으로는 배당 정책을 '선 배당액, 후 배당기준일 확정' 방식으로 바꾸는 기업들이 증가하면서 배당 성향도 높아질 것으로 예상된다.

삼성전자는 공식적으로 올해 배당 관련 정관 변경은 없다는 입장을 내놨다. 하지만 분기 배당 시 배당금을 먼저 확정하도록 자본시장법이 바뀔 경우 배당 정책 변경을 검토하겠다는 입장인 것으로 알려졌다. 삼성전자는 기말 배당 뿐만 아니라 분기배당도 하고 있다.

위의 신문 기사에서 "배당이 먼저 공시가 되기 때문에, 투자가들이 그 배당을 보고 투자를 결정하게 된다"고 기술하고 있는데 이러한 논리의 배경은 "이렇게 되면 배당에 대한 투자자와 시장의 민감도가 올라간다.", "따라서 궁극적으로 기업들이 조금 더 배당정책에 더 신경을 쓰게 될 것이다"라는 논리로 장기적인 측면의 효익을 언급하고 있다. 금융위도 이 유권해석의 정책 의미를 설명할 때 이러한 논지로 설명했다고 한다.

자본시장법이 개정되지 않는다면 포스코홀딩스의 경우는 다음의 문제도 있을 수 있다. 위의 신문기사에도 기술되어 있듯이 삼성전자도 중간 배당을 하고 있어서 상법에 대한 유권해석과 자본시장법의 개정이 동시에 진행되어야 분반기 배당과 연차 배당을 동일한 패턴으로 진행할 수 있게 된다.

- 자본시장법(분기배당)이 연내 개정되지 않을 경우 '23년 기말배당기준일 및 '24.1분기 배당기준일 間 역전 Risk가 지적된다.

사례를 들어, '24.3.22일 주총개최 시 新제도하 '23년 기말배당기준일은 4.1 (+10일)로 舊제도 적용 '24.1분기 배당기준일(3.29, 2024년 3월 마지막 근무일) 보다 뒤에 위치하여 23년 기말 배당이 24년 1분기 배당보다 뒤서는 이상한 현상이 발생한다. 물론 주주들이 받아가는 배당에는 차이가 없으므로 문제가 없고 법적으로도 문제가 없지만 뭔가 이 순서는 이상하다.

포스코홀딩스는 『先배당확정 後배당기준일』방식의 선진적 배당절차 시행을 위해 '23.3월 정기주주총회 時정관 개정을 통해 기말 배당기준일을 결산기말과 다른 일자로 이사회가 정할 수 있도록 개정하였다.

당초 개정 취지에 따라 배당이 확정되는 주주총회일 이후인 3월말로 기말기 준일 운영 時 기말·1분기 기준일 중복으로 주주불만 가능성이 상존하고 있다. (분기배당기준일을 규정한 자본시장법 국회 계류 中)

분기 배당은 법에 의해서 3월 마지막 근무일인 3월 29일로 결정되며 3월 21 일이 주총일이므로 기말배당이 3월 21일 이후 3월 28일이면 될 것으로 진행되 다가 기말 배당과 분기 배당이 너무 간격이 없어 주주 불만이 발생할 위험이 생기게 된다.

'24.1.4. 한국거래소 가이드라인 배포로 한국거래소가 결산이사회 ~ 한국거래 소가 주주총회 사이 일자로 기말배당기준일 운영 可하다는 유권해석을 내렸다. 즉, 주총 이후로 기말 배당 기준일을 정하지 않아도 지배구조핵심 지표 이행에 문제가 없는 것으로 유권해석을 내렸다.

CJ의 경우, 원래 분기 배당은 3월 말일에, 전 회계연도의 기말 배당은 기준 일을 4월에 정하는 것도 고민하였고 차기 연도의 분기배당 기준일이 전기 연도 의 기말배당 기준일을 선행해도 아무 문제가 없기는 하지만 아무래도 배당기준 일도 순차적으로 진행되는 것이 자연스러운 것이라서 CJ도 결산이사회와 주주 총회 사이인 2월 말로 결정하는 것으로 정하게 된다.

기말배당기준일을 결산이사회 이후로 운영시 주주총회일 이전이라도 선진배당절 차 및 기업지배구조핵심지표 이행을 하는 것으로 한국거래소가 양보를 하게 된다.

현대차, 금융지주 등 작년 정관개정을 실시한 대다수 분기배당사는 1분기 배 당기준일 중복 및 거래소 가이드라인 등을 고려하여 2월 말로 기말배당기준일 을 운영할 전망이다.

상법 적용의 법무부의 유권해석이 자본시장법의 개정과 맞물려 진행되어야 하 는데 계획대로 자본시장법이 개정된다는 가정하에 유권해석을 하게 되고 일부 기업이 이 유권해석 대로 정관을 변경하면서 여러 복잡한 문제가 발생하였다.

감사위원 분리 선임

chapter
32

감사위원 분리 선임

비금융기업에까지 감사위원 분리선임 제도가 확대/도입되기 이전에 금융회사 기업지배구조법에 의해서의 감사위원 분리 선임제도는 수년전 우선적으로 도입되었다. 금융업은 규제산업이기 때문에 일반 기업보다도 더 철저한 지배구조를 완비하려 하고 선진 제도도 선제적으로 도입하게 된다. 예를 들어, 금융기업에 대해서는 상근 임원이 두 금융회사에 중복해서 선임될 수가 없는데 이는 금융업에만 적용되는 제도이다.

금융회사 기업지배구조법에 의하면 분리선임이 되는 감사위원이 2인까지도 가능하다. 금융회사는 상근감사위원이 감사위원회의 한 위원으로 활동하는 경우도 다수 있고, 많은 경우 감사위원회 위원의 수가 3인이니 과반 즉, 2인 사외이사/감사위원이 분리 선임의 대상이 될 수도 있다.

위의 태광산업의 경우, 법이나 규정을 잘못 이해하고 있는 것인지 아니면 옳게 이해하면서도 이를 준수하지 않는 것인지를 알 수 없다. 규정을 지키지 않을 경우에 대비해서는 어떠한 penalty가 있어야지 법 위반을 미연에 예방할 수 있다. penalty가 없는 법 적용은 실효성이 의심된다. 오히려 법을 준수하는 기업만 법 준수로 인한 불이익을 감내하게 할 수 있으며 공평치 않다.

많은 회사에는 이사회 산하에 내부 위원회를 두게 된다. 금융기관이 아닌 이상, 상법에서 의무화된 위원회는 자산규모 2조원이 넘는 기업에 강제된 감사위원회와 사외이사 후보 추천위원회이지만 이 두 위원회 이외에도 다양한 위원회를 필요에 의해서 구성할 수 있다. 이러한 산하위원회를 구성할 때, 사외이사들 간에 전문성을 제고하기 위해서 산하위원회 소속을 고정시켜야 하는지 아니면 회사 내에서의 다양한 업무에 노출하기 위해서 직원들이 순환 보직하듯이 사외이사들의 산하위원회 소속도 순환해야 한다는 의견도 있다. 모두 장단점이 있어서 뭐라고 단정적으로 결론을 내리기는 어렵다. 직원들의 경우도 동일한 논지가 적용된다. 예를 들어 평가보상위원회가 구성되어 있는 기업의 경우, 임원의 평가 보상은 일정한 원칙을 가지고 수년간 지속되어야 임원들도 본인들이 어떠한 잣대로 평가받고 보상받고 있는지를 알 수 있다.

매일경제신문. 2013.3.11. 사외이사 요건 못 맞춰. 대우건설 등 '위법'
자산 2조원 이상 상장 대기업들에 대해 사외이사와 감사 선임 요건 등을 강화하는 개정 상법이 지난해 4월부터 시행에 들어갔으나 바뀐 규정대로 제대로 적용하지 않아 상법을 어기는 상황이 빈번하고 있다.
최근 12월 결산 상장법인들의 3월 주총 시즌이 본격 시작된 상황에서도 현대상선, 대우건설 등 상당수 상장 대기업에 이 같은 사례가 나타나고 있다.
대림산업은 지난 7일 사외이사 추천위원회 구성을 "사내이사 4명 + 사외이사 4명"

에서 "사내이사 3명 + 사외이사 4명"으로 정정하는 공시를 냈다.

지난해 4월 개정된 상법에서 자산 총액 2조원 이상 대기업의 경우 사외이사 후보추천위원회 구성 요건이 '총 위원의 1/2 이상이 사외이사가 될 것'에서 '사외이사 후보추천위원회는 사외이사가 총 위원의 과반수가 되도록 구성하여야 한다'고 바뀐 것을 모르고 있다가 뒤 늦게 문제가 되자 황급히 고친 것이다.

2분의 1 이상과 과반수는 크게 차이가 난다. 예를 들어 추천위원회가 6명으로 구성될 경우 2분의 1 이상의 규정에 따르면 사외이사를 3명 이상 두면 되지만 과반수 규정을 따르면 4명 이상 둬야 한다.

상장 대기업들이 대표이사와 사외이사 1명 등 2명으로만 사외이사 추천위원회를 구성한 사례도 많은데 이것 역시 법 위반이다. 2분의 1 요건에는 해당하지만 과반수 요건에는 못 미치기 때문이다.

아시아나항공은 지난해 상반기 말 기준 사내이사 2명, 사외이사 2명으로 사외이사 후보추천위원회를 구성해둔 상태이지만 과반수 요건을 맞추기 위한 추가적인 움직임이 포착되지 않고 있다.

현대상선은 지난해 11월 22일 내놓은 분기보고서에 사외이사추천위원회를 현정은 회장과 다른 사외이사 1명 등 총 2명으로 구성해 놓고도 과반수 조건을 충족했다고 해석했다. '2분의 1 이상'과 '과반수'의 차이를 헷갈린 셈이다. 현대상선 관계자는 10일 "지난 6일 이사회에서 사외이사추천위원회 멤버를 3명으로 늘려 법적 요건을 충족했다"고 밝혔다.

금호타이어는 지난해 11월 말 공시한 분기보고서를 통해 김창규 대표와 박병엽 사외이사 두명으로만 사외이사 추천위원회를 구성해 놓고선 2분의 1이상 요건을 충족하고 있다고 했다.

대우건설 역시 지난해 11월 말 기준 서종욱사장과 박송화 사외이사 2명만으로 사외이사 후보추천위원회를 구성해놓고 적법한 절차에 따랐다고 설명하고 있다.

반면 아모레퍼시픽은 주주총회를 앞두고 뒤늦게 문제점을 인식하고 지난달 7일 사외이사를 후보추천위원으로 선임해 추천위원회를 3명으로 늘려 황급히 법적 요건을 맞췄다.

현행법상 자산 총액 2조원 이상 상장기업에 대해선 이사회 구성 요건이 매우 까다롭다. 2조원 미만은 사외이사 숫자를 전체 이사의 4분의 1 이상 유지하면 되지만 자산 2조원 이상은 최소 3명 이상 사외이사를 두되 전체 이사 총수의 과반수여야 한다.

하지만 OCI는 전체 등기 임원이 8명이지만 이 가운데 사외이사는 4명이다. OCI는 지난해 3월 사외이사 1명이 중도퇴임하자 올 정기주총까지는 1년 동안 빈 자리를 채우지 않고 내버려뒀다.

문제는 대기업들의 이 같은 상법 위반 사례가 수두룩한데도 처벌 규정이나 이를 감사할 제도적 장치가 없어 사각지대에 방치돼 있다는 점이다.

상장 대기업들이 대표이사와 사외이사 1명 등 2명으로만 사외이사 추천위원회를 구성한 사례도 많은 것으로 위에 기사화되어 있는데 회의체라는 것은 자고로 적어도 3명은 되어야 의견이 나뉘어졌을 때 의결이 가능하다. 물론 3명으로 구성됐다고 하여도 한명이 기권을 하면 가부 동수로 의결이 어려울 수도 있지만 이는 예외적인 경우일 수 있다.

아마도 태광산업의 입장은 '최소 1명'의 개념으로 해석한 듯하며 '최소 1명'으로 해석한다면 1명도 분리 선임하지 않는 것이 문제이니 정관에서 규정되어 있지 않더라도 2인을 분리 선임하는 것은 분리선임 제도를 선제적/적극적으로 적용한 것이니 문제가 되지 않는다는 반응으로 이해한다.

관련된 상법 규정은 다음과 같다.

제542조의12(감사위원회의 구성 등) ① 제542조의11 제1항의 상장회사의 경우 제393조의2에도 불구하고 감사위원회위원을 선임하거나 해임하는 권한은 주주총회에 있다.

② 제542조의11 제1항의 상장회사는 주주총회에서 이사를 선임한 후 선임된 이사 중에서 감사위원회위원을 선임하여야 한다. 다만, 감사위원회위원 중 1명(정관에서 2명 이상으로 정할 수 있으며, 정관으로 정한 경우에는 그에 따른 인원으로 한다)은 주주총회 결의로 다른 이사들과 분리하여 감사위원회 위원이 되는 이사로 선임하여야 한다. 〈개정 2020. 12. 29.〉

③ 제1항에 따른 감사위원회위원은 제434조에 따른 주주총회의 결의로 해임할 수 있다. 이 경우 제2항 단서에 따른 감사위원회위원은 이사와 감사위원회위원의 지위를 모두 상실한다. 〈개정 2020. 12. 29.〉

④ 제1항에 따른 감사위원회위원을 선임 또는 해임할 때에는 상장회사의 의결권 없는 주식을 제외한 발행주식총수의 100분의 3(정관에서 더 낮은 주식 보유비율

을 정할 수 있으며, 정관에서 더 낮은 주식 보유비율을 정한 경우에는 그 비율로 한다)을 초과하는 수의 주식을 가진 주주(최대주주인 경우에는 사외이사가 아닌 감사위원회위원을 선임 또는 해임할 때에 그의 특수관계인, 그 밖에 대통령령으로 정하는 자가 소유하는 주식을 합산한다)는 그 초과하는 주식에 관하여 의결권을 행사하지 못한다. 〈개정 2020. 12. 29.〉

⑤ 상장회사가 주주총회의 목적사항으로 감사의 선임 또는 감사의 보수결정을 위한 의안을 상정하려는 경우에는 이사의 선임 또는 이사의 보수결정을 위한 의안과는 별도로 상정하여 의결하여야 한다.

⑥ 상장회사의 감사 또는 감사위원회는 제447조의4 제1항에도 불구하고 이사에게 감사보고서를 주주총회일의 1주 전까지 제출할 수 있다.

⑦ 제4항은 상장회사가 감사를 선임하거나 해임할 때에 준용한다. 이 경우 주주가 최대주주인 경우에는 그의 특수관계인, 그 밖에 대통령령으로 정하는 자가 소유하는 주식을 합산한다. 〈신설 2020. 12. 29.〉

⑧ 회사가 제368조의4 제1항에 따라 전자적 방법으로 의결권을 행사할 수 있도록 한 경우에는 제368조 제1항에도 불구하고 출석한 주주의 의결권의 과반수로써 제1항에 따른 감사위원회위원의 선임을 결의할 수 있다. 〈신설 2020. 12. 29.〉

[본조신설 2009. 1. 30.]

④가 의미하는 바는 최대주주의 경우에는 사내 감사위원의 선임의 경우, 의결권이 제한됨을 의미한다. 단, 감사위원회를 구성하는 실무 관행을 보면 대부분의 비 금융기관의 감사위원회는 전원 사외이사로 구성되는 것이 대부분이니 사외 감사위원 선임의 경우 ④ 규정에 구속되지 않을 가능성이 높다. 금융기관의 경우 감사위원회 구성 시, 상근감사위원이 감사위원회 위원으로 활동을 하는 경우가 다수이니 이 경우 ④는 구속력이 있다. 즉, 합산하는 경우를 매우 제한적으로 적용하게 되었다.

위의 법안에서 주주는 최대주주와 일반주주로 구분할 수 있고 감사위원도 사내감사위원과 사외감사위원으로 구분할 수 있으니 다음의 조합으로 구분하게 된다.

1. 최대주주/사내 감사위원(또는 상근 감사)

2. 최대주주/사외이사면서 감사위원

3. 일반주주/사내 감사위원(또는 상근 감사)

4. 일반주주/사외이사면서 감사위원

위의 법 내용에 의하면 1의 경우에 3% rule이 적용된다.

상근감사 위원의 선임 건에만 더욱 철저하게 의결권을 제한한다. 이렇게 상법의 개정 방향이 설정된 이유는 사내 감사위원의 경우 상근 감사위원을 지칭하게 되는데 아무래도 비상근보다는 상근하는 감사위원이 감사업무를 full time으로 수행할 수 있으므로 이 포지션을 선임하는 데에는 더 철저하게 3% rule를 적용한다는 의미이다. 단, 사내 감사위원이 최대주주로부터 얼마나 독립적이어서 감시 업무를 잘 수행할 수 있을지에 대해서는 의문이 있지만 full time으로서의 회사에 대한 commitment도 무시할 수 없다.

3% rule과 맞물려서 감사위원이 분리 선임인 경우와 분리 선임이 아닌 경우의 주주총회 안건 상정은 다음과 같다.

I OOO 후보를 사외이사로 상정한다.

이 안건이 가결되었다고 하면 OOO는 일단 사외이사로 선임이 가결된 것이다. 그 다음으로 다음의 안건이 상정된다.

II OOO를 감사위원으로 상정한다.

이 안건이 부결되더라도 OOO는 이미 첫 안건이 가결된 것이니 감사위원으로는 선임되지 않더라도 사외이사로 선임된 것이다.

즉, 안건이 이 순서로 올라 가는 경우는 선임의 방점을 감사위원이라기보다는 사외이사에 두고 있는 것이다. 따라서 주총에서 안건이 상정되는 순서와 안건이 어떻게 작성되어 있는지는 매우 중요하다.

분리 선임의 경우는 안건이 다음의 한 안건으로 상정된다.

III OOO 후보를 감사위원인 사외이사로 상정한다.

이 안건이 가결되면 OOO 후보는 감사위원이면서 사외이사로 선임된다. 단, 이 안건이 부결되는 경우는 사외이사로도 또한 감사위원으로서 선임되는 것이 부결된 것이다. 따라서 안건이 이렇게 상정되는 경우는 선임의 방점이 감사위원에 가 있는 것이다. 감사위원 안건과 사외이사 안건이 모두 한 건에 모두 포함된 경우이다.

분리 선출과 관련된 내용이 이슈가 될 때의 언론 내용을 보면 어떤 건이 문제가 되었는지가 명확하게 드러난다.

> **한국경제신문. 2020.12.8. 감사위원 선출 3%룰 '무늬만 완화'**
>
> 더불어민주당이 상법 개정안에 포함된 감사위원 분리 선출은 유지하되 최대주주와 특수관계인 의결권을 3%씩 인정하기로 했다. 최대주주와 특수관계인 지분을 합산해 의결권을 총 3%로 제한하려던 정부안에서 한발 물러난 것이지만 경제계에서는 '무늬만 양보'라는 비판이 나온다.
>
> 국회 법제사법위원회 여당 간사인 백혜련 민주당 의원은 7일 "사외이사를 감사위원으로 선임할 경우 최대주주, 일반 주주 가릴 것 없이 개별 3%로 하기로 했다"고 밝혔다.
>
> 애초 정부안에는 감사위원을 다른 이사와 분리 선출하고, 이때 최대주주와 특수관계인의 지분을 합쳐 3%까지만 의결권을 인정하는 내용이 담겼다. 하지만 최대주주의 재산권을 지나치게 침해하는 등 위헌의 소지가 있다는 지적이 나오면서 사외이사 가운데 감사위원을 선출할 때에 한해 '개별 3% 인정'으로 결론을 내렸다. 일반주주 역시 최대주주와 마찬가지로 개별로 지분율 3%까지 의결권을 행사할 수 있다.
>
> 최준선 성균관대 법학대학원 명예교수는 "개별 3%라 해도 지배주주가 아닌 외부인이 감사위원에 선임될 가능성이 여전하다"며 "감사위원 분리 선출 자체가 심각한 경영권 위협이 될 수 있다"고 말했다.

경제계도 반발했다. 대한상공회의소는 이날 입장문을 통해 감사위원 분리 선출과 관련, "주식 수에 따라 주주권을 배분한다는 주식회사 제도의 근간을 훼손하는 과잉입법"이라며 "투기 펀드 등에 이사 선임권을 사실상 넘겨줘 기업 경영에 심각한 영향을 줄 수 있다"고 지적했다.

3% rule의 적용은 1주 = 1의결권이라는 자본주의 원칙에 대한 원칙의 예외적인 적용이다. 따라서 이 내용이 위 신문 기사의 주식회사 제도의 근간을 훼손한다는 비판을 받을 수 있다.

매일경제신문. 2020.12.8. 사외이사 감사 분리 선출 때 최대주주 '3%룰' 적용 완화

여당이 감사위원 분리선출과 '3%룰'을 일부 완화하기로 했다. 기업 우려를 반영해 최대주주와 특수 관계인 합산 의결권 제한을 사내이사인 감사위원 선출에만 적용하겠다는 것이다. 그러나 경영계에서는 감사위원 분리 선출 자체가 문제라며 완화안도 대안이 될 수 없다고 반발했다.

법사위 민주당 간사인 백혜련 의원은 소위 후 기자들과 만난 자리에서 "사내이사인 감사 선출은 최대주주(와 특수관계인) 합산 3%, 일반주주도 똑 같이 단순 3%로 하는 것이고, 사외이사인 감사 선출은 최대주주나 일반주주 가릴 것 없이 단순 3%로 하는 것으로 정리했다"고 밝혔다.

사내이사인 감사위원 선출 시 최대주주 특수관계인 '합산' 3%룰을, 사외이사인 감사위원을 선출할 때는 3%룰을 최대주주와 각각의 특수관계인에게 '개별' 적용하겠다는 것이다.

하지만 경영계는 감사위원 분리 선출 자체에 반대한다는 입장이다. 3%룰을 개별 적용하더라도 최대주주 의결권이 제한되는 것은 여전하기 때문에 과도한 재산권 침해라는 것. 김용근 한국경영자총협회 부회장은 "최대주주와 특수관계인 주주별로 3% 의결권을 인정해 줘 봤자 아무런 의미가 없다"며 "최대주주를 제외한 나머지 특수관계인 지분이 얼마나 되겠는가"라고 지적했다.

사내이사 감사위원의 선임에 더 엄격한 잣대를 적용하겠다는 것인데 사내이사로 감사위원을 선임하는 경우는 즉, 상근감사위원의 선임은 대부분 금융기관에 국한되어 있어서 큰 의미가 없다. 단, 여당(당시의 더불어민주당)안에 대한 비판은 경쟁사의 인사들도 감사위원이 될 수 있다는 것이므로 사외이사에 해당하는 경우이고 따라서 사외이사/감사위원 선임에 최대주주의 의결권을 합산하지 않음으로서 덜 철저하게 제한하는 대안적인 입법이다. 즉, 3% rule의 적용이 너무 과도하다는 즉, 최대주주의 의결권을 과도하게 제한한다는 비판에 대해서 정부의 최초 안보다는 덜 tight하게 만든 수정안이다.

이를 개정전 3% rule과 비교해 본다.

상법 제542조의12(감사위원회의 구성 등)

① 제542조의11 제1항의 상장회사의 경우 제393조의2에도 불구하고 감사위원회 위원을 선임하거나 해임하는 권한은 주주총회에 있다.

② 제542조의11 제1항의 상장회사는 주주총회에서 이사를 선임한 후 선임된 이사 중에서 감사위원회위원을 선임하여야 한다.

③ 최대주주, 최대주주의 특수관계인, 그 밖에 대통령령으로 정하는 자가 소유하는 상장회사의 의결권 있는 주식의 합계가 그 회사의 의결권 없는 주식을 제외한 발행 주식총수의 100분의 3을 초과하는 경우 그 주주는 그 초과하는 주식에 관하여 감사 또는 사외이사가 아닌 감사위원회위원을 선임하거나 해임할 때에는 의결권을 행사하지 못한다. 다만, 정관에서 이보다 낮은 주식 보유비율을 정할 수 있다.

④ 대통령령으로 정하는 상장회사의 의결권 없는 주식을 제외한 발행주식총수의 100분의 3을 초과하는 수의 주식을 가진 주주(저자: 일반주주, 소액주주)는 그 초과하는 주식에 관하여 사외이사인 감사위원회위원을 선임할 때에 의결권을 행사하지 못한다. 다만, 정관에서 이보다 낮은 주식 보유비율을 정할 수 있다.

따라서 개정전 상법은 2, 3의 경우에 대해서는 즉, 최대주주/사외이사(case2)와 일반주주/사내이사 감사위원)(case 3)에 대해서는 언급이 없으며 구상법 542조의12 ③에서의 최대주주/사내이사(상근감사위원)의 경우에는 개정 후 내용과 동일하다.

따라서 당시 상법이 적용될 경우, KCGI는 한진칼이 상근 감사위원을 선임하는 경우는 3%를 초과해서 의결권을 행사할 수 있고 사외이사/감사위원을 선임할 때는 3% 넘는 의결권은 제한을 받는다. 반면에 한진칼의 경우는 상근감사 또는 상근감사위원을 선임할 경우만 의결권이 제한되므로 한진칼과 경영권 분쟁을 진행하는 시점에서 강성부펀드는 상근감사 또는 상근감사위원을 선임하게 되면 한진칼만 의결권이 제한되므로 상근감사나 상근감사위원의 선임을 선호하게 된다. 반면 한진칼의 입장은 사외이사/감사위원을 선임하는 경우는 의결권이 제한되지 않고 반면 강성부 펀드는 의결권이 제한되므로 한진칼은 사외이사/감사위원을 선임하는 경우가 강성부펀드와의 의결권 경쟁에서 비교 우위에 서게된다. 따라서 한진칼은 이 시점 자산규모를 의도적으로 2조원을 넘겨서 감사위원회 제도로 이사를 선임하려 하였다.

이를 다시 한번 정리한다.

과거의 상법에 의하면 일반주주는 사외이사/감사위원을 선임할 때 의결권이 제한되며, 최대주주는 상근 감사 또는 상근감사위원의 선임 때 의결권이 제한된다. 따라서 최대주주 및 특수관계인의 입장(KAL의 입장)에서는 사외이사/감사위원을 선임할 때는 의결권이 제한되지 않으며, 일반주주는 사외이사/감사위원을 선임할 때 의결권이 제한된다.

따라서 최대주주 및 특수관계인은 사외이사/감사위원을 선임할 때는 의결권이 제한되지 않는데, 일반주주는 의결권이 제한된다.

따라서 경영진은 자산규모를 2조원을 넘겨 의결권 제한 없이 사외이사/감사위원을 선임하려 한 것이다.

상근 감사위원을 선임할 때는 조씨 일가는 의결권이 제한되며 일반주주는 상근감사위원을 선임할 때는 의결권이 제한되지 않는다. 따라서 조씨 일가의 입장에서는 최악의 경우이다.

chapter

33

소유 경영 분산 기업의
기업지배구조 이슈

소유 경영 분산 기업의 기업지배구조 이슈

정권 교체 이후, KT 사장의 임기를 맞게 되며 후계자 선임과 관련되어 많은 진통을 겪었다. 대통령이 공정한 평가 없이 CEO가 연임하는 것에 대하여 공개적으로 문제를 제기하고 국민연금 등의 스튜어드십 역할을 주문하면서 마감되어 가던 KT 대표이사 선임 과정을 다시 원점부터 시작하게 되었다. 국민연금이 KT 사태에 대한 의견 표명을 하자 2대 주주인 현대차도 국민연금의 뜻과 같다며 의견 표명이 잇따랐다. 어떻게 보면 국민연금이 주주를 대표하여 주주의 의견몰이를 할 수도 있게 움직였다고도 할 수 있는데 현대차의 의사결정이 이러한 과정이었는지 아니면 고민의 결과였는지는 외부에서는 가늠하기 어렵다.

KT의 국민연금 지분이 10%, 포스코의 경우 2024년 초 시점에서 국민연금 지분이 7%에 밑돈다. 두 기업 모두 민영화된 공기업이지만 금융지주의 경우와 같이 최대주주가 없기 때문에 정부가 국민연금의 지분을 통해서 영향력을 행사할 수 있다. 특히나 포스코의 경우는 대일청구권[31]의 이슈가 있으므로 민영화된 지 오래이기는 하지만 제철보국의 정신으로 시작된 기업이라 철강이 국가 기간 산업인 점과 맞물려 국민기업이라는 이미지가 아직도 강하게 남게 된 연유이다. 대일청구권 이슈에 의해서 징용 대상이 되었던 우리 조상들의 피로 만들어진 기업이라는 정치적 논리 때문에 주주가 개인인 민간기업이라는 의미가 희석되며 국민기업이라는 의미가 강하다. 특히 70% 이상의 지분을 일반 투자자들이 소유하고 있다고 하니 그러한 차원에서도 국민기업의 의미가 강하게 전해진다.

---

31 대일청구권 자본으로 우리가 이룬 것이 경부고속도로, 포스코 등이다.

특히 포스코가 2022년 힌남노 태풍의 수해를 입고 철강 생산이 중단되었을 때, 포스코로부터 공급을 받는 자동차, 조선 등 한국 경제를 이끄는 많은 제조업이 영향을 받으면서 철강은 국가 기간 산업이라는 사실이 다시 한번 우리 경제에 각인되는 사건이었다. 특히나 우리 경제의 주춧돌인 제조업에 있어서도 철강의 공급이 필수적이다. 일본의 신일본제철(NSC)가 미국 US Steel을 지분인수하려고 하였지만 미국의 대선과정에서 공화/민주 대통령 후보가 이와 관련된 움직임에 제동을 걸면서 인수 과정이 중단되고 있다.

흔히들 포스코에 대해서 주인이 없는 기업이라고 하는데 주식회사에 대해서 전혀 맞지 않는 표현이다. '개인 최대주주가 없다'는 표현인 것은 맞지만 엄연히 주주인 개인 주주가 있는 기업에 대해서 '주인이 없다'는 표현은 자본주의의 기본을 망각한 표현이다.

물론 포스코의 경우, 외국인 지분이 30%에 그치며 기관투자자도 큰 지분을 소유하고 있지 않다. 또한 70%의 주주기 일반 주주이므로 국민연금 이외에는 아무도 결집된 힘을 보일 수가 없는 구도이므로 국민연금이 6% 정도의 지분으로 주주를 대변해야 한다고도 할 수 있으며, 우리가 흔히 기업이 시장과 소통한다고도 하니 그 소통의 창구는 국민연금일 수 밖에 없다. 단, 국민연금과의 소통이 국민연금의 뒤에 있는 정부도 무시할 수 없다. 정부와의 소통과 시장과의 소통은 원래 구분되어야 하는데 국민연금의 경우는 이를 구분하는 것이 어렵다.

아래와 같은 상황에서 역할을 할 수 있는 경제 주체는 국민연금밖에는 없다. 일반주주 70%가 외부에 존재하는데, 그나마 주총이라는 회의체가 있기는 하지만 개인적인 업무에 바쁜 일반 주주들이 굳이 주총에 참석하거나 의결권을 위임하여 주주권을 행사하지 않으려 한다. 본인이 어떤 의사결정을 하든지에 무관하게 본인 이외의 다수에 의해서 주총 의사결정이 수행되기 때문에 굳이 번거롭게 위임 절차를 밟지 않는 것이다. 내 한 표가 대세 결정에 영향을 미치지 않는다고 하면 선거일에 오히려 휴가를 가는 것이 더 좋다는 국민의 정치적 무관심과 같은 논지이다. 그러니 일반 주주가 아무리 많다한들 결국은 기관투자자들의 움직임이 주주 전체를 대변할 수밖에 없는 구도이다. 스튜어드십이 대두된 배경이기도 하다. 포스코홀딩스와 같은 기업에도 일반 주주들이 의결권 행사에 참여하는 경우는 매우 낮은 1% 정도에 그친다고 한다. 위임장이 주총 내용과 같이 주주들에게 전달되고 반송용 봉투까지 송부되지만 그럼에도 불구하고 주주들이 번거롭게 위임장 행사를 수행하는 것은 아니다.

시사인. 2024.1.25. 포스코에서 반복된 '소유분산 기업' 잔혹사

소유분산 기업의 지분은 수많은 소액주주들에게 분산되어 있다. 소액주주들은 대체로 경영권에 무관심한 경향을 보인다. 나름의 생각을 가지고 있다고 하더라도 소액주주가 모여 의사를 결집하기는 매우 어렵다. 주인이 너무 많아서 주인을 찾기 어려운 역설적인 상황이다.

우리는 기업 집단에 대해서 최대 주주가 얼마도 안되는 지분을 가지고 기업의 의사결정을 좌지우지한다고 비판하기도 한다. 국민연금도 포스코 지분해 봐야 6% 남짓의 지분인데 보이지 않는 주주를 대변해서 과한 영향력을 미치려한다. 그럼 그나마 국민연금이 나서지 않으면 누가 나설 것인데 라고 하면 해답도 없고, 풀어야 할 숙제가 한두가지가 아니다.

소위 문헌에서 이슈가 되는 현 CEO의 참호구축(entrench)이 이슈가 된다. 즉, 기업지배구조에 신경을 많이 쓰는 기업에서 CEO의 선임과정에는 독립성의 이슈 때문에 대부분 사내이사들은 CEO 선임과정에 개입하지 못하게 하고 있으니 결국 사외이사들이 CEO 선임의 주된 역할을 하게 된다. 만약에 CEO가 사외이사 선임에 개입하게 되면 그들만의 league를 형성하면서 entrench를 막을 수 없게 된다. 최대주주가 없는 이러한 기업에 있어서는 대표이사의 선임을 사외이사들이 주도할 수밖에 없으므로 사외이사들과 대표이사의 유착을 미연에 방지해야 한다.

CEO가 사외이사 선임에 영향력을 미치고 이렇게 선임된 사외이사들은 CEO에 대해서 빚이 있으므로 연임을 허용한다는 논리이다. 즉, 언론이 선호하는 표현인 '짬짜미'로 자기들만의 league를 형성한다는 의미이다.

이러한 이유에서 기업지배구조가 건전한 기업일 경우, 특히나 소유와 경영이 분리된 기업의 경우는 사외이사 선임에 CEO가 개입할 수 없도록 방어막을 설치해 두고 있다. KB금융지주의 경우, 사외이사의 임기가 2년 첫 신규 선임 이후는 1년씩 연임되는 것으로 아는데, 신규 선임일 경우는 CEO가 개입할 수 없지만 1년 연임의 경우도 CEO의 영향력 밖에서 연임 의사결정이 수행되는지는 파악하기 어렵다.

금융지주, 포스코, KT, KT&G 등은 엄연히 주주가 주인인 주식회사 기업인데 이런 기업의 경영활동에 대해서 정부 차원에서 과도한 의견을 내는 것이 옳은 것인지에 대해서 논란이 있다. 흔히들 이들 기업에 주인이 없다고 표현하는데 주주가 주인이다. 물론, 일반적으로 '주인이 없는 기업'이라는 표현은 개인 최대주주가 없음을 의미하지만 엄밀하게 따지만 자본주의의 근간을 흔드는 잘못된 표현이다. 개인 창업자가 없는, 저자가 근무하는 연세대학교 같은 대학에 대해서도 '주인이 없는 대학'이라는 표현을 하기도 하는데 재단법인이 주인이고 어느 시점이든 당시에 재단이사를 맡고 있는 이사들과 이사장이 대학의 주인이다. 물론 대부분 이사는 개인 founding family가 아니므로 재단이사 임기를 마치면 해당 대학과는 아무런 관계가 없다. 연세대학교 재단에는 아직도 1인의 founding family 후손이 이사를 맡고 있다. 역사성과 founding family에 대한 존중이 그 기초라고 생각한다.

유일한 박사가 창업한 유한양행이라는 제약회사의 경우, 지금은 유일한 박사의 자손 중에 유일한 혈육인 손주가 유한양행의 대주주인 유한재단의 재단이사로서 경영에 영향을 미치고 있기는 하지만 지분이 거의 없으니 소유와 경영이 분리되어 있고 경영진이 경영활동에 있어서 주된 활동을 수행한다. 주요주주가 없다는 것은 경영진이 회사의 가치에 손해가 되는 경영활동을 해도 이를 견제할 수 있는 중심축이 없는 것이나 동일하다. 물론, 이사회가 그 역할을 해 주어야 하지만 금융지주, 포스코나 KT와 같이 주목을 많이 받는 기업의 형태가 아니라고 하면 이사회가 제 기능을 하기도 쉽지 않다. IMF 시절 현대차가 인수하기 전의 기아자동차를 생각해 볼 수 있다. 경영진들이 임기 중, 회사에서 빼갈 수 있는 자원을 유출하면서 기업 가치는 급락하는 현상이 발생하였다.

금융지주에서는 KB가 소유와 경영이 분리된 기업으로서는 가장 모범적인 사외이사 추천과정을 운영하고 있다.

포스코는 사외이사후보추천자문단을 사외이사로 구성된 사외이사후보추천위원회(사추위)와는 별도로 2004년부터 운영하고 있어서 이 자문단에서 사외이사

후보를 1차적으로 5배수를 추천하여 사추위에 추천하고 사추위가 최종적인 의사결정을 하게 된다. 보안을 유지하기 위해서 추천 자문단의 명단은 비공개로 한다. 포스코의 경우 이 위원회에서 대표이사 회장이 아닌 사내이사까지도 사전심의를 하게 되므로 사외이사후보추천위원회라는 명칭보다 이사후보추천위원회로 명칭하고 있다.

2024년 초의 차기 회장 추천과정에서는 회장 후보자를 위한 인선 자문단을 가동하면서도 명단을 비공개로 하였는데 언론은 이도 '짬짜미'라고 공격하였지만 명단이 공개될 때 있을 수도 있는 로비 등을 생각하면 비공개로 유지하는 것이 옳다. KB의 경우도 사외이사후보 추천 자문단의 경우는 비공개로 하고, KT의 경우도 사외이사 선임을 위한 자문단과 사장 선임을 위한 자문단을 별개로 운영하였지만 역시 자문단의 명단을 공개하지 않았다.

즉, 공정성을 기하기 위해서 두 번의 추천과정을 거치게 되는 것이다. 사외이사로서의 가장 중요한 덕목이 독립성인데 이러한 과정을 거치게 되면 CEO 포함 사내 이사 어느 누구도 선임과정에 개입할 수 없다. 물론, 사외이사들이 흔들리지 않는 한, 정치권이 개입할 여지는 전혀 없다. 인선 자문단의 임기는 규정되어 있지는 않지만 암묵적으로 5년이다. 2023년까지는 3배수 추천이었는데 조금 더 광범위하게 후보자를 찾자는 의도에서 5배수로 후보를 추천받는 것으로 2024년부터 변경되었다. 이러한 변화는 2023년 이사후보추천위원장과의 면담에서 국민연금 요청이 수용된 결과이다.

연임 대상인 사외이사의 경우도 자동적으로 연임이 되는 것이 아닌데 이제까지 최소 네 번 정도 첫 임기를 마친 사외이사가 연임이 되지 않은 경우가 있다. 연임 대상이 되는 사외이사라고 해도 인선 자문단에서 후보로 추천이 되지 않는다고 하면 동료 사외이사들이 주총에 연임 후보로 추천할 수가 없다. 즉, 이 절차는 사외이사들 간의 인간 관계도 초월할 수 있는 장점이 있는 제도이다.

사외이사후보 추천자에 대해서도 서치펌을 통한 평판도 조사를 수행하지만, 인선자문단의 선임 과정에 있어서도 평판도 조회라는 과정을 거치면서 주변으로부터 공정성과 합리성을 인정받은 후보자라야만 사외이사뿐만 아니라 인선자문단 위원이 될 수 있다. 인선자문단 선임은 이사후보추천위원회의 결의 사항이다.

흔히들 인선 자문단을 유명인사/명망가로 구성되었다는 표현을 쓰기도 하는

데 저자가 이사후보추천위원회 활동을 하면서 평판도 조사를 받아 보니 서치펌들도 허투로 평판도 조사를 하는 거는 아니라는 판단을 하게 된다. 어떤 성공한 경영자의 경우는 주변에서의 평가에 있어서 개인적으로는 성공해서 재벌회사에서 '부회장' 위치에까지 올라가기는 했지만 이는 실력이라기보다는 최대주주에게 잘 보여서 그렇게 된 것뿐이라는 부정적인 평가를 받기도 하였고, 어떤 후보자는 특정 고등학교 출신들에 대해서 매우 큰 불편함을 표출하였다는 비판도 있었다. 또한 임기 중에 여성 중에 임원이 된 경우가 거의 없는 것을 보면 성에 대한 편견을 지적한 경우도 있었다. 물론 인선자문단의 경우도 인지도 등에서는 충분히 누구라고 하면 알 정도의 명망가인 것은 분명하지만 명망가라는 것은 필요조건일 뿐이지 공정성을 입증하는 데 있어서의 충분조건은 아니라는 판단을 하게 되었다.

KT의 경우는 2022년 사업연도에 대한 2023년 3월 주주총회 당시 이사회에 등기한 이사가 사외이사 1인만이 남게 되는 대형 사고가 발생하였다. 대표이사 사장이 공석으로 대행 체계로 회사가 운영되던 시점이었다. KT는 주주들에게 사외이사 추천을 받게 되고 이 과정에서 17명의 주주/사외이사후보가 추천되었다. 또한 두 헤드 헌터를 통해서 각각 10인씩의 20인의 인선자문단을 추천받았고 이들 중, 5인의 인선자문단을 구성하여 주주추천에 의한 사외이사 후보와 또한 사내의 사외이사 후보자 풀에 헤드헌터를 통해서 추가로 추천된 사외이사 후보 풀 중에서 1차적으로 후보자를 선정하는 작업을 하게 되며 최종적인 사외이사 선임은 이사회가 수행하였다.

우리나라 상법에 사퇴한 이사들도 이사회의 성원이 되지 않을 경우는 사퇴 이후에도 후임 이사들이 정해지기 이전까지는 이사 업무를 수행하도록 되어 있다. 따라서 2023년 주총 바로 전에 남아 있었던 4인의 사외이사 중, 3인이 사퇴했지만 이사회의 연속성을 위해서는 이들이 이사회를 구성하며 인선 자문단 구성도 이들이 수행한 것으로 알려졌다.

인선자문단은 주주들이 추천한 17명의 주주/사외이사후보와 사외이사 후보 풀을 이용하여 1차로 사외이사 선정 적업을 수행한 이후, 사외이사후보추천위원회가 이 풀(pool) 중에서 최종적으로 사외이사 후보를 결정하게 된다. KT는 주주가 추천한 사외이사후보 중에는 적어도 1인은 사외이사 후보에 포함할 것이라고 약속한 바가 있는데 실제적으로는 7인의 신임 사외이사 중, 3인이 주주가 추천한 경우이다.

나중에도 다시 기술하겠지만 KT는 신임 CEO 후보를 선임하는 과정에서도 6개월 이상 0.5% 이상의 지분을 가진 주주로부터 대표이사 사장 후보를 추천받았는데 한 주주가 CEO를 추천하여 CEO 후보 pool에 포함되게 되며 외부 전문기관에서 6인의 후보가 추천되었으며 또한 개인이 후보로 등록한 20명을 포함하여 총 27명이 외부에서 지원하게 되었으며 물론 이 외부 pool에 사내 부사장급 이사의 사내후보가 추가되어 경합하였다. 개인이 후보로 지원하였다는 것은 공개모집(공모)의 경우도 보면 된다.

특히나 흥미로운 것은 사추위에서 확정된 사외이사 후보는 이사회에서 별도로 결의되지 않고 보고사항으로 처리된다는 점이다. 즉, 사내이사들이 포함된 이사회는 사외이사 선임과정에는 전혀 개입될 수 없도록 상법 법규로 정해져 있다. 사외이사후보추천위원회가 주총에 상정하는 과정이니 이사회에서의 보고 과정도 필수적인 것은 아니지만 그럼에도 주총 안건 상정을 결의하는 이사회이니 보고 정도는 할 수 있다고 사료되며 사추위의 사외이사 후보의 주총 상정도 이사회의 보고사안으로 처리하는 회사도 있다. 감사위원회와 사외이사후보추천위원회는 상법상의 위원회이나 법에 의해서 위원회의 존재감이 확보된 것이니 감사위원회의 결의 사안이 이사회에서 거부될 수도 없고 사추위의 사외이사후보를 직접 주총으로 추천하게 함으로서 위원회의 위상이 확보된다.

상법에 보장되어 있는 주주제안제도에 의해서 추천되는 사외이사 후보는 사외이사후보 추천위원회 조차도 거치지 않고 주주총회로 추천된다. 이렇게 추천된 후보에 대해서 주주총회에서 표결로 사외이사로의 선임 여부가 결정되게 된다. 단, 이러한 제도로 추천되는 후보의 경우 사추위나 이사회의 검증 과정을 거칠 수 없기 때문에 과거 불미스러운 일에 관여되었던 경우라 하더라도 filtering 이 안 될 수 있는 문제는 내포한다. 주주가 후보를 주주제안에 의해서 추천할 때, 헤드헌터의 평판도 조사 등의 과정을 거치지 않고 추천하는 듯하다.

KB금융지주와 포스코홀딩스가 계열사의 대표이사를 선임하는 과정에는 차이가 있다. KB금융지주는 지주 이사회 내에 계열사 대표이사 선임을 위한 위원회를 가동하여 인선을 하고 있고 신한금융지주의 경우도 동일하게 지주의 회의체에서 사업회사 대표이사를 선임하게 되는데, 포스코홀딩스의 경우는 계열사 대표이사의 선임은 대표이사 회장의 고유권한이다. 물론, 최종 결정이 발표되기 이전에 사외이사들과 내용이 공유되기도 한다. 금융지주의 경우 사업회사들이 모두 비상장기업인 것과도 무관하지 않다. 단, 포스코의 주요 계열사가 상장이든 비상장이든 사업회사 CEO의 선임과정은 대표이사 회장의 인사권의 영역이다.

이사회와 전문위원회 간의 역할 분담에 대해서 기술한다.

1. 포스코홀딩스의 평가보상위원회와 이사회의 관계에 대해서 기술한다.

포스코홀딩스 이사회운영규정에 따라 임원 평가보상체계 개선은 이사회에서 의결하고 있으며, 의결된 내용에 대해 성과지표 세부 평점 산출방식 등의 평가는 평가보상위원회에 위임하고 있다.

참고로 '21.12.10. 이사회에서는 장단기 성과급 통합 및 주식보상 도입, 장단기 통합 성과평가 도입을 의결하였으며, 그 이후의 평보위는 이사회의 위임에 의해 '22년 전사 경영성과 평가를 수행하였다.

〈관련 규정〉

○ 포스코홀딩스 이사회운영규정(이사회 부의사항)

    2.경영에 관한 사항

    (11) 경영진 평가, 보상계획

○ 포스코홀딩스 이사회운영규정(이사회 보고사항)

    1.전문위원회에 위임한 사항의 처리결과

○ 포스코홀딩스 이사회 운영규정

    ② 경영진 평가, 보상계획 수립 및 집행에 관한 사항

    ③ 이사의 보수 및 퇴직금에 관한 사항 사전심의

---

2. 사외이사후보추천위원회의 사외이사 후보 추천과 관련되어 사외이사후보추천위원회와 이사회의 관계는 다음과 같다.

상법 제542조의8, 포스코홀딩스 정관 제30조, 포스코홀딩스 이사회운영규정에 따라 포스코홀딩스 사외이사 후보를 주주총회에서 선임하기 위해서는 이사후보추천위원회의 추천을 받은 자를 선임하고 있다. 즉, 상법에 따라 사외이사

후보추천위원회의 결의사항이 주총에 상정되기 이전의 최종적인 의사결정 위원회이다. 사외이사후보추천위원회가 상법상의 상설위원회이므로 이러한 권한을 갖는다.

<관련 법규/규정>

○ 상법 제542조의8(사외이사의 선임)

① 상장회사는 자산 규모 등을 고려하여 대통령령으로 정하는 경우를 제외하고는 이사 총수의 4분의 1 이상을 사외이사로 하여야 한다. 다만, 자산 규모 등을 고려하여 대통령령으로 정하는 상장회사의 사외이사는 3명 이상으로 하되, 이사 총수의 과반수가 되도록 하여야 한다.(이 내용은 자산규모 2조원이 넘는 기업의 경우이며 포스코홀딩스의 자산규모가 2조원이 넘으므로 당연히 이 규정이 적용된다.)

②/③ 생략

④ 제1항 단서의 상장회사는 사외이사 후보를 추천하기 위하여 제393조의2의 위원회(이하 이 조에서 "사외이사 후보추천위원회"라 한다)를 설치하여야 한다. 이 경우 사외이사 후보추천위원회는 사외이사가 총위원의 과반수가 되도록 구성하여야 한다. <개정 2011. 4. 14.>

⑤ 제1항 단서에서 규정하는 상장회사가 주주총회에서 사외이사를 선임하려는 때에는 사외이사 후보추천위원회의 추천을 받은 자 중에서 선임하여야 한다.

위의 사추위의 사외이사 후보 주총 추천과정에서 보더라도 이사회는 전혀 언급이 없다. 즉, 이사회는 사외이사후보 추천과정에 개입할 수 없는 것이다.

감사위원회에서는 주총안건을 상정하는 이사회에 대한 감시의무가 있으니 관련 법률에 따라 임원후보추천위원회를 통해 추천되었음을 즉, 이러한 과정을 점검해야 할 의무가 있다. 다시 말해, 주총 안건을 주총에 상정하는 이사회를 개최한 이후에 사외이사후보추천위원회에서 추천한 사외이사 후보가 주총 안건을 확정하는 이사회에서 사추위가 추천한 대로 주총 안건으로 상정되었는지를 확인해야 한다.

상법과 금융회사지배구조법을 비교하여 본다고 하더라도 임원을 추천하는 과정에서 사외이사후보추천위원회(상법), 임원후보추천위원회(금융회사지배구조법)가 권한을 가진다. 단, 차이는 상법은 사외이사후보에 대해서만 사외이사후보추천위원회에서 의결하도록 되어 있는데 금융회사일 경우는 모든 임원 선임에 대한 권한이 임원추천위원회에 있다. 임원추천위원회의 구성도 사외이사가 과반으로 되어 있으므로 금융기관의 경우는 사내임원의 선임까지도 이사회가 아닌 더 독립적인(사외이사가 과반인) 임원추천위원회가 그 역할을 수행할 것을 주문하고 있다.

그리고 금융회사 지배구조법에서는 이사회내 위원회의 위원구성을 아래 3항과 같이 과반수를 사외이사로 구성하도록 정하고 있다.

금융지배구조법에 있어서의 모든 위원회 구성에 있어서 사외이사가 과반으로 규정하고 있지만 상장회사협의회, ESG기준원의 모범규준 등에는 감사위원회, 임원후보추천위원회의 구성을 가능하면 모두 사외이사로 구성하기를 권면하고 있고, 물론 독립성 관련 때문이다. 상법에서의 감사위원회는 사외이사가 2/3 이상으로 구성하기를 의무화하고 있는데 금융회사지배구조법의 경우는 다른 이사회 산하 위원회와 동일하게 과반의 사외이사 구성을 강제하고 있다. 상법의 사외이사후보추천위원회, 금융회사지배구조법의 이사후보추천위원회 모두 사외이사가 과반이기를 규정하고 있다.

이사회 내의 산하위원회는 금융기업이 아닌 경우는 감사위원회와 사외이사 후보추천위원회만이 상법상의 위원회이며 기타의 전문/산하 위원회의 경우 이사회 전에 사전 심의하는 역할을 수행한다. 다만 이들 산하 위원회의 역할이 사전 심의이기 때문에 때로 시간적 여유가 없는 경우는 사전 심의를 생략할 수 있고 이사회가 의사결정을 수행한다. 이사회는 상법상의 위원회이므로 이 과정은 적법하다.

○ 포스코홀딩스 정관 제30조(사외이사 후보의 추천)
　　③ 사외이사 후보의 추천 및 자격심사에 관한 세부적인 사항은 이사후보추천위원회에서 정한다
○ 포스코홀딩스 이사회운영규정(이사회 보고사항)
　　1.전문위원회에 위임한 사항의 처리결과

제1항 단서에서 규정하는 상장회사가 주주총회에서 사외이사를 선임하려는 때에는 사외이사 후보추천위원회의 추천을 받은 자 중에서 선임하여야 한다는 내용은 사내가 포함된 이사회에서 사외이사후보추천위원회의 의사결정에 개입할 수 있는 소지를 원천적으로 봉쇄하고 있다.

따라서 사외이사가 주총에 추천되는 과정은 다음으로 기술될 수 있다.

이사후보추천위원회가 주주총회에 사외이사 후보를 추천한다. 즉, 이사회는 이 과정에서 by-pass되는 것이다. 보고안건 정도라고는 분류될 수 있을 것이다. 이는 주총 안건을 확정하는 과정이므로 보고는 할 수 있다는 의미이다.

회의에 상정되는 안건은 결의안건, 사전심의안건 및 보고안건으로 구분될 수 있다. 결의 안건은 가장 명확하게 회의체에 상정된 내용을 찬성하여 통과시킬 수도, 또는 거부하여 반대할 수도 있는 안건이다. 보고 안건은 보고에 그치기 때문에 보고 안건을 거부할 수는 없다. 그럼에도 보고안건에 대해서 보고받은 위원회는 책임이 없다는 것인가는 다툼의 소지가 있다. 사전 심의 안건은 예를 들어 이사회에 상정되는 안건인데 이사회에서 상세하게 논의할 시간적 여유가 없거나 아니면 산하 전문위원회가 더 전문성이 있어서 전문위원회에서 일차적으로 한번 사전 논의한 다음 이사회에 상정하는 안건이며 따라서 이 안건을 결의하는 권한과 책임은 이사회에 있다. 물론 사전 논의 단계에서 프로젝트나 계획이 변경될 수 있다. 금융기관이 아닌 경우에 상법상의 이사회 산하 위원회는 사외이사후보추천위원회와 감사위원회만이 자산규모 2조원이 넘는 기업에 의무화되어 있으며 이들 위원회는 이사회에서 권한을 위임 받아 결의할 수 있다. 예를 들이 사외이사후보추천위원회의 사외이사 후보를 추천할 수 있는 권한은 고유권한이며 상법에 의해서 이사회가 개입할 수 없다. 감사위원회가 결의한 결의 사항도 상법에 의해서 이사회가 번복하거나 거부할 수 없다. 사외이사후보추천위원회와 감사위원회는 이사회와 동일한 상법상의 상설위원회이기 때문이다. 나머지 전문위원회들은 기업이 임의적으로 구성한 위원회이며 상법상의 상설위원회가 아니므로 위원회 의사결정이 구속력이 없으며 이들 위원회의 활동은 어떤 안건이 되었거나 이사회에 상정되기 이전의 사전심의라고 이해하면 되며 책임도 최종적으로 결의한 이사회가 지는 것이 옳은 것이니 사전심의한 위원회가 법적인 책임을 지는 것도 아닐 것이다. 물론, 사전 심의를 수행할 시간적 여유가 없는 경우는 사전심의 없이 이사회에 상정되는 것도 적법하다.

이사회 내 위원회 결의는 이사회 재결의가 있는 경우 그 효력을 상실함(상법 제399조의2 제4항)이라고 상법은 명확하게 규정하고 이어서 이사회 산하위원회의 의결 내용이 이사회에서 번복될 수 있다. 단, 감사위원회 안건은 번복이 불가하다.

보고사항에 대한 이사회의 법적 책임에 대해서는 chapter 72에서 기술한다.

이 상법 규정에는 사외이사후보 추천과정에는 이사회는 전혀 언급이 없고 사외이사후보추천위원회와 주총만이 기술되고 있으니 이사회는 사외이사 추천

과정에서 역할도 없고 권한도 없다. 따라서 사추위가 활동하는 일부 기업에서 사외이사 후보 추천 안건을 이사회에 부의하였다면 이는 이사회의 월권이며 그러한 권한도 이사회가 가지고 있지 않다.

이사회의 하부 위원회는 전체 이사회가 아니므로 하부위원회의 의사결정을 이사회가 거부할 수 있을 것이다. 이는 주주총회는 이사회가 부의한 안건을 거부할 수 있는 것이나 동일하다. 주주총회가 이사회와 비교해서 상위위원회이므로 가능하다. 사외이사후보추천위원회가 감사위원회와 같이 상법에서 자산 2조 원 넘는 기업에 의무화한 것이므로 이들 위원회의 위상을 상법에서 보장한 것이라고 이해할 수 있다.

금융회사 지배구조법에서는 이 두 하부위원회 이외에 평가보상위원회와 위험관리위원회가 의무화되어 있다. 법에 의해서 의무화되어 있지 않는 이사회 내 다수의 하부위원회의 구성은 각 회사가 회사의 사정에 맞게 정관이나 이사회 규정에 의해서 구성하게 된다.

일부 기업은 사외이사후보추천위원회를 이사후보추천위원회로 운용하면서 사내이사의 추천도 이 위원회가 맡아서 진행한다. 금융기관의 경우는 금융회사 지배구조법에 임원후보추천위원회를 두고 사내 및 사외이사의 경우, 이 위원회를 거치게 되며 금융기관은 아니지만 이사회 규정에 의해서 이사후보추천위원회를 구성하고 이렇게 진행하는 것이다. 단, 사외이사 선임의 경우에 대해서만 주주총회는 사외이사후보추천위원회(회사에서 사용하는 호칭이 이사후보추천위원회인 경우도 동일하게) 또는 금융회사의 경우는 임원후보추천위원회)가 추천한 후보자를 선임하게 된다. 따라서 비 금융회사의 경우, 이사후보추천위원회가 사내이사를 추천한 경우에는 이사회의 결의를 거쳐서 주총에 후보로 추천된다.

따라서 금융기관의 경우는 임원추천위원회가 사내이사와 사외이사를 모두 추천하게 되며, 비금융기업은 사외이사후보추천위원회가 사외이사 후보를 주총에 추천하게 되는데 사내이사의 경우에 대해서는 별도 규정이 없으니 사내이사에 대한 주총 추천 권한은 이사회에 있다고 보면 된다. 단. 회사 정관이나 이사회 규정에 의해서 사내이사도 이사후보추천위원회가 결의를 통해 이사회에 추천할 수 있다.

주주총회에 상정되는 모든 안건은 이사회에서 결의하게 되므로 이는 사내이사의 선임일 경우는 이사회에서 의결되어야 함을 의미한다. 이러한 차이의 요체는 일부 사내이사로 구성된 이사회가 사내이사 또는 사외이사의 선임에 관여할 수 있는지의 이슈인데 사외이사 선임에는 이사회의 사내이사가 관여할 수 없도록 사내와 사외이사 선임에 법이 차등적으로 규정되어 있다. 단, 금융기관의 임원후보 추천위원회의 경우는 위원의 과반이 사외이사로 선임되어야 하므로 사내이사후보 추천의 이사회 결의 단계에서는 사내이사도 관여할 수 있다.

SK의 경우는 인사위원회라는 명칭을 사용하기도 하는데 내용은 이사후보추천위원회와 동일하며 사내이사들의 인사 건도 이 위원회 소관이라고 한다.

사외이사들이 daily operation을 하지 않기 때문에 계열사의 대표이사 후보들 중 누가 적임인지를 가늠하기는 용이하지 않다. 따라서 이러한 의사결정을 수행함에 지주 대표이사가 단독으로 의사결정을 수행함이 좋은지 아니면 그럼에도 회의체에서의 의사결정이 더 좋은 것인지는 고민해 보아야 한다.

기업에서 독임제가 좋은지 아니면 회의체가 좋은지는 이미 상법상의 감사와 회의체로서의 감사위원회의 선택과 같은 맥락이다. 상법이 자산 규모 2조원이 넘는 기업에 감사위원회를 의무화하는 것을 보아서는 상법은 회의체를 선호하는 것 같지만 그럼에도 각 제도의 장단점이 있다. 회의체는 일단 비대면이 되었든, 대면이 되었든 회의로 만난다는 것 자체가 용이하지 않을 수 있지만 그럼에도 여러 다양한 의견 가운데서 결론이 도출된다는 장점이 있다. 반면, 독임제 감사의 경우는 신속한 의사결정이 항상 가능하지만 독임 당사자의 의견이 편향될 경우 잘못된 의사결정의 위험이 있다.

대표이사가 단독 대표이사인지 아니면 공동 대표이사인지도 같은 맥락에서의 고민이며 정부의 기관이 기재부, 산자부와 같이 장관이 의사결정을 하는 기관인지 아니면 금융위원회, 공정거래위원회와 같이 정부 행정부서도 독임제일 수 있고 회의체 의사결정 기구를 가지고 있다. 모두 같은 장/단점이 있다.

포스코의 승계 과정의 내용은 특정 기업과 관련되지만 그럼에도 지속가능보고서(이전의 기업시민보고서)에 공개되는 내용이므로 아래에 공유한다. 또한 포스코홀딩스의 경우는 KB금융지주와 함께 소유와 경영이 분리된 가장 대표적인 기업으로서 다른 많은 기업들의 표본으로 작용할 수 있고 관심의 대상이다. 앞으로 우리나라에서 소유와 경영이 분리하는 일이 있을 경우는 KB금융지주나 포스코홀딩스가 지배구조에서 모범이 되는 기업이 될 수 있다.

차기 회장을 선출하는 과정에서 현 CEO의 의견을 어느 정도 참고해야 하는 지가 복잡한 이슈이다. 과거의 승계 council에서는 현 CEO가 연임의사가 없다면 council의 한 member로 포함되었는데 전임자가 후임자를 낙점하는 것으로 비춰진다는 비판을 받았다.

다만 후임자 후보 풀에 대한 정보는 사내후보자인 경우는 현 CEO가 가장 많이 알고 있을 것이므로 이러한 정보를 사외이사들에게 전달하기 위해서 CEO는 과거에 있다가 지금은 폐지된 승계 council member에 포함되어 있었다고 할 수 있다.

사외이사들이 주요 사업회사의 CEO 또는 지주사의 사내이사들에 대한 능력이나 성품, 장단점에 대한 파악이 차기 CEO를 선임하는 과정에서 필수적이므로 포스코홀딩스의 경우 정보 교류회라는 개인적인 만남을 통해서 후보자를 알게 되는 과정을 거치게 된다.

대표이사 회장도 사내이사이므로 주총에 후보자로 추천된다면 그 과정에서 이사회 결의를 거치게 된다. 단, 이사회의 과반(사외이사7, 사내이사 5, 2024년3월부터는 한 사외이사의 사퇴로 사외이사 6인과 사내이사 4인)이 사외이사로 구성되므로 대표이사회장추천위원회의 결의사항이 이사회에서 거부될 가능성은 없다.

> 이사회 내 위원회 결의는 이사회 재결의가 있는 경우 그 효력을 상실함(상법 제399조의2 제4항)

위 상법 규정이 있으므로 이사회 산하 위원회인 회장후보추천위원회의 결의 사안이 이사회에서 재결의될 수는 있지만 회추위에서 의견을 표명한 사외이사들이 이사회에서 다른 의견을 표명할 가능성은 없다고 보면 된다.

현 CEO가 후임 CEO 선임에 관여하는 것이 옳은지 아니면 관여하면 안 되는지에 대해서는 여러 가지 장단점이 있다. 사외이사들이 정보교류회 등을 통해서 CEO 후보군에 대한 접촉을 하고는 있지만 daily operation을 같이 하면서 밀접하게 상대방의 업무 능력을 파악할 정도의 교분과 판단을 갖는 것은 쉽지 않다. 이러한 차원에서는 현 CEO의 의견을 참고하는 것이 바람직할 수도 있지만 잘못하면 현 CEO가 후임 CEO를 낙점하는 식의 결과가 초래될 위험도 있다. 현 CEO가 CEO 후보자에 대한 판단을 회장추천위원회에 정확히 전달할 필요가 있는데 잘못하면 현 CEO의 편향된 평가가 CEO 후보자의 선정에 과도한 영향을 미칠 수 있다. 다른 사람에 대한 평가는 항상 주관적일 수밖에 없지만 대수의 법칙에 의해(law of large numbers) 여러 의견을 듣다보면 한쪽 방향으로 모이게 된다.

사외이사의 해당 회사에 대한 관여에 대해선 主도 아니고 客도 아니다라는 의미 심장한 표현을 사용하기도 한다. 해당 회사의 가장 중요한 경영 의사결정을 수행하는 이사회의 한 member이고 법인의 등기부 등본에 등기를 하니 당연히 회사의 주인인데, 그렇다고 full time으로 근무하는 포지션이지 않으니 겉돌게 되고, 客 아닌가라는 생각도 하게 된다. 주인이 너무 손님 같이 행동을 해도 적절하지 않으며 객이 너무 주인 같이 행동을 해도 이 또한 적절치 않다. 이러한 사유에서 많은 기업에서는 사외이사들에게는 社番을 부여하고 있지 않는데 일부 기업은 사번을 부여하고 있다.

KT의 경우도 이러한 방식으로 진행되다가 정부에서 현 CEO가 기득권을 보호받는 참호구축(entrenched)의 경우라는 비판이 있자 현 CEO가 본인을 단독 후보로 평가하지 말고 처음부터 경쟁자들과 같이 평가해 달라는 요청을 하기도 하였다.

자유시장 자본주의하에서의 정부의 민간 기업에 대한 영향력은 보유한 지분에 비례하는 것이 옳다. 포스코에 대한 국민연금 지분은 2024년 가을 현재, 6%, KT에 대한 지분은 10% 정도이다.

금융지주와 포스코가 극명하게 경영의사결정에 차이를 보이는 점은 자회사 대표이사 선임에 있다. 신한금융지주의 경우는 CEO와 일부 사외이사들이 포함된 자회사경영관리위원회에서 신한은행장을 선임한다. 즉, 형식적으로는 회의체의 의사결정이다.

신한금융지주의 사외이사에게서 자문 받은 내용이다.

"신한금융지주의 경우는 다음과 같이 진행된다. 자회사 경영관리위원회는 계열사 CEO 선임을 하고 있다. 그리고 평소에 지주회사 회장과 자회사 CEO 후보군을 관리하고 있다. 경영성과, 리더십, 도덕 윤리성 등의 항목으로 점수를 매기고 있다. 그렇지만 정작 최종적으로 결정할 때는 회장의 경우를 제외하고는 복수의 대상을 높고 위원회가 토의를 하지는 않는다. 회장이 추천한 후보자를 놓고 토의를 한 후에 최종 결정을 하게 되는데 대개는 회장이 추천한 후보가 선임된다고 보면 된다. 사외이사가 회장의 인사권에 대해 이의를 제기하는 것이 쉽지는 않다. 즉, 형식은 갖추어져 있기는 하지만 결국 자회사 CEO의 선임은 대표이사회장의 인사권의 영역이라는 판단이다."

즉, 형식적으로는 회의체의 의사결정이다. KB금융지주의 경우는 다음과 같이 진행된다. 전임 KB금융지주 사외이사가 자문해 준 내용이다. KB는 '계열사 대표이사후보추천위원회'라는 것이 있다. 예전에는 '지배구조위원회'가 수행했는데 2018년에 '계열사 대표이사 후보추천위원회'가 분리되었다. 위원회의 구성은 회장, 사외이사 3인, 비상임이사(대부분의 경우, KB은행 행장)로 구성되어 있다. 계열사의 각 회사별로 다수의 후보 (KB 내부 후보와 외부 후보 포함) 선정한 후 결격사유 등을 검토하고 사전에 결정된 선정기준의 의하여 최종 대표이사를 선정하고 선정결과를 이사회에 보고하게 된다.

> **한국경제신문. 2023.11.22. 권영수 LG엔솔 부회장 물러날 듯**
> LG그룹이 22일부터 사흘간 연말 임원 인사를 한다. 21일 산업계에 따르면 LG그룹은 22일부터 24일까지 계열사별로 이사회를 열고 2024년 정기 임원 인사를 확정한다. LG에너지솔루션 관계자는 "최종 인사는 이사회 이후 확정될 예정"이라고 말했다.

회사와 관련된 모든 중요한 사안은 이사회를 개최해서 의결하는 것이 적법한 경영활동이다. 기업에 최대주주가 있어서 최대주주의 의견이 반영되어 사업회사 대표이사가 결정되는 것은 이해할 수 있지만 그럼에도 대표이사가 내정되는 가장 중요한 의사결정이 이사회라는 의사결정 기구를 거치지 않는 것에는 문제가 있다. 물론, 등기이사의 경우, 주총을 거쳐서 선임되어야 하므로 주총 안건을 상정하는 주총 한달 전 이사회에서는 결의 안건이지만 이는 우리나라 주요 기업들이 인사발령을 11월 말에서 12월 말까지는 거의 내정하므로 이러한 의사결정은 주총 안건을 확정하는 이사회보다 2, 3달여를 선행한다고 할 수 있다. 즉, 3월 중순이나 말에 주총을 개최한다고 하면 2월 중순이나 말에 주총 안건을 확정하는 이사회를 개최할 것이며 이때, 등기 임원을 추천하게 된다. 11월이나 12월에 내정된 인사에 대해서 이사회 결의 없이도 내정자가 실질적인 경영활동을 수행하게 되는 애매한 일이 발생한다. 단, 주총을 앞두고 인사를 하는 경우는 1, 2월에 연간 계획이 없이 업무가 수행되는 어려운 문제가 생긴다. 즉, 우리 기업의 모든 일정이 calendar year에 맞추어 진행된다.

최대주주가 실질적인 인사권을 행사한다고 해도 이사회 결의라고 하는 적법한 과정이 수행되어야 하는 것이다. 이사회가 최대주주의 인사권을 존중하지 않거나 거부할 사유가 거의 없을 것이므로 요식행위라고 하더라도 형식을 갖춰서 법에 부합하는 경영활동이 수행되어야 한다.

과거 롯데의 고 신격호회장이 임원을 향해 손가락질 하며 당신은 이제 그만 두라고 명령한 유명한 '손가락 해임' 사건이나 IMF 시절 한보철강의 정태수회장의 '머슴론' 등이 우리 최대주주 CEO의 무소불위한 권한에 대한 상징적인 사건이다. 머슴론은 정태수 회장을 위해 일하던 전문 경영인 사장이 말한 내용에 대해서 정 회장이 '머슴이 뭐를 알겠나'라는 말을 하면서 사장이라고 해도 최대주주의 뜻을 알 수 없다는 표현으로 한동안 회자되었다. 제왕적인 최대주주를 의미하는 상징적인 표현이다.

이에 반해 포스코홀딩스 사내이사와 계열 사업회사의 CEO 선임은 대표이사 회장의 고유권한이다. 인사권의 영역이며 이러한 의사결정은 독임제로 결정하는 것이 더 옳은 방법일 수도 있지만 어느 정도의 균형과 견제가 필요할 수도 있다. 더더구나 사업회사가 상장기업일 경우, 최대주주인 지주사의 대표이사 회장이 절대적인 영향력을 가지고 대표이사를 낙점할 수는 있지만 그럼에도 사업회사 차원에서의 지배구조에 따라 적법한 의사결정과정을 거쳐야 한다.

대표이사 회장이라는 직위에는 이 직위에 걸 맞는 권한이 주어져야 하며 이에는 사업회사 대표이사의 선임 권한이 포함될 수 있다. 기업 경영에 있어서 항상 회의체가 독임제보다 우월하며 또한 다수결이라고 하는 민주적인 절차가 항상 바람직한 것 만은 아니며, 때로는 인사권은 추친력을 가지고 진행되어야 하는 권한일 수 있다.

인사권 이외에 이슈가 될 수 있는 것이 지주사 사내이사와 사업회사 대표이사들의 임기이다. 포스코의 경우 이 두 보직의 임기가 1년이며 대표이사 회장의 임기만 3년이다. 물론, 1년의 임기가 너무 단기 기간이라 특히나 사업회사의 대표이사들의 임기가 1년인 경우, 중장기 계획을 세워서 업무를 추진하는 것이 어렵다는 단점도 있을 수 있다.

그럼에도 사업회사의 대표이사들은 재임과정을 거쳐서 최근에는 거의 대부분 3년~4년 동안 대표이사를 맡았으므로 크게 문제될 것이 없다는 주장도 있다. 오히려 과거에 이사가 다년차 등기를 할 때, 한 이사가 사퇴를 거부하면서 복잡한 일이 발생하였다고 한다. 물론, 등기한 이사라고 해도 상법에서의 절차에 따라서 주총에서의 결의를 통해 해임의 과정을 거칠 수는 있지만 해임이라는 것이 흔한 일도 아니고 이사회 내에서의 불협화음이 외부로 노출되는 등 불편한 점이 있다.

따라서 중장기 계획에 관련된 문제점은 재선임으로 해결하면 되는데 다년차 임기는 득보다는 실이 많다는 회사 측 입장이다.

매일경제신문. 2023.2.10. 소유분산기업 논란에 ⋯ KT 구현모 연임 안갯속
실제로 KT가 통상 매년 12월 진행해온 임원 정기인사와 조직 개편 역시 차일피일 미뤄지고 있다. KT는 최근 임기가 만료된 임원을 1개월 단위로 재계약해 온 것으로 알려졌다.

떠나는 CEO가 인사를 하고 떠나야 하는지도 이슈가 될 수 있다. 신임 CEO의 임기가 아직 시작되지 않은 경우, 사내이사를 추천할 수 있는 권한은 현 CEO에게 있는 것이 옳다. 그러나 차기 CEO가 같이 일할 사람을 전임자가 낙점하고 나간다는 것도 이해하기 힘들다. 정권 차원에서도 전 정권과 현 정권 간에도 항상 인사권 관련 이해 상충이 있다. 문재인 정부에서 윤석열 정부로 넘어 오는 시점 감사원의 차관급인 감사위원에 2인의 공석이 발생하였다. 두 정권은 협의하여 한 석은 문재인 정부가 한 석은 윤석열 내정자 정부가 임명하는 타협을 하게 된다.

우리나라 기업들은 통상적으로 12월에 인사발령을 하게 된다. 법적인 임기와 맞추려고 하면 주총 안건을 확정하는 이사회 시점에 인사발령을 한다고 하면 실질적인 경영활동이 법적인 등기 여부와 맞물려 갈 수도 있다. 그럼에도 우리나라의 모든 회사에서는 calendar year 단위로 매듭이 지어지므로 이러한 관행이 고착화되어 있다. 일부 기업은 주총 시점에 인사발령이 있는 것이 아니고 12월에 인사 발령을 하는 경우 임시 주총을 개최하면서까지도 법적인 부분을 인사발령과 맞추고 있다. 비상장기업은 많은 경우 1인 주주이므로 이렇게 실제 인사발령한 내용을 반영한 임시 주총을 힘들이지 않고 개최하기도 한다.

또한 어떤 금융기관일 경우는 금융소비자보호 총괄책임자를 제도에 의해서 이사회 결의로 임명하게 되는데 제도에서는 임기가 정해져 있지 않은데 인사발령 시점인 12월 말까지로 임기를 결정하는 경우도 있다. 인사발령 시점에 모든 구성원이 인사의 대상이 되는데 금융소비자보호 총괄책임자 1인의 임기 보장 때문에 인사에 제한이 개입되는 것을 피하기 위함이다. 반면에 이사회가 선임하는 준법감시인이나 위험관리책임자는 2년 이상으로 제도상 임기가 정해져 있어서 이렇게 유연하게 임기를 정할 수 없다.

위의 KT의 경우와 같이 CEO의 연임 여부가 결정되지 않은 상태에서는 12월 인사발령을 내는 것이 불가능하다. 이렇게 임원에 대한 인사권자인 대표이사의 임기를 생각하더라도 주총으로 임원 인사 발령 시점을 조정하는 것이 바람직할 수 있지만 이는 법적인 고려 사항이고 모든 경영활동을 calendar year에 맞추는 경영 관행도 존중해야 한다.

2022년과 2023년 초의 KT의 대표이사 사장 선임과정에서 문제가 된 다음의 두 이슈가 있다.

첫째는 현 대표이사가 연임의 의사를 이사회에 전달했을 경우, 포스코도 그렇고 KT도 일단, 다른 경쟁자와 현 대표이사가 경합을 하는 것이 아니고, 포스코의 경우는 승계 council에서 현 대표이사가 연임이 가능한지를 우선적으로 판단하게 하는 승계 council 제도가 수년간 운영되었고 지금은 폐지되었다. 연임이 가능하다고 판단이 되면 대표이사 선임 과정은 중단하게 되고, 현 대표이사가 회장추천위원회와 이사회를 거쳐 주주총회에 추천되게 되었다. 경쟁자는 없어도 현 대표이사가 연임에 적절한지를 판단하게 되므로 또 현 CEO는 이미 과거에 이러한 경쟁 구도를 거쳤기 때문에 포스코나 KT 차원에서는 공정한 경선이라는 생각을 하였던 반면, 2022년과 2023년 초의 KT 차기 대표이사 선정 과정을 보면 국민연금을 통해서 전해지는 정부의 입장은 현 대표이사 1인만을 후보로 두고 연임에 적격한지를 판단하는 것 자체가 공정하지 않다는 판단을 하고 있고, 이것 자체가 경쟁이 없는 것으로 이해하고 있다. 이러한 과정에서 포스코의 경우도 승계 council을 폐지하고 현 CEO의 연임의 경우도 처음부터 경쟁자들과 경쟁하도록 하였다. 어떻게 보면 현 CEO가 충분하게 업무를 잘 수행해 왔다고 하고 외국의 CEO들도 이러한 경우는 장기간의 임기를 유지하므로 자격과 능력만 입증된다고 하면 왜 굳이 잘하고 있는 사람을 바꿔야 할 일이 무엇인지라는 의문도 적법하다.

KB금융지주의 경우도 2023년 9월 말 대표이사 회장이 확정되기 2달 전인 2023년 7월 말부터 후계자그룹 중 누가 선두 주자인지에 대한 신문 기사들의 보도되기 시작하며 각 후보자의 장단점 또한 언론상에 공개된다. 현 대표이사 회장이 후임자 선출과정에 관여하게 되는 단점은 선두 주자 3명 또는 4명이 부각되며 이미 이들이 오랫동안 KB 경영에 관여해 오고 있었으므로 어느 정도의 공통된 장단점은 모두 밖으로 드러나게 된다. 결국은 회장 추천위원회 위원 각자의 선호에 따른 회의체의 결정인데 현 회장이 다른 구성원이 보지 못했던 후보자들의 장단점을 회추위 위원들에게 전달할 수 있을지가 관건이다. 외부 후보가 아닌 이상, 오랜 기간 조직 생활을 해온 후보들의 조직 내부에서의 평가는 어느 정도 수렴될 수 있다고 판단되며 현 대표이사 회장의 평가도 이렇게 수렴된 평균에서 크게 벗어나지는 않을 것으로 사료된다. 결국은 후보자들에 대한 회추위 위원들의 개인적인 평가에 의한 다수결의 결정으로 귀착될 수밖에 없는데 이 과정에 현 회장이 부가 가치를 더할 수 있을 것인가의 이슈이다.

회계기준원장을 선임하는 경우, 현 원장은 원장추천위원회의 위원으로는 활동을 하지만 차기 원장을 선임함에 현 원장에게 의결권을 부여하지 않는다. 현 기관장에게 의결권까지 인정한다고 하면 잘못하면 후임자를 낙점하는 결과가 될 수 있다. 단, 적어도 논의 과정 중에는 현 원장도 의견을 개진할 수 있어야 한다는 점은 함축적으로 의미하는 바가 없지 않다.

chapter

34

ESG 공시 의무

ESG 공시 의무

한국경제신문. 2023.2.13. "ESG 공시 의무화 큰장 선다"... 회계업계 분주

ESG 공시 의무화를 앞두고 회계업계가 관련 인력을 대폭 늘리는 등 발 빠르게 투자를 확대하고 있다. 업계에선 ESG 관련 준비가 가장 빠른 곳은 '정부도 기업도 아닌 회계업계'라는 말이 나올 정도다. 회계업계가 ESG 공시를 차세대 먹거리로 삼고 있다는 분석이 나온다.

ESG 인력 급증

12일 회계업계에 따르면 국내 대형 4대 회계법인은 ESG 관련 인력을 3년 전에 비해 두세 배 수준으로 늘리고 있다.

삼일 PwC와 삼정 KPMG는 각각 'ESG플랫폼', 'ESG비즈니스그룹'이라는 이름의 ESG팀을 사내에 운영 중이다. 삼일 PwC는 ESG 플랫폼 소속 전담 인원만 60명에 달한다. 다른 팀 소속이지만 ESG팀에도 소속된 겸임 인력을 포함하면 100명이 넘는다. 3년 전보다 두 배 이상 늘었다. 삼정 KPMG는 ESG 비즈니스 그룹 소속 전담 인력만 70명이다. 겸임 인력까지 합한 총 인원은 3년 전의 세 배 수준인 150명에 달한다.

딜로이트안진의 'ESG센터', EY한영의 'ESG임팩트허브'도 인력을 대폭 늘리는 중이다. 딜로이트안진 ESG센터는 전담 인력 10명, 겸임 포함 80명으로 조직이 커졌다. EY한영의 ESG임팩트허브는 전담 인력이 50명에 달한다. EY한영은 특정 담당자들이 ESG 분야까지 겸직하도록 발령을 내지 않고 프로젝트에 따라 유연하게 운영하고 있다고 설명했다.

ESG 공시 증가 대비

4대 법인 가운데 아직까지 ESG팀에서 수익을 내는 곳은 없다. 회사 전체로 보면 '돈이 되는' 부서가 아닌데 투자만 계속 늘리는 것이다.

이유는 분명하다. '미래 먹거리'라는 점이 뚜렷하기 때문이다. ESG 공시 의무화를 기점으로 관련 회계 수요가 폭발적으로 증가할 것이라는 게 업계의 공통적인 관측이다. ESG 공시가 의무화되면 기업들은 ESG 공시의 형식이 적절한지 따지는 것부터 공시 내용이 충실한 지, 서로 다른 공시 간 정합성이 확보돼 있는지 등을 모두 회계법인에 의뢰해 판단해야 할 것으로 보인다. 공시 후에는 감사 담당자가 제대로 공시가 이뤄졌는지도 판단한다.

한 대형 회계법인 관계자는 "ESG 경영 관련 컨설팅, ESG 관련 비즈니스 전략 수립 등의 업무도 있지만, ESG 공시 관련 업무가 향후 ESG팀의 가장 큰 역할이 될 것 같다"고 말했다.

금융당국은 ESG 공시 도입에 박차를 가하고 있다. 금융위원회는 올 하반기 한국 기업에 적용할 구체적인 ESG 공시 기준을 확정할 예정이다. 2025년에는 자산 2조 원 이상 코스피 상장사에, 2030년에는 전체 코스피 상장사에 적용할 전망이다. "지나치게 속도가 빠르다"는 기업들의 불만도 적지 않지만 국제사회와 금융당국, 대통령실 등의 의지가 강하다.

유럽 국제지속가능성기준위원회(ISSB)를 본뜬 한국지속성가능위원회(KSSB)도 지난 달 출범했다. ESG 공시 관련 기준을 논의하는 기관이다. 김소영 금융위원회 부위원장이 현판식에 참석하는 등 금융위가 적극적으로 힘을 실어주고 있다. 이복현 금융감독원장 역시 ESG 공시 관련 감독체계를 정비하겠다며 도입을 기정사실화했다.

ISSB가 요구하는 내용과 KSSB가 요구하는 내용 가운데 차이가 있는 부분도 있다. 예를 들어 scope 3의 경우 KSSB는 유예하는 것으로 ISSB는 채택하는 것으로 방향을 정한 터라 우리 기업들이 어떤 기준에 맞춰야 하는지도 논란이 될 수 있다. 여기에 미국 기준도 있으니 기업들은 어느 장단에 맞춰야 하는지 난감할 수 있다. 미국 시장에 상장되어 있는 기업은 미국의 기준을 무시할 수도 없다.

조선일보. 2023.2.17. 'ESG 경영 전도사' 파베르 회장의 해임.. 주주이익은 어디까지

기업이 미래 세대를 위해 사회적 책임을 실천하는 ESG 경영이 최근 화두다. 원래 자본주의 시장경제에서 기업은 주주의 이익을 가장 중요시한다. 물론 시장경제에서도 고객 만족을 강조하기도 하지만, 고객 만족 그 자체가 목적이라기보다는 고객 만족을 통해서 이익을 더 높이는 것이 진짜 목적이다. 반면 ESG 경영은 주주만이 아니라 사회의 다른 이해관계자들의 이익에도 봉사하는 것을 목적으로 한다.

ESG 경영과 관련해 세계적으로 이슈가 된 사건이 2021년 발생했다. 프랑수 다논 그룹의 CEO였던 에마뉘엘 파베르 회장이 해임된 사건이다. 다논은 프랑스 최대 식품 기업이다. 우리에게도 잘 알려진 에비앙 생수가 바로 이 다논 그룹의 제품이다. 2014년부터 다논 그룹을 이끌어 온 파베르 회장은 이해관계자 자본주의 모델을 선도했다. 회사 전체에 탄소 저감 체제를 도입하고 탄소 비용을 고려한 탄소 조정 주당순이익제도 시행했다.

그런 파베르 회장은 2023년 3월 다논그룹에서 해임됐다. 매출의 부진과 주가하락 때문이다. 다논은 2020년 매출이 10% 감소하고 주가는 30% 하락했다. 2020년 후반기 다른 회사들은 코로나 위기에서 주가가 회복했지만, 다논의 주식은 반등하지 못하고 계속 하락했다. 2020년 6월 파베르 회장이 "앞으로 기업의 이윤이 아닌 기업의 사회적 미션을 중시하겠다"는 경영 방침을 발표한 영향이 컸다. ESG 진영에서는 찬사를 보냈지만 결국 파베르 회장은 주주들의 반발에 의해 회사를 떠나게 된다.

이 사건은 ESG 경영이 추구하는 사회적 가치와 주주 이익의 충돌이라는 측면에서 서구에서 사회적 이슈가 됐다. 환경을 중시하고 기업의 사회적 책임을 강조하는 ESG 경영에 반대하는 사람은 없다. 꼭 필요한 일이고, 명분도 훌륭하다. 그런데 주주들은 환경을 보호하고 사회적 책임을 다하라고 회사에 돈을 넣지는 않았다. 주주가 기업에 돈을 준 이유는 매출, 이익을 높여 주가를 올리거나 더 많은 배당을 줄 것을 기대해서였다. 환경, 사회적 책임이 목적이라면 환경단체나 시민단체에 돈을 주었을 것이다. 그 돈으로 사회 봉사한다는 얘기를 들었다면 투자하지 않았을 것이다. 이익을 더 내겠다고 돈을 받아가서 사회적으로 책임 있는 일만 하는 것은 주주 입장에선 직무유기다.

ESG 경영의 전도사였던 파베르 회장의 해임은 ESG의 미래에 대한 강력한 시사점을 주었다. ESG는 주주 이익보다는 다양한 이해관계자의 이익을 더 중시한다. 하지만 그럴더라도 주주의 이익은 보장되어야 한다. 주주의 이익과 이해관계자들의 이익이 상호 조화를 이룰 때 ESG 경영이 가능할 것이지 주주의 이익이 완전히 무시될 때는 ESG 경영도 불가능하다. 주주와 이해 관계자들 간 가치 충돌을 어떻게 조정하느냐에 ESG 경영의 앞날이 정해진다.

> **조선일보. 2023.2.22. 이 불황에 ESG경영까지... 중소 중견 기업 등골 휜다**
> 주주들은 "주가도 시원찮은데 무슨 ESG냐"고 반대한다.
> 국내에선 금융위원회가 2025년부터 자산 2조원 이상 코스피 상장사, 2030년부터는 전체 코스피 상장사, 2030년부터는 전체 코스피 상장사가 ESG 관련 사항을 의무적으로 공시하도록 할 예정이다.

주주들은 경제적 이윤(economic value EV)을 추구하는데 기업의 경영자들이 지속적으로 SV(social value)만을 추구한다면 principal과 agent(대리인)의 생각이 일치하지 않는 것이다. ESG를 추구하는 것이 어느 정도는 경제적으로 기반을 닦은 국가 경제에 해당하는 내용이다.

우리나라도 1950년대, 1960년대의 경제발전 시기에 환경을 과도하게 강조하는 정책 즉, ESG가 사회적으로 강조되었다면 아마도 배부른 소리들 한다며 ESG가 주목받지 못했을 것이다. 또한 그 당시 어느 정도 환경에 부정적인 영향을 미치는 중화학공업을 필두로 경제성장을 이룩하였는데 우리의 소중한 자연 환경이 어느 정도 피해를 입을 수밖에 없었다. 최근에 와서도 ESG에 신경을 쓰는 기업들은 선진국의 선진 기업들이다. 후진국이나 개발 도상국의 경우, 경제 발전에 급급하다 보면 환경 문제에까지 신경을 쓸 여유가 나지 않는다.

중국이나 인도 기업들이 환경 보호에 앞장 서고 있다고 하는 이야기를 듣기 어렵다. 당연히 서방 선진국들이 앞장 서고 있고 관심이 있어 하는 것은 어찌 보면 당연한 것이다. 지배구조에 관한 사항도 동일하다. 1960년대부터 1980년대까지의 경제 발전은 삼성, 현대, LG 등의 기업이 최대주주의 강력한 리더십에 기반을 하여 엄청난 추진력으로 이뤄낸 성과이다. 물론, 1962년에 상법이 개정되면서 감사 제도가 도입되었고 감사 제도의 도입 취지가 최대주주 및 경영진에 대한 견제에 있기는 하지만 경제 발전 단계에서는 그 누구도 최대주주에 대해서 견제를 한다는 것은 생각하기 어려웠고, 정부의 주도와 최대주주의 강력한 리더십에 의해서 경제가 발전하던 시기였다. 또한 최대주주에 대한 견제는 '사치'라고 생각하던 시절이었고 감사는 유명무실하였다. 한 대기업 최대주주는 회계나 감사는 기업 발목 잡는 것이라고 했다는 얘기도 들린다.

최대주주의 친인척이 감사를 맡았던 기업도 다수였을 시기이다. 그러던 것이 1990년대 후반부터 IMF 경제 위기를 겪으면서 본격적으로 기업지배구조의 개선과 관련된 이슈가 국내 기업에 도입되었다.

한국경제신문. 2023.3.3. "과도한 ESG 이제 그만"... 미 공화당, 바이든 핵심 정책에 제동

미국 공화당이 연기금의 ESG 투자를 막는 결의안을 상원에서 통과시켰다. 민주당이 장악한 상원에서 조 바이든 정부의 핵심 정책인 ESG가 제동이 걸린 셈이다. 바이든 대통령의 거부권 행사가 예상되는 가운데 과도한 ESG에 대한 반발이 본격화하고 있다는 분석이 나온다.

민주당 반란표 나왔다.

1일 미국 상원에선 자산운용사 등 퇴직연금 수탁사가 투자 결정 때 ESG 요소를 고려해야 하는 노동부 규칙을 뒤집는 결의안이 찬성 50 대 반대 46으로 통과됐다. 이 결의안은 지난달 28일 하원에서 찬성 216 대 반대 204로 가결됐다. 미 노동부는 2021년 퇴직연금 개정안을 발표하면서 '재무이익 최우선'이란 투자 목표를 폐기하고 ESG 리스크를 고려하도록 바꿨다.

지난해 11월 중간선거에서 민주당은 51대 49로 과반을 차지했다. 이 때문에 상원에서 결의안이 부결될 것이란 관측이 우세했다. 하지만 조 맨친, 존 테스터등 민주당내 온건파 의원들이 찬성표를 던지면서 상황이 뒤집혔다. 민주당 의원 중 3명은 표결에 불참했다. 테스터 의원은 이날 "모든 가정이 고물가를 감당하고 있는 상황에서 퇴직 연금은 수익률을 내는데 집중할 의무가 있다"며 "과도한 ESG 규제가 근로자의 은퇴 계좌를 훼손하고 있다"고 강조했다.

파이낸셜타임즈에 따르면 바이든 대통령은 거부권을 행사할 것으로 전망된다. 대통령 취임 이후 첫 번째 거부권이다. 민주당에서 반란표가 나오며 바이든 대통령이 국정 운영에 위기감을 느꼈다는 분석도 나온다. 상원이 대통령의 거부권을 무효로 하려면 3분의 2 이상의 찬성표가 필요하다. 따라서 결의안이 최종 시행되기는 쉽지 않을 것으로 예상된다.

빠르게 식는 ESG 투자 열기

ESG 투자에 대한 반발은 예견된 일이었다. 펀드 성적이 예상보다 저조했기 때문이다. 미국 싱크탱크인 헤리티지 재단은 2017년 이후 5년간 미 ESG 펀드의 연평균 수익률이 6.3%에 그쳤다고 밝혔다. 같은 기간 시장 벤치마크 수익률은 연 8.9%를 기록했다. 미국 퇴직 연금 가입자는 ESG 투자 때문에 연 2.6% 포인트의 수익률을 놓쳤다고 해석할 수 있다.

또 지난해 미국 ESG 펀드는 2015년 이후 가장 작은 규모로 쪼그라들었다. 모닝스타에 따르면 지난해 미국의 ESG 펀드 규모는 31억 달러로 2021년 700억달러의 4% 수준에 불과했다.

공화당은 '워크(woke 각성)' 자본주의를 비판하면서 반 ESG 운동을 주도하고 있다. ESG에 투자하는 게 의식 있는 것처럼 보일지 모르지만 수익률 측면에서는 마이너스라는 주장이다.

공화당이 우선 주에선 지난해부터 ESG 펀드에 넣은 자금을 회수하기 시작했다. 론 디샌티스 플로리다 주지사는 지난해 플로리다 주 연기금이 블랙록 ESG 펀드에 위탁한 20억 달러를 빼내기로 결정했다. 미주리주, 와이오밍주 등도 ESG 펀드에서 자금을 인출하고 있다.

FT에 따르면 KKR, 블랙스톤 등 12개 자산운용사는 지난해 연례 보고서에서 ESG 투자가 정쟁 대상이 돼 성과가 축소될 수 있다고 우려했다. 뱅가드는 지난해 12월 세계 최대 기후금융 동맹인 "넷제로 자산운용 이니셔티브'에서 탈퇴한다고 선언했다. ESG 규제가 펀드운용의 독립성을 해친다는 이유에서다.

다음과 같은 이슈가 있을 수도 있다. 주주들의 입장에서는 기업의 남는 이익을 배당으로 지급한다면 개인 주주 차원에서 기부금을 내든지 원하는 방식으로 사용을 할 것인데 기업이 주주들의 뜻을 확인하지도 않고 ESG의 S의 차원에서 이익을 기부한다면 일부 주주들이 이윤 추구를 희망하는 방식으로 사용할 수 있는 통로를 막게 된다.

매일경제신문. 2023.5.19. 'ESG 공시' 놓고 회계법인 로펌 티격태격

금융당국이 2025년부터 ESG 공시를 단계적으로 의무화하겠다는 계획을 밝힌 가운데 ESG 보고서 인증을 두고 업계 간 쟁탈전이 벌어질 양상을 보이고 있다. 회계업계는 회계전문가 인증 비율이 미국이나 유럽보다 낮다며 이를 끌어올려야 한다고 강조하는데 반해 법무법인 등은 전문성 보유 기관을 폭넓게 인증해야 한다고 주장한다. 재계는 ESG 공시 의무화를 서둘러 추진하는 것은 위험하다는 입장을 내비쳤다.

18일 금융당국과 금융투자업계에 따르면 금융위원회는 올해 3분기 중 'ESG 공시제도 로드맵'을 발표할 계획이다. 금융위가 발표할 'ESG 공시제도 로드맵'에는 -ESG 공시 의무화 대상 기업, -국내 ESG 공시 기준, -제3자 검증체계 등에 대한 내용이 담길 예정이다.

지난 12일 서울여의도 한국거래소에서 열린 '금융투자업 글로벌 경쟁력 강화를 위한 제3차 릴레이 세미나'에서는 ESG인증 의무화를 두고 갑론을박이 펼쳐졌다.

그렇지만 이어진 패널 토론에서는 업계 간 온도 차가 감지됐다. 윤철민 대한상공회의소 ESG 경영실장은 "국내외 경기가 안 좋아진 상황에서 ESG 공시 의무까지 앞둬 기업 입장에서는 부담이 굉장히 크다"고 말했다.

인증기관에 대한 문제점도 지적됐다. 회계업계는 일단 ESG 보고서 인증 등을 새로운 먹거리로 보고 조직 구성에 나서고 있는데, 법무법인 등이 이를 견제하는 모양새다. 이날 주제발표에서 2021년 기준 한국에서는 ESG 보고서를 낸 기업 100%가 인증을 받았지만 재무제표에 대한 감사를 진행할 수 있는 전문가가 인증을 한 사례는 14%로 턱없이 낮다는 내용이 소개됐다. 특히 회계법인 인증 비율은 글로벌 평균이 57%인 데 반해 한국은 10% 미만으로 나타난다고 설명했다.

이에 대해 대형 로펌 관계자는 "미국 등에서 회계법인이 인증한 비율은 급격히 감소하고 있다"며 "회계법인 투입보다 전문성 있는 기관을 인정하는 분위기"라고 반박했다.

ESG와 관련된 업무는 환경부, 산업자원부, 금융위원회 등 여러 정부 기관이 관여되므로 이를 총괄하는 기관은 국무총리실 산하의 국무조정실밖에 없게 된다. ESG 관련된 용역에 대해서는 이미 경쟁 구도가 형성되어 가는 것 같다.

회계 관련된 감독도 영리 기관과 관련된 회계감독의 주관은 금융위원회/금융감독원이지만, 병원은 보건복지부, 교육기관은 교육부, 지방자치단체는 행정자치부이므로 이를 모두 아우를 수 있는 기관은 국무총리실의 국무조정실밖에 없다는 얘기를 하기도 한다.

국제회계사연맹의 윤리기준위에서는 외부감사인이 지속가능보고서에 대해서 인증을 하는 것에 대해서는 이해상충이 없다는 판단을 하고 있다[32].

한국경제신문. 2023.10.17. ESG 공시, 2026년 이후로 연기

상장기업이 자사 ESG(환경 사회 지배구조) 관련 정보를 재무제표 수준으로 공개하는 'ESG 공시' 의무화가 1년 이상 미뤄진다. 공시 기준과 개념이 명확하지 않아 바로 도입하기 어렵다는 경제계의 지적을 금융당국이 수용한 데 따른 것이다.

김소영 금융위원회 부위원장은 16일 서울 여의도동 금융투자협회에서 기업 학계 유관기관 모임인 'ESG 금융추진단' 제3차 회의를 열고 "국내 ESG 공시 도입 시기를 2026년 이후로 연기한다"고 밝혔다. 그는 "미국 등 주요국의 ESG 공시 의무가 지연됐고, 주요 참고 기준인 국제지속가능성기준위원회(ISSB)의 지속가능성 공시 기준이 지난 6월에야 확정된 점 등을 고려했다"고 설명했다.

당국은 당초 2025년부터 자산 2조원 이상 유가증권시장 상장사를 시작으로 ESG 공시를 의무화할 방침이었다. 기존 일정대로라면 기업은 당장 내년도 ESG 정보를 대상으로 2025년 초부터 공시를 준비해야 한다.

금융위는 구체적 공시 도입 시기는 관계부처와 협의해 추후 확정하기로 했다. 이르면 다음달 기획재정부 주관으로 열리는 민관 합동 ESG 정책협의회에서 확정하는 '국내 ESG 공시 제도 로드맵'에 구체적인 도입 시기가 담길 것으로 전망된다.

---

32 한공회 윤리위원회 회의 자료

한국경제신문. 2023.10.17. "ESG 공시, 대기업부터 단계 도입 시행 초기엔 제재 수준도 최소화"

금융당국이 ESG 공시 의무화 시점을 2026년 이후로 연기한 것은 상장기업의 준비 기간이 더 필요하다고 봤기 때문이다. 김소영 금융위원회 부위원장은 "새로운 제도를 도입하는 만큼 기업들의 준비 상황을 고려해야 한다"며 "현장에서 감당할 수 있는 선에서 ESG 공시제도 도입을 추진할 것"이라고 했다.

지난 6일 발표된 국제지속가능성 기준위원회의 ESG 국제기준에 따르면 기업은 협력사까지 포함한 가치사슬 내 (스코프3)의 온실가스 배출량, 온실 가스 감축 계획, 기후 리스크 등 각종 비재무 정보까지 촘촘히 공시해야 한다. 허위로 공시하면 자본시장법 위반을 근거로 제재 조치가 부과될 수 있다.

이를 두고 그간 재계에선 2025년 공시 의무화는 무리라는 지적이 잇달았다. 2025년 공시를 위해선 내년부터 각종 데이터를 취합해야 하는데 이를 위한 기준도, 인프라도 부족하기 때문이다. 구체적인 세부 지침 또한 없다. 국가별 ESG 공시 기준의 표준 격인 ISSB의 공시기준은 6월에야 나왔다. 이 기준에 대한 한국 최종번역은 오는 12월 말에나 나올 전망이다.

데이터를 취합 검증할 실무 시스템을 마련하기도 어렵다. 예를 들어 상장사가 스코프3 온실가스 배출량 수치를 따지려면 협력업체 데이터까지 측정해 검증해야 한다. 이 같은 체계를 구축하는 데만 1년 이상 걸릴 것이라는 게 기업들의 중론이다.

금융위는 ESG 공시 도입 시기를 1년 이상 연기한 것은 이 같은 문제점을 고려한 조치다. 금융위는 ESG 공시를 의무화해도 기업 규모별로 대상을 차차 확대한다는 방침이다. 해외 규제와 글로벌 자본시장 등의 영향을 받는 대형 상장사부터 도입하고, 이후 국내 시장 여건 등을 감안해 대상 기업을 늘린다는 것이다. 금융위는 제도 도입 초기엔 ESG 공시에 따르는 제재 수준을 최소화하기로 했다.

김 부위원장은 "공시 가이드라인과 인센티브 등으로 기업의 ESG 공시를 지원할 것"이라며 "관계부처와 기업 컨설팅을 확대하고, 산업은행을 비롯한 정책금융기관과 함께 정책금융연계인센티브를 제공하는 안 등을 추진하겠다"고 했다.

기업들은 일단은 한숨을 돌렸다는 반응이다. 한국상장회사협의회의 관계자는 "기업 현실을 고려해 ESG 공시제도가 연착륙할 수 있도록 폭 넓은 논의가 필요할 것"이라고 말했다.

매일경제신문. 2024.1.11. 미기업 ESG와 속속 이별 이젠 '책임 경영'이 대세

최근 몇 년간 글로벌 기업 경영을 들었다 놨다 했던 '환경 책임 투명경영(ESG)'란 화두가 자취를 감추고 있다. 미국 보수층에서는 좌파 선동이라는 비판이 나오고 있고, 금융당국에서 가짜 ESG 펀드를 규제한다며 조사에 나서자 신규 펀드 상품 출시도 뚝 끊겼다.

월스트리트는 9일 미국 기업 경영자들이 최근 ESG라는 표현을 폐기하고 단순히 '책임 경영(Responsible business)'이라는 표현을 사용하는 것을 선호하고 있다고 보도했다.

ESG는 지속가능발전을 위해 기업의 사회적 책임과 투명한 지배구조, 친환경 제품 생산 등을 추구하는 경영 트렌드다. ESG에 앞장서는 유럽에서는 영국, 독일, 프랑스 등 주요국을 중심으로 ESG 정보 공시 의무 제도까지 도입했다.

WSJ에 따르면 S&P 500대 기업 중 2021년 ESG를 경영 원칙으로 천명한 미국 기업은 155개에 달했지만 지난해 2분기에는 61개로 급감했다.

미국의 대표적인 음료 기업 코카콜라가 2022년 '비즈니스와 ESG'라는 제목의 보고서를 냈지만, 지난해에는 '비즈니스와 지속가능성'으로 제목을 변경한 것이 대표적이다.

이는 미국 보수층의 비판에서 비롯된 것이라고 WSJ는 분석했다. 보수층에서 ESG 의제가 진보층에서 만든 개념이며 '자본주의 원칙에 어긋나는 진보 세력의 선동'이라는 주장이 일고 있기 때문이다. 보수층에서는 기업과 금융권이 ESG를 강조하고 화석 연료에 적대적인 성향을 내비치는 데 대해 '너무 깨어 있다'는 식의 경계심을 보이고 있다.

브래드카프폴와이스로펌 의장은 "대부분 기업이 ESG 계획에 맞춰 경영을 하고 있다"며 "다만 이 같은 사실을 공개하지 않거나, ESG 대신 다른 표현을 사용하는 것"이라고 말했다. 기업 입장에서는 여러 고객을 감안해야 하는 만큼 논란의 개념보다는 중립적인 단어로 변화를 꾀하는 셈이다.

금융권에서는 ESG가 점점 사라지고 있다. 연간 100개 이상 쏟아지던 ESG 기업 투자 펀드가 급감하고 있다. 영국 파이낸셜타임즈에 따르면 지난해 상반기에 55개 출시됐던 ESG 펀드는 하반기에 단 6개 출시되는데 그쳤다.

FT는 펀드명에서 ESG 라벨이 삭제되고 '지속 가능'등 문구로 대체되고 있다고 전했다. 이는 2018년 이후 120 이상 펀드에 이름에 ESG를 넣어 개명한 것과는 반대된다.

투자가 줄고, 규제 당국에서 ESG 펀드가 실제 해당 속성(환경 책임 투명경영)이 있는지 정밀조사를 시작하면서 자산운용사들이 문구를 삭제하고 있다고 FT는 설명했다. FT는 지난해 9월 미국 증권거래위원회가 ESG로 광고하는 펀드는 이름에 맞게 자산 중 80% 이상을 ESG 관련 요소에 투자해야 한다는 규칙을 신설한 것이 영향을 미쳤다고 분석했다.

최근 자사 펀드에 ESG를 삭제하고 '지속가능전략'이란 문구를 넣은 UBS는 "규제가 더욱 진화할 것으로 예상하고 미국에서 지속가능전략을 넣어 펀드 2개 이름을 바꿨다"고 설명했다.

ESG와 관련된 논의가 보수 vs. 진보라는 정치적 이슈와도 연관될 수 있다는 점이 흥미롭다. ESG도 각자 개념을 분리시켜 놓고 보면 매우 다른 개념들이다. 특히나 환경과 기업지배구조/투명경영의 이슈는 명확히 잡히는 개념이지만 S, 책임 또는 지속경영의 경우, 개념 자체가 매우 주관적이다. 물론 지배구조의 정답도 없다고 생각하면 G도 그러한 비판에 노출될 수 있다.

주주 자본주의에서 이해관계자 자본주의로의 전환이라고 생각하면 이러한 변화를 보수에서 진보로의 전환이라고 정치적인 이슈로도 연관지을 수 있다. 어떻게 보면 우리의 경제 체계에서는 경영 의사결정을 이사회가 수행할 수밖에 없고 결국은 이사회가 주주를 위한 의사결정을 하고 있는지 아니면 이해 관계자를 위한 의사결정을 수행하고 있는지에 따라서 '주주 중심 경영'인지 아니면 '이해관계자 중심 경영'인지가 판명된다. 이러한 구체적인 판단이 아닌 경우의 논란은 단지 추상적인 말장난에 불과할 수도 있다.

국내 기업에서 가동되는 있는 어느 이사회도 아직까지는 이해관계자를 위한 의사결정을 수행하고 있다고 표방하는 회사는 없는 것으로 이해한다. 모든 이사회는 회사와 주주를 위한 의사결정을 수행한다고 하고 또한 그러하다고 이해한다. 왜냐하면 이사회 이사의 선임은 주주총회에서 수행되었고 주주는 자기들의 이해를 반영하여 경영활동을 수행한다는 조건과 믿음 하에 이사들을 선임했기 때문이다. 그렇게 생각하면 '이해관계자 자본주의'라 하면 실체가 없는 허황된 주장일 수 있다.

예를 들어 주주 중심 경영이라고 해도 여기서 얘기하는 주주가 최대주주인지 아니면 일반 주주인지를 구분해야 하는 경우도 있을 수 있다. 우리나라의 경우 이해 관계자의 이해가 얽히는 경우가 일반주주/최대주주의 이해가 일치하지 않는 경우가 주된 관심의 대상이다. 이 이외에도 채권자와 주주의 이해가 얽힐 수 있으며 직원의 이해도 주주, 채권자와 상반될 수 있다. 채권자는 대부분의 경우는 경영활동에 관여하지 못하지만 감사인선임위원회를 가동하는 경우는 채권자 대표가 경영활동에 어느 정도 관여하는 매우 특이한 경우이다. 물론, 노동이사제가 민간기업에도 도입된다면 노조의 이해도 경영의사결정에 반영될 것이므로 이는 완전히 다른 차원의 이슈, 즉, 어느 정도, 사회주의적 자본주의가 되는 것이다. chapter 75의 상법개정안의 내용도 이와 무관하지 않다.

한국경제신문. 2024.1.15. "ESG 금융 무시하면 큰 코 다쳐"

"에너지 비용 증가로 기업이 반발하는 등 ESG에 대한 저항이 늘어나는 건 사실입니다. 하지만 이런 일시적 문제가 큰 흐름을 바꾸지는 못할 겁니다."

리처드 메티슨 스탠더드앤드푸어스 글로벌 서스테이너블1 부회장은 14일 한국경제신문과 한 서면 인터뷰에서 "분명한 건 ESG금융이 계속 성장하고 있다는 것"이라며 이같이 말했다. S&P 글로벌서스테이너블1은 S&P500지수 등을 산출하는 S&P 글로벌그룹의 ESG관련 사업조직이다.

매티슨 부회장은 "일시적 장애가 큰 흐름을 바꿀 수는 없다"는 말을 반복했다. 그는 "데이터에 따르면 지난해 3분기 ESG 펀드는 순유입을 기록해 벌써 전체 시장의 8%를 차지할 정도로 커졌다"고 말했다. ESG펀드는 탄소중립, 기업 지배구조 개선, 사회 활동 등에서 우수한 기업에 집중적으로 투자하는 펀드다.

그는 이어 "미국의 인프레이션 감축법과 유럽의 그린딜 산업 계획 등이 재생에너지에 대한 추가적인 투자를 부를 것으로 예상된다"고 말했다.

'그린워싱(녹색분칠 기업이 실제와 달리 친환경 이미지로 포장하는 것)을 하는 기업이 늘고 있다는 지적에 대해서는 "글로벌 차원에서 일관되고 비교 가능한 공시가 필요하다"고 말했다. 매티슨 부회장은 "유럽연합(EU) 회원국들은 CSRD(기업 지속가능 지침)를 일관되게 적용하고 있다"며 "이런 관행이 정착되면 그린워싱 리스크를 줄이는 데 큰 도움이 될 것"이라고 강조했다. 이어 "ESG 금융상품 역시 투자자들이 혼란을 겪지 않고 즉각적으로 정보를 파악할 수 있는 일관된 '라벨'을 사용해 시장의 신뢰를 장기간 구축해야 한다"고 지적했다.

'ESG는 허구다'라는 비판과, 아니다, '추구해야 할 가치다'라는 양 극단의 주장이 상반된 가운데 지속되고 있다. 유심히 이러한 사회적 trend가 어디로 귀착되는지를 유심히 관찰해야 한다.

매일경제신문. 2024.1.23. 주주 제안에 "NO" 외친 미엑손모빌, ESG투자자 고소

미국 석유 기업 엑손모빌이 "주주총회 안건으로 극단적인 온실가스 감축안이 상정되는 것을 막아달라"며 소송을 제기했다. 기후활동가들이 주총을 이용해 이사회의 결정에 영향을 미치려 하는데 반발하고 나선 것이다.

투자자가 기업을 상대로 소송을 제기하는 경우는 흔히 있는 일이지만, 기업이 주주를 고소하는 일은 거의 없어 이례적이다.

기존처럼 미국 증권거래위원회에 주주 제안 배제 사유서를 제출하는 대신 곧장 법원으로 향한 이유에도 관심이 쏠린다. 최근 겉으로만 친환경적 이미지를 내세우는 그린워싱 논란과 낮은 수익률 등으로 ESG 투자가 역풍을 맞고 있는 상황이어서 이번 판결의 결과에 따라 분위기가 크게 달라질 것으로 전망된다.

22일 블룸버그에 따르면 엑손모빌은 전날 이 같은 내용의 소장을 텍사스주 포트워스 소재 연방 지방법원에 제출했다. 네덜란드 기후 운동단체 플로디스(Follow Me)와 아주나캐피털이 오는 5월 29일로 예정된 연례 주총에서 온실가스 감축을 가속하는 안을 투표에 부치지 못하게 해달라고 요청하는 내용이었다.

소장에는 "프로디스와 아주나캐피털은 오직 회사의 기존 사업을 감축시키기 위한 캠페인을 전개하려는 목적에서 주주가 됐다"고 주장하는 내용이 담겼다. 지난달 플로디스와 아주나캐피털은 엑손모빌의 탄소 감축 계획에 전후방 가치사슬에서의 간접적인 탄소 배출량을 뜻하는 스코프3를 포함시킬 것을 요구하는 주주 제안을 제출했다.

단순히 석유 정제 과정에서의 탄소 배출량을 줄이는 것뿐만 아니라 고객사가 엑손모빌 석유를 사용해 배출하는 탄소도 줄여야 한다는 것이다.

엑손모빌 측은 "이번 제안은 엑손모빌의 경제적 성과를 개선하거나 주주가치를 제고하려는 목적이 아니다"며 "오히려 자신들이 투자한 회사의 사업을 쪼그라들게 하려는 목적"이라고 주장했다. 엑손모빌은 서구권 5대 정유사 중 유일하게 스코프3 감축 목표를 도입하지 않고 있다. 재작년과 작년에도 유사한 주주제안을 표결에 부쳤지만 찬성표가 각각 27%, 10%에 불과해 부결됐다.

통상 미국 상장사가 주주 제안 안건을 배제하려면 그 사유를 자세히 명시해 SEC에 제출해야 한다. SEC는 배제 사유서를 평가해 타당할 경우에만 이를 배제하도록 권고한다. 그러나 일각에서는 SEC의 권고가 정권의 입맛에 따라 뒤바뀐다며 그 일관성이 부족하다는 비판을 제기해왔다.

조선일보. 2024.2.16. 잘나가던 ESG 경영 역풍 맞나

미국 공화당 대선 후보였던 론 디샌티스 플로리다 주지사가 주 공무원이 ESG 활동에 공식 자금을 투자하는 것을 금지하는 법안에 대해 설명하고 있다.

한국경제신문. 2024.2.19. 기업 우려에... 협력사 탄소배출 공시 3년 유예

금융당국이 ESG 공시에 '스코프3'를 적용하더라도 제도 도입 후 3년 동안은 면제해주는 방안을 검토한다. 공시 도입 시점은 2026년 이후다. 스코프3는 해외 법인을 비롯해 기업의 공급망 전체로 범위를 확장한 가장 강력한 온실가스 배출 규제다. 공시 대항 범위와 관련해서도 기업의 자율성에 무게를 두는 쪽으로 가닥을 잡고 있다. 연결 기준으로 공시를 작성하되, 종속 기업 중 어떤 곳을 포함할지는 기업이 자율적으로 결정할 수 있도록 하겠다는 것이다.

ESG 공시 초안 다음달 공개

18일 금융투자업계 등에 따르면 금융위원회는 이 같은 내용을 담은 ESG 공시 제도 초안을 이르면 다음 달 발표한다. 그간 기업이 각기 다른 기준에 따라 자율적으로 공개한 ESG 관련 사안을 공시 기준에 맞춰 비교할 수 있도록 하는 게 목표다. 자산 2조원 이상 유가증권시장 상장사 240여 곳이 의무화 대상이며 순차적으로 전체 상장사로 확대할 예정이다.

정부는 제도 도입 후 스코프3 수준의 공시 면제 기한을 1년으로 늘린 것으로 알려졌다. 도입 첫해에만 공시 요건에서 빼주는 국제 기준안에 비하면 어느 정도 완화한 것으로 볼 수 있다. 해외에 여러 제도 시설을 거느린 만큼 준비기간이 더 필요하다는 국내 대기업의 요구를 감안한 것으로 풀이된다. 스코프3 범위는 국내외 생산기지와 제품 유통망, 협력업체까지 아우른다. 온실가스 배출량의 측정 기준은 국제 표준인 GHG 프로토콜을 원칙으로 삼을 전망이다.

비주요 종속기업 뺄 수 있게 돼

금융당국은 ESG 공시를 의무화하더라도 기후, 생물 다양성, 인권 등 주요 분야 중 기후 관련 내용만 우선적으로 적용할 계획이다. 기후 요인이 기업의 재무 실적

전망 등에 어떤 영향을 미칠지 투자자에게 알리는 것이 골자다. 기후 변화에 따라 특정 지역에서 제품 수요가 늘어날 전망이거나, 친환경 사업을 늘리는 등 사업 모델을 일부 변경할 예정이라면 이를 주주에게 알려야 한다는 것이다.

ESG 공시 의무 범위와 관련해서도 금융당국은 자의적인 판단을 최대한 줄이되 기업 자율성을 높일 수 있는 절충안을 모색하기로 했다. 상식적인 수준에서 지배 기업이 종속 기업의 중요도를 판단해 기후 관련 공시를 하도록 유도하겠다는 것이다.

산업계의 가장 큰 관심은 ESG 공시 도입 시점이다. 당국은 당초 2025년이던 도입 시점을 2026년 이후로 미룬 바 있다. 국내 기업은 2026년 이후로 미룬 바 있다. 국내 기업은 2029년 도입을 희망하고 있다. 유럽연합이 EU에 진출한 역외국가 기업에 ESG 공시를 의무화하는 해가 이때여서다. 2029년 이전까지는 국내에서 별도 기준을 적용하지 않고, ESG 관련 데이터 취합 검증 대응 체계 마련 등을 위해 시간을 달라는 의미다.

EU보다 먼저 규제 조치를 취할 경우 이로 인한 부작용이 만만치 않을 것이란 전망이 나온다. 지난해 8월 과학 분야 학술지인 사이언스는 기후 공시 의무화가 이뤄지면 기업 이익이 평소 44% 줄어들 것이라는 내용의 논문을 게재했다.

국가별로는 러시아가 가장 많은 130%의 이익이 줄어들 것으로 예측했다. 한국의 이익 감소 예상치는 46%로 인도네시아(90%), 인도(89%), 멕시코(67%), 중국(56%), 남아프리카공화국(51%) 뒤를 이었다. 선진국 중에선 기후 공시로 인한 손실 가능성이 가장 큰 셈이다. 저자는 세계 1만 5000여 개 상장사를 조사했는데 탄소 가격을 1당 190달러, 기업의 '스코프1(직접배출)'을 토대로 산출한 결과다. 공시 의무를 스코프3로 확대한다면 이익 감소액은 더 커질 수밖에 없다는 얘기다.

다음의 기사는 이번 chapter의 위에 인용한 매일경제신문(2024.1.23.) 내용과 관련된다.

한국경제신문. 2024.2.19. 'ESG 전쟁' 벌이는 엑슨모빌

미국의 거대 석유기업인 엑슨모빌과 독일계 기후 행동주의 펀드 간 소송 전이 글로벌 ESG 산업의 최대 관심사로 부상하고 있다. 온실가스 배출 감축 서약을 받아내려던 행동주의 펀드는 주주제안을 철회했음에도 엑슨모빌로부터 거액의 소송에 휘말렸다. 기후 행동주의가 주주가치 제고를 명분으로 기업의 미래까지 망치려고 한다는 것이 엑슨모빌의 주장이다. 미국 법원의 판단 결과에 따라 향후 ESG투자 환경이 급변할 가능성도 제기된다.

파이낸셜타임즈는 최근 기사에서 엑슨모빌이 벌이고 있는 'ESG 전쟁'을 집중 조명했다. 엑슨모빌이 소송을 제기한 것은 지난달이다. 모두의 예상을 깬 결정이었다. '소액주주 입을 막는 괴롭힘 전략'이란 비판에도 불구하고 엑슨모빌은 법원의 판단을 받겠다며 확전에 나섰다.

엑슨모빌은 "이번 주주제안은 기업의 수익을 개선하거나 주주가치를 높이려는 게 아니라 영업을 위축시키고 세세하게 간섭하려는 것에 불과하다"고 주장했다. 석유 판매가 본업인 엑슨모빌이 소비자의 탄소 배출까지 통제해야 하는 '스코프3'를 도입하는 것은 사실상 영업 포기와 다를 바 없다는 얘기다. 찰스 크레인 미국제조업자협회(NAM) 부회장은 FT와의 인터뷰에서 "많은 대기업이 이 사건이 어떻게 진행되는지 지켜보고 있다"고 말했다.

행동주의 펀드분만 아니라 연기금, 자산운용사 등 금융권에서도 ESG 투자와 관련한 법적 리스크에 촉각을 곤두세우고 있다. ESG 압박으로 기업이 손실을 낼 경우 주주들로부터 소송을 당할 수 있어서다. 친환경 전략으로 인한 손실액을 특정하기는 쉽지만, 거꾸로 기후 변화 방지 등의 노력이 기업의 이익과 어떻게 연결되는지를 증명하기는 매우 어렵다는 점이 고민거리다.

11월 대선을 앞둔 미국에선 ESG 투자에 대한 정치적 공세가 심해지고 있다. 공화당은 물가 안정과 에너지 안보에 필수적인 미국 내 석유자원 개발에 ESG가 걸림돌이라고 비판한다. 선제적으로 ESG 투자 원칙을 내세운 자산운용사 블랙록의 래리 핑크 회장은 최근 정치적 비판에 시달린 끝에 "더 이상 ESG란 용어를 쓰지 않겠다"고 선언했다.

텍사스, 인디애나주 등 미국 10여개 주는 이미 주정부와 산하 지방자치단체, 공공기관의 투자에 ESG를 고려하는 것을 금지했다. 플로리다와 같은 일부 주는 ESG를 금융회사의 대출심사 기준으로도 사용하지 못하게 하는 등 광범위한 반 ESG법을 제정했다.

매일경제신문. 2024.3.11. 미 SEC, 모든 상장사에 '탄소배출 공시' 의무화

미국과 유럽이 같은 날 나란히 친환경 에너지 정책에 드라이브를 걸었다. 미국은 상장 기업들에 온실 가스 배출량 공개를 의무화하는 규제를 시행했고, 유럽연합은 화석 연료 에너지 투자자 보호 조항이 삽입된 조약을 탈퇴하는 등 '넷제로(탄소중립)'를 향해 한 걸음 더 다가섰다.

6일 미국 월스트리트저널은 미 증권거래위원회(SEC)가 상장 기업의 기후 변화 정보 공개 규정인 '기업 기후 공시 의무화 규칙'을 처음 승인했다고 보도했다.

SEC는 2010년에 공시 지침을 처음 마련했지만 강제성은 없었다. 2022년에는 공시 의무화를 핵심으로 한 규칙 초안을 발표했으며, 2년여간 업계 의견 수렴을 마치고 이날 규칙을 최종 승인했다.

게리 겐슬러 SEC 위원장은 "많은 투자자가 기후 위기에 대한 정보를 바탕으로 투자 결정을 내리고 있으며, 많은 기업이 기후위기에 대해 공시하고 있다"고 설명했다.

새 규정에 따라 미국 상장사들은 2026년부터 온실가스 배출량을 보고해야 한다. 또한 홍수, 산불처럼 기업 수익에 중대한 영향을 미칠 수 있는 기후 관련 위험 가능성을 분석해 공개해야 한다. 다만 기업들이 반대했던 제품의 공급망 전체 부품과 협력사 제품의 온실가스 배출량 발표 의무 등은 초안에서 삭제돼 발표됐다.

새 규정에 대해 반응이 엇갈리고 있다. 일부 환경 단체는 온실 가스 배출량 중 약 70%가 공급망을 통한 간접 배출이라며 공시안을 더욱 강화해야 한다고 주장했다. 반면 공화당 등 반대론자들은 기업에 부담을 주는 과도한 규정이자 불법적 소지가 있다며 소송 가능성까지 내비쳤다.

같은 날 EU는 화석 연료 기업의 권익을 보호하는 데 악용된다는 비판을 받아온 '에너지헌정조약(ECT)'을 탈퇴하기로 했다. 회원국들은 다음달 유럽의회를 통해 탈퇴 여부를 최종 결정할 예정이며, 모든 국가의 실제 탈퇴에는 1년 여의 절차가 소유될 전망이다.

ECT는 옛 소련 해체 이후 소련 지역 독립국들과 유럽 국가들이 에너지 안보와 국제 협력을 목표로 1994년에 체결한 조약이다.

문제는 ECT에 에너지 관련 투자자들이 정부의 친환경 정책으로 인한 손해에 대해 배상을 청구할 수 있는 조항이 있었다는 것이다. 이에 유럽 각국은 조약을 탈퇴하고 분쟁 요소를 제거한 뒤 탄소중립 정책에 힘을 더할 방침이다. 앞서, 프랑스, 독일 등 주요국이 ECT 탈퇴를 선언했으며 다음달 유럽 의회를 통해 일괄적으로 탈퇴가 이뤄질 전망이다.

한국경제신문. 2024.5.1. 협력사 탄소배출 공시 '스코프3'

2026년 이후부터 국내 상장사들은 기후 변화에 따라 기업이 겪을 것을 예상되는 사업 재무적 위험을 ESG 공시를 통해 공개해야 한다. 카카오를 주요 제품 원료로 쓰는 식품 기업이라며 지구 온난화에 따라 원료 가격이 요동쳐 영업 이익이 영향을 받을 수 있다고 미리 알리는 식이다. 협력업체의 온실가스 배출량까지 계산해 공시하도록 한 '스코프3' 공시 의무화는 산업계 반발에 결점을 보류했다.

지속가능성기준위원회(KSSB)는 30일 정례회의에서 이 같은 내용을 담은 ESG 공시 기준서 초안을 의결해 공개했다. KSSB는 국내 ESG공시 등 각종 지속가능성 공시 기준을 마련하는 기구다. KSSB는 각종 ESG 사안 중 E에 해당하는 기후 관련 내용부터 ESG공시를 시작하기로 했다. 기업은 자사 사업모델이나 가치사슬 재무상황 등에 영향을 줄 수 있는 기후 관련 리스크와 기회 요소를 찾아 각각의 예상 영향과 대응 전략을 알려야 한다.

KSSB는 스코프3 공시를 어떻게 도입할지는 기준 초안이 아니라 최종 기준 단계인 9월에 정하기로 했다. 스코프3은 온실가스 배출량 산정 범위 중 가장 넓은 기준이다. 기업의 제품 생산 과정을 비롯해 제품 사용 폐기 단계, 협력업체와 유통망까지 모두 합해 온실가스 직간접 배출량을 추산한다.

새 ESG 공시 기준 초안은 또 기업이 육아 친화 경영, 산업 안전 등 정책적 지원 필요성이 있는 지속가능성 관련 정보를 선택해 공시할 수 있도록 했다. 저출산 고령화 등 사회적 문제를 정부와 기업이 함께 대비할 수 있도록 한다는 취지다. 이를 두고 기업들이 눈치를 보느라 부담을 지게 될 우려가 있다는 의견, 기업이 사회적으로 논의가 필요한 정보를 사회 전체의 지속가능성에 기여할 수 있게 해야 한다는 의견 등이 오간 것으로 알려졌다.

이번 발표로 ESG 공시 도입 시점이 정해진 것은 아니다. 금융감독당국은 2026년 이후 도입을 전제로 공시 시작 시점을 따지고 있다. 금융위원회가 추후 논의를 거쳐 시기를 결정할 예정이다. KSSG는 다음달부터 오는 8월31일까지 4개월 간 공개초안에 대한 의견을 조회한다. 이를 바탕으로 이르면 9월 최종 기준을 발표할 계획이다.

한국경제신문. 2024.7.8. 주주들 지지 못받는 'ESG 행동 주의'

ESG 이슈를 담은 주주제안이 실제 주주총회에서 효력을 발휘하는 사례가 점차 줄어들고 있는 것으로 나타났다. 7일 기업 데이터 업체 ISS코퍼레이션에 따르면 상반기 주주총회 시즌 러셀3000(시가총액 상위 3000개) 기업의 환경과 사회적 이슈에 대한 주주제안의 평균 지지율은 각각 21%와 18%에 불과했다. 전문가들은 억지로 묶인 'ESG'가 아니라 탈탄소 등 'E'에 좀 더 초점을 맞추는 방향으로 투자가 재편될 것이라고 전망하고 있다.

올해 3000개 기업 주총에서 행동주의 펀드 등이 촉구한 주주제안 중 과반수를 얻은 사례는 두 건에 불과했다. 두 개의 제안 모두 온실 가스배출 저감에 대해 더 많은 정보를 공개하도록 기업에 요구하는 내용이다. 어도비, 벅셔해서웨이, 일라이릴리 등의 주총에서 ESG 안건을 둘러싸고 치열한 격전이 예상됐지만, 행동주의 펀드 지지율은 작년보다 훨씬 낮아졌다. 파이낸셜타임즈는 "2020년대 초반과는 다른 모습"이라고 평가했다.

엑슨모빌은 이 같은 변화를 보여 주는 대표적인 사례다. 2021년 엑슨모빌 지분 0.02%를 보유한 행동주의 펀드 엔진넘버원은 '신재생에너지 투자가 미흡하다'고 주장하며 주총에서 이사회 멤버 3명을 교체하는 데 성공했다. 당시 자산운용사 블랙록 등은 엔진넘버원의 손을 들어줬다. 하지만 최근 엑슨모빌 경영진이 기후 행동주의를 향해 소송전을 펼치자 이번엔 뱅가드 등 다른 주주들이 경영진의 손을 들어줬다.

대형 자산운용사는 최근 ESG 안건에 보수적으로 접근하고 있다. 정치적 역풍을 맞을 수 있어서다. 텍사스학교 기금은 블랙록이 ESG원칙을 이유로 텍사스 기업 투자를 '보이콧'한 것을 문제 삼아 지난 4월 위탁한 85억 달라의 기금을 회수하기도 했다.

정치적 중립을 요구하는 연기금도 늘어나고 있다. 미국 경찰 소방관 노조등이 연합한 비영리단체 '번영과 노후 안정을 위한 연합'의 팀 힐 회장은 FT에 '우리는 ESG를 지지하지 않고, ESG를 반대하지도 않는다'고 말했다.

시사저널. 2024.7.11. ESG 경영, 글로벌 경기 불황에 '종말론' 확산... 커지는 구조조정 공포

ESG 경영에 대한 종말론이 확산하고 있다. 대내외적 악재로 인해 글로벌 불확실성이 커짐에 따라 ESG 경영에 대한 회의적인 목소리가 곳곳에서 나오고 있다. 핵심 경영 트렌드로 자리 잡았던 ESG 경영이 기존 사업전략과 달리 뚜렷한 성과 지표를 내기 어렵다는 이유에서도, 재계에서는 ESG 광풍이 니자간 자리에는 구조조정만 남을 뿐이라며 자조 섞인 우스개 소리까지 나온다.

ESG 경영은 2020년부터 세계적으로 불붙기 시작했다. 글로벌 최대 자산운용사인 블랙록의 최고경영자이자 ESG 전도사로 꼽히는 래리 핑크 회장의 서한으로부터 시작됐다. 그가 ESG 경영을 실시하지 않는 기업에 대한 투자활동을 중단하겠다고 선언하면서, 국내외 기업들의 관심이 커지기 시작한 것이다.

동시에 화석연료 기업을 향한 투자를 중단하고 ESG를 투자 기준으로 삼겠다고 강조하기도 했다. 환경 및 기후 변화 대응에 소극적인 기업은 투자 대상에서 배제하겠다는 입장을 내비쳤다. 미국 최대 석유기업인 엑슨모빌의 이사 3인을 교체하는 안건에 찬성표를 던지는 등 화석 연료 기업의 경영에도 개입하기 시작했다. 엑슨모빌은 당시 즉각 반발하고 나섰다. ESG 경영이라는 명분을 앞세워 기업의 미래를 망치고 있다고 주장했다. 석유 판매가 본업인 엑슨모빌이 탄소 배출을 통제하는 것은 사실상의 영업 포기나 마찬가지라는 것이다.

하지만 결과적으로 래리 핑크 회장이 ESG를 기준으로 엑슨모빌의 실제 경영에 관여하기 시작하면서 미국은 물론 유럽, 우리나라 등에서도 ESG 경영 광풍이 불었다. 그의 서한으로부터 4년이 지난 지금, 많은 국내 기업집단 역시 ESG 경영을 내세우고 있다.

한국경제인협회가 발간한 '2023 K기업 ESG 백서'에 따르면 매출 기준 국내 상위 200대 기업 중 지속가능 경영 보고서를 발간한 곳은 162개 기업이다. 이 중 92.0%가 이사회에 ESG위원회를 설치했고, ESG 전담 조직과 별도로 유관부서가 참여해 ESG 경영을 논의하는 협의체를 운영 중인 곳도 보고서 발간 기업 중 74.1%에 달했다.

국내 기업이 직면한 EGS 이슈는 환경 분야가 41%로 가장 많았다. 이어 사회 (37%), 거버넌스(22%) 순으로 나타났다. 분야별로 세부적인 중요 이슈는 환경에서는 '기후변화 대응 전략 수리(40%)'이, 사회에서는 '안전 보건 관리(35%)'가, 거버넌스에서는 'ESG 거버넌스 구축 및 ESG 경영 추진 지속(41%)' 등을 가장 중요하게 보고 있다.

아울러 기업집단은 경영지표에 ESG 요소를 적극 활용 반영하고 있는 것으로 확인됐다. 경영진 및 조직의 핵심성과 지표(KPI)에 ESG 요소를 반영한 기업도 76%에 달했다. 한경협은 "우리나라의 경우 ESG 공시나 ESG 경영이 의무사항이 아님에도, 많은 기업이 자발적으로 추진하고 있다"며 "ESG 경영으로 온실 가스 배출량이 줄어들거나 재생에너티 사용 비율도 상승하는 추세다.

그러나 우리나라는 물론 세계를 지배하던 ESG 경영 열풍은 러시아-우크라이나 전쟁 장기화 등으로 인한 글로벌 경기 불황 지속과 투자심리 위축에 따라 빠르게 식어가는 모양새다. 래리 핑크 회장도 과도한 ESG 경영이 기업의 재정적 이익에 도움이 되지 않는다며 회의적인 입장으로 돌아섰다.

일론 머크스 테스라 CEO는 'ESG는 사기다'라고 꼬집은 바 있다. 그는 과거 S&P 500 ESG 지수에서 테슬라가 제외되자 이같이 비판했다. S&P는 충분하지 않은 저탄소 전략과 열악한 근로환경. 인종차별 등을 들어 테슬라를 ESG 지수에서 제외했다고 밝혔다.

"ESG 경영 트렌드, 기업 운영에 부담 키워"

우리나라에서도 많은 기업이 연이어 ESG 경영보고서를 발간하며 관련 역량을 강화 중이라고 밝히고 있지만, 속내는 '족쇄'나 마찬가지라고 하소연한다. 환경이나 사회 등에 집중한다고 해서 실적 및 주가가 회복되는 것은 아니라는 판단에서다.

한 재계 관계자는 "기업 입장에서는 투자 유치 등을 위해 내키지 않더라도 ESG 경영을 실천해야 한다"며 "기존 재무 재표를 챙기기도 어려운 시기에 비재무적 수치인 ESG가 경영 평가에 중요한 요소로 작용하면서 기업 운영 부담이 더욱 커지는 상황"이라고 말했다.

래리 핑크는 물론, 머스크까지 ESG 경영을 반대하는 입장을 보이자 금융시장에서도 변화가 나타나고 있다. 세계적으로 ESG 관련 투자가 줄어드는 동시에 '안티 ESG 펀드'까지 등장하고 있다. 글로벌 지속가능 투자연합(GISA)에 따르면 2012년 13조 3000억 달러까지 증가했다. 반면 2022년에는 30조 3000억 달러로 2년 새 약 5조 달러가 줄어들었다. ESG 경영에 한계가 나타나기 시작했음을 나타내는 수치다.

반면 안티 ESG 투자는 많아지는 추세다. 미국 자산운용사 스트라이브에셋매니지먼트의 '반 ESG 펀드'가 대표적이다. 스트라이브는 '영리 기업의 목적은 주주 가치의 극대화로 투자 결정에 수익률 이외에 다른 요인이 개입돼서는 안된다'며 ESG 관련 요소들이 경영에 개입되는 것을 반대했다. 해당 펀드에는 많은 자금이 모여들고 있다.

국내 기업들도 체계적 흐름을 주시하면 ESG 경영의 종말이 예상보다 빠르게 올 것으로 보고 있다. ESG를 챙기기에는 기업 집단이 마주한 경영환경이 어느 때보다 어려워서다. 삼성전자는 2021년 자체 ESG 시스템인 친환경 평가지표 'SEPI' 개발에 나섰다. SEPI를 글로벌 반도체 업계 전반에 영향을 미칠 환경 지표로 활용하기 위해서다. 그러나 지난해 반도체 업황 부진을 겪으며 적자를 기록하는 등의 어려움으로 SEPI 개발을 중단하고 내부 평가 지표로만 활용하기도 했다. 사실상 ESG 경영에 대한 의지를 꺾은 셈이다.

다른 재계 관계자는 "ESG 바람이 지나간 자리에 구조조정만 남는다는 우스갯소리가 있다"며 "수많은 회사가 ESG 전담팀과 인력을 마련했지만, 최근 해당 조직을 축소하거나 업무를 통합하는 경우가 많다"고 귀띔했다.

ESG를 향한 정치권의 비판도 ESG 경영의 종말론에 힘을 싣고 있다. 미국 공화당을 중심으로 한 안티 ESG 흐름은 이미 월가를 주름잡는 실정이다. 미국에서 지난해 발의된 안티 ESG 법안은 총 165개다. 대표적으로 미국 상원은 ESG 투자 금지 법안을 승인했고, 하원은 기후 예산 삭감 법안을 통과시켰다. 도널드 트럼프 전 대통령은 대선 승리 공약의 하나로 안티 ESG를 외치는 중이다.

한국경제신문. 2024.8.5. "미, 기업보고서에 재난 잠재 피해 규모 넣어라"

미국 정부가 기업들의 온실 가스 배출분만 아니라 자연재해로 인한 잠재적 손실 예상치를 공시하도록 했다. 지난해 산불과 홍수가 급증해 미국 보험사들이 대규모 손실을 기록하는 등 자연 재해가 기업 활동에 중대 위험 요소로 떠올랐기 때문이다.

4일 외신에 따르면 미국 증권거래위원회는 2026년부터 상장사들이 온실가스 배출량을 공개하도록 하는 한편 홍수와 산불 등 자연재해로 발생한 잠재적 피해 규모를 추정해 공시하도록 의무화했다. 지난 3월 공개된 규제에 따르면 농업 임업 부문 분만 아니라 모든 기업이 재해로 인한 피해 예상치를 공시해야 한다. 통신사들은 홍수나 산사태에 따른 기지국 피해 예상 규모, 유통 기업은 허리케인으로 발생한 시설물 파손과 매출 감소 등 피해 가능성을 공시해야 한다. 홍수와 산불 등 자연 재해 분만 아니라 폭염 같은 극한 기후 추세로 피해를 볼 가능성도 분석해야 될 것으로 전망된다.

이 같은 규제가 도입된 것은 기후 변화로 빈번해진 자연재해가 기업 경영에 큰 변수가 되고 있기 때문이다. 최근 파이낸셜타임즈가 신용평가사 AM베스트 자료를 분석한 결과 화재 보험 등 주택 보험을 제공한 미국 보험사들이 지난해 152억달러 손실을 본 것으로 집계됐다. 2000년 이후 최악의 손실이며 전년도의 두배 이상이다. 최근 보험사들은 재난이 빈번한 지역에서 아예 철수하거나 보험료를 대폭 인상하고 있다.

인구가 급증하는 곳에선 자연재해가 더욱 증가하고 있다. 캘리포니아, 텍사스 등 6개 중의 인구 증가 폭은 2010년대 늘어난 미국 인구의 절반 이상을 차지했다. 로

버트 고든 미국 손해보험협회 수석부사장은 FT에 "자연 재해 위험이 높은 지역에 더 많은 주택이 건설되고 있다"며 "건설 인건비와 자재비가 상승해 주택 수리 재건 비용이 점점 높아지고 있다"고 말했다.

기상 이변에 따른 재해는 전 세계적으로 확산하고 있다. 주요 대형 자연재해는 37건으로 10억 달러 이상 피해가 발생한 것으로 추정된다. 이 때문에 탄소 배출 규제도 더욱 강화하는 추세다. 캘리포니아 주는 지난해 10월 최초로 기후공시 의무화 법안을 통과시켜 올해부터 기후 공시 의무를 법제화했다. 유럽연합은 철강 알루미늄 시멘트 수소 비료 전기 등 6개 수입 품목 생산 과정에서 발생한 탄소 배출량에 이른바 '탄소세'를 부과하는 탄소국경조정제도(CBAM)을 도입해 지난해 10월부터 시범 운영 중이다.

chapter

35

직위 부여

직위 부여

주총에서 중요한 것은 이사 선임인데 그러면 회사에서 회장, 부회장, 사장, 부사장, 전무 등의 직위는 어떻게 정해지는 것인가?

직위/직급은 호칭에 불과하다고 하면 아래의 한진의 경우는 직위의 부여는 이사회에서 정해지는 것도 아니라고 한다.

한국경제신문. 2019.6.5. 한진그룹 승계 과정 정조준한 KCGI... 경영권 공격 본격화하나

KCGI 산하 투자목적회사인 그레이스홀딩스는 한진그룹의 승계를 둘러싼 과정과 내용의 적법성을 조사하기 위해 법원이 지정하는 검사인을 선임해 달라는 내용의 소송을 지난달 29일 제기했다. 검사인은 주주총회 의결이나 법원 판결에 따라 선임되는 임시직이다. 상법 제367조에 따르면 발행주식 총수의 100분의 1 이상에 해당하는 주식을 보유한 주주는 이사회 결의의 적법성 등을 조사하기 위해 법원에 검사인 선임을 청구할 수 있다.

한진칼은 "4월 이사회에서 조 사장을 대표이사로 선임했고, 회장은 회사에서 직책을 부여한 것"이라는 입장이다. 익명을 요구한 한진칼 사외이사는 "법적으로 중요한 것은 대표이사 선임이었고, 회장은 이사회 결의사항도 아니다"며 "이사회에서 회장 선임에 대한 잡음도 없었다"고 말했다.

회장이 이사회의 결의 사항이 아닐 수는 있어도 직위에 따라서 급여 수준이 결정될 수 있을 수 있다.

반면에 포스코홀딩스의 정관에 보면 사내이사 직위의 부여는 이사회에 부의되는 안건이다.

> **정관 제28조(이사 및 대표이사의 선임)**
> ① 이사는 주주총회에서 선임한다.
> ② 이사회의 결의에 의하여 사내이사 중 약간명의 대표이사를 선임할 수 있으며, 대표이사 회장의 추천에 의해 이사회 결의로써 사내이사에게 사장, 부사장, 전무이사 또는 상무이사의 직위를 부여할 수 있다.

2022, 2023, 2024년도 회계연도 동안 계속적으로 대표이사 회장과 대표이사 사장이 각자 대표이사를 맡고 있었다. 2023년 KT의 경우는 복수의 대표이사에서 단독 대표이사로 변경되었다. 어떤 논의가 있었는지는 전해 듣지 못하였지만 아마도 대표이사 사장에게 권한을 집중해서 책임 경영을 수행하라는 의도가 아니었나 추정된다.

회사에 따라 복수의 대표이사가 선임되는 경우, 복수 대표이사가 공동 대표인지 아니면 각자 대표이사인지를 정해야 하는데 일부 기업은 정관에 복수 대표이사일 경우, 각자 대표라고 정해둔 기업도 있으며 정관으로 정하지 않았다고 하면 대표이사가 누가 선임되는지를 보고 이사회에서 공동대표인지 아니면 각자 대표이사인지를 정할 수도 있을 것이다.

사내이사가 아닌 임원에 대한 직위 부여는 대표이사의 인사권의 영역이다. 따라서 회장이라는 직위의 부여는 이사회 안건도 아니라는 한진칼의 경우와는 차이가 있다.

직위의 부여가 이사회 의결사안인지는 이사회 규정에 따라 회사마다 차이가 있는 듯하다. 아래는 구광모 회장의 상속 과정에서 회장 가족과의 이견과 관련된 기사이다.

매일경제신문. 2023.3.11. LG "이미 권리행사 기간 지나... 경영권 흔들기 용인 안돼"

그러면서 "LG 회장은 대주주들이 합의하고 추대한 이후 이사회에서 확정하는 구조"라며 "(주)LG 지분은 LG가를 대표해 의결권을 행사하는 것이고 임의로 처분할 수 있는 것이 아니다"고 덧붙였다.

물론, 위의 신문기사에서의 대주주들의 합의는 법적인 의사결정은 아니지만 최대주주들의 합의는 의사결정에서의 구속력이 있다고 보면 된다.

이 두 건에 대해서 법무부는 직함이라는 표현을 사용했고, 한진칼은 직책이라는 표현을 사용했다. 한진칼의 입장은 중요한 것은 누가 대표이사로 선임되는지의 법적 책임 문제에 있고 회장이라는 직위에 대해서는 이사회 결의사항도 아니라고 응대하고 있다.

일부 기업에서는 직위라는 표현을 사용하기도 하는데 직위의 부여가 이렇게 간단하지 않을 수도 있다.

사내 등기한 이사가 특정한 직위를 가지고 경영활동을 수행하는데 어떤 위치의 직위 명함으로 활동하는지는 적어도 이사회에서 결정해야 한다는 판단이다. 즉, 직위가 단순히 직위만의 문제는 아니며 권한의 이슈이기도 하다는 판단을 할 수 있다. 또한 직위가 급여 결정과 관련될 수도 있다.

법적으로 판단하면 회사에서 상법기관/상설기관으로 경영활동에 대해서 책임을 지는 기관은 이사회이며 경영의사결정에 중요한 것은 등기이사의 선임 또는 주총에서 등기이사를 선임한 이후, 이사회에서 대표이사를 호선하는지 누가 대표이사를 맡을지 등등이다. 물론 이사회가 회의체이니 이 회의체의 장이 누구인지, 즉, 이사회 의장도 주총 이후 이사회 구성이 바뀌었다면 주총 이후에 개최되는 첫 이사회에서 결의되어야 한다.

집행임원, 즉 미등기임원의 선임은 대표이사의 권한이며 이사회 상정조차 되지 않으며 특히 명목상의 임원이 어떤 직책으로 업무를 맡을 지에 대해서도 이사회 부의되는 안건도 아니고 보고되는 안건도 아니다.

매일경제신문, 2020.12.11. 국민연금 "CEO 승계방안 이사회서 공개하라"

명예회장 회장 등 이사가 아니면서 경영권을 행사하는 업무집행책임자의 승진 해임 등에 대해서도 이사회 승인을 받도록 했다.

위와 같은 정책의 시행은 오히려 법의 범주 밖에서의 경영 활동을 정당화하는 누를 범할 수도 있다. 경영활동은 당연히 적법하게 직을 맡고 있고 주주총회에서 등기한 이사/이사회가 책임지고 수행해야 하는 것인데 업무집행지시자의 승진 해임을 이사회가 승인한다면 오히려 제도권 밖이라고 할 수 있는 업무집행지시자를 제도권에서 인정하는 듯한 정책방향이며 시장에 혼란을 초래할 수 있다. 단, 이 정책의 순기능은 이러한 업무집행지시자가 이사회 승인을 받는다면 이 직책이 남발되는 문제점은 제어될 수 있다. 이 논지는 공정거래위원회가 동일인을 선정하는 것과 유사하기도 하다. 기업 경영은 법에서 정한 주총, 이사회, 대표이사가 수행하지만 공정위는 동일인이라고 하는 기업 경영의 실세를 파악하여 공표한다. 위의 업무집행지시자와 맥을 같이 한다고도 할 수 있다.

동시에 집행이사들이 엄연히 경영활동을 수행하고 있고, 이 회사와 거래하고 있는 협력사들 입장에서는 어느 이사가 등기를 했는지 아니면 어떤 이사는 미등기 이사인지를 구분하기 어려울 수도 있다. 명함에는 등기 여부를 표시하는 경우가 매우 드물기 때문이다. 물론 대표이사의 경우 등기를 안할 수 없지만 대표이사가 아닌 이사들의 경우는 명함으로 판단할 수가 없다. 명함 상의 이사가 등기한 이사인지가 궁금하면 많은 대기업의 경우는 홈페이지에 이사회 구성원을 올려 놓고 있으니 이를 확인할 수 있다. 또한 집행이사제를 채택한 기업도 있지만 이 경우는 매우 소수이고, 이는 확인하지 않으면 파악하기 어렵다.

한국경제신문, 2017.12.2. 사실상 이사의 책임 (대법원 2009년 11월 26일 선고 2009다39240 판결)

주식회사 경영의 중심에는 이사가 있다. 이사는 주주총회에서 선임한다. 이사의 성명과 주민등록번호는 회사 등기부에 등기한다. 이렇게 상법 규정에 따라 주주총회에서 선임한 이사를 '등기 이사'라고 한다. 이에 비해 상법상 이사는 아니지만 단지 회사가 이사라는 직함을 준 사람을 '비등기이사'라고 한다.

위 신문기사에는 표현이사라는 용어를 사용하였지만 비등기 이사를 의미한다. 위의 판례에서는 비등기 이사인 경우, 책임이 없다고 하기 어렵다는 판결이다. 상법에 업무집행지시자의 개념도 있으니 비등기 이사의 책임 여부는 판단하기 매우 어렵고 애매한 내용이다. 등기부에 올라가 있지도 않은데 업무 수행에 대해서 책임을 지라는 것인데, 법적으로 판단하면 책임이 없지만 업무 집행지시자의 개념에 의하면 책임이 있다. 업무 집행지지자는 상법에서 규정한 직책이기 때문이다.

상법상으로는 등기한 이사들이 책임을 지지만 현실적으로는 미등기 임원들이 경영활동에 관여하므로 상법에서도 업무집행지시자의 존재를 예외적으로 인정한 것이라고 볼 수 있다. 법적인 부분과 현실이 괴리될 수 있는 부분이며 이러한 부분이 법정에서 문제가 된다면 사법부의 주관적인 판단의 영역일 수 있다.

우리 기업의 대표이사 회장은 영어로 표기하면 chairman/chairperson(남녀를 구분하지 않을 경우)이라고 호칭한다. 그러나 대표이사는 영어로 하면 Chief Executive Officer이지 chairman이 아니다. chairman은 이사회 '의장'에 대해서 지칭하는 표현이 맞다. 단, 우리나라에서는 회사에서 가장 높은 직급에 대한 일상적인 표현이 '회장'이다 보니 기업집단의 경우 회사에서 맡고 있는 업무에 무관하게 모두 회장이라고 지칭한다.

예를 들어 정몽준 HD현대의 최대주주의 경우는 회사 내에서 맡고 있는 직책이 전혀 없고, 아산복지재단 이사장과 아산나눔재단 명예이사장만을 맡고 있지만 그럼에도 회장이라고 지칭들을 한다. 기업집단/재벌의 최대주주/총수에 대한 상징적인 호칭이 '회장'인 것이다. 정확한 명칭은 최대주주일 것이다. 또한 우리가 흔히 사용하는 잘못된 표현 중의 하나는 오너라는 표현이다. 주식회사의 주인은 주주이므로 오너는 주주와 동의어여야 하는데 일반적으로 오너라고 사용되는 표현은 최대주주를 의미한다.

이러한 차원에서 잘못 사용하는 표현이 소액주주라는 애매한 표현인데 어느 정도 지분이 있어야 이에 해당하는지가 명확하지 않으니 더 정확한 표현은 최대주주에 반대되는 일반주주라는 표현이 옳다고 생각된다.

KT의 경우는 KT&G 대표이사와 같이 직급이 '사장'이다. 과거에는 '회장'이었다가 downgrade한 것인데, 대표이사라는 책임이 중요한 것이지 회장/사장의 급은 중요하지 않다. 수년전에는 회사 내에서 사장이 가장 높은 직급이었는데 직급 inflation에 의해서 회장으로 호칭하는 경우가 다수이다. 조직이 커질수록 다수의 높은 직급자가 필요하다보니 직급 inflation을 피할 수 없었다고도 할 수 있다. 직급을 세분화하다 보니 높은 직급의 직위자가 필요하게 된다. 하물며, 계급사회가 분명한 군대에서는 계급별로 사용하는 관용차에 대해서 동일한 차종이라고 해도 배기량을 달리하면서까지 명확하게 서열을 차등화하려고 한다. 포스코와 같은 회사는 직급만으로도 직급자 간의 서열을 명확히 정하기도 어려우니 직급 이외에도 직급 numbering으로 직급을 세분화하여 차등을 두기도 한다. 반면에 SK와 같은 경우는 상무, 전무, 부사장을 모두 부사장으로 계급을 묶으면서 직급을 통일하고 있으니 직급을 구분하는 것이 중요한지는 각 회사에서 고민하고 있는 듯하다.

영어로 하면 사장이든 회장이든 여전히 CEO이다. 한국전력의 경우도 대표이사 '사장'이지 회장이 아니다. 타 회사 회장들과 직급을 맞추기 위한 즉, 직급을 up grade하기 위한 시도일 뿐이다.

chapter

36

지배구조 핵심 지표

지배구조 핵심 지표

기업지배구조보고서에 기업지배구조의 핵심원칙 준수여부를 공시하고 이를 준수하지 않을 경우 그 사유를 설명하도록 (이를 comply or explain이라는 표현을 사용한다) 하고 있으며, 작성 가이드라인은 한국거래소에서 담당하며, 15개의 항목에 대해서 평가하게 된다.

주주

1. 주주총회 4주 전에 소집공고 실시[33]
2. 전자투표 실시
3. 주주총회의 집중일 이외 개최
4. 배당정책 및 배당실시 계획을 연 1회 이상 주주에게 공지

이사회

5. 최고경영자승계정책(비상시 선임 정책 포함) 마련 및 운영
6. 내부통제정책 마련 및 운영
7. 이사회 의장과 대표이사 분리
8. 집중투표제 채택

---

33 저자가 사외이사로 참여하고 있는 포스코홀딩스의 경우, 2022년 2월 16일 주주총회 소집 안건 이사회가 본점 소재지의 서울에서 포항으로의 이관 의사결정 관련되어 이사회가 정회되고 이 안건이 2022년 2월 20일 속행되어 의결되면서 이 항목을 준수하지 못하게 되었다. 불가피한 상황이었다.

9. 기업가치 훼손, 주주권익 침해에 책임이 있는 자의 임원 선임 방지 위한 정책
   수립 여부
10. 6년 초과 장기 재직 사외이사 부존재

감사

11. 내부감사기구에 대한 연 1회 이상 교육 제공
12. 독립적인 내부감사부서(내부감사업무 지원 조직)의 설치
13. 내부 감사 기구에 회계 또는 재무 전문가 존재 여부
14. 내부 감사 기구가 분기별 1회 이상 경영진 참석 없이 외부감사인과 회의 개최
15. 경영 관련 중요 정보에 내부 감사기구가 접근할 수 있는 절차를 마련 여부

기업회계기준원도 또 The Bell이라는 언론기관은 200대 기업에 대해서 각기 판단 기준에 따라서 기업지배구조를 평가하고 있다

최근에 와서는 다음의 평가 항목이 추가/삭제되기도 했다. 삭제된 항목은 10. 6년 초과 장기 재직 사외이사 부존재와 11. 내부감사기구에 대한 연 1회 이상 교육 제공이다. 이 두 항목이 평가에서 제외된 사유는 법에 의해서 6년을 초과해서 사외이사가 재직하는 것이 불가하며, 내부감사기구에 대한 연1회 이상 교육도 수행하는 회사가 대다수라서 이를 평가할 의미가 거의 없다고 결론 지었다고 한다. 교육의 경우, 대면 교육이 바람직하지만 비대면 교육으로 교육 의무를 대체하는 경우도 있다.

대신 추가된 내용은 1. 현금 배당 관련 예측 가능성과 2. 이사회, 동일 성으로 구성되어서는 안된다는 항목이다. 동일 성의 경우는 자산규모 2조원이 넘는 상장사에만 해당되는 내용이기는 하지만 이미 정책방향이 이렇게 정해졌기 때문에 모든 회사에 대해서 이와 같이 평가하고 있고, 이미 상장사가 아닌 많은 기업과 금융기관이 이 정책을 채택하고 있다. 현금 배당 관련된 예측 가능성은 2024년 초부터 화두가 되고 있는 value up과도 무관하지 않다. 많은 기업이 중 장기적인 배당 정책을 선제적으로 발표하고 이를 준수하고 있다.

이러한 내용을 다시 정리하면,

주주

1. 주주총회 4주전 소집 통보 (29%)

2. 전자 투표제 도입 (78%)

3. 주총 집중일 이외 개최 (67%)

4. 현금 배당 예측 가능성 제공 (17%)

5. 배당 정책 및 실시 계획 연 1회 이상 통지 (41%)

이사회

6. 최고경영자 승계 정책 마련 및 운영 (32%)

7. 위험 관리 등 통제정책 마련과 운영 (75%)

8. 사외이사인 이사회 의장 (13%)

9. 집중 투표제 도입 (3%)

10. 주주가치 및 권익 침해 이력 있는 자의 선임 방지 정책 (56%)

11. 이사회 구성원 모두 단일 성이 아님 (49%)

감사기구

12. 독립적 내부감사부서 설치 (47%)

13. 감사위 회계 재무 전문가 존재 여부 (87%)

14. 분기별 1회 이상 경영자 없이 외부감사인과 회의 (54%)

15. 경영 중요정보에 접근할 수 있는 절차 보유 (97%)

( ) 안의 통계치: 기업지배구조 핵심 지표 준수 현황 분석, 삼정KPMG ACI, 2024.6.

지배구조핵심 지표에서 점검하는 내용은 아니지만, 주주총회 4주 전에 소집 공고 실시한다는 내용에 연이어서 늦어도 주총 2주전에는 주주총회 안건이 우편으로 발송되어야 한다.

기업지배구조보고서의 핵심 지표 준수 현황을 보면 2023년 유가증권 연결

자산 2조원 이상 일반 상장법인의 핵심지표 준수율 평균은 68.5%였다[34].

2023년 핵심지표 평균 준수율 50% 미만인 경우는 다음과 같다.

( )에는 삼정 ACI의 수치

12. 독립적인 내부감사부서의 설치 47%

5. 배당정책 및 배당실시 계획을 연 1회 이상 주주에 통지 46% (41%)

6. 최고경영자 승계 정책 마련 및 운영 40% (32%)

1. 주주총회 4주전에 소집 공고 실시 33% (29%)

8. 이사회의장과 대표이사 분리 19%. (13%)

9. 집중투표제 채택 4% (3%)

2023년 핵심지표 평균 준수율 90% 이상인 경우는 다음과 같다.

15. 경영 관련 중요 정보에 내부감사가 접근할 수 있는 절차 마련 98% (97%)

13. 내부감사기구에 회계 재무 전문가 존재 92% (87%)

11. 내부감사기구에 대한 연 1회 이상 교육 제공(91%) ** 이 항목은 대체됨

이 표준에는 포함되지 않았지만 chapter 31에 기술된 '배당 확정 후 투자'라는 개념이 2024년부터 추가될 수 있을 것이다.

14의 내용 같은 경우는 회계감사기준에 의해서 요구되는 내용이기는 하지만 기준에는 연 1회 이상 경영진 참석 없이 외부감사인과의 미팅을 권면하는데 위의 기준은 그보다는 분기 1회 이상으로 요구하고 있어 더 전향적/적극적이다. 이미 삭제된 내용이지만 10의 경우도 이미 법제화되어 있어 준수하지 않을 수 없는 내용이므로 범법하는 기업이 없다면 굳이 가이드라인에 포함할 필요가 없어서 삭제되었다. 단, 동일 기업 집단의 계열사로 이동한다고 하면 3년 더 사외이사를 맡아서 최장 9년까지를 한 기업집단에서 사외이사 업무를 수행할 수 있지만 계열사를 옮겨서까지 사외이사를 기업 집단 내에서 지속하는 경우는 지극히 소수에 그친다.

---

34 안진 2023.6.21. 세미나.

내년부터 제출하는 기업지배구조보고서에는 배당 절차 개선 여부와 임원들의 사익 편취, 회계처리 기준 위반 여부를 포함해야 한다. 금융위원회는 자산 규모가 5000억원 이상인 코스피 상장사가 내년부터 제출해야 하는 기업 지배구조 보고서 의무 공시 범위에 대한 가이드라인을 12일 공개했다.

내년부터는 배당 절차 개선 방안과 외국인 투자자 소통 내역 등을 공개하도록 했다. 투자자가 배당액을 보고 투자를 결정할 수 있도록 배당 절차를 개선했는지 공시하고 소액주주 해외 투자자와 소통한 내역, 이사회 내 성, 연령, 경력 다양성, 주주 간 이해 관계를 달리하는 자본조달(유상 증자 등) 현황도 공시해야 한다.

추가로 그간 횡령 배임과 불공정거래에 국한되던 임원의 법률 위반 내역도 내년부터는 사익 편취와 부당 지원, 회계처리 기준 위반 사항까지 공개해야 한다. 다만 공개 기간은 형 집행 종료 후 5년까지로 조정했다.

기업 지배구조 보고서 공시제도는 지배구조 핵심 원칙 준수 여부를 공시하고 이를 준수하지 못하면 그 이유를 설명하도록 한 제도다.

위의 기사에서 준수하지 못하면 그 이유를 설명하라는 것은 소위 comply or explain 원칙이다. 준수하고 준수하지 못할 경우는 그 사유를 설명하라는 것이다.

기업들은 기업지배구조보고서, 지속가능보고서 등이 어느 정도 중복되는 부분도 있어서 이 두 보고서를 통합해 달라는 요청을 하기도 한다. 최근에 와서는 금융위와 한국거래소에서 추진하는 value up에 대해서는 공정공시/자율공시로 공시하도록 요구하고 있어서 기업은 공시에 대한 부담을 더 느끼게 된다.

ESG 보고서도 G는 지배구조를 의미하므로 기업지배구조보고서에 포함될 내용과 크게 다르지 않을 것이다.

chapter

37

사외이사의 조건

사외이사의 조건

한국에서는 지금까지 상장회사 최고 경영자 등 기업인은 사외이사가 될 수 없었다. 공정거래법상 '동일인(기업총수) 관련자'에 사외이사를 포함했기 때문이다. 공정거래위원회 실무에서는 해당 사외이사가 최대주주로 자신의 회사를 지배하는 경우뿐만 아니라 지분은 없다고 하더라도 '대표이사'로 재직하는 회사는 동일인의 계열사로 편입되는 것으로 해석해 CEO는 다른 회사의 사외이사로 참여할 수 없었다.

한기정 위원장의 공정위는 이번 공정거래법 시행령을 개정해 사외이사가 지배하는 회사는 계열회사 범위에서 제외하기로 했다. 예외가 있다는 점에서 흔쾌한 조치는 아니지만, 이것만으로도 기업 CEO 등 임원이 다른 회사의 사외이사로 활동할 수 있는 길이 열렸다.

국내 기업은 미국 기업에 비해서 유난히 교수들이나 전직 고위직 공무원, 판·검사 등이 사외이사로 활동하는 경우를 다수 기업에서 찾을 수 있다. 전직 공무원 중에서도 특히나 세무 공무원이나 공정거래위원회 공무원의 수가 많으며 대통령이 검사 출신이라서 최근에는 검사 고위직 출신을 많이 섭외한다고도 한다. 야당에서는 검사들이 고위직에 임명되는 경우를 검사 카르텔이라고 비판하기도 한다. 대통령이 유난히도 카르텔에 대해서 부정적인데 대통령의 전직 직업 때문에 검사 카르텔이 만들어졌으니 이 또한 아이러니이다.

미국의 경우는 현직이나 전직 기업의 임원들이 사외이사로 활동하는 경우가 많다고 한다. 물론 현직 타 회사 임원이 다른 회사 사외이사로 활동하는 경우는 이해상충의 문제가 발생할 수도 있다. 특히나 최근에 오면서 산업 간의 영역이 불명확하다. 예를 들어 자동차 산업과 전자/전기 회사는 과거에는 업이 중복되지 않았으나 전기 자동차의 출현으로 자동차 산업과 전기/전자 산업간의 구분이 더 이상 의미가 없고 자동차와 전자가 경쟁 산업이 되어 가고 있다.

기업을 경영하는 사외이사 조차도 해당 기업 때문에 동일인으로 지정되는 이슈는 사외이사가 이권에 개입할 수도 있다는 개연성 때문으로 이해한다. 아마도 금융지주사 또는 은행의 사외이사는 다른 회사에 사외이사로 선임되는 것을 금지하는 내용도 그 사외이사가 관련되는 회사일 경우는 해당 회사의 대출 의사결정 등에 관여하거나 또는 사외이사가 교수일 경우, 해당 대학에 금융지주 또는 은행으로 부터의 기부금에 과거 관여한 적이 있기 때문일 것이다. 단, 대학교수의 기부금의 이슈는 금융기관/은행에 국한된 내용은 아닐 것이다.

사외이사의 경우도 2개 회사까지는 선임이 가능하지만 이해상충이 있는 경우 두 회사 중, 어느 한 회사에서라도 이해상충 때문에 두 회사에 동시 선임이 어렵다고 하면 겸직이 불가하다.

이러한 차원에서 현직 경영자를 사외이사로 선임하는 것은 어느 정도는 위험부담을 안고 있다. 교수의 장점은 이론에 밝다는 것과 독립적이라는 점이다. 교수의 주된 직업인 교직은 어느 업종과도 이해상충이 존재하지 않기 때문이다.

그러나 동시에 교수는 현장감이나 현업에 어두워 현실적인 감각이 미흡하다는 단점도 동시에 한계점으로 가지고 있어 현업 내용을 잘 모르고 이사회에서 원론적인 내용의 발언을 할 수 있다. 이러한 차원에서 사회 일각에서는 사외이사의 전문성이 보장되기 위해서는 연임이 중요하다고 주장하기도 한다. 해당 산업과 기업에 대한 전문성을 학습한 이후에 실제로 경영활동에 도움을 줄 수 있기 때문이다. 3년 임기, 연임이라고 하면 첫 3년은 학습하는 과정, 두 번째 연임 기간을 실질적으로 회사에 도움을 줄 수 있는 기간으로 분류할 수도 있다.

경영활동에 있어서 준법의 중요성은 아무리 강조해도 지나치지 않으며 경영활동에는 상법, 공정거래법, 자본시장법, 외감법, 공인회계사법 및 금융회사지배구조법 등 많은 법이 적용되면서 경영활동을 수행한다. 경영활동은 모든 과정이 법에 의해서 촘촘히 규제받으며 그만큼 법지식이 경영에 필수적으로 요구된다.

저자의 경험에 의하면 변호사들과 사외이사 활동을 수행할 때, 준법 내용을 확인해 주는 도움을 받을 수 있음은 장점이지만 금융지주 사장을 역임한 분은 이사회 활동 시 변호사 사외이사들이 너무 과도하게 준법을 강조하여 오히려 경영활동에 도움이 되지 않는다는 의견을 피력하기도 한다.

chapter

38

시장 경제에서의 정부의 역할

chapter
38

시장 경제에서의 정부의 역할

> **한국경제신문. 2023.2.16. 금융지주 사외이사 큰장 섰는데... '하려는 사람이 없다'**
>
> 금융권에선 정부가 민간기업인 금융회사에 과도하게 개입하고 있다는 불만이 제기
> 된다. 이사회에 대한 개입이 오히려 독립성을 해치고 정부 입맛에 맞는 의사결정을
> 유도하게 할 수 있다는 우려다.

금융감독원장이 금융지주의 사외이사들과 미팅을 한다는 보도도 접하게 된
다. 최근에는 금융위원회가 금융지주 이사회 의장을 소집하여 기업지배구조개
선과 관련된 자발적/자의적인 개선안 제출을 촉구하기도 한다.

그나마 금융업이나 KT 같은 기업에 대한 정부의 개입은 산업 특성상 이해할
수 있다. 금융업은 가장 대표적인 규제 산업이며 KT는 통신업이므로 어느 정
도의 정부의 개입이 정당화될 수 있다. 물론, 보건복지부 산하에 국민연금이
있고 KT에 대해서는 10%의 지분을 포스코홀딩스에 대해서는 6% 조금 넘는
지분을 보유하고 있으니 민간 기업인 금융지주나 포스코홀딩스에 대해서 주주
가 있는 지분만큼의 영향력을 행사하는데 대해서는 아무 문제가 없고 너무 당
연하다.

그러나 금융산업도 아니고 통신업 영역도 아닌 제조업 회사인 포스코홀딩스
에 대해서 어느 정도 이상의 개입은 시장 자본주의의 원칙을 훼손하는 것이다.
정부의 간섭이 심해지자 마침내 KT의 사외이사 중, 남아있던 네명 사외이사
중 한명을 제외한 세명이 주총일에 사퇴하는 일이 발생하기도 하였다.

CEO 선임과정

chapter
39

CEO 선임과정

조선일보. 2023.2.17. 공개경쟁이 과연 CEO 선임에 좋은 방법일까?. 박병원

금융지주사, 포스코, KT의 CEO 연임을 부정적으로 보는 정부의 시각 때문에 연임을 포기하기도 하고 선임 절차를 다시 밟기도 하는 등 논란이 일고 있다. 이런 회사에서 CEO가 사외이사 선임에 큰 영향력을 행사하고 사외이사는 스스로 연임을 하면서 회장의 연임으로 보은하는 '셀프연임' 구조가 문제이니 앞으로 투명한 공개 경쟁의 절차를 밟으라는 것이 정부의 입장이라고 한다. 과거에 이런 일이 있었고 보완이 필요한 것은 사실이다. 그러니 이들 기업에서 사내 외 이사를 해본 필자로서 정부의 인식에도 문제가 많다는 것을 지적하지 않을 수 없다.

먼저 연임에 대한 부정적인 시각은 버려야 한다. 주인 없는 기업은 없다. 주주가 기업의 주인이며 모두 주주는 경영을 잘해서 배당을 많이 주고 주가를 올려 주는 CEO가 나타나서 오래오래 연임하기를 원한다. 국민연금은 우리나라 주요 기업 대부분의 대주주로서 CEO 선정에 관여할 권한이 있지만 누가 보더라도 더 나은 성과를 올릴 만 한 후보를 추천하는 주주제안권을 행사해야지, 대책 없이 일단 현직의 연임에 반대하고 보는 방식은 매우 적절치 않다. CEO의 교체는 기업 입장에서 리스크이며, 좋은 성과를 올린 CEO가 석연치 않은 이유로 교체되면 주가는 하락할 가능성이 더 크다. 주주로서 국민연금이 해서는 안 될 일이다.

세계적으로 성공한 대기업들의 CEO는 연임에 연임을 거듭하는 경우가 많다. 후임 CEO 육성과 선임의 모범 사례로 흔히 거론되는 GE의 잭 웰치는 20년, 제프리 이멜트는 16년 재임했다. S&P 500기업 CEO의 평균 임기는 2015년 10.8년이었고 최근 좀 짧아져서 2019년 7.9년이다. 어떤 조직의 장이라도 마르고 닳도록 할 것처럼 몰입하는 사람이 어차피 한 임기밖에 못 할 것이라고 생각하는 사람보다 경영 성과가 나을 가능성이 높다.

회장과 사외이사가 서로 짜고 성과도 시원치 않은데 연임을 거듭하는 것을 막고 싶으면 사외이사의 독립성을 강화하는 것이 선결 과제다. 포스코의 경우가 좋은 사례다. 포스코는 사외이사 후보 추천 자문단이 3배수의 후보를 추천하고 이사회는 그 범위안에서만 뽑도록 하고 있다. 기존 이사도 그 추천을 받지 못하면 연임할 수 없고 실제로 연임에 실패하는 경우도 있다. 5명으로 구성된 이 자문단은 매년 한 명씩 교체를 하는데 회장과 사외이사 추천위원회 위원장이 직접 만나서 그 누구의 청탁도 받지 말아 달라고 부탁을 하면서 모시기 때문에 기존 사외이사도 차마 청탁을 하기 어렵게 되어 있다. 완벽하지는 않겠지만 사외이사들은 회장이 자기를 뽑아 주었다는 인식이 전혀 없는 걸 보면 효과가 있는 것 같다.

가장 중요한 것은 공개 경쟁만이 공정하고 투명한 방법이라는 미신 타파이다. 이사회가 정말 모시고 싶을 만한 역량이 뛰어난 인물은 공개 경쟁에 잘 응하지 않는다. 이미 어딘가 다른 큰 기업의 CEO로서 좋은 성과를 올리면서 연임을 거듭하고 있는 역량이 검증된 사람이 공개적으로 다른 회사의 CEO 공모에 응할 것 같은가?

모든 기업이 CEO 선임 과정을 비밀에 부치는 이유는 그래야 괜찮은 사람들이 응모를 할 가능성이 높아지기 때문이다. 공개를 전제로 하면 떨어져도 크게 손해 볼 게 없다는 수준의 인재들만 꼬인다. 롱리스트에서 쳐 내는데 한시간도 걸리지 않는다. 외부에 졸속으로 비칠까 봐 짐짓 시간을 끌어도 한계가 있다. 포스코 회장 선출 시에 공모도 하면서 참으로 광범위하게 추천을 받았지만 좋은 사람은 나서지 않았다. 이 사람을 뽑자 싶은 외국인이 한 명 있었는데 최종 심층면접에 오지 않았다. 헤드헌터사를 통한 추천을 승낙한 것은 이사회에서 추대해 주면 올 생각이 있었다는 의미였는데 이 사람에게 면접 테스트를 받으러 오라고 한 것은 지금 생각해 보면 참으로 실례다.

주인 없는 기업으로 인식되는 기업에는 어차피 정부가 낙점한 사람이 있을 거라는 선입관도 좋은 사람들이 응모를 안 하는 이유다. 일말의 자존심이라도 있는 사람이 정부가 낙점한 사람이 따로 있는 판에 들러리나 서고 싶어 하겠는가? 이번에는 정부는 이들 기업의 CEO 선임에 정부가 여전히 영향력을 행사하고 있구나 하는 인식을 더 굳혀 준 것 같다.

이 나라에서 기업 지배구조 개선이 지지부진하고 주가가 상대적으로 저평가되어 있는 근본 원인이 정부의 간섭과 규제. 기업의 지배구조 개선이 필요한 것은 사실이지만 정부가 개입하면 더 멀어질 뿐이다.

위의 내용 중, 사실이 아닌 내용도 있다. 인선자문단의 위원이 매년 1명씩 교체되는 것이 아니고 이 분들은 대체적으로 5년 임기이며 임기를 마치면서 교체되는데 순차적으로 매년 1인씩 교체되는 것은 아니다. 임기가 정해진 것은 아니지만 사회적으로 명망이 있는 인사를 모셨는데 어느 기간이 경과되지 않았는데도 이제 그만하시라고 하는 것도 결례이다. 수년간 5년 정도 하면 교체되었기 때문에 자문단으로 선임되시는 분들도 5년 정도가 통상적인 임기라고 이해하고 계실 것이다.

이와 유사하게 구성된 인선자문단이 2023년부터는 대표이사회장의 후보자에 대한 1차적인 적합성 검사를 수행하고 이 결과를 가지고 CEO 후보 추천위원회가 차기 CEO 후보를 선임하였고, 추천위원회는 인선자문단의 의견을 최대한 반영하였다. 물론, 사내이사 후보자들의 경우는 사외이사들이 후보자들을 어느 정도는 개인적으로 파악하고 있으므로 인선자문단의 자문이 얼마나 유효한가 라는 의문을 가질 수도 있지만 인선자문단도 서치펌들의 평판도 조사 등 다양한 정보를 가지고 판단을 수행하는 것이니 2024년 초의 차기 회장 선임과정 중에 큰 도움이 되었다.

리더를 어떠한 과정을 거쳐서 선임하는 것이 최선인지에 대해서는 모범 해답이 없다. 대학교 총장의 경우도 동일하다. 1980년대 민주화 바람이 정치권에 불면서 대학 캠퍼스에도 봇물처럼 총장 직선제가 도입되었다. 총장 직선제를 도입하여 수년간을 운영해 보았더니 캠퍼스가 정치화하는 문제가 발생하게 되었다. 단점이 없는 제도가 없고 직선제도 간선제도 문제가 있어서 지금은 많은 대학이 직/간선을 혼합한 제도를 운용하고 있다. 민주화만이 최선의 대안이라는 생각으로 학생들에게까지 일부 의결권을 허락하기도 했는데 학생들이 총장 후보에 대해서 의견을 표명할 정도로 성숙하고 정보를 가지고 있는지도 의문이다. 그리고 우리와 같은 어느 정도의 유교 문화권에서 학생이 스승을 더구나 총장을 뽑는다는 것이 옳은 것인지도 의문이다. 교직원에 대해서 투표권이 허용되는 것이 옳다, 옳지 않다는 등의 대학 공동체를 위해서는 교원과 직원간의 괴리감 때문에 바람직하지 않은 분란을 유발시키는 요인이 되기도 한다. 총장을 모시고 행정을 수행해야 하는 직원들 입장에서는 추진력이 강해서 많은 변화를 요구할 총장보다는 무난하고 원만한 후보자가 선입되기를 희망할 수 있다. 동문회도 일정한 투표권이 허용되기도 한다. 직선에 의해서 총장이 선임된 다면 회사의 대표이사도 선거로 뽑아야 하는가라는 반론이 있기도 하다. 공모에 대해서도 동일한 비판이 제기될 수 있다. 직선의 가장 큰 폐해는 인기 투표가 되기 쉽다. 헤드헌터를 통해서 추천을 받더라도 결국은 공모의 과정이나 진배없다. 단, 헤드헌터라는 관문을 거치게 한 것이다. 단, 한 헤드헌터 당 추천할 수 있는 후보가 한도가 있으므로 헤드헌터에서도 될 법한 후보를 추천해야 한다. 만약, 한 특정 헤드헌터가 추천한 후보가 CEO로 선임된다면 당연히 적지 않은 성공보수가 있다.

2024년에 선임된 사외이사의 경우 자문단에서 사외이사 후보 5인을 순위를 정해 추천하고 이사추천위원회(사외이사후보추천위원회)에서 순위를 확정하게 된다. 따라서 5인을 추천하는 전권은 자문단이 갖게 되며 사외이사후보추천위원회라고 하더라도 자문단에서 추천하지 않은 후보를 선임할 수 없다. 자문단에서 추천된 후보 중, 사외이사를 추천하는 권한은 온전히 사추위가 가진다. 인선자문단에서 추천하는 사외이사의 수가 2024년부터는 5인으로 확대되었고 그 이전에는 3인을 추천하였는데 국민연금의 요청으로 5배수 추천으로 진행되게 되었다. 아무래도 사외이사 최종 선임을 위한 권한 관련, 사외이사로 구성된 이추위가 더 많은 의사결정권한을 갖기를 국민연금이 희망했던 것 같다.

2024년 초의 경우도 자문단에서 5인의 순서를 정해서 이사후보추천위에 후보를 추천하였다. 물론, 이사후보추천위는 이러한 순위에 구속될 필요는 없지만, 2024년의 경우, 자문단이 추천한 순서에서 이추위가 순위를 바꾼 경우는 산업계 후보자의 4위, 5위의 순위만을 바꿨을 정도였고 금융 전문가와 환경 전문가의 경우, 자문단과 이추위의 의견이 일치하였다. 4위 후보자의 경우는 유통산업의 전문가였고 유통전문가가 특별히 포스코 홀딩스의 법역과 중복되지 않는다는 판단하에 이 후보자를 5위로 내리게 되었다. 산업계, 환경, 금융 전문가 후보의 경우 1순위 후보가 모두 사외이사 제안을 승낙하면서 4순위, 5순위 순위의 switch는 큰 의미가 없게 되었다.

물론, 주주제안으로 추천된 경우는 사추위를 거치지 않고 직접 주총에 부의되게 된다.

상법 제542조의8(사외이사의 선임)

⑤ 제1항 단서에서 규정하는 상장회사가 주주총회에서 사외이사를 선임하려는 때에는 사외이사 후보추천위원회의 추천을 받은 자 중에서 선임하여야 한다. 이 경우 사외이사 후보추천위원회가 사외이사 후보를 추천할 때에는 제363조의2 제1항, 제542조의6 제1항·제2항의 권리를 행사할 수 있는 요건을 갖춘 주주가 주주총회 (정기주주총회의 경우 직전연도의 정기주주총회일에 해당하는 해당 연도의 해당일)의 6주 전에 추천한 사외이사 후보를 포함시켜야 한다. 〈개정 2011. 4. 14.〉 [본조신설 2009. 1. 30.]

따라서 독립성이 확보될 수 있는 안전 장치를 2중으로 장착하고 있다. 단, 자문단이 5배수로 추천을 하게 되어서 사추위는 5인 중에 1인을 선임해야 하는 정도의 자유도(degree of freedom)만을 갖게 된다. 결국 사외이사로 구성된 사추위가 최종적인 의사결정을 수행하기는 하지만 그럼에도 다수의 후보 중에 최종 5인을 추천하는 권한은 자문단에게 있기 때문에 사외이사 추천 과정의 권한이 어떤 특정 위원회로 쏠리지 않도록 권한을 분산한 것이다. 2023년부터는 자문단은 최종 5인의 후보를 추천하고 이 5인 중에서 최종 1인을 선임하는 권한을 사추위가 갖게 된다. 즉, 2023년과 그 이전에 비해서 2024년부터는 사추위의 권한이 강화되었고 자문단의 역할은 3인 추천에서 5인 추천으로 권한이 축소되었다고 할 수 있지만 그럼에도 사외이사 선임을 위한 자문단과 대표이사 회장 선임을 위한 자문단은 자문과정에서 후보자를 screening하는 역할을 수행하고 있다.

CEO 선임과정에서 인선 자문단을 활용하는 것은 2023년의 KT, 2024년의 포스코의 경우에서 동시에 나타나는 현상이다. 물론 회추위가 '짬짜미'로 CEO를 추천하지 않도록 요구한 국민연금의 요구도 반영된 것일 수 있지만 이러한 접근에 대한 반론도 있다.

이들 회사의 사외이사들은 주주로부터 경영활동을 위임받아 정관과 이사회 규정에 의해서 CEO를 선임하는 전권을 위임받았다. 그런데 이러한 책임을 지지 않고 다른 위원회(인선자문단)에게 일부의 추천 권한을 부여하고 권한을 공유하고 위임하는 것이 옳은지에 대한 이슈이다. 즉, 주주로부터 위임된 권리의 일부를 다른 외부인들에게 양도한 모습니다. 물론, 규정에 의해서 인선자문단의 도움을 받는 것이므로 적법한 것이기는 하지만 그럼에도 본인들이 행사하도록 되어 있는 권한을 일부이기는 하지만 다른 집단에 다시 위임하는 것에 대한 문제점의 제기이다. principal인 주주로부터 권한을 위임받은 agent가 또 하나의 agent를 세우는 모습이다.

chapter

40

경영자 확인서

chapter
40

경영자 확인서

　회사가 작성한 재무제표를 외부감사인에게 회계감사를 위해서 전달할 때, 경영자는 확인서를 작성해 주어야 하며 대표이사와 재무담당임원(CFO)가 서명하게 된다.

　어떻게 보면 내부회계관리제도에 대해서 대표이사가 운영실태를 감사위원회, 이사회와 주주총회에 보고하는 것이나 동일하다. 대표이사가 물론, 회사 전체적인 경영활동에 대한 책임을 지는 것은 맞지만 그럼에도 대표이사 혼자 모든 회사 업무를 수행하는 것은 불가능하다. 그렇기 때문에 감사위원회에 대한 내부회계관리제도 운영실태는 대표이사가 보고해야 하지만 상황에 따라서는 내부회계관리제도를 실질적으로 운영하는 실무 책임자/임원이 보고를 대신 할 수도 있는 것으로 되어 있다. 물론, 주주총회에 대한 보고는 대표이사가 주총 의장을 맡게 되므로 직접 수행할 것이다. 복수 대표이사인 경우는 어떤 대표이사가 이사회 의장을 맡아도 무방하다. 이사회에 대한 보고도 대표이사가 이사회 member이므로 당연히 직접 수행하게 된다.

　CFO가 실질적으로 회계정보에 대한 책임을 지므로 CEO로부터 이쪽 업무를 위임받는다고 하면 CEO가 굳이 서명을 해야 하는지에 대한 의문도 가질 수 있지만 그럼에도 CEO는 모든 기업 내 업무에 대해서 법적인 책임이 있으므로 CEO도 서명을 하게 된다. 통제의 책임의 의미일 수 있다.

　외부감사인이 받는 경영자확인서는 외부감사인이 회계감사기준 580 문단 A2에 따라 외부감사인의 요청으로 재무제표 작성책임이 있는 최고경영자와 재무담당임원 또는 이와 동등한 사람에게 서명을 받고 있다.

최고 경영자(대표이사)와 재무담당임원이 동일인이라고 하면 누가 서명을 해주어야 하는지가 이슈가 될 수 있다. 재무제표 작성책임은 상법 제447조 및 정관 제53조에 의거 대표이사에게 있기 때문에 경영자확인서는 대표이사이자 재무담당임원 동일인이 서명을 하게 된다.

외부감사인 내부 정책 상 회계담당 실무책임자/임원인 재무팀장에게도 서명을 받을 수 있다

한편, CEO, CFO는 회사 내 역할에 따른 구분으로서 상법에서는 이사, 대표이사(이사회 결의로 대표이사를 선정[35])에 대한 조문만 있을 뿐 별도도 정해진 바가 없어 겸직 이슈가 발생하지 않는다.

또한, CFO가 별도로 없는 회사는 경영자 확인서에 누가 서명하는지에 대해서는 재무담당임원(CFO)가 없더라도 외부감사인은 회계감사기준에 따라 재무담당 책임자에게 서명을 받고 있다.

* 상법 제447조(재무제표의 작성)

① 이사는 결산기마다 다음 각 호의 서류와 그 부속명세서를 작성하여 이사회의 승인을 받아야 한다.

1. 대차대조표

2. 손익계산서

3. 그 밖에 회사의 재무상태와 경영성과를 표시하는 것으로서 대통령령으로 정하는 서류

---

35 포스포/한전과 같은 일부 기업은 정관에 대표이사를 주총에서 별도 선임하도록 정하고 있다.

> **상법 제389조(대표이사)**
>
> ① 회사는 이사회의 결의로 회사를 대표할 이사를 선정하여야 한다. 그러나 정관으로 주주총회에서 이를 선정할 것을 정할 수 있다.

> *** (포스코홀딩스) 정관 제53조(재무제표 등의 제출, 승인, 공고)**
>
> ① 대표이사는 매 결산기에 제계정을 결산한 후 다음 각호의 서류와 그 부속명세서를 작성하여 이사회의 승인을 얻은 후
> 정기주주총회의 회일 6주간 전에 감사위원회에 제출하여야 한다.
> 1. 대차대조표
> 2. 손익계산서 (이하 생략)

지배기구는 상법상의 상설기구인 이사회나 감사위원회를 지칭할 수 있는데 기준에는 확인서에 대한 서명은 경영진이 책임의 당사자로 보고 있다. 따라서 별도의 재무담당임원이라는 직이 설정되어 있는지는 중요한 것이 아니고 재무담당임원을 별도로 기관에 등록해야 하는 것도 아니다.

2023년 포스코홀딩스의 감사인인 삼정회계법인 경우, 경영자확인서의 양식에 서명 받는 자가 대표이사, 회계담당이사, 회계담당부장까지 기재되어 있는 바 감사실무상 가능하면 회사의 재무제표작성에 높은 이해를 가지고 실무적으로 책임이 있는 담당자(예: 회계담당부장)에게도 서명을 확대해서 받고 있다. 즉, 감사실무상 재무제표작성에 책임이 있는 자에게 확대해서 날인을 받는 실무 관행으로 이해하면 된다. 서명 받는 절차는 동일한 경영자확인서에 연서로 날인 받고 있다.

chapter

41

감사위원회

감사위원회

회의체(이사회나 전문위원회)를 대표하는 자를 선임하는 데 대해서 이 회의체의 결의에 의해서 결정될 수도 있고 아니면 이사회가 하부 위원회의 위원장을 이사회 차원에서 호선에 의해서 일괄적으로 결정할 수 있다.

자산규모가 2조원이 넘는 기업에 대해서는 감사위원회와 사외이사후보추천위원회가 의무화되고 있는데, 상법에서는 대표이사와 감사위원회 위원장은 결의로 결정하여야 한다고 규정하고 있다. 다음이 그러한 상법 규정이다. 일부 회사는 사외이사후보추천위원회 대신에 이사후보추천위원회로 갈음하면서 사내이사 후보의 추천/임기까지도 이 위원회에서 결정하고 있다. 법에서 의무화한 것은 사외이사후보추천위원회인데 이를 회사가 더 확장하여 이 위원회에 사내이사까지도 선임할 수 있는 권한을 부여하는 것은 회사가 판단할 영역이다. 금융기관일 경우는 금융회사 지배구조법에 임원후보추천위원회를 운영하게 되어 있고 사내/외 이사의 추천을 이 위원회에서 담당하게 되어 있는데 이는 상법상의 사외이사후보추천위원회의를 이사후보추천위원회로 운영하면서 사내외 이사의 선임 업무를 수행하는 것이나 동일하다.

제389조(대표이사) ① 회사는 이사회의 결의로 회사를 대표할 이사를 선정하여야 한다.

상법 제415조의2(감사위원회) ④ 감사위원회는 그 결의로 위원회를 대표할 자를 선정하여야 한다. 이 경우 수인의 위원이 공동으로 위원회를 대표할 것을 정할 수 있다.

415조의 ④를 보면, 감사위원회 위원장을 공동으로 맡는 경우도 가능하다고 법에 규정하고 있지만 위원장을 복수로 맡는 경우는 본 적이 없다. 결의로 위원회를 대표할 자를 선정하여야 한다고 했기 때문에 이사회에서 총괄적으로 이사회 산하 위원회의 위원장을 정하는 경우도 감사위원회 만큼은 별도로 감사위원회를 개최하여 위원장을 선임하여야 한다. 위원장을 공동으로 맡게 되면 단독을 맡는 경우에 비해서 여러 복잡한 문제가 발생할 수 있다.

예를 들어 사외이사후보추천위원회는 자산 규모 2조원이 넘는 기업에 있어서는 감사위원회와 동일하게 의무화되고 있다. 그러나 사외이사후보추천위원회의 위원장(대표할 자)에 대해서 상법은 위원회 결의로 결정한다고는 되어 있지 않다.

포스코홀딩스의 경우를 보면, 감사위원회를 제외한 모든 전문위원회의 위원장은 이사회에서 호선으로 결정한다. 단, 감사위원회만큼은 해당 위원회에서 결의하여야 한다고 상법에서 규정되어 있으므로 감사위원회 위원장은 당연히 이 상법 규정에 따른다.

감사위원회의 위원이 주주총회에서 선임되는 것이나 감사위원장의 선임은 감사위원회 결의로 결정하는 것을 보더라도 상법은 기업지배구조에서의 감사위원회의 위상을 확실하게 보장하고 있다. 감사위원회와 사외이사후보추천위원회가 동일하게 상법상의 위원회이지만 사추위 위원장은 반드시 회의체의 결의로서 위원장을 선임하는 것을 의무화하지 않는다. 이와 같이 위원장의 선임에 차이를 둠으로서 두 위원회의 위상이 동일하지 않다는 것이 법에서도 암시된다.

정관에서 대표이사 선임을 주총에서 수행하도록 규정되어 있는 회사를 제외하고 대부분 회사의 경우 대표이사의 선임도 이사회에서 결의하지만 이사회 의장의 선임도 이사회에서 의결하게 된다. 단, 한전/KT의 경우, 대표이사 사장의 선임이 주총에 별도의 안건으로 상정된다. 포스코도 대표이사 선임은 이사회에서 의결한다.

이를 일부에서는 감사(위원) 분리 선임 같이, 대표이사 분리선임이라는 표현을 사용하기도 한다. 포스코의 대표이사 회장의 경우는 CEO후보추천위원회라고 하는 별도의 선임과정을 통해서 분리 선임되지만 주총에서는 다른 사내이사와 같이 선임되고 주총 이후의 이사회에서 대표이사 회장으로 결의된다. 사내이사/사외이사의 추천은 이사후보추천위원회가 진행하지만 대표이사 회장은 이 추위 소관이 아니라 후보추천위원회의 소관 사안이다.

대표이사는 이사회 결의로서 정한다고 상법에 규정하고 있다. 위의 상법 제 389조 규정에서도 명확하게 대표이사가 회사를 대표하는 이사임을 밝히고 있다.

물론 이사회 의장과 관련되어 일부 기업은 대표이사가 의장을 맡는 경우도 있고, 일부 기업은 이사회 의장과 대표이사를 분리하는 기업도 있다.

포스코홀딩스의 경우는 이사회 의장에 힘이 쏠리는 것을 방지하기 위해서 2006년부터 사외이사가 의장을 맡고 이사회 의장의 임기를 1년으로 두며, 사외이사들이 1년씩 rotate한다. rotation의 순서는 선임 이사 순이며 동시 선임된 이사일 경우는 연령이 고령인 이사가 이사회 의장을 우선적으로 맡게 된다. 사외이사가 이사회 의장을 맡게 되므로 선임 사외이사제도는 채택하지 않으며 선임 사외이사 순으로 이사회 의장을 맡는 구도이다.

사외이사 간에 서열을 정하기 어려우니 rotation을 한다면 선임 순서로 정하는 대안만이 가능하다.

KB금융지주의 경우는 사외이사 중 최고령자가 이사회 의장을 맡고 있다. 우리나라에서의 seniority를 정할 때, 나이라는 것이 무시할 수 없는 변수이다.

감사위원회도 감사에 갈음하는 조직이므로 감사위원회에 이사의 직무 집행 감독권을 부여하고 있으며 이사회가 주주총회에 상정할 안건을 결의한 다음에 열리는 감사위원회는 이러한 안건의 부의 과정을 점검하고 다시 결의하게 된다. 즉, 이사회의 업무 중 가장 중요한 업무라고 할 수 있는 내용을 최종적으로 점검(monitoring)/감독하는 권한을 감사위원회에 부여하고 있다. 따라서 감사위원회는 감시(watchdog)라고 하는 명확한 임무를 띄고 있다. 물론, 그 역할을 감사위원회가 감당하고 있는지는 각 회사의 상황과 현재 업무를 맡고 있는 감사위원들의 업무 충실도에 따라서 달라진다.

이러한 점검은 다음의 상법 규정에 근거한다.

상법 413조

감사는 이사가 주주총회에 제출할 의안 및 서류를 조사하여 법령 또는 정관에 위반하거나 현저하게 부당한 사항이 있는지의 여부에 관하려 주주총회에 그 의견을 진술하여야 한다.

물론 때로는 감사위원회의 업무 진행 내용, 예를 들어 내부회계관리제도 운영실태 평가를 이사회에 보고하도록 하기도 하였지만 동시에 위의 경우와 같이 이사회의 안건을 감사위원회가 최종적으로 점검하도록 하여서 이사회와 감사위원회 간에 상호 견제와 균형, 또한 점검이 진행될 수 있도록 하였다. 이사회 산하에 많은 내부 위원회가 있지만 감사위원회의 경우와 같이 이사의 집행 업무 감독하는 기관은 감사 또는 감사에 갈음하는 조직인 감사위원회가 유일하다. 따라서 이사회와 감사위원회의 관계는 어느 특정 위원회가 상위 위원회의 개념이라기 보다는 그냥 대등한 위원회라고 보는 것이 옳다. 구성 자체가 주주총회에서 감사위원회 위원을 선임한 것이니 더더욱 그러하다. 다른 위원회 위원일 경우는 모두 위원회 구성을 이사회 결의로 결정한 것이니 감사위원회 위원과 다른 이사회 산하 위원회의 위원은 선임 때부터 그 위상에 차이가 이다.

감사가 상법 체계에 도입된 1962년부터 감사는 최대주주, 대표이사, 이사회와의 대립구도로 체계가 잡혀 있다. 일부 전문가들은 감사가 최대주주, 경영진과 대표이사에 대한 대립관계를 유지하는 것은 쉽지 않고 대신 최대주주는 쉽게 전문경영인을 감시할 수 있다고 주장하기도 한다. 최대주주는 회사 경영에 있어서 실질적인 주인이므로 설득력이 있는 주장이다. 최대주주가 CEO가 아니고 이사회 의장을 맡고 있는 경우를 최대주주가 이사회에서 CEO에 대한 견제 역할을 수행하는 것으로 이해할 수 있다.

chapter

42

내부감시장치의 가동현황에 대한
평가의견서

42

내부감시장치의 가동현황에 대한 평가의견서

회계감사기준에는 지배기구라고 표현하기도 하는데 지배기구가 어느 기관인지를 명확하게 정의하고 있지는 않지만 이사회 또는 감사위원회로 이해하면 된다.

> **시행령 제168조(사업보고서의 기재사항 및 첨부서류)** ⑥ 사업보고서에는 법 제159조 제2항에 따라 다음 각 호의 서류를 첨부하여야 한다.
> 3. 법인의 내부감시장치[이사회의 이사직무집행의 감독권과 감사위원회의 권한, 그 밖에 법인의 내부감시장치를 말한다]의 가동현황에 대한 감사의 평가의견서

평가 의견서 문구는 금융감독원 전자공시 안내사항에 기재상 주의 사항과 상장협 상담사례 FAQ에서 아래와 같이 주요 기재항목을 안내하고 있다.

'내부감사장치에 대한 감사의 의견서("이하 의견서")와 관련하여 1. 의견서 작성 시 참고해야 할 법규 또는 지침 등은 무엇이며, 2. 의견서에 반드시 포함되어야 할 내용은 무엇인가?, 3. 의견서 제출시 제출인 명의는 감사위원회인지? 또는 감사위원회를 대표해서 감사위원장인지?

답변:

1. 내부감시장치의 개요

– 이사회, 감사, 내부감사부서 등 당해회사의 내부감시장치를 구성하고 있는 요소와 그 기능

- 이사회에 사외이사 포함 여부
- 감사의 선임방법, 감사부서 직원에 대한 감사의 인사 관여 또는 인사상 신분 보장 여부

2. 내부감시장치의 운영
- 일상 감사, 반기 감사, 결산 감사 등 내부감시의 운영실적
- 내부감사결과 지적사항에 대한 보고체계, 조치 및 사후관리 상태

3. 내부감시장치의 가동 현황에 대한 감사의 평가의견
- 내부감시장치가 효과적으로 가동하고 있는지에 대한 감사의 평가의견
- 내부감시장치의 취약점 또는 개선사항
- 감사를 실시함에 있어서 이사의 거부 또는 회사의 사고 기타 사유로 필요한 자료를 입수하지 못하여 의견을 표명하기 곤란한 경우에는 그 내용과 이유

감사위원회는 합의체 상법 기관이며, 감사위원 개인은 상법상 기관이 아니다. 따라서 감사위원회 결의 문건은 감사위원회 명의로 작성하여야 한다.

포스코홀딩스의 내부감시장치의 가동현황에 대한 평가의견서가 사외로 유출되어서는 안되는 문건도 아니니 참고로 이곳에 인용한다.

1. 내부감시장치의 개요
가. 포스코홀딩스 주식회사(이하 "회사")의 내부감시장치 및 그 기능은 다음과 같다.
- 이사회: 이사의 직무집행을 감독한다.
- 감사위원회: 이사의 직무집행을 감사한다. 이를 위하여 이사에 대하여 영업에 관한 보고를 요구하거나 회사의 업무상태와 재산상태를 조사한다.
- 내부감사부서: 회사 각 부서의 업무에 대한 감사를 수행한다. 이를 위하여 업무감사, 회계감사, 신고감사 등을 수행한다.
나. 이사회에는 6명의 사외이사가 포함되어 있다.

다. 감사위원회는 사외이사 3명으로 구성되어 있다.

라. 감사위원의 선임과 내부감사부서 책임자 임면

(1) 감사위원의 선임

회사는 정관 제48조의 규정에 의하여 감사위원회 위원이 되는 사외이사를 주주총회에서 선임하고 있다.

(2) 내부감사부서 책임자는 사규에 의거 감사위원회의 동의를 거쳐 임면하고 있다.

2. 내부감시장치의 운영

가. 내부감사의 운영실적

내부감사부서는 업무감사, 회계감사, 신고감사 등을 수행하고 그 결과를 감사위원회에 보고하고 있다.

나. 감사 지적사항에 대한 처리

감사 지적사항은 즉시 해당부서장 및 경영층에 보고하여 시정 및 개선 조치토록 하고 있으며 조치사항에 대해서는 적절한 시기마다 사후관리를 하고 있다.

3. 내부감시장치의 가동현황에 대한 감사의 평가의견

본 감사위원회의 의견으로는 2022년 12월 31일로 종료되는 회계연도의 포스코홀딩스 주식회사의 내부감시 장치는 효과적으로 가동되고 있다.

> **감사기준서 260. 지배기구와의 communication**
> A12. 감사절차의 성격이나 시기에 대해 상세하게 커뮤니케이션 하는 것은 감사절차를 지나치게 예측 가능하게 함으로써 그러한 절차의 효과성을 감소시킬 수 있다.

감사기준서에는 외부감사인에 대해 지배기구와의 communication이 의무화되고 있다. 동시에 1년에 최소 2회(회계감사기준서 260조)는 기업 내부의 감사실무 부서의 배석 없이 감사위원회가 외부감사인과의 미팅을 갖도록 요구하고 있다. 일부 규준에서는 한 분기에 한 번씩 내부 감사 실무 부서의 배석 없이 이 미팅을 개최하도록 요구하고 있기는 하지만 이렇게까지 요구함이 실효성이 있는지라는 의문도 있지만 규준에서는 이렇게 권장하기도 한다. 단, 기준은 1년에 최소 2회라고 강제 규정하고 있다.

구체적으로 지배기구가 이사회인지 감사위원회인지가 명시되어 있지 않다. 이사회의 업무에는 최고경영진과 같이 경영의사결정을 수행하기도 하지만 동시에 대표이사에 대한 check and balance 업무, 즉, 견제와 균형 업무도 수행해야 하므로 이사회도 당연히 지배기구라고 할 수 있다. 감사위원회는 모니터링/감시(감사)에 특화된 업무를 수행하므로 감사위원회가 더 확실한 내부감시 기구인 것은 확실하다.

물론 내부감시장치의 가동현황에 대한 평가의견서에서는 내부감시장치는 내부에서 감시를 하는 역할을 의미하며 외부감사인은 외부에서 감사 업무를 수행하기 때문에 지배기구라는 차원에서는 같은 의미라고 할 수 있다.

감사기준에서의 지배기구는 외부감사인과의 안과 밖에서의 감사 업무를 수행하는 감사위원회를 의미하겠지만, 이사회도 포괄적인 내부감시 업무를 수행하므로 위에서는 이사회와 감사위원회를 모두 기술하고 있다.

감사위원회가 이사의 직무집행을 감사한다고 기술되어 있지만 이에는 맹점도 있다. 우리나라에서의 감사제도는 1962년 상법에 처음으로 도입되었고 이 경우는 독임제 감사제도였으며 독임제 감사가 이사회 member가 아니었거나 member라고 해도 배석은 할 수 있지만 의결권은 없었을 것이다. 이러다가 1997-1999년 기간 동안에 IMF가 우리나라에 경제 원조를 하는 과정에서 기업의 지배구조 선진화를 요구받게 되었고 이때 사외이사 제도와 감사위원회 제도가 본격적으로 도입되었다.

이 과정에서 독임제 감사제도와 영미 쪽에서 도입된 감사위원회 제도가 혼재되게 된다. 감사위원회 제도하에서는 사외이사로 이사회에 참여하며 동시에 사외이사가 감사위원으로 감사위원회에도 참여하는 경우가 다수 발생하였다. 물론, 이사회 규모가 큰 경우는 감사위원을 맡고 있는 사외이사가 있고, 감사위원을 맡고 있지 않는 사외이사가 있지만 사외이사가 3인으로 구성된 회사도 다수 있기 때문에 이 경우는 모든 사외이사가 감사위원을 맡게된다.

감사위원회가 위의 상법 내용에도 포함되듯이 이사를 감시해야 하는데 다수의 경우가 이사면서 감사위원이니 자기가 자기를 감시하는 자기 감사(self audit)의 문제가 발생한다.

감사위원이 이사회에 참여할 때도 단순히 참석권한만 있는 것이 아니라 의결권한도 있으니 '심판이 선수'를 겸하는 경우와 마찬가지다. 기존에 있었던 제도에 감사위원회 제도가 추가되면서 이 두 제도를 완전히 정리하기보다는 두 제도가 혼재되었고, 감사위원회의 '감시'라고 하는 고유기능이 희석되었다. 그러나 현 상황에서 이사회와 감사위원회가 실타래와 같이 얽혀 있으니 이를 법적으로 완전히 단절하거나 정리하기는 불가능하며 제도상으로 이러한 맹점이 있다는 것을 이해하고 운용할 수밖에 없다.

이러한 문제를 피하기 위해서 오히려 학교 재단이나, 공공기관, 준정부기관, 공공기관, 기타공공기관에서는 상법상의 감사는 이사회에 참석하여 발언은 할 수 있지만 의결권은 없도록 제도화되어 있다. 즉, 배석의 개념이다. 배석한다함은 배석하여 의장의 승인을 얻고 발언함을 의미한다고 할 수 있다. 어떻게 보면 공공기관이나 대학교 재단이 기업/기관 지배구조의 원리를 더 잘 이해하고 자기 감사(self-audit)의 위험을 피해 가는 방식으로 제도를 갖춰 두고 있다는 판단을 할 수 있다. 유럽에서 경영이사회와 감독이사회를 분리한 것도 같은 차원에서 이해할 수 있다.

즉, 업무집행과 감독이 병행하는 것은 아무리 생각해 봐도 자연스럽지 않다. 건설공사 현장을 봐도 감리업체는 건설회사와 완전히 분리해서 독립적으로 활동하도록 한 것이며, 외부감사인도 '독립적인' 외부감사인이라는 수식어가 항상 붙어 다닐 정도로 독립성을 강조한다. 내부 감사기능에 대해서만 유난히 독립적이어야 하는데 같은 이사이고 계속적인 접촉을 갖기 때문에 독립성이 의심받기도 한다. 내부 감사기능이 유착 관계를 의심받지 않고 독립성을 유지하기 위해서는 배전의 노력을 기울여야 한다.

어떤 안건일 경우는 감사위원회가 안건을 이사회에 상정하는 경우도 있는데 사외이사/감사위원의 경우는 본인이 안건을 제안하고 본인이 안건을 이사회에 참석하면서 이 안건을 심의하는 경우도 발생할 수 있다. 예를 들어 내부회계관리제도 운영 실태 평가는 감사위원회가 보고하고 이사회는 보고를 받는다. 보고하는 감사위원이 동시에 보고를 받는 모습이다. 물론 보고 안건이고 결의는 아니지만 뭔가 권한 의무의 분리(segregation of duty) 차원에서 이상하다.

다른 경우라면 본인이 감사위원회 위원으로서 안건 작성에 개입한 것이므로 엄밀하게는 기피/제척[36] 사유가 있다고도 이해할 수도 있다. 유럽에서는 이사회가 경영자문을 수행하는 이사회와 감독을 하는 감독위원회로 분리되어 있어서 우리나라의 경우와 같은 일이 발생하지 않는다.

이러한 혼란은 우리가 1997 – 1999년 사이에 기존의 상법상의 감사제도를 유지하면서 동시에 영미법에 기초한 감사위원회 제도를 도입한 사유로 발생한 것이다. 이에는 미국에서 공부한 교수들이 제도권에 관여하면서 이러한 제도의 도입과 관련된 기초를 쌓았던 것도 한 원인으로 볼 수 있다.

감사위원회는 다음 상법 규정에 의해서 주총에 올라가는 안건을 결의한 이사회의 내용을 점검하게 되어 있다. 물론, 감사위원회 위원들과 이사회 이사가 중복되니 본인들이 의결한 내용을 다른 위원회에 가서 감사위원인 일부의 사외이사가 다시 동일한 내용을 확인하는 중복적인 업무를 수행한다. 중복이기는 하지만 업무를 확인하고 점검한다는 의미는 있다. 그만큼 주주총회에 올라가는 안건이 중요하기 때문이다.

> **상법 제413조(조사·보고의 의무)** 감사는 이사가 주주총회에 제출할 의안 및 서류를 조사하여 법령 또는 정관에 위반하거나 현저하게 부당한 사항이 있는지의 여부에 관하여 주주총회에 그 의견을 진술하여야 한다.

상법상 이사는 자연인을 상정하고 있고(다수설, 물론 법인도 이사가 될 수 있다는 반론도 있기는 하다), 이사들의 집합체가 이사회이다. 실무상으로 보면, 이사가 실제 권한을 행사하는 것처럼 보이지만, 법률상으로는 이사회의 권한이고, 이사는 단지 이사회의 권한을 위임받아 업무를 수행하는 수임인에 불과하다.

상법에서는 이사회의 권한만 규정하고 있지, 이사의 권한은 부여하지 않고 있으며, 이사의 의무나 보수, 선임 등만 규정하고 있는 것이다. 즉, 이사회의

---

36 제척은 제도에 의해서 심의에서 제외되는 것이며, 기피는 본인의 자유 의사로 독립성이 훼손되었다고 판단할 때, 안건 심의에서 제외되는 것이다. 혼용해서 사용되는 개념이기도 하지만 다른 의미이다.

활동은 이사로 구성된 이사회의 회의체로서의 활동이지 개인으로서의 활동은 아니라고 본 것이다.

이는 외감법에서 감사를 수행하는 감사인을 회계법인이나 감사반으로 규정하고 있는 것이나 어떻게 보면 동일하다. 실질적인 감사 업무는 屬人적이므로 공인회계사 개인이 수행하지만 회계감사라고 하는 용역이 개인 차원에서 수행하는 것이 아니라 법인 차원에서의 법인격이 수행하는 것으로 법은 이해/해석하고 있다.

그리고 이사회의 권한으로 이사의 직무 집행 감독권을 규정하고 있는 것이고, 이사회의 가장 본질적 권한이다.

> **상법 제393조(이사회의 권한)** ① 중요한 자산의 처분 및 양도, 대규모 재산의 차입, 지배인의 선임 또는 해임과 지점의 설치·이전 또는 폐지 등 회사의 업무집행은 이사회의 결의로 한다. 〈개정 2001. 7. 24.〉
> ② 이사회는 이사의 직무의 집행을 감독한다.
> ③ 이사는 대표이사로 하여금 다른 이사 또는 피용자의 업무에 관하여 이사회에 보고할 것을 요구할 수 있다. 〈신설 2001. 7. 24.〉
> ④ 이사는 3월에 1회 이상 업무의 집행상황을 이사회에 보고하여야 한다. 〈신설 2001. 7. 24.〉

또한 이사회와 이사의 관계에 민법상 위임 규정을 준용하도록 하고 있는 것이다.

한편, 이사회는 회사의 업무집행에 관한 의사결정을 위해 이사 전원으로 구성되는 주식회사의 필요적 상법 상설기관으로, 감사위원회도 감사에 갈음하는 조직이므로 감사의 권한과 동일하게 이사의 직무를 감사하는 것이지, 이사회를 감사하는 것이 아니다.

> **제412조(감사의 직무와 보고요구, 조사의 권한)** ① 감사는 이사의 직무의 집행을 감사한다.

제415조의2(감사위원회) ① 회사는 정관이 정한 바에 따라 감사에 갈음하여 제393조의2의 규정에 의한 위원회로서 감사위원회를 설치할 수 있다. 감사위원회를 설치한 경우에는 감사를 둘 수 없다.

결론적으로 상법 제393조와 제412조의 의하면 이사회와 감사에게 이사의 직무 집행 감독권을 부여하고 있으며, 감사위원회는 감사를 갈음하는 조직이므로 이사 직무 집행 감독권을 갖고 있는 것이다. 이사의 직무 집행 권한 수행은 법적으로 이사회에 귀속될 따름이다.

일부 기업은 재정위원회라는 전문위원회가 신규 투자, 차입 심의를 수행하기 때문에 감사위원회 위원들의 업무와는 이해상충이 있다고 판단하여 겸직을 내부적으로 불허하고 있다. 그러나 이러한 식으로 이해상충을 엄격하게 구분하다 보면 모든 감사위원들에게는 이사회 포함 이사회 산하의 전문위원회 활동을 제한하여야 한다. 왜냐하면 이사회 포함 모든 산하 위원회가 감사위원회의 감사의 대상이기 때문이다. 그러나 물론, 이러한 내용은 원론적인 내용이고 어느 기업도 이렇게 감사위원회를 운용하고 있지는 않다.

또한 많은 기업에서의 사외이사의 숫자가 제한되어 있어, 이사회 간 이해상충에 근거하여 상호 소속을 제한하다 보면 위원회 구성이 어려울 수도 있다.

chapter

43

보험 회계

보험 회계

매일경제신문. 2023.2.26. 새 회계기준 반기는 보험株 … "올 순익 급증 기대"

약세장에선 강하지만 강세장에서 상승폭이 작았던 보험주가 올해 들어 가파른 상승세를 나타내고 있다. 올해부터 보험사를 대상으로 도입된 국제보험회계기준 'IFRS17'에 대한 기대감 덕분이다. 새 기준 적용 시 기업가치가 재평가될 수 있다는 분석이 나오면서 주가에 훈풍이 불고 있다. 특히 새 회계기준에서 저축형 상품보다 보장성 상품 실적이 더 크게 오를 수 있다는 기대감에 관련 상품이 많은 보험주들이 주목받고 있다.

26일 한국거래소에 따르면 KRX 보험지수는 올 들어 6.91% 상승했다. 종목별로는 현대해상(18.68%)이 가장 높은 수익률을 기록했으며 DB손해보험(13.17%), 롯데손해보험(12.37%), 삼성화재(6.75%) 등도 강세를 보였다.

보험주 주가 상승은 올해 IFRS17 도입 후 달라진 회계기준을 적용하면 보험사들의 밸류에이션(기업가치 대비 주가 수준) 재평가가 가능할 것이란 기대감 덕분으로 풀이된다. 외국인 투자자의 보험 업종 매수도 늘고 있다. 외국인 투자자는 올 들어 현대해상을 316억원가량 순매수했다. 삼성생명(1421억원), 삼성화재(825억원), DB손해보험(218억원) 등도 대거 사들였다.

바뀐 회계기준에서는 기존 원가로 평가하던 보험 부채를 시가로 평가하게 된다. 규모가 큰 회사들 입장에서는 보험계약으로 발생할 수익을 나눠서 수익으로 인식하는 계약서비스마진(CSM)을 도입할 수 있다. 10년짜리 암 보험으로 발생할 수 있는 수익이 100만원이라면 매년 10만원씩 수익으로 인식하게 된다는 얘기다. 저축성 상품은 시가 평가로 인해 실적 변동폭을 키울 수 있다. 이에 비해 새롭게 순익으로 인식할 수 있게 된 CSM은 순익을 늘릴 수 있는 긍정적 요인이다.

CSM 증가에는 보장성 상품의 영향이 더 크다는 것이 일반적 평가다. 저축성 상품이 많은 생명보험사에 비해 보장성 상품이 많은 손해보험사 주가가 더 주목받는 이유다. IFRS17 도입이 논의되기 시작한 후 생보사를 비롯한 보험사들이 보장성 상품을 더 많이 내놓고 있는 것도 이 때문이란 게 보험업계 설명이다.

임희연 신한투자증권 연구원은 "앞으로 보험사의 기업가치를 평가할 때 주당순자산비율(PBR) 대신 CSM과 자본을 합산해 내재가치(EV) 개념을 적용할 것으로 전망된다"고 설명했다. 신한투자증권에 따르면 IFRS17을 적용해 계산한 지난해 보험사 5곳의 세후 보험영업이익은 4조 6000억원이다. 기존 회계제도인 IFRS4에서 발생한 지난해 순이익의 99%에 해당하는 규모다. 임 연구원은 "투자 영업이익을 합산해야 한다는 점을 감안하면 제도 변경에 따른 증익은 기정사실화된 셈"이라고 말했다. 신한투자증권은 향후 5년간 보험사 영업이익이 연평균 7~10% 증가할 것으로 전망했다.

금융주 투자 때 고려하는 배당 성향에 대한 예측 가능성이 높아진다는 점도 IFRS17의 이점으로 꼽힌다. IFRS4의 경우 보험료는 계약 초기에, 보험금은 후반에 인식하는 현금주의 방식으로 손익이 계산돼 이익을 예측하기 어려웠다. 하지만 발생주의를 택한 IFRS17은 CSM의 균등 상각에 따라 발생하는 이익이 계약 전 기간에 걸쳐 일정해진다. 그만큼 미래 이익을 가늠하기 쉬워진다는 설명이다.

전문가들은 꾸준한 CSM 증가로 이익 성장이 예상되는 기업을 선별할 필요가 있다고 조언했다. 신한투자증권에 따르면 CSM을 바탕으로 앞으로 5년간 세후 보험 영업이익의 연평균 성장률(CAGR)을 조사한 결과 현대해상이 10%로 가장 높았다. DB손해보험(7.5%), 삼성화재(7.4%) 등이 뒤를 이었다. 생보사의 경우 삼성생명은 9.8%, 한화생명은 9.3%로 나타났다.

IFRS17은 미래에 지급할 보험금의 현재 가치인 보험 부채를 시가로 평가한다는 점도 특징이다. 과거 IFRS4가 보험 부채를 원가로 평가한 것과 다른 점이다. 보험 부채를 원가로 평가할 때 문제는 금리 변동에 따른 변화가 반영되지 않는다는 점이다. 앞으로 IFRS17이 적용되면 금리 인상 시 현재가치에 대한 할인율 상승으로 보험사들 부채가 줄어들게 된다. 주가 측면에선 한화생명, DB손해보험, 현대해상 등이 저평가 구간에 있다는 분석이다. 지난해 세후 보험이익을 기준으로 산정한 주가수익비율(PER)은 한화생명이 3.2배로 가장 낮았다. DB손해보험(4.5배), 현대해상(4.4배) 등도 낮았다.

한국경제신문. 2023.5.19. "중간 배당 자제하라"

국내 보험사들이 올해 1분기 역대급 실적을 낸 데 대해 금융당국이 "회계 착시 효과가 큰 만큼 중간 배당을 자제하라"고 권고한 것으로 알려졌다. 주요 생명 손해 보험사가 올 1분기에만 수조원대 순이익을 냈지만 이는 체질 개선보다 올해 전면 개편된 회계 기준 영향이 더 크다는 이유에서다.

18일 금융권에 따르면 금융당국은 최근 보험사들에 중간배당 등을 자제해 달라고 당부한 것으로 전해졌다. 금융당국 관계자는 "1분기 보험사 실적 개선은 올해부터 시행된 국제회계기준(IFRS9, IFRS17) 도입 효과에 기인한 측면이 크다"며 "이를 기반으로 중간배당 등 사외 유출이 발생하면 향후 금리 등 외부 환경 급변으로 실적이 악화할 때 제대로 대응할 수 없다"고 했다.

한국경제신문. 2023.5.19. '회계착시' 보험사 역대급 실적… 금감원 "언제든지 손실 가능"

금융감독원 전자공시시스템에 따르면 올해 1분기 실적을 발표한 주요 생명보험 손해보험회사 20곳의 순이익(별도 기준)은 4조 7500억원으로 작년 같은 기간 (3조7100억원)보다 27.9% 늘었다. 생보사 10곳의 합산 순이익은 전년 동기 대비 47.9% 증가한 2조 4100억원으로 손보사 10곳(2조3352억원, 12.2% 증가)보다 많았다.

생보사 중에는 삼성생명이 올 1분기에 작년 1분기보다 123.5% 급증한 7948억원의 순이익을 올려 1위를 차지했다. 이어 교보생명 4492억원(50.6%), 한화생명 3569억원(17.3%), 동양생명 1565억원(129.8%), 신한라이프(1406억원 1,4%) 등 순이었다.

손보업계에서는 삼성화재(5801억원-16.7%) DB손보(4060억원-15.9%) 메리츠화재(4047억원-24.5%) 현대해상(3336억원-3.5%) KB손보(2643억원-28.9%) 등 주요 기업이 예상보다 많은 순이익을 올렸다.

이는 회계 착시의 영향이 크다는 게 금융당국의 판단이다. 올해부터 IFRS17(부채)과 IFRS9(자산)가 함께 시행됐는데 이에 따라 과거 자본(기타 포괄손익)으로 계상되던 채권평가이익이 당기 손익으로 계상됐다. 예를 들어 삼성생명은 '당기손익공정가치측정금융자산'이란 계정에서만 1조 5000억원에 달하는 순익을 보고했다.

생보업계 관계자는 "작년까지만 해도 보유 채권 평가손익을 '매도가능증권평가손익'이라는 자본항목으로 올렸는데 올해부터는 '당기손익공정가치측정금융자산관련손익'이라는 당기손익항목으로 반영해야 한다"며 "올 들어 금리가 떨어지면서 수년간 쌓아

온 채권에서 단번에 막대한 평가차익을 보고하게 된 것"이라고 설명했다.

문제는 이 같은 이익 실현이 올해 한정된 일회성 이벤트인 데다 금리 변화에 따라 실적 변동성이 커질 수 있다는 점이다. 보유 중인 보험계약의 미실현이익을 현재가치로 나타낸 보험계약마진(CSM)에 대해서도 보험사들이 자의적인 계리적 가정을 활용해 '실적 부풀리기'에 나섰다는 의혹이 제기되고 있다. 금융당국은 이달 말까지 고의적인 분식회계 가능성을 막기 위해 가이드라인을 마련할 예정이다.

한국경제신문. 2023.6.19. 보험사 "고무줄 회계 막으려다 소송 위기"

금융당국이 새 국제회계기준에 따른 보험사들의 '실적 부풀리기'를 막기 위해 지난달 말 손해율 등 일부 기준이 천편일률적이라서 현실과 맞지 않는다는 지적이 나온다. 향후 이를 바탕으로 한 재무제표 역시 경제적 실질을 제대로 담아내지 못할 것이란 우려가 커지고 있다. 이와 함께 이미 가이드라인에 맞춰 전면 수정될 회사도 나올 예정이어서 시장 혼란이 불가피할 전망이다.

현실과 안 맞는 실손보험 가정

18일 보험업계에 따르면 금융당국이 지난달 31일 내놓은 IFRS17 계리적 가정 가이드라인 가운데 실손보험 목표 손해율의 현실성이 떨어진다는 비판이 일고 있다. 올해부터 시행된 IFRS17에서는 보험 부채가 시가로 평가되고 보험 계약의 미실현 이익을 현재가치로 나타낸 보험계약마진(CSM)이 도입됐다. 보험 계약의 미래 이익을 일단 유보(부채)해 놓고, 향후 기간 경과분을 당기 손익으로 실현해 나간다는 뜻이다.

금융당국 가이드라인에 따르면 실손보험 목표 손해율은 사업비까지 포함한 합산 기준으로 '100% 수준'으로 결정됐다. 이에 도달하는 기간도 최소 15년 이상이어야 한다. 하지만 실손 보험이 1세대부터 4세대까지 상품 유형별로 손해율이 크게 다른 데다 수년 전부터 보험률을 높인 고령자 및 유병자 실손도 팔고 있어 이처럼 획일적인 기준을 적용할 경우 예실차(예상치와 실세 수치 간 차이)만 커질 수 있다는 비판이 나온다.

금융감독원 자료에 따르면 지난해 실손 보험의 세대 유형별 경과 손해율 (발생 손해액/보험률 수익)은 최소 49.9%에서 최대 113.2%까지 편차가 큰 것으로 나타났다. 실손보험은 단독으로 판매하기보다 종신보험, 어린이 보험 등 다른 상품과 묶어 설계하는 사례가 많다. 이런 탓에 보험사마다 가이드라인에 맞춰 손해율을 추정하는 데 상당한 어려움을 겪고 있는 것으로 알려졌다.

한 대형 생명보험사 관계자는 "가이드라인이 나오기 전까지는 이들 복합 설계 상품에 대해 회사가 그동안 축적한 경험 통계를 활용해 통으로 손해율을 추정하면 됐다"며 "이제는 금융당국 가이드라인을 반영하기 위해 각 상품을 하나 하나 다 쪼갤 수밖에 없어 시간 비용 부담이 크게 늘었다"고 전했다. 그는 이어 "이렇게 해서 보다 정확한 손해율 추정이 가능하다면 또 모르겠지만 오히려 그 반대가 될 가능성이 더 높다"고 내다봤다.

"추정과 실제가 차이 줄여야"

부정확한 계리적 가정은 예실차 확대로 이어진다. 금융당국은 전체 순이익 대비 적정 예실차를 +-5%로 제시했으나 지난 1분기 실적 발표에서도 대형사를 포함한 상당수 보험사가 이를 넘어선 규모를 보고했다.

이 같은 예실차는 곧바로 해당 연도 손익으로 처리한다. 예실차가 플러스라면 과거 보수적인 가정으로 실제 손해율이 예상보다 낮았다는 뜻이다. 반대로 마이너스일 땐 손해율이 기존 추정치보다 높아 이번 기간 인식해야 할 비용이 그만큼 늘어난다.

한 대형 손해보험사 대표는 "보험사들이 현재 CSM을 늘리기 위한 경쟁을 펼치고 있어 마이너스 예실차에 대한 금융당국의 경계감이 좀 더 높은 게 사실"이라며 "하지만 플러스 예실차도 곧바로 배당가능이익(사외유출 시 자본감소)으로 전환할 수 있는 만큼 절대 규모를 줄이는 방향이 타당하다"고 말했다. 그는 또 "이미 발표된 재무제표가 가이드라인에 따라 크게 달라질 경우 향후 (경영진에 대한) 주주 대표소송까지 벌어질 수 있을 것"이라고 우려했다.

한국경제신문. 2023.7.28. "IFRS17 가이드라인, 회계제도 변경 아니지만 올해엔 소급적용 가능"

금융감독원이 지난 5월 내놓은 '새 국제회계기준 계리적 가정 가이드라인'을 적용할 때 향후 재무제표에만 이에 따른 재무 영향을 인식하는 전진법을 채택하기로 했다. 일부 보험사는 가이드라인이 올해 IFRS17 시행 후 뒤늦게 나온 만큼 회계제도의 변경으로 봐서 과거 재무제표까지 소급 적용(소급법)해야 한다고 주장했지만 받아들여지지 않았다. 첫해인 올해에 한해 예외적으로 소급법을 선택할 수 있도록 하되 손익 등 측면에서 전진법과의 차이를 재무제표 주석으로 공시하도록 했다.

금감원은 27일 보험사 최고경영자, 대형 회계법인 감사부문 대표 등을 상대로 설명회를 열어 이 같이 밝혔다. 보험부채의 시가 평가를 핵심으로 한 IFRS17이 올해 부터 시행되면서 보험 계약의 미실현 이익을 현재 가치로 환산한 보험계약마진이란 미래 수익성 지표가 도입됐다. 일부 보험사가 CMS를 부풀리기 위해 실손보험 손해율 등 계리적 가정을 입맛대로 사용하고 있다는 지적이 재기되면서 금감원이 공통 가이드라인을 마련했다.

그러자 이번엔 이에 따른 재무적 효과를 어떻게 반영할지를 놓고 논란이 일었다. 보험업계 관계자는 "당국의 공식 가이드라인 만큼 회계제도의 변경(소급법)으로 해석하는 게 맞다는 의견도 있었으나 금감원이 이번에 회계추정의 변경(전집법)이라고 결론 내린 것"이라고 했다.

일반적으로 추정치의 변경은 전진법으로 회계처리하는 것이 일반적이다. 이는 최초 추정 당시에는 그 환경에서 추정이 적절히 수행됐는데 기업 경영 환경이 변화되면서 추정치가 변경되었으므로 최초의 추정치가 회계적인 오류가 아님을 의미한다.

한국경제신문. 2023.8.15. 삼성화재, 새 회계기준 덕에 최대 실적

삼성화재가 올해 상반기에 역대 최대 이익을 거뒀다. 올해부터 도입한 새 국제회계기준(IFRS17)의 영향이 컸다는 분석이다.

삼성화재는 상반기에 1조 2166억원의 순이익을 거뒀다고 14일 밝혔다. 작년 상반기 (9559억원)보다 27.3% 늘어났다. 작년 연간 순이익(1조 2837억원)에 육박하는 규모다. 매출은 9.6% 증가한 10조 4145억원을 올렸다.

IFRS17의 주요 수익성 지표인 보험계약마진(CSM) 규모는 6월말 기준 12조 6549억원으로 지난해 말 대비 4535억원 확대됐다. CSM은 가입 기간이 상대적으로 긴 보험 계약에서 미래에 발생할 것으로 예상되는 이익의 현재가치다. CSM이 커지면 수익성도 좋아진다.

금융감독원은 CSM 때문에 보험사 순이익이 부풀려질 가능성이 있다고 보고 CSM을 보수적으로 산정하도록 하는 내용의 'IFRS17 계리적 가정 가이드라인'을 내놨다. 상당수 보험사가 이 가이드라인을 적용하는 3분기부터 실적이 악화할 것이란 전망이 나온다.

메리츠화재의 상반기 순이익은 8390억원으로 전년 동기 대비 25.2% 증가했다. 매출은 15.9% 늘어난 5조 4449억원으로 집계됐다.

삼성화재와 메리츠화재의 상반기 실적은 IFRS17을 적용해 수정한 작년 실적과 비교한 결과다.

DB손해보험은 올 상반기에 전년 동기 대비 2% 감소한 9181억원의 순이익을 거뒀다. 매출은 5.8% 증가한 8조 7727억원으로 집계됐다. 현대해상은 상반기 순이익 15.8% 감소한 5780억원으로 나타났다. 두 회사의 이익을 IFRS17을 적용하기 이전인 작년 상반기와 비교하면 60~70%가량 급증한다.

한국경제신문. 2023.9.20. 보험사, 이익 늘어도 배당은 줄어드나

올해부터 도입된 새 회계기준(IFRS17)으로 보험사의 실적이 출렁이는 가운데 배당 재원을 결정하는 배당 가능이익이 새로운 논란거리로 부상하고 있다. 현행 상법에선 배당가능이익을 계산할 때 순이익에서 미실현이익을 빼도록 규정하고 있는데, 새 회계기준을 적용하면 보험사의 미실현이익이 커져 배당가능이익은 그만큼 줄어든다. 보험사들은 배당을 최소한 지금 수준으로 유지할 수 있도록 하는 제도 개선이 필요하다고 입을 모은다.

금리 환율 변동 때 배당 감소

19일 금융권에 따르면 법무부, 금융위원회 등은 IFRS17 도입이 보험사 배당 가능 이익에 미치는 영향을 점검하고 있다. 보험사들이 금리와 환율이 바뀌기만 하면 배당가능이익이 줄어드는 문제를 시정해달라고 요청한 데 따른 것이다.

상법상 배당가능이익은 순이익에서 미실현이익을 뺀 금액이다. 현금화하지 않은 장부상 이익까지 배당해 배당액이 과도하게 커지는 것을 제한하려는 규정이다. 미실현이익은 기업이 보유한 주식 채권 등 자산평가액(시장 가치)이 커질 때 또는 부채의 평가액이 작아질 때 생긴다.

상법은 기업이 파생상품을 활용해 '헤지 거래'하는 경우에 배당가능이익에서 관련 미실현이익을 빼지 않도록 하는 예외를 두고 있다. 위험 헤지로 손실을 방어한 것인데 배당을 줄여야 하는 것은 불합리하다는 것을 반영해 2014년 상법을 개정했다. 금융회사는 금리, 수출 중심 기업은 환율 변동에 따른 리스크를 줄이기 위해 파생상품을 이용한다.

보험사에는 IFRS17을 도입해 올해부터 배당가능이익 축소 문제가 불거졌다. 보험사는 파생상품을 활용하기보다 보험계약에서 받는 보험료만큼 채권을 사는 방식으로 금리 환율 변동 위험을 줄인다. 30년 만기 계약이라면 30년 만기 채권을 사는 식이다.

해외에서 따낸 보험계약은 해당 국가의 채권을 사서 환율 리스크까지 방어한다. 보험료는 나중에 보험금으로 지급해야 하기 때문에 보험부채가, 매입한 채권은 운용자산이 된다.

해외 사업 많을수록 리스크 커져

작년까지의 보험사 회계기준(IFRS4)은 자산과 부채를 취득 당시 가격(원가)으로 고정해서 평가해 미실현손익이 발생하지 않았다. 하지만 IFRS17은 시가 평가 방식을 적용해 금리와 환율 변동에 따라 보험 부채와 운용자산에서 미실현손익이 대규모로 발생하게 됐다.

보험 부채와 운용 자산이 각각 3조원이고 순이익이 2000억원인 보험사를 예로 들면 금리가 연 3%에서 연 3.5%로 0.5% 오르면 보험부채에서 미실현이익이 1500억원 발생한다. 반대로 금리가 0.5% 포인트 하락하면 운용자산에서 미실현이익이 1500억원 생긴다. 금리가 오르든 내리든 배당가능이익이 500억원으로 줄어드는 것이다.

해외에 진출한 보험사는 환율 문제가 추가로 불거진다. 해외 자산 30억 달러(1달러=1000원 가정), 순이익 2000억원인 보험사는 환율이 1050원이나 950원으로 5% 움직이면 배당가능이익이 500억원으로 쪼그라든다. 해외 사업이 많은 보험사는 내년에 배당가능이익이 '0'이 될 수 있다는 우려도 나온다.

이처럼 금리나 환율이 바뀌기만 해도 배당가능이익이 줄어드는 상황은 배당의 예측 가능성을 높여 해외 투자자를 유치하겠다는 정부 방침과도 배치된다는 지적이 있다.

한국경제신문. 2023.10.28. 보험사 '배당 쇼크' 막는다.

정부가 올해 새 회계기준(IFRS17) 도입에 따라 불거진 보험회사의 배당 축소 문제를 해결하기 위해 상법 시행령을 개정하기로 했다. 배당 재원을 계산할 때 금리변동으로 생기는 미실현손실과 이익을 상계할 수 있도록 한 것이다.

법무부는 27일 보험사가 배당가능이익을 산정할 때 미실현이익과 손실을 예외적으로 상계할 수 있도록 하는 내용의 상법 시행령 개정안을 입법 예고했다고 발표했다. 의견 제출 기한은 11월 23일까지다.

개정안은 현행 상법상 기업이 배당가능이익을 계산할 때 순이익에서 미실현이익을 빼도록 한 것을 보완하는 조치다. 보험업계에 올해부터 도입한 새 회계기준과 상법이 충돌하는 부분을 해소하는 법령 개정이다.

상법은 기업이 무리하게 배당하는 것을 방지하기 위해 현금화하지 않은 미실현이익을 배당가능이익에서 제외하도록 한다. 미실현이익은 보유자산(주식, 채권 등)의 평가액이 커질 때 또는 부채의 평가액이 작아질 때 발생한다. 반면 미실현손실은 그대로 반영해 배당 재원이 줄어든다.

상법은 기업이 파생상품을 활용해 미실현이익과 손실을 동시에 발생시키는 '헤지거래'를 하는 경우에는 배당가능이익에서 손실의 상계를 인정하는 예외를 두고 있다. 실제 손익이 '0'인데도 미실현이익만 배당가능이익에서 빼면 배당이 불합리하게 줄어든다는 기업들의 의견을 반영해 2014년 상법을 개정했다.

이번 상법 개정안은 보험업의 특성을 반영해 예외를 확대했다. 보험사들은 헤지용 파생상품을 이용하기보다 보험계약에서 받는 보험료만큼 채권을 사는 방식으로 금리 환율 변동 리스크를 줄이고 있다.

한국경제신문. 2023.10.28. 미실현이익 손실 상계로 보험사 배당 안정성 높여

정부가 27일 보험회사가 배당 재원을 계산할 때 금리 변동으로 발생하는 미실현손실과 이익을 상계할 수 있도록 제도 개선에 나선 것은 올해부터 보험업에 새 회계기준(IFRS17)을 적용해서다. 작년까지의 회계기준(IFRS4)은 자산을 취득 당시 가격(원가)으로 고정해 평가했기 때문에 미실현손익 문제가 생기지 않았다. IFRS17은 시가 평가 방식을 적용해 미실현손실이나 이익이 매년 대규모로 발생한다.

보험회사는 보통 보험계약으로 받은 보험료만큼 채권을 사서 금리 변동 위험을 줄인다. 해외에서 따낸 보험계약은 그 국가의 채권을 매입해서 환율 변동에 따른 위험도 방어한다. 이때 나중에 보험금으로 지급해야 하는 돈인 보험료는 회계장부에서 보험부채로, 매입한 채권은 운용자산으로 분류한다.

자산과 부채를 모두 시가 평가하는 구조에선 금리가 오르면 보험부채에서 미실현이익이, 운용자산에선 미실현손실이 생긴다. 반대로 금리가 내려가면 보험부채에서 미실현손실이, 운용자산에서 미실현이익이 나온다.

현행 상법에선 순이익을 계산할 때 미실현이익을 더하고 미실현손실을 빼도록 한다. 다만 배당가능익에선 미실현이익을 빼야 한다. 결국 미실현손실이 나면 전체 순이익이 줄어 배당가능이익도 감소한다. 미실현이익이 나면 순이익은 늘지만 배당가능이익은 줄어든다. 보유 부채나 자산 평가액이 오르든 내리든 변동성만 나타나면 배당 가능이익은 감소하는 것이다.

법무부의 이번 상법 시행령 개정안은 배당가능이익을 계산할 때 금리변동에 따른 미실현이익과 손실을 상계하도록 해 배당 안전성을 높인 조치로 평가된다. 다만 환율 변동으로 인해 발생하는 미실현이익도 배당가능이익에서 소멸시킬 수 있다는 내용은 포함되지 않았다. 환율 역시 IFRS17 아래에선 보험회사의 미실현손익을 발생시키는 요인이다. 환율이 하락하면 보험부채에서, 상승하면 운용자산에서 미실현이익이 발생한다.

매일경제신문. 2024.1.22. 보험회계 위험경고. 이한상

미국회계학박사 과정을 시작한 2001년 두 개의 사건이 있었다. 하나는 모두가 아는 9.11 사태, 다른 하나는 경제신문 기자들에게 익숙한 에너지 기업 엔론 사태. 공정가치회계를 오용해, 특수목적법인으로 재무상태를 가렸다. 용역 발주로 외부감사인의 입을 막고, 자의적 회계적 처리로 이익을 부풀렸다. 내부통제기구와 감사위원회, 이사회와 기업 지도부 모두 이익조정발 성과급에 눈이 멀었다. 회사도, 외부감사인 아서앤더슨도 망했다. 2002년 미 의회는 사베인스 옥슬리 회계개혁법을 도입했다.

한국 일부 보험사가 기시감(Deja Vu)을 촉발한다. 2023년부터 새 보험회계기준, IFRS17이 등장했다. 회계기준을 오용해 보험사가 실적을 부풀린다는 의혹 기사들이 잇따랐다. 수년 전까지 기준 도입을 반대하던 보험사들은 조용했다. 하반기에 금융감독원이 선제적으로 감독회계(SAP, Statutory Accounting Principles) 차원의 할인율 및 가정에 대한 가이드라인을 제시했다. 최근에는 과도한 성과급 배당을 자제하라는 경고와 함께, 과열된 생명보험사 단기납 종신보험상품 시장을 현장 지도 중이다. 무엇이 문제인가. 공정가치회계처럼 IFRS17도 투자자에게 유용한 정보를 제공하려는 목적으로 가정과 추정을 허용한다. 샘물은 소와 뱀의 위를 거쳐 전혀 다른 우유와 독이 된다. 추측 가정 판단도 마찬가지다. 같은 성과도 선관주의 의무를 다하는 경영진이냐, 탐욕적 경영진이냐에 따라 '비교 체험 극과 극'의 숫자를 만들어낸다. 특히 지속가능성을 무시하고, 내 임기에 성과와 보상을 모두 챙기겠다는 단기업적주의자에게는 원칙 중심 보험회계기준이 하늘이 내린 연금술의 도구다. 단기납 종신보험상품 경쟁을 보라. 5년 납, 10년 유지, 120% 환급률 상품, 처음 5년간 1000만원을 내고, 다음 5년간 해약 없이 버티면, 이후 해약 시 환급금 1200만원까지 돌려준다. 이 120%를 130%까지 올리며 판매 경쟁을 한다. 상식적으로라면, 1년 후 해약 환급금 부메랑에 제 살이 깎이니 걱정할 법하다. 하지만 중립적 과학적이어야 할 내부 계리사들(actuaries)이 이익중심점(profit center)이 돼 '우린 다르다'며 가정 추정을 주무른다. 해약환급금 중 투자요소 해당 금액에 대해 IFRS17을 자의적으로 해석한다. 이 두가지를 결합해 현 경영진 임기 동안 장밋빛 이익을 제조하려 한다.

문제는 보험사들이 IFRS17을 잘 몰라 저런 허튼짓을 한다는 것이다. 보다 못한 일부 계리사와 회계사들이 공익제보형식으로 상품 개발의 근거가 되는 기준 해석이 정당한지 물어왔다. 보험사들은 잘못된 회계기준의 해석을 바로잡고 결산 숫자를 바꿔야 할 것이다. 원칙 중심이니 회사 판단과 가정을 존중해야 하지 않느냐고? 원칙 중심이 기준서의 정답이 없다는 의미가 아니다. 원칙 중심이 이익조정발 성과급 잔치의 궁색한 변명이나 근거는 더더구나 될 수 없다.

보험회사 감사위원회와 외부감사인에게 각별한 주의를 당부 드린다. 보험사가 이익 조정을 위해 장밋빛 계리적 가정을 하고, 회계기준을 자의적으로 해석한다는 의혹은 합리적 근거가 있다. 곧 발표될 보험회계 질의 회신에 유념해 결산과 관련해 특단의 주의를 기울여야 법적 리스크를 피할 것이다. 감사인들은 계리사들이 보험사 재무회계보고를 좌지우지하는 것을 방치해서는 안된다. 보험회사의 계리 분리 시스템 개발은 상당 부분 관련 회계법인이 수행한다. 이익 상충 문제를 감안하면 숫자를 더 엄정하게 검증해야 한다. 그것이 엔론과 아서앤더슨이 주는 교훈이다.

chapter

44

한국가스공사 미수금

한국가스공사 미수금[37]

한국경제신문. 2023.2.28. 적자를 흑자 둔갑시킨 '마법'…가스公 8.6조 미수금 논란

　한국가스공사의 미수금을 둘러싼 논란이 커지고 있다. 가스공사가 지난해 2조 4000억원이 넘는 영업이익을 냈다고 밝히고도 미수금 때문에 주주배당을 하지 않기로 결정하면서다.

　미수금은 가스공사가 정부 방침에 따라 요금을 올리지 못해 발생한 사실상의 '손실'이다. 연료비가 오르면 그만큼 가스요금을 인상해야 하는데 그렇게 하지 못해 생긴 손실을 '앞으로 받을 돈', 즉 미수금으로 처리하는 것이다. 이는 재무제표상 자산으로 분류된다. 이 때문에 가스공사는 사실상 막대한 적자를 내더라도 회계상으로 흑자를 기록할 수 있다. 미수금이 적자를 흑자로 둔갑시키는 '마술 지팡이' 역할을 하는 것이다.

　실제 가스공사의 2조원 넘는 지난해 영업이익은 미수금을 손실로 처리하지 않고 계산한 것이다. 미수금을 감안하면 가스공사는 사실상 적자다. 문제는 미수금이 눈덩이처럼 불어나고 있다는 점이다. 2021년 1조 8000억원 수준이던 가스공사 미수금은 2022년 말 8조 6000억원으로 1년 만에 6조 8000억원이나 불어났다. 올 1분기 말엔 미수금이 12조원에 이를 것으로 전망된다. 이에 따라 가스공사 부채비율은 작년 말 연결 재무제표 기준으로 500%를 넘었다.

　미수금 증가는 코로나19 대유행과 러시아·우크라이나 사태가 겹치면서 국제 액화천연가스(LNG) 가격이 치솟았지만 가스공사가 제때 요금을 올리지 못한 탓이다. 당장

---

37 시장형 공기업으로는 다음과 같은 회사들이 있다. 강원랜드, 부산항만공사, 인천국제공항공사, 인천항만공사, 한국가스공사, 한국공항공사, 한국남동발전, 한국남부발전, 한국동서발전, 한국서부발전

올 1분기만 해도 정부는 가스요금을 동결했다. 정부가 '인상 폭과 속도 조절' 방침을 밝힌 만큼 2분기에도 가스요금 대폭 인상은 어려울 전망이다.

미수금이 쌓이고 재무구조가 악화되면서 가스공사는 지난해 회계상 흑자에도 불구하고 올해 무배당을 결정했다. 정부 방침에 따른 것이다. 가스공사의 1, 2대 주주는 기획재정부 등 정부와 한국전력으로 각각 26.9%, 24.5%의 지분을 갖고 있다.

하지만 소액주주들은 반발했다. 집단소송까지 나설 방침이다. 배당을 보고 가스공사에 투자했는데 뒤통수를 맞았다는 것이다. 과거 미수금이 늘었을 때도 가스공사가 배당을 했고 시간이 지나면서 미수금을 회수한 전력도 있는 만큼 올해도 배당을 해야 한다는 게 소액주주들의 논리다.

미수금은 에너지 공기업 중 가스공사에만 있는 독특한 제도라 논란이 되고 있다. 1998년 도입 후 미수금이 쌓일 때마다 논란이 커졌다. 정부도 한때 미수금 제도를 없애는 방안을 검토했다. 하지만 이미 쌓여 있는 미수금을 한꺼번에 손실 처리할 경우 생길 혼란과 파장이 더 크다고 보고 제도 개편을 보류한 것으로 알려졌다.

매일경제신문. 2023.3.4. 미수금이 8.6조인데 영업이익 2.5조원?··· 가스공사의 이상한 회계

가스공사 소액주주연대는 지난 24일 국민신문고를 통해 한국가스공사가 삼천리 등 도시가스 소매업체들을 상대로 미수금 반환 소송과 채권 추심에 나설 것을 촉구했다. 이에 응하지 않으면 미수금 방치를 이유로 30일 후에 이사·감사를 상대로 주주대표소송(집단소송)을 걸겠다고 경고했다. 소액주주들이 반발한 것은 가스공사가 2조원이 넘는 영업이익에도 무배당을 결정했기 때문이다.

한국가스공사를 두고 증권가에서 말이 많습니다. 지난 한해 연간으로 2조 4634억 원의 영업이익을 냈는데 돈이 없다고 배당을 못하겠다고 하니 어리둥절합니다.

한국전력은 국내증시에서 역대 최대 규모인 33조원의 적자를 냈는데 비슷한 사업구조의 한국가스공사는 전년도보다 영업이익이 2배 가량 늘어났다고 하니 이게 말이 되나 싶습니다.

이런 일이 벌어진 것은 8조원 넘게 쌓인 미수금 때문입니다. 아직 못 받은 도시가스가 8조원 어치나 되는데 이걸 받은 셈치고 계산하니까 2조 4000억원의 흑자가 났다는 뜻입니다.

여러분은 납득이 되시나요? 이번에는 한국가스공사의 미수금이 무엇인지, 왜 문제가 되고 있는지를 알아보도록 하겠습니다.

'외상인데 받은 셈 칩시다'… 미수금 논란

미수금, 쉽게 말하면 외상이죠. 아직 못 받았지만 나중에 받을 돈을 뜻합니다.

한국가스공사는 외국에서 가스를 사올 때 지불하는 가격이 국내에서 판매하는 가격보다 높을 때 그 차액을 미수금으로 처리합니다. 예를 들어 외국에서 100원을 주고 가스를 샀는데 국내에서 80원에 팔면 차액인 20원을 미수금으로 처리합니다.

이 미수금이 특히 지난해 엄청나게 늘었습니다. 지난 2020년 말 1941억원이던 미수금이 2021년 말에는 1조 8000억원으로 급증했고, 지난해 말에는 8조 6000억원 수준까지 불어났습니다. 올 1분기 말에는 12조원 규모가 될 것이라고 예상합니다.

미수금이 늘어난 이유는 잘 아실 겁니다. 러시아의 우크라이나 침공 이후 국제 천연가스 가격이 폭등했는데 국내 도시가스요금에는 이같은 상승폭을 제대로 반영하지 않았기 때문입니다. LNG 수입단가는 지난 한 해 동안에만 2배 가량 뛰었습니다. 그런데 도시가스요금은 30%밖에 안 올랐습니다. 국제 가격과 국내 가격의 격차가 더 벌어지면서 미수금이 눈덩이처럼 불어난 것이죠.

여기까지는 이해가 쉬운데요. 투자자가 의아한 대목은 한국가스공사의 회계 처리가 미수금을 손실로 처리하지 않는다는 것입니다. 대차대조표상 자산으로 처리합니다.

적자가 나는 상황에서도 가스를 계속 사와야 하니 대출을 받거나 채권을 발행하면서 부채가 생겼을 겁니다. 그렇게 늘어난 부채만큼, '아직 못 받은 도시가스요금'이란 명목의 미수금이란 자산을 취득한 것으로 처리했다는 것입니다.

보다 쉽게 풀이하자면, 도시가스를 원가보다 싸게 팔아서 생긴 손해가 8조 6000억원인데 이것은 차후에 도시가스요금을 인상해서 메꿀 예정이니 이 부분은 올해 이익을 계산할 때 '받은 셈치겠다'라는 것입니다. 영업이익이 2조 4000억원인데 미수금이 8조 6000억원이란 것은 사실 영업손실 6조 2000억원과 마찬가지입니다. 여기서 영업이익은 회계 장부상의 이익일 뿐 실제로 회사에서는 6조원이 넘는 현금이 빠져나갔으니 배당을 줄 돈이 없는 게 당연합니다.

가스요금 낼 사람은 왜 부채로 인식하지 않나

한국가스공사의 미수금이란 회계처리 방식을 쓰면 웬만한 회사는 적자가 나지 않습니다. 생산 원가는 오르는데 과도한 경쟁 탓에 가격 인상이 힘들면 원가와 제품 가격의 차이만큼 미수금으로 잡으면 됩니다. 당연히 이렇게 하는 회사는 없습니다.

미수금 방식의 회계 처리는 분명 문제가 있습니다. 올해 도시가스 요금을 제대로 못 올려서 적자가 나면 재무제표에 그대로 적자라고 표시하고, 다음해에 흑자가 나면 그대로 흑자라고 적는 게 정상입니다. 올해 큰 적자가 났지만 미수금 때문에 흑자가 되고, 나중에 흑자가 나더라도 미수금 만큼 차감해서 흑자 규모를 줄이는 건 비상식적입니다. 더군다나 한국가스공사는 상장사입니다.

일단 이렇게 외상값으로 처리하려면 누구한테 언제 받을 수 있느냐가 명확해야 합니다. '누구'는 명확합니다. 소매상격인 지역의 도시가스 사업자들이죠. 보다 엄밀하게 말하면 도시가스 요금을 결정하는 정부라고 할 수 있습니다. 그런데 언제 받을 수 있는지는 불명확합니다. 아무도 모릅니다.

한국가스공사의 미수금이 논란이 됐던 건 이번이 처음이 아닙니다. 지난 2013년 한국가스공사는 미수금을 유동화하려 한 적이 있습니다. 나중에 미수금이 들어오면 나눠주겠다면서 투자자를 모집해 미수금을 팔려고 한 것이죠. 한국회계기준원이 '일반적인 채권과 달리 미래 현금흐름이 확정돼있지 않다'는 이유로 제동을 걸면서 무산된 이력이 있습니다.

그리고 논리적으로 봐도 한국가스공사가 미수금을 자산 처리하면, 지역 도시가스 사업자가 됐든 정부가 됐든 미수금 액수만큼 '아직 안 준 돈', 즉 미납금과 같은 형태로 부채 처리해야 합니다. 그런데 그렇게 하지 않고 있습니다.

한국가스공사도 할 말은 있습니다. 산업부의 승인을 받는 한국가스공사의 도매요금에서 원료비 항목에는 정상단가가 포함돼 있습니다. 이 정상단가라는 것을 통해 미수금을 회수하는 것이죠. 구조적으로 미수금을 나중에 되돌려받을 수 있는 체계는 돼있다고 할 수 있습니다.

미수금으로 회계처리를 하는 가장 큰 근거는 '과거에도 이렇게 했고, 미수금을 잘 처리한 이력이 있다'는 것입니다. 실제로 2008년 글로벌 금융위기가 닥치면서 가스요금이 동결되자 한국가스공사의 미수금은 2012년 말 5조 5000억원까지 쌓였습니다. 이후에 가스요금을 국제시세보다 높은 수준으로 유지해 2017년 미수금을 모두 털어냈습니다.

과거의 경험을 보더라도 이러한 회계적인 문제를 해결하는데 10년의 기간이 흘렀다. 그동안 10년의 회계가 위에서도 기술하였듯이 회계원칙상 잘못된 회계이다.

물론 마지막 문단의 내용과 같이 미수금으로 쌓아둔 자산에 대해서 가스요금을 국제시세보다 높은 수준으로 유지하는 경우가 가능하다면 미수금을 '잘' 처리하게 된다. 그러나 문제는 이러한 경우가 발생할 보장이 없다는 것이고 이러한 현상이 발생하지 않는 한, 이 미수금은 영원히 미수금으로 남게 될 소지도 있다. 즉, 수금되지 않는 미수금 자산이 될 수도 있는 것이다. 언제까지 자산으로 계상할 수 있을지도 명확하지 않다. 물론, 영원히 미수 자산으로 계상하는 것은 불가하다.

가스공사는 주식회사가 주식의 매수/매도에 의해서 주주가 지속적으로 바뀌며 배당을 받을 주주도 매 시점 변경되게 된다. 어느 시점이 되었거나 해당 시점의 회계가 기준에 맞게 작성되어야 하며 배당 등의 의사결정도 이러한 적법한 회계에 의해서 진행되어야 한다. 즉, 기간귀속의 이슈이다.

이 미수금이 회수될 가능성이 없다고 하면 그것만큼 손실로 인식되어야 하며 나중에 위 신문기사에서와 같이 현금이 회복/회수되었을 때, 이익으로 계상하면 되는 것이다. 즉, 이 미수금은 기약 없는 자산이라는 것이다. 회복될 가능성이 불투명한 자산을 계속 쌓아 둔다는 것은 매우 위험한 접근이다. 채권에 대해서도 회수 가능성이 의심이 가는 경우, 수익/비용 대응의 원칙에 의해서 충당금을 설정하는 것이고 회수 가능성이 전혀 없으면 채권을 제각하게 된다.

만에 하나 이 미수금은 영원히 회수 불가능하다고 하면 미래 시점에 이를 어떻게 처리해야 할 지에 대한 해답이 없이 무책임하게 미리 회수를 가정하고 회계처리하고 있는 것이다.

물론 한국가스공사의 입장은 손실을 인식했다가 나중에 이익을 인식하는 것이 재무제표의 지속성에 좋지 않은 모습을 남기는 것이기 때문에 미수금의 회수가 어떻게 되는지 기다려 보자라는 입장이라면 이도 이해할 수 있다. 그런데 문제는 회계는 각 회계기간으로 기간 귀속해야 하는데 기간 자체가 불확실하다. 더더욱 가스공사가 상장기업이니 오늘 시점의 주주가 미래 시점에 주주로 남아 있으리라는 보장이 없다. 따라서 앞으로 해결되어 회계정보에 반영될 것이라는 논지는 오늘의 주주들에게는 별 설득력이 없다.

미수금이 처리되는 기간에도 재무제표에 근거하여 valuation이 진행되는데 이 기간 중의 재무제표에 오류가 포함되어 있다고 하면 잘못된 정보에 근거하여 valuation이 진행된다는 것이다.

물론, 위 신문기사에 기술되어 있듯이 미수금 회수가 불확실할 때, 손실로 인식하고 나중에 이에 대한 현금이 회수될 때, 이익이 보고되게 되면 재무제표가 많은 변동성을 보이게 되므로 이러한 것이 바람직하지 않다. 즉, 재무제표의 안정성이 영향을 받는다. 그런데 이렇게 재무제표에 나타난 변동성보다 특정 연도의 재무제표가 옳지 않게 보고되는 위험이 더 바람직하지 않다.

일단, 기업회계기준에 적합하게 작성을 한 이후, 손실 부분에 대해서 어떠한 사유가 있어서 손실이 보고되었고, 손실이 회복될 수 있는 가능성이 어떻게 되는지를 설명하는 것이 잘못된 정보를 공시하는 것보다 당연히 우월하다.

미수금을 한국가스공사에서 설정하려면 상대방 기업에서는 미납금(미지급금)이라는 부채를 계상해야만 대칭적인 회계가 성립하는데 위에서 기술되었듯이 미납금이 계상되지 않았으니 줄 사람은 생각도 않고 있는데 받을 사람만 받기를 기대하는 이상한 비대칭적인 회계가 된 것이다. 당연히 어느 회사의 채권에 매출채권이 계상되어 있으면 상대방 회사에는 매입채무가 계상되어 있어야 하고 이렇게 되어 있지 않은 경우, 어느 한쪽은 회계분식은 아닌지 의심해 보아야 한다. 권리가 있다고 한쪽은 계상했는데 의무가 계상하지 않는다면 줄 사람은 생각도 않는데 받을 사람만 기대하고 있는 형상이다. 즉, 채권/채무 관계가 비대칭적이다.

물론 2017년에 미수금이 정산된 경우는 있다고 하지만 2017년에 정산됐다고 2023년 이후에 정산되리라는 보장이 없다.

회계 개념체계에서 보수주의(conservatism)가 폐지되었지만 그럼에도 보수주의의 정신은 잔재로 남아 있다. 예를 들어 감액손실을 인식하지만 증액이익을 계상하지는 않는다. 따라서 보수주의에 개념체계에서 폐지된 상황에서 원칙으로 분류될 수는 없지만 적어도 관행이라고 생각할 수는 있다.

예를 들어 기업이 1심에서 고객에 대한 손해배상에서 패소를 했고 2심이 진행되는데 법률 자문이 승소의 가능성이 높다고 판단했다고 가정하자. 이에 대해 우발부채를 계상할지 계상하지 않을지에 대해서 고민을 하는데 기업의 입장에서는 법률 자문의 판단에 근거하여 우발채무를 보고하지 않을 유인이 있지만 보수주의에 근거하면 1심 판결도 적법한 사법부의 판단이므로 우발채무를 공시할 의무가 있다고도 판단된다. 물론, 우발채무의 공시가 승패소 가능성과 금액으로의 추정 가능성의 조합이므로 승패소 가능성만이 판단의 근거인 것은 아니다. 이러한 판단을 수행함에 있어서 기업의 법률 자문사는 어쨌거나 기업에 대해서 패소 가능성이 높다고 의견을 줄 가능성이 높지 않다. 따라서 기업은 이러한 법적인 의견을 받을 때, 자문 법무 법인이 아니라 외부의 법무법인의 의견을 추가로 받는 경우도 있다.

2024년 상반기 금융시장은 은행의 홍콩 h－지수 ELS 상품 때문에 난항을 겪었고 위험 상품을 소비자에게 정확히 정보를 전달하지 않고 판매한 은행에게도 손실의 어느 정도의 책임은 있다고 해서 감독원은 보상에 대한 가이드라인에 의하면 은행은 손실에 대해 평균 약 40% 정도의 보상을 하게 되었는데 이러한 의사결정이 은행 이사회에서 결정될 때, 충당부채를 재무제표 본문에 쌓게 된다. 즉, 손실이 확정되지는 않았지만 빚으로 간주하게 된다.

미수금을 언제 받을지 모른다는 것은 결국은 추정의 이슈이다. 채권에 대해서도 회수에 의문이 있을 경우는 대손충당금을 설정한다. 추심 가능성이 그 기초가 되며 수익비용 대응의 원칙에 충실하기 위함이다.

물론, 2008년부터 쌓였던 미수금이 10년이 지나서 2017년에 정산이 되었다니 미수금의 문제는 시간이 해결해준다고 한국가스공사가 주장할 수는 있다. 그러나 미래 시점에 이렇게 진행되리라는 보장은 없다. 현금 추정에 대한 확신이 없는 상태에서는 회계에서의 관행이라고 할 수 있는 보수주의를 적용함이 옳다. 이러한 이슈가 10년 이후에 해결된다고 하면 10년 계속 주주의 신분을 유지하는 투자자의 입장에서는 괘념치 않을 수도 있지만 10년 이내에 주식을 정리할 투자자의 입장에서는 이러한 불확실성이 10년 내내 한국가스공사의 주가에 영향을 미칠 것이므로 이러한 내용이 정확히 반영되지 않는 재무제표에 근거해서 주식이 거래되게 된다.

조선일보. 2023.3.30. 가스공 무배당 확정 소액주주들 반란

누적 9조원에 육박하는 미수금이 발생한 한국가스공사가 무배당을 결정하자, 주주들이 주주총회에서 주주대표소송(집단소송)에 나서겠다며 강력 항의하는 일이 벌어졌다. 미수금은 천연가스 수입 대금 중 판매요금으로 회수되지 않은 금액으로 사실상 손실이지만, 가스 공사의 독특한 회계 처리 규정 때문에 손실로 반영하지 않고 자산으로 잡는다. 이 때문에 가스공사는 서류상으로 지난 해 2조원이 넘은 영업이익을 기록한 것으로 나온다.

29일 오후 대구 동구 한국가스공사 본사에서 열린 주총에서 주주들은 "미수금은 가스공사가 방치해 놓고, 왜 주주들에게 무배당 결정을 내리느냐"며 "미수금 사태가 장기화될 경우 경영진은 물론, 요금을 통제하는 정부를 상대로 국내외에서 소송도 불사하겠다"고 항의했다.

가스공사의 미수금은 9조원(작년말 기준)에 육박한다. 지난해 해외에서 수입하는 가스값은 급등했지만, 가스 공급가는 올리지 못하면서 대규모 미수금이 발생했기 때문이다. 가스공사 소액주주들은 무배당 결정에 항의하며 "가스공사가 도시 가스 소매업체를 상대로 미수금 반환소송과 채권추심에 나서라"고 촉구하고, 그러지 않으면 미수금 방치를 이유로 집단소송을 제기할 뜻을 밝혔다.

가스공사는 이날 주총에서 "재무 건전성을 확보하고 현 위기 상황 극복을 위해 뼈를 깎는 노력을 앞으로 기울이겠다"며 "앞으로는 소액 주주와의 끊임없는 소통으로 주주가치를 제고하는 데 최선을 다하겠다"고 했다. 가스공사 관계자는 "본사가 외진 곳에 있어 주총에 소액주주들이 오는 일이 거의 없는데, 이번은 이례적"이라며 "주총에서 항의성 발언이 나오고, 참석자들의 목소리가 커지는 것도 처음봤다"고 했다.

한국가스공사의 본사는 대구에 위치한다.

2012년 이 이슈가 공론화되자 당시 한국회계기준원은 원료비 정산액이 '재무보고를 위한 개념체계'의 자산성 요건을 충족한다면 자산으로 인식할 수 있다는 결론을 내렸다. IFRS에선 1. 과거 사건의 결과로 취득하고, 2. 현재 통제하고 있고, 3. 미래 경제적 효익을 창출할 권리가 존재하는 것을 자산으로 정의하나 미수금의 경우 가스공사에 '통제권'이 있는지가 모호하다. 아마도 통제권이 있다고 하면 정부에 있다고도 할 수 있다.

한전의 경우 전력구입단가와 판매단가의 차이를 미수금이 아닌 손실로 처리하며, 2022년 말 기준 영업손실 32조 6,552억원을 기록하였다. 한전은 전기를 직접적으로 국민들에게 소매로 판매하고, 가스공사는 가스를 중간에 지역 도시가스 사업자들이 있어 도매로 판매하는 차이가 있고, 가스공사와는 달리 회수가능성이 현저히 떨어지기 때문에 손실로 인식한다.

회계 전문가들은 IFRS산하 국제회계기준위원회가 제정 중인 '규제자산과 규제부채' 회계기준서에 따라 가스공사의 미수금 회계처리 동향이 달라질 것이라고 전망하고 있다. IASB는 2021년 공개초안을 발표했으며, 정부와 맺은 계약에 따라 요율을 결정하는 회사들이 요금 규제로 인해 손실을 본 부분을 자산으로 처리할 수 있도록 근거를 마련하는 것이 핵심이다.

공개 초안에서는 허용보상 총액과 인식된 수입금액의 차이가 규제 자산이나 규제부채를 발생시키며, 기존의 자산과 부채와는 다른 고유의 현금흐름을 창출하므로 별도로 회계처리해야 함을 규정한다.

개정공개 초안에서의 규제자산과 규제부채는 다음과 같다.

규제 자산은 규제협약에 따라 집행할 수 있는 현재 권리로, 이미 제공한 재화나 용역에 대한 허용보상총액의 일부가 미래 수익에 포함되어 미래 기간에 고객에게 청구할 규제요율을 결정할 때 금액을 증가시킨다.

규제 부채는 규제협약에 따라 집행할 수 있는 현재 의무로, 미래에 제공될 재화나 용역에 대한 허용보상 총액의 일부가 이미 인식된 수익에 포함되어 미래 기간에 고객에게 청구할 규제요율을 결정할 때 금액을 감소시킨다.

일단, 가스공사에서는 이미 과거에 10년이 지난 이후에도 손실을 보상받았던 경험 때문에 이러한 회계가 정당화될 수도 있는데 규제자산과 관련된 회계기준이 어떻게 진행되는지를 유심히 관찰해야 한다.

조선일보. 2023.5.12. '자본잠식' 가스공의 희한한 흑자 계산법

한국가스공사가 1분기 5884억원의 영업이익을 거뒀다. 가스공사가 지난 겨울 국민에게 난방비 폭탄을 날려 수천억원 이익을 남긴 것처럼 보이지만 실상을 뜯어보면 한전과 마찬가지로 적자투성이다. 해외에서 가스를 사오는 비용보다 싼값에 가스를 공급해 왔는데도 가스공사가 대규모 흑자를 낼 수 있었던 건 미수금이라는 회계처리방식 덕분이다.

11일 가스공사는 1분기 매출이 17조9299억원으로 작년보다 28.3% 증가했다고 밝혔다. 영업이익은 작년보다 35.5% 감소한 5884억원이다. 가스공사는 "국민부담 경감을 위해 가스 공급 비용 인상을 최대한 억제하면서 영업이익이 감소했다"고 했다. 당기순이익은 1934억원으로 집계됐다.

하지만 이는 사실상 자본 잠식에 빠진 가스공사 실상과 괴리가 크다. 가스공사가 수천억원대 영업이익을 낼 수 있었던 것은 '미수금' 계정을 두고 있기 때문이다. 미수금은 천연가스 수입 대금 중 판매 요금으로 회수되지 않은 일종의 외상값이다. 예를 들어 가스공사가 LNG를 100원에 수입해 50원에 파는 경우 50원 손해 보는 것이지만 가스공사는 이를 손실이 아닌 나중에 받을 수 있는 미수금으로 분류하는 것이다. 가스공사는 국제 액화천연가스(LNG) 가격 급등으로 경영 상황이 악화되자 지난해 도매 요금을 4차례 걸쳐 42% 인상했다.

가스공사 미수금은 3월말 기준으로 11조 6000억원에 달한다. 2020년 말 1941억원이었던 미수금은 국제가스 가격 급등으로 2021년 1조 7656억원, 지난해 말 9조원으로 폭증했다.

단기 차입금 증가와 금리 상승에 따른 이자 비용도 지난해 같은 기간보다 2323억원 늘어났다. 겉으론 영업 실적이 좋은 것처럼 보이지만 실상은 손실이 늘어 경영부실화가 상당한 것이다.

정부는 전기요금에 이어 가스요금도 인상할 방침이다. 요금 인상에 앞서 가스공사는 12일 자산매각, 비용 절감 등을 담은 자구안을 발표할 예정이다.

모든 물가의 인상폭은 기획재정부 소관이며 인플레이션에 대한 우려 등등의 사유로 기재부는 모든 물가를 통제한다. 따라서 가스요금의 산정은 산자부가 오롯이 결정할 수 있는 사안도 아니다.

한국경제신문. 2023.11.14. 동절기 가스료 동결에...

한국가스공사는 13일 올해 3분기 실적 발표를 통해 지난 9월말 기준 민수용 도시가스 미수금이 누적으로 12조 5202억원을 기록했다고 밝혔다. 올 상반기 12조 2435억원에서 2767억원 증가한 수치다.

미수금은 가스를 수입단가보다 낮은 가격에 팔면서 차액을 '나중에 받을 돈'으로 처리한 것으로, 외상값 성격의 자산으로 분류되지만 사실상의 적자다. 가스공사는 100억원에 구매한 천연가스를 70억원에 팔면 30억원을 미수금으로 처리한다.

2020년 말 6911억원에 불과하던 미수금은 러시아 우크라이나 전쟁 등으로 폭등한 에너지 가격에 가스요금 인상폭이 미치지 못하면서 3년이 채 되지 않아 약 12조원으로 늘어났다. 현재 가스공사의 판매가격은 원가의 80%에도 미치지 못한다.

설상가상으로 도시가스 판매량이 늘어나는 동절기를 앞둔 지난 8일 정부가 요금 동결을 발표하면서 미수금은 더욱 증가할 전망이다. 강경성 산업통상자원부 2차관은 발표 당시 "지난해부터 총 다섯 차례에 걸쳐 가스요금을 45.8% 인상해 국민 부담이 매우 커진 점을 고려했다"며 "앞으로 가스공사의 미수금과 재무구조를 면밀히 살피면서 인상 여부를 검토할 계획"이라고 밝혔다.

메리츠증권은 내년 1분기 가스공사의 미수금이 15조원에 달할 것으로 추산했다.

미수금을 제외한 가스공사의 3분기 영업이익은 2304억원으로 전년 동기보다 60.6% 증가했다. 일반적인 회계기준에 따라 3분기 미수금 2767억원을 영업손익에 반영하면 영업적자를 기록했을 것으로 추정된다. 가스공사는 미수금을 반영하지 않아 매분기 영업 흑자를 기록하고 있다.

미수금 확대에 따른 차입금 증가로 금융비용 또한 늘어나는 추세다. 가스공사는 이날 올해 1~3분기 누적 순이익비용이 전년 같은 기간보다 5733억원 증가했다고 밝혔다. 가스공사의 3분기 금융손실은 1조 238억원으로, 지난해 3분기(4488억원) 대비 2.4배로 늘어났다.

조선일보, 2023.11.14. 가스공, 누적 미수금 15조 5432억원으로 늘어

한국가스공사가 올 3분기에 미수금이 1870억원 추가되면서 누적 미수금이 15조 5432억원으로 늘었다.

미수금은 천연가스 수입 대금 중 판매 요금으로 회수하지 못한 일종의 외상값이다. 돌려받지 못하는 돈이어서 사실상 손실이다. 가스공사는 수치상으로 영업이익을 내는 것으로 나오지만 미수금이 계속 쌓이면서 실제는 막대한 손실을 내며 재무구조가 악화되고 있는 것이다.

가스공사는 3분기 매출은 작년보다 26.5% 감소한 7조 8893억원, 영업이익은 60.6% 늘어난 2304억원을 기록했다고 13일 밝혔다. 3분기 미수금 1870억원이 추가돼 누적 미수금은 9월말 기준 총 15조 5432억원이 됐다. 발전용 미수금은 2분기보다 소폭 줄었으나, 도시가스 민수용 미수금은 2767억원 증가했다.

2020년 1941억원이었던 미수금은 국제 가스 가격 급등으로 2021년 1조 7656억원, 지난해 말 9조원으로 폭증한 뒤 올 상반기 15조원을 넘겼다. 가스공사는 "3분기까지 미수금 확대에 따른 차입금 증가와 이자율 상승으로 인한 금융비용 증가로 수익이 악화했다"고 밝혔다.

가스공사의 경영 상황은 당분간 개선되기 어려운 상황이다. 중동 정세 불안으로 에너지 원자재 수입 가격이 오르며 요금 인상 압박은 커지기 때문이다.

하지만 정부는 이번 3분기에도 국민 경제 부담을 고려해 가스요금을 동결했다.

매일경제신문. 2024.5.23. "가스공사 미수금 14조... 요금 올려야"

고물가 장기화로 공공요금 동결 기조가 이어지는 가운데 최연혜 한국가스공사 사장이 13조원 넘게 쌓여 있는 미수금 문제를 해결하기 위해 조속한 가스요금 인상을 호소했다. 늦어도 올여름에는 가스요금 인상이 필요하다는 입장이다.

최사장은 22일 기자들과 만나 "민수용 도시 가스 미수금은 올해 1분기 13조 5000억원, 연말에는 최소 14조원에 이를 것으로 전망된다"며 "가스공사는 낮은 원가 보상률로 인해 현재 차입으로 살림을 꾸려가고 있는데 이자비용만 하루 47억에 달한다"고 밝혔다. 미수금은 원가보다 낮은 가격에 가스를 공급한 데 따른 일종의 외상값으로 사실상 영업손실이다. 러시아 우크라이나 전쟁이 발발한 2022년 이후 국제 액화천연가스(LNG) 가격은 약 200% 올랐지만 국내 가스요금은 43% 인상되는데 그치면서 그 차이만큼 미수금이 급격하게 불어났다. 2021년 말 미수금은 2조원이었는데 2년 사이에 7배 가까이 늘어난 것이다. 현재 가스공사 원가 보상률은 80%로, 원가에 못 미치는 가격에 가스를 판매하면서 판매금액의 20%씩 미수금으로 쌓이고 있다.

최 사장은 "늘어나는 미수금과 이에 따른 이자는 다시 요금 상승 요인이 돼 국민 부담으로 이어지는 악순한에 빠져 있다"고 강조했다. 또 "현재 미수금 규모는 전직원이 무보수로 일해도 회수 불가한 금액으로 마치 벼랑 끝에 선 심정"이라고 토로했다.

가스 수요가 적은 여름철이 인상 적기라고 말했다. 최사장은 "여름철에 요금을 올려 연착륙을 유도해야 한다"고 밝혔다.

한국경제신문. 2024.7.6. 가스공사 미수금 13조... 재무 정상화까지 시간 걸릴 듯

지난 1일 가스요금 인상을 유보한 정부가 나흘만에 입장을 바꾼 이유는 눈덩이처럼 불어나는 한국가스공사 미수금 때문이다.

5일 정부에 따르면 한국가스공사의 민수용 도시가스 미수금은 지난 1분기 기준 13조 5000억원에 달한다. 미수금은 원가에 못 미치는 가격에 가스를 공급한 뒤 원가와 공급가액의 차액을 '외상 값'으로 장부에 반영하는 것으로 사실 상 업업손실이다. 미수금이 누적되며 가스공사의 부채비율은 2021년 말 453%에서 올 1분기 말 624%까지 치솟았다.

정부와 가스공사는 현재 유가 수준이 지속되더라도 연말께 미수금은 14조원을 넘어설 수 있다고 우려했다. 원가를 밑도는 가격에 가스를 공급하며 차입금이 늘어난 결과 가스공사가 지난해 이자로 쓴 비용만 1조 6800억원에 달했다. 이런 부채는 향후 고스란히 추가 요금 인상 요인으로 이어지고, 결국 국민에서 부담이 돌아간다.

그동안 우려해온 물가 상승 추세가 안정을 찾아가고 있다는 판단도 정부가 요금 인상을 단행한 배경으로 꼽힌다. 지난 2일 발표된 6월 소비자물가 상승률은 1.4%로 석 달 연속 2%대를 기록했다. 여름철 가스 사용량이 겨울철보다 적은 것도 정부 부담을 낮췄다. 정부 관계자는 "하반기로 갈수록 안정되는 물가 흐름과 가스공사의 재무 상황을 종합적으로 고려했다"고 요금 인상 배경을 설명했다 .

가스공사는 이번 요금 인상으로 연간 5000억원씩 미수금이 줄어들 것으로 기대하고 있다. 하지만 여전히 가스가 원가 이하로 공급되고 있어 재무구조를 정상화하기까지 상당한 시일이 걸릴 전망이다. KB증권에 따르면 민수용 도시가스 미수금을 연간 1조원씩 회수하려면 이번 인상에 더해 메가줄(MJ) 당 0.6원 가량을 추가로 인상해야 한다. 정부는 가스 도입 가격에 큰 영향을 미치는 환율, 원유가격 등 변동 상황과 물가 상승 수준을 두루 고려해 가스 요금 추가 인상 여부를 신중히 검토한다는 방침이다. 정부는 부채 규모가 200조원이 넘는 한국전력의 재무상태를 정상화하기 위해 적절한 시기에 전기요금도 인상해야 한다고 보고 있다. 당장은 냉방용 전기 사용량이 많아 3분기(7~9월) 전기요금은 동결했다.

새마을금고 '충당금 분란'

새마을금고 '충당금 분란'

한국경제신문. 2023.2.27. 새마을금고〈중앙회-대구지역 금고〉'충당금 분란'...
예금자들 불안

　사기 횡령 혐의를 받는 중견 건설사가 시공을 맡은 오피스텔 공사를 수년째 중단
하면서 중도금을 대출했던 지역 새마을금고들이 동반 부실 우려에 빠졌다. 대구와
경남 양산 지역 사업장 두 곳에 나간 집단 대출 금액만 2800억원에 달하는 것으로
알려졌다. 새마을금고중앙회는 뒤늦게 해당 금고들에 대손충당금 적립을 요구했지만
금고들은 오히려 "못 하겠다"며 법적 다툼에 나서 논란이 커지고 있다. 이례적인 분
란에 새마을금고에서 돈을 빼겠다는 예금자도 줄을 잇고 있다.

　문제가 된 사업장은 다인건설이 2016년 대구 중구와 양산 물금읍에 각각 착공한
'다인 로얄팰리스' 오피스텔이다. 모두 1328가구로 애초 2019년 입주 예정이지만
건설사의 사기 분양 혐의와 자금난 등으로 4년 가까이 공사가 멈춰 섰다. 전국에
비슷한 사업장만 6곳 더 있는 것으로 전해졌다.

　대주단으로 참여한 신천, 대현, 큰고개, 성일 등 대구 지역 금고 12곳도 2016년부
터 수분양자들에게 내준 집단대출을 떠안고 있다. 다섯 차례 만기 연장 끝에 이달 초
엔 아예 대출 종료를 통보하려다 지난 22일 추가 6개월 연장을 결정했다. 애초 무이
자 조건이었던 중도금 대출은 시행사가 자금난을 이유로 이자 대납을 중단하면서 수
분양자들이 이자를 내고 있다. 이자를 못 내 신용 불량자가 된 사람도 적지 않다.

　결국 새마을금고중앙회는 대주단 금고에 해당 대출을 회수할 가능성이 작은 부실
채권으로 분류하고 잔액의 최소 55%를 충당금으로 쌓으라고 요구했다. 하지만 이들
금고는 "이자를 받고 있으니 연체가 아니다"며 법원에 효력정지 가처분을 신청했다.
결과는 다음달 초 나올 전망이다. 은행권 관계자는 "만기를 4년 가까이 넘긴 데다 준

공 기약이 없는 사업장 대출에 충당금을 쌓지 않는 것은 비상식적"이라고 했다.

분란이 이어지자 예금자들의 불안도 커졌다. 대주단이 아닌 새마을금고 지점에서도 예금을 해지하려는 행렬이 이어지고 있다. 중앙회는 "개인이 우려할 만큼 해당 금고들의 건전성에 문제가 있는 것은 아니다"고 했다. 하지만 예금자들은 "충당금 적립을 두고 잡음이 있다는 것 자체가 불안하다"고 했다.

제조업도 그러하지만 특히나 금융기관에서 충당금을 어느 정도로 적립하는지는 재무제표가 어떤 모습인지에 영향을 미치는 회계에서의 매우 중요한 요인이다. 그래서 감독기관에서는 금융기관에 대해 자산 건전성 분류기준이라고 하는 원칙에 따라 충당금을 적립하도록 요구하고 있다.

chapter

46

금융지주 CEO 후보

금융지주 CEO 후보

한국경제신문. 2023.3.6. "금융지주 CEO후보, 이사회가 평소 검증해야"

은행계 금융지주들의 최고 경영자(CEO) 승계 프로그램을 개선하려면 이사회가 평소 후보자를 검증할 수 있는 체계를 갖춰야 한다는 주장이 나왔다.

김우진 한국금융연구원 선임연구위원은 5일 '국내 은행지주의 거버넌스 이슈 및 개선 방안'이란 제목의 논단에서 이같이 밝혔다 금융지주가 내부 임원과 외부 명망가 중심으로 롱리스트를 형식적으로 관리하고, 임원후보추천위원회는 인터넷에서 얻을 수 있는 정보 수준으로 후보자들을 파악하고 있다는 게 김 연구위원의 지적이다.

김 연구위원은 금융지주들이 CEO 승계 과정의 정당성을 확보하려면 임추위가 후보자의 성품과 업무능력, 커뮤니케이션 방식, 위기 대처 능력을 살펴볼 기회를 늘려야 한다고 강조했다. 그는 지금의 "롱리스트 방식보다 세 명 수준의 숏리스트를 선정하고 상시적인 접촉 및 의견 청취 등을 통해 후보군의 능력과 자질을 평상시 검증할 필요가 있다"고 했다.

김 연구위원은 이사회의 전문성과 독립성 강화도 시급히 해결해야 할 과제로 꼽았다. 이를 위해 전 현직 CEO와 금융전문가를 사외이사로 확보하고 사외이사만 참여하는 비공개 간담회를 정기적으로 여는 방안을 검토해야 한다고 주장했다. 사외이사가 경영진이 없는 자리에서 자유롭게 의견을 주고 받을 기회를 늘려야 한다는 것이다.

누가 무슨 일을 하든지 확실히 잘 모르는 상태에서 업무를 수행하는 것만큼 위험한 것은 없다고 판단된다. 오히려 잘 모르는 상태에서 업무를 수행하는 것보다는 아예 업무를 수행하지 않는 것이 더 나은 대안일 수 있다.

우리가 누구를 평가할 때도 동일하다. 평가할 수 있을 경우에는 예를 들어 5점 척도로 평가할 수 있지만 아무리 관련된 문건을 검토해도 피평가자에 대해서 잘 모르는 경우도 있다. 이 경우에는 잘 모르겠다고 답하는 것도 정답이다. 단, 잘 모르겠다는 답은 때로는 부정적으로 해석될 수도 있다.

차기 회장 후보에 대해서 상시적으로 후보군을 관리해야 하는 차원에서 회장후보군관리위원회를 가동하는 기업도 있다. 단, 차기 CEO 선임하는 시점이 아니라고 하면 회장후보관리위원회에서 관리해야 하는 후보자들은 내부 임원들일 것이며 외부 후보자들의 경우, 선임 시점에 되면 어느 후보자들이 관심을 가지고 지원을 할지를 모르는 상태에서 이 위원회가 진행되어야 한다. CEO 후보자를 지속적으로 육성해야 하기 때문에 상설 위원회로서 이 위원회가 설치된 것은 이해하지만 정확히 이 위원회가 내부 후보자를 지속적으로 육성하는 것 이외에 어떤 업무를 수행해야 하는지도 명확하지 않다.

최대주주가 없는 금융지주나 포스코, KT, KT&G 등의 기업에서의 대표이사 회장 (KT와 KT&G의 경우는 대표이사 사장)의 선임 권한은 오로지 이사회의 몫이다. 이러한 업무의 역할은 사내이사보다는 사외이사가 주된 역할을 하며 회장추천위원회에 과거의 KT와 같이 사내이사가 관여하였던 경우도 있지만 KB금융지주나 포스코홀딩스와 같이 사내이사는 위원에 포함되지 않고 사외이사로만 구성되는 경우도 있다. 이는 사내이사 본인들이 차기 CEO 후보자이며 이해가 얽히기 때문이다.

모두 장단점이 있는데 사외이사로만 구성되는 경우, 사외이사들이 임원들과 daily operation을 하지 않는 입장에서 대표이사 후보자를 어느 정도까지 파악하고 있는지가 의문이다. 속속들이 장단점을 파악하고 있지 않다면 잘 모르고 아니면 내면은 모르고 외관적인 부분에 대해서만 평가하고 선임과정에 관여한다고도 할 수 있다. 따라서 사외이사들이 개인적인 접촉을 통해서라도 후보자군의 능력과 자질을 평가할 수 있는 기회를 가져야 한다.

2024년 1월 포스코 차기회장을 선임하는 과정에서도 CEO후보추천위원회는 인선자문단의 후보자에 대한 평가를 최대한 반영하였는데 무리한 평가를 예방하기 위해 피평가자를 모르는 경우는 모른다고 답을 해 달라고 요청하였고 이러한 모름 답변도 다수 전달되었지만 과연 모름을 어떻게 해석해야 하는지가 또 하나의 숙제였다.

언론에서는 이렇게 모르는 경우는 평가하지 않도록 하는 방식에 대해서 아래와 같이 비판적으로 외부 자문단의 역할에 대해서 쓰고 있다.

비즈워치. 2024.3.14. [인사이드 스토리]막판 뒤집기? 뒷말 무성한 포스코 장인화 체제

외부 자문단 개개인이 후보자를 알고 있는 경우에만 의견을 제시하는 방식으로

chapter

47

보수한도와 clawback

chapter
47

보수한도와 clawback

모든 주주총회에서는 임원에 대한 보수한도를 결정하게 된다. 물론 주총 결의사항이므로 이사회에서 추천/제안된 안건이다.

최근에 오면서 보수한도에는 어떤 금액이 포함되어야 하는 것인지 구체적으로는 퇴직금이 보수한도에 포함되는 것인지에 대한 논란이 있다.

일부 기업일 경우는 의사회의 결의로 보수 한도로 정하는 금액은 퇴직금에 포함되지 않는다는 의사회 결의를 수행한 경우도 있다.

이사보수한도는 금융감독원(기업공시서식 작성기준), 상장회사협의회(질의회신), 법무법인 의견을 종합 고려 시, 주주총회에서 결의한 이사의 퇴직금 지급규정이 있는 때에는 퇴직소득을 제외한 근로소득만을 대상으로 주주총회에서 결의가 가능하다.

이는 이사의 퇴직금 지급규정이 있는 때에는 이미 그 금액이 주주총회의 결의로 정해져 있는 것이므로 이사보수한도는 이미 정해진 퇴직금은 별도로 두고 그 해에 지급할 임원의 보수액만을 정하면 된다는 취지이다.

대법원 판례(2004.12.10.)도 이사보수에는 근로소득뿐 아니라 퇴직소득 또한 포함된다고 규정하고 있다.

I

이사 보수 범위

금융감독원 「사업보고서 공시 서식 작성 기준」에서도 이사보수는 소득세법에 따라 근로소득을 기준으로 기재하고, 퇴직 소득이 있는 경우 이를 합산하여 기재한다고 정하고 있다.

• 소득세법에 따른 이사보수 범위

소득세법 제22조(퇴직소득) 해당 과세 기간에 발생한 현실적인 퇴직을 원인으로 지급받는 소득으로 한다.

• 공시서식 작성 기준에 따른 이사 보수 범위

기업공시 작성기준 제 9−2−1조 작성 지침: 소득세법 제20조의 근로소득을 기재하고, 소득세법 제21조(기타소득) 또는 제22조(퇴직소득)에 따라 산정된 기타소득이나 퇴직소득이 있는 경우 이를 합산하여 기재한다.

그러나 이는 일반론이고, 퇴직금에 대해서 별도의 논의가 있었을 경우는 다를 수 있다.

이사보수 결정 및 집행

상법(제388조)에서는 "이사의 보수는 정관에 그 액을 정하지 아니한 때에는 주주총회의 결의로 이를 정한다"고 하고 있으나, 주요 상장사 실무에서는 주주총회 결의로 이사보수한도 및 이사의 퇴직금 규정을 정하고 있다.

주주총회에서는 이사보수한도만을 승인 받은 후 구체적인 집행방법은 이사회에게 위임하고 있으며, 이사의 퇴직금은 이와 별도로 주주총회에서 승인한 별도 규정에 따라 집행하고 있다. 아래의 특정 기업의 경우도 이 내용과 일치한다.

이사보수 관련 주요 상장사 정관 및 지급기준

〈포스코홀딩스〉

정관(이사의 보수)

- 이사의 보수와 성과급의 한도는 주주총회의 결의로써 이를 정하며, 세부 운영 기준은 이사회에서 정한다.
- 사내이사의 퇴직금은 주주총회에서 승인한 이사 퇴직금 규정에 의하여 지급한다.

사업보고서(임원의 보수지급 기준)

- 이사 감사의 보수는 주주총회의 승인을 받은 금액 내에서 해당 직위, 담당 직무 등을 감안하여 이사회에서 정한 기준에 따라 집행하고 있다.

III 이사보수한도 내 퇴직금 포함 여부가 이슈가 된다.

이와 관련된 상장회사협의회의 유권해석은 다음과 같다.

• 상장회사협의회 질의 회신: 주총회에서 승인되는 이사 및 감사의 보수한도와 관련하여, 만약 주주총회에서 승인된 퇴직금 지급 규정을 두고 있는 회사라면 해당 표 각주 등에 보수총액에는 임원퇴직금 지급규정에 의해 집행된 퇴직금이 포함되어 있지 않으며, 이는 이사보수한도의 적용을 받지 않음을 기재할 수 있을 것임('23.2.13)

따라서 이는 퇴직금은 별도라는 의미이다.

임원(이사 감사) 보수라 함은 명칭 여하에 불구하고 직무 수행에 대한 보상으로 지급되는 일체의 대가를 뜻하며 퇴직금 또한 보수에 해당하므로 주주총회에서 승인받은 보수한도에 포함된다. 다만 퇴직금의 지급은 실무상 주주총회에서 별도로 승인받은 퇴직금 지급 규정에 의해 처리가 가능하며, 이 경우 퇴직금은 보수한도에는 포함되지 않는다. ('16.5.3)

• 김앤장의 의견: 주주총회에서 (퇴직금을 제외한) 보수 총액을 승인하고, 퇴직금은 주주총회에서 별도로 승인한 퇴직금 지급규정에 의하여 지급되는 것도 가능한 것으로 사료되므로, 포스코는 임원 보수한도를 승인하면서 퇴직금은 주주총회의 승인을 얻어 별도로 제정된 임원 퇴직금 규정에 의한다고 기재할 수 있다.('13.12.23)

이사 보수 한도에 포함하지 않는 이사의 퇴직금의 경우 주주총회에서 승인한 별도의 이사 퇴직금 지급 규정에 따라 퇴직금을 지급하고 있으며, 사업보고서에는 이사의 퇴직금을 포함하여 이사 보수를 공시하고 있다.

보수한도 뿐만 아니라 보수 환수제도에 대한 부분도 최근에 오면서 많은 관심을 끌고 있다[38].

보수 환수는 다음으로 정의된다.

임직원이 고의나 과실로 회사에 손해를 미치거나 위법행위를 하였을 경우, 기업이 보수를 환수할 수 있도록 하는 제도 또는 계약 조항

2023년 10월 2일 발효된 뉴욕 증권거래소 rule은 임원의 업무상 과실 여부와 무관하게 잘못된 자료에 근거하여 작성된 회계정보로 인해 초과로 지급된 3년 이내의 성과보수를 환수하는 것을 의미한다..

- 환수조건: 비윤리적 행동, 재무제표 수정, 기만행위(fraud)
- 환수요건: 상장회사가 부정 행위 또는 단순 실수를 통해 재무제표를 정정하는 경우
- 환수범위: 잘못된 자료에 근거하여 작성된 회계정보로 인해 초과로 지급된 과거 3년 이내의 성과보수 (과오납)

2023년 말 현재 뉴욕 증권거래소에 상장된 기업은 포스코홀딩스, KT, SKT, LG디스플레이, 한국전력, KB, 우리, 신한금융지주 등이다.

Clawback 지침

[재무제표 의무 정정일] 아래 날짜 중 가장 빠른 날짜를 의미한다.

이사회가 재무제표 정정을 결정한 날 또는 합리적으로 결정했어야 하는 날

관할 당국이 회사가 재무제표를 정정해야 한다고 결정한 날

법원 판결로 회사의 재무제표 정정 의무가 확인된 날

---

38 보수 환수제도는 손성규(2023)의 chapter 34도 참조한다.

임원 해임 권고도 권고일 뿐이니 주주총회가 권고를 받지 않으면 규제/감독기관도 어쩔 수 없다[39]. 관할 당국이 재무제표를 직접 정정할 수는 없는 것이기 때문입니다. 이렇게 관할 당국의 정정 결정이 구속력이 없다고 하면 지침 2를 남겨 두는 것이 옳은가라는 의문을 가질 수도 있고, 기업이 감독기관의 지시에 대해 행정소송으로 대응할 수도 있다.

상장회사는 자본시장법에 따라 사업연도 경과후 90일 이내에 회계감사인의 감사보고서가 첨부된 사업보고서를 금융위원회와 거래소에 제출해야 하며, 사업보고서 등 중요사항에 대하여 거짓의 기재 또는 표시가 있거나 중요 사항이 기재 또는 표시되지 아니한 경우, 금융위원회는 사업보고서 제출 대상 법인에 대하여 이유를 제시한 후 그 사실을 공고하고 정정을 명할 수 있다. 즉 이는 명령이고 회사에 대한 권고가 아니므로 강제성이 있다.

상장협 Q&A

재무제표 승인과 관련된 질의드립니다.

당사는 현재 과거 회계연도에 대해 21년도 재감사를 진행 중입니다.

금일 주주총회에서 22년도 재무제표에 대한 승인의 건이 안건으로 올라왔는데, 이는 감사의견 거절을 받은 재무제표입니다. 즉, 2개년도 연속 의견거절을 받았습니다. 재감사 후, 적정의견을 받을 경우 임시주주총회를 개최하여 다시 재무제표를 승인받아야 하는지 궁금합니다.

답신: 상법상 주주총회에서 한번 승인된 재무제표를 재승인하는 절차는 없으며, 주주총회에서 재무제표를 재승인하더라도 그 효력이 있는지는 명확하지 않습니다.(상장회사협의회 질의회신 의견 '23.3)

재무제표 확정 관련되어 상장회사협의회 강경진 상무에게 문의하고 답을 받은 내용은 다음과 같다.

---

[39] 매일경제신문. 2024.3.13. 금감원 '대표 해임' 권고에도 카카오모빌리티 재선임 추진
카카오모빌리티의 매출액 부풀리기 의혹을 조사한 금융감독원이 지난달 이 회사에 '고의성이 있다'는 결론을 내며 대표해임권고 등을 담은 가장 높은 수준의 제재를 내렸다는 점은 이 회사 주총의 변수가 될 수 있다는 전망도 제기된다. 이와 관련해 한 관계자는 "감리위원회와 증권선물위원회 단계의 검토가 남았고, 최종 제재 수위가 결정되는 단계에서는 금감원의 당초 의도보다 수위가 낮아질 가능성이 높다"며 "이를 감안해 카카오가 류 대표 연임을 추진한 것으로 보인다"고 전했다.

저자 질문:

재무제표 확정을 이사회가 아니고 주주총회에서 하는 기업일 경우, 재무제표를 수정할 일이 발생한다고 하지요.

그러면 수정된 재무제표는 어느 기관이 확정하게 되는지요?

수년전 대우조선해양이 다년간의 재무제표를 재작성하였는데요, 대우조선해양의 재무제표 확정기관이 대우조선해양의 정관에 주총이라고 하면 주총에서 과거 재무제표가 다시 수정 확정되면서 공표된 거 아닐까요?

강경진 상무 답변:

이사회에서 승인하고, 외부감사인이 적정 감사의견을 낸 재무제표라도 주주는 재무제표 승인을 부결할 수 있으며, 이 경우 재무제표는 확정되지 않는 상태로 있게 됩니다. 재무제표가 확정되지 않았을 경우 이익잉여금 처분이 되지 않기 때문에 연말 결산기에 대한 주주에 대한 배당이 안 되며, 확정되지 않은 재무제표는 외부적인 효력이 없습니다.

다만, 주주총회에서 확정되지 않은 재무제표라도 사업보고서는 제출할 수 있다고 합니다.

상법은 주주총회에서 재무제표가 확정되지 않았더라도 과태료 등 법적 책임 부과를 하지는 않으며, 주주가 재무제표가 확정되지 않아 연말 결산기 배당을 못 받았을 경우 이를 사후에 구제할 수 있도록 하고 있다.

상장협의 최종 의견은 다음과 같다.

재무제표가 수정되었다면 주주총회에서 수정재무제표를 승인해야 비로소 효력이 발생하고 그 수정된 재무제표를 공시할 수 있는 것 아닌가?

1. 재무제표 승인의 효과: 당해 결산기에 관한 회사의 회계의 대내외적 확정을 위한 대내적 업무처리 과정(대법원 2013다42922)

   주주총회에서 재무제표를 승인한다는 의미는 당해 결산기 회사 회계를 확정하는 대내적 업무처리 과정인 것이고, 이에 대한 법적 책임은 이사/감사가 지는 것으로 보는 것이 타당함(상법 제450조)

2. 재무제표 재승인에 대한 상법상 근거 부재

3. 재승인을 위해 승인 당시 주주를 소집하여 총회를 개최하는 것이 기술적으로 불가능

4. 주주총회는 당해 결산기 재무제표 만을 승인하는 것이지만 재작성 재무제표의 효과가 당기 재무제표에까지 반영되어 있을 것이므로 사실상 간접적으로 최근 사업연도 주주의 재승인 효과도 포함되어 있을 것

5. 재승인을 받아 얻을 수 있는 실익이 없음

   - 재무제표의 재작성은 이사회가 승인했을 것이고, 이를 승인하여 재작성된 재무제표가 공시되었을 것이므로 (재무제표의 최종 승인권한이 주주총회에 있더라도) 최소한 이사회라는 상법상 기관의 승인이 존재
   - 재작성 사실이 전자공시 되었기에 최근 주주가 해당 사실을 모두 알 수 있음
   - 과세관청에 수정신고 할 것이기에 과세이슈 없음
   - 기타 필요할 경우 적절한 해당 기관에 대한 적절한 조치 가능

결국 문제가 있던 재무제표를 승인한 주주총회 관련 자료 등에는 오류 등이 포함된 재무제표가 등기되어 보관되고 있겠지만 대내적 업무처리 과정으로서의 절차를 다시 확정할 필요는 없고, 기타 법령 등에 따라 필요한 절차를 취하면 된다는 것이 상장협 입장이자, 법률 전문가들 사이에서 일반적으로 인정되는 설인 것 같다. 참고로 상장협 회원사 어느 곳에서도 재무제표 재작성이 발생하면서 관련 과거 재무제표에 대해 주주총회 재승인 절차를 밟은 케이스는 없었다.

위의 상장협의 의견에 대해서 다음을 생각해 볼 수 있다.

4. 주주총회는 당해 결산기 재무제표 만을 승인하는 것이지만 재작성 재무제표의 효과가 당기 재무제표에까지 반영되어 있을 것이므로 사실상 간접적으로 최근 사업연도 주주의 재승인 효과도 포함되어 있을 것이라는 상장협의 위의 내용은 다음과 같이 다시 생각해 볼 수 있다.

주요 재무제표 중 재무상태표, 현금흐름표와 자본변동표의 내용은 과거의 정보에 의해서 영향을 받는다. 즉, 초기 금액은 과거로부터 이월된 금액일 수밖에 없다. 따라서 재작성된 과거의 재무제표가 당기 재무제표에는 누적적인 영향을 미칠 수밖에 없으므로 당해연도 이사회나 주총에서 당기 재무제표를 확정

할 때, 과거의 재무제표 재작성 내용도 반영된다는 의미이다.

3.의 내용도 흥미롭다. 적법하게 주총을 다시 개최해야 한다면 그 당시의 적법한 주주들을 모두 소집해야 하는데 기간이 경과된 이후에는 과거 주총에서 주총에 참석했어야 할 주주들을 다시 소집하는 것은 불가능하다. 세상을 떠난 주주들도 있을 것이며 이미 주식을 매도한 주주일 경우 연락을 취하는 거 자체도 어려울 수 있다.

- 재작성 사실이 전자공시 되었기에 최근 주주가 해당 사실을 모두 알 수 있다는 내용은 매우 naive한 접근이다.

모든 정보 이용자들이 전자공시를 항상 들여다 보고 있는 것은 아니다. 전자공시 이외에 현재 유통되고 있는 하드카피 보고서들이 있다는 점에도 주목하여야 한다. 단 유통되고 있는 보고서를 모두 회수할 수도 없고 공시 이외에 제도권에서 할 수 있는 일은 거의 없다.

미국 증권시장에 상장된 기업에 대해서는 2023년 12월까지 환수 정책을 확정하도록 요구되고 있어서 이에 해당하는 국내 기업들이 정보를 공유하며 이에 대응하고 있다.

오류로 인해서 잘못 지급된 인센티브 기반 보상은 재작성을 결정한 회계연도 이전 3개연도 동안의 보상에 대해 환수가 이뤄져야 하며 주요 임원들의 인센티브 기반 보상에 대해서 적용되어야 한다.

환수의 대상이 되는 임원을 미국의 제도는 5가지로 분류하는데 이는 등기 여부보다는 맡고 있는 업무와 연관된다.

1. president, 2. principle financial officer, 3. principal accounting officer (or equivalent), 4. vice president in charge of principle business unit, division, or function, 5. other officers performing a policy-making function

포스코의 경우 상장된 포스코홀딩스와 주된 계열사의 임원들이 모두 환수의 대상이 된다는 서약서에 서약을 하였다.

chapter

48

스톡옵션

스톡옵션

기존에는 stock grant를 임직원들에게 지급하는 추세에서 최근 들어 한화 두산 등이 양도제한조건부주식(RSU)을 팀장 이상의 직원들에게 지급하면서 기업들이 성과급 지급에 대한 고민을 하고 있다.

㈜한화는 '20년 자사주를 활용한 RSU제도(양도제한조건부주식: CEO 10년, CEO 외 5~7년)를 도입하여 주요 임원(김동관 부회장, 등기이사 등 C-Level 경영층)에게 양도제한조건부 주식 지급을 시작하였다. 도입취지는 RSU는 장기간 경과 후 보상받는 성과급 제도로, 지속적인 성과 창출을 통해 상승한 회사의 장래 가치에 따라 개인보상이 확대되어 임직원, 회사, 주주 모두에게 이익이 되도록 하기 위함이다.

하지만 일각에서는 대주주 일가가 상속의 도구로 활용한다는 비판이 지속적으로 제기되었고, 한화는 이러한 비판에 대응하여 기업의 장기 성장, 주주 가치 제고를 위해 내년부터 全계열사의 팀장급 직원까지 RSU제도를 확대 적용한다고 발표하였다.

KT('08), SKT('20), 포스코('22), 현대차('23)의 stock grant와는 차이가 있다. 보수한도를 넘지 않는 한 주주총회에서 결의하는 내용은 아니며 이사회 결의로 집행된다. RSU는 일정조건(중장기경영목표, 근속기간) 달성 시 주식을 지급하는 주식보상제도로(3년~10년후 주식지급) 권리(Units)를 부여하는 것은 스톡옵션과 유사하나 주식을 직접 지급하므로 임직원동기부여효과가 있다. 따라서 주식을 지급한다는 점에서는 stock grant와 유사하지만 권리를 부여한다는 점에서는 스톡옵션과 유사한다. 스톡옵션을 행사하려 할 때는 유리한 조건이라고

하여도 옵션을 가지고 있는 임원의 자기 자금이 투입되어야 주식을 매입할 수 있다.

물론 RSU나 stock grant보다 먼저 도입된 것이 스톡옵션이다.

주주총회에서 이사를 선임하는 경우, 주주들은 이사들이 주주의 부의 극대화 즉, 기업의 내재가치의 증가를 위해서 의사결정을 해 줄 것을 기대하고 있다. 그러나 이사들에게는 도덕적 해이(moral hazard)가 발생하면서 주주의 가치보다는 본인 자신을 위한 의사결정을 수행하거나 아니면 이사로서의 특권(perk)을 과도하게 즐기면서 회사의 가치를 훼손시킬 수 있다. 이사들이 회사 주주의 가치보다 본인 자신을 위한 의사결정을 수행함은 어찌 보면 자본주의에서는 경제활동 인구 모두는 본인의 이해를 최대화하는 탐욕스러운 의사결정을 수행하므로 당연한 것일 수도 있다.

주주들도 이러한 이사들의 행태를 사전적으로 잘 이해하고 있으므로 경영자들이 주주 본인들을 위한 의사결정을 수행하도록 뭔가 incentive를 제공할 motivation이 존재한다. 즉, 이사들이 본인들의 utility를 최대화하려는 의도는 당연한 것이며, 도덕적 해이를 system적으로 예방하여야 한다. 이 모든 것이 균형이 이루어지는 점에서 경영활동은 수행된다.

이러한 차원에서 도입된 것이 stock option이다. 경영자들이 주가 상승을 위해서 역할을 해 주었다고 하면 뭔가 그 과실을 이러한 결과가 나타나도록 힘써 준, 경영진과 나누는 profit sharing의 개념이다. 한가지 예로 들 수 있는 것이 경영자에 대한 성과급의 지급이며 또 다른 인센티브가 stock option의 부여이다.

주식매입선택권은 경영자들로 하여금 vesting period 동안에 행사가격에 구입할 수 있는 권한을 부여한 것이다. 물론, option이므로 매입선택권을 가진 경영자가 option을 선택하지 않으면 외가격(out of the money) 즉, 옵션으로부터 아무런 action이 발생하지 않는다. 물론, 옵션을 가진 임원이 옵션을 행사하면 내가격(in the money option)이 되는 것이다. 스톡옵션의 부여는 발행주식 총수의 1/100 이내의 부여일 경우는(2000년 초 당시에 에 적용되던 증권거래법 시행령에 근거) 이사회 결의로 부여한다.

순기능이 있고 임원과 회사가 옵션 계약을 체결하고 상호간에 모두 win win 하는 경우가 있으니 양자 간에 계약이 체결되는 것이다. 그러나 스톡옵션에도 역기능이 있다. 경영자가 주가 부양을 위해 열심히 일하고, 그 과실을 주주와 경영자가 profit sharing하는 것이 순기능인데, 다음의 경우도 생각해 볼 수 있다. 주주는 기업 가치가 상승되어 win하는 것이고 경영자는 주가와 행사가격 간의 차익을 실현시킬 수 있으니 win할 수 있는 것이다.

재무관리 교과서에 보면 "주가의 결정은 神도 모른다"는 표현도 있다. 신이 모른다기보다는 그만큼 주식 가격에 영향을 미치는 요소가 많다는 것이다. 스톡옵션을 부여한 기업(주주)의 입장에서는 경영자의 탁월한 능력 때문에 기업의 내재가치가 높아졌고 그 결과 이러한 과정에 일조를 한 경영자와 그 과실을 나누어 가진다는 것이 스톡옵션의 기본 의미이고 취지이다. 그런데 해당 기업의 주식 가액이 상승한 것이 경영자의 탁월한 능력과는 무관하게 시장의 상황이 좋아서 모든 기업의 주가가 올라가는 과정에서 해당 기업의 주가도 덩달아 올라 갔다고 하면 해당 기업의 무능한 경영자들은 기대하지도 않은 과실을 어부지리로 얻게 되는 것이다. 즉, 종합주가지수 등의 동반 상승 등을 생각해 볼 수 있다. 이러한 경우, 스톡옵션은 도입 취지와는 달리 움직이게 되며 이러한 점이 스톡옵션의 역기능이다.

물론 기업이 성과급을 지급할 때에 이러한 문제점을 해결하기 위해서 종합주가지수에 대비하거나 아니면 해당 회사에 대한 control group에 해당하는 회사의 주가에 대비하여 성과급을 지급할 수도 있다. control group에 해당하는 회사는 똑 같은 조건에서 경쟁한 결과이므로 비교의 근거가 될 수 있다. 절대적이 아니고 상대적인 주가의 움직임이 성과급 지급의 바탕이 되는 것이다. Relative performance compensation의 개념이다.

사회현상에서 원인과 결과를 명확히 밝히는 것은 어렵다. 두 사회 현상간에 association(상관관계)이 존재한다고 해도 이는 인과관계를 의미하는 것은 아니다. 주가 상승의 원인이 탁월한 경영자의 능력이 원인인지를 밝히는 것은 매우 어렵다. 즉, 인과관계는 논리적으로 가정은 할 수 있어도 이를 입증하는 것은 쉽지 않다. 주가 상승의 원인을 경영자의 능력에서 찾기에는 confounding effect가 너무 많다.

상관관계와 인과관계에 대해서 다음과 같은 두가지 현상을 생각해 보자.

1. 인구가 많은 곳에 범죄건수가 많다
2. 인구가 많은 곳에 교회수도 많다.

인구가 많으면 그 중에는 선량한 사람도 많지만 악한 사람도 당연히 있게 된다. 인구가 많으면 그 중에 기독교 신자도 당연히 비례적으로 많아질 것이다.

하지만, 교회수가 많은 이유로 범죄건수가 많다고 혹은 역으로, 즉, 범죄건수가 많은 곳에 교회수가 많다고 해석할 수는 없다.

다만, 교회수와 범죄건수는 상관관계는 있다. 이는 '인구 수'라는 공통된 factor가 있기 때문이다. 즉, 인구가 많기 때문에 범죄 수가 많고, 인구 수가 많기 때문에 교회 수가 많다는 논지는 통한다. 단, 교회 수와 범죄 수 간에 인과관계로는 설명이 어렵다. 다만 교회 수와 범죄 수는 인구수라는 공통 인자를 공유할 뿐이며 인과 관계 없이 상관 관계는 높을 수 있다.

교회수	범죄수
105	9
123	12
134	14
123	13
92	9
104	12

위의 두 변수에 대해서 상관관계를 구하면, 상관관계(association) corr(교회수, 범죄수) = 0.86을 구할 수 있다. 즉, 상관관계는 높지만 두 변수 간의 인과관계(causal relation)는 논리적으로 찾기 어렵다. 인과관계는 수치적(통계적)인 내용이지만 일단 수학(통계)가 어떤 결과를 보이든지 인과 관계라는 논리가 통해야 한다. 유의적인 회귀분석 계수를 얻었더라도 해석이 불가하면 의미 있는 수치는 아니다. 따라서 인과관계는 논리로 풀어야 한다.

우리가 경영자에게 성과급을 지급하는 경우는 경영자의 능력이나 노력이 주주가치 증대를 위해서 작동할 경우인데, 이 관계를 보이는 것은 결코 쉽지 않다. 능력이나 노력 모두 객관적으로 수치화하기 어려운 변수이기 때문이다.

스톡옵션을 확장하는데 대한 또 하나의 어려움은 기업집단에서 발생하는데 기업집단이 그룹 전체적으로 스톡옵션을 도입하려고 하여도 계열사에는 상장기업이 있고 비상장기업이 동시에 존재할 경우에, 상장기업에 대해서는 주식가격이 명확하게 정해져 있으므로 어느 정도 금액적으로 환산할 수 있는 stock option의 가치를 계산해 낼 수 있지만 비상장기업의 경우는 비상장 주식의 경우 가격이 명확하게 정해지는 것이 아니므로 계열회사 간 스톡옵션 부여의 형평성이 문제가 될 수 있다.

상법 제342조의2에 따르면 규정은 다음과 같다.

> **제342조의2(자회사에 의한 모회사주식의 취득)** ① 다른 회사의 발행주식의 총수의 100분의 50을 초과하는 주식을 가진 회사(이하 "母會社"라 한다)의 주식은 다음의 경우를 제외하고는 그 다른 회사(이하 "子會社"라 한다)가 이를 취득할 수 없다. 〈개정 2001. 7. 24.〉
>
> **제342조의2(자회사에 의한 모회사주식의 취득)**
> 1. ② 제1항 각호의 경우 자회사는 그 주식을 취득한 날로부터 6월 이내에 모회사의 주식을 처분하여야 한다.

위의 상법 규정에 의해서 자회사가 그들 경영자에게 스톡옵션을 부여하기 위해서 모회사의 주식을 취득하여 이를 스톡옵션으로 제공할 수도 없다.

따라서 비상장사가 그들 비상장사의 임원들에게 그들 회사의 스톡옵션을 부여하기에는 한계가 있다. 비상장사의 주식에 대한 공정한 가치평가가 어렵기 때문이다.

한가지 대안은 지주회사가 상장기업인 경우 다음과 같이 비상장 계열사의 임원에 대해 주식매입선택권으로 보상을 할 수 있다. 지주사의 자기주식 계좌에서 계열회사 임원 계좌로 주식을 지급하고 이를 사업/계열회사가 주식지급일 종가로 지주사에 현금 지급하는 방식으로 정산을 진행한다.

이렇게 하면 실질적으로는 사업회사가 그들 임원에게 스톡옵션을 지급하는 것이지만 외관적으로는 지주사에서 비상장사 임원들에게 주식을 지급하고 그 금액(비용)만 지주사와 계열사 간에 정산하게 되는 것이다. 즉, 지주사의 주식을 계열사가 계열사의 임원들에게 추가적인 급여를 지급하는 통로로 사용하는 것이지만 임원에 대한 보상은 계열사에서 수행하는 것이니 그 부담은 계열사가 부담해야 한다. 모든 것이 적법하다. 단지, 지주회사의 자사주를 계열사의 계열사 임원에 대한 보상 수단으로 사용하는 것이다. 정산은 당연히 해당 일자의 주가로 진행할 것이므로 공정한 가격으로 정산이 가능하다.

> **조선일보. 2023.8.22. 스톡옵션은 지고, 장기성과 보상하는 'RSU(양도제한조건부주식)' 뜬다**
>
> SK그룹 지주사 SK(주) 이사회는 올해 6회에 걸친 회의를 열고, 수십 건의 안건을 의결했다. 여기에서 유일하게 부결시킨 안건이 있었는데, 바로 조대식 장동현 부회장에 대한 스톡옵션(주식 행사권) 부여 건이었다. SK그룹 관계자는 "2017년 도입한 스톡옵션이 과연 경영진의 성과를 촉진하는 제도가 맞는지 논란이 있었고, 다른 더 좋은 성과급 제도를 찾자는 취지에서 부결됐다"며 "스톡옵션보다는 양도 시점을 먼 미래로 제한하는 RSU(Restricted Stock Unit, 조건부주식) 지급을 확대하는 안을 검토하고 있다"고 말했다. 이 관계자는 "스톡옵션은 주가의 대세 상승기엔 임직원의 성과가 나빠도 이익을 보고, 대세 하락기엔 성과가 좋아도 아무 보상을 받을 수 없는 구조여서 적절한 보상 조치로 미흡하다는 지적이 있다"고 덧붙였다.
>
> 한때 '샐러리맨의 로또'로까지 불리던 '스톡옵션' 대신 'RSU'를 지급하는 기업들이 늘고 있다. 스톡옵션은 '주식을 일정 가격에 살 권리'를 주는 것으로 만약 5000원이라는 행사가격을 부여받았는데, 주가가 2년 후 5만원이 됐다면 권리를 행사해 10배의 수익을 낼 수 있다.
>
> 반면 RSU는 주식을 직접 주되 5~10년 정도 후에 매도가 가능하도록 양도 시점을 제한하는 약정을 걸어 지급한다. 이 때문에 '양도 제한 조건부 주식'으로도 불린다. 재계 관계자는 "스톡옵션은 보통 2~3년 내로 권한을 행사하는 보상 제도로, 단기간에 주가를 올리기 위해 무리한 투자를 단행하며 먹튀하는 부작용이 지적돼 왔다"며 "주가가 하락하면 휴지조각이 되는 스톡옵션과 달리, RSU는 주식을 직접 주기 때문에 확실한 보상을 보장하고, 양도 시점을 제한해 장기성과를 유도할 수 있어 미국에선 이미 활발하게 활용하고 있다"고 말했다.

스타트업도 확대

김동관 한화 부회장은 올 상반기, 한화 16만 6004주, 한화에어로스페이스 6만 5002주, 한화솔루션 4만 8101주를 RSU로 받았다. 현시점의 주식 가치는 136억에 달하지만, 양도 가능한 시점은 10년 후인 2033년이기 때문에 김부회장이 장기적으로 회사 가치를 올리는데 집중하도록 유도하는 효과가 있다. 한화는 2020년 국내 대기업 중 가장 먼저 RSU를 도입했다. 한화 관계자는 "임원에게 RSU를 지급하는 계열사는 현금 성과급이 0원으로, 대신 RSU를 주고 있다"고 말했다.

RSU 규제가 상대적으로 느슨하다는 점도 RSU 확산 이유다. 스톡옵션은 집행임원이나 이사, 감사 등에게만 부여할 수 있고 대주주에게는 부여할 수 없다는 제약이 있다. 하지만 RSU는 특별한 제약이 없고, 부여 수량과 행사 가격에도 제한이 없다. 스톡옵션은 발행 주식 수의 10% 이내로 부여 수량이 제한된다. 이 때문에 기업 오너들에게도 부여할 수 있다.

박정원 두산 회장도 올 상반기 RSU로 (주)두산 주식 3만 2266주를 받았다. 양도 가능 시점은 2026년 2월이다. 재계 관계자는 "기업 입장에선, 스톡옵션은 향후 주가가 오르면 오른 주가로 주식을 사서 줘야 하기 때문에 미래 부담이 크고, RSU는 현재 시점에서 주식을 사서 주기 때문에 현재 부담이 있지만, 향후 주가가 오를 경우 부담은 적을 수 있다"고 말했다.

임원뿐 아니라 직원들까지 RSU를 확대하는 기업도 늘고 있다. 이차전지 소재기업인 포스코퓨처엠은 지난 4월 연구 생산부서 일부 직원에게 자사주 2000여 주(당시 종가 기준 약 8억원)를 부여했다. 업계에선 배터리 업계 인재 쟁탈전에서 인력 이탈을 막기 위한 보상으로 평가했다.

양도제한조건부 주식

근속기간, 매출액 등 성과 조건을 달성한 임직원에게 회사가 보상으로 지급하는 주식. 특정 시점 및 가격에 주식을 살 수 있는 권한인 '주식매수청구권(스톡옵션)' 대비 행사 가능 시점까지 임원의 책임 경영과 직원의 장기 근속을 유도할 수 있는 제도로 여겨지고 있다.

위의 기사에서도 기술되지만 주가의 상승기와 하락기는 경영자가 통제할 수 없는 상황인데 이러한 상황에 따라 스톡옵션을 보유하고 있는 경영자의 희비가 엇갈린다는 것이 옳은 것인지에 대한 의문이 제기될 수 있다. 스톡옵션은 주가가 상승하여야 in the money 옵션이 되므로 경영자가 무리하게 주가를 단기에 상승하는 방향의 경영 전략을 세울 수 있어 주식 투자의 기간이 긴 투자자들에게는 단기적인 주가 상승에는 관심이 없고 장기적인 기업가치 상승에 관심이 높은 것인데 이러한 투자 패턴의 주주가 보기에는 경영진의 단기 업적 위주로 경영활동을 수행하는 것은 바람직하지 않다. 스톡옵션의 경우 향후 주가가 오르면 오른 주가로 주식을 사줘야 하므로 회사에도 부담이 된다는 기사 내용도 충분히 이해할 수 있다. 물론 주가가 빠지면 행사를 안 할 것이므로 회사에는 부담이 없지만 주가의 움직임에 따라 회사가 부담을 안을 수도 아닐 수도 있으니 변수가 많은 것이다. RSU는 이러한 변수가 없다는 것만 해도 안정적인 추가 급여 지급 수단이다.

한국경제신문. 2024.3.6. '양도제한부주식유닛' 기업 자율에 맡겨야. 최준선

미국 애플은 2020년 이후 임직원에게 자기 회사 주식 1억8000만 주를 부여했다. 메타는 1억 4900만 주, 아마존은 4억 500만 주, 테슬라는 1845만 주를 각각 지급했다. 애플 최고경영자(CEO) 팀쿡은 51만 1000주, 메타의 수장 리 최고재무책임자는 6만 5645주, 아마존 부대표 데이비스 자볼스키는 5만 5120주, 테슬라 부사장 주샤오통은 2633주를 받았다. 부여방식은 모두 '양도제한부주식유닛(RSU)'이었다(미국 SEC 공시자료).

RSU는 임직원 성과보수를 주식과 연계하는 제도다. 일정 기간 양도를 제한하는 조건으로 회사가 임직원에게 직접 주식을 지급하는 제도다. 비슷한 제도인 주식매수선택권(스톡옵션)이 우리 상법에 도입돼 있다. 스톡옵션은 그 부여와 행사에 제약이 많고, 주식을 매입할 목돈이 필요한 것도 불편해 요즘 이 제도가 거의 이용되지 않는다.

일본 소니그룹 보수위원회는 2022년 6월 RSU 제도를 도입하기로 결의하고, 임직원에게 RSU를 부여하기 시작했다. 그 동기가 재미있다. 미국 현지 법인 사원이 미국 경쟁 기업은 RSU를 채택해 직원들의 만족도가 높은데, RSU를 도입하지 않은 소니는 인재 획득 경쟁에서 불리하다고 경영진에 제보한 것이 계기가 됐다. '스러져 가던 일본 소니, 24년 만에 부활 - 영업이익 삼성전자 앞섰다' '영업 이익이 10년 새 50배나 늘어나' 같은 뉴스가 나오는데는 다 이유가 있다. 소니는 사외이사까지 지급 대상으로 한다. 2022년 기준 미국 시가총액 상위 250개 기업의 68%가 양도 제한부주식 제도를 이용하고 있다.

일본은 2016년과 2017년 세법 개정으로 모든 주식 보수에 대해 '손금산입'을 인정, 도쿄증권거래소 프라임시장 상장회사의 31% 정도가 RSU를 도입했다. 이런 노력이 있었기에 일본 주식 시장이 '밸류업'된 것이다.

이처럼 일본은 세법까지 고쳐가며 임직원 성과 보상으로 주식 부여를 촉진하고 있는 데 비해, 더불어민주당의 이용우 의원은 'RSU 규제 법안'을 연속적으로 내냈다. 이 법률들이 통과되면 아마도 세계 유일한 RSU 규제법이 될 터다.

RSU가 '재벌 편법상속 수단'으로 악용될 것을 우려한 것이다. 헛된 걱정이다. 이사회 결의만 있으면 신주의 3자 발행이 자유로운 미국은 대부분 신주 발행 방식으로 RSU를 부여한다. 일본도 신주 발행이 비교적 자유로워 신주 방행 방식과 자기주식 처분 양자를 같이 활용한다.

그러나 한국은 신주의 제3자 발행을 원칙으로 금지하므로 자기주식만 활용할 수밖에 없다. 자기주식은 배당가능이익 내에서만 취득할 수 있고, 그 취득과 처분은 금융감독원과 한국거래소 공시사항이어서 면밀하게 추적 감시된다. 이런 상황에서 RSU를 이용한 재벌 편법 상속 운운은 한국 자본시장 사정을 제대로 알지 못하고 하는 소리로, 반재벌 반대기업 감정만 부추길 뿐이다. 오너 경영인에게만 현금으로 보상해야 한다면 그 자체가 특혜 아닐까. RSU에 대비해 회사는 꾸준히 자기주식을 취득해야 하니 주주가치 제고에도 도움이 된다.

지금은 세계시장을 선점하는 대기업을 가진 국가가 흥하고, 그런 기업이 없는 국가는 가난에 시달리는 경제 전쟁 시대다. 대기업이라면 무조건 규제해야 한다는 발상에서 나온 이런 법률이 국가 경제에 무슨 도움이 되겠나. 잘 모르면 가만히 있는 것이 도와주는 것이다. 나라가 그렇게 걱정된다면 발상을 전환해 일본처럼 세법 개정을 주도해 주식보수제도를 장려할 용기라도 내보시든가.

chapter

49

사외이사 제도에 대한 비판

사외이사 제도에 대한 비판

1997년 우리 경제가 IMF의 원조를 받던 시점부터 선진적인 기업지배구조가 우리나라에 도입되었다. Corporate Governance, 기업지배구조라는 단어 자체가 우리에게 어색한 표현이었고, 기업의 경영은 최대주주가 알아서 책임지고 주도적으로 수행하는 것이지 이러한 경영권에 대한 견제나 간섭이라는 것은 생각하기 어려운 기간이었다. 특히나 성장 위주의 정부 주도형 경제가 우위를 점하던 시점이라서 더더욱 그러하였다. 상법상의 감사 제도는 견제의 목적으로 상법 제정시 1962년부터 도입됐지만 IMF 경제 위기 시점까지는 거의 유명무실한 제도만을 위한 제도였다고 할 수 있다. 발전하기도 힘에 부치는데 무슨 정도 경영 등의 표현은 사치로 여겨질 수밖에 없던 시절이었으니 시계를 뒤로 돌리면 이러한 경제 환경도 충분히 이해할 수 있다.

한국경제신문. 2023.3.20. CEO 뽑고 억대 보수까지... 책임 많은 사내이사보다 '꽃보직'
포스코홀딩스는 이사회를 대표하는 의장도 사외이사만 맡을 수 있다. 2006년 국내 기업 중 처음으로 정관을 이렇게 바꿨다.

2023년 포스코홀딩스 주주총회에서는 위에서의 비판 이외에도 임기를 마치고 떠나는 사외이사가 후임 사외이사 선임에 영향력을 행사하여 본인과 친분이 있는 사외이사를 선임하였다는 비판도 있었다. 저자가 포스코홀딩스의 사외이사를 맡고 있어서 이에 대해서 기술한다.

이사회 의장과 대표이사가 겸직을 해야 하는지 겸직을 해서는 안되는지에 대해서는 해답이 없다. 포스코그룹의 경우도 홀딩스만 사외이사가 이사회 의장을 맡고 있지 다른 사업회사들은 모두 대표이사가 이사회 의장을 겸직하고 있다.

모범규준 등에서는 대표이사가 이사회 의장을 겸직하는 경우는 대표이사가 이사회까지도 좌지우지하면서 전횡을 할 수 있기 때문에 가능하면 분리하도록 권면하는 내용이다. 물론, 규준은 강행규정(hard law)이 아니라 연성법(soft law)이므로 강제성은 없다.

포스코에서 2006년부터 사외이사가 이사회 의장을 맡을 뿐만 아니라 이사회 의장의 임기도 1년으로 제한되므로 대표이사에게 과도한 힘이 실리는 것을 회피하는 동시에 이사회 의장에게 힘이 쏠리는 것도 미연에 예방하는 장치를 두었다.

연임의 대상이 되는 사외이사일 경우는 임원추천위원회 위원은 될 수 없도록 흔히 언론에서 공격하는 '셀프연임'의 가능성은 제한하였고 이는 너무도 당연한 것이고, 연임의 대상이 되는 사외이사도 당연히 이사후보추천위원회의 추천을 받아야만 연임이 가능하며 자동적으로 연임이 결정되는 것이 아니다. 과거에 연임이 진행되지 않은 경우도 있지만 첫 임기 3년은 회사에 대한 학습하는 기간이라고 본다면 연임 이후의 3년 기간이 실제로 회사 경영에 도움을 줄 수 있는 기간이라고도 판단할 수 있다. 또한 이미 제도적으로 연임이 6년으로 제한되어 있어 흔히 언론에서 비판하는 entrenchment 현상도 발생할 경우가 없다. 물론, 연임도 entrench다라고 비판할 수는 있지만 그럼에도 사외이사 활동에 경험 및 학습도 필요하다. 첫 임기 기간을 학습하는 기간으로 그 다음 연임 이후의 임기 기간을 실제로 안목을 가지고 회사에 도움을 줄 수 있는 기간으로 생각할 수 있다.

일부 기업은 사외이사의 임기를 2년 또는 3년으로 정하면서 사외이사들이 동시에 퇴임하는 것을 미연에 방지하려고도 한다. 해당 회사에 경험 있는 사외이사들의 역할을 기대할 수 있기 때문이다. 그럼에도 불구하고 중간에 사퇴하는 사외이사가 있을 수도 있으므로 회사 생각대로 사외이사 교체 패턴이나 싸이클이 가는 것은 아니다.

이슈는 전문성을 요구하는 사외이사를 선임할 때, 동일 전문성을 가진 현 사외이사가 이추위의 위원이 되어서 후임자 결정에 참여해야 하는지 아니면 독립성을 유지한다는 차원에서 동일 전문성의 사외이사는 이추위의 위원이 되어서는 안되는지가 이슈이다. 후자의 경우는 공정성의 달성을 위해서 전문성이 희생되는 결과이다.

포스코홀딩스의 경우, 정관에는 사외이사를 8인 이내로 둘 수 있지만, 오랫동안 7인의(2024년에는 한 사외이사의 사임으로 6인으로) 사외이사로 구성하고 있는데 그 중에 전문성이 있는 사외이사는 법 전문가, 회계 전문가, 환경 전문가, 금융, 산업계(기술/과학/공학 전문가)일 것이다. 예를 들면 산업 전문가도 전문가의 영역이기는 하지만 어떤 특정 영역으로 구분하기에는 산업 전문가는 너무 일반적이고 broad하다. 최근에는 산업 전문가로는 경제쪽 공무원 출신이거나 아니면 경영자 출신이 맡는 경우가 다수였다.

이들 전문성이 있는 사외이사가 임기를 마치는 시점에 이추위의 위원으로서 후임자의 결정에 관여하여야 한다는 주장은 전문성에 방점이 가 있는 제도이며 임추위의 위원으로서 후임자 결정에 관여, 후임자를 낙점하는 듯한 모습은 안된다는 주장은 공정성/독립성에 방점이 가 있는 주장이다. 물론, 동일 전문성을 가진 사외이사가 이추위 위원이 되더라도 이추위 위원장은 될 수 없도록 최근 결정되었다. 후임자 낙점과 관련된 우려 때문이다.

우리사회는 네트워크 사회라서 예를 들어, 현 회계 전문가가 후임 회계 전문가의 선임에 관여한다면 후보자와 어느 정도는 교분이 있을 수 있고, 따라서 현 회계 전문가가 이추위에 관여하면 후임자를 낙점하고 나간다는 의심을 받을 수도 있다. 그러나 이런 식으로 네트워크를 모두 부정한다면 비 전문가 사외이사들이 이추위를 구성하고 전문성을 잘 모르는 상태에서 회계 비전문가들이 회계 전문가를 선임하라는 것인데 이 또한 바람직하지 않고 전문성을 무시한 처사이다. 회계에서도 하부 전공이라는 것이 있고, 더더욱 법은 더 상세하게 전공이 구분된다. 포스코홀딩스의 경우는 2024년 현재 직전 법 전문가도 또한 현 법 전문가도 통상쪽 법 전문가이다.

또한 회사에서 희망하는 전문성이 무엇인지도 중요하다. 회계라고 해도 재무회계, 관리회계, 세무회계, 회계감사 등의 구분된 세부 전문성이 있다.

이러한 모든 것이 전문성과 독립성과의 절충이다. 과거 인선 자문위원회가 사외이사 한 포지션에 대해 3인(2024년부터는 5인)의 사외이사 후보를 추천하는 과정에는 서치펌의 도움도 받는다. 이 과정에는 인재경영팀과 경영전략팀의 실무자들이 개입할 것이므로 이러한 점까지 고려한다면 회사의 실무자가 완전하게 배제된 서치 과정도 아니라고도 할 수 있다. KT의 경우 사외이사 선임을 위한 인선 자문단과 대표이사 사장을 위한 선임 과정 중에도 별도의 인선자문단이 구성되어 4배수로 후보를 좁히는 과정에 까지 인선 자문단이 개입하게 된다. 이에는 장단점이 있다.

인선 자문단은 비공개로 운영되므로 청탁을 배제할 수 있지만 사외이사의 경우는 명단이 공개되므로 청탁에 노출될 수밖에 없다. 인선자문단의 역기능은 사외이사들에게는 주주가 회사의 경영을 주주로부터 위임 받아 수행하도록 이미 업무가 맡겨진 것인데, 이 업무를 다시 인선자문단에게 위임하는 것이 옳은지의 의문이다. 맡겨진 일을 하지 않는다는 것은 무책임하다고도 공격받을 수 있다.

단, 외부 인사들로 하여금 한번 filtering 과정을 거치면서 사외이사 자기들만의 league를 형성한다는 비판으로부터 자유로워질 수 있고 공정성이 확보된다고도 할 수 있다.

또한 서치펌의 business model은 본인들이 추천한 후보 중에서 사외이사로 선임이 되면 이에 대해서 fee를 받게 되는 구조이므로 회사 측이 희망하는 사외이사를 추천할 가능성도 배제할 수 없다. 물론, 제도를 아무리 완벽하게 만들려고 해도 완벽한 제도는 이 세상에는 존재하지 않는다.

KB금융지주와 포스코홀딩스는 임추위(금융회사지배구조법에서 정한 위원회의 명칭이 임원후보추천위원회, 포스코의 경우는 이사후보추천위원회: 이추위)에서 직접 후임 사외이사를 선임하는 과정을 거치는 것이 아니라 사외이사가 아닌 학계, 금융계, 법조계 및 산업계 5인의 사회 명망가로 구성된 사외이사후보추천 자문단에서 일단 3인(포스코의 경우는 2023년부터 5인)의 후보를 이추위에 추천한다. 2024년에는 이추위가 참고할 수 있는 순위를 정해서 추천하였다. 이추위는 이들 5인의 후보 중에 순위를 정해 후보자를 접촉하게 된다. 이렇게 진행이 되니 이추위가 사외이사 후보 추천에 절대적인 권한을 가지고 있는 것도 아니다. KT도 사외이사에 대한 이추위의 구성 과정에서 5인의 인선자문단의 도움을 받앉는데 두 헤드헌터로부터 각각 10명의 후보를 추천받아 20명 중에서 이사회가 5인의 인선자문단을 선정했다고만 알려져 있지 더 상세한 내용은 공개되지 않았고 이들이 KB나 포스코와 같이 임기가 있는 자문단인지도 명확하지 않다.

2024년에 진행된 포스코 기업지배구조 개선 TF 작업은 모 외국계 컨설팅회사가 수행하였는데 이들은 인선자문단이 좀더 심층적인 면담 즉, socializing을 통해서 후보자를 추천할 수 있는 대안을 사외이사 회의에 제시하였다. 사외이사 회의는 이러한 대안에 대해서 부정적인 입장이었는데 일단, 대면 과정을 통해서 인선자문단이 후보자들을 접촉하게 되면 인선자문단의 신분이 노출되게 된다. 또한 평판도 조사를 통해서 어느 정도는 후보자들이 주변에 어떤 평가를 받고 있는지를 파악하게 되는데 대면 면접을 한다고 해서 이러한 평판도 조사 이상의 정보를 구할 수 있을지도 의문이다. 사외이사들의 신분이 노출되어 청탁의 대상이 되는 것은 어쩔 수 없지만 인선자문단은 회사의 공식적인 체계 안에 들어와 있지 않으므로 비공개로 유지되는 것이 옳은데 socializing의 과정을 거친다면 인선자문단의 보안이 유지될 수 없다.

포스코홀딩스의 5인의 자문단의 경우, 5년의 임기로 활동하게 된다. 물론, 자문단을 추천하는 업무도 이추위가 수행하지만 자문단의 면면을 보면 이미 사회 원로 반열에 올라간 인사들로 사적인 이해를 얻기 위해서 정치적인 판단을 할 인사들이 아니다. 어떻게 보면 사외이사들보다도 더 사회적으로 명망가라서 이해관계자를 추천하면서까지 본인의 명성에 누가 되는 일을 할 만한 정도의 인사들이 아니다. 예를 들어 법 전문가라고 하면 반드시 그런 것은 아니지만 대법관이나 헌법재판관 경력자 정도가 후보자가 될 수 있다. 즉, 실력, 인품과 능력이 이미 입증된 경우만 인선자문단 후보로 추천될 수 있다.

2023년까지는 자문단이 최종 후보 3인을, 2024년부터는 5인을 이추위에 추천하였으므로 이추위의 역할은 이렇게 추천된 후보자 중에 1인을 낙점하게 된다. 이런 방식으로 후보자가 확정되면 자문단과 임추위 중, 자문단이 더 주도적인 역할을 수행한다고도 할 수 있으므로 포스코홀딩스는 2023년부터는 자문단이 5배수까지 사외이사 후보를 확정하고, 이추위는 이들 5인 중, 1인을 낙점하거나 1위 후보자가 고사하는 경우도 있으므로 후보자들의 순서를 정해 후보자들에게 제안을 하게 된다. 물론, 여러 가지 사정으로 인해서[40] 후보자가 고사하게 되면 그 다음 순위 후보로 추천하게 된다.

따라서 자문단이 5인을 추천하고 이추위가 그 중에서 순위를 정해서 사외이사를 제안하게 되며 3인을 추천하였던 과거 관행에 비해서 이추위가 더 많은 권한을 갖게 된다. 결국 이렇게 인선 자문단을 거치는 과정은 인선 자문단과 이추위가 협력하여 사외이사 후보자를 확정하는 과정이라고 이해할 수 있다.

독립성을 확보하기 위해서 이렇게 사외이사 추천과정을 두 단계로 운영하는데 결국 자문단 위원을 추천하는 것도 이추위 위원이니 이 또한 완벽한 제도는 아니라는 비판도 있지만 제도를 어떻게 운영하든지 간에 언제든지 비판은 있게 되며 누군가는 의사결정을 수행해야 한다

KB금융지주도 그렇고 KT, 포스코홀딩스도 기밀을 유지하기 위해서 인선 자문단은 비공개로 진행한다.

---

40 이미 상장회사 포함 2개 회사에 사외이사로 내정이 되어 있거나 추천 당시 사외이사 활동을 수행하고 있으면 사외이사 선임이 불가할 것이며 또한 이러한 경우가 아니더라도 현재 사외이사를 맡고 있는 기업과 포스코홀딩스 간에 이해 상충이 있다고 양 회사 중, 어느 회사라도 판단한다면 이 경우는 겸직이 불가하다. 또한 이미 사외이사 제안을 승낙하면서 이미 두 회사의 사외이사가 채워진 경우도 있다.

chapter

50

최고 경영자 승계 관련
의사결정 절차

최고 경영자 승계 관련 의사결정 절차

최고 경영자 승계 관련 정책[41]에 대해서 기술한다.

포스코홀딩스 대표이사 회장은 정관 제29조 대표이사 회장의 선임에 관한 조항에 의거, 사외이사만으로 구성된 CEO 후보 추천위원회의 자격심사를 거쳐 이사회가 해당 후보를 주주총회에 추천하고 있다. 즉, 과거에는 승계 council → CEO 후보 추천위원회 → 이사회를 거치게 되었는데, 2023년 12월의 이사회 에서 승계 council을 폐지하게 된다. 즉, 대표이사 회장은 본인이 연임의 뜻이 없을 경우에는 승계 council에서 활동을 하게 되어 있었지만 승계 council이 폐지되고 CEO 후보 추천위원회로 이관된 이후에는 현 대표회장은 차기 대표 이사 선임과정에서 빠지게 된다. 즉, CEO 후보 추천위원회를 구성하는 사외이 사들이 요구한다고 하면 이 위원회에 배석하여 후보자들에 대한 의견을 표명할 기회를 가질 수는 있지만 이는 전적으로 CEO 후보추천위원회가 의사결정할 사안이다. 사내 후보자의 경우, 현 CEO만큼 사내이사들의 역량에 대해서 더 잘 평가할 적임자를 찾을 수는 없겠지만 그럼에도 현 CEO의 사심이나 편향이 개입되지 않으리라고 하는 보장이 없으므로 현 CEO의 의견을 묻는 것은 고민 해 보아야 한다.

어떻게 보면 현 대표이사 회장 본인이 후보였다고 하면 CEO 후보 추천위원 들이 현 대표이사 회장의 의견을 청취하기는 어렵지만 현 대표이사 회장 본인 이 처음부터 후보가 아니었다고 하면 의견을 청취하는 것도 가능한 것 아닌지

---

41 포스코 기업시민보고서 2021년과 관련된 내용인데 2024년부터는 지속가능보고서 명칭으로 간행된다.

에 대해서는 더 많은 고민이 필요하다. 공정성 관련된 논란이 두려워, 가장 좋은 정보의 원천을 잃게 되는 누를 범할 수 있다.

주주총회에서 해당 후보를 사내이사로 선임한 후, 이사회에서 대표이사를 호선하면 대표이사 회장 승계 절차가 종료된다. 본 과정에서 독립적이고 투명한 대표이사 회장 선임을 위해 이사회가 경영승계의 기본 정책과 프로세스를 담당한다. 전원 사외이사로 구성된 CEO 후보 추천위원회에서 세부 자격 심사 기준 수립 및 이사회가 정한 후보군을 대상으로 다면적이고 심층적인 자격 심사를 함으로써 기관 간 역할과 권한을 분리한 경영 승계 프로세스를 운영하고 있다. 특히 2022년 5월에는 승계 과정에서의 외부 영향을 차단하고, 더욱 공정하고 투명한 승계 프로세스를 구축하기 위해 이사회가 정한 자격요건인 'CEO 후보 기본 자격 요건'을 신설했다.

2022년 KT의 대표이사 사장 선임 시 문제가 되었던, 현 대표이사가 연임의 뜻을 밝힐 경우는 경선 없이 연임 의사결정을 수행하고 연임이 승계 council에서 확정되면 연임이 확정되는 절차는 공정성이 확보되지 않는다는 판단 아래 포스코홀딩스의 경우도 폐지하게 되었다. 또한 현 CEO가 연임의 뜻을 보이지 않는 경우 승계 council에서 활동하게 되고 의결권을 갖는 제도도 현 CEO가 후임자를 낙점하고 나가는 것으로 해석될 수 있다고 해서 이 제도 또한 폐지되었다. 승계 council 자체가 폐지되었으니 CEO가 승계 council에서 의결권을 가지고 후계자를 선임하는 과정에 관여할 수 있는 기회도 원천적으로 폐지되었다.

생각해 보면 현 CEO가 연임의 뜻이 있을 경우, 현 CEO만을 두고 연임 자격이 되는지를 심사하였던 승계 council이라는 제도가 크게 잘못된 제도라고 생각되지는 않는다. 이미 CEO후보추천위원회를 거쳐서 최초 선임되었던 후보자이니 임기 동안에의 업적을 판단하여 연임 여부를 우선적으로 판단해 준다는 것인데, 외부에서 이 제도를 비판하는 근거는 incumbent(현 재임자)에게 기득권 혜택을 준다는 차원에서는 공정하지 않고, 단점이 있는 제도라는 것이다. 외국의 경우도 현 CEO가 업적이 좋을 경우는 매우 오랜 기간 CEO 업무를 수행하게 된다. 후임자가 다른 사람이 온다고 해서 현 CEO의 경우와 같이 업무를 성공적으로 이어간다는 보장이 없기 때문이다. 그리고 CEO 선임과정 자체가 매우 중요한 과정이기는 하지만 동시에 매우 소모적이기도 하다. 해외 IR을 나가면 현재 재임자가 성공적으로 경영활동을 수행하는 경우는 왜 군이 바꾸려 하는지에 대한 의문이 제기되기도 한다고 한다.

필자가 근무하는 연세대학교에서는 다음과 같은 일이 있었다. 2024년 2월부터 총장의 임기가 시작되었는데 2023년 가을학기부터의 차기 총장 선임과정에서 직전 총장이 연임의 뜻을 표하였고 재단에 8명 중의 1인 총장 후보자로 등록하게 되었다. 8명 후보자에 대해서 교수평의회가 간선을 거쳐서 총장 후보자 5명을 최종적으로 선발하게 되었는데 현 총장의 경우, 이와 같은 1차 선발 과정을 건너뛰고 최종 후보 5명에 선임되었다. 다른 후보자들은 공정한 경선이 아니라는 의견을 내기도 했지만 총장 선임에 있어서의 고유 권한을 갖고 있는 재단의 입장은 이러한 특혜가 일단 1차 후보자 5명에 선정되는 것 뿐이고 그 이상도 아니니 이 정도의 기득권은 인정한 것이다.

CEO 후보 기본 자격 요건 (기업시민보고서에서 인용)

1. 포스코그룹 CEO 후보군은 육성 프로그램을 거친 자 또는 포스코그룹 주요회사에 준하는 글로벌 기업 최고 경영진의 경륜을 갖춘 자로서, 최근까지 경영일선에서의 경영 감각을 유지한 자를 대상으로 한다.
2. 또한, 후보자는 경영 전문성과 리더십, 도덕성을 갖추고 포스코그룹의 비전과 가치를 공유하며, 주주의 이해관계자의 장기적 가치 창출에 기여할 수 있는 자이어야 한다.
3. 다만, 이사회 고유의 CEO 선임 권한에 부당하게 영향을 끼치려하는 등 포스코그룹의 독립경영을 저해할 우려가 있는 자는 후보에서 제외한다.

2024년 3월 주총에서 차기 회장으로 확정된 장인화 회장의 경우는 선임 시점에 고문직을 맡고 있어서 이러한 고문직이 최근까지 경영일선에서의 경영 감각을 유지한 자인지에 대한 문제를 언론에서 제기하기도 하였다. 고문이라는 포지션이 원래 후임자들에게 자문을 해 주라는 의미의 포지션인 것은 맞지만 고문직에 대해서 이와 같이 고지곧대로 해석하는 경우는 거의 없을 듯하다.

최종적인 CEO 후보의 자격으로는 ▲ 경영역량, ▲ 산업전문성, ▲ 글로벌역량, ▲ 리더쉽, ▲ integrity/ethics로 회장후보추천위원회는 언론 보도를 발표하였다.

상기 자격 요건 외에 기타 경영여건에 따라 감안해야 할 구체적이고 세부적인 자격 요건은 이사회에서 추가로 정할 수 있다.

첫 번째 조건은 이미 포스코에서 퇴사한 지 오래된 전직 임원이 come back을 시도하려는 데 대한 어느 정도의 제약을 둔 것이다. 물론 최근 퇴임한 임원 중에 능력과 자격이 되면 후보자가 될 수는 있지만 물이 아래로 흘러가듯 세대교체라는 대의명분도 무시할 수 없는 시대의 흐름이다.

세 번째 조건은 대선 캠프나 정치권의 도움을 받아 대표이사가 되려는 시도를 미연에 방지하기 위함이다. 정치권의 도움으로 대표이사 회장이 되는 경우, 정권이 바뀌면 리더십이 흔들릴 소지가 있다. 또한 포스코홀딩스의 최대주주인 국민연금을 통한 정부의 낙하산인사를 미연에 방지하려는 의지의 표명이기도 하다. 정치권과 가까운 인사가 회장 또는 사외이사로 선임된다면 정치권으로부터 포스코의 독립성을 지켜내기 어렵다.

포스코가 유지/관리하고 있는 사외이사 후보 pool은 기업시민보고서에 따르면 다음과 같다. 600명이 포스코 사외이사 pool에 포함되었다는 것은 거의 알 만한 사람은 거의 모두 pool에 포함되어 있다고 판단된다.

2022년 12월 기준

전체 640, 여성 118

금융계	38	6
회계	100	13
산업계	156	27
학계	158	35
법조계	102	24
공공부문	86	13

이사회를 특정 성으로 구성할 수 없다는 규정 때문에 여성 후보자를 별도 관리하는 것도 의미가 있다.

일부에서는 성으로만 사외이사들의 다양성을 추구할 뿐만 아니라 기능, 연령대 별로도 다양성이 추구되어야 한다는 주장을 하기도 한다, 한국 기업에서 가장 선호하는 사외이사 연령 때는 50대 중후반과 60대 초반일 듯하다. 단, 이 연령대의 경우 risk averser일 가능성이 매우 높다. 예를 들어 벤처기업이나 코스닥 소규모 기업의 경우의 사외이사는 연령대가 매우 낮을 것이며 그렇기 때문에 risk seeker가 될 가능성이 높다. 즉, fast follower보다 first mover가 될 가능성도 높다고 판단된다. 또 기능별로도 경영현장에서 경험이 있는 경영자가 있을 수도 있고 이론에 밝은 학자가 사외이사일 수도 있으니 기능별로 다양할 수 있다. 다양한 경험과 생각을 가진 사외이사들이 이사회를 구성할 때, 의사결정 과정에서 여러 가지 다른 생각과 의견이 공유될 수 있다. 예를 들어, 국가의 기간산업인 철강업이 주된 산업인 포스코의 경우는 정부에 대한 대관 업무도 무시할 수 없으면 이러한 업무에는 공무원 출신의 사외이사가 도움이 되는 조언을 해 줄 수 있다.

한국경제신문. 2024.7.15. "소수자라고 뽑을 필요 없다" 미 기업 인사원칙서 '형평성 제외'

미국의 최대 인사관리 전문가 조직인 인적자원관리협회(SHRM)가 미국 기업의 인사 원칙으로 꼽혀 온 다양성 형평성 포용성(DEI)에서 '형평성' 요소를 삭제하기로 했다.

SHRM은 13일 링크트인 게시물을 통해 "미국 고용주들이 DEI 인사 원칙에서 포용성과 다양성에 우선 순위를 두도록 권장한다'고 발표했다. 기존 DEI에 포함돼 있던 형평성 원칙을 삭제한 것이다. SHRM은 회원 34만 명을 보유한 미국 내 최대 조직으로 1940년대 미국 인사 실무자들이 모여 세웠다.

형평성은 회사가 직원 간 격차를 해소하고 공평한 경쟁 환경을 조성하기 위한 조치를 취해야 한다는 개념이다. SHRM은 형평성 언어에서 벗어나 모든 직원이 차별받지 않도록 하기 위해 이런 결정을 내렸다고 설명했다. 특정 그룹 근로자가 우대받는 것처럼 보이는 역차별 문제를 해결하겠다는 의미로 풀이됐다. SHRM은 "그간 DEI 프로그램은 여러 곳에서 사회적 반발을 초래했다"며 "이제 포용성을 우선시함으로써 DEI 원칙의 단점을 해결하고자 한다"고 강조했다. 이어 "형평성이 중요하지 않음을 의미하는 것이 아니라 포용성의 정의에 형평성이 포함돼야 한다"고 주장했다.

반발도 거세다. 최근 대형 은행과 컨설팅 회사를 중심으로 다양성 채용 노력이 축소되는 와중에 기업 인사 관련 핵심 단체가 퇴행적 결정을 내렸다는 것이다. 월스트리트저널은 "미국 연방 대법원이 지난해 대학 입시에서 교육의 다양성을 위해 소수 인종을 우대하는 정책인 이른바 '적극적 우대정책'에 위헌 판결을 내린 뒤 다양성 옹호론자의 위기 의식이 커지고 있다"고 전했다.

민간 기업의 DEI 원칙에 입각한 채용 노력 역사는 1960년대 민권 운동에 뿌리를 두고 있다. 2020년 흑인 청년 조지 플로이드의 사망 사건을 계기로 '블랙 라이브스 매터(BLM)'운동이 확산하자 DEI가 다시 주목받았다. 그러나 "소수자의 권리가 과다 대표되는 역차별 문제가 발생한다"는 지적이 꾸준히 이어지면서 주춤해지는 형국이다.

적극적 우대 정책은 영어로 affirmative action으로 대학 입학시에도 인종간에 형평성을 유지해야 한다는 오래된 정책이다. 단, 이러한 정책 덕분에 특정 인종이 오히려 혜택을 입게 되고 소위 미국 사회에서 주류(main stream)라고 할 수 있는 백인 남성들이 오히려 역차별을 입을 수 있다는 반론이 있는 미국 사회에서 오랜 기간 논란의 대상이 된 정치적으로 민감한 정책이다.

위의 내용은 성별로 접근하는 경우인데, 글로벌 이사회의 경우 멤버의 임기에 대해 연령 제한(86%)이 있는 경우가 다수이며 평균 퇴임 연령은 75세(51%)로 나타났다. 외국에서 연령으로 임기를 제한하는 것이 특이하기는 하다. 영국의 일부 기업은 72세로 연령 제한을 두기도 한다.

chapter

51

이사회의 재무제표와 배당 확정

이사회의 재무제표와 배당 확정

재무제표 승인권한은 상법 제449조에 따라 주주총회에 있으나, 정관에 근거 규정 구비, 감사위원 전원의 동의, 외부감사인의 적정의견 등 세가지 요건을 모두 충족한 경우 상법 제4492조의2에서 따라 재무제표를 이사회에서 승인할 수 있다. 감사위원회가 설치되어 있지 않은 기업의 경우는 당연히 상근감사의 동의를 필요로 한다.

포스코에서는 2012년 3월 재무제표를 이사회에서 승인하는 것으로 정관 개정을 검토하여 주주총회에 부의하는 것으로 보고하였으며, 그 해 주총 소집공고를 통해 해당 내용을 공시한 바 있다. 그러나 실제 주주총회에서 해당 안건이 주주들의 반발로 수정 가결됨에 따라 재무제표의 승인 권한을 주주총회에서 이사회로 조정하는 내용은 최종 삭제 처리 되었다[42].

실제로 이사회에서 재무제표를 승인하는 경우는 상당히 적다. 포스코홀딩스 포함 국내 시가총액 상위 20개사는 주주권리 제고 측면에서 모두 재무제표를 이사회가 아닌 주주총회에서 승인하고 있다. 물론, 정관에는 이사회에서 재무제표를 확정할 수 있도록 개정해 두고 실제적으로는 주주총회에서 재무제표를 확정한다면 정관 개정은 왜 했던 것인지에 대한 의문을 가질 수 있지만 이는 재무제표가 확정되는 시점의 감사위원회가 어떤 입장을 취하는지에 의해서 결정된다. 외부감사인이 적정의견을 표명할 확률이 거의 95%가 넘기 때문이다.

2022년 한국상장회사 협의회에서 12월 결산 코스피 상장사를 대상으로 실시

---

42 전자공시시스템 2012년 2월 23일 주총소집공고 및 2012년 3월 16일 정기주총결과 공시 내용 참조

한 설문조사(응답율 45%, 351개사 참여)에 따르면 정관상 재무제표 승인권한이 주주총회에 있는 회사는 71%인 248개사, 정관상 이사회에 있는 회사는 29%, 103개사이며, 정관상 이사회에 있는 회사 중 실질적으로 이사회에서 최종적으로 재무제표를 승인한 회사는 13%에 불과한 45개사로 나타났다.

따라서 정관상 이사회가 재무제표에 대한 승인 권한을 가지고 있더라도 87%의 회사는 주총에서 재무제표를 승인하고 있다.

이렇게 진행하는 사유가 위에 기술된 세가지의 조건 중에서 감사위원 3인이 모두 동의가 안 되어서 일 수 있지만 이에 대한 통계치는 접근 가능하지 않다.

우리가 표본으로 삼고 있는 미국 기업들일 경우, 재무제표 확정은 이사회 결의로 진행되는데 그렇다면 우리와 미국의 기업 환경 간에 어떠한 차이가 있어서 이러한 차이가 발생하는지는 의문이다.

이러한 경향은 ESG가 화두가 되면서 최근 경제계의 관심이 주주 자본주의보다는 이해관계자 자본주의로 이동하는 추세가 읽히는데도 불구하고, 우리나라의 기업지배구조에서는 주주들은 배당 의사결정권한을 존중하고 있다. 이는 주주 중심 경영으로 이해할 수 있어서 이해관계자 자본주의가 아직 일반적인 대세는 아니라는 판단을 할 수 있다.

이는 의결권 자문기관의 의견에도 영향을 받은 결과로 보인다.

ISS, Glass Lewis등 글로벌 의결권 자문사뿐만 아니라 국민연금 및 한국 ESG연구소도 재무제표 승인권한을 주주총회에서 이사회로 조정하는 정관 개정안에 대해 회사의 배당을 승인할 주주의 권리를 박탈하는 것으로 간주하여 모두 반대 권고를 하고 있다.

머로우소달리(morrow sodali)라는 기관은 ISS, Glass Louise와 같이 의결권 자문만 하는 것이 아니라 기업지배구조와 관련된 연중 자문을 해 주는 미국회사이며 한국 지사를 운영 중이다.

물론, 이사회에서 재무제표를 확정하는 데 대한 장점은 신속한 의사결정이다. 예를 들어 대우조선해양의 경우와 같이 결산연월일 수년이 지난 이후에 재무제표를 재작성하는 회사가 있을 수 있다. chapter 47에서 기술되었듯이 재무제표 재작성을 이후의 주총에서 의결한 경우도 없었고, 재작성 대상이 되는 시점의 주주를 소급해서 그 주주를 대상으로 주총을 개최하는 것도 현실적으로 불가능하다.

다만, 상법에서 이사회 재무제표 확정의 옵션을 허용하는 개정 시 어떠한 취지로 상법이 개정되었는지를 확인하기 어렵다.

실제, 이사회가 상정한 재무제표가 주주총회에서 부결되는 경우는 거의 없다고 보면 될 것이다. 주주총회에서 상정된 안건이 부결되는 경우는 아마도 다수가 이사 선임일 것이며 재무제표 확정이 부결되는 경우는 이익잉여금처분계산서에 포함된 배당 의사결정일 수는 있다.

미국은 SOX(Sarbanes Oxley Act) 제302조, 제404조, 제906조가 매우 엄격하게 작동하여 CEO & CFO가 재무제표를 법적으로 확인하게 되어 있어서 분식회계의 가능성 및 위험이 매우 낮다. 만약 CEO/CFO가 확인한 재무제표에 문제가 생기면 실제로 감옥에 가는 것을 포함 책임의 범위가 매우 크고, 회사도 거액의 벌금을 물게 된다.

따라서 CEO/CFO가 형사적 책임을 전제로 확인한 재무제표를 이사회 BOD가 승인하는 것으로도 미국에서는 큰 리스크가 없다고 생각한다. (under the internal compliance system with credibility) 미국은 white color crime에 대해서도 매우 강하게 조치하는 것으로 알려져 있다. 반면, 국내에서는 white color crime에 대한 형벌이 상대적으로 관대하다. 엔론사의 CFO는 20년이 넘는 기간 동안 감옥에서 복역을 했다.

한국의 경우, 한국 기업 내부의 관점에서 보면 재무제표에 대해서 이사회 차원에서 승인했다가, 나중에 분식회계 등 문제가 되면 법적책임을 이사회가 감당하게 되기 때문에 '주주총회' 승인으로 가려는 경향이 있을 수 있다. 주주총회로 수행할 책임 있는 의사결정을 왜 이사회가 부담을 가지고 법적 책임을 떠안는 지라고 생각하면 이사들 개인 차원에서는 이를 주총으로 넘기지 않을 이유가 없다고도 판단된다.

외국 투자자(ISS, 미국 투자자 등)의 입장에서 보면 한국기업이 이사회 차원에서 재무제표를 승인하게 되면, 분식 회계 유혹도 높고 또 관련 리스크도 높아진다고 생각한다. 즉 다시 말해 한국 기업 회계 투명성에 대한 불신일 수도 있고, 이사회의 독립성에 대한 불신일 수 있다.

따라서 이사회 차원에서 승인하지 않고 주주총회에 부의하는 것이, 나름 이사회와 소속된 이사 개인의 보호막을 높이는 상황으로 판단할 수 있다. 다만,

아래의 국민연금의 반대 의결권 행사 설명에 보면, 이러한 고려도 일부 있지 않나 추측해 본다.

"(국민연금) 정당한 사유 없이 주주총회 결의사항을 이사회 결의사항으로 변경하는 안에 반대한다."

Glass Lewis의 견해는 다음과 같다. 물론 특정 기업(포스코홀딩스)의 IR부서에 전달한 의견이지만 참고할 만하다.

한국 상법에서 재무제표 및 이익배당은 (제449조 및 제462조) 원칙적으로 주주총회에서의 승인이 필요하며, 상법 제449조의2(재무제표 등의 승인에 대한 특칙)는 조건부로 재무제표 및 이익배당이 이사회 결의가 가능한 경우이다. 일본, 프랑스 등에서도 원칙적으로는 이익배당을 주주총회에서 승인받도록 하고 있다.

이는 미국의 주회사법상 회사의 업무집행권을 이사의 전결사항으로 보며, 배당결정권한도 이사회에 있으므로 주주제안으로 배당금을 제안하는 것도 불가능한 것과는 대조된다.

또한 미국 시장 등에서 통용되고 있는 주주이익의 원칙과 이익배당에 관한 주주보호제도가 한국 시장에서는 충분히 마련되어 있지 않으므로, Glass Lewis는 주주가 회사의 감사보고서 및 배당정책을 검토하고 최종 승인을 할 수 있는 기회는 여전히 주어져야 하며, 주주가 우려할 만한 사항이 있을 경우 주주총회에서 주주가 의견을 표명할 수 있어야한다고 생각한다.

chapter

52

공동/각자 대표

chapter
52

공동/각자 대표

대표이사가 복수인 회사가 있다. 공동 대표이사이거나 아니면 대표이사 본인이 맡은 영역에 대해서만 책임을 지게 되는 각자 대표이사제도이다. 공동 대표이사라고 하면 동일 결제 건에 대해서 복수의 대표이사가 모두 결재를 하여야 이 결재가 승인되는 것이고 각자 대표라고 하면 본인이 맡은 영역에 대해서만 결재 권한이 있고 또한 책임이 있다. 이 둘 모두는 단독 대표이사제도에 대한 반대되는 성격의 제도이다. 대표이사는 회사를 대표하므로 대표이사의 법적인 책임 범주는 매우 중요한 의사결정이다.

일부 기업은 아예 정관에 복수의 대표이사가 있는 경우 공동 대표인지 아니면 각자 대표인지를 규정하고 있다. 이 경우는 복수의 대표이사가 선임될 때, 정관에 따라 각자 또는 공동 대표이사가 결정된다. 정관에서 이를 규정하지 않는 회사일 경우는 복수의 대표이사가 선임될 때, 이사회에서 공동대표인지 아니면 각자대표이사인지를 정해주어야 한다고 판단할 수 있다.

아래의 신문기사는 최대주주들이 대표이사로 선임되더라도 중대재해법 등의 법률에 의해서 과도한 책임을 지게 되는 공동대표나, 또는 위험이 있는 부문의 각자 대표를 회피하고 등기를 한다고 기술하고 있다.

매일경제신문. 2022.2.21. 현대모비스, 롯데케미칼, GS칼텍스... 각자 대표로 '안전경영' 강화

10대 그룹에서 대표이사를 맡고 있는 오너 경영인은 12명이다. 그룹 회장이 대표이사인 기업은 현대차, SK, LG, 롯데, GS 등 5개 그룹이다.

정의선 현대자동차그룹 회장은 현대차와 현대모비스, 최태원 SK그룹 회장은 SK(주), 구광모 LG그룹회장은 (주) LG, 신동빈 롯데그룹회장은 롯데지주, 롯데제과, 롯데케미칼, 허태수 GS그룹 회장은 (주)GS 대표이사다.

전문경영인인 권오갑 현대중공업그룹 회장은 현대중공업지주 대표다.

4대 그룹은 삼성을 제외하고43 모두 그룹 회장이 대표이사 직함을 갖고 있다. 삼성의 경우 이부진 사장이 호텔신라 대표다.

한화와 신세계그룹 회장은 미등기 임원이다. 김승연 한화그룹 회장은 (주)한화, 한화솔루션, 한화건설 미등기 임원이며, 이명희 신세계 그룹회장은 신세계와 이마트 미등기 임원이다. 정용진 총괄부회장과 정유경 총괄부회장도 등기 임원이 아니다.

오너 대표이사가 가장 많은 그룹은 GS이다. 허태수 회장뿐 아니라 허용수 GS에너지 대표, 허연수 GS리테일 대표, 허세홍 GS칼텍스 대표 등 이 각 회사 대표 최고경영자다.

SK는 최태원 회장 사촌동생인 최창원 부회장이 SK디스커버리 대표이사다. SK디스커버리는 SK케미칼, SK가스, SK플라즈마 등을 자회사로 갖고 있는 지주회사다.

창업주 3세가 대표이사를 맡고 있는 회사도 있다. 김동관 사장은 한화솔루션 전략부문 대표, 정기선 사장은 현대중공업지주 한국조선해양 대표이사다.

오너 대표이사 12명 중 7명이 지주사 대표다. SK(주), SK디스커버리, (주)LG, 롯데지주, (주)GS, GS에너지, 현대중공업지주, 한국조선해양 등이다. 허용수 GS에너지 대표를 제외한 6명은 지주사 복수 대표다.

지주회사는 자회사 관리가 주 업무인 회사로, 제조 현장이 없다. 중대재해처벌법 관련 위험이 상대적으로 낮다. 제조업체 대표를 맡고 있는 오너 경영인은 정의선 현대차그룹회장, 신동빈 롯데그룹회장, 허세홍 GS칼텍스 대표다.

현대차, 현대모비스, 롯데케미칼, 롯데제과, GS칼텍스는 모두 단독 대표가 아닌 각자 대표이사 체제다. 한화솔루션의 경우 김동관 사장은 전략 부문 대표다. 제조 현장이 있는 한화솔루션 큐셀부문, 케미칼부문, 첨단소재부문은 전문 경영인 대표이사가 있다. 이부진 사장이 대표를 맡고 있는 호텔신라는 서비스업체다.

---

43 이재용 회장, 정용진, 정유경 부회장이 회장으로 승진하기 이전의 기사임.

위 기사 이후 정의선회장은 기아차 사내이사도 맡고 있다.

한 기업(포스코홀딩스는)은 정관(제32조 제2항)에 "각 대표이사 및 기타 이사 간의 업무분담에 관하여는 대표이사 회장이 정한다"를 근거로 '조직 및 책임권한 규정'을 사규로 정하여 업무 수행범위를 정하고 있다. 따라서 복수의 각자 대표이사의 역할이 어떻게 구분되는지는 이 규정을 검토하면 된다.

법인등기부등본에는 이사의 취임, 중임, 등기일을 기재하고 '업무 영역의 구분'은 별도 기재되지 않으며 대표이사가 각자 대표인 경우에는 "대표이사", 공동 대표인 경우에는 "공동대표이사"로 등기하고 있다.

참고로 법인등기부등본의 내용을 근거로 관할 세무서에서 사업자등록증을 발급받는데 각자 대표인 경우에는 대표자란에 각자대표라는 것이 명기되어 있다.

종합하자면, 법인등기부등본 및 사업자등록증에는 이사별 업무 영역을 정의하지는 않고 있으며 당사 이사의 역할구분은 정관에 따른 사내규정(조직 및 책임권한 규정)을 토대로 이루어지고 있다.

한화솔루션의 경우 김동관 사장은 전략 부문 대표다. 제조 현장이 있는 한화솔루션 큐셀부문, 케미칼부문, 첨단소재부문은 전문 경영인 대표이사가 있는데, 한화솔루션은 복수의 사업회사가 합병/분할 등을 통해 만들어진 회사로 합병/분할 전 사업회사의 전문성 강화 및 독립적인 의사결정을 위해 내부적으로 부문별 각자 대표이사 체제를 운영하고 있다.

참고로 지주회사인 (주)LG의 경우에도 각자 대표이사의 업무 영역은 별도로 구분하고 있지 않다. 이는 각자 대표이사의 업무 영역은 회사 내의 규정이나 사규로 규정됨을 의미한다.

따라서 각자 대표의 책임 영역 구분은 외부에서는 파악하기 어려우며 결국

책임의 이슈는 규정이나 사규에 의해서 대표이사 아래의 실무 직원들이 결재선을 어떻게 지정하는지에 따라서 누구의 책임인지가 정해진다. 물론, 법적으로 대표이사가 수행한 업무가 문제가 된다면 그 경우는 규정이나 사규에 의해서 누구의 책임인지가 확인될 것이며 또는 결재 문건에 있어서의 결재선에 의해서 책임을 규명할 수 있을 것이다.

공동대표 여부는 책임의 문제이기도 하지만 동시에 정보 공유의 문제이기도 하다. 공동대표로 복수의 각자 대표이사가 모든 결재 문건을 참조로 공유한다면 정보도 당연히 공유될 것이다. 각자 대표로 진행된다면 본인이 맡은 부문에 대해서만 결재 서류를 검토하게 된다면 다른 각자 대표가 맡은 부분에 대한 정보의 접근이 제한될 수도 있다. 물론, 회사 내 회의 등을 통해서 복수의 대표이사가 정보를 공유할 수도 있고 전자 서류 문건에 다른 영역의 각자 대표를 참조로 지정할 수는 있지만 그렇게 되지 않을 수도 있다.

물론, 공동대표이사는 복수 대표이사 간에 의사결정을 협의하게 되므로 신중한 의사결정이 된다는 장점도 있지만 복수의 대표이사 간 의견이 합치되지 않으면 의사결정 과정에서의 의견 대립이 있을 수도 있으며 또한 복수 대표가 회사에서 수행되는 모든 의사결정에 관여하게 되므로 선택과 집중할 수 있는 시간과 역량이 분산될 수 있다. 각자 대표가 전문화에 방점이 가 있다면 각자 대표 본인이 강점이 있고 전문화된 부문에 올인하는 것이 회사 차원에서 최선일 수 있다. 역할 구분을 하여 경영활동을 수행하는 것이 바람직하다고 하여 각자 대표를 세웠는데 모든 영역에서 협의를 요구하는 것도 바람직하지 않으며 이러한 것을 요구할 것이면 아예 공동 대표로 지정했어야 한다. 공동대표일 경우는 의사결정이 늦어질 수는 있지만 협의에 의해 의사결정이 수행되므로 신중한 의사결정이 수행될 가능성도 높아지며 의사결정 상의 오류 발생이 낮아질 것이다.

이는 어떻게 보면 joint venture에서 지분 투자를 수행한 회사 간에 의사결정하는 과정을 보면 된다. 지분이 낮은 회사의 의사결정 권한을 서로 간 협의하여 결정하여야 하는데 이사회 구성이 어떻게 되었는지에 따라서 의사결정의 주도권이 결정될 수 있다. 지분이 많은 회사가 대표이사를 맡을 가능성도 높고 이사회에서 더 많은 수의 이사회 seat를 차지하고 있을 가능성이 높기 때문에 소수 지분을 갖고 지분 투자한 투자자에게 veto권을 허용하기도 한다.

또는 지분 투자가 낮을 어떤 경우는 observer로서의 이사회 배석 권리를 얻기도 한다. 물론, 상법에 의하면 이사회에 참석하여 결의에 참여할 수 있는 권한은 이사와 감사에[44] 국한되지만 배석자는 의장의 승낙을 받아 의견을 표명할 수 있으며 해당 회사가 어떻게 진행되는지를 참관할 수 있다. 물론 이는 주주 간 계약에 의해서 진행될 수 있는 것이다.

(주) LG의 등기부등본 내용은 아래와 같다.

(주)LG '22년 사업보고서: 임원현황

성명	성별	출생년월	직위	등기임원여부	상근여부	담당업무
구광모	남	1978.01	회장	사내이사	상근	대표이사
권봉석	남	19763.09	부회장	사내이사	상근	대표이사

다음과 같이 점이 문제시 되었다[45]. 포스코홀딩스에는 각자 대표로 대표이사 회장과 대표이사 사장이 있다, 내부회계관리자가 내부회계제도 운영 실태를 감사위원회와 이사회에 보고하며 당연히 주주총회에도 보고한다. 내부회계관리제도 운영 실태를 보고하는 보고 주체도 대표이사 사장이며 이 문건에 서명하는 자도 대표이사 사장이니 주주총회에서 대표이사 회장이 주총 의장으로서 주총을 이끌게 되는 경우, 내부회계관리제도에 대한 보고를 함에 있어서 내부회계관리자인 대표이사 사장이 주주에게 보고해야 하는 것은 아닌지에 대한 의문이 제기되었고 합리적인 의문이다. 이에 대한 법적인 판단은 다음과 같다.

회사는 각자 대표이사 제도를 운영 중이며 각자 대표이사는 단독으로 회사의 영업에 관한 모든 행위를 할 수 있는

권한을 보유하고 있으므로 (상법 제389조 제3항 및 제209조 제1항) 각자 대표이사가 수인인 경우 내부적으로 업무분장을 할 수 있으나, 이러한 내부 업무분장이 대외적인 권한을 제한하지는 않는다.

---

44 감사에게 의결권이 있는지 아니면 배석할 수 있는 권한만 있는지는 회사마다 상황이 다르다.
45 2024년1월30일 감사위원회 보고내용

* 상장사협의회 유권해석('19.3월)도 동일, 법무법인 김앤장 검토 完

이에 따라, 내부회계관리제도 운영실태 보고서 서명자와 주주총회 보고자가 상이하더라도 법률적으로 문제가 없다.

외감법 제8조 제4항에 따르면 회사의 '대표자'가 주주총회에서 보고를 하도록 하고 있는데,

   (i) 상법상 각자대표이사는 개별적으로 회사를 대표할 권한을 가지고 있으며,

   (ii) 외부감사법상으로도 '서명한' 대표자가 보고를 해야 한다고 규정하고 있지 않으므로, 보고서에 서명하지 않은 대표이사도 주주총회에서 회사의 대표자로서 보고하는 것이 가능하다는 법적인 판단이다.

chapter

53

이연성과급

이연성과급

　금융회사 지배구조법 및 동법 시행령은 관련 법령에 따라 성과급을 총 4회 분할하여 이연지급하기를 의무화하고 있다. 즉, 당해연도와 미래 시점의 3년간 4회에 걸쳐 이연 지급하도록 강제한다.

　등기한 경영자들은 상법에 의해서 3년 이내의 임기를 갖게 된다. 물론 기업에 따라서는 정관에 의해서 각자 기업에 적용되는 임기는 유동적으로 운용된다. 우리 경영자들이 특히나 CEO들이 외국 선진 기업에 비해서 단기 임기 동안 일하게 되므로 이들이 단기 업적에 몰입할 가능성이 매우 높다. 하물며 대학교 총장들도 외국의 경우는 장기로 총장직을 맡는 경우도 있는데 우리의 경우는 많은 경우가 단임이다.

　장기적으로 기업의 내재가치를 극대화하는 것이 가장 바람직하므로 경영자들이 본인들 임기 때문에 기업의 장기적인 업적이 아니라 기업의 단기적인 업적을 추구하지 않도록 하기 위해 도입하는 제도가 이연(deferred)성과급 제도이다. 회사 경영은 연속성상에 있기 때문이다.

　사외이사의 임기도 일부 금융지주는 2년으로 신규 선임을 하고 1년씩 임기를 연장하기도 한다. 1년씩 임기를 연장하는 의사결정이 사내이사나 CEO의 뜻에 의해서 영향을 받는다면 이는 사외이사의 독립성의 훼손으로 연결될 수도 있으니 임기를 회사 내에서 어떻게 정할지는 매우 중요한 이슈이다. KB금융지주 등의 경우도 외부의 인선자문단을 거쳐서 사외이사가 선임되므로 독립성이 확보되는데 연임일 경우는 어떻게 진행되는지를 확인하기 어렵다. KB금융지주가 사외이사의 신규 선임에 있어서는 외부 인선자문단의 도움을 받는데, 사외이사 연임 경우는 외부의 인선자문단이 개입하지 않는다면 사내 의사결정에 의해서 영향을 받을 수도 있으며 이렇게 생각하면 임기 1년의 연임은 회사 내 정치가 개입될 수도 있으며 독립성 훼손의 단초가 될 수도 있다.

즉, 임기 동안의 업적에 의해서만 보상을 받는 것이 아니라 회사를 퇴사한 이후에도 미래 시점의 회사의 업적에 의해서 보상을 받는 제도이다. 즉, 단기업적을 추구하기 위해서 중장기적인 회사의 가치가 훼손되지 않도록 하는 취지의 제도이다. 단, 문제는 언제까지 이연을 할 것인지가 이슈이다. 이연하는 기간이 길어질수록 현재의 경영자가 미래의 기업 가치에 신경을 쓸 가능성이 높아지지만 동시에 미래의 업적이 현재 경영자의 능력이나 노력에 의해서 결정될 가능성은 낮아지기 때문이다. 경영활동이 연속적이므로 어느 결과까지가 누구의 업적인지를 기간 귀속하는 것이 용이하지 않다. 경영활동이라는 것이 연속적이라 개인의 업적 뿐만 아니라 팀워크의 결과라는 것도 이러한 내용에 영향을 미친다. 현재의 경영자의 능력이 미래의 업적으로 나타날 가능성은 기간과 반비례할 것이다.

한국경제신문. 2023.4.21. 금융회사 임원 성과급 50% 5년간 나눠서 준다

금융당국이 금융회사의 과도한 성과급 지급을 막기 위해 임원의 성과보수를 5년간 이연하는 방안을 추진한다. 또 등기임원 보수에 대한 주주 통제(say on pay)[46]를 강화하고 비등기임원 보수까지 모두 공시하기로 했다.

금융위원회는 은행권 관행 제도 개선 실무작업반 회의에서 이 같은 내용의 금융회사지배구조법상 성과보수제도 개선방안을 마련했다고 20일 밝혔다.

우선 금융사 임원이 단기 성과를 위해 과도한 위험을 추구하지 않도록 성과보수의 최소 이연 비율을 현행 40%에서 50%로 늘리고, 이연 기간도 3년에서 5년으로 상향하기로 했다. 이렇게 되면 일부 예외를 제외하고 임원들이 성과보수의 절반을 사실상 5년 이후에 받는다는 설명이다.

임원 보수에 대한 주주 통제를 강화하기 위한 법 개정도 추진한다. 현재 등기임원 보수 총액이나 산정 기준 등은 공시되고 있으나 지급액 5억원 이상 상위 임원을 제외하고 개별 임원의 보수는 구체적인 파악이 쉽지 않았다.

이에 따라 금융위는 일정 금액 이상의 보수 또는 성과보수를 받는 임원의 개별 보수 총액, 성과보수 총액, 구체적인 산정 기준 등을 공시하도록 하는 방안을 검토

---

46 금융사 경영진의 보수 결정 과정에 주주가 참여하는 제도로, 미국과 영국에서 시행되고 있다. (지식백과)

이연 기간을 늘린다는 것이 현 경영자의 경영활동이 미래 업적에 미치는 영향
을 반영한다는 의미도 있지만 동시에 4, 5년 이후에도 경영활동의 결과가 미치
는 영향은 희박해질 가능성이 높아진다는 문제도 있다. 즉, 이전 경영자의 활동
과 무관할 수도 있는 미래의 실적에 의해서 보수를 받는 것이 옳은 판단인지에
대한 이슈이다. 즉, 기간이 길어지면 업적이 미래에 미치는 영향이 희석된다.

모든 정보보호에 관련된 법안이 강화되고 있는데 5억원이 넘는 급여에 대해
서는 공시 의무가 강화되고 있다. 하물며 회계법인에 대해서도 5억원이 넘는
급여를 공개하도록 하고 있어서 이는 무슨 호기심의 발로인가라는 의문도 있
다. 물론, 회계법인이 수행하는 업무가 공익성이 있으므로 공개하라는 요구가
있는 것은 이해하지만 회계법인의 법적인 실체가 유한회사이니 유한회사 파트
너들간에 또는 직원과 파트너 간에 수익을 어떻게 배분하는지는 보호받아야 할
개인 정보일 수 있고, 파트너들 간에도 민감한 정보일 수 있으며 내부적의 의
사결정이다.

상장기업에 이러한 제도가 적용되는 것은 주주권리 보호라는 대의에 의해서
정당화될 수 있지만 유한회사에는 일반 주주가 없고 사원(파트너)을 위한 유한
회사에서의 급여 공개는 그 당위성에 대해서 더 많은 고민이 필요하다.

수년전부터 교육공무원법 제19조의2(영리업무 및 겸직금지에 관한 특례)와 교육
공무원 임용령 제7조의5의 대학교원의(사외이사 겸직허가 기준 등)에 의해서 사외
이사로 겸직하는 교수들의 회사로부터의 급여도 교무처를 통해서 교육부에 보고
하고 있다. 겸직을 하는 교원은 당연히 총장의 겸직 승인을 받고 겸직을 수행하
는 것인데 무슨 목적으로 이러한 정보를 제공해야 하는지도 명확하지 않다. 단순
히 호기심이라고 하면 이러한 호기심보다는 개인 정보의 보호가 더 중요하다.

chapter

54

회계에서의 AI의 역할

회계에서의 AI의 역할

매일경제신문. 2023.4.19. 회계부정도 AI가 찾아낸다. 빅4 회계법인 본격 서비스

전문가의 영역으로 여겨지던 회계업계에도 인공지능(AI)을 활용한 서비스가 쏟아지고 있다.

지난해 오스템임플랜트(2215억원), 우리은행 (614억원) 등에서 대규모 횡령사건이 발생하면서 회계감사 내부통제 횡령방지 등과 관련한 기업 수요가 늘어난 데다 소규모 인력으로도 서비스가 가능해졌기 때문이다.

18일 회계업계에 따르면 딜로이트 안진이 올해 초 선보인 '게이트하우스'는 서비스 개시 2개월만에 기업 4-5곳과 계약을 맺었다. 횡령 방지 솔루션으로 지금까지 발생 빈도가 높은 유형의 자금흐름 이상 징후를 찾는다. 딜로이트 안진 관계자는 "자금 관련 업무에서 내부통제가 미흡한 부분을 선제적으로 모니터링하고, 자금사고 취약성을 진단할 수 있으며 기업 내부 통제 제도 개선에도 활동할 수 있다"고 설명했다.

삼정 KPMG도 리스크 관리 전담 팀 'DRF(Dynamic Risk Finder)'를 꾸려 운영 중이다. 삼정 KPMG는 "기업들의 숨겨진 리스크를 역동적으로 찾아내 사고 발생 가능성을 사전에 차단한다"고 설명했다. 권한 분석을 통해 부적절한 권한 보유자를 색출해내거나 시스템 설계 분석을 통해 통제 우회 경로를 식별하는 방식 등이 적용됐다. 미래에 발생할 수 있는 부정적 시나리오를 정의한 뒤 전수조사를 통해 실제 관리 현황을 파악하는 식이라고 설명했다.

EY한영은 '자금 위험진단 서비스'를 운영 중이다. 큰 횡령 사고가 연이어 터진 데 맞춰 지난해에 서비스를 시장에 내놨다. 기업의 자금 거래를 표본이 아닌 전수 조사 분석하기 때문에 일반적인 내부 통제로는 탐지하기 어려운 위험 거래 및 이상 징후를 적발하는 데 강점이 있다.

업계 1위인 삼일PwC는 'PwC모니터링 솔루션'으로 잘 알려져 있다. 회사 측은 "지금까지 금융회사 대상 7건, 규모로는 60억원 정도의 횡령 사고를 탐지해냈다"고 설명했다. 특히 삼일PwC는 AI를 활용해 회계사들이 맡는 업무 중 단순 반복에 속하는 일 들을 자동화한 '로보틱플랫폼'도 내놨다. 삼일 PwC측은 "지난해 말 기준 20여 개의 로컬 회계법인과 서비스 계약을 진행했다"고 설명했다. 상장회사 감사인 등록 회계법인 수가 40개임을 감안하면 이들의 절반 가량이 이 서비스를 이용하는 셈이다.

SVB은행에서의 회계 이슈들

SVB은행에서의 회계 이슈들

투자자산은 주식에 투자하는 지분증권, 채권에 투자하는 채무증권으로 구분된다. 대부분의 채권의 경우는 만기까지 가기 때문에 원가 평가를 하게 되며, 단기매매증권(FVPL금융자산)과 매도가능증권(FVOCI 금융자산)의 경우는 공정가치 평가를 하게 된다. 물론, 지분 증권의 경우도 비상장주식의 경우는 공정가치평가의 이슈가 복잡하기 때문에 공정가치의 대상이 아닐 수도 있다.

한국경제신문. 2023.4.12. "회계법인의 감사 실패가 SVB 사태 키웠다"

글로벌 회계법인 KPMG가 파산한 미국 실리콘밸리은행과 시그너처은행의 감사보고서에 '만기보유증권'의 위험성을 언급하지 않아 사태를 키웠다는 지적이 나왔다.

10일(현지시간) 월스트리트저널에 따르면 KPMG는 SVB 파산 14일 전에 회사의 재무제표가 건전하다는 의견을 내면서 대출에 대한 잠재적 손실만 '중요 감사 사항'으로 지적했다. 만기보유증권으로 분류된 미국 장기국채에서 평가손실이 발생할 가능성에 대해서는 침묵했다.

은행들이 보유 채권을 만기보유증권으로 분류하면 공정가치가 아니라 원가로 보유할 수 있다. 이 경우 채권 가격이 하락해도 장부상으로 평가손실을 반영할 필요가 없다. SVB는 작년말 기준 910억 달러의 만기보유증권을 보유하고 있었지만 당시 시장가치는 760억달러에 불과했다. 150억달러 규모의 손실 위험이 있었지만 이를 회계장부에 반영할 필요가 없었다. 150억달러의 손실은 연말에 은행의 총자본 160억 달러 대부분을 소멸시킬 만큼 큰 손실이다.

미국 회계규칙에 따르면 은행은 고객의 예금인출 수요를 충족하기 위해 채권을 매각할 필요가 없는 경우에만 보유 채권을 만기보유증권으로 분류할 수 있다. 하지만

SVB가 과연 이런 조건을 충족했는지 의문이라고 WSJ는 지적했다. 에릭 고든 미시건대 경영대 교수는 "감사인이 지하실의 화재를 언급하지 않고, 꽃 상자의 페인트가 벗겨졌다고 지적한 셈"이라며 "그들이 금리 인상 리스크(위험)을 놓치는 건 있을 수 없는 일"이라고 말했다.

문제는 다른 중소은행도 상황이 비슷하다는 점이다. WSJ가 리서치회사 캘크벤치의 자료를 바탕으로 만기보유증권 비중이 높은 10개 중소은행(SVB 포함)에 대한 감사의견을 검토한 결과 어떤 곳에서도 이러한 내용은 지적하지 않았다. 이 중 9개 은행 보고서에는 대출 또는 부실 채권으로 인한 추정 손실 문제만 감사 사항으로 제기됐다.

회계감사인들에게는 해당 기업의 위험 수준을 의견으로 표명할 수 있다. 물론, 이러한 위험에 대한 의견 표명은 사전적인 것일 수 있으며 의견이 적법하게 표명되었는지에 대해서는 사후적인 판단이 될 수도 있어서 감사인들에게는 억울하다고 할 수도 있다. 위의 경우에 감사인들에게 가능한 감사의견은 계속기업과 관련된 변형된 의견일 수 있는데 이 또한 사후적인 판단일 수밖에 없다.

계속기업과 관련된 불확실성의 경우, 표준 감사보고서에서 더 이상 강조사항에 묻어둘 수 없고 이상 징후가 있을 경우는[47] 감사의견 문단 다음의 위치에서 별도의 문단을 추가할 정도로 감사인이 감사보고서 이용자에게 전달하는 중요한 내용이 되었다.

---

47 chapter 57을 참고한다.

chapter

56

기권하는 이사에 대한 법원의 해석

기권하는 이사에 대한 법원의 해석

상법 제399조(회사에 대한 책임) ① 이사가 고의 또는 과실로 법령 또는 정관에 위반한 행위를 하거나 그 임무를 게을리한 경우에는 그 이사는 회사에 대하여 연대하여 손해를 배상할 책임이 있다. 〈개정 2011. 4. 14.〉

② 전항의 행위가 이사회의 결의에 의한 것인 때에는 그 결의에 찬성한 이사도 전항의 책임이 있다.

③ 전항의 결의에 참가한 이사로서 이의를 한 기재가 의사록에 없는 자는 그 결의에 찬성한 것으로 추정한다.

강원랜드 기부 사건(2019.5.16. 2016다260455)[48]

이사가 이사회에 출석하여 결의에 기권하였다고 의사록에 기재된 경우에 그 이사는 '이의를 한 기재가 의사록에 없는 자'라고 볼 수 없으므로, 상법 제399조 제3항에 따라 이사회 결의에 찬성한 것으로 추정할 수 없고, 따라서 같은 조 제2항의 책임을 부담하지 않는다고 보아야 한다.

위의 대법원 판결에 따르면 대법원은 이사회 때 명백하게 기권 의사를 표명한 이사와 아무 의견을 제시하지 않은 이사를 구분하고 있다. 즉, 대법원의 판단은 기권을 한 경우는 거의 반대를 한 경우로 해석하는 듯하며 기권이나 반대 표시를 하지 않은 이사는 결의에 찬성한 것으로 유권해석하고 있다. 따라서 부

---

48 노준혁. 2023.5.25. 삼일 만찬 세미나

의된 안건에 대한 의견은 1. 찬성, 2. 반대, 3. 기권의견, 4. 무의견으로 구분할 수 있는데 4는 암묵적인 찬성이 되는 것으로 1과 4가 찬성으로, 2와 3이 반대로 해석된다.

강원랜드 기부사건(2019.5.16. 2016다260455)

태백시는 태백관광건설공사를 설립하여 오투리조트를 개장하였으나 회원권 미분양 등으로 경영난에 처하게 되었다. 태백시로부터 기부 요청 받은 강원랜드 이사회는 150억 기부를 승인하였는데, 재적이사 15인 중 12인 출석하여 7인 찬성(3인 반대, 2인 기권)로 원안 결의되었다.

오투리조트는 150억원을 기부 받았음에도 회생절차에 들어가게 되는데, 이후 강원랜드의 바뀐 경영진은 종래 이사들이 부적절한 기부행위를 했다는 이유로 손해배상을 청구하게 된다.

대법원은 손해배상 책임을 인정하는데 다만, 아래와 같이 책임제한을 두게 된다.

기부를 주도했던 사외이사 1인은 30억원 책임
다른 찬성 이사들은 15억원 책임

이후 위 금액을 다시 정관상 책임 한도인 5억7천만원으로 감액하려는 안건이 주총에 상정되었으나 부결되게 된다. 기부를 주도한 사외이사와 다른 찬성 이사들의 책임을 구분한 것도 흥미롭다.

한국경제신문. 2020.2.5. 국민연금, 의결권 행사 강화 '포문'

국민연금이 적극적 의결권 행사를 예고한 가운데 올해 처음으로 반대 의결권을 행사한 사례가 나왔다. 국민연금은 강원랜드가 전직 이사들의 손해배상 책임을 줄여주려고 임시주주총회에서 상정한 안건에 반대표를 던졌다. 문재인 대통령이 올해 신년사에서 스튜어드십코드(기관투자가의 수탁자 책임원칙)을 강조한 상황에서 국민연금이 주주권 행사를 강화하는 신호탄이라는 해석이 나온다.

4일 투자은행 업계에 따르면 국민연금은 지난달 10일 열린 강원랜드 임시주주총회에서 강원랜드 전 사외이사와 비상임이사 7명에 대한 책임감경 안건을 반대했다. 책임감경 제도 취지에 부합하지 않는 데다 선관주의 의무를 위반했다는 판단에서다.

강원랜드의 최대주주인 한국광해관리공단(지분율 36.27%) 역시 이 안건에 반대하면서 결국 부결됐다.

강원랜드 전 이사들은 태백 오투리조트에 150억원을 기부하는 안에 찬성했다가 배임혐의로 지난해 5월 대법원에서 30억원을 손해 배상해야 한다는 판결을 받았다. 책임감경은 이사 및 감사의 책임 한도를 문제의 행위를 한 날 이전 1년 동안 받은 보수의 6배 이내로 제한하고, 이를 초과하는 금액은 책임을 면제해 주는 제도다. 강원랜드는 임시 주총에서 이사들의 2012년 보수의 3배에 해당하는 8157만원을 초과한 손해배상 금액에 대해서는 책임을 면할 수 있도록 하는 안건을 상정했다.

사내이사 보수의 6배, 또는 사외이사 보수의 3배로 손해배상금액에 한도를 둔다는 정관 내용이 있기는 하지만 이사책임보험(D&O 보험, Director & Officer's insurance)의 경우도 고의나 중과실일 경우는 보험 cover가 가능하지 않다. 강원랜드의 경우도 이사들이 due care(선관의 의무)를 행사하지 않은 것으로 판단되어 주주총회에서 손해배상금액을 일부 면책하는 안건이 부결된 것이다.

사내이사 보수의 6배, 또는 사외이사 보수의 3배로 손해배상금액에 한도를 둔다는 내용은 이러한 정관 내용이 포함된 회사에만 적용되는 것으로 이사들이 선의로 의사결정한 내용에 대해서는 금전적으로 보상받을 수 있도록 하여 전향적으로 책임을 지고 경영활동을 수행할 수 있도록 하는 내용이다.

관련된 법안 중에서 보수의 몇배로 책임을 한정한다는 내용을 아래에 모은다.

신외감법하에서 감사인은 보수의 5배로 그 금전적인 책임이 제한된다.

과징금의 경우, 임원 및 관계자(더 정확하게는 대표이사, 감사, 회계업무담당자 업무집행 지시자)의 경우 회계 분식 금액의 20%가 회사에 대한 과징금이고 이 금액의 10%가 개인에 대한 과징금 한도로 부과될 수 있다.

즉, 대우조선해양의 경우와 같이 5조원 분식이라고 하면 개인이 다음 계산에 의해서 최대 1000억원까지도 과징금을 부과 받을 수 있다.

5조 × 20% × 10% = 1000억원

외감법 하에서의 감사인에 대한 금전적 penalty의 한도 금액과 대비하여서 자본 시장법 하에서 감사인은 보수의 2배까지로 금전적인 챔임이 있다.

강원랜드는 이와 같은 손해배상한도와 관련 내용을 정관에 두고 있기는 하지만 이를 적용할지는 주주총회에서의 결의로 결정한다고 되어 있다. 그렇다고 하면 정관은 언제든지 주총에서의 특별결의로 개정될 수 있으니 정관이 어떻게 규정되어 있는지가 그렇게 중요한 것은 아니라고도 판단된다. 이러한 감면제도를 도입한 것은 과거의 이사회의 제안에 의해서 당시의 주주총회가 결정한 것이고 제도는 그 당시에 도입했지만 이에 대한 적용은 현재의 주주총회가 수행하도록 의사결정한 것이다.

상법에도 고의나 중과실은 cover되지 않는다는 내용은 다음의 상법 내용이다.

상법 제659조(보험자의 면책사유) ① 보험사고가 보험계약자 또는 피보험자나 보험수익자의 고의 또는 중대한 과실로 인하여 생긴 때에는 보험자는 보험금액을 지급할 책임이 없다.

chapter

57

계속기업과 관련된 불확실성의
감사보고서 내용

계속기업과 관련된 불확실성의
감사보고서 내용[49]

감사보고서에는 의견과 관련된 문단 이외에도 강조사항에 중요한 항목이 포함된다. 감사인들이 적정의견 이외의 의견을 표명한다는 것이 부담되기 때문에 적정의견을 표명하지만 오히려 강조 사항에 보면 불확실성과 관련된 계속기업의 의문을 기술하기도 한다. 즉, 어떻게 보면 비적정의견일 수도 있는 경우가 적지 않았다. 즉, 적정의견과 비적정의견의 border line이라 비적정의견을 표명해도 되지만 대신 적정의견을 표명하고 불확실성과 관련된 내용을 강조사항에 묻어 두면서 비적정의견 표명에 대한 부담을 피해 가는 것이다. 과거에 이러한 감사인의 행태에 대해서 '무늬만 적정의견'이라는 비판을 많이 받았으며 실질적으로 이렇게 무늬만 적정의견을 받은 기업 중에 단기간에 부도가 발생하는 확률도 높아서 문제로 지적되었다.

외부감사인들이 예언가가 아니므로 어느 기업이 계속기업과 관련된 위험이 존재하는지를 확실하게 기술하는 것은 어렵다. 물론, 불확실성과 관련된 변형된 의견이 해당 기업이 부도가 발생한다는 것을 의미하는 것은 아니며 단지, 그러할 위험성이 내포되어 있음을 경고(warning)하는 것에 불과하다.

이 만큼 불확실성과 관련된 의견이 문제로 제기되자 2017년 말 개정된 회계감사기준은 2018년부터 "계속기업관련 중요한 불확실성" 단락을 강조사항 단

---

49 이영한, 선우희연, 이혜영. 2023.5.24. 감사보고서 개편 영향 및 핵심 감사사항 보고 사례 연구.
한국회계학회/한국공인회계사회 세미나

락에서 분리시켜, 감사의견 근거 문단 바로 뒤에 보고하도록 하였다. 이만큼 계속기업과 관련된 불확실성의 내용은 이슈가 되고 중요하다는 의미이다.

개정된 형식은

- 감사의견
- 감사의견 근거
- (계속기업 관련 중요한 불확실성)
- (강조사항)
- 핵심감사사항
- (기타사항)
- 재무제표에 대한 경영진과 지배기구의 책임
- 재무제표에 대한 감사인의 책임
- 업무담당이사 이름

계속기업과 관련된 불확실성 공시가 의무화된 것은 아니고 일단 해당 내용을 분리해서 별도의 제목으로 부각하여 단락에 표시하도록 한 것이다. 그 만큼 계속기업과 관련된 불확실성이 감사의견서에서 차지하는 부분이 경미하지 않다는 점을 의미한다. 물론, 기업이 더 이상 계속 갈 수 없다는 내용 만큼 중요한 내용은 없다고도 판단된다.

수년전부터 상장기업에 대해서는 업무 담당이사의 이름을 공개하도록 권하고 있다. 물론, 감사보고서는 회계법인의 대표이사 명의로 서명된다.

모든 기업에 대해서 계속기업 관련 중요한 불확실성을 표명할 이유가 없고 또 이 내용의 기술이 의무화되어 있는 것은 아니다. 단, 강조사항에 포함하기보다 이 내용을 별도로 공시하도록 하였으므로 강조사항에 숨겨서 기술하는 것보다는 이 내용의 공시가 드러나게 된다.

어떻게 보면 기업 경영환경이란 것이 워낙 가변적이라 정도의 차이가 있을 뿐이지, 어떠한 기업도 계속 기업으로의 생존 여부에 대한 위험으로부터 자유로운 기업은 없다고 할 수 있다. 예를 들어 아무리 튼튼한 은행이라고 해도 bank run 사태가 발생하며 모든 예금주들이 예금을 인출하는 사태가 발생한다면 버틸 수 있는 은행은 없다고 보면 된다.

업무 담당이사의 이름을 공개하는 것은 의무사항은 아니며 해당 파트너가 희망하지 않는 경우는 예외적으로 파트너를 밝히지 않을 수는 있지만 공개하는 것이 어느 정도 norm이 된다고 하면 굳이 이름을 비공개로 하는 것이 오히려 더 큰 부담으로 작용할 수 있다. 또한 이름 공개여부와 무관하게 감사용역이 사후에 문제가 된다고 하면 어차피 engagement partner의 이름은 드러날 수밖에 없으니 실명을 감사보고서에 공개한다고 해서 더 큰 부담을 안게 되는 것은 아니지만, 감사 과정에서 비적정의견이 표명되는 경우, 감사보고서에 기술된 담당 파트너의 이름을 보고 악의적인 투자자들이 해코지를 하기도 한다.

chapter

58

이사의 면책

이사의 면책

　이사가 상법에서 규정하는 선관의 의무(due care), 충실의 의무(duty of loyalty)를 수행해야 하는 것은 맞지만 그럼에도 이러한 책임 때문에 부담해야 하는 법적인 또한 손해배상소송으로 피소가 되는 경우, 금전적인 책임도 적지 않다. 이러한 책임 이슈 때문에 이사들은 이사회에서 전향적/적극적인 의사결정을 수행하기보다 소극적인 의사결정을 수행하기도 쉽다. 배임이라는 범죄로부터도 어떤 경우는 자유롭지 않을 수 있다.

　정부 위원회도 동일한 점이 있다. 모든 정부 위원회는 감사원 감사의 대상이다. 감사원이 감사를 위해서 정부 위원회의 회의록 제출을 요청하는 경우가 있다. 정부 위원회의 위원들이 소신껏 발언도 하고 의결권도 행사하는데 이에 대해서 감사원의 감사의 대상이 된다면 위원들의 의견 개진이나 적극적 발언 자체가 위축될 소지가 있다. 경영행위가 사법부 판단의 대상이 되는 것이 옳은지에 대한 논쟁이 있지만 감사원의 공무원의 직무나 정부 위원회에 대한 판단도 잘못하면 사후적인 결과에 대한 재단일 수 있다. 그때 그 상황에서 가장 적합한 의사결정을 수행한 것에 대해서 결과론적으로 사후적인 결과를 보니 잘못된 의사결정을 수행한 것으로 판명되었다는 방식으로 감사가 진행된다면 공무원들은 복지부동할 수밖에 없게 된다. 공무원의 경우 직무유기라는 형벌이 가장 애매할 수 있는데 어디까지가 직무유기의 영역이고 범주인지도 매우 애매할 수 있다. 또한 직권남용이라는 형벌 또한 어디까지가 직권이고 어느 범주를 넘어가면 남용의 영역에 들어가는지도 애매하다. 장차관 즉, 정무직의 위치에 가면 정무적인 판단을 수행할 수 있는데 정권이 바뀌면 이러한 정무적인 판단이 적폐의 대상이 되며 형벌의 대상이 될 수 있다. 이렇게 범주를 넓혀 가면 업무방해도 동일한 영역일 수 있다.

이러한 문제를 해결하기 위해 상법 개정에 의해 사내이사는 급여의 6배, 사외이사는 급여의 3배까지만 손해배상을 하는 대안이 제시되었으며 이 손해배상 면책은 주주총회에서 이렇게 정관을 개정한 기업에 해당된다. 사내외 이사 간에 이렇게 손해배상한도에 차등을 두는 것은 사내이사들의 책임이 사외이사들보다도 더 과중하기 때문이다.

이러한 내용에 대해 희망하는 기업의 경우 정관에 채택할 수 있도록 상법이 개정된 법 정신에는 이렇게 이사들을 보호하는 장치가 없이는 유능한 이사 후보를 찾을 수 없으며 또한 이사들이 과도하게 소극적인 의사결정을 수행하는 것을 방지하기 위해서 상법에 이 내용이 포함되게 되었다. 이러한 소극적인 의사결정이 주주를 위한 의사결정이 아닐 수 있으므로 이러한 점을 보호해 주기 위한 법 정신에 근거한 법규이다.

> **제400조(회사에 대한 책임의 감면)** ① 제399조에 따른 이사의 책임은 주주 전원의 동의로 면제할 수 있다.
>
> ② 회사는 정관으로 정하는 바에 따라 제399조에 따른 이사의 책임을 이사가 그 행위를 한 날 이전 최근 1년간의 보수액(상여금과 주식매수선택권의 행사로 인한 이익 등을 포함한다)의 6배(사외이사의 경우는 3배)를 초과하는 금액에 대하여 면제할 수 있다. 다만, 이사가 고의 또는 중대한 과실로 손해를 발생시킨 경우와 제397조 제397조의2 및 제398조에 해당하는 경우에는 그러하지 아니하다.
>
> [전문개정 2011. 4. 14.]

위의 400조의 내용은 회사에 대한 이사의 책임과 관련되며 주주를 포함한 제3자에 대한 책임과는 무관하다. 제3자에 대한 책임에 대해서 400조의 내용은 적용되지 않는다.

정관의 면책 관련 사항을 정하는 구체적 방식은 회사별로 달리 할 수 있고, 어느 회사는 정관에 의해서 자동적으로 3배/6배가 적용되기도 하지만 강원랜드는 별도의 주총결의를 통해야 비로소 면책이 적용되도록 정관조항이 되어 있다. 즉, 이 제도의 적용에 한번 더 장벽을 둔 것이다.

즉, 정관 변경 사항은 특별결의 사항이어서 발행주식 총수의 1/3의 동의와 참석주주의 2/3가 동의해 주어야 하지만 정관에 이러한 손해배상면책을 규정한 기업일지라도 이러한 면책 규정을 특정한 손해배상 건에 적용할지에 대해서는 다시 한번 주주총회의 결의를 거치도록 안전 장치를 둔 것이다. 이는 정관 변경을 결의한 주주와 이러한 건이 적용되는 시점의 주주는 같은 주주가 아니라는 시점 상의 차이가 반영된 결과일 수도 있다. 즉 정관 변경 시점의 주주와 이를 적용하는 시점의 주주나 주주총회의 상황에 차이가 있을 수 있으니 적용시점의 주주에게도 이 정관 내용의 적용에 대한 최종적인 결정 권한을 주는 것이다. 물론 일반 결의의 경우는 발생주식 총수의 1/4의 동의와 참석 주주의 1/2 이상이 동의해야 한다. 정관의 변경은 국가의 헌법의 개정과 같은 차원이니 더 많은 주주의 동의를 필요로 한다.

법에 고의나 중과실일 경우는 이에 해당되지 않는다고 되어 있으니 누군가는 고의나 중과실에 해당되는지에 대해서 판단을 해 줘야 하는데 강원랜드의 경우는 주주총회에서 이 법 조항을 적용할지에 대한 판단을 수행한다고 생각하면 된다. 물론 소송으로 진행된다면 사법부의 판단을 받아야 할 것으로 사료된다.

이는 이사책임보험에 의해서 이사들이 보험으로 보호되는 경우도 상법 규정에 의해서 고의나 중과실에 의한 잘못에 대해서는 보험이 보호해 주지 못하는 것과 궤를 같이 한다.

정관의 면책관련 사항을 정하는 구체적 방식은 회사별로 달리 할 수 있고, 어느 회사는 자동적으로 3배/6배가 적용되기도 하지만 강원랜드는 별도의 주총 결의를 통해야 비로소 면책이 적용되도록 정관조항이 되어 있다.

MBN 2023.1.19. [공시 돋보기] 급증한 코스닥 횡령, 배임 주의보! 거래정지 되면 보상받을 수 있나

배임죄는 모호한 법 조항으로 검찰이 자의적으로 기소하는 사례가 많다는 지적. 형벌에서 배임죄는 '타인의 사무'를 처리하는 사람이 '임무에 위배하는 행위'로 재산상 이익을 취하거나 제3자에게 이익을 취하도록 함으로써 타인(법인)에게 손해를 끼친 경우 배임으로 처벌하도록 하고 있다.

여기서 문제는 '임무를 위배할 고의'를 객관적으로 입증하기가 쉽지 않아 의사결정을 담당할 공직자나 기업 경영인이 정당한 경영상 판단이었다고 주장할 때 판단 경계가 모호. 어디까지 자율적인 판단이라고 인정할 수 있고 어디까지 형사처벌 대상으로 볼 수 있는지도 경우에 따라 달라져.

강원랜드 정관 제29조의3 (이사·감사위원회 위원의 회사에 대한 책임감경) ① 회사는 주주총회의 결의로 이사 또는 감사위원회위원의 상법 제399조에 따른 책임을 그 행위를 한 날 이전 최근 1년간의 보수액 (상여금과 주식매수선택권의 행사로 인한 이익 등을 포함한다)의 6배 (사외이사의 경우는 3배)를 초과하는 금액에 대하여 그 책임을 면제한다.

② 이사 또는 감사위원회 위원이 고의 또는 중대한 과실로 손해를 발생시킨 경우와 이사가 상법 제397조(경업금지[50]), 제397조의2(회사의 기회 및 자산의 유용금지)및 제398조(이사등과 회사 간의 거래)에 해당하는 경우에는 제1항의 규정을 적용하지 아니한다.[개정 2018.03.29.]

따라서 강원랜드는 주주총회에서 이 건이 정관 제29조의3에서 정한 책임감경에 해당하는지를 결의하였는데, 이에 해당하지 않는다는 결론을 도출한 것이다.

정관에 면책 조항이 포함되어 있더라도 이사들의 책임이 고의 또는 중과실인지를 주주총회에서 판단하여 어느 이상 되는 금액에 면책을 줄 것인지를 결의한다고 하면 주주총회는 이러한 면책을 거부할 가능성이 더 높을 수 있다. 사고는 이미 발생한 것이고 결국은 이를 누가 부담할 것인지의 이슈인데 이사들이 개인적인 차원에서 책임지지 않는다면 결국은 회사가 책임이 있다는 것인데 회사의 책임이라 함은 결국은 주주들이 이를 분담하는 것이 된다. 따라서 주주 본인들이 이를 떠안겠다는 결의를 하기는 쉽지 않을 것이다. 어떻게 보면 정관에 의해서 이사들이 보호될 수 있는 보호막을 채택했는데 이를 다시 한번 주총에서 확인받는 것이 옳은 것인가에 대한 논쟁의 대상이 될 수 있다. 정관이 개정되는 시점의 주주들과 이러한 점이 이슈가 되어 이 정관의 내용을 적용할 것인지를 결정하는 주주가 동일한 주주가 아닌 것과 무관하지 않다.

---

50 특정한 사람이 다른 사람의 영업과 관련하여 부정한 방법으로 경쟁하는 것을 금지하는 일

어떻게 보면 이러한 보호를 받을 것이라고 생각하는 적격의 이사들을 선임하고 이들을 보호할 기회가 있을 때는, 이 제도의 적용을 포기할 수 있다. 결국 이러한 논리하에서의 피해자는 이사들일 수도 있다. 즉 이러한 의사결정을 수행한 이사들은 이 면책 조항에 의해서 보호받을 것을 기대했지만 주총이 이 면책을 거두어 들일 수 있다.

이 의사결정을 주주총회가 하게 되면 주주들이 이 책임을 본인들이 떠안지 않고 이사회의 이사들에게 부담시키는 방식으로 결의할 가능성이 더 크다고도 할 수 있다. 잘못된 의사결정이라는 것은 이미 판명됐는데 누군가를 희생양으로 만들 수도 있고 아니면 본인들이 책임을 떠안아야 한다면 주주총회의 의사결정은 이사회 책임으로 결의될 가능성이 상황적으로 더 높다고 할 수 있다.

chapter

59

KT의 지배구조와 관련된 고민

KT의 지배구조와 관련된 고민

KT의 구현모 대표이사 사장의 재선임이 윤석열 정부 출범과 거의 같은 시점에 진행되면서 이사회가 무력화되는 초유의 사태가 발생하였다. 지배구조 차원에서 많은 기업이 KT가 이러한 위기를 어떻게 극복해 나가는지를 유심히 관찰하였다. KT에서 논의된 여러 논점은 기업지배구조에서의 많은 흥미로운 case를 제공해 준다.

발단이 되었던 것은 포스코도 그러하지만 현 CEO가 연임 의사가 있을 경우, 현 CEO를 다른 경쟁자와 경합시키는 것이 아니고 현 CEO 1인만을 두고 연임 적격성 여부를 판단한다는 데 있었다. 구현모 전 대표이사 사장은 2022년 11월 9일 연임 의사를 공식화하였고, KT 대표이사후보심사위는 구현모 사장의 대표 연임을 적격하다고 판정하게 된다. 그러나 이 과정에서 구 대표는 '복수후보심사'를 역제안하게 되고, 이사회는 복수 후보 심사를 통한 선임을 재추진하게 되며 최종 후보군 4인을 선정하여 면접이 진행되며 KT이사회는 구현모 대표를 최종 후보자로 확정한다.

이러한 과정이 소위 정치권에서 '셀프 연임'으로 공격받게 되었다. 이러한 점이 문제시되자 KT이사회는 CEO 후보자선임을 원점에서 재추진을 의결하게 되고 후보자 공모를 걸쳐 사내 16명/사외 18명(전직 장관 포함)이 후보로 등록하게 된다. 이 과정에서 구현모 대표는 후보를 사퇴하게 되었으며, 사외이사 8인 중, 전 정권과 관련성이 높은 4인이 순차적으로 사퇴하게 된다.

이들 34명 후보 중, 최종적으로 4인을 선정/면접을 통해서 내부 후보인 윤경림 사장이 차기 대표이사 후보로 추천되었다가 윤 사장이 주총 이전에 구현모 사장의 아바타라는 비판하에 대표이사 후보를 사퇴하게 되었다. 구현모 대표는 임기를 마치게 되며 KT는 지도부가 공백 사태로 이어지며 이사회와 경영진이 공동화되는 초유의 사태가 발생하였고 비상경영체제로 가게 된다.

KT이사회가 윤경림 후보 확정시 2대 주주인 현대차는 1대 주주인 국민연금의 뜻에 따라 윤 후보 선임에 반대의 뜻을 보였다[51].

현대차가 윤경림 후보가 역량이 부족하여 부적격하다고 판단하였는지 아니면 정부(국민연금)와 뜻을 같이하기 위해서 부적격하다고 판단하였는지를 알 수 없다. 즉, 정부 차원에서의 보이지 않는 손이 작용했던 것인지는 확인이 불가하다. 어떠한 압력이 없었더라도 1년밖에 안된 정권의 힘으로부터 KT가 무언의 압력을 받았을 수도 있다. 현대차가 이렇게 다른 회사의 의결권 관련 의사결정을 수행할 때 어떠한 의사결정 과정을 거치는 지도 외부에 알려진 것이 없다.

윤경림 대표이사 후보는 주총에서 선임될 사내이사 후보를 추천하였는데 KT 정관에는 "이사 후보가 주주총회에서 대표이사로 선임되지 못한 경우, 그가 추천한 사내이사 후보의 추천은 무효로 한다"라는 정관 내용에 따라 사내이사 후보들도 모두 사퇴하게 되는 최악의 상황으로 치닫게 되었다.

주총 당일 아침에 남아 있던 4인의 사외이사 중, 3인이 사퇴를 하면서 KT이사회는 (사외)이사 한 명만이 남게 되는 전대미문의 일이 발생하였다. 즉, 이사회가 초토화되는 초유의 사태가 발생한 것이다. 정부는 다수의 전 정권 사외이사들로 구성된 이사회가 탐탁치 않았겠으나 이 정도의 사태로까지 진행될 것을 예상하지 못했을 것이다.

단, 상법 규정에 의해서 이사회는 회의체로 존재해야 하므로 이사회 당일 퇴임한 사외이사 3인은 신규 사외이사들이 선임될 때까지는 이사로서의 역할을 해 주어야 하기 때문에 이사회는 계속 한시적으로 가동되었다. 즉, 이사회가 회의체로서의 역할을 하려면 정족수가 되어야 하며 그러기 위해서는 신임 이사들이 선임될 때까지는 이사회 당일에 사퇴한 이사들이 제한된 기간 동안 임시적/한시적으로 이사회를 구성해 줘야 한다는 상법의 규정에 따른 것이다. 이는 다음의 상법 규정에 근거한다. 경영의사결정을 이사회가 수행해야 하는데 이사회가 성립하지 않는다면 주식회사에서 경영의사결정을 수행할 경영 주체가 없

---

51 현대차는 2024년 9월에는 KT의 1대 주주가 된다.

어지는 것이다. 이러한 문제를 미리 예방하기 위한 상법 규정이다. 즉, 임시이
사회는 4인 체제로 회의체를 구성하여서 차기 이사회의 사외이사 선임을 주관
하게 되었다.

> **상법 제386조(결원의 경우)** 법률 또는 정관에 정한 이사의 원수를 결한 경우에는
> 임기의 만료 또는 사임으로 인하여 퇴임한 이사는 새로 선임된 이사가 취임할 때
> 까지 이사의 권리 의무가 있다.

KT는 이 위기 상황을 타개하기 위해서 지분 1% 이상 주주(17개)로부터 new
governance TF를 추천받게 되는데 이 다수 후보 중, 7개 주주로부터 9명을 추
천받아 5인을 TF로 구성하게 된다. 국민연금도 1인을 추천한 것으로 알려졌다.
주주 추천 배경은 향후 사외이사 선임을 위한 임시주총에서 국민연금 등 핵심
주주 등의 확보의 목적이다.

이 TF를 중심으로 기업지배구조를 다시 정립해 가는 작업을 진행했는데 우
선적으로 두 헤드헌터로부터 사외이사를 선임하는 1차 작업을 수행할 인선자
문단을 추천받게 되고 이들 인선자문단 5인이 사외이사 후보를 1차적으로 추
천하게 되며 이사회가 사외이사 후보를 최종적으로 확정하게 된다. 두 헤드헌
터가 각각 10명씩의 인선 자문단을 추천하였으면 이들 20인의 후보 중에서 5
인의 인선 자문단을 이사회가 선임하였고 인선자문단은 비공개로 진행되었다.
나중에도 설명하겠지만 이 인선 자문단은 사외이사를 선임하기 위한 인선 자문
단이고, KT는 나중에 대표이사 선임을 위한 인선자문단을 별도로 구성하여 가
동하게 된다.

KB금융지주나, 포스코의 경우 인선자문단을 상설기구로 운영하는 반면, KT
가 구성한 이 자문단이 다음번 사외이사를 선임할 때나 차기 대표이사를 선임
할 때도 동일 구성원으로 가동할 것인지에 대해서는 결정된 바가 없다. 포스코
의 경우는 정해진 임기가 있는 것은 아니지만 통상적으로 5년 임기로 인선 자
문단을 구성한다.

사외이사후보를 확정하는 과정은 일단, 주주로부터 사외이사 후보를 추천받
게 되고, 이들 후보군과 KT 내부에 자체적으로 보유하고 있는 사외이사 후보

군에 추가하며 또한 헤드헌터로부터 사외이사 후보군을 추가로 추천받아 이들 세 개의 pool로부터 사외이사 후보군을 구성하였다. 주주추천의 경우 주식을 6개월 이상, 한 주라도 가진 주주에게 추천할 수 있는 권한을 부여하였는데 19명이 추천되었다. 주주로부터 직접 추천받은 사외이사 후보 중에는 적어도 1인은 사외이사로 추천하겠다는 약속을 하고 주주 추천이 시작되었다. 주주로부터 사외이사 후보를 추천받는다는 것은 상법의 주주제안 제도에 근거한다. 궁극적으로는 최종 확정된 사외이사 7인 중, 3인은 주주로부터 추천된 후보였다. 주주추천의 경우가 1주라도 보유한 주주에게도 추천을 받는다는 점은 아래의 법에서 정한 추천할 수 있는 권한을 제한한 것과는 차이가 있다.

'주주제안'은 '상법 제363조의2 제1항'에 의해서 정의되고 있다.

본 규정(상법 제363조의 2(주주제안권) 제1항)에서, 주주제안은 100분의 3이상의 주식을 보유한 주주가, 6주전 주총 목적사항으로 제안할 수 있도록 되어 있으나, 소수주주 보호를 위해서, '상법 제 542조의 6 제2항'에서는 자본금 1천억원 이상 법인은 0.5%이상 주주도 추천이 가능하다.

제542조의6(소수주주권)

① 6개월 전부터 계속하여 상장회사 발행주식총수의 1천분의 15 이상에 해당하는 주식을 보유한 자는 제366조(제542조에서 준용하는 경우를 포함한다) 및 제467조에 따른 주주의 권리를 행사할 수 있다.

② 6개월 전부터 계속하여 상장회사의 의결권 없는 주식을 제외한 발행주식총수의 1천분의 10(대통령령으로 정하는 상장회사의 경우에는 1천분의 5) 이상에 해당하는 주식을 보유한 자는 제363조의2(제542조에서 준용하는 경우를 포함한다)에 따른 주주의 권리를 행사할 수 있다.

상법 제542조의8(사외이사의 선임)

⑤ 제1항 단서에서 규정하는 상장회사가 주주총회에서 사외이사를 선임하려는 때에는 사외이사 후보추천위원회의 추천을 받은 자 중에서 선임하여야 한다. 이 경우 사외이사 후보추천위원회가 사외이사 후보를 추천할 때에는 제363조의2 제1항, 제542조의6제1항·제2항의 권리를 행사할 수 있는 요건을 갖춘 주주가

> 주주총회 (정기주주총회의 경우 직전연도의 정기주주총회일에 해당하는 해당 연도의 해당일)의 6주 전에 추천한 사외이사 후보를 포함시켜야 한다. 〈개정 2011. 4. 14.〉 [본조신설 2009. 1. 30.]

주주제안제도에 의해서 추천된 사외이사 후보는 반드시 주총에 포함시켜야 한다는 매우 강한 상법 제도이다. 이는 주주의 권리 보호차원인데 대통령령으로 정하는 상장회사의 경우는 0.5% 이상을 소유한 주주가 다수일 경우는 이러한 과정을 통해서 추천된 사외이사 후보가 다수일 것이고, 그렇다고 하면 모든 후보자가 주주로부터 주총에 직접 추천되어 이렇게 추천된 사외이사 후보의 수가 정관에 정해진 사외이사 후보자 수를 넘을 경우는 결국은 표 대결 구도로 가야할 수 있다. 정관을 개정하기 전에는 정관에 정해진 이사의 최다 한도를 넘겨서 선임할 수는 없고 이러한 정관의 준수는 주주제한 제도에 의한 사외이사의 경우에도 예외가 없다.

이는 법에서 정한 주주제안 제도이고 이 제도에 근거해서 사외이사를 주주총회에 추천하기를 희망하는 주주(대부분의 경우는 기관투자자들)는 일정한 형식과 양식에 맞추어 후보자를 추천하여야 한다.

이러한 제도 이외에도 주주추천제도라고 지칭되는 제도를 포스코홀딩스가 운영하고 있고 아마도 KT도 2023년 7월 사외이사 6명을 선임하는 과정에서 운용한 듯하다. 포스코가 운영하는 주주추천제도는 회사가 6개월 이상 기간 동안, 0.5% 이상 되는 지분을 가지고 있는 주주들에게 사외이사 후보를 기한을 정해 사외이사후보추천위원회에 추천하라고 정식으로 공문을 보내는 것이다. 물론 형식적으로는 사외이사후보추천위원회의 위원장 명의의 공문이기는 하지만 사외이사 5인 후보자에 대한 일차적인 추천 권한이 인선자문단에 있기 때문에 실질적으로는 인선자문단이 후보를 추천하는 것이다. 포스코의 경우는 과거부터 이러한 제도를 운영해 오고는 있었지만 실질적으로 이에 해당하는 주요 주주가 후보를 추천한 경우는 1회에 그치며 그 후보자는 당시 사외이사후보추천위원회가 선임하기를 희망하는 분야의 전문가가 아니었기 때문에 최종 사외이사 후보로는 추천되지 않았다.

상법상의 주주제안제도에 의해서 후보를 추천하는 것이 아니니 이렇게 추천된 후보자는 사외이사후보추천회가 심의하여 사외이사 후보로 제안을 하거나 제안을 하지 않을 권한이 있다.

단, 상법상의 주주제안제도에 의해서 주주가 추천한 사외이사 후보는 사외이사후보추천위원회 또는 이사회를 거치지 않고 주주총회에 직접 제안된다. 언론에 알려지기는 KT의 경우 이렇게 유사한 과정을 통해서 사외이사로 주총에 제안되고 선임된 이사의 수가 3인으로 알려졌다. 상법상의 주주제안 제도를 통한 것인지 아니면 사외이사후보 추천위원회에 포스코와 유사한 주주추천제도 방식으로 후보자가 추천되었고 이들 후보를 사외이사후보추천위원회가 주총에 추천한 것인지에 대한 상세한 내용은 알려지지 않았다.

그러면 주주 본인이 사외이사가 되는 것이 바람직한 것인지에 대해서 생각해 본다. 주주 본인이 사외이사가 되거나 일부 기업에서 사외이사들이 급여를 받을 때, 현금으로 받지 않고 급여를 주식으로 받으면서 주주가 되는 것은 바람직한 것인가?

주주들과 이사회에서 경영의사결정을 수행하는 이사들의 뜻이 align된다는 차원에서 사외이사가 주주가 된다는 것은 바람직할 수 있다. 반면, 최근의 경영의사결정의 paradigm이 '주주 중심 경영'에서 '이해관계자 중심 경영'으로 바뀌는 추세에서 주주면서 사외이사인 이사가 주주만(어떻게 보면 본인만)을 위한 의사결정을 하는 것이 바람직한가라는 논지가 된다면 생각보다 복잡해 질 수도 있다. 단, 이렇게 논리가 진행된다면 사내/사외이사 구분을 떠나 사내이사의 주식 보유도 같은 차원에서 제한하여야 하지 않는지라고도 생각된다.

이러한 내용은 최근 상법 개정 논의에서 이사의 회사에 대한 선관/충실의 의무를 주주에 대한 선관/충실의 의무로 확대하는 내용과 무관하지 않다[52].

다음과 같은 내용도 위의 경우와 관련된다. 지주회사는 계열회사/사업회사에 지주회사 임원을 기타비상무이사로 선임하는 경우가 있다. 이는 지주회사와 사업회사 간의 소통을 위함이기도 하지만 지주회사의 지분 만큼의 영향력이 사업회사의 이사회에서 반영되기를 희망하는 것일 수 있다. 단, 문제는 지주사에서 파견된 기타비상무이사의 존재가 지분율을 넘어서서 영향력을 행사하려 한다면 계열회사의 이사회가 큰 부담을 안을 수 있다. 지주사에서 파견된 기타비상

---

52 chapter 75를 참고한다.

무이사가 이사회 의장을 맡는 경우도 있다.

그렇기 때문에 혹자는 이사회가 표결로 간다면 지주에서 계열사 이사회에 참석하는 기타비상무 이사는 의견만 표명하고 결의에서는 빠져야 한다는 대안을 제시하기도 하지만 이 또한 부자연스럽다. 주주의 의견이 표로 반영되어야 한다고 하면 회의체인 이사회에서의 표결 참여는 당연한 의결권/권리의 표명인데 이러한 권리의 표명을 제한한다는 것이 오히려 더 부자연스럽다.

> 은행주식을 6개월 이상, 0.5% 이상 지속적으로 보유한 주주의 경우 사외이사를 추천할 수 있는 상충적인 규정이 존재한다. 즉, 1% 이상의 지분을 가진 주주는 사외이사를 추천할 수 있을 뿐이고 자신이 직접 사외이사가 될 수는 없다. (은행업 감독규정 제19조 제1항, 은행연합회 은행 등의 지배구조모범규준 제9조 제5항)

사외이사 제도의 취지 자체가 독립성에 방점이 가 있고, 주주를 이사회의 이사로 선임한다는 차원이 아니었으므로 어느 정도 이상의 주식을 가지고 있는 주주가 사외이사가 되는 것은 바람직하지 않을 수도 있다.

1% 이상 지분이 있으면 경영에 상당한 영향을 미칠 수 있고 이러한 자 내지 추천된 자가 사외이사를 할 경우 독립성이 떨어진다고 판단하는 듯하다. ESG기준원 전임 원장인 박경서교수는 "경영권을 행사하는 지배주주 내지 최대주주의 특수관계인이 아닌 한, 지분보유 여부로 사외이사를 제한하는 것은 바뀔 때가 된 듯도 하다"는 자문을 해 주었다.

박경서교수는 계속해서 다음의 의견도 전해 주었다. "예를 들어, 우리금융지주의 경우 4% 내외의 지분을 가진 (저자 추가 과점)주주들이 사외이사후보 추천권을 행사하고 실제를 이들이 추천한 이사들이 이사회의 다수임을 고려하면 현실을 반영하지 못하는 제도라는 생각이 든다. 참고로 북구 유럽에서는 지분이 없는 사외이사들이 주주와의 이해가 align되지 않는다고 판단하여, 즉 사외이사의 대리인 문제, 상위지분보유자로 구성된 주주 위원회가 사외이사후보를 주주총회에 직접 추천하는 관행이 자리 잡았다."

즉, 어떻게 보면 주주도 아닌 사외이사들은 '우리' 회사라는 생각이 희박할 수도 있으므로 그러한 차원에서는 임직원들의 우리 사주의 개념과 동일하게 회사에 대한 관심도를 높인다는 차원에서는 주주/사외이사의 선임이 바람직할 수도 있다.

다만, 이런 사외이사들이 독립적인가에 대해서는 여러 논란이 있을 수 있다. 근로자 이사를 반대하는 논지도 이사회에서 근로자 이사들은 노조의 이해만을 추구할 가능성이 높기 때문에 근로자 이사가 바람직하지 않다는 주장이다. 즉, 이사 본인이 다른 이해관계를 회사와 가진다는 것 자체가 독립성의 훼손이라는 판단이다. 그러나 이사회가 주주의 이익을 대변해야 한다고 하면 주주/사외이사의 선임을 근로자 이사의 선임에 반대하는 동일한 논리로 반대하는 것은 옳지 않다. 만약에 앞으로 주주자본주의가 아니고 이해관계자 자본주의가 대세로 자리를 잡는다면 주주의 이익만을 대변할 수도 있는 사외이사의 주식 소유 제한 한도(현재의 법에서의 1%)는 더 제한될 수도 있다.

예를 들어, 우리금융지주의 경우, 4%~8%의 지분을 가진 과점 주주들이 각자 사외이사를 추천하고 사외이사들은 과점 주주들이 추천한 후보들로 구성된다. 과점 주주들이 추천한 사외이사를 파견하는 것이나 이 정도의 지분을 가진 주주 본인이 직접 사외이사로 선임되는 대안 간에 무슨 차이가 있는지는 의문이다. 물론, 과점 주주 추천으로 우리금융 이사회의 사외이사로 선임됐다고 해도 모든 안건에 대해서 추천한 과점 주주의 의사를 확인하는 것은 아니라고 한다. 다만, 매우 중요한 안건이 상정된다며 대주주의 의견을 확인하고 의결권을 행사할 수 있다.

예를 들어 국민연금에는 주총에서의 의결권을 심의하는 수탁자책임위원회가 구성되어 있다. 이 위원회에서는 자본시장연구원의 연구위원 등이 소속되어 활동을 하고 있는데 이러한 연구원 소속의 연구원들은 회의에 참석하여 의결권을 행사할 때, 본인 개인의 의견을 표명하는 것이니 기관 또는 기관장의 의견을 받아서 개인 의견으로 표명하는 것은 아니다.

물론, 대기업의 경우 사외이사 개인이 1% 이상의 지분을 개인이 보유한다는 것이 거의 불가능하다는 점은 이해할 수 있다.

책임 경영의 프레임에서는 최대주주가 떳떳하게 등기하고 사내이사로서 책임 경영을 하라는 요구도 하는데 왜 이러한 요구는 사외이사들에게는 통하지 않고 지분에 대한 제한을 두는 것이 합리적인 것인지에 대한 고민을 할 때가

온 것 같다.

물론, 주주 본인이 사외이사가 된다고 하면 주주/이사의 의사대로 이사회에 참여할 것이므로 대리인 문제가 발생하지 않는다. 위는 은행과 관련된 내용이고 다음은 일반 기업과 관련된 내용이다.

사외이사는 상법 제382조 ③, 제542조의8, 상법시행령 제34조 등에 따라 특수관계인, 겸직, 지분보유, 재직 연한 제한이 있다. 사외이사 지분보유는 아래와 같이 상법 제542조의8 제2항 제7호, 상법시행령 제34조 제5항 제5호에 따라 당해 회사의 지분을 1% 이상 보유한 주주는 사외이사로 선임할 수 없다.

즉, 은행이나 상법의 적용을 받는 일반 기업이나 1% 이상의 지분을 가진 주주 본인이 사외이사가 될 수 없는 원칙은 동일하게 적용된다.

- 사외이사 자격
  - 특수관계인: 대주주의 6촌 이내 혈족, 4촌 이내 인척, 당해 회사 및 그 계열회사 전현직 전·현직 임·직원은 사외이사로 선임할 수 없음
  - 겸직: 당해 상장회사 외에 1개의 회사까지만 겸직 가능함
  - 지분보유: 당해 회사의 지분을 1% 이상 보유한 주주는 사외이사로 선임할 수 없음
  - 재직연한: 당해 회사에서 6년, 계열회사 합산 9년을 초과하여 사외이사로 선임할 수 없음

상법 제542조의8(사외이사의 선임)

② 상장회사의 사외이사는 제382조 제3항 각 호뿐만 아니라 다음 각 호의 어느 하나에 해당되지 아니하여야 하며, 이에 해당하게 된 경우에는 그 직을 상실한다. 〈개정 2011. 4. 14., 2018. 9. 18.〉

1. 미성년자, 피성년후견인 또는 피한정후견인
2. 파산선고를 받고 복권되지 아니한 자
3. 금고 이상의 형을 선고받고 그 집행이 끝나거나 집행이 면제된 후 2년이 지나지 아니한 자
4. 대통령령으로 별도로 정하는 법률을 위반하여 해임되거나 면직된 후 2년이 지나지 아니한 자

5. 상장회사의 주주로서 의결권 없는 주식을 제외한 발행주식총수를 기준으로 본인 및 그와 대통령령으로 정하는 특수한 관계에 있는 자(이하 "특수관계인"이라 한다)가 소유하는 주식의 수가 가장 많은 경우 그 본인(이하 "최대주주"라 한다) 및 그의 특수관계인

6. 누구의 명의로 하든지 자기의 계산으로 의결권 없는 주식을 제외한 발행주식총수의 100분의 10 이상의 주식을 소유하거나 이사·집행임원·감사의 선임과 해임 등 상장회사의 주요 경영사항에 대하여 사실상의 영향력을 행사하는 주주(이하 "주요주주"라 한다) 및 그의 배우자와 직계 존속·비속

7. 그 밖에 사외이사로서의 직무를 충실하게 수행하기 곤란하거나 상장회사의 경영에 영향을 미칠 수 있는 자로서 대통령령으로 정하는 자

상법시행령 제34조(상장회사의 사외이사 등)

⑤ 법 제542조의8 제2항 제7호에서 "대통령령으로 정하는 자"란 다음 각 호의 어느 하나에 해당하는 자를 말한다. 〈개정 2016. 6. 28., 2020. 1. 29.〉

1. 해당 상장회사의 계열회사의 상무에 종사하는 이사·집행임원·감사 및 피용자이거나 최근 3년 이내에 계열회사의 상무에 종사하는 이사·집행임원·감사 및 피용자였던 자

2. 다음 각 목의 법인 등의 이사·집행임원·감사 및 피용자[사목에 따른 법무법인, 법무법인(유한), 법무조합, 변호사 2명 이상이 사건의 수임·처리나 그 밖의 변호사 업무수행 시 통일된 형태를 갖추고 수익을 분배하거나 비용을 분담하는 형태로 운영되는 법률사무소, 합작법무법인, 외국법자문법률사무소의 경우에는 해당 법무법인 등에 소속된 변호사, 외국법자문사를 말한다]이거나 최근 2년 이내에 이사·집행임원·감사 및 피용자였던 자

가. 최근 3개 사업연도 중 해당 상장회사와의 거래실적의 합계액이 자산총액(해당 상장회사의 최근 사업연도 말 현재의 대차대조표상의 자산총액을 말한다) 또는 매출총액(해당 상장회사의 최근 사업연도 말 현재의 손익계산서상의 매출총액을 말한다. 이하 이 조에서 같다)의 100분의 10 이상인 법인

나. 최근 사업연도 중에 해당 상장회사와 매출총액의 100분의 10 이상의 금액에 상당하는 단일의 거래계약을 체결한 법인

다. 최근 사업연도 중에 해당 상장회사가 금전, 유가증권, 그 밖의 증권 또는 증서를 대여하거나 차입한 금액과 담보제공 등 채무보증을 한 금액의 합계

액이 자본금(해당 상장회사의 최근 사업연도 말 현재의 대차대조표상의 자본금을 말한다)의 100분의 10 이상인 법인

라. 해당 상장회사의 정기주주총회일 현재 그 회사가 자본금(해당 상장회사가 출자한 법인의 자본금을 말한다)의 100분의 5 이상을 출자한 법인

마. 해당 상장회사와 기술제휴계약을 체결하고 있는 법인

바. 해당 상장회사의 감사인으로 선임된 회계법인

사. 해당 상장회사와 주된 법률자문·경영자문 등의 자문계약을 체결하고 있는 법무법인, 법무법인(유한), 법무조합, 변호사 2명 이상이 사건의 수임·처리나 그 밖의 변호사 업무수행 시 통일된 형태를 갖추고 수익을 분배하거나 비용을 분담하는 형태로 운영되는 법률사무소, 합작법무법인, 외국법자문법률사무소, 회계법인, 세무법인, 그 밖에 자문용역을 제공하고 있는 법인

3. 해당 상장회사 외의 2개 이상의 다른 회사의 이사·집행임원·감사로 재임 중인 자

4. 해당 상장회사에 대한 회계감사 또는 세무대리를 하거나 그 상장회사와 법률자문·경영자문 등의 자문계약을 체결하고 있는 변호사(소속 외국법자문사를 포함한다), 공인회계사, 세무사, 그 밖에 자문용역을 제공하고 있는 자

5. 해당 상장회사의 발행주식총수의 100분의 1 이상에 해당하는 주식을 보유(「자본시장과 금융투자업에 관한 법률」 제133조 제3항에 따른 보유를 말한다)하고 있는 자

6. 해당 상장회사와의 거래(「약관의 규제에 관한 법률」 제2조 제1호의 약관에 따라 이루어지는 해당 상장회사와의 정형화된 거래는 제외한다) 잔액이 1억원 이상인 자

7. 해당 상장회사에서 6년을 초과하여 사외이사로 재직했거나 해당 상장회사 또는 그 계열회사에서 각각 재직한 기간을 더하면 9년을 초과하여 사외이사로 재직한 자

위의 내용을 보면 사외이사로서의 결격 사유는 결국 독립성의 상실이 그 판단 기준이라는 것을 알 수 있다.

3.의 사외이사 겸직 회사수 제한은 상장회사를 맡는 경우만 해당되므로 비상장기업의 경우만 맡는 경우는 회사 수 제한에 한계가 없다. 이러한 상법의 정신은 상장기업의 사외이사를 맡는 경우는 책임감을 가지고 해당 회사의 업무에 시간 투입을 하라는 의미로 파악하면 된다. 사외이사가 해당 회사와 business

관계가 있을 경우는 사외이사의 독립성의 확보와 관련되어 해당 기업과의 유착 관계를 미연에 방지하자는 의도가 있다. 최대주주/경영진과 사외이사가 필요 이상으로 유착 관계를 유지하면 독립성이 확보되기 어렵기 때문이다.

> 1. 해당 상장회사의 계열회사의 상무에 종사하는 이사·집행임원·감사 및 피용자 이거나 최근 3년 이내에 계열회사의 상무에 종사하는 이사·집행임원·감사 및 피용자였던 자

이 내용은 계열사의 사내이사였다가 사외이사로 가는 경우는 이해 관계가 cooling는 기간을 허용하는 것이다. 공무원이 퇴직한 이후에도 3년간은 유관기관에 채용할 수 있는 기간 동안 채용을 제한하는 것이나 동일하다.

> 가. 최근 3개 사업연도 중 해당 상장회사와의 거래실적의 합계액이 자산총액(해당 상장회사의 최근 사업연도 말 현재의 대차대조표상의 자산총액을 말한다) 또는 매출총액(해당 상장회사의 최근 사업연도 말 현재의 손익계산서상의 매출총액을 말한다. 이하 이 조에서 같다)의 100분의 10 이상인 법인
> 나. 최근 사업연도 중에 해당 상장회사와 매출총액의 100분의 10 이상의 금액에 상당하는 단일의 거래계약을 체결한 법인

위의 내용은 지분법 회계 적용을 판단함에 있어서, 투자회사와 피투자회사가 주된 business 파트너인지를 판단하여 지분법 적용 여부를 결정하는 것이나 같은 정신이다.

> **상법 제382조 제3항** 사외이사가 다음 어느 하나에 해당하는 경우 그 직을 상실한다
> **7목** 회사의 이사 및 피용자가 이사로 있는 다른 회사 이사·감사 및 피용자

위의 상법 규정은 아마도 복수의 사외이사가 복수 회사의 사외이사를 동시에 맡음으로서 복수의 사외이사가 집합적인 의사결정을 수행할 것을 미연에 방지하기 위한 규정으로 사료된다.

미국에서의 다음과 같은 움직임도 감지된다.

매일경제신문 2015.3.23. 목소리 커지는 주주들... 몸 낮추는 미국 기업들

BOA, 투자자에 이사선임권 부여, 월마트 이사회 회장 경질 주주투표

미국 재계에 기업 지배구조 개선을 요구하는 주주들의 목소리가 갈수록 커지고 있다.

단기 시세차익을 노린 기업사냥꾼들과 같은 행동주의 투자자들까지 나서 기업들의 책임 경영과 투명한 기업지배구조를 요구하고 있다. 이처럼 갈수록 거세지는 주주들의 요구에 당혹감을 감추지 못하고 있는 기업 경영진이 바싹 몸을 숙이는 모양새다.

자산 기준으로 미국 2위 은행인 BOA 메릴린치는 주주들에게 이사회 이사 선임권을 주겠다고 선언했다. 그동안 이사회 이사 선임을 경영진 고유 권한이라며 주주들의 이사 선임 주장을 애써 물리쳐 왔다는 점에서 이례적인 결정이다. BOA 메릴린치는 미국 증권거래위원회(SEC)에 제출한 서류를 통해 장기 투자자들에게 이사회 이사 정원의 최대 5분의 1까지 이사를 선임할 수 있도록 회사 정관을 수정한다고 밝혔다. 다만 최소 3년 이상을 보유하고 있는 장기 투자자들에게만 이사 선임 권리를 줄 예정이다.

3년 이상을 보유하고 있는 장기 투자자들에게만 이사 선임권한을 부여하겠다는 내용은 우리나라에서는 주주제안권을 부여할 때, 6개월 이상 1% 지분 (최근 사업연도 말 현재의 자본금이 1000억원 이상인 상장회사의 경우 0.5%) 보유 충족시 주주총회에서 주주제안이 가능하다는 내용과 일맥상통한다.

단기 투자자들은 어차피 기업의 장기적인 성과에는 관심이 없는 투자자들이므로 기업의 경영과 관련된 의사결정에 voice를 내는 기회조차 줄 것이 없다는 내용이며 그렇게 하는 것이 합리적이다. 6개월과 3년이라는 기간의 차이는 우리나라 주식시장의 투자자들이 일반적으로 단기 투자자인 점과 무관하지 않다. 즉, 우리나라의 경우, 주식 소유의 패턴이 단기라서 6개월 주식을 보유하고 있다고 해도 어느 정도 이상의 commit를 가진 주주라는 판단을 할 수 있는 반면, 미국의 경우는 이 최단 기간이 3년이다. 물론, 경영에 관여할 수 있는 권한을 어느 정도 장기 투자한 주주들에게 허용할지는 정책적인 판단의 이슈이다.

단, 우리의 경우는 주주제안권을 6개월 이상 주식을 보유한 주주들에게 허용하는 대신에 미국의 경우는 이와 유사한 권리를 최소 3년 이상을 보유한 주주에게 허용하는 것을 보아서는 미국에서의 주식투자의 일반적인 패턴이 우리보다는 장기인 것을 알 수 있다. 장기투자자들만이 회사의 경영에 참여하고 voice를 낼 수 있는 권한이 있다고 법적으로 판단한 것이며 단기투자자들은 기업의 장기성과보다는 단기 성과에 관심이 높으므로 어떻게 보면 재무적 투자자(FI, financial investor) 같은 성격이라고도 해석할 수 있다. 즉, 기업의 중장기 업적과는 무관하고 단지 금전적인 이득만을 챙기는 것이니 기업의 경영 의사결정에는 관여하지 말라 것이다.

한국경제신문. 2019.3.1. 이달 한진칼 주총 안건에 KCGI 주주제안 올라간다

3월 열린 한진칼 주주총회에 행동주의 사모펀드 케이씨지아이의 주주제안이 안건으로 올라갈 수 있게 됐다. 법원이 'KCGI는 지분을 보유한지 6개월이 지나지 않아 주주제안 자격이 없다'는 한진그룹 측의 주장을 일축했기 때문이다.

이번 판결로 지분율 3% 이상 주주는 6개월 이상 주식을 보유하지 않아도 주주제안을 할 수 있게 돼 소액주주들의 주주권 행사가 더욱 활발해질 전망이다. 상장사들의 경영권 방어는 그만큼 힘들어졌다.

서울중앙지방법원 민사합의 50부(부장판사 이승련)는 28일 KCGI가 지난 21일 한진칼과 조양호 회장 등을 상대로 낸 의안상정 가처분 신청과 관련해 "상장회사의 주주는 6개월 보유 요건을 갖추지 못했더라도 3% 이상 지분을 보유하면 주주제안권을 행사할 수 있다"고 판시했다.

이번 재판은 한진그룹이 KGCI의 주주제안권에 문제를 제기하면서 시작됐다. 지배구조 전문가로 불리는 강성부대표가 이끄는 KCGI는 지난해 8월28일 특수 목적법인인 그레이스홀딩스를 설립하고 한진칼과 한진주식을 매입하기 시작했다. 두 회사 지분을 각각 10.71%, 8.03% 매입한 KGCI는 3월 22일 주총을 앞두고 감사 및 사외이사 선임, 이사 보수 한도 감액 등을 담은 주주제안을 1월31일 한진 측에 보냈다.

그러나 한진그룹은 "KCGI가 주식 보유기간 요건인 6개월을 채우지 못했다"며 주주제안을 주총에 올리지 않겠다는 뜻을 분명히 했다. KCGI는 법원의 판단을 묻기 위해 가처분신청을 냈다.

쟁점은 '6개월 전부터 상장회사의 주식 0.5%(자본금 1000억원 이하일 경우 0.1%) 이상을 보유한 주주는 주주제안을 할 수 있다'고 규정한 상장회사 특례조항이 '지분율 3% 이상을 보유한 주주는 주총일 6주 전에 주주제안을 할 수 있다'고 규정한 일반 상법 조항(제363조의 2)에 우선하는지 여부였다. 법원은 이날 판결문에서 "상장회사 특례조항의 입법 취지는 주식보유 비율 3% 미만인 주주라도 6개월 이상 주식을 보유하면 주주제안을 할 수 있도록 해 기업 경영의 투명성을 제고하고 소수주주의 권익을 보호하려는 것"이라고 배경을 설명했다.

KCGI는 한진칼 감사에 김칠규 회계사를, 사외이사에는 조재호 서울대 교수와 김영민 변호사를 선임할 것을 요구하고 있다. 3월 17일로 임기가 끝나는 석태수 한진칼 대표이사 사장을 대신할 사내이사 선임도 제안했다. 사내이사의 보수 한도를 줄이고 감사의 보수 한도는 늘리는 안도 포함됐다.

한진그룹은 판결에 불복해 항고하겠다는 입장을 밝혔다.

위 판례에서의 법원의 판단은 지분보다 주식의 보유 기간이 경영활동에 의견을 낼 수 있는 경영권의 판단에 우선됨을 법원이 유권해석한 것이다.

KT의 new governance TF에서 고민 중인 몇 사항을 공유한다. KT는 거의 scratch에서 새로운 제도를 정립하게 되므로 TF가 기업지배구조 관련 많은 고민과 시도를 하고 있다.

대표이사 선임이라는 것이 매우 중요한 의사결정이므로 TF는 한때, 대표이사가 3연임 등을 시도할 경우는 특별결의를 하는 대안을 고민하였다가 대표이사 3연임이 아니라 대표이사 선임 때는 60%의 찬성을 요구하는 것으로 정관을 변경했다. 연임 이상일 경우는 특별결의로 정관을 변경했다.

60% 주주 찬성이라는 것은 상법에서의 참석 주주의 1/2라는 일반 의결도 아니고 참석 주주의 2/3 찬성이라는 특별 결의도 아니고 대표이사 선임의 중요성을 감안하여 KT가 정관에서 임의로 정한 찬성 비율이다. 대표이사 선임은 일반 결의를 할 정도 이상의 중요한 사안이므로 이 정도의 주주의 지지를 받아야 대표이사로 선임될 자격이 된다는 전제를 하고 있다. 단, 대표이사 선임 의사결정이 더 어려워졌기 때문에 국민연금 등의 영향력이 더 커질 수 있는 소지는 있다. 물론 기업이 원하면 주총에서 결의되는 동의율을 임의로 정할 수는 있지만 60%라는 동의율은 상법에서는 쓰이지 않는 수치이니 이 결정이 너무 자의

적이라는 비판을 받을 수 있다.

상법에서의 일반 결의는 발행주식 25% 이상의 찬성과 출석 주주의 50% 이상의 동의로 가결되며, 상법에서의 특별 결의는 발행주식 33% 이사의 찬성과 출석 주주의 2/3 이상의 동의로 가결된다.

이번 사태 중에도 KT의 2대 주주인 현대자동차는 1대 주주인 국민연금의 뜻에 따라 의결권을 행사하겠음을 밝혔는데, 특별결의를 하는 것으로 결정되는 경우는 1대 주주인 국민연금의 의사가 더욱 중요해 질 수 있으며 주도적인 역할을 수행하게 된다.

대표이사의 선임이 아니더라도 사내이사의 선임에 대해서는 특별결의를 했던 한진칼의 경우도 다음과 같다.

매일경제신문. 2020.3.7. 대한항공, '주총 3분의 2룰' 〈사내이사 선임시 주주 동의 비율〉

대한항공이 지난해 고 조양호 전 한진그룹 회장의 대한항공 사내이사 연임을 막은 '3분의 2룰' 정관을 손본다. 내년 3월 조원태 한진그룹 회장의 대한항공 사내이사 임기 만료를 염두에 둔 조치로 풀이된다.

6일 대한항공에 따르면, 대한항공 이사회는 지난 4일 열린 이사회에서 오는 27일 정기 주주총회에 이사 선임 방식을 변경하는 안을 상정하기로 했다. 현재 정관상으로는 이사를 선임하려면 주총 참석 주주의 '3분의 2 이상 동의'를 받아야 한다. 이를 주총 참석 주주의 '과반 동의'로 변경하겠다는 것이다.

실제 대다수 상장 기업은 이사 선임 해임 안건을 주총 참석 주주 과반의 동의만 얻어 통과시키고 있다. 현재 조회장과 조현아 전 대한항공 부사장 등 '3자 연합'간 경영권 분쟁이 한창인 한진칼도 이렇게 돼 있다.

특히 대한항공의 이 같은 정관은 지난해 3월 조 전회장의 사내이사 연임을 막은 결정적 요인이 됐다. 당시 조 전회장은 사내이사 선임에 대한 주총 표결에서 찬성 64.09%, 반대 35.91%를 얻었다. 과반은 기록됐지만 3분의 2 이상의 동의를 얻지 못해 결국 사내이사 자격을 잃게 됐다.

앞서 대한항공은 1999년 정관 변경을 통해 이사 선임 방식에 3분의 2룰을 적용하기로 했다. 이는 1997년 국제통화기금 외환 위기 당시 국내 기업 주가가 폭락하고 자본시장이 개방되면서 해외 자본의 적대적 인수 합병에 대비하기 위한 조치였다.

경영권 방어를 위해 도입된 규정이 오히려 조 전 회장 발목을 잡은 것이다. 결국 이번 주총에서 정관을 바꿔 조회장의 연임을 사수하겠다는 의도로 풀이된다.

현행 정관은 이사 선임 뿐 아니라 정관 변경 안건도 참석 주주 3분의 2 이상 동의를 얻어 통과시키도록 규정하고 있다. 이 때문에 대한항공 뜻대로 정관을 변경하려면 이번 주총에서 참석 주주 3분의 2 이상이 동의해야 한다.

만약 이번에 정관 변경이 무산되면 내년 대한항공 주총 때 조회장이 참석 주주 3분의 2 이상 동의를 얻지 못해 경영권을 잃게 될 수도 있다. 현재 대한항공 최대주주는 지분 29.96%를 보유한 그룹 지주사 한진칼이다.

그러나 2대 주주는 지난해 조 전 회장을 끌어내리는 데 결정적인 역할을 한 국민연금이다. 그러다 보니 국민연금이 이번 주총에서 어떤 선택을 내릴지 관심이다. 국민연금이 이번 주총에서 의결권을 행사할 수 있는 지분은 11.36%(작년말 기준)에 달한다.

이번 사태와 관련된 KT 정관의 내용은 다음과 같다.

KT정관 제29조. 사내이사는 대표이사를 보좌하여 회사의 업무를 분장 집행하며, 대표이사의 유고시에는 직제 규정이 정하는 순서에 따른 사내이사가 그 직무를 수행한다. 다만, 대표이사와 사내이사 전원이 유고시에는 직제 규정이 정하는 순으로 그 직무를 수행한다. 따라서 모든 사내이사가 유고시에는 직제 규정에 따라 사내이사가 아닌 자가 대표이사 직을 수행하게 되어 있다. 정부에서는 이 순서를 관제순이라는 표현을 사용한다. 즉, 대통령 유고시 대통령 직무 대행을 맡게 되는 서열과 같은 표현이다.

KT정관

대표이사 후보가 주주총회에서 대표이사로 선임되지 못한 경우, 그가 추천한 사내이사 후보의 추천은 무효로 한다.

KT는 한때 사내 이사의 수를 대표이사 1인으로 고민하다가 결국은 과거 사내이사 3인에서 이번에 대표이사를 포함한 사내이사 2인으로 정관을 변경하게 된다. KT가 어떤 고민 끝에 사내이사의 수를 줄이는 방향으로 변경한 것인지를 파악하지는 못했지만 아래의 내용에서 보면 사내이사 수를 줄이는 것은 국제적인 trend인 듯하다.

다른 기관에 대해서도 이러한 이슈가 있는데 대학교의 재단이사회를 생각해 본다. 일반 기업의 CEO라고 할 수 있는 총장도 당연직 재단이사인데 부총장 등 교무위원 중 재단이사로 등재하는 경우는 총장 1인에 국한된다. 즉, 재단에서 학교 전체에 대한 정책적인 판단을 수행할 때, 경영진 중, 같이 고민하는 학교 측 인사는 총장 1인이면 충분하다는 판단이다. 부총장 및 실처장들은 모두 총장이 통제할 수 있다. 굳이 총장이 이사로서 참여를 하는데 그 아래의 staff들이 같이 참여할 필요는 없다는 판단일 수도 있다.

아래는 미국 S&P 30대 기업의 non-independent 이사의 수, 즉, 사내이사의 수와 관련된 통계치이다. 과반이 넘는 기업에 있어서 사내이사가 1인이며 아마도 CEO일 가능성이 높다.

- Non-Independent 이사 1명: 16개社
- Non-Independent 이사 2명: 7개社
- Non-Independent 이사 3명: 3개社
- Non-Independent 이사 4명: 2개社
- Non-Independent 이사 7명: 2개社

사내이사의 비중이 낮아지고, 사외이사의 비중이 이렇게 높아진 이유는 외부의 규제기관이나 사법부가 사전/사후로 사내이사인 경영진의 기업경영을 감독하기가 사실상 불가능하고 또한 사업상의 결정에 대한 민간 사기업에 대한 공적인 감독이나 규제는 바람직하지 않다는 생각이 확산되었기 때문이다. 기업지배구조에서 획기적인 변화 과정을 겪은 KT도 과거에는 대표이사가 2명에 사내이사 1명이었다가 현재는 대표이사 1인, 사내이사 1인으로 사내이사의 수가 1명 감소하는 변화가 있었다.

즉, 미국의 사외이사 제도는 기업에 대한 외부적 규제 기구적 대안으로 발달하게 되었다. 여기에 미국 사법부가 사외이사가 다수인 이사회가 내린 결정에 대해서는 사법 심사를 고도로 자제하는 경향을 보인 것이 사외이사 비중 증대의 동력을 제공하게 되었다[53] 그러나 어떻게 보면 이 견해는 특정한 상법 학자

---

53   김화진, "이사회경영, 지배구조 이론과 사례" 제3판(2023), The Bell, P343~344

의 견해일 수 있고 모든 사외이사가 공익적인 성격을 갖는 것도 아니다. 물론, 한국거래소, 금융투자협회와 같이 공익이사가 공식적으로 임명되는 특수한 회사도 있다.

또한 어떻게 보면 대표이사가 아닌 사내이사의 경우 임기가 있고 신분이 보장되어 있기는 하지만 그럼에도 대표이사의 권한 아래서 업무를 수행하는 것이므로 대표이사가 등기를 하고 있다면 굳이 다른 사내이사들이 등기할 필요가 있는지에 대한 의문도 들 수 있다. 즉, 등기한 사내이사들은 어차피 대표이사가 통제하고 지휘할 수 있는 위치이므로 굳이 이사회에 등기할 필요까지 없다고도 판단된다.

특히나 우리 기업과 같이 위계질서가 확실한 기업 문화에서 사내이사가 대표이사와 다른 의견을 표명한다는 것은 기대하기 어렵기 때문에 사내이사 수가 많을 필요가 없다는 주장이다. 인사권이 있는 대표이사의 의견과 다른 자기 의견을 이사회에서 강하게 낸다는 것은 임기를 마치면 거의 회사를 떠난다는 의사 표명일 수도 있다. 이러한 차원에서 이사회 규모를 늘리려면 사외이사들의 다양한 의견이 반영되도록 사내이사보다는 사외이사 수를 늘리는 것도 한 대안이지만 사외이사의 한계 또한 분명하니 이 또한 고민해 보아야 한다.

단, 기업 경영과 밀접하게 관련되는 CFO 역할을 수행하는 사내이사의 경우는 등기가 필요하기도 하다. 사내이사들이 법에서 보장된 임기가 있다고 해도, 대표이사와 다른 의견을 이사회에서 표명하기도 어려울 것이고 이러한 경우도 관찰하기 어렵다. 그렇다고 하면 회의체에서 의결하는 경우도 대표이사를 포함한 사내이사들은 동일한 의견을 표명할 가능성이 높으므로 굳이 다수가 등기할 이유가 무엇인지에 대한 의문이 제기될 수 있다. 즉, 등기한 사내이사라고 해서 대표이사와 다른 의견을 표명할 가능성은 높지 않으므로 굳이 등기 사내이사의 수가 많을 필요가 없다는 의미이다. 오히려 많은 사내이사를 둔다는 것은 회의체에서 의견이 나눠질 경우, 표결로 가야 하는데 대표이사가 움직일 수 있는 표만 많아지는 결과가 초래될 수 있다. 다만, 우리의 이사회 회의체에서 의결 안건에 대해서 표결로 의사결정을 수행할 정도로 의견이 나눠지는 경우는 매우 드물 것이다. 물론, 이는 사외이사들은 집합적인 의사결정이 아니라 각자 독립적인 의사결정을 한다는 가정하에서의 논리 전개이다. 상법에서 자산 규모

2조원 넘는 기업에 있어서의 이사회는 과반이 사외이사로 구성하기를 요구했다는 것은 이사회의 의사결정이 회사 경영에 대해서 견제 역할을 수행할 수 있도록 법을 구조적으로 규정하였다고 할 수 있다.

더벨. 2022.5.12. 사내이사는 멸종하는가. 김화진

서구에서는 대기업 이사회가 사외이사가 다수를 차지하는 형태로 변모해 오면서 이제는 이사회 내에 사외이사가 아닌 이사(사내이사)는 CEO 한 사람뿐이거나 CEO를 포함, 2~3인 정도의 비중만 차지한다. 사외이사 비중이 이렇게 높아진 것은 규제기관이나 사법부가 사전, 사후로 경영진의 기업경영을 감독하기가 사실상 불가능하고 사업상의 결정에 대한 공적인 감독이나 규제는 바람직하지 않다는 생각이 확산되었기 때문이다. 즉 사외이사제도는 기업에 대한 외부적 규제의 기구적 대안으로 발달했다. 여기에 사법부가 사외이사가 다수인 이사회가 내린 결정에 대해서는 사법심사를 고도로 자제하는 경향을 보인 것이 제도의 발전에 추가적인 동력을 제공했다.

그러면 사내이사는 이제 서서히 멸종하게 되는가? 조지워싱턴대 페어팩스 교수가 일러주는 그렇지 않다는 이유 몇 가지는 다음과 같다.

첫째, 사내, 사외 막론하고 기업 이사가 갖추어야 할 필수적인 자질은 전문성이다. 이 전문성은 일반적인 전문성만을 말하는 것이 아니라 당해 회사 사업에 대한 전문성도 포함한다. 양자가 결합되어서 회사의 사업상 결정이 적절히 내려지는 데 기여해야 한다. 사외이사들은 일반적인 전문성은 갖추었을지 몰라도 당해 회사 사업에 대한 전문성은 많이 부족한 것이 보통이다. 경력이 얼마되지 않는데다가 파트타임이기 때문이다. 사내이사들이 이 대목에서 중요한 역할을 해야 한다.

둘째, 사내이사의 약점이 독립성 결여라고 한다. CEO와 상하관계에 있기 때문에 CEO의 판단과 결정에 목소리를 내지 못한다고 여겨진다. 반드시 그렇지는 않다. 오랜 세월 CEO와 함께 동고동락한 사내이사는 가장 효과적인 방법으로 CEO를 보좌하는 방법을 터득했고 그로써 CEO의 판단과 결정에 효과적으로 기여한다. 사외이사가 원칙의 문제로 CEO에 반대 목소리를 낸다면 사내이사는 회사 시스템 전체를 활용한 체계적인 이의를 제기할 수 있다. 물론 이 문제는 CEO와 특정 사내이사의 개성, 인간관계가 크게 좌우한다.

셋째, 설사 사내이사가 CEO에 독립적이기 어려웠다는 것이 사실이라 하더라도 이제는 이사회에 사외이사들이 다수다. 분위기가 바뀐 것이다. 지금껏 CEO에 제 목소리를 내지 못했던 사내이사라도 달라진 분위기와 제도적 환경 아래에서는 소신껏 일하기가 용이해졌다. 때로는 사외이사를 '활용해서' 본인의 뜻을 펼 수도 있을 것이다. 즉 사외이사제도가 뜻하지 않게 사내이사의 독립성도 강화해 준 것이다.

넷째, 사내이사는 회사가 생업의 터전이다. 수입도 전부 회사에서 발생한다. 따라서 어떤 식으로든 직업상의 불편이나 불이익이 생기는 것은 피하려 할 것이다. 사내이사가 될 정도면 지금까지 거의 평생을 성공적으로 회사 생활을 했고 사내외에서 인정받았다. 이제 퇴직도 멀리서 다가오고 있기 때문에 회사 생활의 평탄이 더 중요하다. 그래서 소신이 축소된다는 것이다. 사람마다 다르기는 하지만 그럴 수도 있다고 하자. 그러면 사외이사는 전혀 그렇지 않은가? 정도의 차이지만 사외이사도 그런 것들에서 자유롭지 않다. 사내이사만의 취약점은 아니다.

사내이사의 가장 큰 기여는 회사의 사업과 사람들에 대한 현재와 과거의 정보, 그리고 본인의 경험을 이사회에 (잘) 공급해 줄 수 있다는 점이다. 이사회는 그 정보 없이는 효율적으로 작동할 수 없고 사외이사는 아무리 기업 경력이 많아도 외부인이기 때문에 그 역할을 할 수 없다. 우리나라에서 사외이사제도의 역사는 아직 짧다. 더 발전해야 하기 때문에 기업지배구조 문제는 온통 사외이사와 그 확충에 집중되어 있다. 그러나 지금과 같이 사외이사가 과반수가 되는 정도의 이사회 구성이 일단 바람직하고 미국처럼 거의 다 사외이사인 것은 불필요할 뿐 아니라 위험할 것 같다.

위의 내용에 저자도 100% 동감한다. 사내이사의 경우 이 포지션이 아마도 마지막 사회/직장 생활일 경우가 다수이고 연배로 봐도 일부 보수적인 기업이라 임원의 연배가 높은 경우는 60대 초반, 그렇지 않은 기업일 경우는 50대 중후반일 경우가 다수일 것이다. 이미 연임의 가능성이 낮거나 높지 않다고 하면 사내이사도 대표이사 눈치를 보지 않고 소신 발언을 할 가능성도 높다. 따라서 무조건적으로 사내이사들이 독립적이지 않다고 분류하는 것도 바람직하지 않고 옳지도 않다. 이는 각자의 성향, 대표이사와의 관계 등에 따라서 달라진다.

매일경제신문. 2023.6.10. KT, 사외이사 후보 7인 추천
- 주주의 대표이사 추천권 보장
- 대표이사 선임을 위한 주총 투표율 요건 상향(50 → 60%) 등 정관 개정을 추진할 계획이다.

주주추천제도는 이전에도 있었던 제도이며 그렇게 새로울 것은 없다. KT의 경우는 이번에 추천/제안된 7인의 사외이사 후보 중, 3인은 주주로부터 추천을 받은 경우라고 밝혔지만 어느 주주가 추천을 한 경우라고까지는 공개하지 않았다.

KB금융지주의 경우도 과거 모 사외이사가 APG Asset Management로부터, 우리 금융지주의 경우는 모 사외이사가 IMM 프라이빗에쿼티로부터 추천된 경우라고 밝혔다. 그리고 우리금융지주는 공개적으로 과점 주주들이 사외이사들을 추천하게 된다.

단, 어느 지주회사도 주주가 추천한 CEO가 선임된 경우는 없었던 것으로 기억한다. 물론, pool을 작성하는 과정에서 주주가 추천한 후보자를 포함할 수는 있지만 선임까지 간 경우는 없었는데, KT는 이를 매우 적극적으로 추진하였다.

국민연금의 경우를 생각하면 정부 차원에서 지원하는 후보자가 대표이사 후보자가 될 수도 있어서 매우 조심스러운 접근을 해야 한다.

KT는 여러 고민 끝에 다음으로 정관을 변경하게 된다.

변경 전 정관 제18조(소집)은 다음과 같다.

제18조(소집)

① 회사의 정기주주총회는 제14조 제1항에서 정한 기준일로부터 3개월 이내에, 임시주주총회는 수시로 법령에 다른 규정이 있는 경우를 제외하고는 이사회의 결의에 의하여 대표이사(이 정관에서 "대표이사"란 제25조 제1항 본문에 따라 주주총회 결의로 선임된 대표이사를 의미한다)가 소집한다. 다만, 대표이사의 유고시에는 제29조 제2항을 준용한다.

제25조(대표이사의 선임)

① 회사는 이사회가 추천한 자를 주주총회 결의로 대표이사로 선임한다. 다만, 필요하다고 판단되는 경우 사내이사 중 대표이사가 추천한 자 1인을 이사회 결의로

이 사회가 선임한 대표이사(이하 "이사회선임 대표이사"라 한다)로 추가 선임할 수 있다.

② 대표이사의 해임은 주주총회에서 출석한 주주의 의결권의 3분의 2 이상의 수와 발행주식총수의 3분의 1 이상의 수로써 하여야 하며 이사회선임 대표이사의 해임은 이 정관 제38조 제1항 본문의 결의 방법으로 한다.

제29조(대표이사 및 이사의 직무)

① 대표이사는 회사를 대표하며, 이사회에서 결정한 업무를 집행하고 회사 업무 전반을 총괄한다. 이사회선임 대표이사는 필요성을 고려하여 이사회에서 그 직무와 권한의 범위를 정한다.

② 사내이사는 대표이사를 보좌하여 회사의 업무를 분장 집행하며, 대표이사의 유고시에는 직제규정이 정하는 순서에 따른 사내이사가 그 직무를 수행한다. 다만, 대표이사와 사내이사 전원의 유고시에는 직제규정이 정하는 순으로 그 직무를 수행한다.

③ 이사회선임 대표이사의 유고시에는 직제규정이 정하는 순서에 따른 사내이사가 그 직무를 수행한다.

변경 후의 정관은 다음과 같다.

제18조 (소집)

① 회사의 정기주주총회는 제14조 제1항에서 정한 기준일로부터 3개월 이내에, 임시주주총회는 법령에 다른 규정이 있는 경우를 제외하고는 수시로 이사회의 결의에 의하여 대표이사가 소집한다. 다만, 대표이사의 유고시에는 제29조 제2항을 준용한다.

제25조 (대표이사의 선임 등)

③ 대표이사의 해임은 주주총회에서 출석한 주주의 의결권의 3분의 2 이상의 수와 발행주식총수의 3분의 1 이상의 수로써 한다.

제29조 (대표이사 및 이사의 직무)

① 대표이사는 회사를 대표하여, 이사회에서 결정한 업무를 집행하고 회사 업무 전반을 총괄한다.

③ 삭제

제29조의 ③이 삭제된 사유는 제25조 ①에서 정의한 이사회 선임 대표이사가 변경 후의 개정된 정관하에서는 선임되지 않기 때문이다.

복수 대표이사제도를 폐지한다고 회사가 내세운 사유가 대표이사의 책임 강화였다. 독임제 대표이사가 더 좋은 제도인지 아니면 복수 대표이사제도가 더 우월한 제도인지는 모두 장단점이 존재한다. 대표이사가 복수이면 권력이 분산되고 책임도 약해진다고 생각할 수 있다. 또한 중대재해법이 강화되면서 중대재해법에 의해서 제재의 대상이 될 수 있는 제조, 생산 등의 영역에 대해서는 이 분야를 담당하는 '바지' 대표이사를 세워서 '실세 또는 최대주주' 대표이사를 보호할 수도 있다며 이 제도를 이용하는 기업도 있다. 물론 KT의 경우는 최대주주 대표이사는 아니다.

통상적으로 '태양은 하나다'라고 얘기한다. 권력은 형제는 물론이고 하물며 부모 자식간에도 나눌 수 없는 것이라는데 대표이사라고 하는 중차대한 권한을 복수로 나눌 필요가 있는지라고 얘기할 수 있다.

KT는 신규 대표이사 사장을 선임하는 과정에도 주주 추천에 의해서도 CEO 후보를 추천받게 된다. 주주 추천은 KT 주식 0.5% 이상을 6개월 넘게 보유한 주주만 추천할 수 있다.

매일경제신문. 2023.7.12. KT, 새 CEO 후보자 12일까지 공모

주주 추천 또한 같은 기간 접수가 진행된다. 주주 추천은 KT 주식 0.5% 이상을 6개월 넘게 보유한 주주만 추천할 수 있다.

매일경제신문. 2023.7.14. KT CEO 후보 깜깜이... 응모자 공개 안해

0.5 퍼센트 이상의 지분을 보유한 주주와 외부 전문 기관은 각각 1명과 6명의 후보를 추천했다.

한편 KT 이사후보추천위원회는 대표이사 후보 심사의 객관성 강화를 위해 -기업경영 전문성 - 산업 전문성 - 리더십 커뮤니케이션 분야 외부 전문가로 인선 자문단을 구성하기로 결정했다. 인선자문단은 사내 외 대표이사 후보군에 대해 서류 평가 의견을 이사후보추천위원회에 전달하고, 이사 후보추천위원회는 인선 자문단 의견을 참고해 대표이사 후보를 압축할 계획이다.

이 인선자문단은 사외이사 후보 추천을 위해서 구성된 인선자문단과 별개의 자문단이다. 포스코 대표이사회장이나 KB금융지주회장의 경우도 KT사태 이전에는 자문단의 도움을 받는 경우는 없었다.

단, 2024년 포스코의 CEO 선임 과정에서는 KT의 경우와 동일하게 인선자문단의 자문을 받는 것으로 결정하였다. 외부에서 빈번하게 '짬짜미' 심사를 한다고 CEO 후보추천위원회의 독립성에 대한 의문이 제기된 것이 제도의 변화를 유발하였다. 한번 더 filtering을 한다는 의미도 부여할 수 있다. 이뿐만 아니라 KT의 대표이사 선임이 포스코에 비해서 거의 반년을 선행하였는데 KT가 공정성을 위해서 대표이사 선임 과정에서 인선자문단의 도움을 받았다는 사실도 포스코의 의사결정에 영향을 미쳤다고 할 수 있다.

포스코 회장의 선임과정에서 사내후보자는 TT1이라고 하는 사내 후보자 그룹으로부터 지원서를 받고, 사외 후보자는 주주 추천, 서치펌의 추천으로 후보자 풀이 구성된다. 공모의 과정을 거치지 않은 것을 문제 삼기도 하는데, 서치펌의 추천과정이 공모 과정과 결과적으로는 별반 다르지 않을 것이며 서치펌을 통한다는 것은 서치펌의 필터링을 한번 더 거치면서 공모보다 더 챤스가 높은 후보자를 추천받을 수 있는 장점이 있다. 추천해 줄 수 있는 서치펌을 찾을 수 없는 후보자는 이미 함량 미달 후보자일 뿐이다. 서치펌의 경우 본인들이 추천한 회장 후보자가 회장으로 선임된다면 큰 경제적인 인센티브가 있기 때문에 될 법한 후보자를 적극적으로 찾게 된다. 10개 정도의 서치펌이 세 후보자를 추천하게 되므로 자격이 되는 후보자들은 모두 지원했다고 할 수 있다. 또한 서치펌 당 추천할 수 있는 후보자가 3인으로 제한되므로 서치펌들도 추천할 수 있는 후보자의 선정에 신중을 기했을 것이다. 본인이 적격의 후보자인데 추천을 받을 수 있는 경로가 제한되어 있어서 추천이 불가했다는 경우는 접하지 못했다.

KT의 이사회 기능 강화 3대 개선 방안 중의 하나가 사내이사 규모 축소였다[54].

그 논지는 경영진이 이사회 내에서 과도한 영향력을 행사하는 것을 방지하고, 이사회내 독립성을 강화하기 위해 사내이사 정원을 3인에서 2인으로 축소

---

54 삼일pwc가버넌스센터. 2023.12.11. 조명현 발제 내용

하기로 하였다.

금융위/감독원 차원에서도 CEO 선임 및 기업지배구조에 대해서도 의견을 내고 있다.

> **한국경제신문. 2023.12.13. 은행 CEO 후보 육성 때 외부인사에 비상근 직 줘야**
> 이를 두고 금융권에서는 취지에 공감하면서도 자율 경영을 위협할 수 있다는 우려를 제기했다. 다른 회사에 근무 중인 외부 후보자에게 비상근 직위를 부여하는 것은 '겸업금지 의무 조항'을 위반할 소지가 있는데다 경영 전략 등 민감한 내부 자료를 어느 선까지 제공해야 하는지도 논란을 부를 수 있기 때문이다.

> **한국경제신문. 2023.12.13. 은행 "CEO 선임 절차 개입은 관치금융"**
> 금융지주에서 이사회 사무국 업무를 담당해온 부장급 인사는 "회사 경영 현황을 파악한 외부 후보자가 다른 회사에 취업하면 기술 유출과 같은 '산업스파이' 논란이 불거질 것"이라며 "급여 없는 비상근 직위를 받아들일 외부 후보가 있을지도 미지수"라고 했다.

> **이사회 독립성 강화**
> 경영진으로부터 이사회의 독립성을 강화하기 위한 원칙도 세웠다. 사외이사 지원 조직은 CEO 관할이 아니라 이사회 아래 독립 조직으로 설치하고 업무 총괄자 임면은 이사회의 사전 동의 등을 거치도록 했다.

사외이사 지원 조직의 임면에 이사회의 사전 동의를 받는 것은 감사위원회가 내부 감사를 담당하는 감사실장 등의 부서장의 임면에 동의권이 있는 것이나 동일하다. 선임권한은 대표이사에게 있지만 동의를 받지 않으면 선임과정을 다시 진행해야 한다.

> **한국경제신문. 2023.12.21. 은행 "CEO 선임 절차 개입은 자율경영 침해"**
> 내부 후보에게 부회장직 등을 부여해 육성 프로그램을 운영하는 경우 경쟁력 있는 외부 후보에게도 비상근 직위를 줘야 한다. 이를 놓고선 현실성이 떨어질뿐더러 자율경영을 위협할 것이란 우려가 나온다. 금융권 관계자는 "금감원이 사실상 금융

지주에 부회장직과 같은 육성 프로그램을 도입하지 말라고 경고한 것"이라며 "민간 금융사의 CEO 선임 절차에 개입하는 관치금융"이라고 지적했다. 금융지주에서 이사회 사무국 업무를 담당해온 부장급 인사는 "회사 경영 현황을 파악한 외부 후보자가 다른 회사에 취업하면 기술 유출과 같은 '산업스파이' 논란이 불거질 것"이라며 "급여 없는 비상근 직위를 받아들일 외부 후보가 있을지도 미지수"라고 했다.

위의 내용은 금융감독원이 12일 제시한 '은행지주·은행의 지배구조에 관한 모범관행'에 담겨 있는 내용이다. 외부 후보에게 비상근 직위를 주라는 제안은 전혀 현실성이 없는 대안을 감독원이 제시하는 것이다. 차기 CEO 후보자일 뿐인데 경영에 관여시키라는 것인지, 비상근이지만 회사 내부의 정보를 공유하라는 것인지 그야말로 탁상행정의 극치이며 전혀 기업이 어떻게 돌아가는지를 모르는 감독기관의 허망한 이상론에 근거한 아이디어일 뿐이다.

KT와 관련된 내용은 아니지만 상법에 사외이사의 수가 1/4이 되어야 하므로 사외이사가 1인인 이사회가 있다. 1인 사외이사 이외의 모든 이사가 사내이사라고 하면 사외이사 제도를 도입한 취지가 희석되게 될 수 있다.

회의체라는 것은 다수의 의견이 모아져야 한다는 의미가 있는데 1인 사외이사로서의 어떠한 주장을 해도 사내 이사들의 의견이 한곳으로 모아진다면 voice를 내기 어려운 구도일 것이다. 회의를 하면 동조하는 의견이 있어서 소수의 의견이라고 힘을 받을 수 있는데 그렇지 않은 경우는 외로운 메아리로 그칠 위험이 높다. 정부 위원회 증 금융위원회 산하의 증권선물위원회는 비상임위원 3인에 위원장, 상임위원으로 구성되어 비상임 이사가 다수를 구성하고 있다. 어떻게 보면 자산 규모 2조원이 넘는 회사의 이사회를 구성하며 사외이사가 과반이 되어야 한다는 취지와 같은 취지일 수 있다. 주도권 다툼은 아니더라도 어쨌거나 다수를 확보해 주는 것이다. 반면에 금융위원회의 경우는 과거 금융감독위원회(금감위)가 변경된 기구인데 금감위 시절에는 비상임위원이 법률, 회계, 금융(재무)로 구성되며 이들이 과반수까지는 아니더라도 9인의 위원 중, 일정한 지분을 가지고 있었던 시절이 있었다. 이러한 구성이 지금은 비상임위원 1인을 제외하고 모두 상근으로 구성되어 있어서 회의체라는 취지가 희석되었다. 회의 전에 상근 위원들이 모두 의견을 맞추고 회의에 참석하지는 않더라도 모든 정부 위원회에 정부의 입장이라는 것이 존재하여서 1인 비상임위원이 본인의 의견을 관철시키기는 여간 어려운 상황이 아닐 것이다. 상근으로 금융위의 대다수 위원이 구성되면서 회의체라는 의미가 많이 희석되었다.

위의 내용은 1인 사외이사와 관련된 내용이고, 다음의 내용은 회의 구성과 관련되는 내용이므로 다음에 인용한다.

한국경제신문. 2024.6.4. 기업엔 '기울어진 운동장'인 증선위

국내 기업들에 금융위원회와 금융위 산하 증권선물위원회, 감리위원회는 사법 재판부와 맞먹는 영향을 미친다. 기업의 각종 회계 처리와 자금 조달 방식 등에 대해 적정성을 심리하고 판단하는 기구라서다. 이들이 주요 사안에 '부적절' 판정을 내리면 기업의 신용도가 크게 흔들린다. 기업 최고경영자의 운명을 좌지우지할 수도 있다. CEO 직무 정지, 향후 업계 취업 제한 등 각종 징계 조치를 적용할 권한도 있어서다.

막대한 영향력에 비해 공정성은 의문이라는 게 기업과 회계업계의 중론이다. 문제 제기부터 심리, 의결까지가 기업엔 사실상 '기울어진 운동장'에서 이뤄지는 경우가 많아서다.

일단 절차와 구성부터가 그렇다. 통상 금융감독원이 기업에 문제를 제기하고, 감리위의 심의를 거쳐 금융위와 증선위가 고의 여부와 사안의 중요성 등을 반영한 조치를 결정하는 구조다. 그런데 감리위 심의 과정에서 금감원 소속인 회계전문심의위원이 참여한다. 회계 관련 사안이라면 금감원의 회계 부문 국장이 보고한 내용을 금감원의 회계업무 총괄 담당자가 판단한다. 재판으로 치면 금감원이 검사와 판사 양쪽을 모두 맡는 셈이다.

기업과 금감원이 서로 논리 다툼을 하는 과정도 공정하다고 보긴 어렵다. 현행 제도에 따르면 금감원의 '혐의' 의혹을 받는 기업이 감리위와 증선위 출석 전에 반론 내용을 요약해 금감원에 사전 제출해야 한다. 기업에 문제가 있다고 주장하려는 쪽에 기업이 자신들의 반박 주요 근거를 미리 알린다는 얘기다. 이렇다 보니 금감원은 성공적인 논박을 위해선 어느 지점을 피해야 할지 등을 먼저 알고 날카로운 공격을 하기가 더 쉽다. 반면 기업은 예상치 못한 지적에 대해선 즉석에서 소명해야 한다.

별론 기회도 기업에는 한정돼 있다. 기업의 소명이 끝난 뒤 기업 측 관계자들이 퇴장하면 사안을 보고한 금감원 국장 등은 회의석에 계속 자리한다. 기업의 발언 내용에 대하 재반론을 하고, 증선위원 등의 추가 질문엔 금감원의 시각에서 답변을 내놓을 수 있다. 반면에 퇴장한 기업 관계자들은 어떤 이야기가 추가로 오갔는지조차 파악할 수 없다.

이런 '깜깜이' 제도를 개선하지 않으면 주요 논의가 제대로 이뤄질 수 없다는 게 전문가들의 지적이다. 기업과 투자자에겐 불확실성만 커지고 정작 제대로 된 판단이 나오기 힘들다는 얘기다. 삼성바이오로직스의 분식회계 혐의도 이런 이유로 지난한 과정을 거쳐 지난 2월 무죄 취지의 판결을 받았다. 금감원이 회계처리 기준 위반 의혹을 제기한 지 약 6년 만이다. 전문가들은 금감원과 기업이 평평한 운동장에 서고, 심의 기구의 독립성도 더 확보돼야 한다고 지적했다.

chapter

60

주기적 지정제

주기적 지정제

> **공인회계사법 제2조(직무법위)** 공인회계사는 타인의 위촉에 의하며 다음 각 호의 직무를 행한다.
> 1. 회계에 관한 감사 감정, 계산, 정리, 입안 또는 법인 설립 등에 관한 회계

직권 지정이나 주기적 지정은 이러한 사적 자치의 원칙에 중대한 예외이다.

조선일보. 2022.12.6. 감사인 지정 제도 효과? 재무제표 조정 기업 급증

감사인과 기업의 유착을 막기 위해 감사인 주기적 지정제가 도입된 뒤 회계법인들이 기업이 작성한 재무제표를 대폭 수정하는 사례가 크게 늘어난 것으로 나타났다. 새로운 회계법인이 감사를 맡은 뒤 그동안 드러나지 않았던 회계 오류가 발견되는 것을 막기 위해 기업과 기존 회계법인이 스스로 감사를 까다롭게 했기 때문으로 해석된다. 주기적 지정제는 기업이 6년간 외부감사인을 자유 선임하면 다음 3년간은 금융당국이 감사인을 지정해 주는 제도로 2020년 도입됐다.

5일 한국공인회계사회와 한국재무학회는 '감사인 지정제도의 효과 분석 세미나'를 열고, 감사인 주기적 지정을 전후해 재무제표를 대폭 수정하는 기업의 수가 크게 늘어났다고 밝혔다. 보통 기업이 먼저 재무제표를 작성하면 감사인인 회계법인이 이를 검토해 잘못된 내용에 대한 수정 작업을 거친다. 발표자인 서울대 김우진 백복현 교수는 감사 전과 후의 기업 재무제표를 비교, 순이익 부분을 5% 이상 높이거나 낮추는 큰 폭의 감사 조정을 한 기업의 비율이 34% 이하 선을 유지하다가 갑자기 지정 전 해인 2019년 50.2%로 수치가 확 올라갔다. 2020년 주기적 지정을 앞둔

위의 기사 내용 중, "기업과 기존 회계법인이 스스로 감사를 까다롭게"라는 표현은 잘못된 표현이다. 감사의 주체는 회계법인이므로 감사를 까다롭게 한 것은 회계법인이며 회계법인의 변경을 앞두고 재무제표를 신경써서 신중하게 작성한 주체는 기업이다. 기업의 경우는 보수적인 회계를 선택했을 개연성은 있다. 보수적인 회계(conservative accounting)는 공격적인 회계(aggressive)의 반대 의미이다. 위의 결과가 주기적 지정제도의 영향이라면 정부의 주기적 지정제도의 도입이 그 목적을 달성한 것으로 해석될 수 있다.

위는 주기적 지정제도의 채택으로 인해서 감사인이 변경될 때, 기업도 회계법인도 제대로 작성된 재무제표가 공시되도록 신경을 쓴다는 차원에서는 바람직한 현상이고, 어느 정도 주기적 지정제의 취지가 이러한 것이다. 변경된 감사인이 어느 정도 이상으로 과도할 정도로 까다롭게 전임 감사인이 감사한 재무제표에 대해서 문제를 제기한다면 이는 전 후임 감사인간의 민감한 문제가 될 수 있다. 또한 자유수임제 하에서의 빅4 회계법인의 평균 시간당 수임료는 10만원 정도인데 주기적 지정제하에서의 평균 수임료는 11만원 정도라고 하니 due care로 철저한 감사가 수행되는 것은 장점이지만 피감기업의 입장에서는 부담을 느낄 수 있다. 이러한 시간당 감사 수임료의 상승 원인이 조금 더 철저한 감사과정에 있는 것인지 아니면 지정으로 인한 회사와 감사인 간의 수임료 협의과정에서 감사인의 의견이 더 강하게 반영된 것인지는 확인이 불가하다.

회계법인이 due care를 하면서 적절한 회계감사를 수행해야 하는 것은 너무도 당연한 것이다. 단, 그럼에도 이러한 적절한 회계감사가 과도하게 보수적인 감사절차를 의미한다면 이러한 행태가 과연 바람직한 것인지에 대해서 생각해 보아야 한다. 후속 감사인이 강한 의견을 낼 것이 부담되어 의도적으로 교체

전에 보수적으로 회계감사를 한다면 과연 이것이 적절한 감사 수준인지에 대한 고민이다.

이러한 사유에서 전임 감사인과 후임 감사인 간에 빈번한 이해 상충이 발생할 가능성이 크며 이러한 문제를 해결하기 위해서 한국공인회계사회에 '전기오류수정협의회'를 설치하여 절충을 시도하고는 있으나 이견이 있을 경우 해결해야 하는 법적인 책임이 전, 현 감사인에게 있기 때문에 이 위원회의 역할에는 한계가 있을 수밖에 없다. 이 협의회가 전후 감사인이 부담할 법적 또는 행정적 책임까지를 해결해 주는 것은 아니기 때문이다. 공격적인 회계도 옳지 않지만 그렇다고 과도하게 보수적인 회계만이 답인 것은 아니다. 전기오류수정협의회도 제3자적인 입장일 수밖에 없고 구속력 또한 없기 때문에 양 감사인간의 이견에 대해서 뾰족한 해법을 제시할 수 있을지는 의문이다.

최근 대기업에서 회계적인 질문이 많이 발생하므로 감사인 이외에 PA(private accountant)라는 자문하는 회계법인과 계약을 하는 경우도 다수 있다. PA와 감사인이 다른 의견을 가지고 있을 경우, PA는 단지 자문하는 위치에 있는 것이고 감사인은 법정회계감사를 수행하는 감사인으로 피감기업과 계약을 맺은 것이니 PA의 주장이 아무리 적법하다고 하여도 회계감사인이 이를 인정하지 않으면 PA와 피감기업의 입장에서는 감사인의 의견이 PA에 비해서 우선할 수밖에 없다. 즉, PA의 자문은 자문일 뿐이며 감사인은 법정 감사인으로서의 법적인 지위를 가진다.

피감기업과 감사인 간에도 당연히 이견이 있을 수밖에 없으며 이를 해결하기 위해서 오래전부터 회계기준원과 금융감독원이 joint로 운용하는 '질의 회신 연석회의'라는 것도 있다. 문제는 이 연석회의는 이견이 있을 경우에 중재하는 역할을 수행하는 것이지만 법적인 기구가 아니므로 이 위원회의 의견은 구속력이 있는 것이 아니며 따라서 양자간의 이견을 해결해 주는 데는 한계가 있을 수밖에 없다. 결국은 모든 이견은 이해 관계자가 해결할 수밖에 없으며 제3자는 어디까지나 제3자일 수밖에 없다. 그 사례는 다음 기사에서도 찾아 볼 수 있다.

매일경제신문. 2020.1.30. 자회사 편입 두고... 한미그룹, 회계법인 충돌

한미약품그룹 지주사인 한미사이언스가 한미약품을 종속회사로 회계처리할지 여부를 두고 회계법인과 충돌했다. 이를 두고 2019 회계연도 결산감사가 본격적으로 시작되는 상황에서 강화된 회계 기준에 따라 기업과 회계법인 간 의견 충돌의 신호탄이라는 분석이 나온다. 오는 3월 정기 주주총회를 앞두고 여러 기업에서 이 같은 논쟁이 확대될 수 있다는 우려가 커지고 있다. 29일 제약업계와 회계업계에 따르면 회계기준원과 금융감독원은 '질의 회신 연석회의'를 개최해 한미사이언스의 자회사인 한미약품의 종속회사 분류 여부를 논의했다. 그 결과 두 기관은 당사자들이 회계기준서에 따라 '자체 판단'을 하라는 취지의 답변을 한 것으로 알려졌다. 지주회사 체제에서 자회사는 크게 관계회사와 종속회사로 구분된다. 관계회사는 지주회사의 연결재무제표에 포함되지 않지만 종속회사는 포함된다.

한미사이언스는 지난해 3분기 말 기준 한미약품의 지분 41.4%를 보유하고 있다. 한미사이언스의 외부감사인인 EY한영회계법인은 관계회사로 분류해온 한미약품을 종속회사로 바꿔 연결 처리해야 한다고 주장하고 있다. 이 두 회사의 이사회 구성이 같고, 소액주주의 주주총회 참석률이 낮아 한미사이언스의 한미약품에 대한 실질 지배력이 높다는 것이다. 반면 한미사이언스는 지난 10년간 문제되지 않았던 사항을 한영이 갑자기 문제 제기하는 것은 옳지 않다는 주장을 하고 있다

이 때문에 한미약품그룹은 지난해 말 이 건에 대해 회계기준원에 질의를 해 명확한 답을 듣고자 했지만 '답변을 줄 수 없는 사항'이라는 답을 받았다. 이에 이날 또 다시 연석회의가 열렸지만 명쾌한 답을 주지 못하면서 재무제표와 감사보고서 작성 과정에서의 불확실성이 높아졌다.

업계에선 이 상황이 주기적 감사인 지정제 시행 때문이란 분석이 나온다. 이 제도는 감사의 독립성을 높이고자 특정 감사인을 6년간 선임한 기업은 이후 3년간 증선위가 지정하는 다른 감사인을 선임하게 하는 제도다. 특정 감사인이 특정 기업 회계 감사를 장기간 맡아 유착 관계가 형성되지 않도록 막는 것이다. 이에 따라 전 감사인인 회계법인은 다음 감사인에게 꼬투리를 잡히지 않기 위해 더 강하게 감사를 할 공산이 크다. 한영 역시 이 때문에 이번 문제 제기를 '면피성'으로 했다는 분석이다. 한미약품 관계자는 "이미 갈등은 해소됐고 우리 측의 의견에 한영이 동조할 것으로 보인다"고 말했다. 반면 한영 관계자는 "금융감독원의 답변은 한미약품의 사업보고서에 대해 한영이 자율적으로 판단하라는 의미"라며 "차후 의견을 낼 것"이라고 밝혔다.

위 위원회가 갈등을 해결하기 위해서 구성되었는데 답변을 줄 수 없는 상황이라고 하면 위원회가 가동될 하등의 이유가 없다.

한국경제신문. 2022.11.17. 현대차 새 감사인에 안진... "독립성 문제로 교체될 수도"

업계에서는 독립성 문제 등을 이유로 현대차의 감사인이 재지정될 수 있다는 의견이 많다. 딜로이트안진이 현대차의 연결 내부회계관리제도 용역을 맡고 있기 때문이다. 이에 대해 안진은 "내부회계관리제도 관련 용역이 반드시 감사 독립성과 충돌한다고 볼 순 없다"며 "현재 관련 규정에 따른 내부 검토 프로세스를 밟고 있다"고 말했다 현대차 감사인이 재지정될 경우 EY한영이 맡을 가능성이 높다.

매일경제신문. 2022.12.1. 현대차 감사인 지정 '진통'… 결국 한영회계법인

현대자동차의 새로운 외부감사인으로 결국 EY한영이 최종 결정됐다.

30일 회계업계 등에 따르면 금융당국은 주기적 감사인 지정제 대상이 된 현대차에 대해 삼일PwC와 딜로이트 안진을 차례로 지정감사인으로 지정했으나 두 회계법인 모두 지위를 반납했다. 이해 충돌 문제가 발생할 수 있다는 이유에서다.

이에 따라 결국 유일한 대안인 EY한영이 지정감사인으로 지정된 셈이다. 2019년에 도입된 감사인 지정제는 기업이 6년간 자율적으로 감사인을 지정한 후 3년간은 당국에서 감사인을 지정하는 제도다.

현행 외부감사법은 자산 2조원 이상 기업의 감사는 사실상 4대 회계법인이 맡도록 하고 있다. 올해까지 삼정KPMG가 감사를 맡아왔기 때문에 나머지 3개 회계법인만 현대차 감사를 맡을 수 있는 셈인데, 당국이 지정한 2곳이 차례로 지위를 반납하면서 결국 남은 1곳의 회계법인에 감사를 맡길 수밖에 없는 상황에 내몰렸다. EY한영은 앞으로 3년간 현대차의 회계 감사를 맡게 된다.

당초 지난 10월 지정 감사인 사전 통지 때 금융당국은 삼일PwC를 현대차 외부감사인으로 정했다. 그러나 삼일PwC 측에서 현대차의 자문을 맡고 있어 감사인 지위를 반납했다. 이후 11월 11일 금융당국은 딜로이트 안진을 지정 감사인으로 재지정했다.

그러나 딜로이트 안진 역시 2주간 검토 끝에 독립성 훼손 논란을 피하기 위해 지정 감사인 지위를 반납하기로 결정했다. 딜로이트 안진은 현대차의 연결내부회계관리제도 용역을 맡고 있다. 상황이 이렇다 보니 회계업계 안팎에선 "당국의 감사인 지정에 문제가 있는 게 아니냐"는 지적이 나온다. 국내 굴지의 대기업 감사인 지정에서 두 번이나 이해 충돌 여지가 발생해 재지정이 이뤄지는 상황을 납득하기 어렵다는 것이다.

이에 대해 금융당국에선 현실적인 어려움을 호소한다.

금융감독원 관계자는 "올해에만 229곳의 감사인을 지정했는데, 적은 인원으로 많은 기업을 지정하다 보면 각 기업의 상황을 속속들이 알기 어렵다"며 "당국이 기업의 모든 자문·용역 상황을 알 수 없고, 만약 알려고 한다면 지나친 간섭이 될 수 있다. 그렇기 때문에 지정 후 문제점이 예상되면 재지정을 요청하는 시스템을 만든 것"이라고 설명했다.

한 회계업계 관계자도 "매해 주기적 지정제 대상이 200여 곳이 되는 만큼 당국이 대상 기업들의 모든 것을 알기 힘들 것"이라며 "현대차가 특이한 사례이긴 하지만, 이런 경우가 지정제의 구조적인 문제점이라고 보긴 어렵다"고 평했다.

올해 주기적 지정 대상 기업 가운데 '최대어'로 꼽힌 현대차는 삼정KPMG와 2021사업연도에 33억원 규모로 감사 계약을 맺었다. 계약 금액으로 따지면 국내 상장사 가운데 삼성전자에 이은 2위에 해당한다.

딜로이트 안진 입장에선 현대차의 감사인을 반납했지만 올해 자유 수임 성과가 나쁘지 않은 편이다. 딜로이트 안진은 최근 삼성전기와 현대해상화재보험의 새로운 감사인으로 결정됐다.

LG화학도 내년부터 딜로이트 안진이 회계감사를 맡는 것으로 알려졌다. 올해 초 감사인 지위를 따낸 LG에너지솔루션에 이어 LG그룹 주력 사업의 기업을 맡게 된 셈이다.

대형 금융지주들의 수임전 결과도 최근 속속 나오고 있다. KB금융지주의 경우 삼일PwC가 새 감사인으로 결정됐고, 우리금융지주는 삼정KPMG가 내년부터 감사를 맡는다.

물론, 회계법인의 입장에서는 회계감사만이 회계법인이 수행할 수 있는 고유의 업무이므로 회계감사의 중요성은 아무리 강조해도 지나치지 않는다. 단, 비감사서비스에서 발생하는 용역 수익이 무시할 수 없을 정도일 뿐만 아니라 감사수임료를 넘어설 수도 있으므로 회계법인이 회계감사를 위해서 다른 업무를 포기할 수 있는 상황도 아니다. 또한 지정 과정에서 감독기관이 어느 회계법인을 지정할 지를 모르는 상황에서 비감사서비스를 포기하고 무한정 지정을 기다릴 수도 없는 상황이다.

회계법인의 입장에서는 '6+3'으로 주기적 지정제가 돌아갈 때, 지정을 받기를 희망하여 비감사서비스 용역을 수행하지 않는 회계법인이 있을 수 있고, 아니면 3년의 지정은 포기하더라도 6년의 자유수임을 타겟하는 회계법인이 있을 수 있으며 이에 따라 비감사용역의 수임을 결정하게 될 것이다. 회계법인의 고유 업무인 회계감사의 상징성과 경제적 유인이 이 모든 것을 결정하는 요인이 될 것이다.

위의 현대자동차의 경우와 동일하게 지주회사의 경우는 다수 사업회사/계열회사에서 많은 비감사업무가 수행 중이므로 지주회사 감사인을 결정할 때에 이들 사업/계열회사의 모든 비감사업무 병행에 이해상충이 없는지를 확인해 주어야 한다. chapter 61에서의 down-stream 비감사업무의 이슈이다. up stream은 법적으로 문제가 없다. down stream이 문제가 된다.

감독기관의 입장에서는 사업회사/계열회사에서 진행되는 모든 비감사업무를 파악한다는 것이 불가능하므로 재지정 과정을 완전히 회피하기는 쉽지 않다.

대형회계법인이 과점(oligopoly)의 모습이므로 대기업의 경우는 감사인 변경과 관련된 자유도(degree of freedom)를 갖기 어렵다. 또한 경제적인 유인만으로 보기에는 회계법인의 입장에서는 감사인으로 선임된다는 보장도 없는 상태에서 피감기업의 비감사용역을 포기하기도 쉽지 않다. 감사인으로 선임되는 것을 생각하고 비감사용역을 포기했는데 사후적으로 감사인으로 지정받지 못한다고 하면 오히려 비감사용역만을 수행하지 못한 손실이 발생할 수 있다.

이와 같이 '6+3'에 의해서 감사인이 지정되거나 자유수임되기 이전에 모든 회계법인은 복잡한 셈법에 의해서 장기 계획을 세워야 한다. 자유수임 6년에 방점이 가 있는 회계법인은 지정 3년은 매력적인 대안이 아닐 수 있다. 동시에 자유수임 6년이 보장된 것이 아니므로 3년의 지정도 쉽게 포기할 수 없는 대안이다. 이 모든 것이 회계법인의 정무적인 판단의 대상이며 business decision이다. 주기적 지정제도가 도입되기 이전에는 자유수임에 의해서 장기적으로 수임을 하는 것만으로 노력을 집중하면 되었는데 주기적 지정제 도입으로 인해서 회계법인이 정무적인 판단을 수행할 일이 더 많아졌다.

정부는 감사인 주기적 지정제를 변경하려는 고민을 하다가 그대로 유지하는 것으로 결정하였다. 이 논의 과정에서 고민했던 논점들을 공유한다. 이러한 고민은 미래 시점 언제라도 다시 반복될 수 있다.

조선일보. 2022.12.20. '감사인 지정제' 완화 추진… 자유 선임기간 6년에서 9년으로 연장 유력

정부가 일정 기간마다 감사인을 정해주는 '주기적 감사인 지정제' 완화가 추진된다. 기업이 감사인을 선임할 수 있는 자유 선임기간을 현행 6년에서 9년으로 늘리는 방안이다.

18일 정부와 회계업계 등에 따르면, 금융위원회는 이 같은 내용을 포함한 감사인 지정제 변경 방안을 검토 중이며, 내년 초 발표할 예정이다.

2019년 말 이후 운영되고 있는 감사인 지정제는 6년간 자유 선임기간 후 3년간 정부 지정 감사인을 선임해야 하는 '6+3 방식'인데, 9년간 자유 선임을 하도록 하는 '9+3 방식'으로 변경하는 방안이 유력하다.

감사인 지정제 대상이 되는 기업들과 회계 업계의 의견을 절충한 것으로 알려졌다. 기업들은 자유선임기간을 12년으로 늘려달라고 요구했고, 회계업계는 현행대로 6년을 유지하자고 주장했다.

기업들은 감사인 지정제 도입 이후 감사 보수와 시간은 늘었지만 회계 품질은 떨어지고 있다는 입장이다. 한국상장회사협의회 자료에 따르면, 지난해 국내 상장사들이 지출한 감사 보수 총액은 5,476억원으로 제도 시행 전인 2017년(2,375억원) 보다 130% 이상 증가했다. 감사 보수 총액이 연 평균 23%씩 증가했다. 업체당 평균 감사 시간도 2017년 1700시간에서 지난해 2447시간으로 43% 늘었다. 한 상장사 임원은 "금융 당국이 지정해 주는 회계 법인과 계약을 맺을 때, 기업 입장에서는 자유 선임을 할 때보다 가격 협상력이 떨어질 수밖에 없는 입장"이라고 말했다.

회계업계에서는 감사의 독립성 강화라는 제도 취지를 살리기 위해서는 현행 방식 유지가 필요하다고 주장한다. 한 회계사는 "2020년 첫 지정이 이뤄져 이제 첫번째 지정 선임 기간이 지났을 뿐"이라며 "감사인과 기업의 유착을 막기 위해 도입된 만큼 성급하게 변경하는 것은 맞지 않다"고 했다.

'9+3 방식' 도입에 대해 금융위원회는 "다양한 대안을 논의하고 있고, 아직 구체적인 방안은 확정되지 않았다"고 했다.

위의 신문기사에 "'금융 당국이 지정해 주는 회계 법인과 계약을 맺을 때, 기업 입장에서는 자유 선임을 할 때보다 가격 협상력이 떨어질 수밖에 없는 입장'이라고 말했다"고 인용되어 있는데 일반적으로는 감사인이 지정되는 경우 수임료가 올라 가는 것으로 알려져 있다. 회사의 입장에서는 다른 감사인으로 갈 수 있는 대안이 없기 때문에 어쨌거나 지정된 감사인과 계약을 맺어야 하므로 leverage를 갖기 어렵다. 자유수임하에서의 빅4 회계법인의 평균적인 시간당 감사보수는 10만원 지정일 경우는 11만원으로 책정되는 것이 일반적이다.

한국경제신문. 2022.12.19. 기업 부담 키운 지정감사제, 결국 완화

정부가 기업 감사인을 때마다 강제로 정해주는 '주기적 감사인 지정제'를 대폭 완화한다. 주된 갈등 요인으로 꼽혀 온 감사인 자유선임기간을 기존 6년에서 9년으로 늘리기로 했다. 지정 감사 비율도 기존 52%에서 40%대로 낮춘다. 주기적 감사인 지정제 도입 이후 기업들의 감사 비용과 시간이 눈덩이처럼 불어났다는 지적을 반영한 조치다.

18일 금융당국과 회계업계 등에 따르면 금융위원회는 이르면 이달 말 주기적 감사인 지정제 변경안을 발표한다. 한 회사가 9년 이상 동일 감사인을 선임한 경우 이후 3년 동안 금융당국이 새 감사인을 지정('9+3')하도록 한 게 골자다. 2019년 말 새 외부감사에 관한 법률(신외감법) 도입에 따른 제도 변경 후 지금까지는 '6+3(자유선임기간 6년, 지정선임기간 3년)'이었다.

이 같은 제도 완화는 금융당국이 각계 의견을 모아 반영한 결과다. 기업들은 주기적 감사인 지정제를 놓고 세계 어디에도 없는 '갈라파고스 규제'라며 제도 폐지를 주장해왔다. 잦은 감사인 교체로 인한 감사 품질 하락과 관련 비용 급증에 따른 부담을 근거로 내세웠다.

회계업계의 입장은 딴판이다. '감사 독립성 강화'라는 제도 도입 취지를 살리기 위해선 기존 '6+3'제도를 그대로 시행해야 한다고 맞서왔다.

한국경제신문. 2022.12.29. 기업들 "감사인 지정제 완화 환영"

정부가 기업 감사인을 강제로 정해 주는 '주기적 감사인 지정제'가 도입된 후 기업들은 부글부글 속을 끓여왔다. 때마다 강제로 감사인을 바꾸는 과정에서 들이는 돈과 시간은 확 늘어났지만, 정작 감사 품질은 떨어진 탓이다.

2019년 말 새 외부감사에 관한 법률(신외감법)에 따른 주기적 감사인 지정제가 본격 도입된 이후 국내 상장사 및 대형 비상장사들의 감사 비용은 대폭 상승했다. 한국상장회사협의회의 '상장법인 외부 감사 보수 현황' 자료에 따르면 지난해 상장사 한 곳당 평균 감사보수는 2억4800만원인 것으로 나타났다. 제도 도입 전인 2017년 1억 2500만원에서 약 두 배로 증가한 수치다. 연평균 증가율은 18.69%에 달한다.

상장사 한 곳당 평균 감사 시간도 같은 기간 1700시간에서 2447시간으로 43% 급증했다. 시간당 감사보수는 7만 4000원에서 10만 1000원으로 뛰었다.

업계에선 주기적 감사인 지정제 분만 아니라 직권 지정 등을 통한 감사인 선임 등이 감사 비용 상승을 이끈 것으로 보고 있다.

직권 지정은 - 상장 예정, - 감리조치, - 감사인 미선임, - 재무기준요건(부채비율 200% 초과 등) 해당, - 내부회계관리제도 미비, - 횡령 배임 발생 기업 등을 대상으로 금융당국이 감사인을 선정하는 제도다. 신외감법 도입 이전인 2017년 상장사들의 지정 감사 비율은 8.4%였지만 최근 52%까지 불어났다.

상장기업 재무 회계 담당자는 "일반 감사 비용보다 지정 감사와 직권 지정 감사 비용이 10%에서 50% 이상 더 든다"며 "지정 감사 비율이 높아지면서 기업들의 부담도 훨씬 커졌다"고 말했다.

기업들과 회계법인들의 반응은 엇갈린다. 기업들은 일단 환영한다는 입장이다. 한 상장사 임원은 "감사인 자유 선임 기간이 늘어나면 관련 비용과 시간을 더 아낄 수 있게 될 것"이라며 "중장기적으로는 감사인 지정제 자체를 폐지하고 기업의 자율적 선택에 맡겨야 한다"고 주장했다.

회계업계는 아쉽다는 반응이다. 회계법인 관계자는 "감사 독립성 확보를 위해 도입된 주기적 감사인 지정제가 제대로 정착되기도 전에 '땜질 처방'에 나선 것은 성급한 조치"라며 "회계 투명성도 확보하지 못하면서 기업들의 불만 역시 여전히 남겨둔 찜찜한 상태가 이어질 것"이라고 말했다.

2023.9.1. 한영세미나 연말결산 및 내부회계관리제도 중점 관리사항

직권지정+주기적지정 포함하면 50% 이상 지정

재무기준 미달 직권지정 폐지

중립적 분쟁결정 기구: 지정감사의 경우만 중소기업회계지원센터

현 직권지정 사유 26개

직권 지정 사유 중, 잦은 대표이사 변경(최근 3년간, 3회 이상) 폐지

위의 내용 중, 재무기준 미달 직권지정 폐지는 다음의 배경을 가질 것이다. 기업마다 optimal한 재무기준은 모두 다를 것인데 이렇게 다양한 기업에 획일적인 잣대를 적용하여서 어떤 기업은 이 잣대에 근거해서는 재무기준이 미흡하니 직권지정을 하겠다는 정책이었는데 재무기준은 기업에 속한 산업이나 환경별로 천차만별일 수 있다. 예를 들어 모든 매입이 외상매입으로 진행된다면 이러한 기업은 태생적으로 매입채무로 인한 부채비율이 높을 수밖에 없는데 매입채무에 대한 현금 회수에 문제가 없다고 하면 부채비율이 높다는 것이 큰 문제가 아닐 수 있다. 오히려 매입채무를 줄이려고 현금으로 매입을 한다면 기업 전체적인 입장에서의 현금 흐름에 적신호를 보일 수도 있다. 따라서 각 회사에는 본인들의 사업을 수행하는 행태에 따라서 재무기준에 차이가 있는데 일률적인 잣대를 적용한다는 것이 오히려 기업의 자유로운 경영활동에 저해요인으로 작동할 수 있다. 1997년 IMF 경제위기 때, 모든 기업은 정부 정책에 의해서 부채비율을 200% 밑으로 낮춰야 했다. 어떻게 보면 말도 안되는 정책이기는 했지만 부채 때문에 기업이 부실해 지는 것을 방지하기 위한 극약 처분 같은 정책이었고 그 당시는 그만큼 우리 경제가 위기 상황이어서 가능했던 정책이었다.

민간기업에서의 주기적 지정제도가 적용되면서 공공기관, 준정부기관, 기타 공공기관과 사학재단에까지도 주기적 지정제도가 확대/적용되고 있다. 정부에서는 민간이나 공기업 공히 주기적 지정제가 감사인의 독립성을 제고하기 위한 제도라는데 확신을 가지고 있는 듯하다.

'6+3'이 되었건 '9+3'이 되었건 상장기업과 금융기관의 경우는 3년 연속 감사인 제도가 적용되고 있으므로 자유수임이 진행될 수 있는 기간은 3년의 배수가 되어야 한다. 주기적 지정제에 대한 논의가 회계 선진화TF에 의해서 논의되던 2016, 2017년 시점에도 '9+3'이 가능한 대안으로도 검토되었지만 '9+3'이 아니고 '6+3'으로 정리된 이유 중에 하나도 신외감법이 시행되는 중간에도 이 제도의 적정성에 대한 반대 의견이 꾸준히 제기될 것이니 '9+3'으로 장기간으로 진행된다면 한 cycle이 돌기도 전에 이 제도가 중단될 수도 있다는 우려도 제기되었다. 강제 교체 제도가 수년간 채택되다가 중단된 경우를 보더라도 새로운 제도를 시행하다 보면 흠결이 없는 완벽한 제도란 있을 수 없으니 새로운 제도에 대해서 지속적으로 반대되는 의견이 제기될 것이라는 것이 주기적 지정

제도를 도입할 당시에도 충분히 예상되었다.

자율성이 강조되는 자본주의에서는 물론 자유수임제도가 원칙이다. 단, 어떠한 사유에서 자유수임제도라는 원칙 하에 주기적 지정제가 도입되었는지의 도입 사유를 생각해 보아야 한다.

우리나라는 1980년까지 배정제라는 제도에 의해서 정부가 감사인을 선임해 오다가 1980년부터 자유수임제도를 도입하였다. 그러면서 이 제도와 병행하여 지정제도 일부 기업에 대해서 채택하였다. 자유수임제도를 도입한 사유는 우리 경제가 이미 성숙한 단계에 가 있기 때문에 자유수임제도에 의해서 감사인이 선임된다고 해도 큰 문제 없이 감사품질이 유지될 것이라는 믿음에 기초한다. 단, 신 외감법이 도입된 2017년까지 자유수임제도를 37년 동안 채택했음에도 수년전의 대우조선해양의 5조원 분식 회계 등의 사건이 지속적으로 발생하면서 우리 경제는 아직 자유수임제도를 완전하게 도입할 정도로 성숙하지 않았다는 결론을 도출하였다는 판단이다. 전 세계적으로 12위의 경제 강국인 우리나라 경제가 성숙하지 않다기보다는 우리의 기업 문화에 감사, 모니터링이라고 하는 것이 공정하게 수행될 가능성이 낮다는 판단을 할 수도 있다.

여기에는 우리의 문화적인 요인도 개입된다. 우리에게는 공과 사를 명확하게 구분하지 못하는 情이라는 문화가 있다. 이러한 문화적인 요인이 당연히 business practice에도 영향을 미친다. 또한 집단주의적 문화도 감사가 공정하게 진행됨에 방해가 된다고 할 수 있다. 즉, '우리가 남이가'라는 문화이다. 이런 문화가 my wife가 아니고 '우리' wife라는 표현에서도 찾아 볼 수 있는 '끼리 끼리' 문화 방식이다. 어떻게 보면 정치권에서 사용하는 부정적인 단어인 '적폐'라는 단어도 우리 편이 아니면 적군이라고 하는 나와 남을 나누는 매우 부정적인 표현이고 '겁박'이라는 단어도 매우 부정적인 표현인데 최근에 와서는 큰 부담이 없이 이 단어들이 빈번하게 사용됨을 보게 된다. 또 '다르다'는 표현이 '틀리다'는 표현으로 잘못 이해되는 것과도 무관하지 않다. 어쨌거나 다름을 인정하지 않는 우리 민족 안에 뭔가라는 것이 있으며 이는 문화 인류학적인 이슈이다.

이 모든 것이 문화적인 요인인 것이, 우리 민족에게는 단일민족이라는 자부심이 강하다. 이러한 차원에서 다문화 가정에 대한 어느 정도의 이질감을 느끼고 배타적일 수 있다. 우리 민족이 여러 번 외세로부터의 침략의 대상이 되었으므로 민족적으로 단일민족을 유지하기는 어려웠을 것이지만 어렸을 때부터 단일민족으로서의 자부심을 느끼도록 교육받았다. 미국과 같은 United 국가에서는 단일민족이라는 것이 자부심일 하등의 이유가 없다. 오히려 민족적 다양성이 장점일 수 있다. 또한 국민의 수가 줄고 있는 국가에서는 국가 경제를 위해서라도 해외 이민자와 외국 학생들을 대규모로 받아들여야 하는 상황으로 가야 하는데 단일 민족이라는 자부심으로 다문화 가정을 멀리하는 것이 민족적 자부심인가라는 의문도 갖게된다.

이러한 문화는 예를 들어 '내부고발자' 제도가 우리 사회에 정착하기 어려운 사유이기도 하다. 사회 정의가 아니라, '변절자' 또는 '배반자'로 이해되는 것이다. 반면, 내부고발자의 영어식 표현은 'whistle blower'의 개념이니 whistle은 운동 경기에서의 정의의 개념이다. 내부 고발자를 보는 시각이 우리와 외국 간에 차이가 있다.

감사 수임료는 감사시간과 시간당 수임료의 곱으로 정해진다. 감사품질이 높아져야 한다는 당위성에 대해서는 아무도 이견이 없을 것이며, 또한 공인회계사가 전문가로서의 용역을 수행하고 있으므로 용역에 대해서는 제 값을 받고 용역을 수행하여야 due care가 될 수 있다는 점에 대해서도 아무도 이견이 없을 것이다. 단, 왜 시간 당 감사수임료가 시간당 7만원에서 10만원 또는 지정제의 경우는 거의 11만원이 되어야 하는지에 대해서는 의문이 제기될 수 있다. 전문가의 시간당 수임료가 어느 정도 수준이 되어야 하는지에 대해서, 자본주의에서는 시장의 수요와 공급 원칙에 근거한 자율적인 기능에 맡겨야 한다는 것 이외에는 답이 없다. 시간 당 수임료의 절대적인 기준이란 것은 존재하기 어려우며 이러한 경우는 상대적인 기준(RPE, Relative Performance Evaluation)이 그 근거가 될 수 있다. 즉, 남들 받는 만큼은 받아야 한다는 논지이다.

기업체 임원들도 동일하다. 어느 정도 급여를 정한다는 것이 누구에게나 쉽지 않으니 비교가 가능한 peer group을 정하여 상대적으로 유사한 수준의 급여를 지급하면 큰 문제가 없다.

peer group을 정하는 것도 용이하지 만은 않다. 예를 들어 포스코홀딩스라는 지주회사를 생각해 보면 사업형 지주회사이기도 하지만 포스코라는 거대 조직을 100% 자회사로 가지고 있기 때문에 전 세계적인 철강 회사들을 peer group으로 선정하지만 동시에 국내 지주회사들도 peer group으로 선정되므로 완전성에 근거하여 peer group을 선정함은 불가하다. 즉, 거의 유사한 control group의 선정은 어차피 자의적일 수밖에 없다. 예를 들어 포스코홀딩스가 철강과 소재산업이 2개의 축이므로 포스코홀딩스의 통제기업은 해외의 유수 철강기업과 국내 소재 산업중 에코프로나 엘앤에프가 될 수 있지만 이들 기업의 규모 면에서 비교가 되지 않는다. 따라서 소재 산업과 유사한 산업군 중에 LG엔솔이나 SK온, 삼성SDI를 정할 수 있지만 산업 성격 상 소재산업을 배터리생산 업체와 일대일로 비교함에도 문제가 있다. 따라서 완벽한 control group을 설정함은 매우 힘든 일이다. 삼성물산의 경우도 종합상사는 포스코인터내셔널과 건설 부문은 포스코E&C와 비교할 수 있지만 포스코에는 패션이나 리조트 부문이 존재하지 않으므로 이 또한 성격상 완벽한 대응 표본은 아니다.

간혹 우리의 회계감사 수임료 수준이 국제적으로 적정 수준인지를 판단하기 위해서 우리의 기업과 유사한 자산규모 기업에 대한 감사수임료를 국제적으로 비교하는 연구를 수행하기도 하지만 국가가 달라지면 GDP 수준 등, 통제해야 할 너무 여러 가지 변수(confounding effect)가 있으므로 국가의 boundary를 벗어난 국제간 비교는 큰 의미가 있는 거 같지는 않다.

물론, 투입되는 시간도 자율적으로 시장에 의해서 정해지는 것이 자본주의지만 우리나라는 부실감사의 문제가 심각하였으므로 금융위원회가 한국공인회계사회에 위임하여 한공회로 하여금 표준감사시간을 제정하도록 하여 표준으로 삼고 있기는 하지만 이 또한 강제/의무는 아니고 표준(norm)일 뿐이다.

한국경제신문. 2023.1.17. 삼정, 올 회계대전서 대약진… 1위 삼일 맹추격

올해 펼쳐진 회계업계의 '감사인 수임 전쟁'을 한 문장으로 요약하면 '삼정회계법인의 승리, 안진회계법인의 선전'이라는 게 대체적 시각이다. 업계 1위 삼일회계법인은 삼성생명, 카카오 등의 감사인으로 선정되며 자존심을 세웠지만 2위 삼정회계법인의 맹렬한 추격을 받게 됐다.

삼일, 1위 지켰지만 아쉬움 남겨

5일 회계업계에 따르면 2019년 말 정부로부터 감사인 지정을 받은 기업들은 3년간의 지정 기간을 끝내고 올해부터 최대 6년간 감사인을 자유 선임한다. 당시(저자:

2019년) 감사인을 지정받은 220개 기업 가운데 신규 직권 지정 사유가 발생했거나 피합병으로 소멸된 기업 27곳을 제외한 193곳이 자유수임 대상으로 나왔다.

삼일 회계법인은 삼성생명, KB금융지주, CJ(주), CJ제일제당, 카카오, HMM, 태광산업, HL(한라)만도 등과의 감사 계약을 따냈다. 주기적 감사인 지정에서도 4대 회계법인 중 가장 많은 기업을 지정받으며 업계 1위 위상을 지켰다. 하지만 2019년 전까지 삼일이 감사를 맡았던 삼성전자 BNK금융지주 삼성카드 현대해상 등을 다른 회계법인에 빼앗겼다.

올해 DGB금융지주와 한진의 감사인 자리를 꿰찼지만 무게감은 상대적으로 떨어진다는 평가다.

반면 삼정회계법인은 대약진을 보였다. 2019년 지정 전까지 다른 회계법인이 감사를 맡았던 삼성전자, 현대백화점, 대한항공, 우리금융지주, 키움증권 등을 가져오는 데 성공했다.

회계업계에선 "삼일회계법인이 감사 품질 개선에 집중한 나머지 영업력이 다소 약해진 결과 아니냐"는 평가가 나온다. 삼일의 감사 품질은 4대 회계법인 중에서도 상위권으로 꼽힌다. 최근 3년간 금융당국의 감사보고서 감리 결과에 따르면 삼일의 조치 건수는 2건으로 4대 회계법인 중 가장 적었다. 일각에선 "삼일의 깐깐한 감사가 오히려 기업에 부담으로 작용해 수임 경쟁에서 밀리는 것이 아니냐"는 분석을 내놓고 있다.

올해를 기점으로 감사 분야 1, 2위 경쟁이 한층 격화될 것이란 전망이 많다. 삼일(6월 결산법인)과 삼정(9월 결산법인)의 2021 회계연도 감사 부문 매출은 각각 2861억원, 2147억원이다. 회계업계 관계자는 "삼정 감사부문 매출이 올해 삼일을 넘어설 가능성은 작지만 두 법인 간 매출 격차는 줄 것"이라고 말했다.

LG화학, 삼성전기 따낸 안진

안진회계법인은 LG화학, 삼성전기, 현대해상, 삼성카드, 강원랜드의 감사인으로 선임됐다. 모두 2019년 전까지 다른 회계법인에서 감사를 받은 곳이다. 안진은 작년 초 LG에너지솔루션 수임에 이어 LG화학 감사인 자리까지 따내면서 LG그룹의 배터리 계열사를 차지하게 됐다. 2019년 홍종성 대표 취임 이후 '감사 품질 향상'을 법인의 최우선 과제로 내세운 것이 성과로 이어지고 있다는 분석이다.

한영회계법인은 GS건설, 롯데케미칼, BNK금융지주, 메리츠증권, 메리츠화재, KCC 등과 감사계약을 체결했다. 자유수임뿐 아니라 주기적 지정에서도 양호한 성과를 냈다. 현대자동차 등의 감사인으로 지정받으면서 실속을 챙겼다.

회계업계에서는 2019년부터 신외감법이 시행된 이후 회계법인과 기업 간 관계가 달라졌다는 평가가 나온다. 한 회계법인 임원은 "기업들이 지정제를 경험하면서 회계법인 간에 감사품질 차이가 크지 않다는 것을 많이 느끼고 있다"고 말했다. 기업의 외부감사인 선임 권한이 감사위원회로 넘어가면서 과거와 같이 인맥에 의존한 영업 방식이 통하기 어려워졌다는 분석도 제기된다.

외부감사인 선임 권한이 감사위원회로 넘어 가면서 이전의 경우는 승인 권한만을 행사하던 감사위원회가 실질적인 선임작업을 수행하여야 하며 이뿐만 아니라 선임과정에서의 documentation을 남겨 두어야 한다.

지정제를 경험하면서 회계법인 간에 감사품질 차이가 크지 않다는 것을 느끼고 있다고 위의 기사에 기술하고 있다. 과거에 삼성전자 감사인을 삼일회계법인이 거의 40여년이라는 오랜 기간 동안 맡고 있을 때에는 삼성전자 정도되는 기업의 감사인은 삼일 이외의 회계법인이 맡는다는 것은 생각하기도 어렵고 다른 회계법인은 빅4라고 해도 삼성을 감사할 수 있는 능력이 안된다는 얘기도 하곤 했다. 그러나 삼성전자가 안진으로부터 3년의 지정 감사를 맡게 되었고, 그 이후 삼정회계법인이 자유수임에 의해서 감사를 맡게 되었을 때는 이미 아무도 이러한 걱정을 하지 않게 되었다. 위의 신문 기사에 기술되었듯이 빅4 회계법인 정도의 수준이 되면 회계법인 간의 감사품질의 차이가 크지 않다는 것을 이제 모두 인지하였기 때문이다. 안진의 주기적 지정 이후에 삼성전자가 안진의 감사 수준에 불만족했다고 하면 다시 삼일로 회귀하였을 것인데 주기적 지정 이후의 자유수임에 삼일과 삼정이 경합을 하였는데 삼성전자는 삼정을 낙점하게 된다.

삼성전자가 자유수임 기간 동안에 삼일을 꽤 오랜 기간 동안 감사인으로 선임했다고 하면 한국경제를 대표한다고 하는 또 하나의 축인 현대자동차도 안진을 오랜 기간 동안 감사인으로 선임해 오면서 피감회사/감사인 관계가 자유수임제도 하에서는 거의 고착화되는 모습을 보였던 것도 어느 정도는 사실이었다.

물론 미국의 경우 코카콜라의 감사인이 100년이 넘게도 변경되지 않으면서 감사인의 계속 감사기간은 감사 품질과는 무관하다는 주장도 있지만 사회 현상을 이해하는 데 있어서는 해당 국가의 사회 문화적인 요인 등등을 모두 고려하여야 한다.

미국의 경우도, 엔론 사태 이후, 2002년 회계개혁법안이라는 SOX가 도입되었던 시점, SOX 제정시 가장 큰 고민을 했던 내용이 감사인 선임제도이다[55]. 계속 감사기간이 회계감사 품질에 어떤 영향을 미치는지에 대한 조사를 한 이후에 일관적인 결과를 보이지 않자 계속 감사기간 관련된 정책은 시행하지 않게 된다. 단, 이러한 미국에서의 현상은 우리와는 문화적인 차이에 의해서도 달리 적용될 수 있다.

매일경제신문. 2023.2.9. 회계투명성 해칠라... 도입 4년 '지정 감사제' 유명무실 위기

대우조선해양 분식회계 사태를 계기로 회계 투명성 강화를 위해 2019년 도입된 '주기적 지정감사제'가 중대 기로에 섰다. 기업 부담 증가를 이유로 폐지 또는 완화를 요구하는 목소리가 나오고 있기 때문이다. 하지만 기업 투명성을 높이는 데 기여한 주기적 지정감사제를 도입한지 4년 만에 완화하면 결국 제도 자체가 유명무실해질 염려가 있다는 지적이 나온다. 이런 가운데 금융당국이 '회계 개혁 평가 개선 추진단'을 통해 의견을 수렴하고 있어 귀추가 주목된다.

대한상공회의소는 8일 주기적 지정제를 폐지해야 한다는 의견을 금융위원회에 전달했다고 밝혔다. 대한상의는 "주기적 지정감사제가 감사인과 피감기업 유착 방지 등 독립성 강화에 치중돼 감사 품질이 떨어지고 기업 부담만 증가하는 부작용이 크다"고 주장했다. 주기적 지정감사제는 한 회사가 6년 동안 동일한 감사인을 선임한 경우 이후 3년간은 금융위 증권선물위원회가 새로운 감사인을 지정하는 제도다. 기업이 특정 감사인에게 오랫동안 감사를 받다가 회계조작이나 은폐 등의 유인이 생기는 것을 막기 위해 도입됐다. 이 제도는 2019년 발표돼 2020년 회계연도부터 적용됐다.

일단 재계도 주기적 지정감사제가 감사인 독립성 측면에서 효과가 있다는 것은 인정한다. 그러나 강제적 지정에 따라 감사인 적격성 하락, 경쟁 요인 약화 등으로 사회적 비용을 야기한다는 게 비판의 요지다. 이에 글로벌 스탠다드에 따라 제도를 폐지하거나 전문성, 독립성이 조화된 새로운 제도를 검토할 것을 요청했다.

지정감사제보다는 내부 고발과 감리 강화, 감사위원회 활성화 등을 통해 기업 투

---

55 피감기업의 입장에서는 선임제도이며 감사인의 입장에서는 수임제도이다.

명성을 높이는 방식이 바람직하다는 것이다. 대한상의에 따르면 미국은 자유수임제를 적용하고 있고, 영국은 회계법인 감독 강화와 감독체계 개편 등 시장 작용을 통한 개선에 중점을 두고 있다.

하지만 단기간에 상장사의 회계 투명성을 크게 높이는 데 기여한 제도를 불과 4년 만에 바꾸는 것은 득보다 실이 많다는 비판의 목소리가 높다.

감사인 독립성 보장이 여의치 않아 벌어진 대우조선해양 사태가 불과 10년도 채 되지 않은 일이고, 전반적인 회계시스템을 견고화하기 위해 도입된 신 외감법은 고작 4년 된 시점에 제도를 흔들어선 안 된다는 주장이다. 회계업계는 "힘겹게 회계 투명성을 높여가는 과정에서 제도를 후퇴시키자는 얘기"라며 강하게 반발하고 있다.

특히 지난해 오스템임플란트나 우리은행 같은 사회적으로 큰 충격을 준 횡령 사건 등으로 회계시스템 강화를 논의해도 모자랄 판에 과거로의 회귀는 제도의 안정성을 해치는 결과를 가져올 것이라고 염려하고 있다.

주기적 지정감사제는 비교적 객관적 위치일 수 있는 해외 투자은행 측도 긍정적으로 평가하는 편이다.

지난해 말 금융감독원은 주기적 지정감사제 개선책을 위해 시장과 소통을 강화하겠다는 방침을 밝히며, 업계 간담회 내용을 공개한 바 있다. 이 자리에서 해외 IB들은 주기적 지정감사제가 해외에 없는 제도지만 한국 기업의 취약한 지배구조 문제를 보완하고 회계 투명성을 높이는 데 긍정적인 측면이 있다고 평가했다. 외국인 투자자들에게 코리아 디스카운트를 해소하는데 기여했다는 것이다.

회계업계 관계자는 "기업을 할 수 있는 환경의 조성은 회계 투명성을 유지하기 위한 제도를 완화하거나 폐지하는 것이 될 수 없다"며 "한국의 회계 투명성 순위는 최하위에서 올라가고 있지만 아직 중위권 수준도 안 된다. 글로벌 기업을 다수 보유하고 있는 한국의 국격에 맞게 제도를 유지해야 한다"고 말했다. 그는 이어 "주기적 지정 감사제의 조정은 최근 노조의 회계 투명성까지 강조하는 정부 기조와도 맞지 않는다"고 덧붙였다.

한 cycle을 해 보지도 않은 제도에 대해서 중단을 논의한다는 것이 시기상조라는 판단이다.

또한 기업집단의 경우, 주기적 지정제를 지주사와 계열사에 동시에 적용하게 되니 감사인을 일치하기 어렵게 되는 경우도 있다.

주기적 감사인 교체 제도의 취지는 어떻게 보면 수년 동안 채택되어 진행되다가 중단된 감사인 강제 교체제도와 맥을 같이 한다. 유럽에서는 감사인 강제 교체 제도를 다음과 같이 진행한다고 한다.

European audit reform에 따라 유로존 국가들은 10년 주기로 감사인 교체를 적용하고 있으며 경쟁입찰 방식이나 joint audit 적용 시 교체 주기의 연장을 추가 10년까지 허용하고 있다.

직권 지정의 경우는 지정사유를 두가지로 구분할 수 있는데 재무적 요인과 기타(횡령/관리종목/감리조치)로 구분할 수 있는데 현재 직권 지정 사유는 27개에 달한다.

한국경제신문. 2023.5.29. 4년만에 지정 감사제 폐지 공방

기업이 외부감사인을 주기적으로 바꾸도록 하는 '주기적 지정제(지정 감사제)' 폐지안이 발의돼 재계가 촉각을 세우고 있다. 2018년 11월 이 제도가 도입된 지 4년 6개월 만이다. 기업들은 과도한 회계비용 부담을 이유로 폐지를 요구하고 있지만 회계업계는 회계 투명성이 저하된다며 팽팽히 맞서고 있다.

28일 정치권에 따르면 하태경 국민의 힘 의원은 최근 '주식회사 등의 감사에 관한 법률(신외감법)' 일부 개정안을 대표 발의했다. 공동 발의자는 강민국 정우택 황보승희 등 13명의 의원이 이름을 올렸다. 현행 지정감사제는 기업이 외부감사인을 자율적으로 6년 선임하면 그 다음 3년은 금융위원회 산하 증권선물위원회가 감사인을 지정하는 제도다. 대우조선해양 분식회계 사태 후 기업과 회계법인의 유착과 부실 감사를 방지하자는 취지로 2018년 11월 도입됐고 2020년부터 본격 시행됐다.

이번에 발의된 개정안은 기존 지정 감사제를 폐지하고 '의무 순환 감사제'를 도입하자는 것이다. 6년마다 감사인을 의무로 교체하되 기업이 자율적으로 감사인을 선임할 수 있도록 하는 내용이다. 하 의원은 "기업의 자율성을 보장하고 국가 개입은 최소화해 외부 감사제도를 합리적으로 운용하자는 것"이라고 설명했다.

재계는 그동안 지정 감사제 폐지를 요구해왔다. 피감기업의 업무를 잘 모르거나 경험이 부족한 감사인이 지정돼 감사 품질은 저하되는데 감사 보수는 큰 폭으로 올랐다는 주장이다. 금융감독원에 따르면 지난해 상장회사 한 곳 당 평균 감사 보수는 2억 9100만원으로, 지정 감사제 도입 전인 2018년 평균 1억 2500만원에 비해 두 배 넘게 증가했다. 김준만 코스닥협회 연구정책본부장은 "지정감사제 도입 후 감사 보수가 급증했고 무리한 자료 제출 요구 등으로 기업의 부담이 큰 상황"이라고 말했다.

야당과 회계업계는 감사 독립성 강화를 위해 현행 방식을 유지해야 한다고 목소리를 키우고 있다. 감사 보수는 회계 투명성 제고를 위해 감사 시간이 늘다 보니 자연스럽게 증가했다는 설명이다. 한국상장회사협의회 '상장 법인 외부 감사 현황' 자료에 따르면 상장사 한 곳 당 평균 감사 시간은 2017년 1700시간에서 2021년 2447 시간으로 늘었다. 한 회계법인 관계자는 "지정 감사제가 폐지되면 대우조선해양 회계 분식 사태와 같은 회계부정 사례가 반복될 수 있다"며 "잘못된 회계 관행을 바로 잡고자 만든 법을 시행 4년 만에 되돌리면 회계법인의 유착이 심해질 것"이라고 우려했다.

금융당국도 지정 감사제 완화가 필요하다고 보고 제도 개선을 검토하고 있다. 9년간 자유선임한 후 3년 지정 감사를 받는 '9+3'과 6년간 자유 수임한 뒤 2년간 지정 감사를 받는 '6+2' 방식 등의 대안이 유력하게 거론된다. 금융위원회 관계자는 "지정 감사제 존치, 폐지, 연수 조절 등 모든 선택지를 검토하고 있다"며 "업계 의견을 수렴한 뒤 다음 달 중순 개선안을 내놓을 예정"이라고 말했다.

위의 기사에서 언급된 '의무 순환 감사제'는 수년전 우리가 채택하여 사용하던 '감사인 강제교체 제도'와 동일하다. 즉, 자유수임제도를 인정하여 감사인을 선임하는 주체는 피감기업이지만 단, 수년에 한번씩은 반드시 변경하도록 하는 제도이다.

'6+2'로 가는 경우 지정에 의해서 감사를 수임한 감사인은 2년 이후에는 지정 피감기업에 대한 감사가 중단되는데 초도 감사와 관련된 비용, learning 과정 등을 생각하면 이는 너무 짧은 감사기간이다. 또한 회계법인도 영리 기관인데 초기 비용 투자가 많았다고 하면 이를 회수할 수 있는 기본적인 기간을 허용해 주어야 한다.

이 제도가 시행되던 기간에도 직권 지정제는 병행하여 시행하였다. 즉, 부실 감사의 심증이 가는 경우에는 감사인을 지정하였다.

주기적 지정제를 시행한 지가 4년 되었으니 혹시 이번에 법이 개정되었다면 (6+3)제도의 한 cycle이 돌지도 않은 시점에서 현 제도를 다시 포기하고 개정하게 되는 것이다. 실로 근시안적인 제도 개선이 될 뻔하였다.

기업에게 과연 회계감사수임료는 무엇인가라는 생각을 해 본다. 감사를 받아야 하는 기업에 있어서 수임료는 당연히 비용이라는 생각을 하게 될 것이다.

그러나 감사 수임료는 비용이 아니고 투자라고도 생각해야 하며 그러한 차원에서 생각한다면 감사수임료에 대한 부담은 기업이 외감대상이 되면서 피해갈 수 없는 불가피한 투자라고 생각해야 한다. 최근에는 그러한 연구가 수행된 적이 없지만 수년 전까지만 해도 외국 기업과 국내 기업의 감사수임료를 비교하는 연구가 수행되었는데 우리나라의 수임료가 해외 선진국의 수임료에 비해서는 매우 낮은 것으로 보고되었다.

매일경제신문. 2023.6.12. 감사인 지정제 큰틀 유지했지만... 기업 부담 감안해 일부 완화

금융위 관계자는 "특히 일부 회계사의 부적절한 감사 형태를 근절하고자 분쟁조정 기구를 신설할 방침"이라며 "산업적 회계적 측면에서 전문성을 제고하기 위해 고령 회계사에게 과도하게 유리한 감사인 점수 산정 방식도 개선할 계획"이라고 말했다.

그 대신 금융위는 회계부정 위험 등 지정 사유가 발생하면 정부가 직권으로 감사인을 지정하는 제도를 개선하기로 했다. 앞서 2017년 직권 지정 사유를 11개에서 27개로 확대했는데 지정 사유간 중복 내용이 있고 경미한 감사 절차 위반도 지정 사유로 등록돼 상장회사 지정 비율이 과도하게 늘었다는 지적이 제기돼왔다.

이에 금융위는 "회계부정과 관련성이 낮거나 경미한 감사 절차 지정 사유 16개를 폐지 완화한다"고 밝혔다. 따라서 재무기준 미달과 투자주의 환기 종목은 지정 사유에서 폐지되고 단순 경미한 감사절차 위반은 과태료 등으로 전환된다. 금융위에 따르면 재무기준 미달과 투자주의 환기 종목 지정 등 두가지 사유가 그간 직권 지정 건수에서 절반 이상을 차지했다.

자산 2조원 미만 중소형 상장사에 대해 연결 재무회계관리제도 외부감사 시기를 5년간 유예하기로 한 금융위는 그 이상 기업과 관련해서는 계획대로 도입한다고 전했다.

자본시장과 투자자에 미치는 영향이 크고 도입 준비를 대부분 마친 점을 고려했다는 설명이다. 다만 예외적으로 연결 내부회계관리제도 도입 유예를 신청한 기업에 한해 최대 2년간 유예를 허용하기로 했다. 또 연결 내부회계 감사의견 공시 기업에 대해서는 별도 내부회계 감사의견 공시 의무를 면제했다.

다만 회계업계 내에서는 5년 유예가 사실상 폐지로 인식될 수 있지 않냐는 우려도 조심스럽게 나온다. 실제로 회계업계에서는 연결 내부회계관리제도를 손보는 쪽으로 방향이 정해지더라도 1년 혹은 3년 유예 수준을 예상했던 것으로 전해진다.

한 관계자는 "정부가 발표한 보완 방안이 이해관계자 의견을 충분히 듣고 고심한 결과라고 이해한다"면서도 "다만 기업 내부통제 중요성이 커지는 상황에서 2조원 미만 상장회사에 대해 해당 제도 시행을 5년이나 유예하는 조치는 향후 제도가 실제로 시행될지에 의구심을 일으킬 수 있다"고 말했다.

금융위는 표준감사 시간도 유연하게 적용하기도 했다. 금융위는 "표준 감사 시간은 적정 감사시간을 확보하기 위한 지표로 활용된다"면서 "하지만 법령과 한국공인회계사 내규가 강행 규범으로 해석될 여지가 있어 법정 시간 또는 최저 감사 시간으로 인식되는 경향이 있다"고 설명했다.

5년 유예의 결정이 내려지자 회계법인들은 발빠르게 대응하고 있다. 표준 감사시간은 당연히 최저 감사시간도 아니고 법정 시간도 아니지만 표준으로 정해졌다는 사실 자체가 가이드라인과 같이 인식되면서 거의 norm으로 사용되게 되며 이 감사시간에서 벗어난다 함은 피감기업이나 감사인 입장에서 부담으로 작용된다.

매일경제신문. 2023.6.17. '중기 내부회계' 구축 도와주는 회계업계

'회계제도 보완 방안'에 따라 자산 2조원 미만 상장사에 대한 내부회계관리제 도입이 5년간 유예되자 회계업계가 발 빠르게 움직이는 모습이다. 보완 방안에서 핵심 쟁점이었던 주기적 감사인 지정제는 일단 현행을 유지하도록 했지만 중견 중소기업을 대상으로 하는 연결 재무제표 내부회계관리제도 도입이 예상보다 더 미뤄지자 위기감을 느끼는 모양새다. 일단 세미나 개최와 온라인 연수 지원 등으로 내부회계관리제도가 '얼마나 필요한지'에 대해 알리기에 나서고 있다.

15일 회계업계에 따르면 업계 1위인 삼일PwC는 상장 중소기업의 내부회계관리제도 역량을 강화하기 위해 7월부터 '중소기업 맞춤형 간담회 및 온라인 전문연수 과정'을 제공할 계획이다. 삼일PwC 관계자는 "임직원이 대부분 100명 미만인 중소 상장기업이 내부통제시스템을 구축 운영하는 것이 쉽지 않다는 데 착안해 대기업 수준으로 내부회계관리제도 전문 조직을 구성할 수 있도록 돕는 프로그램"이라고 밝혔다.

이 프로그램이 긍정 효과를 강조하는 것이라면 최근 열린 세미나에서는 내부회계제도 장기 유예에 관한 우려감을 나타냈다.

한국공인회계사회와 자본시장연구원이 지난 13일 개최한 '내부회계관리제도 실효성 제고방안 세미나'에서 김영식 한국공인회계사회 회장은 "지난해 우리 자본시장은 여러 기업에서 잇따라 발생한 횡령사건으로 큰 홍역을 치렀다"며 내부회계관리제도에 대한 실효성 강화 필요성을 제기했다.

이 같은 회계업계 우려에 대해 금융당국은 회계투명성 제고 기조를 지키면서도 과도한 부담을 완화하는 쪽으로 보완 방안을 마련했다는 입장이다. 금융당국이 파악한 바에 따르면 상장회사 1곳당 평균 재무제표 작성 비용으로 매년 3000만원이 들어가고 가치평가 용역으로 매년 7000만원이 소요된다. 기업당 평균 1억원씩 비용이 발행하는 것이다. 여기에 1회성인 내부회계관리제도 구축에 1억 2000만원, 제도 평가에 7000만원이 투입되는 것으로 나타났다.

'분쟁조정기구'라고 위에 되어 있지만 이 기구가 법적인 위상을 갖고 있지 않는 한, 당사자들만이 아니면 해결할 수 없는 경우가 다수일 것이다. 회계감사는 피감기업과 감사인 간의 계약이라 분쟁조정기구가 존재한다고 해도 구속력이 있을 수 없고 결국은 당사자들끼리 합의하여 진행하여야 한다. 위 경우 한미그룹의 회계 이슈 건에서도 '질의회신연석회의'가 진행이 되었지만 결국은 당사자들끼리 절충하여 진행하는 것으로 결론지어 질 수밖에 없다.

위에서 언급된 '질의회신연석회의'는 기업이 회계기준을 적용할 때 질의가 있을 경우 문의할 수 있는 기관이 금융감독원도 있고 회계기준원도 있는데 어떤 경우는 개별적으로 양 기관에 질의를 해서 회신을 받고 본인들이 유리한 회신만을 이용하는 경우가 다수 발생하자 금융감독원과 회계기준원이 질의회신연석회의를 개최하여 일관된 회신을 하는 목적으로 회의를 개최하게 된다. 그럼에도 위의 경우와 같이 회의는 개최했지만 금감원/기준원도 명확한 방향의 회신을 하기가 쉽지만은 않다. 감독원이나 기준원이나 모두 제3자이기 때문이다.

기업이 PA 회계법인의 도움을 받아도 법정 감사를 수행하는 감사인이 주장하는 의견을 이길 수는 없는 것과 동일하다.

한국경제신문. 2023.6.12. 기업 부담 큰 '주기적 감사인 지정제' 그대로 간다.

금융당국은 자산 2조원 이상 상장사 190여 곳을 대상으로 한 연결 내부회계관리제도도 올해부터 도입하기로 했다. 자산 2조원 미만 중소형 상장사는 2024년부터 적용하기로 했으나 5년(2029년 적용)간 유예하기로 했다. 상장사 중 약 2300곳이 적용받는다.

주기적 지정과 직권 지정이라는 예외적인 제도가 적용됨에도 불구하고 우리나라에서의 일반적인 감사인 선정 원칙은 자유수임제도이며 이 원칙 하에 지정제도가 예외적으로 운영되고 있는 것이다. 자유수임이 대 원칙인데도 불구하고 주기적 지정이든, 아니면 직권 지정이 과반이 되면서 정부가 개입하려는 것이다.

주기적 지정제도가 도입되기 이전에는 자유수임제도 하에서 예외적으로 직권지정제도가 채택되었던 기간이고 이때의 지정 비율이 위 신문 기사에서와 같이 6% 정도라고 하면 이는 자유수임제도하에서의 예외적인 제도의 적용이다.

됐다. 역시 1년 전 21%보다 9%포인트 뛰었다. 미국 외 지역에서의 결함률은 31%로, 전년 (17%) 대비 상승 폭이 컸다.

PCAOB는 "회계사 이직률이 높아지면서 미숙련 회계사들이 업무에 투입돼 감사의 질이 약화됐다"며 "코로나 팬데믹 여파로 원격 근무가 지속된데 따른 영향도 있었다"고 분석했다.

또 "회계법인 규모가 작을수록 결함률이 높게 나타나는 경향이 있었다"며 "이들 기업이 수행한 감사 중 절반 이상이 미국의 규제 기준을 충족하지 못했다고 짚었다.

PCAOB는 소재지와 관계없이 뉴욕 증시에 상장된 모든 기업을 감리할 권한을 갖는다. 지난해 710건의 회계감사가 이 기구의 감리 대상에 올랐다.

미숙련 회계사 때문에 부실 감사가 초래되었다는 내용은 초도 감사 때문에 부실 감사가 될 수도 있다는 우려와도 무관하지 않아서 주기적 지정제도 하에서의 빈번한 감사인 변경에 대한 우려와도 연관된다. 미국의 경우 미국증권거래위원회(SEC)는 회사에 대한 감독, PCAOB는 감사인 즉, 회계법인에 대한 감독을 수행한다.

매일경제신문. 2023.9.14. 지정 감사인 규제 완화 기업 회계 부담 줄인다.

3년 연속 영업 손실이 나거나 부의 영업 현금 흐름을 보이는 등의 사유로 감사인을 지정받게 된 기업이 앞으로는 이 같은 재무 상황을 이유로 계속해서 지정감사인의 감사를 받아야 하는 부담에서 벗어나게 된다. 재무 기준 감사인 지정 사유는 개별 사유 간 연관성이 크고, 쉽게 해소되기 어려워 직권 지정에서 벗어나지 못해 과도하게 감사인 지정이 장기화되는 경향이 있다는 비판이 제기됐기 때문이다.

13일 금융위원회는 '외부감사 및 회계 등에 관한 규정' 일부 개정고시안을 의결했다. 개정안은 지난 6월 12일 발표된 '주요 회계제도 보완 방안'에 대한 후속 조치로 감사인을 지정받는 기업들의 감사 부담을 합리화하는 내용을 주로 담고 있다.

먼저 재무 기준 지정 사유가 연속 발생하더라도 감사인 지정이 지나치게 장기화되지 않도록 최소 자유선임 계약 기간을 보장한다. 또 감사인이 지정됐을 때 지정감사인팀 내 산업전문 인력을 한 명 이상 두도록 했다.

이번 개정안은 금융위에서 의결 후 고시하는 14일부터 즉시 시행된다.

감사인지정제는 직권 지정이 되었든, 아니면 주기적 지정이 되었든 피감기업에게는 상당한 부담으로 작용한다. 일단은 감독기관에 의해서 감사인이 정해지는 것이고 한번만 지정된 감사인을 거부할 수 있는 권한이 주어지는 것이니 수임료가 높아지는 것은 당연하고 수임료에 대해서 밀당을 할 수 있는 기회도 거의 없다고 보면 된다.

　또한 과거에는 재무비율로 직권 지정을 하는 경우가 많았는데 위의 내용에 보면 재무적인 내용 때문에 지정하는 경우를 축소하는 방향으로 감독당국이 움직이고 있다. 재무구조는 해답이 있는 것이 아닌데 재무구조가 취약하다고 피감기업에 불이익을 주는 것이 어느 정도는 불합리하다고 감독당국이 판단한 것으로 추정된다. 예를 들어, 분식회계를 한 기업에 감사인을 직권 지정하는 경우와 비교한다면 기업이 회계를 잘못 처리해서 penalty를 받는 경우와는 재무적인 내용은 근본적으로 차이가 있다. 즉, 과실이 없음에도 불구하고 지정된다는 것이 기업에게 불이익이라면 불이익이 주어지는 것이다.

　분식을 한 기업은 분식을 반복할 위험이 있으므로 직권지정에 대해서 정당화할 수 있는데 재무적으로 건강하지 않은 기업은 재무적으로 문제가 있기 때문에 회계 처리를 투명하게 하지 않을 개연성만이 존재하는 것이다.

chapter

61

비감사서비스 병행

비감사서비스 병행

외감법과 공인회계사법은 회계감사인의 독립성 확보를 위해서 회계 감사와 병행이 불가능한 업무를 나열하고 있다. 즉, 법에서 정하고 있으니 이는 강행 규정(hard law)이다. 동시에 일부의 업무에 대해서는 감사위원회의 주관적인 판단으로 허용 여부를 판단하게 하기도 한다. 물론, 병행을 금지하는 사유는 회계감사라고 하는 외부감사인의 고유 업무에 대해서 비감사업무에 관여도가 높아지면서 독립성이 훼손될 위험이 존재하기 때문이다. 회계법인이 수행하는 업무 중에는 회계감사만이 고유의 업무이므로 다른 업무를 수행하지 못하더라도 회계감사 업무는 반드시 외부감사인이 수행해야 한다.

과거 삼성물산은 감사위원회에서 또 최근 포스코 퓨처엠(포스코 케미칼)은 감사위원회에서 외부감사인은 원칙적으로 비감사서비스를 수행하지 않는 것으로 결정했다고 한다. 외부감사인은 회계감사라고 하는 가장 중요한 업무를 수행하는데 비감사서비스까지 수행하면서 혹시나 있을 수 있는 회계감사의 독립성이 훼손되는 위험을 회피하려고 했다. 그러나 감사인은 이미 피감기업의 내부통제시스템 및 영업을 이해하고 있으므로 spill-over effect라고 감사과정에서 득한 회사에 대한 지식이 비감사용역의 수행에도 도움이 될 수 있다. 또한 피감기업의 입장에서는 감사인이 회사에 출입하면서 회사 내부에 정보에 접근하는 것 이외에도 비감사용역을 수행하는 회사 마저도 회사의 내부 정보에 접근하는 것이 불편할 수도 있다. 따라서 감사인의 비감사서비스 병행의 경우는 장단점에 대해서 여러 가지를 고민해 보아야 한다. 비감사서비스에 대해서 과도하게 규제한다고 함은 감사인의 독립성을 위해서 전문성을 포기하는 정책 방향으로도 해석된다. 즉, spill over라는 것은 전문성인데 비감사서비스를 규제하면서 독립성을 확보하려는 것이다.

이러한 이슈가 개별 기업에 적용될 때는 아무 문제 없이 제도가 적용될 수 있지만 모자 기업간에 이 이슈가 개입되면 복잡해 질 수 있다.

즉, 이슈는 모회사의 감사인이 자회사의 비감사업무를 수행하는 경우는 무방한지 아니면 자회사의 감사인이 모회사의 비감사 업무를 수행하는 것은 무방한지의 이슈이다. 모자회사로 관련되어 있고 연결재무제표로 회계적으로 묶인다고 해도 법적으로 판단하면 별개의 회사이기 때문이다.

국제회계사연맹(IFAC)에서 제정한 IESBA(International Code for Ethics for Professional Accountants, 국제윤리기준위원회)에서 새로운 윤리기준을 수립함에 따라 2023년 이후에는 자회사의 외부감사인이 모회사에 비감사업무를 제공하기 위해서는 자회사의 감사위원회에 사전 승인(pre concurrence)을 받아야 하는 상황이 발생하였다.

국제윤리기준에서는 피감사회사 감사위원회의 사전동의 등 "적절한 안전장치를 적용하면" 일반적으로 피감사회사의 비감사업무를 수행할 수 있다고 하나, 2003년 K‐SOX 이후, 우리나라 공인회계사법의 직무제한 규정 및 우리나라 공인회계사 윤리규정은 국제윤리기준보다 훨씬 엄격하고 강화되는 추세이다. 위에서 사전 동의라는 표현을 사용하기는 하였지만 실질적으로는 승인이다.

공인회계사법 제21조(직무제한) 제2항에 열거된 업무는 금지업무를 규정하고 있다. 그 이외의 비감사업무는 동법 제21조 제3항 및 동법 시행령 제14조의 제4항에 따른 피감사회사 감사위원회와의 협의 및 필요시 사전 동의 및 제5항에 따른 문서화 보존을 요구하고 있다.

공인회계사법 시행령 제14조(직무제한)

④ 법 제21조 제3항에서 "내부통제절차 등 대통령령으로 정하는 절차"란 공인회계사가 법 제21조 제2항 각 호의 어느 하나에 해당하는 업무 외에 업무를 수행하기 전에 그 회사의 감사(상법 제 415조의 2에 따른 감사위원회를 포함한다)와 그 업무에 대하여 협의하고, 이해 상충의 소지가 높은 업무에 대하여는 감사 등의 동의를 얻는 절차를 말한다.

협의라고 하는 애매한 표현이 사용되었는데, 감사위원회의 승인의 이슈가 아니므로 협의를 해도 감사위원회가 거부할 수 있는 권한이 있는 것은 아니다. 많은 회사의 감사위원회가 이를 어떻게 처리하는지는 알 수 없지만 일부 회사는 정식 감사위원회가 아니고 간담회 형식으로 이러한 안건을 처리하는 경우도 있고, 아닌 경우는 감사위원회를 개최하고 이 내용을 보고안건의 형태로 처리하는 것이 가능할 수도 있다. 시행령에서 조차 협의의 경우를 동의를 받는 경우와 구분하여 표현하고 있기는 하지만 이 절차가 온전히 구분되는 것은 아니다.

위원회가 의사결정하는 과정에 있어서 사전심의라는 절차도 있다. 예를 들어 이사회에게는 결의할 수 있는 권한이 있지만 이사회 산하 위원회가 이사회가 결의하는 안건에 대해서 사전심의를 하고 이사회의 결의를 받기 위해서 안건을 상정할 수 있는데 물론, 이러한 경우는 이사회가 최종적인 의사결정 권한이 있기 때문에 사전심의라는 것이 어떻게 보면 위의 법 규정에 사용된 표현인 협의와 유사하다고도 할 수 있다. 이사회에게 최종 결의 권한이 있으므로 시간적 여유가 없을 경우는 전문 위원회의 사전 심의를 생략해도 법적으로는 문제가 되지 않는다.

특히, 2017년 10월 공인회계사법이 개정되어 감사인의 비감사업무 직무제한 규정이 피감사회사 뿐 아니라 피감사회사의 지배/종속회사에 까지 확대 적용되는 것으로 확대되었다. (공인회계사법 제21조 제2항 참조)

아래의 공인회계사법 해당 조항에서 "자회사가 모회사와 연결재무제표를 작성하는 것은 아니므로, 자회사의 감사인이 모회사의 "직무제한" 비감사업무를 수행할 수 있다" 로 해석할 수 있을 것 같다.

공인회계사법 제21조 ② 공인회계사는 특정 회사(해당 회사가 다른 회사와 「주식회사 등의 외부감사에 관한 법률」 제2조 제3호에 따른 지배·종속 관계에 있어 연결재무제표를 작성하는 경우 그 다른 회사를 포함한다)의 재무제표를 감사하거나 증명하는 업무를 수행하는 계약을 체결하고 있는 기간 중에는 해당 회사에 대하여 다음 각 호의 어느 하나에 해당하는 업무를 할 수 없다. 〈개정 2016. 3. 29., 2017. 10. 31.〉

즉, 지배회사는 종속회사와의 연결재무제표 작성 주체이므로 지배회사 감사인은 종속회사의 "직무제한" 비감사업무를 수행할 수 없으나, 종속회사는 연결재무제표 작성 주체가 아니므로 종속회사 감사인은 지배회사의 "직무제한" 비감사업무를 수행할 수 있다고 볼 수 있다. 다시 말하면, 지배회사 감사인의 종속회사에의 down-stream "직무제한" 비감사업무 제공은 금지되나, 종속회사 감사인의 지배회사에의 up-stream "직무제한" 비감사업무 제공은 가능하다고 판단된다. 즉, 국내 법이나 제도에 근거하여 판단하면 up-stream 비감사업무 제공은 문제가 없다.

다만, 국제윤리기준이 2022/23년 개정되어, 종속회사 감사인이 지배회사 일부 비감사업무를 수행할 시 종속회사 감사위원회의 "pre-concurrence(사전 승인)"을 받아야 한다는 내용이 추가된다. approval은 아니지만 concur한다는 것은 결국은 승인의 개념이다. pre-cuncurrence에 대한 내용이 동의인지 협의인지 해석이 상이할 수 있으나 동의라고 해석하는 것이 옳다.

즉, 여기서 이슈가 되는 것은 이러한 비감사업무의 병행이 우리의 감사 기준에서는 문제가 되지 않지만 국제윤리기준위원회의 규정에 의해서 자회사 감사인의 모회사의 비감사업무에 대해서 승인을 해 주게 된다. 즉, 자회사 감사인이 미국 빅4 회계법인 등 headquarters 자체 quality control 점검에 의한 것이지 우리의 법 체계 때문에 문제가 되는 것은 아니다. 물론, 국제윤리기준위원회의 규정을 준수하는 것은 빅4 회계법인에 국한하는 것은 아니며 모든 감사 실무에 영향을 미친다.

즉, 자회사의 감사인이 모회사의 비감사업무를 수행한다고 해도, 이 업무로 인해서 자회사가 모회사를 연결재무제표로 엮는 것이 아니므로 자회사의 감사 의견에 이러한 비감사 업무에 영향을 미칠 수 없다는 것이다.

한가지 이슈가 되는 것은 위와 같은 up stream에 문제가 없다는 판단은 위에서도 기술하였듯이 우리 법 체계에서는 문제가 없고 IESBA(International Ethics Standards Board for Accountants)차원에서 문제가 있다는 것이다. 만약 미국의 제도에서도 이러한 up stream 비감사 업무 병행에 문제가 없다면, 미국에 상장되어 있는 회사를 감사하는 회계법인이 PCAOB에 의해서 금융감독원과 같이 joint inspection을 받을 때, 이러한 up stream 비감사서비스 병행이 문제가 되지는 않는다. 다만 해당 회계법인이 전 세계적인 회계법인 중, member 회계법인이라고 하면 one firm 회계법인의 quality control 차원에서 자체적인 사후 감리를 수행할 것이니 이러한 차원에서 upsteam 비감사서비스에 대해서 pre-clearance를 받아야 한다.

SEC 규정에 의해, upstream 독립성 준수 대상회사 대해 제공하는 비감사서 비스라 하더라도 금지하는 서비스가 존재하며, 금지되는 서비스는 조건부 허용 되는 것과 일절 허용되지 않는 경우가 있다. 따라서 SEC 독립성 규정 준수를 위해 SEC 상장법인 외부감사인들은 SEC 상장법인(독립성 준수대상 관계사 포함) 에게 업무 제공 전에 독립성 이슈가 존재하는 지를 살펴보고 허용되는 경우에 만 제공하도록 내부통제하고 있다.

국제윤리기준(IESBA Code)는 국제회계사연맹에 소속된 모든 회계법인이 준 수해야 하는 전문가 기준(Professional standard)이며, KPMG policy에서 KPMG 모든 멤버펌들은 최소한 국제윤리기준을 준수하도록 요구하고 있다. 아마 다른 빅4 회계법인도 동일한 policy를 가지고 있다고 판단된다. 만일 준수해야 할 관련 법규에서 더 엄격한 사항의 준수를 요구하는 경우에는 이를 준수하여야 한다.

동의는 감사위원회에 명확한 결의사안으로 부의되니 찬성이나 반대로 위원 회에서 거부할 수 있는 권한이 있는데 협의의 경우는 보고사안으로 회의 안건 이 되거나 아니면 회의의 형식이 아닌 감사위원 간담회의 형식으로 소극적인 (negative) 승인, 즉, '별 이견이 없으면 진행하겠다'는 식으로 처리하는 기업도 있다.

결국 이러한 논의는 결의안건과 보고안건에 대한 이사의 법적인 책임과 연 관된다.

○ 이사회 결의로 인한 책임
- 이사(사내/사외 모두 포함)가 고의 또는 과실로 법령 또는 정관에 위 반한 행위를 하거나 임무를 게을리한 경우,
  이사는 회사/제3자에 손해배상책임이 있음(연대책임, 상법 제399조 제1항, 제401조 제1항),

- 이때 해당 이사의 행위가 이사회 결의에 의한 것인 때에는 그 결의에 찬성한 이사도 동일하게 회사/제3자에 대해 손해를 배상할 책임을 부담하게 됨(상법 제399조 제2항).
○ 이사회 보고로 인한 책임
  - 단순히 이사회에 다른 업무집행담당 이사가 '보고'만 한 사안의 경우, 이사회에서 '결의'한 경우와는 달리
    위와 같은 상법 제399조, 제401조가 적용되지 않는다는 차이가 있다.
  - 다만 회사의 이사는 다른 이사들의 업무집행을 감시·감독할 의무가 있으므로, 다른 대표이사나 업무담당이사의
    업무집행이 위법하다고 의심할 만한 사유가 있음에도 고의 또는 과실로 감시의무를 위반하여 방치한 때에는, 이로 인해 회사/제3자가 입은 손해에 대해 손해배상책임을 부담하게 된다.(대법원 2021. 11. 11. 선고 2017다222368 판결 등 다수 판례 참조)

따라서 명확하지는 않지만 결의사항이든지 아니면 보고사항이든지 안건이 상정된 내용에 대해서는 이사회를 거쳐 갔다면 책임이 없다고 할 수는 없다. 물론, 보고사안은 조금 애매하기는 한데 보고사안이라고 책임이 없다고 할 수도 없다.

IESBA에 의하면 다음과 같은 흥미로운 내용도 있다.[56] 특정 공익실체 감사대상회사로부터 수령한 총 보수가 감사의견을 표명하는 회계법인 총 매출액의 15%를 초과(보수 의존)하는 경우, 지배기구와 communication이 요구된다.

이러한 접근은 어떤 성격의 비감사서비스인 것에 무관하게 회계법인의 전체 수익 중, 한 피감기업에 대한 수임료 의존도가 15%를 초과하는 경우는 금전적/경제적으로 중요하게 의존하게 되므로 회계감사의 공정성이 의심될 수밖에 없다는 논지이다. 즉, 업무의 성격을 떠나서 이러한 금전적인 의존도가 영향을 미칠 수밖에 없다는 자본주의적인 판단이다. 물론, 이러한 접근은 비감사서비스 내용이 중요하지 어떠한 이유에서 금액이 판단 기준인지가 비판의 대상

---

56 남상민. 2023.5.17. 포스코 감사위원/상근 감사 교육과정. 국제윤리기준 개정 동향. 삼정회계법인

이 될 수도 있지만 지극히 자본주의적인 접근이다. 전체 수임료가 해당 의뢰인의 수임료에 지나치게 의존하고 있는 경우는 공인회계사 윤리기준상 '이기적 위험'이라고 할 수 있다.

2002년 비감사서비스에 대한 규제가 미국에서의 SOX 제정 이후 도입되면서 어떤 비감사업무는 회계감사의 독립성에 이해상충되며 어떤 서비스는 이해상충이 없는지 등에 대해서 많은 논란이 있었고, 이러한 논란의 결과 고민 끝에 외감법과 공인회계사법에 병행이 불가한 업무들이 포함되었다. 당시에도 이해상충에 해당하는 업무를 판단하는 의견이 일치되지 않아서 일부에서는 위의 내용과 같이 비감사업무의 회계감사 독립성에 미치는 지 여부에 대한 판단이 어려우니 비감사업무의 총금액의 상대적인 크기로 정해두자는 대안이 제시되기도 했지만 받아들여지지 않았다. 물론, 이 내용은 한 특정 피감기업에 대해서의 총 수임료 중, 비감사서비스 수임료가 차지하는 수임료의 비중과 관련되며 위의 15%의 내용은 한 특정 회계법인의 전체 수임료 중, 특정 피감기업의 수임료가 차지하는 비율과 관련되는 내용이니 상이하다.

우리나라의 경우 감사수임료가 가장 높은 피감기업은 삼성전자이고 그 다음은 현대자동차이다. 삼성전자가 빅4 회계법인 이외의 회계법인에게 감사를 받을 리는 없지만 아무리 삼성전자라고 하여도 회계법인 수입의 15%를 초과하는 일은 발생할 수 없다. 참고로 2020년 삼성전자의 총 감사수임료는 84억원이며, 2021년 현대자동차의 수임료는 33억원이다.

외국의 경우도 한 특정 피감사기업의 수임료가 회계법인의 전체 수임료의 15%에 이르는 경우는 거의 발생할 수 없는 드문 경우일 것이다. 특정 국가 경제에서 한 기업이 차지하는 비율이 이 정도에 이를 것이라는 것은 현실 가능하지 않다.

지배기구와 communication하고 동 사실에 대한 공시가 이루어져야 한다, 동 15%는 개정기준에 나와 있는 내용이다. 2년 이상 15% 이상의 이러한 현상이 지속되는 경우 2년차 감사보고서 발행 전 다른 회계법인의 검토를 요구하고 있으며, 5년 이상 지속되는 경우 감사계약 해지의 필요가 있을 수 있다고 규정하고 있다,

다른 회계법인의 검토는 유럽 특정 국가에서 적용되는 joint audit, dual

audit 또는 peer review의 개념이지만 흔한 개념은 아니다. 일단, 피감기업의 입장에서는 감사인이 회사의 장부에 대한 접근한다는 것은 충분히 이해할 수 있지만 두 개의 회계법인이 회사에 드나드는 것은 회사 기밀 보호라는 차원에서는 매우 불편한 일일 것이다.

chapter

62

외부감사인 소속 공인회계사의
피감기업 주식 보유

62

외부감사인 소속 공인회계사의
피감기업 주식 보유

외부감사인 소속 공인회계사들은 피감기업에 대한 주식보유에 대해서 규제가 있다. 어느 정도까지 규제를 해야 하는지에 대해서는 국제윤리기준, 미국규정과 우리나라 규정이 모두 상이하다. 어떻게 보면 감사인 소속 공인회계사가 주식을 보유하고 있을 때, 피감기업에 대해서 조금 더 철저하게 감사를 수행할 수도 있다라는 차원에서는 바람직할 수도 있다. 단, 외관적 독립성 차원에서 감사를 수행하는 공인회계사가 피감기업에 이해가 얽힌다는 것이 바람직하지 않다는 반론이 더 강하다. 법 규정에 의해서 실질적 독립성도 이슈가 되지만 실질을 떠나 밖에 보이는 외관적 독립성도 이슈가 된다.

1% 이상의 주식을 가진 주주는 본인이 사외이사가 될 수 없다는 법 규정과 일맥상통할 수도 있다. 주식 수가 많으면 해당 주주의 부가 더 많이 그 회사에 투자되어 있는 것이므로 사외이사로서 더 due care를 할 수 있을 수도 있지만 그럼에도 사외이사는 사외라는 즉, outsider라는 의미가 강하므로 어느 정도 이상의 지분을 가진 주주는 사외이사로서의 자격이 제한되는 것이다. 상법도 그러하고 금융회사지배법도 동일하다. 감사인의 경우도 '외부감사인'이므로 외부라는 의미가 강조되고 있다. 물론 외부라는 수식어는 독립성을 강조하기 위해서 사용된 표현이기도 하지만 어쨌거나 '내부'가 아니라 '외부인'이어야 한다는 의미가 강하다는 차원에서는 주식 보유 제한도 이해할 수 있다.

사외이사는 기본적으로 주주대표라는 개념보다는 공익적인 watchdog의 업무를 수행한다고 생각하면 위의 제한을 이해할 수 있다. 즉, 제도적으로 자본금 1천억원 이상의 기업의 경우 주식보유가 6개월 이상되며 0.5% 이상의 지분을 가진 주주는 사외이사를 추천할 수 있고, 이러한 규모에 해당하지 않는 기업의 경우, 100분의 3 이상의 주식을 6개월 이상 보유한 주주는 사외이사를 추천할 수 있지만 1% 이상의 지분을 가진 주주는 본인이 사외이사가 될 수는 없다. 지분율이 증가할수록 높은 관심을 가질 수는 있지만 회사 외부에서 회사의 경영을 돕고, 견제하는 역할을 수행하는 감시자의 역할을 하기에 어느 정도 이상의 지분을 가진 주주가 경영에 참여함은 적절하지 않을 수 있고, 동일한 논리가 외부감사인에게도 적용될 수 있다. 즉, 어느 정도 이상의 지분을 가진 주주의 의견을 존중하기는 하지만 주주의 이해가 너무 앞서면 다른 이해관계자의 이해를 보호해 주는 것이 어려울 수도 있다. 물론, 이러한 상법 내용이 도입되었던 시점에는 주주 중심 자본주의/이해 관계자 중심 자본주의의 대립이라는 최근의 논란이 도입되기 이전이기는 하지만 어느 이해 관계자를 보호하는 것이 이사회의 역할인지에 대한 논의는 오래전부터 상법학자들에 의해서 진행되었다. 특히나 우리나라의 경우 기업을 둘러싼 경영환경에서 관계자 간에 이해가 얽히는 경우가 최대주주와 일반주주와의 이해상충이니 최대주주를 적절하게 견제하기 위해서는 주주지분이 많은 사외이사는 최대주주와 많은 것을 공유할 위험도 있고 그런 차원에서도 보유 주식 제한은 이해할 수 있다.

즉, 독립적인 사외이사라는 개념에는 어느 누구 이해관계자로부터의 독립을 의미하는데 이에는 주주로부터의 독립의 개념까지도 포함할 수 있으므로 이러한 차원에서 사외이사의 주식 보유는 바람직하지 않을 수도 있고 양쪽 논리가 모두 적용될 수 있다. 사외이사 활동을 하면서 일부의 급여를 주식으로 지급받는 경우도 볼 수 있다. 회사에 대한 관심을 위한 action이다.

회계법인의 본부 간에도 chinese wall/fire wall이 설치되어 있으므로 해당 피감사기업에 대한 감사팀원이 아닌 경우는 무방하다고도 생각되는데, 아무래도 동일 회계법인의 임직원이라고 하면 주식투자가 불가하도록 까다롭고 철저하게 제도를 정해 둘 수도 있다. 동일 회계법인 소속이라고 하면 식당이나 휴게 공간 등에서 우연하게 정보가 교환될 수 있다. 감사팀, 감사본부 소속이 아니라고 해도 회계법인 내에서의 정보 교류를 통제하기 어렵다고도 판단되지만 이는 과도한 규제라고도 판단된다. 또 하나의 변수는 배우자/직계가족의 주식 소유이다.

과거 모 빅4 회계법인의 파트너(지분) 회계사는 아니지만 부회장 직급의 인사가 모 회사의 사외이사/감사위원으로 활동하면서 그 회계법인이 해당 회사의 감사인의 공모 과정에 참석하면서 이슈가 된 적이 있다. 공모 과정에 참여하는 시점에 사외이사를 사퇴하기는 하였지만 모두 독립성의 이슈이다. 이러한 문제가 발생하며 더더욱 주기적 지정제 때문에 감사인이 빈번히 교체되게 되는데 이러한 독립성의 이슈 때문에 빅4 회계법인의 경우는 소속 임직원들에게 사외이사 활동을 금지하고 있다.

반면 법무법인의 경우는 소속 변호사, 고문 등의 사외이사 활동에 제약을 두고 있지 않다. 법무법인도 해당 회사의 법률 자문을 수행할 수 있지만 법률 용역은 전문성이 이슈이지 독립성을 전제로 수행되는 것이 아니므로 이에 대한 제약이 없다고 이해하면 된다. 즉, 대부분의 소송 건에서 법률 대리인의 입장은 원고와 피고의 이해를 대변하는 것이지 모든 소송 건이 공익성을 띄는 것은 아니다. 단, 일부 기업의 경우 법무법인에 소속되어 활동하던 관련된 인사가 용역을 수행하였던 client 회사의 사외이사로 추천될 때, 법적인 독립성을 사유로 국민연금 등이 선임에 반대하는 경우도 있다.

2023년 11월 아시아나항공의 이사회에 내에서도 이해상충의 문제 때문에 중요한 안건 처리를 앞두고 논란이 벌어졌다. 김앤장 소속 고문이 사외이사였고, 김앤장이, 상정된 안건의 용역을 수행하였기 때문에 다른 사외이사가 안건 상정 이전에 김앤장 소속 사외이사의 안건 심의와 결의 참여에 독립성과 관련되어 제척되어야 한다는 의견을 표명하면서 결국은 해당 이사의 이사회 참석에 반대 의견을 제기했던 이사가 이사회를 이석하고 결의에도 불참하게 되었다.

어떤 기업은 이러한 이유 때문에 대형 법무법인의 변호사를 사외이사로 선임하는 것을 선호하지 않는다고 한다. 이사회에 법 전문가의 수요는 당연히 있으니 이 경우는 법 전공 교수나 아니면 중소형 법무법인의 변호사나 개인으로 활동하는 변호가가 그 대상일 수 있다. 특히나 대형 law firm의 경우는 수행하고 있는 자문 업무가 매우 많기 때문에 회사 경영에 여러 가지 차원에서 관여될 수 있다.

국제윤리기준은 감사의뢰인과 감사팀원과 감사팀원의 직계 가족, 회계법인과 네트워크 회계법인 들이 직접적 또는 중요한 간접적인 재무적 이해관계를 갖는 것을 금지하고 있다[57].

미국 규정은 감사대상 회계기간 또는 업무 수행기간 동안 회계사 등이 감사 의뢰인과 직접적인 재무적 이해관계 또는 중요한 간접적인 재무적 이해관계를 갖는 경우 독립성을 상실한 것으로 보고 있다. 규제 대상 가족관계는 감사업무 팀원의 가족관계와 감사수행이사와 동일한 사무실의 다른 모든 파트너의 가족 관계를 그 대상으로 한다.

미국의 경우 우리와 같이 회계법인의 활동이 중앙 집권화된 것이 아니고, 전국에 사무실이 있고 지방 분권화가 되어 있으므로 이러한 근무지의 위치도 이슈가 된다. 또한 회계법인에서 피감기업의 감사에 관여하다가 회계법인을 퇴사하고 해당 피감기업의 임직원으로 채용되는 경우도 독립성의 이슈가 발생한다.

국내 기준은 이보다도 더 tight하다. 공인회계사 윤리 기준은 인증업무팀과 그들의 직계가족과 감사업무담당파트너가 속해 있는 사무소의 다른 파트너와 그들의 직계가족의 재무적 이해관계를 금지하고 있다.

공인회계사법은 직계가족이 아니라 배우자만 재무적 이해관계 금지대상으로 한정하고 있어 규제대상 범위가 상대적으로 좁다. 규제대상 직위는 임원이나 그에 준하는 직위에 해당한다. 즉, 감사업무팀원의 배우자와 회계법인 사원의 배우자가 규제대상 가족관계이다. 공인회계사법은 규제 대상 기간도 현직뿐만 아니라 전직을 포함하여 과거 1년 이내에 그러한 직위에 있었던 자로 정하고 있다.

공인회계사회 자율규정은 이를 더욱 확대하여 상장법인을 감사하는 회계법인은 회계법인 소속 모든 전문직 직원과 그들의 배우자가 회계법인에서 감사하는 모든 상장회사 주식을 보유하지 못하도록 하고 있다. 전문직 직원이라고 하면 흔히들 우리가 '사'자 붙은 직원을 의미하므로 회계법인에서 근무하는 회계사, 세무사, 변호사, 변리사 등을 의미한다.

따라서 재무적 이해관계 관련하여 전반적으로 회계법인 임직원의 주식거래

---

57 오선영, 신일항. 공인회계사 윤리독립성 규정과 국제기준의 차이분석. 한국공인회계사회 윤리기준위원회 용역 2023.6.

현황 관리지침을 포함한 국내 관련 규정이 국제윤리기준에서의 요구사항의 규율 수준보다 상대적으로 더 높은 것으로 판단된다. 또한 국내 법보다도 규정의 제재 수준이 더 철저하다.

일부에서는 회계사들의 경제활동을 이렇게 규제하니 회계사들이 코인에 올인한다는 우스갯 소리를 하기도 한다. 물론 경성법(hard law)인 법보다 연성법(soft law) 등의 규정은 더 전향적이고 적극적이다.

chapter

63

부정 적발 정보의 원천

부정 적발 정보의 원천

오스템임플랜트와 우리은행의 큰 금액의 횡령 사건 이후에 부정적발과 관련된 관심이 높아지고 있다. 회계 관련 여러 기관에서 수년째 누가 부정적발을 수행하는지를 조사하고 있다.

1998년 KPMG는 부정(fraud)을 누가 발견하는지에 대한 설문을 조사하였는데, 51%는 내부통제 기능이 발견한다는 통계치를 발표하고 있다.

51% 내부통제기능

43%는 내부감사인

4%의 외부감사인이 부정을 발견한다고 보고하였다.

이러한 내용이 시대적으로 차이가 있을 이유는 별로 없지만, Report to the Nations on Occupational Fraud and Abuse(2016)에서는 2014년과 2016년 각각 기업부정 적발 출처를 다음과 같이 보고하였다.

2016년/2014년

Tip 39.1%/42.2%

Internal audit 16.5%/14.1%

Management review 13.4%/16.0%

By accident 5.0%/6.8%

Account reconciliation 5.5%/6.6%

Other 5.5%/0.5%

Document examination 3.8%/4.2%

External audit 3.8%/3.0%

Notified by law enforcement 2.4%/2.2%

Surveillance/monitoring 1.9%/2.6%

IT control 1.3%/1.1%

Confession 1.3%/0.8%

외부감사인이 부정적발을 발견하는 경우는 4%에도 미치지 못하는 미미한 결과이다.

ACFE(Association of Certified Fraud Examiner) 2022 report는 부정 적발의 원천으로 다음을 보고하고 있다[58].

Tip 42%

Internal auditor 16%

Management review 12%

Document examination 6%

By accident 5%

Accounting reconciliation 5%

Automated transaction/data monitoring 4%

External auditor 4%

위의 세 보고서에 의해서 공통적으로 읽을 수 있는 내용은 Tip이 부정 적발의 가장 중요한 정보의 원천이고 그 다음은 내부감사라는 점이다. 또 우리가 부정적발의 원천일 것이라고 기대하는 외부감사는 거의 그 역할을 못하고 있다.

물론, 외부감사의 목적이 부정적발에 있는 것은 아니지만 그럼에도 우리의 일반적인 기대에 훨씬 못 미치고 회계 비전문가들은 거의 대부분 회계의 목적이 부정적발이라고 생각한다.

신 외감법의 도입으로 회계부정에 대한 기업 내부에 대한 책임이 많이 높아졌다. 1980년 외감법 제정 이후, 우리나라의 회계분식에 대한 감독기관의 조

---

58 김두삽. 2023.7.13. 감사위원회 포럼

치는 과도하게 회계법인에 대한 징계에 치우쳤다는 판단을 할 수 있다. 범인을 잡지 못한 것이 경찰(감사인)의 잘못이냐는 논지이다. 부정적발을 위해서는 계좌추적권 등의 권한도 있어야 하는데 공인회계사들에게는 이러한 권한이 없다.

위의 부정적발에 대한 발견의 원천이 되는 정보는 기업 내부 정보이지 외부감사인이 아니다. 그럼에도 이제까지의 우리나라 감독의 방향은 외부감사인에 대한 조치에 방점이 가 있었다.

ACFE 2022는 다음의 더 구체적인 통계치도 보인다.

내부고발의 제보자는 다음과 같다.

employee 55%
customer 18%
anonymous 16%
vendor 10%
other 5%
shareholder/owern 3%
competitor 3%

ACFE 2022 report는 내부통제의 약점이 어디 있는지에 대해서도 다음의 통계치를 보인다.

23% poor at the top
20% overriding of existing internal controls
19% lack of internal control

ACFE 2022 보고서에서 부정관련 survey 및 대응방안 – 운영되는 내부고발제도 중 개선이 필요한 사항은 다음과 같다.

내부고발자 보호조치 31%
재발방지대책 마련 27%
인사조치의 투명성과 공정성 25%

조사결과 보고의 투명성 24%

내부고발사건의 조직 내 공유 24%

조사 인원의 전문성 21%

조사 인원의 독립성 21%

접수방식 17%

내부고발제도 운영하지 않음 9%

위의 내용 중에서 가장 핵심적인 내용은 내부고발자 보호 조치일 듯하다. 내부고발자가 피해를 입지 않도록 보호해 줘야 하는데 고발자를 어느 기간 동안 보호해 줘야 하는지도 이슈일 수 있다. 물론 내부고발했다고 다른 직원들보도 더 길게 keep해 줘야 하는 것은 아니다.

ACFE(2022) 보고서에서 실질적인 부정위험 대응을 위해 내부회계관리제도상 개선이 필요하다고 생각하는 영역은 다음과 같다.

내부통제전담 인력 전문성 강화 52%

전산업무 환경 강화 49%

업무 분장 강화 44%

내부 감사기능 강화 44%

감사 전문성 강화 12%

내부회계관리제도 외부 감사 강화 7%

2023.9.1. 한영세미나 연말결산 및 내부회계관리제도 중점 관리사항

횡령 또는 부정의 주된 발생 원인은 무엇이라고 생각하는가?

70% tone at the top 문제

31% 구성원들의 윤리의식 부재

22% 통제시스템에 대한 경영진의 월권 또는 우회

22% 내부시스템의 부재

17% 경영진의 무관심

4% 회사의 취약한 지배구조

4% 회사에 대한 불만족

Tone at the top이라는 표현이 문헌에서 자주 사용된다. 조직의 윗선에서 관심을 가져야 전체 기관이 일사 분란하게 움직일 수 있다는 의미이다. 즉, top down 방식에 대해서 강조하고 있다. 물론, bottom up도 의미가 없지는 않다. 조직의 아래로부터 의견이 올라가는 방식이다. 그러나 부정적발 관련된 위의 설문지 조사에서는 tone at the top이 더 중요하다고 한다.

신 외감법의 개정으로 외부감사인보다는 감사위원회를 포함한 기업 내부의 책임이 강화된 것은 외감법 제1조의 개정과도 무관하지 않다. 외감법이 제정된 것이 군사정권인 신군부 국보위 하에서의 엄중한 분위기였어서 합리적인 접근보다는 법 제정도 누군가에게 책임을 묻는 방식으로 접근되었다고 판단된다.

회계제도와 관련된 법률이 상법, 외감법, 공인회계사법, 자본시장법 등이 있지만 그럼에도 외감법이 실무 관행에 가장 직접적인 영향을 미치는 법규이다.

구 외부감사법 제1조

외감법 제1조(목적) 이 법은 주식회사로부터 독립된 외부의 감사인이 그 주식회사에 대한 회계감사를 실시하여 회계처리를 적정하게 하도록 함으로써 이해관계인의 보호와 기업의 건전한 발전에 이바지함을 목적으로 한다.

기업회계기준의 개념체계도 기준의 정신을 보여 주는 것과 같이 법 규정을 보면 여러 측면에서의 법의 취지와 의지가 규정에 녹여져 있다. 개념적인 내용이기는 하지만 법 정신을 규정한다는 차원에서는 법의 목적은 구체적인 법 적용을 기술하지는 않지만 법의 철학에 대해서 규정하고 있으니 결코 소홀히 여길 수 없는 내용이다.

예를 들어 감사인의 독립성에 대해서 외감법에 실질적(정신적)으로도 독립적이어야 하고 외관적으로도 독립적이어야 한다고 기술하고 있는데 2023년 8월 지명된 이균용 대법원장 후보자가 과거의 언론에 기고한 내용을 인용하며 "법관은 실제로 공정해야 하고 또 공정하게 보여야 한다"고 외관적인 법관의 독립성을 언급하는 것을 보아서도 공정이나 독립성의 개념은 회계나 법이나 동일한 정신이라는 것을 읽게 된다.

개정 전의 외감법은 공정한 회계처리를 수행함에 있어서 회계감사를 매개체로 이러한 목적을 달성한다고 기술되어 있다. 법 조항의 목적은 이 법이 어떠한 취지와 의미로 제정되었는지를 보여 주게 되어 상당한 상징성이 있다. 회계처리를 적정하게 수행함은 우선적으로 기업의 몫인데 이러한 뜻을 달성하기 위해서 기업에 이 책임을 묻는 것이 아니라 오히려 기업이 작성한 재무제표를 점검하는 감사인에게 이 역할을 의존하고 있는 모습이다. 우리의 속담에 '손 묻히지 않고 코 푼다'는 표현이 있다. 적정하지 않은 회계에 대한 모든 책임을 감사인에게 떠안길 수 있다.

이러한 법 정신 때문에 도둑을 잡지 못하면 이를 잡지 못한 경찰에게 주된 책임을 묻는 관행이 수십년 간 지속되었다고 할 수 있다. 주 책임자는 기업인데 이를 제쳐 두고, 회계정보를 점검하는 역할을 수행하는 감사인에게 너무 과도한 책임을 물어 왔다고도 할 수 있다. 특히나 위의 통계치를 보면 외부감사인이 부정과 관련된 발견을 한다는 것이 매우 어려움에도 불구하고 그렇게 진행된 것이다. 또한 외부감사법의 1조라서 그런 것은 이해하지만 감사업무를 수행하는 내부감사기능에 대해서는 아무런 것도 언급하고 있지 않아서 감사는 오로지 외부감사인의 몫이라고 하는 잘못된 내용을 전달할 수 있다.

하물며 기업의 재무제표를 작성하는 주체가 외부 회계법인이라고 잘못 생각하는 경제활동인구도 있다. 재무제표 작성 대행이라고 하는 엄청난 범법적인 내용인데도 불구하고 말이다.

이러한 외감법 제1조는 신 외감법에서 다음으로 개정되게 된다.

신 외부감사법 제1조

외부감사를 받는 회사의 회계처리와 외부감사인의 회계감사에 관하여 필요한 사항을 정함으로써 이해관계인을 보호하고 기업의 건전한 경영과 국민경제 발전에 이바지한다.

신 외감법 제1조는 이해관계인을 보호하고 기업의 건전한 경영과 국민경제 발전에 이바지하는 역할은 회사의 회계처리와 외부감사인의 회계감사라고 못 박고 있어서 외부 감사를 통해서 회계의 투명성을 확보한다는 개정 전, 외감법 제1조의 내용에서 크게 변화되면서, 기업 내부의 사내 조직과 외부의 감사인에게 동일한 수준의 역할과 책임을 주문하고 있다. 엄밀하게 따지면 기업 내의 책임이 기업 외부보다 우선시 되어야 한다. 기업 외부는 계약 관계에 의해서 용역을 수행하는 외부의 제3자일 뿐이다. 계약이 종료되면 감사인과 피감기업의 관계는 단절되게 된다. 기업과 관련된 감사활동이라는 것은 내부에서는 내부 감사기능에 의해서, 외부에서는 외부 감사기능이 서로 협업하면서 진행하는 것이며 1차적인 책임은 내부 감사기능에 있다고 보는 것이 옳다. 위의 survey 에서의 결과도 이러한 접근을 지지한다.

외감법 제1조의 목적은 법 정신을 규정하는 내용이라서 위법시 구체적인 조치를 규정하지는 않지만 법 규정에 정신과 개념을 통해 영향을 미친다.

chapter

64

대우건설/대우조선해양

chapter
64

대우건설/대우조선해양

4대강 입찰 단합 사건 (2022. 5.12. 2021다279347)

D건설은 4대강 사업 등 3건에서 타사와 입찰담합을 했다는 이유로 161억 3,200만원의 과징금을 부과받음

소수주주들은 입찰 담합 당시의 대표이사, 사내이사, 사외이사들이 감시 의무를 게을리했다는 이유로 위 과징금 상당액의 지급을 구하는 대표 소송을 제기함

대표이사 등 피고들은 입찰담합을 전혀 알지 못했으며, 이를 의심할 사정도 없었다고 손해배상책임을 부인함.

이러한 이슈에 대한 판결문은 다음과 같다.

모든 이사는 적어도 회사의 목적이나 규모, 영업의 성격 및 법령의 규제 등에 비추어 높은 법적 위험이 예상되는 업무와 관련해서는 제반 법규를 체계적으로 파악하여 그 준수 여부를 관리하고 위반 사실을 발견한 즉시 신고 또는 보고하여 시정조치를 강구할 수 있는 형태의 내부통제시스템을 구축하여 작동되도록 하는 방식으로 감시의무를 이행하여야 한다.

이와 같이 대법원은 대표이사뿐 아니라 전체 이사의 책임을 인정하였다. 다음과 같은 사실도 판결에 이르게 하는 제반 기업 환경이다.

－ 임직원들에 대해 추상적, 포괄적 지침만을 교육했을 뿐 합리적 정보, 보고시스템 부재, 소액의 입찰담합 과징금 부과 이후에도 담합에 대한 아무런 추가 조치가 없었고 오히려 일부 입찰 담합 임직원들은 승진됨

- 컴플라이언스 준법감시기구도 뒤늦게 출범

대우건설 판례

입찰담합

4대강 살리기 사업 1차 턴키 공사 관련 입찰 담합

영주다목적댐 건설 공사 관련 입찰 담합

인천도시철도 2호선 건설공사 관련 입찰 담합

소송 개요

원고, 주주

피고, 각 입찰담합 전부 혹은 일부 기간 동안 대우건설에서 재직한 대표이사, 사내이사, 사외이사 등

관련 법리

이사가 고의 또는 과실로 법령 또는 정관에 위반한 행위를 하거나 그 임무를 게을리 한 경우에는 그 이사는 회사에 대하여 연대하여 손해를 배상할 책임이 있음 (상법 제399조 제1항)

주식회사의 이사는 담당업무는 물론 대표이사나 업무 담당이사의 업무 집행을 감시할 의무가 있으므로 스스로 법령을 준수해야 할 뿐 아니라 대표이사나 다른 업무 담당이사도 법령을 준수하여 업무를 수행하도록 감시 감독해야 할 의무를 부담함. 이러한 감시 감독 의무는 사외이사 등 회사의 상무에 종사하지 않는 이사라고 하여 달리 볼 것이 아님

회사의 업무 집행을 담당하지 않는 사외이사 등은 내부통제시스템이 전혀 구축되어 있지 않는데도 내부통제시스템 구축을 촉구하는 등의 노력을 하지 않거나 내부통제시스템이 구축되어 있더라도 제대로 운영되고 있지 않다고 의심할 만한 사유가 있는데도 이를 외면하고 방치하는 등의 경우에 감사의무 위반으로 인정될 수 있음

담합은 실무선에서 비용을 줄이고 실적을 높이기 위해 은밀하게 이루어지는 경우가 많음

그럼에도 일단 담합이 적발되어 과징금이 내려진 경우 담합 당시 재직했던 이사들에 대하여까지 감시의무 위반을 인정한 사안들이 늘어나고 있음 (2021.11.11. 2017나222368 U회사 대표소송 참조 - 아연도강관 등 가격담합)

컴플라이언스 체제 구성은 각 회사별 차이. 특히 높은 legal risk 있는 부문은 안전장치를 마련해야 함

경미한 위법 사항이라도 드러난 경우 조사, 징계절차 등 엄격한 재발방지대책 필요

사외이사들의 경우에도 내부통제시스템이 마련되지 않은 경우 그 구축을 촉구할 의무, 내부통제 시스템이 마련된 경우에도 제대로 운영되지 않는다고 의심할 사유 있으면 이를 시정할 의무 있음

다만 사안에서는 인정된 손배배상액 161억 3,200만원 중 사외이사들의 책임은 5,100만원 내지 7,600만원 수준으로 감경됨

한국경제신문. 2023.12.13. '대우조선 분식회계'로 손해 "증권사들에 74억 배상하라"

대우조선해양의 분식회계 사건 당시 회사채를 매수했다가 손해를 본 증권사들이 6년간의 소송 끝에 1심에서 이겼다. 재판부는 증권사들이 허위 재무제표를 참고해 대우조선 회사채에 투자했기 때문에 손실을 보게 됐다고 판단했다.

12일 법조계에 따르면 서울중앙지방법원 민사31부(부장판사 김상우)는 하이투자증권과 현대차증권이 한화오션과 안진회계법인을 상대로 낸 손해배상 소송에서 최근 원고 일부 승소 판결을 내렸다. 재판부는 "한화오션은 하이투자증권에 40억 6000만원, 현대차증권에 11억 1000만원을 배상하라"고 했다. 안진회계법인에도 하이투자증권에 17억 4000만원, 현대차증권에 17억 4000만원, 현대차증권에 4억 7000만원의 배상금을 지급하라고 명령했다.

하이투자증권과 현대차증권은 2012년부터 2014년까지 발행시장과 유통시장에서 대우조선해양 회사채 400억원어치와 100억원어치를 각각 매수했다. 하지만 대우조선이 당시 매출과 영업이익을 부풀리는 '분식회계'를 저지른 사실이 알려지면서 채권 값이 떨어졌다. 이 사건으로 남상태 전 대우조선해양 대표와 이 회사의 외부감사를 맡은 안진회계법인이 모두 유죄 판결을 확정받았다.

분식회계 사태 후 하이투자증권과 현대차증권은 "허위 재무제표를 참고해 회사채에 투자해 손해를 봤다"며 2017년 8월 소송을 냈다. 이들은 회사채 매수 가격과 분식회계가 없었으면 형성됐을 가격의 차액인 74억원을 달라고 요구했다. 피고들은 "채무 재조정 결의로 회사채가 주식으로 출자 전환됐기 때문에 손해가 발생했다고 볼 수 없다고 맞섰다.

법원은 원고들의 주장을 받아들여 한화오션과 안진회계법인이 손해배상책임을 져야 한다고 판단했다. 재판부는 "이들 증권사는 당시 재무제표가 정당하게 작성된 것을 믿고 대우조선 회사채를 사들였다고 보는 것이 타당하다"고 밝혔다. 출자 전환된 회사채를 두고는 "증권사들이 회사채를 비싸게 구입해 손실을 본 이후의 사정일 뿐 손해를 갚았다고 볼 수 없다"고 일축했다.

손해배상액은 한화오션이 70%, 안진이 30%를 책임지도록 결정됐다. 재판부는 -손해액이 가정을 세워 통계적인 추론으로 산정된 점 -투자자들이 재무제표와 감사보고서만 보고 회사채를 매입하지 않은 점 -안진회계법인이 적극적으로 분식회계에 공모했다고 보기는 어려운 점 등을 고려해 이 같은 결정을 내렸다.

한국경제신문. 2024.7.26. '분식회계' 대우조선, 상고심도 배상 판결

대우조선해양 투자자들이 회사의 분식회계로 손실을 봤다며 제기한 손해배상 소송 상고심에서도 승소했다.

25일 법조계에 따르면 대법원 1부(주심 오경미 대법관)는 A씨 등 투자자 291명이 한화오션과 고재호 전 대우조선해양 사장, 안진회계법인을 상대로 낸 손해배상 청구 소송 상고심에서 원고 승소 판결하면서 2심의 배상액 산정이 과소하다며 서울고등법원으로 돌려 보냈다.

대우조선해양은 2008~2016년 약 8년에 걸쳐 분식회계를 저질렀다. 안진회계법인은 이 같은 분식회계가 포함된 감사보고서에 대해 '적정'의견을 냈다. 금융위원회는 2017년 대우조선해양에 과징금 45억원 부과 등 조치를 내렸다. 대우조선해양은 지난해 한화그룹에 인수되면서 한화오션으로 사명을 바꿨다.

1심은 원고 일부 승소 판결하고 손해 배상액으로 102억원을 인정했다. 2심도 원고 일부 승소 판결했다. 다만 대우조선해양의 허위 공시 다음날인 2014년 4월 1일부터 적자 전망 보고가 나온 전날인 2015년 5월 3일까지 주식 매각 부분 또는 주가 하락 부분의 손해에 대해서는 인과관계 추정이 어렵다는 이유로 손해를 인정하지 않았다. 이에 인용액은 92억원으로 조정됐다.

하지만 대법원은 이 기간도 손해액 산정 대상에 포함해야 한다고 봤다. 상고심 재판부는 "손해액에 관한 추정은 허위 공시 이후의 주가 하락이 허위 공시 때문인지 여부가 불분명하다는 정도의 증명만으로는 깨질 수 없다"고 지적했다.

해외 유수기업의 지배구조

해외 유수기업의 지배구조

포스코홀딩스는 2023년 3월 주총에서 대표이사 회장이 기업지배구조 개선을 위한 TF를 가동하여 의사결정 과정을 upgrade하겠다고 공표하였고 컨설팅 업체를 통해 미국와 EU의 대표되는 기업들을 다수 방문하거나 비대면으로 인터뷰하면서 학습한 내용의 일부이다. 용역은 한 외국계 컨설팅 업체가 수행하였다. 모든 국가에는 해당 국에 해당하는 경영 환경이 존재한다. 예를 들어 우리는 최대주주가 직접 경영에 참여하는 소유와 경영이 분리되지 않은 기업이 대부분이니 이러한 부분에 대해서 해외 사례를 best practice로 삼으려 해도 우리의 현실과 잘 맞지 않는 부분이 있을 것이다.

일부 기업의 주총은 수만명이 모이는 축제와 같이 진행을 한다. 물론 국내에서도 풀무원과 같은 기업의 주주총회는 단순히 요식적이고 형식적인 다른 기업의 주주총회가 아니라 주주들과 진솔하게 대화를 나누는 場이라고 한다.

유럽의 경우, 감독이사회가 matrix 조직, 즉, 산업전문성과 기능전문성의 조합으로 구성된 기업도 있다고 한다. 기능 전문성이란 예를 들어 회계 전문가, 법 전문가 등등의 영역별 전문성을 의미하며 산업 전문성은 해당 산업 또는 유관 산업에 대한 산업 전문가이다.

벤츠는 72세가 이사 정년이며 미국의 일부 기업도 75세의 이사 정년을 두고 있는 회사들이 있다. 외국의 경우에 국내에서도 전혀 이슈가 되지 않는 연령에 대해서 이러한 연령 제한이 있다는 것도 흥미롭다.

독일 기업은 경영이사회가 우리로 따지면 경영위원회의 역할을 수행한다. 경영이사회는 CEO가 C level 경영자에 대한 인사권이 없기 때문에 CEO와 임원들이 대등한 관계에서 회의체로 진행한다. 따라서 CEO의 역할은 축소되며 어느 정도 집단지도체제와 같은 형태가 된다.

이사회 의장은 거의 full time commitment를 가지고 회사에 관여하는 경우가 많다. 모회사 경영이사가 자 회사의 supervisory board에 이사(member)가 될 수도 있다. 이는 우리나라에서 지주사의 이사가 계열사의 기타비상무이사로 등기하는 것과 유사하다고 보면 된다. 즉, 자회사의 감독 역할을 수행하게 되는 것이다.

SK에 Supex위원회라고 하는 초법적인 조직이 존재할 수 있었던 역사적인 배경은 최태원회장이 구속되어 감옥에 있을 때, 전문경영인들 중심으로 집단지도체제 형식의 지배구조가 필요했기 때문이라는 역사적 배경도 존재한다. 어떻게 보면 SK는 지주사가 존재하므로 수펙스위원회의 존재와 (주)SK의 역할이 중복된다고도 할 수 있다.

alphabet(구글의 모회사)과 같은 경우의 사외이사들은 급여도 거의 4억원 정도로 받고 있지만 BCG의 선진 기업의 이사회 운영 사례에서 보면 거의 full time으로 회사에 관여하며 임직원의 75% 정도에 해당하는 업무를 수행하고 있다고 한다. 또한 사외이사들이 모두 동일한 급여를 받는 것이 아니라 평가의 결과에 따라서 차등된 급여를 받는다고 하고 이들의 해당 회사의 업무에 투자되는 시간을 보더라도 사외이사이기는 하지만 거의 full time으로 일하는 것이나 다름이 없다는 판단을 할 수 있다. 사외이사들조차도 차등의 급여가 지급된다고 하면 이는 엄격한 평가에 기반한 것일 터인데 full time commit를 하지 않고 행정 체계의 일원이 아닌 사외이사들의 업무를 공정하게 평가함도 매우 어려운 일일 것이다. 사외이사 급여가 차등된다는 것은 완전한 자본주의적인 접근이라고 이해되며 이는 사외이사에 대해서도 공정한 평가를 전제한다.

미국 일부의 기업에서는 이와 같이 사외이사에 대한 평가를 위해서 회사가 HR(human resource)업체를 선정하여 이사회에 배석하면서 사외이사에 대한 평가를 요청하기도 한다는데 우리에게는 요원한 얘기이다. 이사회에서 회사 기밀 사항이 될 수 있는 내용도 논의되기 때문에 이러한 배석에 의한 평가가 바람직한 것인지도 의문이다. 또한 우리에게는 이와 같이 이사회에 배석하여 이사의 업적을 평가할 수 있는 HR 전문회사도 찾아보기 어렵다.

모 금융기관은 사외이사의 평가에 있어서 내부 직원들에 의존하는데 공정한 평가가 어려우므로 단순히 회의 참석율에 근거한 평가를 수행하기도 한다.

alphabet의 경우, 또한 사외이사들에게 수명의 전담 직원이 도움을 주고 있어서 상정되는 모든 안건을 내부 임직원 수준으로 완전히 이해하고 이사회에 참석하고 있다고 한다. 물론, 이는 이사회가 이 정도 가동될 수 있는 infra를 갖추고 있음을 의미하는데 일단, 우리나라의 기업들이 이 정도로 이사회가 활발하게 가동되기를 희망하는지 아니면 사외이사들은 이 정도로 관여할 시간과 마음의 준비가 되어 있는지는 의문이다. 오히려 기업은 이사회가 어느 정도 수준에서의 업무(안건 처리 업무)만 처리하기를 희망하고 너무 과도하게 경영에 참여하기를 기대하는 것은 아닐 수 있다.

우리가 흔히 이사회의 기능이 최대주주와 경영진에 대한 monitoring과 견제의 역할이라고 하는데 alphabet 수준으로 이사회를 운영한다고 하면 거의 모든 사외이사가 내부의 도움을 받아서 해당 안건에 대해서 독립적인 의사결정을 수행하고 이사회를 개최한다고 할 수 있을 것이다. 즉, 각 사외이사가 독립적인 의사결정을 수행할 수 있는 시스템을 갖고 있다고도 할 수 있고 회사에서 준비한 안건에 대해서 체계적인 토론이 가능할 것이다. 이렇게 이사회를 지원하는 직원의 수가 구글은 100명, Microsoft는 40명이라고 하니 이사회를 지원하는 조직의 규모가 우리의 경우에서는 상상할 수 없을 정도이다. 이들 회사는 모든 사외이사가 각자 본인들의 직원 team을 운영하고 있다고 보면 된다. 미국 기업이 모두 이러한 상황은 아니겠지만 그럼에도 이사회 중심 경영이라는 표현이 결코 허구가 아님을 알 수 있다.

단, 모든 사외이사가 경영활동을 직접 수행한 경험이 있는 것은 아니다. 우리의 이사회 구성을 보면 경영자보다는 경제나 경영학 관련 교수, 변호사 또는 법학전문대학원교수 등의 법 전문가, 전직 고위 공무원 등이 다수를 차지한다. 실제로 경영활동을 수행하지 않은 사외이사들이 전문가로서의 전문 지식에 근거한 기업 경영과 관련된 조언은 가능하지만 실제 경영활동과 관련된 의사결정을 수행함에는 적합한지에 대해서는 생각해 보아야 한다. 기업경영에 경험이 많은 미국 사외이사와 우리의 사외이사 구성은 경영에 대한 경험보다는 전문성에 방점이 가 있다고 할 수 있다. 물론 기업 경험도 있고 전문적인 지식도 겸

비하면 가장 바람직할 수 있는데 이러한 자격을 갖춘 사외이사 후보자를 찾기는 쉽지 않을 듯하다. 또한 외국에는 타 기업의 전문 경영인이 다른 회사의 사외이사를 맡고 있는 경우도 다수 있는데 우리의 경우에는 타 기업의 전문 경영인이 근무 시간에 다른 회사의 이사회에 참석한다는 것은 매우 예외적이다. 대학 교수는 수행해야 할 책무가 강의, 연구, 봉사이므로 봉사활동의 한 영역으로 소속된 대학교의 겸직 승인을 받아서 사외이사 활동을 수행할 수 있다. 경영학 교수가 현업의 사외이사 활동에서 학습한 내용을 강의나 연구, 저술 활동에 반영할 수 있다면 이에는 분명한 순기능이 있다.

우리의 기업 활동에 있어서 일부 기업의 경우 대관 업무도 중요한 요소이다. 정부에서의 경험이 대관 업무에 도움이 될 수 있으니 전직 공무원이 이사회에서 경영활동에 도움을 줄 수 있는 여지가 있다.

이는 어떻게 보면 우리나라의 금융통화위원들에 대해서 한은 직원이 한명씩 배정되어 있어 안건에 대해서 학습을 하고 회의에 들어가서 결의에 참석하는 것이나 동일하다. 우리나라의 어떤 이사회도 이 정도로 사외이사를 지원하는 경우는 없는 것으로 이해한다.

매우 흥미로운 내용 중에는 알파벳 이사회의 만장일치 의사결정제도가 있다. 이사회는 회의체이며 민주주의에서의 모든 회의체의 의사결정은 다수결이다. 물론, 가장 바람직한 의사결정과정이 만장일치일 수도 있지만 모든 구성원의 의견이 다른 상황에서 무한정 회의만 계속할 수는 없는 것이다. 또한 무한정으로 회의를 한다고 의견이 모이는 것도 아니다.

알파벳의 이사회는 안건에 반대하는 이사가 수긍할 때까지 지속적으로 확인/재확인 작업을 계속한다고 하니 극도로 보수적인 접근방법이다. 어떻게 보면 만장일치제도라는 것이 매우 후진적, 비생산적이고 비효율적인 의사결정 방법이기도 하다. 동시에 생산적/효율적인 접근 방법인지에 대한 판단은 구체적인 case와 안건의 찬성 비율을 보기 전에는 어렵다. 다만 만장일치라는 것은 매우 신중하게 안건을 처리한다고 할 수 있다.

chapter

66

집행이사제도

chapter
66

집행이사제도

2011년 4월 개정된 상법에 의해서 집행임원 제도가 도입되었지만 12년이 지난 최근에도 이 제도를 도입한 기업의 수는 매우 소수에 그친다. 이사회의 감독 하에 회사 업무를 집행하는 전담기관인 집행임원을 설치한 경우 대표이사를 대표집행임원으로 대체하게 되며 집행임원을 설치하는 경우 대표이사는 두지 못하고 대신 대표집행임원을 두게 된다.

이코노미스트. 2023.7.23.–30. '217억 적자' 한샘 1년 반 만에 '40대 여사장' 카드 빼 든 까닭

IMM PE는 그동안 이사회는 내부출신으로, 집행임원은 외부 출신으로 구성을 다르게 해 한샘을 운영해 왔다. 한샘 이사회는 기타비상무이사 4명과 사외이사 3명 등 모두 7명으로 구성돼 있는데 사실상 사내이사 역할을 하는 기타비상무이사는 모두 IMM PE 출신 인물이다. 이들이 한샘의 주요 전략을 이사회에서 결정하면 지난해 1월 한샘 대표집행임원으로 영입된 김진태 전 대표(대표집행임원)는 이 전략을 집행하는 역할을 수행했다.

하지만 외부에서 영입한 전문경영인 체제로는 한샘의 경영을 개선하는 것이 쉽지 않다는 판단을 내린 것으로 보인다. 김 전 대표는 애초 2025년 1월 3일까지가 임기였지만 이를 1년 반이나 남기고 자리에서 물러났다.

김 전 대표의 뒤를 이어 대표집행임원에 오른 인물이 바로 김 신임 대표다. IMM PE 출신 인물인데 사실상 IMM PE가 이사회와 집행위원을 모두 IMM PE 사람으로 교체해 실적 개선에 총력을 기울이겠다는 뜻으로 읽힌다.

미국과 유럽 경제의 비교

미국과 유럽 경제의 비교

조선일보. 2023.8.13. 부자 미국, 가난한 유럽... 富 격차 갈수록 커지는 3가지 이유

노동 유연성이 높은 미국에서는 경영이 어려워지면 기업이 비교적 쉽게 근로자를 해고할 수 있다. 유럽보다 고용 안정이 떨어지는 측면은 있지만, 대신 경기가 회복될 때 기업들이 신속하고 과감하게 일자리를 늘린다는 장점이 있다. 반면 사회 민주주의 전통이 강하고 노동조합의 힘이 센 유럽에서는 쉽게 고용 인원을 줄이지 못한다. 경제 위기에 빠졌을 때 탈출이 더디고, 경기가 좋아져도 기업들이 일자리를 늘리는 데 소극적이다.

또한 미국은 상위 10%가 세전 소득의 45%를 가져가는데, 유럽에서는 이 비율이 36%로 더 낮다. 유럽이 보다 평등한 사회 구조를 갖고 있다는 의미다. 라크만 FT 칼럼니스트는 "유럽은 높은 사회복지 지출과 긴 휴일로 대표되는 모델을 채택해 왔다"며 "이는 미국보다 나은 점도 있지만 적어도 경제 성장에는 도움이 되지 않는다"고 했다.

위의 분석을 보면서 미국식 자본주의는 우리나라의 보수정권이 추구하는 가치와 유럽식의 사회민주주의 성격은 우리의 진보 정권이 추구하는 가치와 유사하다는 것을 읽게 된다. 물론 보수정권하에서의 자본주의가 더 발전한다는 것을 의미하지는 않는다. 또한 젊은 세대들이 일을 더하면서 윤택하게 사는 것보다는 일과 가정 또는 여가를 적절히 절충하는 워크라이프밸런스에 가치를 둔다고 하면 삶의 가치를 어디에 두는 것이 옳은지에 대한 판단이 흔들리게 된다. 젊은 MZ 세대들에게는 경제 발전이 우선 순위가 아닐 수 있다.

미국식 자본주의와 자본주의이기는 하지만 복지와 분배를 중요시하면서 어느 정도 사회주의적 성격이 강한 자본주의인 유럽식 자본주의의 차이가 극명하게 나타나고 있다. 우리나라에 현재 도입된 근로자 이사제 또는 근로자 이사회 참관제도는 어느 정도 유럽식 자본주의에서 도입된 제도이다. 근로자 이사회는 논란이 많았지만 진보 정권인 문재인 정권에서 도입이 추진되면서 그 이전 단계인 근로자 이사회 참관제도가 도입되었고 2023년부터는 일부 정부투자기관, 공공기관, 준정부기관에 도입되었다. 2022년의 대선 후보자 TV토론회에서 보수 측 후보였던 윤석열 현 대통령도 근로이사제에 반대하지 않는다고 하면서 근로자 이사회 참관제와 근로자 이사제가 급물살을 타고 공기업에 도입되었다. 경제계에서는 공기업에 도입된 이 제도가 시차를 두고 민간기업에도 도입되는 수순으로 갈 것이라고 우려 섞인 의견을 내기도 한다.

일부 공공기관에서는 2023년 하반기부터 근로이사제가 도입되어 근로자 대표가 이사회에 정식으로 참여하고 있는데 이 제도와 근로자 참관제를 병행하고 있다. 근로자 참관제도는 근로 이사제가 도입되기 이전의 예비적인 단계로 도입된 제도인데 근로자 이사제와 근로자 참관제도를 병행함은 이해하기 어렵다.

위의 기사에서 보이고 있지만 유럽이 미국에 비해서 평등한 사회 구조를 갖고 있다. 그러나 이러한 부의 분배나 복지에 대한 관심이 경제 발전에는 큰 도움이 되지 않는다는 것을 입증한다.

이러한 예를 어디 멀리에서 찾을 것도 없고, 남한과 북한의 경제 성장을 비교해 보면 된다. 북한에는 남한보다 더 많은 지하자원이 있지만 분단 이후 공산/사회주의를 추구한 북한과 자본주의를 택한 남한 경제 규모 간에는 극명한 차이를 보이고 있다.

물론 워라벨을 중요시하는 MZ세대들에게는 경제발전보다는 삶의 품질이 더 중요하다고 하면 위와 같은 비교는 무의미하다. 경제적으로 윤택하면서 직장에서 보내는 삶이 길어지고 가정에서 보내는 시간이 주는 것이 삶의 품질에 부정적인 영향을 미친다고 하면 위와 같은 경제적인 윤택함의 비교는 아무 의미가 없는 수치상의 분석에 불과하다. 삶의 quality가 경제적인 윤택함에서 오지 않는다고 하면 윤택함을 측정하는 금전적인 화폐단위의 측정은 크게 의미가 없는 수치에 불과하다.

chapter

68

지배구조에서의 상법과 금융회사
지배구조에 관한 법률의 차이

지배구조에서의 상법과 금융회사
지배구조에 관한 법률의 차이

지배구조와 관련된 법령은 비금융업과 금융업 간에는 차이가 있다.

상법에서는 자산 규모 2조원이 넘는 기업에 감사위원회와 사외이사후보추천
위원회를 의무화하고 있으며 그 구성도 감사위원회는 2/3 이상이 사외이사일
것을 요구하고 있고 자산규모 2조원이 넘는 회사의 이사회는 과반이 사외이사
여야 한다. 이러한 자산 규모가 못되는 경우는 사외이사가 전체 이사 수의 1/4
이상만 충족하면 된다. 반면 아래에서 보는 바와 같이 금융기관에 대해서는 감
사위원회 구성의 과반을 사외이사로 요구하고 있다.

더 큰 차이는 의무화하는 위원회에 차이가 있다는 점이다.

아래의 법률에서 보는 것과 같이 금융기관에는 규모에 무관하게 위험관리위
원회와 평가보상위원회가 의무화되고 있다. 물론 이에는 금융산업이 가장 대표
적인 규제산업이라는 점과 무관하지 않다.

금융기관에는 사외이사후보추천위원회가 아니고 금융회사 지배구조법에 임
원후보추천위원회로 되어 있어서 이 위원회에서 사외이사 뿐만 아니라 사내이
사 후보도 추천하게 된다. 비금융기관의 경우 2조원이 넘는 기업에 의무화된
상법상의 위원회는 임원후보추천위원회가 아니고 사외이사후보추천위원회이므
로 비금융기관의 경우 사내이사는 이러한 위원회를 거쳐서 선임되지 않아도 무
방하게 되어 있다. 물론, 일부 기업은 의무화되어 있지 않음에도 사외이사후보
추천위원회를 이사후보추천위원회로 운영하면서 사내이사의 경우도 이 위원회

를 거쳐서 이사회의 결의를 받아 주총에 상정하도록 하고 있다. 이러한 내용은 기업이 자율적으로 정하면 된다. 규제를 자율적으로 더 강하게 정해두면서 사외이사만을 사외이사후보추천위원회에서 주총에 추천할 뿐만 아니라 사내이사까지도 이사후보추천위원회의 사전 심의를 거쳐서 이사회에 상정하겠다고 하면 이는 사내이사 선임을 신중하게 처리하겠다는 것이니 이를 막을 이유가 없다. 즉, 제도의 운용을 법보다 느슨하게 적용한다면 감독기관이 개입하지만 제도의 운용을 더 어렵게 만든다는 데는 정부가 개입할 이유가 없다. 이렇게 추천한 사내이사가 이사회 회의체 차원에서 부결된다고 하면 이는 이사회의 권한 범주이다. 사내이사의 선임도 당연히 주총 결의사안이니 주총 이사회에서 결의되어야 한다. 물론 주총 이사회에 상정되기 이전에 어떠한 과정을 거쳐서 사내이사 후보자가 정해지는지는 각 회사가 달리 접근한다.

비금융기관에는 평가보상위원회가 의무화되어 있지 않으므로 평보위를 자발적으로 운영하는 회사도 있고 아니면 평보위가 전문위원회의 형태로 사전 심의하여 이사회에 결의 안건을 상정할 수도 있으며, 이 업무를 이사회가 수행할 수도 있다.

상법에 의하면 감사위원회 대표는 사외이사가 맡게 되어 있는데 사외이사후보추천위원회의 경우는 이러한 내용이 규정되어 있지 않지만 사외이사후보추천위원회의 과반을 사외이사로 구성하니 사추위의 대표는 사외이사가 맡는 것이 관행이다. 단 아래의 금융회사의 경우는 사추위의 위원장도 사외이사가 맡도록 되어 있다. 비금융기업의 감사위원회는 상법에 의해서 2/3 이상이 사외이사로 구성되어야 한다.

금융회사의 지배구조에 관한 법률 제16조(이사회내 위원회의 설치 및 구성) ① 금융회사는 「상법」 제393조의2에 따른 이사회내 위원회로서 다음 각 호의 위원회(이하 이 조에서 "위원회"라 한다)를 설치하여야 한다. 이 경우 제2호의 감사위원회는 「상법」 제415조의2에 따른 감사위원회로 본다.
1. 임원후보추천위원회
2. 감사위원회
3. 위험관리위원회
4. 보수위원회

② 제1항 제4호에도 불구하고 금융회사의 정관에서 정하는 바에 따라 감사위원회가 제22조 제1항 각 호에 관한 사항을 심의·의결하는 경우에는 보수위원회를 설치하지 아니할 수 있다. 다만, 대통령령으로 정하는 금융회사의 경우에는 그러하지 아니하다.

③ 위원회 위원의 과반수는 사외이사로 구성한다.

④ 위원회의 대표는 사외이사로 한다.

대통령령으로 정하는 금융회사가 아닌 경우, 감사위원회가 보수위원회의 역할을 수행할 수도 있다는 점도 흥미롭다.

이러한 이사회 내 하부 위원회 규정에 내부통제위원회 신설에 관한 내용이 2024년 1월 2일에 개정된 지배구조법 개정안에 담기게 되었으며 금융회사의 내부통제를 강화하기 위해 책무구조도를 도입하는 내용과 함께 개정법률에 포함되었다

개정법률에 따르면 자산 5조원 이상 혹은 운용자산 20조 이상인 금융투자회사는 2025년 6월까지 책무구조도를 작성하여 이사회 승인을 받아 금융위에 제출하여야 하고, 2024년 7월 이후 개최되는 최초 주주총회에서 내부통제위원회를 갖추기 위한 정관개정을 하여야 한다. 단, 은행 등의 금융기관은 2024년 중에 이러한 업무를 수행하여야 한다.

금융회사지배구조법의 제16조, 제22조의2에 의하면 이사회 산하 내부통제위원회를 신설하여 내부통제 관련 사항 심의 의결하게 되는데 단, 정관에 근거하여 감사위원회 또는 위험관리위원회가 내부통제위원회 역할을 대신 수행하는 것이 가능하다. 위의 금융회사의 지배구조에 관한 법률에서도 감사위원회는 보수위원회의 역할을 수행할 수 있도록 되어 있다. 이미 기존의 위원회가 있는 경우, 반복적으로 하부 위원회를 구성하는 것만이 최선의 대안은 아니며 어느 위원회가 되었건 맡겨진 임무를 수행하는 것이 중요하다.

금융회사에 대해서는 이 모든 하부 위원회의 대표는 사외이사로 규정하고 있는데 상법에는 감사위원회에 대해서만 이러한 내용이 규정되어 있고 사외이사후보추천위원회의 경우, 사외이사가 과반으로 구성되어야 하지만 위원장을

반드시 사외이사가 맡아야 한다는 규정은 없다. 상법에서의 감사위원회가 2/3 이사의 사외이사로 구성되어야 한다는 내용과 금융회사에 대해서는 감사위원회 구성 중 과반만이 사외이사로 구성되어야 한다는 내용 간에도 차이가 있다.

금융기관의 이 네 하부위원회에 대해서도 모두 대표는 사외이사, 사외이사가 과반으로 구성되어야 한다고 규정하고 있어서 이 모든 위원회의 독립성을 요구하고 있다.

감사위원회 위원은 주주총회에서 이사 선임과는 다른 안건으로 선임되는데도 이들 이사회를 이사회 내 위원회로 규정하는데 대해서도 오해의 소지가 있다. 감사위원회의 위원 선임이 주주총회에서 이사로 선임된 다음에 이사회 차원에서 감사위원회가 구성된다면 이는 이사회 내 위원회라고 규정할 수 있겠으나 감사위원회 위원 선임은 주주총회에서 직접 결의되고 있으니 감사위원회가 이사회 내 위원회라는 점은 이러한 선임 과정을 고려하며 이해되어야 한다. 즉, 감사위원회는 이사회 내 위원회의 개념일수는 있지만 하부위원회로 규정마기는 무리가 있다

chapter

69

두산에너빌리티 '분식회계' 논란

chapter
69

두산에너빌리티 '분식회계' 논란

한국경제신문, 2023.10.10. 두산에너빌리티 '분식회계' 논란

금융감독원이 두산에너빌리티(옛 두산중공업)가 2016년 말 인도에서 수주한 총 2조8000억원 규모의 화력발전소 공사에 대해 회계기준을 위반했다고 판단하고 징계 절차를 밟고 있는 것으로 확인됐다. 공사 수주 후원 원가 상승을 알고도 총 3000억원 안팎의 손실을 적시에 나눠 인식하지 않았다는 이유에서다.

하지만 회사 측은 회계기준 위반이 아니라고 맞서며 치열한 공방을 벌이고 있다. 발주처와 원가 상승분 책임 분담을 놓고 분쟁 중이던 상황이라 손실을 반영할 수 없었고 분쟁 종결 이후 확정 손실을 전액 반영해 적정하게 회계처리를 했다는 입장이다. 회계기준 여부는 금융위원회 산하 전문 기구인 감리위원회의 심의와 증권선물위원회의 의결을 거쳐 최종 결론 날 것으로 전망된다.

9일 금융투자업계에 따르면 감리위원회는 지난달부터 두산에너빌리티 회계처리 위반 관련 심의를 벌이고 있다. 금감원은 2021년 4월부터 감리를 벌인 뒤 지난달 회사 측에 고의 등을 포함한 중징계를 예고하는 조치사전통지를 보내고 감리위 안건으로 올렸다.

감리위원회는 지난달 중순과 이달 초순 두 차례 심의했다. 오는 19일 금감원과 두산에너빌리티의 대질 방식으로 제3차 심의를 열 예정이다. 감리위는 다음달 초 심의를 마친다는 계획이다.

쟁점은 두산에너빌리티 인도 현지법인인 두산파워시스템인디아(DP SI)의 회계처리 위반여부다. DP SI가 2016년 말 수주한 총 2조 8000억원 규모의 자와하푸르 및 오브라-C 화력발전소 공사 진행과정에서 원가 상승으로 발생한 손실을 적기에 회계처리했는지가 핵심이다.

한국경제신문. 2023.10.10. 금감원 "인도발전소 분식" vs 두산 "당시 손실 반영 불가"

금감원 "인도 손실 인지했으면 수주후 미리 나눠 처리했어야"

두산에너빌리티 회계기준위반 논란의 시작점은 2020년이다. 그해 2월 두산에너빌리티가 공사 진행률을 높게 평가해 매출을 1조원 이상 과대계상했다는 의혹이 정치권에서 제기되며 금융감독원의 감리 촉구로 이어졌다.

회사 측이 이에 대해 "사업 특성상 3분기에 미청구 공사액이 높고 연말이 되면 낮아진다"고 해명하자 회계부정 논란은 일단락되는 듯했다. 하지만 금감원이 이듬해 4월부터 본격적인 회계 감리에 나서면서 반전을 맞았다. 금감원은 감리 2년5개월 만인 지난달 두산에너빌리티가 2017~2020 회계연도에 부실을 숨긴 의혹이 있다는 판단을 내렸다.

해외 자회사 회계부정 높고 공방

논란의 핵심은 인도현지법인인 두산파워시스템즈 인디아(DPSI)다. DPSI는 2016년 12월 인도 북부 우타르프라데시주에서 총 2조8000억원 규모의 자와하프루 및 오브라-C 화력 발전소 공사를 수주했다.

금감원은 수주 이후 원가 상승에 따른 손실 반영 회계처리를 문제 삼았다. DSPI는 화력발전소 수주 후 2017년 319억원, 2018년 291억원, 2019년 444억원의 순손실을 냈다. 그러다 2020년엔 순손실이 3314억원에 달했다고 공시했다.

금감원은 2020년 순손실 중 대부분은 2017~2019년에 미리 나눠서 인식하는 게 정당한 회계였다는 입장이다. 두산에너빌리티가 수주 직후부터 발전소 공사비 총 예정원가가 상승할 것을 인지했기 때문이란 것이다. 그런데도 두산에너빌리티는 당시 문재인 정부의 탈 원전 정책 등으로 유동성 위기를 겪자 해외 수주사업 손실을 최대한 늦게 반영했다는 게 금감원의 주장이다.

두산에너빌리티는 회계기준 위반이 아니라고 맞섰다. 당시는 발주처와 원가 상승의 분담 책임을 놓고 분쟁을 벌이던 상황이기 때문에 손실이 확정되지 않아 반영될 수 없었다고 항변했다. 이어 2020년 발주처와의 분쟁이 마무리돼 확정 손실을 일시에 재무제표에 반영했다는 것이다. 정부의 유동성 지원을 앞두고 있어 손실을 늦게 반영할 필요도 없었다는 주장이다.

증선위에서 최종 결론날 듯

회계기준 위반 여부는 감리위원회 심의와 증권선물위원회 의결 등을 통해 최종 결론이 날 것으로 예상된다. 핵심 쟁점은 두산에너빌리티가 언제 확실하게 손실을 인지했는지가 될 것이란 분석이 나온다. 금감원이 감리 중 손실을 먼저 인지했다고 가늠할 수 있는 문건을 찾은 것으로 알려졌지만 두산에너빌리티는 "여러 시나리오 중 하나였을 뿐"이라고 해명한 것으로 전해졌다.

회계업계에선 두산에너빌리티가 2020년 손실을 모두 반영했다는 점 등을 고려할 때 증선위 단계에서 중과실 이하로 징계 수위가 낮아질 가능성이 있다는 전망이 나온다. 한 공인회계사는 "손실이 확실한 상황에서 반영을 늦게 한 것은 문제일 수 있지만 불확실하다면 경영상 판단에 해당돼 고의 분식으로 보기엔 무리일 수 있다"고 말했다. 앞서 셀트리온, KT&G에 대한 회계감리 징계 과정에서도 금감원은 고의적 회계부정이라고 판단했지만 증선위는 중과실로 감경한 적이 있다.

수주산업 협상력 위축 우려도

산업계에선 두산에너빌리티 징계 수준을 떠나 이번 고강도 회계감리로 국내 수주산업의 경쟁력이 약화될 수 있다는 우려가 나온다. 발주처와 원가 인상분을 놓고 책임 분담 협상을 벌이는 상황에서 원가 인상을 인지하고도 손실로 반영하지 않았다면 중징계를 내리면 발주처와 협상력이 약해질 수 있다는 것이다. 국내 기업들이 협상 와중에 손실로 회계처리한 것을 보고 해외 발주처가 지급 금액을 낮추는 데 악용할 여지도 생긴다는 지적이다.

한 서울 대학의 회계담당 교수는 "주주 이익을 보호해야 하는 회계가 오히려 영업에 지장을 줘 수주산업 경쟁력을 잃게 할 수 있다"고 말했다.

매일경제신문. 2023.10.10. 두산에너빌리티 분식회계 논란... 금감원과 공방전

금융감독원이 두산에너빌리티가 회계처리 기준을 위반했다고 판단해 징계 절차를 밟고 있는 것으로 확인됐다.

일각에서는 달라진 법령에 따라 두산에너빌리티가 감당해야 할 과징금 규모가 역대 최대가 될 수 있다는 예측도 나온다. 하지만 두산 측은 회계기준 위반이 아니라고 강하게 맞서고 있어 당국의 최종 결정까지 치열한 공방이 이어질 전망이다.

9일 금융투자업계에 따르면 금감원은 두산에너빌리티에 대한 회계감리를 마치고 감리위원회에서 분식 여부와 제재 수위를 심의하고 있다. 분식이 사실로 드러나면 두산에너빌리티법인과 이사진 그리고 감사를 맡았던 회계법인에 대한 과징금 등 제재가 이어질 수 있을 것으로 관측된다. 감리위는 두 차례 열렸고, 앞으로 한두 차례 감리위에서 더 논의한 뒤 증권선물위원회로 넘어갈 것으로 예상된다.

재무제표에 대한 금감원 감리가 시작된 것은 2021년 4월이다. 감리에서 문제가 된 부분은 해외 자회사인 두산파워시스템즈인디아(DP SI)가 2016년 수주한 2조 8000억원짜리 자와하르푸르 및 오브라-C 화력발전소 건설 프로젝트에서 원가 상승에 따른 손실을 제때 인식하지 않은 것 아니냐는 의혹이다. 손실을 뒤늦게 인식하면 늦어지는 만큼 앞선 연도 영업이익이 부풀려진다.

금융당국은 공사과정에서 손실이 예상되는 시점에 예상손실을 바로 회계에 반영했어야 한다는 입장인 것으로 알려졌다. 두산 측은 손실 규모와 책임 소재를 놓고 발주처와 분쟁이 발생해 이 부분이 일단락되고 협상이 완료됐을 때 반영했다고 해명한 것으로 전해졌다.

감사보고서에서 계속 적정의견을 내던 삼정회계법인에 대한 과징금이 부과될 수 있다는 전망도 나온다. 삼정회계법인은 2017회계연도분부터 현재까지 계속 두산에너빌리티에 대한 감사를 해오고 있다.

감리위에서 분식 여부에 대한 결론이 1차로 나오면 이를 두고 다시 증선위에서 한번 더 다루고 과징금 부과 여부와 부과액은 최종적으로 금융위원회에서 결정된다. 삼정회계법인 측은 "최선을 다해 감사에 임했다"는 입장이다.

두산에너빌리티는 2020년부터 적용된 신외감법에도 불구하고 현재까지 감사인을 지정받은 적 없이 삼정회계법인에 감사를 맡겨 왔다. 일각에선 "지정감사가 더 빨리 이뤄졌으면 문제가 커지기 전에 먼저 드러났을 것"이란 평가가 나온다.

업계에서는 과징금 부과 금액이 역대 최대액이 될 것이라는 예상도 나온다. 부과 금액은 회계기준 위반 금액의 2~20% 수준이다. 임원 등 회사 관계자는 보수 등 금전적 보상의 0.5~5배(회사 과징금의 10% 한도), 감사인은 감사보수의 0.5~5배 (회계감사기준 위반 시)에 달하는 과징금을 부과받게 된다.

앞서 대우조선해양의 분식회계사건이 불거졌을 때 금융위는 대우조선해양에 45억 4500만원, 안진회계법인에 16억원의 과징금을 각각 부과했다.

두산에너빌리티 측은 "해외자회사와 관련한 회계처리는 공신력이 있는 해외 외부 감사인에게서 적정의견을 받는 사안"이라면서 "손익의 인식을 일부러 늦춰야 하는 이유는 없었으며 발주처와 협의 과정에 따라 손익이 확정된 시점에 회계원칙에 입각해 회계처리를 완료했다"고 해명했다.

법에 따라 과징금 부과액에는 차이가 있다.

신외감법하에서 감사인은 보수의 5배,
과징금, 임원 및 관계자(더 정확하게는 대표이사, 감사, 회계업무담당자 업무집행지시자)
분식금액의 20%가 회사 과징금, 이 금액의 10%가 개인에 대한 과징금
만약 대우조선해양의 분식 금액이 5조원이라고 하면, 이 공식을 적용해서 개인에 대한 최대 과징금은 다음과 같다.
5조 x 20% x 10% = 1000억원
자본시장법 하에서 감사인은 보수의 2배

따라서 위에서 보는 바와 같이 자본시장법과 외감법에서의 감사인의 과징금 부과액에 차이가 있다.

즉, 개인이 개인적인 차원에서는 감당할 수 없는 액수의 금액이 계산되어 나오는 것이다.

매일경제신문. 2024.2.7. 두산에너빌리티 회계부정 의혹 역대 최대 200억대 과징금 추진

회계 부정 의혹을 받는 두산에너빌리티에 금융당국이 200억원 대 과징금 부과를 추진하는 것으로 확인됐다. 향후 금액이 확정될 경우 회계 부정 관련 과징금으로는 역대 최대 규모가 될 것이다.

6일 금융투자업계에 따르면 7일 예정된 증권선물위원회에서 두산에너빌리티와 회계 부정 당시 감사법인인 삼정회계법인에 대한 제재 수위가 결정된다. 금융당국이 추

진 중인 두산에너빌리티에 대한 과징금 액수는 200억원대인 것으로 알려졌다. 다만 최종적으로 과징금을 부과할지는 향후 금융위원회에서 결정될 예정이다.

앞서 지난해 11월 열린 감리위원회에서는 두산에너빌리티의 회계처리가 회계 부정에 해당한다는 점을 확정했다. 회계부정에 대해서는 이견이 없지만 '고의'냐, '중과실'이냐는 두고 격론을 벌였다는 게 관계자의 전언이다.

따라서 7일 증선위에서는 회계부정이 중과실에 의한 것인지, 고의에 따른 것인지를 핵심적으로 따질 예정이다. 금융당국 관계자는 "고의냐, 중과실이냐에 따라 과징금 액수도 달라지지만 복잡한 계산을 거쳐 200억원이 넘는 금액으로 결정될 것으로 예상된다"고 말했다.

200억원대 과징금은 앞서 대우조선해양 분식회계 사건 때 내려진 역대 최대 과징금인 45억 4500만원을 4배 이상 뛰어넘는 금액이다. 회계업계 고위 관계자는 "마국 같으면 엔론과 같이 회사가 없어질 수준의 사건"이라며 "회계 투명성이 그만큼 중요하다는 사실을 다시 한번 확인한 것"이라고 평가했다.

두산에너빌리티는 앞서 인도 자회사인 두산파워시스템스인디아(D PSI)가 2016년 수주한 '자와하르프르 및 오브라-C 화력발전소'공사와 관련한 손실을 제 때 파악하지 않았다는 의혹을 받았다. 두산에너빌리티 측은 원가 상승을 이유로 3000억원이 넘는 손실을 2020년에 알았다고 주장한다. 반면에 금융감독원은 두산에너빌리티가 수주 초기부터 손실을 알고 있었지만, 고의로 늦췄다고 했다.

한편 금융당국은 7일 증선위에서 두산에너빌리티와 삼정회계법인에 대한 다른 제재 내용도 확정할 예정이다. 여기에는 경영진에 대한 인적 제재는 물론 해당 사실에 대한 검찰 통보 여부까지 포함된다.

매일경제신문. 2024.2.8. 두산에너빌리티 회계부정 '중과실' 결론

회계부정 의혹을 받는 두산에너빌리티에 금융당국이 '중과실'에 해당한다는 판단을 내렸다. 향후 진행될 금융위원회에서 200억원대 과징금 부과가 예상된다. 과징금 부과가 확정되면 회계 부정 관련 과징금으로는 역대 최대 규모가 될 전망이다.

7일 증권선물위원회는 두산에너빌리티와 당시 감사법인인 삼정회계법인에 대한 제재 수위를 결정해 발표했다. 두산에너빌리티에는 감사인 지정 3년과 회사 대표이사의 형사책임에 대한 검찰 통보가 결정됐다. 삼정회계법인에는 손해배상공동기금 10% 추가 적립과 두산에너빌리티에 대한 감사 업무 제한 1년이 부과됐다.

두산에너빌리티와 삼정회계법인에 대한 과징금 부과는 금융위원회에서 최종 결정된다. 이번 증선위에서는 두산 에너빌리티의 회계처리위반 정도를 '고의'가 아닌 '중과실'로 판단했다. 증선위는 회계처리 위반에 대한 불법 행위를 검찰에 고발하지는 않고 자료 제출을 거부한 부분과 관련해 검찰에 통보하는 선에서 그치게 됐다.

증선위에 따르면 두산에너빌리티는 매출액을 과대 계상하고 공사손실 충당부채를 과소 인식했다. 해외 건설 공사 등 일부 프로젝트에서 총공사예정원가를 과소 계상하는 방법 등으로 매출을 과대 계상하거나 공사손실충당부채를 과소 인식했다는 것이다. 금액은 2017~2019년 4472억원(연결기준)이다.

한국경제신문. 2024.2.8. 금감원의 무리한 회계감리가 반복되는 이유

[취재수첩] 금감원의 무리한 회계감리가 반복되는 이유 "나쁘게 보면 뭐든 나쁘게 보이죠. 결국 이렇게 끝날 줄 알았습니다."

두산에너빌리티 회계 감리가 중과실로 결론이 났다. 금융위원회 산하 증권선물위원회 위원들은 금융감독원이 주장한 '고의 분식회계'로 보기 어렵다고 판단했다.

혐의의 쟁점은 두산에너빌리티 인도 현지법인인 두산파워시스템즈인디아(DPSI)의 회계 처리 위반 여부였다. DPSI가 2016년 말 수주한 총 2조8000억원 규모의 자와하푸르 및 오브라-C 화력발전소 공사 진행 과정에서 원가 상승으로 발생한 손실을 적기에 회계 처리했는지가 논의의 핵심으로 다뤄졌다. 증선위원들은 두산에너빌리티의 회계 처리에 문제가 있었지만 위반 동기가 고의까지 보긴 어렵다고 판단했다. 발주처와의 분쟁 결과에 따라 손실 금액이 달라질 수 있어 확정하기 어려웠다는 두산에너빌리티의 주장이 받아들여졌다.

그간 금감원은 증선위 단계에서 번번이 중과실로 감경되면서 체면을 구겼다. 금감원은 2022년 셀트리온, 2020년 KT&G 등을 고의 분식으로 감리위원회에 상정했으나 증선위에서 중과실로 낮춰졌다. 2018년 삼성바이오로직스 이후 증선위에서 대형 상장사의 고의 분식회계를 인정받은 사례는 없었다. 증선위에서 검찰로 넘어간 삼성바이오로직스 분식회계 사건도 지난 5일 법원에서 "고의를 인정하기 어렵다"는 판단을 받았다.

두산에너빌리티 분식 논란은 애초부터 중과실로 결정될 것이란 관측이 많았다. 고의적으로 손실을 감췄을 유인이 적었기 때문이다. 고질적으로 금감원이 무리수를 두는 이유에 대한 세간의 추측도 무성했다. 증선위에서 감경받을 것을 감안해 최고 수위의 징계를 추진한다는 이야기가 많았다. 중과실로 볼 여지가 있단 점을 금감원도

인지하고 있지만 중과실로 올렸다간 과실로 또 한 단계 낮춰질 수 있다는 우려가 반영됐다는 것이다. 두산에너빌리티를 담당해온 금감원의 한 수석조사역이 3년간 끈질기게 파헤친 걸 윗선이 막기 어려워 중징계 통보로 이어졌다는 이야기마저 돌았다.

금감원이 번번이 무리수를 두는 탓에 금융당국의 초동 판단에 대한 신뢰가 줄어들고 있다. 약점을 보완하지 못했다면 낮은 수위로 조정해 올렸어야 맞는다는 지적이다. 회계 감리를 시작하는 기관이고 문제점을 가장 잘 파악하고 있을 기관이 적정한 판단을 내려줘야 시장의 불필요한 오해도 줄일 수 있다. 3년 이상 감리에 시달린 회사는 고의 통보 이후 분식회계 기업이란 낙인 속에서 결과를 기다려야 한다. 잘못을 지적하되 과도한 제재를 남발해 기업의 경영 활동까지 방해해선 안 된다.

chapter

70

이사회에서 결의하는 회사 책임자

이사회에서 결의하는 회사 책임자

이사회에서 선임하는 회사의 책임자들은 금융회사의 경우에는 법령에 의해서 다음과 같다. 물론 아래의 내용 중, 금융소비자보호기준은 법은 아니지만 특히나 규제산업인 금융산업에서 기준을 준수하지 않는 경우를 생각하기 어렵다. 금융소비자보호기준은 "금융소비자 보호에 관한 법률"에 근거하고 있다. 금투협에서 초안을 만들어 회원사들에게 배포한 것에 기초한다.

1. 준법감시인 − 금융회사 지배구조법
2. 위험관리책임자 − 금융회사 지배구조법
3. 금융소비자보호 총괄책임자 − 금융소비자 보호에 관한 법률에 근거한 사규 (금융소비자보호기준)
4. 임원이 아닌 주요업무집행책임자 − 금융회사 지배구조법

주요업무집행책임자는 전략기획, 재무관리, 위험관리 및 이에 준하는 업무를 수행하는 업무집행책임자로 이사회에서 선임하도록 지배구조법에서 정하고 있다. 재무관리, 전략기획의 업무를 수행하는 CFO가 사내이사(임원)인 회사의 경우가 다수이므로 주주총회에서 선임되며 이러한 경우 이사회에서 별도 선임절차를 밟지 않는다. 많은 금융기관에서 CFO가 사내이사라서 주총에서 선임되지만 그렇지 않은 경우는 이사회에서 이 직책을 선임하는 결의를 수행하게 된다.

비금융기업일 경우는 준법지원인을 이사회에서 의결하고, 내부 감사 책임자를 감사위원회에서 승인하는 절차 정도를 거치게 되는데 규제산업인 금융의 경

우는 이사회에서 선임하는 경우가 위와 같이 다수이다. 이사회에서 의결하는 것이나 감사위원회에서 승인하는 경우는 절차상으로는 차이가 있지만 결과는 동일할 것이다. 감사위원회에서 감사실장에 해당하는 내부 감사책임자의 임면이 부결되는 경우, 대표이사는 내부 감사책임자에 대한 임면을 다시 수행하고 감사위원회의 승인을 받아야 한다.

공정거래위원회는 '공정거래 자율준수프로그램(CP) 운영기준'과 관련하여 8대 핵심 요소를 제시하고 있다. 그 중 한 요소가 자율준수관리자 임명이다.

공정거래자율준수 관리자를 선임하도록 되어 있는데 이는 이사회 결의가 아닐 수도 있고 일부 기업은 이사회 산하의 위원회에서 선임하도록 위임하기도 한다.

- **구분**: 공정거래자율준수 운영 (compliance program)을 담당하는 자율준수관리자 임명
- **요건**: 이사회 등 최고 의사결정 기구는 조직 내 자율준수관리자를 임명하고, 자율준수관리자에게 효과적 자율준수관리(CP) 영역에 대한 책임을 부여

chapter

71

강한 제도

강한 제도

제도는 물론 완벽하고 철저하고 강해야 한다. 또한 규범이나 모범규준 등도 법보다도 전향적이고 적극적인 경우가 있다. 규범이나 모범규준이 법에 있는 내용만을 반복한다면 이는 규준으로서의 존재 의미가 없다. 법에 있는 내용도 너무 강한 입장을 취하면 전혀 현실적이지 않은 내용이 될 수 있다. 이에 해당할 수 있는 몇 내용을 기술한다. 또한 기업이 범법을 했을 경우, 이에 대해서는 강한 조치를 할 수 있어야 한다.

1. 외감법 내용 중

외부감사법 제22조 제7항은 감사인의 직접적인 증선위 보고의무를 규정하여 회사가 부정행위를 스스로 시정 및 보고토록 하는 제22조의 본래 취지를 무력화시키고 있다.

= 증선위에 대한 보고까지 의무화한 우리나라 규정이 너무 강하게 규정되어 있어 국제적 스탠다드에 부합하지 않는다고 할 수 있다.

즉, 내부적으로 해결할 수 있는 내용까지도 공론화가 될 수 있으며 이 과정에서 언론에 이 내용이 노출될 위험의 소지도 있다.

감사인이 회사의 부정행위를 발견하면 우선적으로 내부적으로 조치할 수 있도록 회사와 소통하는 것이 우선되어야 한다. 제도적으로는 증선위에 보고하도록 되어 있지만 이렇게 하는 회사가 얼마나 되는지 의문이다.

2. 상장기업에 대해서는 3년 지난 이후 감사팀의 2/3 교체는 미국에는 없는 제도이며 이 제도에 대한 비판도 있다. 4년째 파트너가 변경되면서 감사 용역이 연속성을 잃게 될 위험이 있는데 이러한 경우 적어도 감사팀원이라도 유지되어야 감사의 연속성이 확보될 수 있는데 이 두 제도를 병행하는 것은 감사라는 용역의 연속성을 상실하게 되는 단초가 될 수도 있는 것이다. 즉, 너무 완벽한 제도를 만들기 위해서 업무의 효율성이 영향을 받게 된다. 독립성 때문에 전문성이 희생될 수도 있다.

3. 이미 폐지된 제도이기는 하지만 감사인 강제교체 제도가 수년간 시행된 적이 있다. 이 제도가 시행되던 기간에도 이 제도와 병행하여 파트너 교체제도, 2/3 감사팀 교체 제도가 시행되었다. 독립성을 확보하기 위해서 감사의 효율성, 연속성이라거나 전문성이 어느 정도는 희생되는 모습인데 독립성/전문성의 두 가치 중, 독립성에 과도한 방점이 가 있는 제도가 아닌가도 한다. 물론, 독립성이 중요하지만 전문성을 희생하면서까지 독립성을 추구해야 하는 것은 아니다.

물론 주기적 지정제에 대해서도 동일한 비판이 있기도 하지만 이 제도는 신외감법이 도입되면서 개혁적인 차원에서 더 큰 大義를 이루기 위해서 도입된 제도이니 논외로 한다.

4. 3년 파트너 로테이션 대상을 공인회계사법상 이사로 규정하고 있어, 해당이사가 감사업무수행이사(engagement partner), 업무품질관리검토파트너(EQCR), 또는 기타감사업무참여파트너(KAP)인지 여부를 고려하지 않고 모든 이사는 3년 강제교체 대상으로 제한하고 있다. 감사업무는 실질적으로 engagement partner가 책임지고 수행하는 것인데 심리담당 파트너까지도 3년 파트너 교체의 대상이 되어야 하는지에는 의문이 있다. 특히나 중소회계법인의 경우, 인적제한이 있으므로 engagement 파트너 이외에도 이사가 기타 감사업무참여파트너로 감사에 참여하는데 이들도 4년차에는 교체되어야 하니 인원 구성에 어려움을 겪는다고 한다.

사외이사의 법적인 책임

chapter

72

사외이사의 법적인 책임

김기동. 이코노미스트 2023.12.11.–17. 사외이사가 책임져야 할 법적 책임은 어디까지일까

문제는 선량한 관리자의 주의 의무의 하나로 판례상 인정되는 이사의 '감시 의무'다. 법원은 그동안 "이사는 다른 이사의 업무 집행을 감시 감독할 의무가 있고, 이런 의무는 사외이사에게도 똑같이 적용된다"고 판시했다. 하지만 법원이 대표이사나 사내이사에게 감시 의무의 일환으로 '내부통제시스템 구축 의무'를 인정하자(대법원 2021.11.11. 판결 2017다222368 판결 등), 이런 의무까지 일상적인 업무 집행에 관여하지 않는 사외이사에게 적용할 수 있는지를 두고 논란이 있었다.

대법원은 이와 관련해 지침이 될 판결을 내놨다(대법원 2022.5.12. 선고 2021다279347판결). 1. 내부통제시스템이 전혀 구축되지 않은 상황에도 이를 촉구하는 노력을 하지 않은 경우, 2. 내부통제시스템이 구축됐지만, 제대로 운영되지 않는다고 의심할 사유가 있어도 이를 외면하고 방치한 경우 등에 대해 사외이사에게도 감시 의무 위반이 인정될 수 있다고 판시했다. 대표이사 등에게 내부통제 시스템 구축의 1차적 의무를 인정하고 사외이사에게 2차적 책임을 부담시킨 것이다.

내부통제시스템 구축 의무와 관련해 대법원은 회사의 목적과 규모 영업 성격 법령 규제 등에 비춰 법적 위험이 크다고 예상되는 업무에 대해 제반 법규를 체계적으로 파악하고 준수 여부를 관리해야 한다고 판시했다. 위반 사실이 발견되면 바로 신고하고, 보고를 통해 시정조치를 강구할 수 있는 내부통제시스템을 구축하고, 작동해야 한다고도 봤다.

이사가 이런 의무를 제대로 이행하지 않으면 어떤 법적인 책임을 지게 되는가? 이사가 고의나 과실로 법령이나 정관에 위반한 행위를 하거나, 그 임무를 게을리한다면 회사에 대해 연대해 손해를 배상할 책임이 있다(상법 제399조 제1항). 회사가 이사에게 책임을 묻지 않으면 주주가 회사를 위해 대표소송을 제기하고 책임을 대신 추궁할 수 있다(상법 제403조)

대표이사 또는 내부회계관리제도의 책임자가 감사위원회에 내부회계관리제도 운영 실태를 보고하며 감사위원회를 이를 평가하여 이사회에 내부회계관리제도 운영실태 평가를 보고한다. 따라서 실질적인 운영의 책임은 대표이사나 내부회계관리 실무 책임자에게 있기는 하지만 이러한 운영 실태를 평가한 감사위원회가 이에 대한 책임이 없다고 할 수는 없다.

미국의 경우, 다음의 사례가 있다.[59]

Blue Bell Creameries 주주소송(2019년)

소 제기 사유는 식품 안전 관리 소홀로 발생한 손해에 대한 책임을 이사회에 추궁하였고, 사업과 직결된 준법 사항을 이사회가 다루지 않았기에 유죄 판결을 받게 된다.

2021년의 보잉 주주소송은 2018년, 2019년 운행하던 비행기 추락으로 탑승객과 승무원 전원이 사망하는 사고로 주주들이 대표소송을 제기했고, 업종 특성상 항공안전을 이사회가 다루지 않았기에 유죄로 판결을 받게 된다.

---

59 심정훈. 2024.7. 삼정회계법인 ACI세미나. 이사와 감사(위원)의 준법 감독.

chapter

73

ESG 평가 기관

ESG 평가 기관

    각 기업의 ESG에 대한 평가가 진행되고 있다. ESG가 서로 다른 성격의 내용이라 통합적인 평가란 것이 가능한 것인가에 대한 비판도 있고, 동시에 "ESG는 허구"라는 비판도 있다. 기업이 실질적으로는 이익을 추구하는데 외관상으로만 ESG에 신경을 쓰는 듯이 행동한다는 비판이다. 또한 평기기관의 평가가 임의적 자의적이지 않고, 공정하고 투명하게 평가되도록 평가기관들 자체도 평가의 대상이 되어야 한다는 주장이 강하게 대두되었다.

    이에 따라 ESG 평가를 맡고 있는 ESG기준원, ESG연구소(대신경제연구소 산하), 및 서스틴베스트에 대한 점검이 수행되었다.

매일경제신문. 2023.12.28. ESG평가 기관 3곳 모범규준 항목 '이상 무'

    서스틴베스트, 한국ESG기준원, 한국ESG연구소 등 환경 책임 투명 경영 평가기관 3곳이 자율적으로 마련한 'ESG 평가기관 가이던스'를 대체로 잘 이행하고 있다는 조사 결과가 나왔다.

    27일 한국거래소는 ESG 평가기관 3곳이 지난 9월 'ESG평가기관 협의체'를 발족해 만든 가이던스 대부분 항목을 준수하고 있다고 밝혔다.

    가이던스는 한국거래소와 금융위원회 등이 지원해 국내 주요 ESG 평가기관 3개 사가 마련한 자율규제다. 내부통제 체제 구축, 원천 데이타 수집, 비공개 정보 관리, 평가 체계 공개, 이해상충 관리, 평가 대상 기업과의 관계 등 총 6개 장과 21개 조문으로 구성됐다.

    각 ESG 평가기관은 가이던스 참가 여부를 자율적으로 천명하고 원칙 준수 예외 설명(comply or explain) 방식으로 참여하고 있다. 국내 시장이 아직 발전 초기 단계인 점 등을 고려해 신용평가 규제 대비 낮은 수준의 규율방식으로 운용된다는 점이 특징이다.

각 평가기관은 가이던스 이행 현황을 공시하고 협의체는 한국거래소와 공동으로 가이던스 이행 현황 등을 비교 분석해 정기적으로 보도자료 형태로 배포한다.

이날 한국거래소가 분석한 결과 ESG 평가기관은 대체로 가이던스 항목을 준수하고 있다.

자체적인 협의체에 의한 자율 평가가 얼마나 공정하게 잘 수행되고 있는지는 의문이다.

한국경제신문. 2023.12.28. ESG평가기관 1곳, 모범기준 이행 미흡

ESG 평가기관 3곳(서스틴베스트, 한국ESG기준원, 한국ESG연구소)이 공정한 업무 수행을 위해 마련한 가이던스(모범규준)를 대체로 잘 이행하고 있는 것으로 나타났다.

금융위원회는 27일 'ESG 평가기관 가이던스 이행 현황' 자료를 내고 3사 모두 가이던스 대부분의 항목을 준수하고 있다고 밝혔다. 가이던스는 금융위와 한국거래소 등의 지원으로 국내 주요 ESG평가기관 3개사가 마련한 자율규제다.

내부통제 체제 구축, 평가 체계 공개, 이해 상충 관리, 평가 대상 기업과의 관계 등 6개 장, 21개 조문으로 구성됐다. 평가기관들이 대체로 가이던스를 잘 이행하고 있는 가운데 ESG연구소가 1개 조문 (평가 대상 기업 소명 기회 부여) 항목을 준수하지 못한 것으로 나타났다.

다만 가이던스 준수 현황과 평가 방법론의 공개 수준은 3 개사가 각자 차이가 있었다. ESG 연구소는 2개사와 달리 프로세스 세부 사항을 비공개했다. 가이던스는 정보 이용자들이 평가 등급의 유용성을 비교할 수 있도록 ESG 평가 방법론을 최대한 투명하게 공개하도록 하고 있다. 업종 분류와 가중치에 대해선 서스틴베스트만 업종별 가중치를 공개하고 있다.

평가라는 것이 주관적이므로 동일한 잣대로 평가할 수 있는 것은 아니다. 예를 들어 신평사의 경우 3개 신평사(한국신용평가, 한국기업평가, Nice신용평가)가 각자의 평가 formula로 평가를 수행하는 것이다. 반면에 회계감사 용역이라는 것은 회계감사기준에 근거하여 감사가 수행되므로 매우 정형화된 인증 과정이 회계법인의 차이에 무관하게 일률적으로 진행되고 있다.

포스코 CEO 회장 선임과 관련되어

포스코 CEO 회장 선임과 관련되어

   필자는 2023년 말과 2024년 초에 포스코 최정우 전임 회장이 연임을 마치는 시점에 사외이사를 맡고 있었고, CEO회장 추천위원회 위원으로서 많은 것을 느끼고 경험하게 되었다.

   이 과정에서의 몇가지 느낀 점을 기술한다. 물론, 대외비로 지켜져야 하는 내용은 포함하지 않는다. 아래 대부분의 내용은 후보추천위원회의 보도문건이나 언론을 통해서 이미 공개되고 알려진 내용이다.

   1. CEO의 선임의 주체는 누구여야 하는가? 포스코의 회장 선임 과정은 공모의 과정은 아니며 후보자가 본인이 후보가 되려고 해서 혼자 지원을 하거나 누구 개인의 추천을 받아서 지원할 수 있는 경우가 아니다. 이렇게 공모 과정이 없는 것에 대해서도 일부의 비판이 있었는데, 기업의 CEO는 정치인이 아니라 유권자들의 표를 받아서 지원하는 포지션이 아니다. 2024년 말 현대 기업지배구조 개선과 관련된 용역이 진행 중이고 이 용역 내용에는 차기 CEO 후보자에 대한 공모도 대안으로 검토되고 있다. 물론, 최근에 오면서 이해관계자 자본주의가 주주 자본주의에 비해서 힘을 받고는 있지만 그럼에도 의결권을 가진 주주가 주주총회에서 의결권을 행사하면서 CEO 회장을 선임하도록 되어 있으므로 CEO 선임의 중심에는 주주와 주주로부터 경영활동에 대한 의사결정을 수행하도록 위임을 받은 이사회가 그 중심에 서야 한다. 단, 주주의 경우는 모든 주주의 의견을 참고할 수 없으므로 상법에서 사외이사를 주요 주주가 제안하게 규정한 주주제안제도에 근거하여 6개월 이상, 0.5% 이상의 지분을 가진

주요 주주로부터 후보 추천을 받게 된다. 과거에도 이러한 주주추천 제도가 적용되었지만 실제로 주요 주주가 CEO 후보를 추천한 경우는 거의 없었다. 단, 주주 중심 경영이라는 차원에서 주주추천 제도는 나름의 의미를 갖는다고 할 수 있다. 2024년 경우에도 주요 주주가 후보를 추천한 경우는 없었으며 예를 들어 포스코홀딩스의 당시 3대 주주인 NSC(신일본제철)의 경우는 포스코의 경쟁자이므로 CEO를 추천함이 바람직하지 않고 당연히 추천을 하지 않으며 1대 주주인 국민연금도 정부가 민간에 관여하는 모습이니 이 또한 적절치 않다[60].

2. 공모 제도는 아니지만 거의 공모와 유사한 제도가 헤드헌터(서치펌)를 이용한 추천 옵션이다. 헤드헌터사는 나름대로의 전문성이 있으면 해당 헤드헌터가 추천한 후보자가 선임되는 경우는 상당한 정도의 경제적인 보상을 받기 때문에 우수한 즉, 될 법한 후보를 추천하는 것이 그들의 전략이 된다. 6개의 국내 서치펌과 4개의 서치펌을 contact하였는데 일부 유명 해외 서치펌의 경우는 후보자를 추천할 수 있는 독점권한(exclusive right)을 요구하면서 서치펌 명단에서 제외되었다. 이는 해외 본사의 서치과정에서의 원칙이라고 이해된다. 또한 복수의 서치펌이 한 후보자를 동시에 추천하는 것은 인정되지 않는다. 국내 6개 서치펌과 국제적인 네트워크를 가진 4개 서치펌은 세 후보자까지 추천을 할 수 있었다. 따라서 좋은 후보에 대해서는 서치펌 간에 치열한 경쟁이 있었을 수도 있지만 이러한 경쟁이 실제 있었는지는 확인이 어렵다. 물론, '나는 충분히 자격이 되는 후보'라서 지원을 하고픈데 나를 추천하겠다는 서치펌을 찾지 못했다는 후보자도 있을 수 있지만 포스코홀딩스의 회장 후보가 본인을 추천할 서치펌을 구하지 못한다면 이는 이미 자격, 정치력과 함량 미달이니 후보로서의 자격이 없다고 할 수 있다. 서치펌을 통한 추천은 서치펌도 상당한 전문성과 판단을 하고 있으니 외부 후보자들을 한번 filtering할 수 있는 장점이 있다. 즉, 공모의 과정은 아니지만 공모 유사하게 진행되었다고 이해하면 된다. 누구나 관심 있는 자는 모두 공모의 과정을 통해서 지원할 수 있다고 하면 전

---

60 포스코와 NSC 간에는 2024년 8월 현재 주식을 상호 보유하고 있다. 포스코는 NSC지분의 1.5%, NSC는 포스코 지분의 3.5%를 보유하고 있는데 2024년 9월말, 일본 제철은 포스코홀딩스 주식을 매도하기로 결정하게 되고 포스코도 신일보제철의 주식의 매도를 계획하고 있다. 2025년 1월 현재 NSC는 포스코 지분 일부를 이미 매각하였다.

혀 자격이 되지 않는 함량 미달의 후보가 넘쳐날 수 있는 위험도 있으니 이를 미연에 방지하기 위해서 서치펌이 일차로 심사를 맡는 역할을 해 줄 수 있다.

두 해외 서치펌의 경우, 서치펌의 요구에 따라 서치펌 회사명을 공개하지 않고 지원자도 받지 않고 해당 회사가 발굴한 후보를 추천하기로 하였다. 서치펌 회사명을 공개하지 않는다는 것은 서치펌의 입장에서는 이 과정이 광고비도 쓰지 않고 공인된 서치펌으로서의 홍보를 할 수 있는 좋은 기회인데 이해가 어렵다. 지원을 받지 않고 서치펌 소신껏 후보자를 추천한다는 것은 그만큼 후보자에 대해서 충분히 판단할 수 있는 자신감의 발로인 듯하다.

3. 내부 후보자

KT의 경우에 가장 민감한 문제로 대두되는 것이 내부 후보자를 CEO 승계자 후보라 내 세우게 되면 소위 직전 CEO의 아바타라고 분류되면서 전임자가 후임자를 낙점한 것이라는 비판을 받게 된다. CEO 승계 후보자의 내부 후보는 사내 임원이거나 아니면 최근에 회사를 퇴임한 전임 경영자들이 그 후보일 것이다. 거의 모든 회사에서 고위 임원은 모두 차기 CEO의 후보자 그룹이며 다양한 승계 프로그램에 의해서 훈련을 받고 있다. 즉, 육성 과정 중에 있다고 보는 것이 맞다. 내부 사정에 익숙한 후보를 고른다고 하면 이들이 후보 pool을 구성하는 것은 너무도 당연하다. 이들 고위 임원은 고위 임원이 될 자격이 되었으므로 현 위치에서 근무를 하는 것이므로 이들이 현 CEO의 은덕을 입고 승진이 된 것이라고 해도 이는 비선에 기초한 무리한 인사가 아니었다고 하면 이들 내부에서 차기 대표이사가 선정되고 고위 임원 중에서 후계자를 뽑는 것은 너무도 당연하다. 다만 이러한 후보자 중에서 선임하는 것을 놓고 현 CEO의 아바타로서 분류한다면 이는 과도한 해석이다. 이렇게 아바타 논리가 확산된다면 사내 임원 중, 회장 후보자로 나설 사람은 거의 없게 된다. 후보자 중에는 다른 후보자가 차기 CEO로 선임될 경우 본인과 경쟁했던 후보자들은 차기 회장 하에서의 집행부를 구성할 때 배제될 가능성이 있으므로 아예 차기 회장 후보자로 지원을 하지 않고 차기 회장에 의해서 임원으로의 낙점을 기다릴 수도 있다. 이는 모두 각자의 판단 사안이다.

4. 어느 기관이 되거나 기관장을 선임하는 과정이 매우 복잡하다. 한 때 정치적으로 민주화 바람이 불면서 대학 총장도 완전 직선에 의해서 선출하는 방식이 유행과 같이 확대되었고 캠퍼스가 거의 정치판이 되는 일도 있었다. 외국 대학의 경우는 재단의 search committee에서 선임과정을 거치는데 혹자는 대학 총장을 선거로 뽑는다면 기업체 CEO도 직원들 선거로 뽑아야 하냐고 반문하기도 한다. 단, 유한회사인 회계법인도 파트너 회의에서 선거로 대표이사를 뽑으니 반드시 기관장을 선임함에 있어서 어떤 방식이 최선이라고 단언하기는 어렵고 각자 처한 상황에 따라서 정하면 된다. 또한 기관장을 선임하는 과정은 어느 정도는 정치적인 과정일 수밖에 없고 정치를 완전히 배제할 수도 없다.

5. KB금융지주의 경우 노조가 이사회 후보자를 추천하기도 하는데 포스코홀딩스는 이러한 과정은 없다. 또한 포스코홀딩스의 경우 전직 임원들 모임인 중우회에서 후보자에 대한 의견을 후보추천위에 전달하기도 하는데 이는 단지 참고사항일 뿐이면 CEO의 추천은 CEO후보추천위원회의 고유권한이다. 과거 KB의 경우, 노조에서 추천된 사외이사 후보 중에 이사회에서 선임을 고민할 정도의 후보자는 아직은 없었던 것으로 기억한다.

chapter

75

상법 개정안

chapter

75

상법 개정안

한국경제신문. 2024.1.3. '주주이익 보호' 명시한 상법 개정 논의 급물살

윤석열 대통령이 2일 기업의 이사가 의사결정을 할 때 소액주주의 이익도 반영하도록 하는 상법 개정을 추진하겠다고 밝히면서 관련 입법에 속도가 붙을 전망이다. 현행 상법 제382조는 이사의 충실의무를 '회사'에 대해서만 규정하고 있다. 주주 행동주의 진영을 비롯한 소액주주들은 이사회의 충실 의무를 전체 주주로 확대해야 한다고 주장해 왔다. 반면 경제계는 상법 개정 시 배임 소송 남발 등으로 경영 활동이 위축될 수 있어 신중해야 한다는 입장이다.

윤 대통령은 이날 서울 여의도 한국거래소에서 열린 '2024년도 증권 파생 상품시장 개장식'에 참석해 "이사회가 의사결정 과정에서 소액주주의 이익을 책임 있게 반영할 수 있도록 하는 상법개정 역시 추진할 것"이라고 말했다. 이 발언은 한국 기업 주가가 세계적으로 저평가되고 있는 '코리아 디스카운트'를 해소할 방안을 열거하는 가운데 나왔다. 금융투자소득세 폐지, 공매도 제도 개선, 자산 형성 지원 프로그램 확대 등과 함께 상법 개정을 증시 활성화를 위한 과제 중 하나로 제시한 것이다.

현재 국회에는 이사회의 소액주주 이익 보호와 관련해 두 건의 법안이 계류돼 있다. 이용우 더불어민주당 의원안은 이사의 충실 의무 대상을 회사에서 '주주의 비례적 이익과 회사'로 바꾸는 내용을 담았다. 같은 당 박주민 의원은 '회사와 총주주'로 바꾸도록 했다.

주무부처인 법무부는 이 같은 개정안에 대해 아직 명확한 의견을 제시하지 않은 것으로 알려졌다. 다만 한동훈 국민의 힘 비상대책위원장은 법무부 장관으로 재직 중이던 지난해 4월 국회 대 정부 질문에서 "주주의 비례적 이익이라는 새로운 개념을 도입한 획기적인 법안을 잘 봤다"며 그 "방향에 공감한다"고 했다.

소액주주 단체 등은 상법 개정을 강하게 요구해 왔다. 이를 통해 LG화학이 2021년 LG에너지솔루션을 물적분할해 상장하면서 LG화학의 기존 주주가 주가하락을 경험한 것과 같은 사례를 사전에 방지할 수 있다는 설명이다. 이들은 "개정안이 통과되면 물적분할이나 합병 등으로 인해 주주가치가 훼손됐다고 판단할 경우 주주들은 이사를 상대로 소송을 제기할 수 있게 된다"며 "자회사 물적 분할 후 상장, 불공정한 합병 비율에 따른 소액주주 피해에 대한 보다 근본적인 해결책이 될 수 있다"고 주장한다.

경제계는 신중해야 한다는 입장이다. "회사와 주주의 법인격을 별개로 보고 있는 상법 체계를 뒤흔든다는 것"이라는 이유에서다. 한국상장회사협의회는 국회 사법위원회에 제출한 의견서에서 "주주 평등의 원칙에 따라 적법하게 이뤄진 모든 자본거래는 회사와 지배주주에게만 이익이 되면서 일반주주에게 손해가 될 수는 없다"고 주장했다.

정부 관계자는 "대통령 발언은 상법 개정 방향성을 언급했을 뿐 특정 법안을 지지한 것은 아니다"며 "기존에 발의된 법안은 물론 전문가 의견 등을 수렴해 합리적 방안을 찾을 것"이라고 했다.

상법 개정안
현행 상법
상법 382조의3(이사의 충실의무) 이사는 법령과 정관의 규정에 따라 회사를 위하여 그 직무를 충실하게 수행하여야 한다.
이용우 의원 발의
이사는 법령과 정관의 규정에 따라 '주주의 비례적 이익'과 회사를 위하여 그 직무를 충실하게 수행하여야 한다.

주주의 비례적 이익이라 함은 주주의 이해를 반영함에 있어서도 의결권을 존중하여 대주주와 일반주주의 이해가 공정하게 반영될 수 있음을 의미한다고 판단된다. '회사와 총주주'라 함은 모든 주주를 위해서 이사가 의사결정을 수행하라는 것인데 총 주주의 이해가 동일하지 않을 수 있으니 '주주의 비례적 이익'에 비해서는 덜 명확한 표현일 수 있다.

LG화학이 LG엔솔을 물적분할 하면서 핵심은 엔솔로 떼어내고 LG화학은 껍데기만 남겨두었다는 공격이 있었고, LG화학의 기존 주주들의 거센 반발이 이어졌다.

한국경제신문. 2022.1.7. "물적분할 후 재상장 규제해야" vs "전 세계 유례없다"

상법 제382조에는 '이사는 법령과 정관의 규정에 따라 회사를 위하여 그 직무를 충실하게 수행하여야 한다'고 적시돼 있다. 이사가 '회사'만이 아닌 '회사와 주주의 이익'을 위해 직무를 수행할 수 있도록 법을 바꾸자는 주장이다. 이 교수는 "미국처럼 회사에 주주 보호 의무를 부여해야 지배 주주와 소액주주 간 이해상충이 발생하지 않는다"고 강조했다.

지배주주의 이해과 소액주주의 이해는 다를 수밖에 없는데 '주주의 이익'을 위해 직무를 수행하도록 하는 상법 규정 개정이 있다고 해서 지배/소액 주주 간의 이해상충이 소멸된다는 것은 생각하기 어렵다.

매일경제신문. 2024.2.29. "주주환원 동력없는 지배구조 바꿔야"

김우찬 고려대 경영대 교수는 "이사회의 충실의무 대상을 회사가 아닌 주주로 상법을 개정하거나 대법원 판례로 법리를 구축할 필요가 있다"면서 "그러면 지배 대주주의 이익만을 추구할 때 이사회가 브레이크를 걸 수 있을 것"이라고 했다.

한국경제신문. 2024.5.28. 최상목 부총리 "이사의 '주주 충실 의무' 포함하는 상법 개정 검토"

최상목 부총리 겸 기획재정부 장관(사진)이 기업 밸류업 대책의 일환으로 기업 이사의 충실 의무 대상에 '주주'를 포함하는 상법 개정을 검토하겠다고 밝혔다.

최 부총리는 지난 27일 정부세종청사 중앙동에서 열린 기자 간담회에서 "기업 지배구조와 관련해 이사의 주주 충실 의무를 도입하자는 얘기가 있다"며 "기재부와 금융위원회 법무부가 6~7월 공청회를 통해 구체적인 방안에 대해 의견을 수렴하겠다"고 말했다.

상법 382조의3은 이사의 충실 의무를 '이사는 법령과 정관의 규정에 따라 회사를 위하여 그 직무를 충실하게 수행하여야 한다'고 규정하고 있다. 여기에 '주주의 비례적 이익'(주주로서 갖는 1주의 가치) 또는 '총주주'(전체 주주)를 추가하자는 상법 개정의 요지다.

그동안 자본시장에선 상법상 이사의 충실 의무에 주주가 빠져있다는 점을 '코리아 디스카운트'의 원인 중 하나라는 지적이 꾸준히 제기됐다. 회사가 아닌 특정 주주에게 피해가 발생하는 경우 이사가 책임을 지지 않는 만큼 일반주주의 이익이 제대로 보호받지 못한다는 이유에서다. 최 부총리는 "상법을 개정하는 방법과 반영하는 안이 여러 가지인 데다 미국과 법률 체계도 달라서 외국법을 그대로 가져다 쓸 수 없다"며 "여러 대안을 고민해 의견을 들어보겠다"고 했다.

최 부총리가 이사의 충실 의무 대상에 주주를 포함하는 상법 개정을 언급한 것은 이번이 처음이다. 앞서 윤석열 대통령은 지난 1월 소액 주주의 이익을 반영하도록 상법 개정을 추진하겠다고 밝혔고, 이복현 금융감독원장도 여러 차례 상법 개정이 필요하다고 강조해왔다.

> **매일경제신문. 2024.5.30. '이사 충실 의무' 대상에 주주 포함…상법 개정 속도 낼 듯**
>
> 최상목 경제부총리 겸 기획재정부 장관과 이복현 금융감독원장이 입을 모아 이사의 주주 충실 의무 도입을 강조한 배경에는 이 방안이 기업가치를 높일 핵심 수단 중 하나라는 인식이 있다. 윤석열 정부는 밸류업 프로젝트를 역점 경제과제도 추진 중이다.
>
> 그간 관련 업계 안팎에서 밸류업 대책에 이사의 충실의무 대상에 주주를 포함하는 내용을 넣어야 한다는 지적이 이어졌다. 특히 밸류업 대책이 기업의 자율 참여와 참여 시 제공하는 인센티브만 강조하다 보니 실효성을 위한 '채찍' 측면에서라도 도입이 필요하다는 주장이 적지 않다.
>
> 윤석열 대통령도 올해 초 주주이익을 확대하기 위해 상법을 개정하겠다고 밝힌 바 있다. 최 부총리와 이 원장의 이번 발언은 앞선 윤석열 대통령의 약속을 재확인한 차원에서 나온 것으로 풀이된다. 다만 연초 윤 대통령의 공언에도 당시 주무부처인 법무부는 "추상적이고 선언적인 규정에 그칠 가능성이 있다"며 법 개정을 반대했다. 이후 잠잠해졌던 관련 논의가 이 원장 언급에 따라 다시 시작됐다.
>
> 지난 16일 미국 뉴욕에서 열린 민관 합동 투자설명회에서 이 원장은 "개인적으로는 이사의 주주 충실의무는 무조건 도입돼야 한다고 생각한다"며 "밸류업 과정에서 투자자를 보호한다는 차원에서 (법 개정이) 공론화조차 안 된다는 건 밸류업 의지를 의심하게 만들고도 충분한 것"이라고 밝힌 바 있다.
>
> 주요 수장들의 발언처럼 이사의 주주 충실의무를 도입하려면 상법 개정이 필요하다.
>
> 현행 상법 제382조는 이사가 회사를 위해 직무를 충실하게 수행하도록 하고 있지만 일반 주주에 대해선 이러한 의무를 부여하지 않고 있다. 주주에 대해서도 이사

의 충실 의무를 부여하는 내용의 상법 개정안이 발의돼 국회를 통과해야 정부 추진 안이 실현될 수 있다.

과거에도 비슷한 시도가 있었다. 21대 국회에 이사의 충실 의무 대상에 주주를 포함하는 내용의 상법 개정안이 제출됐다. 하지만 개정안은 다른 현안에 밀려 제대로 논의되지 못했다. 21대 국회 임기가 29일 만료되면 이 개정안은 자동 폐기된다. 이에 따라 22대 국회에서 개정안 발의라는 첫 단추부터 다시 끼워야 하는 상황이 됐다.

정부는 6월 중 공청회를 열어 법 개정과 관련한 각계 의견을 수렴한 후 의원 입법 방식을 통해 개정안을 낼 가능성이 큰 것으로 알려졌다. 개정안이 제출되면 정부는 본격적으로 거대 야당 설득에 돌입한 전망이다.

상황이 이렇자 법무부에서도 변화의 기류라 감지되는 분위기다. 법무부 관계자는 "공청회 등을 통해 경제계와 학계를 비롯한 각계 전문가 의견을 수렴할 것"이라며 "여러 방향으로 법적 검토 중"이라고 밝혔다.

다만 재계에서는 우려의 목소리도 나온다. 법 개정 후 일부 주주가 상장사를 대상으로 무분별한 소송전에 나서 경영활동이 마비될 가능성도 있다는 것이다. 정우용 상장회사협의회 정책부회장은 "이사 책임이 확대하면 이를 보완할 수 있는 조치도 필요하다"며 "이사가 정상적인 경영판단을 했을 때에는 책임에서 면제해 주는 식의 제도를 같이 도입해야 한다"고 주장했다.

최 부총리도 지난 27일 정부세종청사에서 진행한 기자간담회에서 밸류업의 중요성을 강조했다. 상법 개정 외에 세법 개정 사안도 언급했다. 그는 "자사주 증가분에 대해 얼마나 소득세를 공제할지, 배당소득세 저율 분리대상을 어떻게 설정할지 등을 놓고 여러 의견이 있을 것"이라며 6-7월 중 공청회를 포함한 의견 수렴 절차를 거치겠다고 밝혔다. 또 "밸류업은 기업가치를 증진하고 투자를 많이 하면 (세제로) 지원하겠다는 것"이라며 "어떤 행동의 인센티브로 세제를 활용하겠다는 것이어서 일반적인 감세와는 다르다"고 덧붙였다.

한국경제신문. 2024.5.29. 소액주주 보호 법제화한다는데… 기업들 "배임 소송 남발 우려"

이사의 충실의무 대상에 회사 뿐 아니라 주주를 포함하는 내용을 담은 상법 개정 작업이 급물살을 타고 있다. 최상목 부총리 겸 기획재정부장관과 이복현 금융감독원 장이 지난 27일과 28일 하루 간격으로 기업 밸류업을 위한 핵심 방안으로 상법 개정을 시사하고 나섰기 때문이다. 주무부처인 법무부가 이 같은 내용의 상법 개정을 추진하지 않겠다고 발표한지 4개월 만에 정부 입장이 바뀐 것이다. 윤석열 대통령이 제시한 금융투자소득세 폐지와 상속세 개편을 앞두고 거대 야당을 설득하기 위한 이른바 '트레이드 카드'로 정부가 상법 개정을 활용하려는 것 아니냐는 분석도 나온다.

소액주주 권리 법제화

정부가 개정에 착수한 현행 상법 제382조의3은 '이사는 법령과 정관의 규정에 따라 회사를 위해 그 직무를 충실하게 수행하여야 한다'고 규정한다. 정부는 여기에 회사 뿐 아니라 주주를 추가하는 방안을 검토하고 있다. 이사가 회사만이 아니라 주주의 이익을 보호하는 의사결정을 내리도록 법적으로 의무화하는 것이다.

그동안 소액주주 뿐 아니라 기관투자가도 이 상법 조항의 개정이 필요하다고 강력하게 요구해왔다. 예컨대 LG화학이 2021년 LG에너지솔루션을 물적분할해 상장하면서 LG화학 주주들이 주가 하락으로 손실을 본 것과 같은 사례를 막을 수 있다는 설명이다.

윤 대통령도 지난 1월 2일 열린 증권 파생상품시장 개장식에서 "이사회가 의사결정과정에서 소액주주의 이익을 책임 있게 반영하도록 상법 개정을 추진할 것"이라고 밝혔다. 당시 윤대통령의 이 발언이 이사의 충실의무 대상에 주주를 포함하는 것을 의미한다는 관측이 나왔다. 그러자 경제계를 중심으로 소액주주가 충실의무 위반을 이유로 손해배상을 청구하는 등 고소 고발이 남발될 수 있다는 지적이 제기됐다. 주무 부처인 법무부는 2주 후인 같은 달 17일 이사 충실 의무 강화 방안을 상법 개정에 반영하지 않겠다고 선을 그었다.

하지만 기업 밸류업 강화를 위해선 주주의 권리 보호 법제화가 필요하다는 지적이 투자자들을 중심으로 꾸준히 제기됐다는 것이 기재부 설명이다. 대통령실은 이달 초 법무부, 기재부와 회의를 열고 상법 개정을 검토하기로 결정한 것으로 알려졌다.

"기업 활동 위축" 재계 반발

경제계는 정부 입법 변화에 당혹해 하고 있다. 이상호 한국경제인연합 경제산업본부장은 "이사의 주주에 대한 충실의무 강화가 법제화되면 기업의 의사결정이 어려워지고 소액주주들의 배임죄 등 소송이 남발될 것이 우려된다"고 지적했다. 상장회사협의회 관계자는 "형벌에 업무상 배임죄가 있는 국내 현실에서 이사 역할 축소, 단기 위주 경영이 불가피해질 것"이라며 "이는 결국 장기적인 기업가치 훼손을 불러와 회사와 주주 피해로 이어질 것"이라고 말했다. 이 관계자는 "경영상 판단에는 손실이 나도 면책하는 조항도 명확히 해야 한다"고 말했다.

현실적으로 모든 주주를 위한 의사결정도 불가능하다는 게 재계 설명이다. 한 대기업 관계자는 "최대주주를 제외하더라도 연기금 등 장기투자자, 수개월 투자하는 스윙 투자자, 단타매매를 하는 투자자까지 주주가 천차만별"이라며 "신규 투자를 한다고 하면 이들 모두를 만족시킬 수 있는 의사결정이 성립할 수 있겠는가"라고 말했다.

회사와 주주의 법인격(권리 의무의 주체가 될 수 있는 자격)을 별개로 보는 상법 체계를 흔들 소지가 있다는 지적도 제기된다. 이사의 충실의무에 주주를 추가하면 회사와 주주가 동일하다는 해석도 가능하기 때문이다.

정부는 기업 밸류업을 위해 상법 개정이 필요하지만 다양한 가능성을 열어 놓겠다는 입장이다. 최 부총리는 지난 27일 기자간담회에서 "이사와 주주 충실의무에 대해선 여러 가지 방안이 있기 때문에 의견을 수렴해 대안을 고민할 계획"이라고 밝혔다.

주주는 자연인으로서 법 인격이며 회사는 기관으로서의 법인격이다. 회사가 현금 배당을 결정하면 회사 소속의 현금이 자연인인 주주에게로 사외유출되는 것이다. 이러한 과정을 보더라도 회사와 주주는 동일하지 않고 별개의 객체이다.

한국경제신문. 2024.6.7. 상법 개정안 또 낸 민주당

정준호 민주당의원이 이사의 충실의무 대상에 '주주'를 포함하는 내용을 담은 상법 개정안을 5일 대표 발의했다. 개정안은 이사회 구성원인 이사의 충실 의무 대상을 기존 '회사'에서 '주주의 비례적 이익과 회사'로 바꾸는 내용이다. 이 법안은 21대 국회 때 카카오뱅크 최고경영자 출신인 이용우 전 의원이 대표 발의했지만 임기 만료로 자동 폐기됐다.

정치권에서 상법 개정 필요성이 처음 제기된 건 4년 전이다. 당시 LG화학의 LG에너지솔루션 물적 분할을 놓고 '쪼개기 상장' 논란이 일면서 본격적인 상법 개정 논의가 시작됐다. 정 의원은 "현행 상법은 이사의 충실 의무가 '회사의 이익'에 한정돼 있다"며 "이 때문에 자본거래에서 일반 주주가 막대한 손실을 봐도 이사에게 책임을 물을 수 없는 문제가 있다"고 했다.

정부도 상법 개정을 검토하고 있다. 최상목 부총리 겸 기획재정부 장관은 최근 '기업 밸류업 프로그램'의 일환으로 상법 개정을 추진하겠다고 했다 이복현 금융감독원장도 상법 개정 필요성을 공개적으로 언급한 적이 있다. 무엇보다 제1당인 민주당이 지난 총선에서 상법 개정을 공약해 이번 국회에서 구체적인 논의가 이뤄질 전망이다.

다만 경영계는 '경영판단의 원칙'을 보장하는 등의 보완 장치 없이 상법 개정만 이뤄지면 이사를 향한 소송이 남발되고 전략적 인수 합병이 크게 위축될 수 있다고 우려한다. 정부도 경영계의 이 같은 우려를 고려해 다양한 보완책을 함께 고민하는 것으로 알려졌다.

한국경제신문. 2024.6.6. "이사가 모든 주주를 한번에 챙겨야 한다"는 위험한 발상. 정우용 한국상장회사협의회 부회장

최근 정부는 이사의 충실의무 대상에 '총 주주' 또는 '주주의 비례적 이익'을 추가하는 개정안을 추진 중이라고 밝혔다. 상법 제383조의3은 '이사는 법령과 정관의 규정에 따라 회사를 위하며 그 직무를 충실하게 수행하여야 한다'고 이사의 충실의무 대상이 회사임을 명시하고 있는데, 이를 개정하겠다는 것이다. 이사의 주주에 대한 충실의무를 명문으로 도입한 국가는 미국에서도 캘리포니아 주 정도에 불과하다. 과연 이것을 글로벌 스탠다드라고 할 수 있을까.

이사의 충실의무 조항은 1998년 상법 개정 시 신설됐다. 그리고 20여 년이 지난 지금까지도 조항 해석에 대한 학계 의견이 분분하다. 이런 상황에서 이사의 충실의무 범위를 주주에게까지 확대하겠다는 개정안은 혼란을 가중할 것이다.

우선 회사와 이사는 직접적인 고용 관계이므로 이사가 충실의무를 부담하는 것은 타당하지만, 직접적인 계약 관계가 없는 주주에게까지 충실의무를 부담할 근거는 부족하다. 또한 주주는 회사의 지분을 보유함으로써 이미 회사의 이익을 간접적으로 누리고 있으므로, 굳이 충실의무 대상에 주주를 더 하는 것은 실효성이 낮다.

법이 개정되면 이사는 앞으로 회사뿐만 아니라 주주도 고려해 의사결정을 해야 한다. 회사와 주주의 이익이 일치한다면 의사결정이 수월하게 이뤄지겠지만, 불일치하면 이사가 누구의 이익을 우선시해야 하는지 기준이 없다. 대주주, 소액주주, 기관투자가 등 주주 전부를 고려한 의사결정을 내리는 것은 현실적으로 불가능하다. 결국 이사회는 주주의 불만을 최소화하는 소극적인 판단을 내릴 수밖에 없고, 이는 주주에게도 손해를 유발하는 요인이 된다.

이사회의 사업 리스크도 더욱 커질 전망이다. 주가 하락 등으로 손실을 본 소액주주가 이사의 충실의무 위반을 근거로 주주대표소송이나 집단소송을 제기하는 것이 가능해지기 때문이다. 회사가 소송에 대비하기 위해 가입하는 임원배상책임보험 비용도 상승할 것으로 예상된다. 이런 회사의 비용 지출이 커질수록 주주에게 돌아갈 이익은 줄어든다. 주주의 이익을 고려하자는 취지의 법 개정이 오히려 그 이익을 축소하는 꼴이다.

이사의 책임이 과도하게 확대되는 만큼 이를 면제할 수 있는 조항이 함께 도입돼야 한다. 이사의 의사결정이 합리적이고 선의에 의한 것이었다면 결과적으로 회사에 손해를 끼치더라도 이사에게 손해배상책임을 묻지 않는 것이다.

이를 '경영판단의 원칙'이라고 한다. 경영판단의 원칙이 상법에 명문화되면 소송이 남발되는 것을 막고 이사의 의사결정에 폭넓은 재량을 부여할 수 있다. 이사가 적극적이고 과감한 경영을 할 수 있는 길이 열려야 진정한 기업가치 성장이 가능하다.

임원배상책임보험에서 한가지 흥미로운 점은 임원배상책임보험은 행위 발생 기준이 아닌 청구 발생 기준으로 위험부담 기간을 보험기간 내로 제한하고 있다.[61]

매일경제신문. 2024.6.8. "K밸류업, 주주환원으로 ROE 높여야 가능"

한국 증시의 고질적 저평가를 극복하는 밸류업을 위해서는 기업들의 자기자본이익률을 높여야 한다는 지적이 나왔다. ROE는 투입한 자기자본 대비 당기순이익 비율로, 주주자본을 활용해 얼마나 많은 이익을 창출했는지를 보여 주는 지표다. 적극적인 주주환원을 통해 ROE를 높여야 기업의 투자 매력도가 올라간다는 것이다. 매일경제가 7일 서울 여의도 한국거래소에서 'K증시 업그레이드, 밸류업 코리아'를 주제로 개최한 '2024년 매경 자본시장 대 토론회'에서 나온 제언이다.

---

61 심정훈. 2024.7. 삼정회계법인 ACI세미나. 이사와 감사(위원)의 준법 감독.

이준서 한국증권학회장은 이날 주제 발표에서 "한국 상장기업의 10년 평균 ROE는 7.98%로 신흥국 평균 11.1%나 미국 14.9%, 일본 8.3%에 비하면 매우 낮다"면서 "결국 수익성을 높이고 성장성을 증대해야 기업의 본질 가치를 높여 코리아 디스카운트를 극복할 수 있다"고 밝혔다.

ROE를 높이기 위해선 이윤을 기업 내부에 축적하기보다 적극적인 배당과 자사주 매입 소각을 통해 주주들에게 돌려줘야 한다는 주장이다. 한국 상장자들의 주주환원율(배당성향+자사주 매입율)은 29%로, 미국(91%)이나 신흥국(38%)에 비해 낮은 수준이다. 단순한 자사주 매입이 아니라 소각까지 이어져야 주당순이익이 올라 주가 상승으로 이어질 수 있다는 지적도 나왔다. 김민국 VIP 자산운용 대표는 "밸류업 가이드라인에서 자사주 매입 대신 자사주 소각액을 주주환원액에 포함해야 한다"고 말했다. 다만 부채를 통한 경영에 리스크가 많은 한국 상황에서 ROE를 높이는데 제약이 있다는 점을 고려해야 한다는 의견도 나왔다.

매일경제신문. 2024.6.8. "이사도 소액주주에 충실해야" vs "소송 남발 막을 안전판 필요"

'이사는 법령과 정관의 규정에 따라 회사를 위하여 그 직무를 충실하게 수행하여야 한다.' 매경미디어그룹이 주최한 2024 매경 자본시장 대토론회 'K증시 업그레이드, 밸류업 코리아'에서 가장 화제가 된 주제 중 하나는 이사의 충실의무를 규정한 상법 제383조3이었다.

현재 상법상으로는 이사가 소액주주의 이익을 침해하더라도 별다른 책임을 물을 수 없기 때문에 회사 뿐만 아니라 주주에 대해서도 충실의무를 규정해야 한다는 목소리가 나왔다. 정부가 밸류업 대책으로 무게를 두고 검토하기 시작한 방안이다.

7일 발제자로 나선 이준서 한국증권학회장은 "상법 제383조의3을 개정해 회사 뿐 아니라 총 주주에 대한 충실 의무를 추가해야 한다"며 "주요 20개국(G20)이나 경제협력개발기구(OECD) 대부분은 주주에 대한 충실의무를 규정하고 있다"고 밝혔다. 이렇게 개정하면 상법 제383조의3은 '이사는 법령과 정관의 규정에 따라 회사와 총 주주를 위하여 그 직무를 충실하게 수행하여야 한다'고 바뀌게 된다.

반면 정우용 한국상장회사협의회 정책부회장은 상법 개정안에 따른 부작용을 우려했다. 그는 "미국 일본은 선의로 경영판단을 했을 때 이사의 책임을 면제해 주는 제도도 같이 마련돼 있다"며 "이러한 방어장치 없이 상법 개정이 이뤄지면 혁신적 창조적 의사 결정 대신 소극적인 경영 판단을 할 수밖에 없게 된다"고 말했다.

또 정 부회장은 "총 주주는 대주주 분만 아니라 개인주주, 기관투자자, 연기금까지 그 종류가 매우 다양하다"며 "이들이 각기 다른 이익을 추구하고 있어 이사 입장에서는 모든 주주의 이익을 고려하여 의사결정을 내리는 것이 사실상 불가능하다"고 덧붙였다.

이에 집중투표제로 사외이사의 독립성을 높이고 이를 지배주주에 대한 견제 장치로 활용하자는 의견도 나왔다. 김민국 VIP자산운용 대표는 "우리나라 사외이사들은 공통적으로 회사에서 독립성을 보장받기 힘들다라고 토로한다"며 "자산 총액이 3000억 원 이상인 회사는 집중투표제를 통해 사외이사 1명을 선출할 수 있도록 해야 한다"고 덧붙였다.

이날 토론회에는 이사의 충실의무 분만 아니라 기업 투자자 제도 등 자본시장을 이루는 3가지 요소를 모두 개선해야 한다는 의견이 주를 이뤘다.

먼저 기업이 주주환원을 확대하고 지배구조를 개선해야 한다는 조언이 많았다. 미국의 주주환원율은 91%에 달하고 선진국과 신흥국도 주주환원율이 각각 67%, 38%에 이르는 반면 한국은 29%에 불과하다.

토론자들도 다양한 의견을 내놨다. 김두남 삼성자산운용 상무는 밸류업 정책을 시행하는 과정에서 기업 부담을 줄여줘야 한다고 강조했다. 그는 "기업 가치제고 계획을 공시할 때 기업에서 '내년도 주가와 주가수익비율(PER)을 어떻게 맞히느냐' '예측이 틀렸을 때 공시 위반이 될 수도 있다'는 우려가 나오고 있다"며 "글로벌 금융위기를 비롯한 여러 요인에 따라 수치가 달라질 수 있음을 이해해야 한다"고 말했다.

김민국 대표는 주주환원 확대와 지배구조 개선을 재차 강조했다. 그는 "우리나라에서 자사주 매입은 지배주주의 경영권 방어 수단으로 악용되는 사례가 많다"며 "자사주 소각과 배당만 주주환원으로 취급해 이를 순위로 매기면 투자자 입장에서 유용한 정보가 될 것"이라고 말했다.

이에 고상범 금융위원회 자본시장 과장은 "정부에서는 불공정 거래에 대한 처벌을 강화하고 불법 공매도와 관련해 근본적인 제도 개선책을 모색하고 있다"며 "이른바 '자사주의 마법' 금지, 배당 절차 개선 등 주주가치 확립을 위한 노력도 계속해 나가고 있다"고 밝혔다.

매일경제신문. 2024.6.10. 주식회사 근간 흔드는 상법 개정. 권재열

현재도 신주 발행과 배당을 비롯한 여러 항목에서 주주 평등 원칙에 따라 주주 보호가 이뤄지고 있음에도 '상법 제382조의3'을 주주의 비례적 이익을 위해 이사가 충실의무를 부담하는 쪽으로 개정하자는 움직임이 확산되고 있다. 당초 법무부는 상법 개정이 이뤄지더라도 추상적 선언적 의미만을 지닐 가능성이 있다고 해서 반대했다, 재계는 소송 남발 등으로 인한 경영활동의 위축을 우려해 개정에 신중하자는 입장이다. 곰곰이 살펴보면 이 같은 주장들은 모두 설득력이 있다.

장기 투자를 원하는 대주주와 단기 투자를 원하는 소수주주가 있다고 가정할 때 각 입장이 나름대로 정당성을 가지고 있어 어느 한쪽을 무조건 나무랄 수 없다. 이처럼 대주주와 소수주주의 의견이 전혀 다르다면 이사는 누구를 섬겨야 하는가. 상법이 개정되더라도 지분율에 따른 다수결의 원칙이 여전히 적용된다면 이사는 대주주의 의사를 따를 수밖에 없어 선언적 수준에 그칠 것이라는 법무부의 논편에 공감한다. 오히려 이사는 소송의 나락으로 떨어질지 늘 걱정하는 팔자로 전락하게 될 것이다. 이런 상황에서 누가 혁신적인 경영활동을 하겠다고 선뜻 나설 것인가.

회의체인 이사회가 회사의 합리적 의사를 효율적으로 도출하기 위해서는 다수 지분율을 가진 주주의 의사를 우선시할 수밖에 없다. 상법은 대주주의 입장에 기반한 의사결정으로 인해 소수주주가 소외되는 것에 대한 보상으로 각종 소수주주권과 반대 주주의 주식매수청구권을 인정하고 있다. 이번에 논의 중인 상법 개정은 마치 소수주주에게 이사의 의사결정에 대한 거부권을 추가적으로 부여하는 것과 다를 바 없어 소수파 주주가 다수파 주주를 억압하는 부작용을 낳는다. 재계의 우려를 조금이라도 누그러뜨리기 위해서는 이사의 충실의무가 주주에까지 확장되더라도 이사가 보호되는 방안이 적극적으로 마련돼야 한다. 이사에 대한 법적 안전망이 역할을 하는 경영 판단의 원칙이 적용되기 위해서는 이사의 의사결정이 먼저 있어야 한다.

그러나 모든 주주의 생각이 하나로 통일되지 않은 안건에 대해 이사가 쉽게 의사결정을 할 것이라 기대할 수 없다. 경영판단이 없으면 경영판단의 원칙 적용은 불가능하다. 결과적으로 배임죄의 구성 요건과 이사에 대한 책임 소송의 제기 요건을 엄격하게 해 남소를 방지하는 게 남은 방법일 텐데, 과연 우리 국민 모두가 수용할 수 있을지 의문이다.

헌법재판소 결정에 따르면 과반수의 주식을 소유한 주주는 의결권을 통한 이사회의 지배를 통해 회사에 대한 지배권을 가지며, 지배주주가 보유하는 주식은 그 가치에 더해 당해 회사의 경영권을 행사할 수 있는 특수한 가치, 이른바 경영권 프레미

엄을 지니고 있다. (2002헌바65) 이사의 충실의무가 확장돼, 이사가 단 1주를 가진 주주의 뜻까지 함께 살펴야 한다는 것은 지배주주의 지배권과 경영 프레이엄을 온전히 인정하지 못하겠다는 것을 뜻한다. 프랑스 수학자이자 철학자인 파스칼은 팡세에서 사람들이 다수에 복종하는 것은 다수가 더 많은 힘을 가졌기 때문이라 했다. 도대체 왜 상법을 개정해 가면서 주식회사를 유구한 세월 동안 지탱해 온 지분의 힘을 애써 무시하려는지 납득할 수 없다. 이제라도 이사의 충실의무 개정 논의를 그만둬야 한다.

한국경제신문. 2024.6.11. "이사의 주주 충실의무는 소송 남발 부를 것"

기업 이사(경영진)의 '충실의무'대상을 회사를 넘어 주주로 확대하는 내용의 상법 개정안을 두고 산업계에서 우려의 목소리가 높아지고 있다. 수많은 주주의 이익을 모두 만족시킨다는 건 사실상 불가능한 만큼 경영진 대상 소송이 남발될 가능성이 크다는 이유에서. 인수합병과 같은 기업의 중요한 의사 결정이 지연될 수 있다는 점에서 밸류업을 위해서 도입된 제도가 오히려 기업 가치를 떨어뜨릴 수 있다는 지적이 나온다. 한국경제인연합, 대한상공회의소 등 경제단체는 상법 개정안의 문제점을 담은 건의서를 정부에 제출하기로 했다.

정부, 올 하반기 상법 개정 추진

10일 산업계에 따르면 정부와 국회는 22대 국회 구성이 마무리되는 올 하반기부터 상법 제383조의3 '이사의 충실 의무' 조항 개정 작업에 들어갈 계획이다. 현행 상법에 있는 '이사는 회사를 위해 직무를 충실하게 수행해야 한다'는 조항을 '이사는 회사와 주주의 비례적 이익을 위해 직무를 충실하게 수행해야 한다'로 바꾸는 방안이 유력하다.

일부 소액주주의 주장을 받아들인 것이다. 최상목 부총리 겸 기획재정부 장관은 최근 기자간담회에서 "6월에 공청회를 열어 의견을 듣고 상법 개정을 추진할 것"이라고 말했다.

산업계에선 상법 개정안을 놓고 "정상적인 경영활동에 대한 주주 소송을 부추기고 국내 법 체계를 훼손하는 갈라파고스 규제가 될 것"이라고 말한다. 주주의 지분 목적이 단기 투자, 장기 투자, 배당 수익 등으로 제각각이란 점에서 이사가 어떤 경영 판단을 하든 일부 주주에게는 충실의무 위반이 될 여지가 생기기 때문이다.

이런 이유로 독일, 영국, 일본 등 주요 선진국에선 이사의 충실의무 대상에 주주를 포함하지 않는다. 미국도 24개 주가 따르는 '모범회사법'에 회사에 대한 이사의 충실의무만 규정하고 있다. 경제 단체 관계자는 "지금도 한국 기업의 이사진은 경영 행위에 대한 배임죄 고발로 힘들어 하는데, 상법 개정안이 통과되면 고발 건수가 훨씬 늘어날 수 있다"고 지적했다.

자본 다수결 원칙 훼손

회사법의 근간이 흔들릴 수 있다는 주장도 나온다. 이사는 '주주총회 결의로 회사가 임용한 대리인이고, 보수도 회사가 지급한다. 이사의 충실의무는 계약을 맺은 회사에만 한정된다는 것이다. 대법원도 이사에 대해 '회사의 사무를 처리하는 자'라고 일관되게 판단하고 있다.

모든 주주가 보유한 지분만큼 의결권을 행사하는 '자본 다수결 원칙'이 훼손될 것이란 분석도 있다. 권재열 경희대 법학전문대학원 교수는 한경협에 제출한 상법 개정안 연구용역 보고서에서 "이사가 주주 이익에 대해 충실의무를 가지면 소수 주주가 누리는 이익이 이들(저자 추가: 소수 주주)의 지분보다 과대평가될 것"이라며 "대주주 지배권이 위축될 수밖에 없다"고 내다봤다.

경제단체들은 상법 개정안의 부당함을 알리기 위해 정부와 국회를 대상으로 의견서를 낼 계획이다. 유정수 한경협 기업제도팀장은 "상법 개정안이 통과되면 기업의 장기적 이익을 위한 경영판단이 지연되면서 경쟁력 저하로 이어질 것"이라며 "정부, 국회 대상 건의서 제출을 검토 중"이라고 했다.

매일경제신문. 2024.6.12. 재계 "식물 이사회 전락할 판" 이사 충실의무 확대 강력 반발.

이사의 충실의무 대상에 주주를 포함하는 상법 개정안이 현실화할 경우 이사회 마비가 우려된다는 재계 목소리가 커지고 있다. 현행 배임죄까지 결부돼 이사들의 법적 리스크가 증폭되기 때문이다. 재계는 정부와 국회에 상법 개정안에 대한 반대 건의서 제출을 준비하는 등 총력전 태세에 돌입했다. 현재 정부는 상법상 이사의 충실 의무를 회사뿐 아니라 주주 전체로 확대해 주주 이익을 보장하는 법 개정을 추진하고 있다.

이상호 한국경제인협회 경제산업 본부장은 "수많은 경영 판단 과정에서 불이익을 받았다고 여기는 주주들이 이사들에게 소송을 남발하면 기업가 정신 위축과 사외이사 구인난으로 기업 경영에 상당한 타격을 줄 수 있다"고 밝혔다. 이사의 충실의무 위반이 인정되면 형법에 의한 배임죄 처벌, 주주총회에서의 해임 의결, 개인적 손해 배상 책임 등이 뒤따르기 때문에 이사회의 과감한 투자 결정에 제동이 걸릴 수 있다고 덧 붙였다. 4대 그룹의 한 최고 경영자는 "이런 식으로 상법이 개정되면 개별 기업은 능력 있는 사외이사를 구하기 어려워질 것"이라며 "이사들이 신규 투자를 포함한 의사결정의 리스크를 회피하게 되면서 식물 이사회로 전락할 것"이라고 지적했다. 상법이 개정돼 주주에 대한 이사의 충실의무가 도입되면 기업 이사진은 주주에 대한 상시 소송 리스크를 안게 된다는 게 재계 주장이다. 이 본부장은 "소액주주들의 손해배상 소송 남발로 이어질 수밖에 없다"고 전했다.

특히 한국 기업의 이사들은 일본, 독일 등에 비해 경영 행위에 대한 배임죄 고발이 남발되는 상황에 놓여 있다.

매일경제신문. 2024.6.13. 집중투표제 확대… 경영위축 우려

집중 투표제를 도입하지 않은 상장사에 대해 대주주 의결권을 제한하는 조치를 강화하는 개편안이 처음 공개됐다. 정부가 밸류업 대책 일환으로 추진하는 상법 개정을 위한 공청회를 통해서다. 임원보수 공개 대상을 현행 보수 총액 5억원 이상에서 모든 등기 임원으로 확대하고, 특수관계인 간 내부 거래 공시를 강화하는 방안도 거론됐다. 향후 상법 개편 방안을 놓고 경영계와 줄다리기가 심해질 전망이다.

자본시장연구원과 한국증권학회는 12일 금융감독원 후원으로 자본시장 선진화 정책세미나를 열고, 이 같은 내용으로 전문가들이 진단한 기업 지배구조 개편 방안을 발표한다. 이번 세미나는 정부의 상법 개정 방향에 판단 근거를 제공하는 첫 행사다. 정부는 이날 세미나를 시작으로 다음달까지 업계 의견을 수렴한 뒤 세부 개정 작업에 착수한다.

10일 매일경제가 입수한 정책세미나 발표 자료에서 나현승 고려대 교수는 "일반 주주가 원할 경우 더 많은 기업이 집중투표제를 도입할 수 있도록 해야 한다"며 "(이를 도입하지 않기 위해) 정관을 개정할 때 대주주 의결권 3% 제한을 받는 대상을 (현행) 자산 2조원 이상에서 2조원 미만 상장사까지로 확대할 필요가 있다"고 주장했다. 현재는 2명 이상 이사를 뽑을 때 3% 이상의 지분을 가진 주주는 집중투표제를 통한 이사 선임을 요구할 수 있다"고 주장했다. 1주당 1표씩 의결권을 주는 종전 투표제와 달리 집중 투표제에선 선임하는 이사 수 만큼 의결권을 갖는다.

재계는 이 같은 개편 방안이 오히려 기업 성장 동력을 훼손할 것이라고 우려한다. 이상호 한국경제인협회 경제 산업본부장은 "집중 투표 도입 확대는 외부 투기세력에게 기업 경영권을 차지할 수 있는 기회를 주는 것"이라며 "이사의 충실 의무를 확대하면 경영자는 늘 소송 위험에 시달릴 수밖에 없다"고 말했다.

매일경제신문. 2024.6.13. 이복현 "합리적 경영은 면책" 이사 충실의무 확대 절충안

이복현 금융감독원장이 이사의 충실의무 대상에 주주를 포함하는 상법 개정과 관련해 경영진에 대한 면책 조항을 명시할 것을 제안했다.

재계를 중심으로 상법 개정이 가져올 부작용에 대한 우려와 반발이 커지자 절충안을 내놓은 것이다. 이 원장은 12일 서울 여의동에서 자본시장연구원과 한국증권학회가 개최한 '자본시장 선진화를 위한 기업지배구조' 세미나에서 "이사의 충실의무 범위가 확대되면 배임죄가 적용되는 형사적 이슈로 번짐으로써 경영환경이 과도하게 위축될 수 있는 한국적 특수성을 충분히 고려할 필요가 있다"며 이 같이 밝혔다.

이어 "이를 감안해 이사가 충분한 정보를 바탕으로 합리적인 경영 판단을 했을 때는 민형사적으로 면책 받을 수 있도록 '경영 판단 원칙'을 명시적으로 제도화한다면 기업 경영에도 큰 제약이 되지 않을 것"이라고 덧붙였다.

이상호 한국경제인협회 경제산업본부장은 "경영판단의 원칙을 반영하기로 한 것은 진일보한 제안으로 평가한다"며 "다만 경영 판단의 원칙이 상법에 도입되더라도 최종 판단은 사법부 몫이므로 회사와 주주의 이익이 충돌한 경우 직접적인 위임 관계에 있는 회사의 이익을 우선하도록 명문화하는 등 보완책이 필요하다"고 제언했다.

매일경제신문. 2024.6.14. 배임죄에 상법 개정까지... 외국 기업 한 등진다.

이사의 충실의무대상에 주주를 포함하는 상법 개정안이 추진되면서 '배임죄 포비아'가 커지고 있다. 이사 충실의무 확대에 배임죄까지결부되면 기업 이사들의 법적 리스크가 증폭될 우려가 있기 때문이다.

특히 전 세계에서 배임죄 강도가 가장 센 한국에 진출한 외국 기업들은 배임에 따른 형사 책임에 상당히 민감한 분위기다. 한국 부임 회피 현상까지 나타날 조짐을 보이고 있다. 한국은 세계에서 유일하게 형벌상 일반 업무상 배임에 회사법상 특별 배임 규정 뿐 아니라 특정경제범죄가중처벌법(특경법) 상 배임죄 규정까지 뒀다.

13일 이상호 한국경제인협회 경제산업본부장은 "이사충실의무 확대는 기업 투자와 외국 기업 투자 유치에 걸림돌이 될 가능성이 있다"며 "이로 인해 코리아 디스카운트 요인으로 작용할 수 있다"고 말했다. 이사의 충실 의무 위반은 배임죄 처벌로 이어질 수 있기 때문에 외국 기업들의 한국 투자에 제동이 걸릴 수 있다는 게 경제계와 외국 기업계의 공통된 주장이다. 외국계 투자은행 관계자는 "이번 상법 개정 움직임이 (배임죄와 결부되면서) 경영 불확실성을 가중시키고 한국 기업들에 대한 인수 합병이나 투자를 추진하려는 외국계 투자자들의 의사결정을 주저하게 만드는 요인이 될 것"이라고 밝혔다.

매일경제신문. 2024.6.15. 배임죄 걸릴라. 손배소 당할라... 이사 충실 의무 확대 땐 '이중고'

한국은 형법에 배임죄를 명분화한 반면 미국은 사기죄로 처벌하거나 개인 간 손해배상 방식으로 배임 이슈를 해결하고 있다. 특히 형벌상 일반 업무상 배임에 회사법상 특별배임 규정 분 아니라 특경법상 배임죄 규정까지 둔 나라는 전 세계에서 대한민국이 유일하다 특경법은 업무상 배임죄에 가중 규정되는 역할을 하며, 50억 원 이상 범죄에 대해서는 살인죄(5년 이상 징역)와 동일한 형량을 적용한다.

경영계는 '경영 판단 원칙'을 회사법에 명문화해야 한다고 요구하고 있다. 기업가 정신을 고취하고 광범위한 배임죄 규정 적용에 대비할 수 있도록 하기 위해서다. 경영 판단 원칙은 이사가 충분한 정보를 바탕으로 주의 의무를 다해 경영상 결정을 내렸을 때에는 비록 회사에 손해를 끼쳤다고 하더라도 의무 위반으로 보지 않는 것을 일컫는다. 이 본부장은 "회사에 손해가 발생할 '위험'이 있어도 행위를 처벌하는 배임죄 때문에 기업인들은 모험적인 투자를 기피하고 보수적인 경영에만 주력하는 경향이 있다"며 "경영 판단 원칙을 형법이 아닌 상법 회사편에 명문화해 기업인들의 경영행위에 대한 균형 있는 사법적 판단을 유도하고 기업가 정신을 제고할 수 있는 환경을 조성해야 한다"고 주장했다.

한국 법원은 기업인의 경영판단에 대해 법적 판단을 엄격히 적용해 경영자가 법적 리스크를 빠져나갈 여지가 좁다는 분석이 나온다 최준선 성균관대 교수의 '대법원 경영 판단의 원칙 재판 분석'에 따르면 2011-2012년 '경영판단원칙'을 언급한 대법원 판례는 총 89건 (형사66건, 민사 33건)에 불과하다. 판례 중 부인은 55건 (61%)에 달한다. 형사재판은 경영판단 원칙에 더욱 엄격해 부인(42건)은 인정(14건)이 3배 수준이다.

한국경제신문. 2024.6.15. "배임죄 걸면 과도한 경영위축 상법 개정에 면책 조항 담아야"

이복현 금융감독원장이 12일 이사의 충실의무 대상에 주주를 포함하는 내용의 상법 개정안 도입 필요성을 재차 강조하고 나섰다. 그러면서 상법 개정안에 따라 경영진 대상 소송이 남발될 수 있는 만큼 경영진 면책 요건을 추가하는 등 보완장치를 마련해야 한다고 강조했다

이 원장은 이날 자본시장연구원과 한국증권학회가 공동으로 연 '자본시장 선진화를 위한 기업지배구조' 세미나에 참석해 이같이 밝혔다.

그는 "쪼개기 상장(물적분할 후 중복 상장)과 같이 전체 주주가 아니라 회사 특정인의 이익을 추구하는 사례가 여전히 빈번하다"며 법상 이사의 충실 의무를 '회사 및 주주의 이익 보호'로 확대하는 방안 등에 대해 사회적 논의가 필요하다"고 말했다.

하지만 이 원장은 주주 이익을 보호한다는 내용이 모호하면 배임 소송 남발로 이어지고 결과적으로 기업 경영이 과도하게 위축될 수 있다는 점도 지적했다. 그는 "이사가 충분한 정보를 바탕으로 합리적으로 경영 판단을 한 경우 민 형사적으로 책임을 면할 수 있도록 '경영 판단 원칙'을 제도화해야 한다"고 말했다.

경영판단의 원칙은 이사가 의무를 다해 경영상 결정을 내렸다면 회사에 손해를 끼쳤어도 책임을 묻지 않는다는 내용이다. 이 같은 보완책을 상법 개정안에 반영해 경영진에 대한 소송 남발을 막겠다는 취지다.

이 원장은 "기업이라는 거대한 배를 운행하는데 선장과 항해사의 역할을 하는 이사는 승객, 즉 전체 주주를 목적지까지 충실하게 보호하는 게 무엇보다 가장 중요한 역할일 것"이라며 "모든 시장 참여자가 원할 수 있는 건설적인 방안이 제시되기를 기대한다"고 강조했다.

조선일보. 2024.6.15. 금감원장이 꺼낸 배임죄 폐지론

이복현 금융감독원장이 상법상 이사의 충실 대상 의무를 회사에서 주주로 확대하되, 이사회 결정으로 불이익을 본 주주들의 소송 남발 가능성을 우려해 배임죄를 폐지해야 한다는 입장을 밝혔다. 정부가 기업 밸류업(가치 제고) 정책의 일환으로 상법 개정을 추진하는 과정에서 배임죄 처벌 우려가 커지자 '배임죄 폐지' 카드를 꺼낸 것이다.

배임이란 타인(회사)의 사무를 처리하는 사람이 그 임무에 위반하는 행위로 타인에게 손해를 끼치는 것을 말한다. 국내에선 기업인의 경영 판단으로 발생한 회사의 재

산상 손해에 대해 광범위하게 형사 처벌할 수 있어 '전가의 보도'(확인)처럼 악용된다는 지적이 있어 왔다.

이 원장은 14일 상법 개정 관련 브리핑을 열고 "배임죄에 대한 형사 처벌 수위가 너무 높다"며 "삼라만상을 모두 처벌 대상으로 삼는 배임죄를 유지할 지, 폐지할 지 정해야 한다며 폐지하는 쪽이 낫다고 생각한다"고 말했다.

우리나라 배임죄는 형법상 일반 업무상 배임에 더해 상법(회사법)상 특별 배임, 특별경제가중처벌법상(특경법) 업무상 배임까지 3중으로 규정돼 있다.

이 원장은 정부가 상법 제383조의 제3항의 '이사 충실 의무' 범위를 회사에서 주주로 확대를 추진하는 것에 대해선 "선진국에선 너무 당연한 것"이라며 "이견이 있는 분이 있다면 공개 토론이라도 하고 싶다"고 말했다.

한국경제신문. 2024.6.17.. '업무상 배임죄' 작년만 2174건

지난해 업무상 배임죄 신고 건수가 2174건에 이른 것으로 조사됐다. 최근 5년 새 1만 건을 넘어섰다. 현행 배임죄 조항을 유지한 채 이사의 충실 의무 대상을 회사에서 주주로 확대하는 방향으로 상법이 개정되면 경영진을 대상으로 한 배임죄 사고가 급증할 것이라는 관측이 나온다.

16일 경찰청에 따르면 지난해 전국 경찰이 접수한 업무상 배임죄 신고 건수는 2174건이다. 일반 배임에 비해 가중 처벌하는 업무상 배임죄가 규정돼 있다. 업무상 배임죄의 처벌 형량은 10년 이상 징역 또는 3000만원 이하 벌금으로 일반 배임(5년 이하 징역 또는 1500만원 이하 벌금)보다 처벌 강도가 세다.

업무상 배임죄는 2019년 2671건으로 역대 최고치를 기록한 뒤 코로나 19 팬데믹을 거치며 줄었다가 2022년부터 다시 늘어나는 추세다.

한국경제신문. 자산2조 넘는 상장사 '지배구조 족쇄법' 나온다.

더불어민주당이 '코리아 디스카운트'를 해소하겠다며 자산 2조원 이상 상장 대기업의 지배구조만 별도로 규율하는 특례법을 내놓는다. "대주주가 아니라 독립된 이사회 중심으로 기업 지배구조를 바꾸는 게 진짜 밸류업"이라는 판단에서다. 그러나 재계는 "경영진을 상대로 소송이 남발될 수 있고 신속한 경영 판단을 위축시켜 오히려 주주들에게 손해를 끼칠 수 있다"며 강하게 반대하고 있다.

'자산 2조원 이상 상장사' 정조준

8일 정치권에 따르면 김남근 민주당 의원 등은 다음 주 초 '상장회사 지배구조특례법'을 대표 발의한다. 야당의원 30여 명이 발의에 참여한 것으로 알려졌다. 김 의원은 법안 추진을 위해 오는 12일 국회에서 '개미투자자보호법 제정 토론회'를 열 계획이다. 토론회에는 김 의원분만 아니라 국회 정무위원회 민주당 간사인 강준현 의원 등이 참석할 것으로 알려졌다.

특례법은 자산 2조원 이상 상장사를 대상으로 하는 게 특징이다. 이들 기업에 한해 이사의 충실의무 대상을 기존 '회사'에서 '주주 및 회사'로 확대한다. 이사 충실의무는 모든 회사에 해당하는 상법 조항이지만, 특례법을 통해 일정 규모 이상 상장사에만 적용하자는 발상이다.

2명 이상의 이사를 선임할 때 소수 주주가 자신이 보유한 의결권을 한 명에게 몰아 투표할 수 있도록 하는 집중투표제를 의무화하는 내용도 있다. 현행 상법으로도 집중 투표제는 보장되지만 개별 회사가 정관을 통해 도입 여부를 결정할 수 있다.

대주주의 의결권을 3%로 제한해 분리 선출하는 감사위원 수를 현행 1명에서 단계적으로 3~4명으로 늘리는 내용도 담겼다. 이 밖에 이사회에 지배주주의 영향을 받지 않는 '독립이사'를 3분의 1 이상으로 채우도록 하는 내용이 포함된 것으로 전해졌다. 소액주주의 주총 참여도를 높이기 위해 전자 주총과 현장주총을 병행하도록 하는 내용도 있다.

'기업 규모로 차별' 논란 소지

특례법을 발의하는 김 의원은 민주사회를 위한 변호사모임(민변)과 참여연대 출신이다. 기업 지배구조 개선을 내세워 재벌개혁론을 강하게 주장해 왔다. 특례법안은 당 정책위원회, 정무위원들과도 교감이 이뤄진 것으로 전해졌다.

지난달 말 진성준 정책위 의장이 기자 간담회에서 "재벌 회장이 대기업 집단 주인처럼 행세한다"며 '민주당 판 밸류업'인 '코리아 부스트 업 프로젝트'를 추진하겠다고 했다. 김 의원이 당시 간담회에 유일하게 배석했다.

김 위원 법안이 당론으로 채택된 건 아직 아니다. 다만 민주당은 지난 총선 당시 이사 충실의무를 확대하는 상법 개정을 공약으로 내놓은 바 있다. 김 의원의 특례법을 중심으로 당내에서 발의하는 다양한 관련 법안을 통합해 하나의 당론을 마련할 것으로 보인다.

경제계는 특례법이 도입될 경우 자유로운 경영활동이 심각하게 위축될 수 있다고 우려한다. 경제단체 관계자는 "이사 충실의무가 일반 주주에게까지 확대되면 저마다 손해를 봤다며 이사를 상대로 소송이 남발될 수 있다"며 "충실의무 위반이 인정되면 형법상 배임죄로 처벌받을 수도 있다"고 했다.

분리 선출 대상 이사를 3~4명까지 확대하는 것 역시 대주주의 재산권을 과도하게 침해할 수 있다는 지적이다.

특례법 적용 대상을 '자산 2조원 이상' 같이 특정 규모로 구분하는 거 자체가 문제 될 수 있다는 지적도 있다. 대형 로펌 관계자는 "특례법으로 자산 규모를 구분해 임의적으로 적용 대상을 정하는 건 부당한 차별의 소지가 있다"고 했다.

최대주주로부터 독립적인 사외이사를 어떻게 정의하고 접근할지도 의문이다. 사람 관계에 대해서 독립성을 적용함은 매우 임의적이다.

한국경제신문. 2024.8.16. "이사 충실 의무 주주로 확대 땐 갈등만 초래"

이사 충실 의무를 확대하는 상법 개정안이 통과되면 투자자 이사 간 소송이 늘고 주주 사이 갈등이 깊어질 것이라는 연구결과가 나왔다.

한국경영자총협회는 15일 '이사 충실의무 확대 관련 상법 개정에 관한 연구' 용역 결과 보고서를 공개했다. 연구를 맡은 최준선 성균관대 법학전문대학원 명예교수는 보고서에서 "최근 제기된 이사 충실의무 대상 확대 주장은 법적 개념의 오해에서 비롯된 것"이라며 "이런 내용으로 상법을 개정하면 소송 증가와 주주 간 갈등 심화가 우려된다"고 밝혔다.

최근 기업가치 제고(밸류업) 바람을 타고 충실의무 대상에 주주를 포함하는 내용의 개정안이 발의됐다. 현행 상법은 이사의 충실의무 대상을 '회사'로 규정하고 있다. 개정안이 통과되면 기업 이사회가 결정한 M&A, 기업 분할 같은 경영상 주요 사안과 관련해 사후 소액주주를 비롯한 주주 이익을 고려했는지가 소송 등의 쟁점으로 떠오를 수 있다.

최 교수는 "이사의 충실의무란 이사가 회사에 충성할 의무가 있다는 의미가 아니라 '이사와 회사 간 이해가 충돌할 때' 회사 이익을 우선시해야 하는 법적 의무를 뜻한다"고 설명했다. 이어 "충실의무 대상을 주주까지 확대하면 이는 '이사와 주주간 이해가 충돌할 때 주주의 이익을 우선시해야 한다는 의미가 된다"며 "이사는 주총 결의를 집행하는 사람이기에 이사와 주주의 이해가 충돌한다는 전제 자체가 성립하지 않는다"고 주장했다.

'1주=1표'라는 주주 평등 원칙을 훼손한다는 우려도 제기했다. 최 교수는 "주주의 비례적 이익을 위한 충실 의무를 명시적으로 추가하자는 주장을 오히려 소액주주가 '반비례적 이익'을 얻는 것을 보장하려는 시도가 된다"고 했다. 보유한 주식에 비해 회사에 과도한 요구를 하는 행동주의 펀드 등의 행위를 법적으로 보장할 가능성이 있다는 지적이다.

해외에서 찾기 힘든 과잉 규제로도 평가했다. 최 교수는 "미국 일본 프랑스 등 6개국 법률을 분석한 결과 이사의 충실의무 대상에 주주를 포함하는 규정은 찾아볼 수 없었다"고 설명했다. 이어 "상법이 개정되면 소송 증가와 주주간 갈등 증폭으로 기업 경영상 혼란이 가중될 가능성이 크다"며 "시장에서 특수한 상황이 발생하는 경우 이를 법률로 일반화하기보다 현행법과 판례를 통해 해결을 도모하는 것이 바람직하다"고 제언했다.

chapter

76

행동주의

행동주의

매경이코노미. 2024.1.5. 행동주의 = 소액펀드? '소액주주'도 있다.

소액주주 목소리가 커지고 있는 것은 늘어난 주주 제안 안건 수로도 확인할 수 있다. 한국 ESG기준원이 2023년 6월 발표한 '국내 주주제안 현황 분석' 리포트에 따르면 주주 제안 안건은 2022년 142건에서 2023년 1~5월 195건으로 늘었다. 5월 이후 발생한 임시 주주총회 안건까지 합하면 200건을 넘어설 가능성이 높다. 주주 제안 안건이 급증한 건 개인주주와 소액주주 연대들의 제안 때문이다 한국 ESG기준원에 따르면 소액주주와 개인주주의 주주 제안 안건이 전체 안건 중 60%를 넘어선다.

안건을 냈을 때 통과하는 '가결률'도 과거 대비 상승했다. 소액주주 연대가 제기한 2022년 안건 중 가결된 건 하나도 없었다. 하지만 2023년 1~5월에는 17.1%까지 높아졌다. 개인주주도 2022년 가결률 0%에서 2023년 13.8%를 기록했다.

제안 내용 순위는 사내 이사 선임, 사외 이사선임, 배당, 정관변경, 감사위원/감사, 이사 해임, 자사주 매입/소각, 이사/감사 보수한도 순이다.

상법 제363조의2(주주제안권)

① 6개월 전부터 계속하여 의결권 없는 주식을 제외한 발행주식 총수의 1천분의 5이상(자산총액 2조원 이상인 상장회사)에 해당하는 주식을 가진 주주는 이사에게 주주총회일(정기주주총회의 경우 직전 연도의 정기주주 총회일에 해당하는 그 해의 해당일)의 6주 전에 서면 또는 전자문서로 일정한 사항을 주주총회의 목적사항으로 할 것을 제안(이하 '주주제안')할 수 있다.

주주제안제도는 상법에서 규정하는 제도이며 주주 중심 경영이라는 취지에서 상법에 도입되었다고 판단된다. 포스코홀딩스의 경우는 0.5% 이상의 지분을 6개월 이상 가진 주주들에게 대표이사 회장 후보를 추천할 기회를 부여하기도 하는데 과거에 보면 주요주주들이 이 기회를 활용한 경우는 매우 소수에 그친다. 기업지배구조 선진화 TF에서는 0.5%의 지분을 0.1%로 낮춰 주요 주주들이 적극적으로 회장 후보를 추천할 수 있는 대안을 고민 주이다.

물론 KB금융지주의 경우는 수년 전부터 사외이사 공석이 발생하는 경우 노조에서 후보자를 추천하기도 하였지만 이사회에서 이 내용이 수용되지는 않았다.

chapter

77

배임죄

배임죄

이코노미스트. 2024.1.8.~14. 배임죄가 기업에 '공포'가 된 이유. 김기동

업무상 배임죄는 타인의 사무를 처리하는 자가 업무상 임무에 위배하는 행위로서 재산상의 이익을 취득하거나 제3자로 하여금 이를 취득하게 해 본인에게 손해를 가했을 때 성립한다(형법 제356조, 형법 제355조 제2항)

배임죄의 처벌은 무거운 데 반해, 배임이라는 개념의 범위가 매우 넓은 데다 범죄 구성 요건 또한 명확하지 못한 측면이 있다. 배임죄의 구성 요건 또한 명확하지 못한 측면이 있다. 배임죄의 구성 요건 가운데 하나인 '임무에 위배하는 행위'가 무엇인지는 구체적인 업무마다 해석의 영역에 맡겨져 있다. 2021년 횡령 배임죄 재판의 1심 무죄율은 5.8%로, 전체 형사사건의 1심 무죄율인 3.1%보다 훨씬 높은 것도 이런 이유 때문이다.

미국 등 선진 국가에서는 판례를 통해 '경영 판단의 원칙'을 인정하고 있다. 이에 이사가 내린 의사결정이 합리적 근거가 있고 회사의 이익을 위한 것이라는 믿음 하에 어떤 다른 고려에 의한 영향을 받지 아니한 채 독립적인 판단을 통해 성실히 이뤄진 것이라면 이사책임을 묻지 않는다는 원칙이다.

그러나 우리 대법원은 기본적으로 경영 판단이라는 이유로 배임죄의 고의를 부인할 수 없다는 입장이다. 다만 기업 경영의 특성에 비춰 배임죄의 고의를 엄격하게 인정하는 해석 기준을 적용하고 있다.

즉, "경영상 판단에 이르게 된 경위와 동기, 사업의 내용, 기업이 처한 경제적 상황, 손실 발생과 이익 획득의 개인성 등 제반 사정을 감안해 자기 또는 제3자가 재산상 이익을 취득한다는 인식과 본인에게 손해를 가한다는 인식하에 이뤄진 의도적 행위임이 인정되는 경우에만 배임죄 고의가 인정된다"라고 일관되게 판시하고 있다

(2014.1.27. 선고 2013도2858 판결 등) 그러나 법률 전문가가 아닌 기업인 입장에서는 구체적인 사안을 두고서 판단을 내리기 쉽지 않은 경우가 허다하다.

기업 경영자 단체 등은 배임죄를 폐지하거나, 구성요건 강화 방향으로 법률 개정 주장을 지속 제기해 왔다. 그러나 대기업 위주의 대한민국 시장구조를 고려할 때, 배임죄 자체는 필요하다는 반대 의견도 많아 당장 입법적으로 해결될 가능성은 낮다.

따라서 기업은 경영상 행위 때 법률 리스크를 줄이기 위해 필수적으로 배임 성립 소지가 있는지 법률 전문가의 사전 검토를 거친 다음 심사숙고해 의사결정을 해야 한다. 나아가 검찰에서 배임죄 적용 기준을 보다 객관화해 기업들의 예측 가능성을 높여 준다면, 우리 기업들이 사회적 책임 및 윤리경영의 요구를 충족하면서도 투자와 고용 창출에 적극 나서지 않을까 생각해 본다.

또 하나 애매한 형벌 중의 하나가 직무유기이다. 정권이 바뀌고 난 다음에 많은 경우, 전 정권의 고위 공무원에게 적용되는 형벌이다. 그런데 고위 공무원이 장차관 정무직이라고 하면 어느 업무까지가 장차관의 업무인지 직무 자체의 범주가 애매할 것이며 정무직이라는 표현 자체가 정무적인 판단을 수행할 수 있음을 의미한다. 물론, 윗선에서 위법한 요구를 하면 사표를 쓰더라도 못하겠다고 버텨야 하는데 결코 쉽지 않은 일이다.

직권남용도 유사하다. 정확히 어디까지 권리가 있다고 정해져 있어야 직권이 어디까지인지 알게 되는데 일반적으로 직권이라는 것이 명확히 정해져 있지 않다.

업무상과실/업무방해도 유사한 형벌인데 관례/관행적으로 해오던 일도 형벌의 범법 영역에 가 있을 수 있다. 형벌에 적용된다고 할 때, 흔히 관행이라며 본인의 범법행위를 정당화할 수도 있는데 관행이라고 해도 범법이면 예외가 될 수 없다. 우리와 같은 네트워크 사회에서 생활하면서 몇 번 청탁전화를 안 해 보거나 안 받아 본 사람은 거의 없을 것이다. 청탁을 받고 의사결정을 할 때 조금이라도 청탁받은 내용이 의사결정에 영향을 미쳤다면 이는 형벌의 영역에서는 업무방해이며 최근에는 청탁금지법(소위 김영란법) 위반 사안이다. 업무를 due care과정에서 수행해야 하는데 청탁을 받았기 때문이다.

자산재평가

자산재평가

매일경제신문. 2024.1.13. 부채비율 줄이기 고육지책 한전, 토지자산 재평가 착수

눈덩이 적자에 시달리는 한국전력이 재무구조를 개선하기 위해 자산재평가 작업에 착수했다.

500%가 넘는 부채 비율을 줄이기 위한 고육지책으로 올해 상반기 중 재평가를 통해 많게는 7조원의 자본을 확충할 전망이다. 하지만 단순히 부채 비율 '보여주기' 외에는 별다른 효과가 없다는 지적도 나온다.

12일 공공기관 경영정보 공개시스템에 따르면 한전은 최근 '자산재평가 회계정책 수립용역'을 발주했다. 제안서에서 한전은 "기획재정부의 재무건전성 강화 지침 중 자본확충 방안으로 토지 자산 재평가를 2024년에 도입한다"며 "연결 재무제표 작성을 위해 전력 그룹사 전체 토지에 대한 재평가를 수행하게 된다"고 밝혔다.

한전이 본사는 물론 계열사 토지에 대해 전부 재평가 작업에 들어간 이유는 부채 비율을 떨어뜨리기 위해서다. 한전은 현재 토지 가치를 원가모형을 적용해 평가한다. 공정가치 평가를 반영하지 않았기 때문에 현재 공시지가와 시세 등과 비교하면 훨씬 규모가 작다.

한전이 지난해 8월 발표하는 '2023~2027년 중장기 재무계획'과 국회 예산처 분석 자료를 종합하면 계열사를 제외하고 한전이 보유한 토지만 재평가해도 재평가이익이 약 7조원에 이를 전망이다. 7조원의 자본 증가 효과가 기대되고 이에 따라 부채비율도 개선될 수 있다.

한전의 연결기준 부채비율은 지난해 3분기 기준으로 564%에 달한다. 7조원의 자본확충이 이뤄지면 부채비율은 472%로 떨어진다. 부채비율이 한번에 92% 포인트 하락하는 효과를 기대할 수 있다.

문제는 이 같은 방안이 한전의 취약한 재무구조를 개선하는 근본적인 처방이 아니라는 점이다. 장부상 부채비율만 떨어뜨릴 뿐 회사의 자금 사정은 크게 바뀌지 않는다는 지적이다.

한전이 재평가한 토지 중 대부분이 현재 영업활동에 사용되고 있어 매각할 토지가 아니기 때문이다. 평가차익이 발생해도 장부상 부채만 낮아지는 것이지 수익성 개선과는 전혀 관계가 없다는 얘기다.

결국 재무건전성의 핵심은 전기요금인상이지만 최근 정부가 올해 경제정책 방향을 발표하면서 상반기엔 요금을 동결하기로 했다.

'장부상 부채비율만 떨어뜨릴 뿐 회사의 자금 사정은 크게 바뀌지 않는다'는 기사의 내용은 결국 회계상의 이익(paper gain)이지 당장 사용하는 토지이니 공정가치가 높아도 이익을 실현시킬 수 없다는 의미이다. 회계적 계정을 사용하여 설명하면 이 토지는 토지 계정으로 계상되었지 투자부동산으로 계상되어 있는 항목이 아니라는 의미이다. 회계는 어차피 현상을 측정하고 드러내는 학문 영역이다.

조선일보, 2023.5.31. 한전, 회계도 부실

올해 1분기에만 6조원이 넘는 영업 손실을 낸 한국전력이 회계 처리 잘못으로 감사원 지적을 받았다. 자회사들의 내부거래에 대한 회계 처리를 제대로 못 해, 2021년 한전과 자회사 손자회사들의 전반적인 매출과 영업이익 등을 부풀려 계산했다는 것이다.

감사원이 30일 공개한 '공공기관 회계처리 적정성 점검' 감사보고서에 따르면, 한전은 본사와 종속회사 153개의 실적을 종합해 작성한 연결재무제표를 공개하고 있다. 법적으로는 한전 본사와 종속회사들이 별개 법인이지만, 실질적으로는 한전 본사와 종속회사를 한 덩어리로 보고 실적을 따지는 것이 더 적합하기 때문이다.

이때 한전 종속회사 간 내부 거래는 실적 계산에서 제외해야 한다. 한전 자체의 영업 성과와 무관하기 때문이다. 그런데 한전은 2021년 실적을 종합하면서 발전 자회사 간 유연탄 거래 1386 억원 등 2745억원 규모의 내부 거래를 실적 계산에서 빼지 않았다. 그 결과, 연결재무제표에서 매출액과 매출원가, 영업이익들이 각각 적게는 수십억원에서 많게는 수천억원 부풀려졌다. 발전 자회사들이 한전에 내부 거래 내역을 보고할 때 유연탄 거래를 빠뜨렸지만, 한전이 이를 면밀하게 점검하지 않고 단순 취합한 결과 벌어진 오류다.

한전이 공개한 2021년 실적은 매출 60조 5748억원, 영업손실 5조 8601억원이었다. 감사원은 한전에 종속회사들에 대한 내부 통제를 강화해 오류 재발을 방지하라고 요구했다.

chapter

79

소송

소송

자본주의에서의 시장이 자정(自淨)적인 기능을 수행하며 이 기능에는 주가에 의한 기업가치평가(valuation)가 있고 또한 소송도 존재한다. 소송에는 순기능도 있지만 남소로 인한 역기능도 존재할 수 있다.

한국경제신문. 2024.1.23. 행동주의펀드에 '1조 소송'당한 KT&G 사외이사

KT&G 이사회가 외국계 행동주의 펀드로부터 1조원대 송사에 휘말린 것으로 확인됐다. 전 현직 사장이 자사주 1085만 주를 경영권 유지에 활용하는 동안 사외이사들이 감시 의무를 소홀히 해 회사에 손실을 끼쳤다는 이유에서다. 국내 기업 사외이사들을 대상으로 조 단위 소송을 제기한 것은 이번이 처음이다.

22일 법조계 및 투자은행(IB) 업계에 따르면 싱가포르계 행동주의 펀드인 플래시라이트파트너스(FCP)는 지난 10일 KT&G 감사위원회 위원장 앞으로 소제기 청구서를 보냈다.

KT&G 감사위원회는 FCP의 청구서를 검토해 다음달 10일까지 FCP가 지목한 백복인 사장 등 전현직 사내외이사 21명에 대해 회사 차원에서 배상금 청구 소송을 진행할지 결정해야 한다. KT&G 감사위원회가 전 현직 사내외이사를 상대로 소송하지 않으면 FCP가 주주 대표 소송을 제기할 예정인 것으로 알려졌다. 소송가액은 1085만 주를 지난 9일 종가(주당 9만 600원)으로 환산한 금액이다.

자사주 편법 활용을 감시하지 못했다는 이유로 사외이사에게 소송을 제기한 것은 국내 상장사 중 처음이다. 쉰들러의 현대엘리베이터 소송과 KT 소액주주연대 소송 모두 대표이사에 한정했다.

KT&G는 2001년부터 조금씩 자사주를 매입한 뒤 이사회 결의만 거쳐 백사장과 민영진 전 사장 등 KT&G 전 현직 임직원이 몸담은 재단 기금에 무상 증여해 최대 주주(작년 3분기 말 기준 9.6%)로 만들었다. 소각 또는 매각을 통해 주주 가치를 높이는데 써야할 자사주를 재단 기금에 증여하는 방식으로 KT&G 사장의 경영권 강화에 썼다는 게 FCP 주장이다.

위 기사에서 우리가 주목해야 할 점은 행동주의 펀드가 회사에 전 현직 이사들을 상대로 한 소송 제기를 감사위원장에게 요청했다는 점이다. 이 점은 아래의 상법 규정에 기초한다. 위의 경우는 회사가 이사의 책임을 추궁하는 경우이고 아래의 상법 규정에 의해서 감사가, 또는 감사위원회가 가동되는 이 회사의 경우는 감사위원회가 그 소에 관하여 회사를 대표하는 경우이다. 즉, 이사들의 의사결정이 회사에 손해를 끼쳤다는 판단이다. 이전의 유사한 자사주 편법 사용 소송의 경우는 이제까지는 모두 대표이사에 한정했고 위의 경우만 사외이사가 그 대상이라는 점도 흥미롭다. 사외이사의 사내이사에 대한 감시 역할의 소홀이 소송 제기의 단초라서 이렇게 진행되었다는 판단이다.

제394조(이사와 회사간의 소에 관한 대표) ① 회사가 이사에 대하여 또는 이사가 회사에 대하여 소를 제기하는 경우에 감사는 그 소에 관하여 회사를 대표한다. 회사가 제403조 제1항 또는 제406조의2 제1항의 청구를 받은 경우에도 또한 같다. 〈개정 2020. 12. 29.〉
② 제415조의2의 규정에 의한 감사위원회의 위원이 소의 당사자인 경우에는 감사위원회 또는 이사는 법원에 회사를 대표할 자를 선임하여 줄 것을 신청하여야 한다. 〈신설 1999. 12. 31.〉

감사위원장은 감사위원장인 동시에 사외이사이므로 당연히 소송을 제기하는 경우, 본인도 피소 대상이 된다. 이러하니 본인에 대해서 소송을 제기하기는 쉽지 않을 것이다. 이러한 이유 때문에 이사회와 감사위원회의 member가 중복되는 점은 문제라고 이미 지적한 것이다. 이사회와 감사기능이 분리되어 있으면 감사기능이 이사에 대해서 소송을 제기함에 아무런 부담을 느끼지 않을 것이다. 이사회 이사와 감사위원회 위원이 중복되지 않기 때문이다. 상법은 이와 같이 감사에 대해서는 이사와는 달리 특별한 업무를 부여한 것이다. 다만, 많은 기업에서 감사가 이러한 역할을 철저하게 수행하는지에 대해서는 모두 고민해 볼 사안이다.

아마도 거의 모든 기업에서 감사위원장이 이러한 소송을 진행한다면 "당신이 내게 이럴 수 있냐", "당신 자신도 피소가 되는 것인데 정신이 있느냐" 등등의 대화가 이사들 간에 오고갈 듯하다. 주주총회 안건을 상정하는 이사회 이후에도 별도의 감사위원회는 상정하는 안건에 문제가 없는지를 최종적으로 점검하게 되니 상법에서의 감사의 역할은 그야말로 감시의 역할이며 이를 법적으로 보장해 준 것이다.

> **상법 제413조(조사·보고의 의무)** 감사는 이사가 주주총회에 제출할 의안 및 서류를 조사하여 법령 또는 정관에 위반하거나 현저하게 부당한 사항이 있는지의 여부에 관하여 주주총회에 그 의견을 진술하여야 한다.

소액주주/일반주주가 감사위원들에게 이사들이 아니고 최대주주/대표이사에 대해서 소송을 제기하기를 요구한 경우는 아래에서도 찾아볼 수 있다.

> **한국경제신문. 2021.12.8. 대법 "대표가 담합 몰랐어도...감사의무 소홀로 배상 책임"**
>
> 기업 담합 행위에 대해 대표이사의 감사 의무 위반을 인정한 대법원 첫 판결이 나왔다. 대표가 회사에서 일어난 불법행위에 직접 관여하지 않았다 해도, 감사 감독 의무를 게을리했다면 주주에게 배상할 책임이 있다는 것이다.
>
> 7일 법조계에 따르면 대법원 민사 제 3부(주심 노정희 대법관)는 지난달 11일 동국제강의 소액주주가 장세주 동국제강 회장을 상대로 "회사에 손해배상을 하라"며 제기한 소송에서 원고의 손을 들어주고 사건을 서울고등법원으로 파기 환송했다.
>
> 철강제조 가공업체인 유니온스틸은 다른 기업들과 2005~2010년 아연도강판, 내연 강판 등의 가격을 담합했다는 이유로 2013년 공정거래위원회로부터 320억원의 과징금 부과 처분을 받았다. 유니온스틸은 동국제강의 계열사였고 장회장은 2004~2011년 유니온스틸 대표로 재직했다. 유니온스틸은 2015년 1월 동국제강으로 흡수 합병했다.

유니온스틸 소액주주였던 A씨는 회사 감사위원들에게 "감시 의무를 위반한 장회장에게 손해 배상 소송을 제기하라"고 요구했지만 거부당하자 2014년 12월 직접 소송을 제기했다. 1, 2심 법원은 장 회장 측 손을 들어줬다. 재판부는 "장 회장이 의도적으로 불법행위를 방치하거나 내부통제를 통한 감시 감독의무를 외면했다고 볼 수 없다"고 판단했다.

이 판결은 대법원에서 뒤집혔다. 재판부는 "기업에서 이사들이 각자 전문 분야를 맡고 있다고 해도, 대표는 다른 이사의 업무 집행이 위법하지 않은지 감시할 의무를 가진다"며 "담당 임원의 지속적이고 조직적인 담합 행위가 이뤄지고 있음에도 불구하고 대표가 이를 인지하지 못해 견제 혹은 제지하지 못했다면 결국 내부통제시스템을 외면한 것"이라고 지적했다. 이어 "대표가 감시 의무를 게을리한 결과 회사에 손해가 발생했다면 이를 배상할 책임이 있다"고 판시했다.

법조계에선 최근 법원에서 대표 등 임원에게 준법경영 의무를 폭넓게 인정하는 경향이 이번 판결에 반영됐다는 분석이 나온다. 앞서 지난 9월 서울고등법원은 대우건설 소액주주들이 서종욱 전 대표 등 임원을 상대로 "4대강 입찰 담합을 막지 못해 공정위로부터 부과받은 과징금 280억원에 대해 손해배상하라"며 청구한 소송에서 1심을 깨고 서 전 대표와 사내 외 등기이사 책임을 인정했다.

이번 대법원 판결은 담합 뿐 아니라 산업재해와 중대재해 등에도 적용될 수 있다는 분석이 나온다. 조상욱 법무법인 율촌 변호사는 "감시 의무는 내부통제시스템을 구축했다는 사실만으로는 부족하고, 그 시스템이 적절하게 작동했음을 보여줘야 인정받을 수 있을 것"이라고 설명했다.

준법경영 책임 강조하는 법원 판결

2019년 5월 심급: 대법원, 강원랜드 '태백시 150억원 기부' 사외이사 책임 인정

이와 같이 사외이사들의 법적인 책임(형벌)과 금전적인 손실(민사)이 높아지면서 이사책임보험에 대해서 관심이 높아지는 추세이다. 물론, 형벌로 인해서 개인에 대해서 과징금도 부과할 수 있게 된다. 이사책임보험은 고의나 중과실일 경우는 손해에 대한 보험 cover에 해당되지 않는다.

현재 이사책임보험회사의 한도가 가장 높은 회사는 삼성전자로 이미 1400억원 수준이고 수십억의 보험금을 내고 있다. 보험회사의 보험료의 산정은 많은 경험치에 근거하여 보험료 수입액과 보험지급액을 두고 균형가격을 산정할 것

인데 이러한 균형 가격의 산정이 가능할 정도로 이사에 대한 소송 진행된 건수가 다수인지는 의문이다. 생명보험, 화재보험 등의 보험료 산정도 전자의 경우는 피 보험자의 건강 상태, 후자의 경우는 사고 발생 건수 등의 근거로 계리업무를 통해서 가격이 산정되는데 이러한 계산을 위해서는 표본이 많아야 한다.

손익계산서 양식 변경 IFRS18

chapter
80

손익계산서 양식 변경 IFRS18

한국경제신문. 2023.11.7. 상장사 손익계산서 2027년부터 바뀐다.

2027년부터 국내 상장사의 손익계산서가 대대적으로 바뀐다. 현재 상장사가 자체 판단으로 결정하는 영업손익 구성 항목이 명확히 규정돼 기업 간 비교 가능성이 커진다. 영업활동 외에 투자 및 재무활동으로 발생한 손익도 손익계산서에 한목에 일목요연하게 파악할 수 있게 된다.

2일 금융당국과 회계업계에 따르면 상장기업에 적용하는 국제회계기준(IFRS)을 재개정하는 국제회계기준위원회(IASB)는 '재무제표의 일반적 표시와 공시'에 대한 새로운 기준(IFRS18)을 작성하고 있다. 현재는 최종 기준서 잠정안을 마련해 한국 등 IFRS 회원국을 대상으로 의견을 수렴하고 있다. IASB는 내년 하반기 최종 기준서를 공식 발표할 계획이다.

이한상 한국회계기준원장은 "준비 기간 등을 거쳐 한국에서도 2027년 새로운 기준을 적용할 예정이라고 말했다.

새로운 기준서에 따르면 손익계산서와 주석 공시가 대폭 개편된다. 손익계산서는 기업 활동을 영업 투자 재무 범주로 나눠 중간 합계를 보여준다. 지분법 손익, 금융자산투자 손익 등은 영업손익에서 제외된다.

또 IFRS18에서는 경영진이 정의한 성과측정치 MPM(management-defined performance measure)의 내용도 정의되고 필요하며 공시가 요구된다. 이는 기업 재무성과에 대한 경영진의 견해를 전달하게 되는 non-GAAP measure공시다. 새롭게 도입되는 개념이며, 투자자의 혼란이 우려되기도 한다.

한국경제신문. 2023.11.7. 기업 영업이익 기준 통일... 지분법 손익 뺀다.

국내 상장 기업 중 매출 대비 지분법 손익 비중이 가장 높은 곳으로는 SK스퀘어와 LX홀딩스가 꼽힌다. 이 두 기업은 각각 자회사 SK하이닉스(지분율 20.07%), 자회사 LX인터내셔널(24.7%)의 지분법손익을 영업 손익에 포함한다. 그런데 '시가 총액 1위' 삼성전자는 지분법 손익을 영업손익에 포함하지 않는다. 이는 각 기업의 자체 판단에 따른 조치다.

이같이 들쭉날쭉했던 상장사 손익계산서가 2027년부터 동일한 형태로 바뀐다. 국제회계기준위원회가 작성 중인 '일반적 표시와 공시'에 관한 새 국제회계기준(IFRS18)이 내년 상반기 확정된 뒤 준비 기간을 거쳐 2027년부터 전면 적용될 예정이기 때문이다. 새 기준은 지분법손익을 손익계산서상 영업 손익에서 빼고 투자손익 범주로 분류한다.

투자 재무 등 활동별 범주 신설

새 기준은 손익계산서를 영업 투자 재무 등 3개 범주로 세분화한다. 일단 투자와 재무 범주를 규정하고 기업의 영업활동 및 투자 재무 범주에 포함되지 않은 잔여손익을 영업 범주로 분류하는 방식이다. 현행 현금흐름표를 작성할 때와 비슷한 개념이다.

먼저 투자 범주는 금융자산, 부동산, 관계기업 지분 등 회사의 투자활동과 관련해 발생한 손익을 보여 준다. 재무 범주는 현금성 자산, 리스 부채, 이자 비용 등 회사의 자금조달과 관련한 활동에서 발생한 수익 비용을 표시한다.

영업 범주는 투자와 재무를 제외한 모든 범주다. 투자 재무손익, 법인세 비용, 중단사업손익을 제외한 모든 수익과 비용이 영업손익이 된다. 다만 은행이나 투자전문기업 등 투자 재무활동을 주업으로 삼는 기업에 한해선 해당 활동을 영업 범주로 분류해야 한다.

장금주 서울시립대 경영대 교수는 "기업들이 기존에 비해 훨씬 체계적이고 비교 가능한 방식으로 정보를 공시하게 될 전망"이라며 "투자자 등 정보 이용자의 만족도가 매우 증가할 것으로 예상한다"고 말했다.

영업 손익 놓고 혼란도 예상

영업손익은 국제적으로 쓰이는 IFRS엔 없지만 한국이 채택한 국제회계기준(K-IFRS)에만 예외적으로 허용됐다. IFRS18이 본격 시행되면 2011년 K-IFRS 전면 도입 이후 사용돼 온 영업손익이 약 12년 만에 의미가 달라지는 것이다.

그간 국내 기업은 수익에서 매출원가, 판매비와 관리비 등을 차감해 영업손익을 표시해 왔다. 개정 기준을 도입하면 현재 '기타 영업외 손익'으로 구분되고 있는 유무형자산 손상 차손, 처분손익, 기부금 등이 영업손익에 들어간다.

예컨대 현재 영업이익이 100억원이고 기타 손익 중 유무형자산 손상차손 10억원이 있는 기업은 새 기준에 따르면 영업이익이 110억원이 된다는 얘기다. 한국회계기준원 관계자는 "영업손익 항목 범위가 달라지면 영업손익 금액이 크게 달라지는 기업도 속출할 것"이라고 내다봤다.

일각에선 현행 K-IFRS의 영업손익과 다른 새로운 영업손익이 도입되는 만큼 '영업 범주 손익'같은 별도 용어를 도입해야 한다는 주장도 나온다. 금융위원회 관계자는 "새로운 영업 손익 개념과 관련해 수년간 IASB와 소통해 왔다"며 "국내 자본시장의 우려 등을 반영해 추가 논의 후 방침을 결정할 것"이라고 했다.

새 기준은 한국회계기준위원회가 의결한 뒤 금융위원회 정례회의에서 최종 확정된다.

한국경제신문. 2024.4.17. 13년만에 바뀌는 회계기준. 순수 지주사 '영업익 0원'될 판

지난 9일 확정해 공개된 국제회계기준(IFRS)18 기준서를 놓고 국내 상장사들이 골머리를 앓고 있다. '영업손익' 항목의 의미가 2011년 K-IFRS 전면 도입 이후 약 13년 만에 확 바뀔 예정이어서다.

16일 한국회계기준원과 한국거래소, 한국상장회사협의회, 코스닥협회 등은 서울 여의도동 한국거래소에서 IFRS18 재무제표 표시와 공시'를 주제로 세미나를 열고 상장사 등의 의견을 수렴했다. IFRS18은 2027년 1월부터 전면 도입된다. 국내 상장사는 매년 3개년치 재무제표를 공시하기 때문에 사실상 내년부터 새 기준을 반영한 재무제표 작성에 나서야 한다.

IFRS18에 180여 개국이 쓰는 기존 IFRS에는 없던 영업 손익 개념을 새로 넣었다. 문제는 한국에선 IFRS 도입 이전 K-GAAP 시기부터 영업이익을 쓰고 있다는 점이다. 그간 국내 기업은 매출에서 매출원가, 판매비와 일반 관리비 등을 차감해 영업손익을 표시해왔다.

새 기준서는 영업손익을 투자손익과 재무손익을 제외한 모든 잔여 손익으로 규정하는 게 특징이다. 이렇다 보니 기존에 국내에서 영업외 손익으로 구분했던 각종 항목이 영업손익으로 뭉뚱그려진다. 유무형자산 손상차손, 처분손익, 기부금 등이 그렇다. 이날 세미나에 참여한 김용범 KT&G 재무실장은 "기업이 사업장을 철수하거나 생산라인을 폐쇄하는 등 일시적인 유형자산 변동 건도 영업손익에 반영된다"며 "투자자들이 오히려 더 헷갈릴 수 있다"고 우려했다.

지주사 손익계산서도 크게 달라질 수 있다. 새 기준은 지분법손익을 영업손익에서 빼고 투자손익범주로 분류한다. 하지만 국내 상장 지주사 다수는 지분 보유에 따른 배당손익을 영업손익으로 포함한다. 국내 규정상 지주회사의 사업 목적이 주식을 소유해 자회사를 지배하는 것인 만큼 지분손익도 영업활동에 따른 결과라는 판단에서다. 자회사 배당금이 영업이익의 대부분을 차지하는 일부 지주사는 영업이익이 확 줄어들 전망이다.

이 기준의 도입으로 지주사의 회계가 크게 영향을 받는다면 지주사 재무제표의 시계열적인 비판 가능성이 상당히 흔들릴 수 있다.

지분법이익의 경우도 주된 영업활동과 관련된 경우만 영업이익으로 분류된다. 이러한 점은 기업의 자의적이고 임의적인 판단의 영역이다.

과거에는 경상적이면 영업이익으로 비경상적이면 영업외 수익으로 분류하였는데 경상/비경상의 내용이 영업이익/영업외 이익 분류의 판단 기준으로 사용되었다고 할 수 있으나 IFRS 18은 이러한 판단보다는 특히나 유형자산 처분손익의 경우는 이 유형자산이 영업활동과 관련되는 자산이면 영업손익으로 분류된다. 이러한 부분이 가장 크게 IFRS 18이 영업이익에 크게 영향을 미칠 부분이다.

IFRS 수정 도입 시, 현 IFRS 영업손익의 명칭 변경의 대안은 다음과 같다.
1. 경상영업손익
2. 운영손익
3. 사업손익
4. 구 영업손익, 신 영업손익은 신 영업손익

chapter

81

밸류업

밸류업

금융위원회가 한국기업의 저평가 즉, 코리아 디스카운트를 위해서 value up 이라고하는 정책을 2024년 초부터 강력하게 추진하고 있다.

> **한국경제신문. 2024.4.3. 밸류업 잘하는 기업, 감사인 지정 면제**
>
> 정부가 올 하반기 기업 밸류업 프로그램 본격 가동을 앞두고 '밸류업 우수 기업'에 대한 인센티브 방안을 추가로 내놨다. 그러나 신규 인센티브 중 일부는 기존 공시 우수 기업 등에 주는 혜택과 중복돼 정책 유도 효과가 크지 않을 것이라는 전망도 나온다.
>
> 2일 금융위원회는 서울 여의도 한국거래소 서울 사무소에서 '기업 밸류업 관련 회계 배당 부문 간담회'를 열고 밸류업 우수 표창을 받은 기업에 신규 인센티브 다섯 가지를 줄 수 있다고 제시했다.
>
> 정부는 내년 5월부터 기업 밸류업 프로그램 참여 우수 기업을 10여곳 선정해 표창을 줄 예정이다. 기업이 자발적으로 마련해 공시한 기업가치 제고 계획이 적절한지, 계획을 충실히 이행했는지 등을 따져 시상한다.
>
> 금융위는 내년부터 밸류업 표창을 받은 기업에 외부감사 주기적 지정 면제 심사때 가점을 부여할 방침이다. 주기적 지정제는 상장사가 6년간 외부 감사 회계법인을 자율적으로 선임하고, 3년간은 정부가 지정한 회계법인에 감사를 받는 제도다. 정부가 지정할 땐 회계법인간 입찰 등 경쟁이 없다 보니 통상 감사에 드는 비용 부담이 더 크다.
>
> 금융위 관계자는 "기업가치를 올리려는 노력과 지배구조 개선, 회계 투명성 강화 등은 서로 맞닿아 있는 일"이라며 "밸류업 표창 기업에 가점을 부여하는 것은 정책

적으로 일맥상통한다"고 했다.

표창 기업에 벌금 과징금 등 조치를 일부 덜어주는 인센티브 안도 내놨다. 기업이 금융감독당국으로부터 회계 상장 공시 관련 감리를 받아 제재를 앞둔 경우 밸류업 표창을 제재 감경 사유로 인정해 줄 방침이다. 불성실공시를 한 경우에 대해서도 비슷한 혜택을 제공한다. 거래소 규칙 위반 사항이 고의 중과실이 아니면 벌금 제재금 등의 처분을 6개월간 유예해준다.

밸류업 표창을 받은 기업은 상장 유지를 위해 거래소에 내야 하는 연 부과금 의무를 1회 제외해 주고, 유상증자 등을 사유로 추가 변경 상장을 할 때 지급해야 하는 수수료도 빼준다. 정부가 지난 2월 발표한 3대 인센티브(5종 세정 지원, 거래소 공동 투자설명회 우선 참여, 코리아 밸류업 지수 편입 우대)에 더해 인센티브가 총 8개로 늘어난 셈이다.

하지만 기업을 비롯한 시장 반응은 미지근한 분위기다. 연 부과금 의무 제외, 추가 변경 상장 수수료 면제, 불성실 공시 법인 지정 유예 등 세 가지는 기존 거래소 공시 우수 법인에 제공하는 혜택과 사실상 같다. 금융위는 앞서 공시 우수법인 선정 때 밸류업 우수 기업에 가점을 주겠다고 했다.

한 자본시장 전문가는 "상장 연 부과금은 10조원대 시가총액 기업도 1600만원 수준"이라며 "시총이 아무리 커도 최대 5000만원 상한이 있기 때문에 상장사에 대단한 인센티브는 아닐 것"이라고 말했다. 한 상장사 재무 공시 담당 임원은 "지정 감사 회피 가능성을 제외하면 기존 발표 내용과 크게 달라진 것이 없어 보인다"고 했다.

매일경제신문. 2024.4.3. 지배구조 개선한 기업엔 회계감사 부담 줄여준다

외부감사인 선임과 감독을 위한 시스템을 잘 갖춘 지배구조 우수 기업에는 현행 회계감사인 주기적 지정제가 면제된다. 회계 투명성 제고라는 정책 목표의 타깃이 아닌 기업에까지 부담을 주면 안 된다는 취지다. 그러나 제도가 시행된 지 얼마 되지 않아 제도의 후퇴를 가져오는 것 아니냐는 우려도 나온다. 금융위원회는 2일 김소영 부위원장 주재로 열린 '기업 밸류업 관련 회계 배당 부문 간담회'에서 이 같은 내용을 공개했다.

먼저 외부감사인 선임 감독 시스템을 잘 갖춘 지배구조 우수기업에 대해 감사인 주기적 지정을 면제하는 방안을 추진한다. 외부기관 전문가 중심의 '지배구조 평가 위원회'를 구성해 평가를 실시하고 대상 기업을 선정한다. 지배구조 우수기업으로 선정되면 증권선물위원회 의결을 거쳐 일정 기간 주기적 지정을 면제할 계획이다.

면제 심사 시 '밸류업 표창' 수상 기업에는 가점을 부여하기로 했다.

금융위는 "우리 기업의 낙후된 지배구조가 코리아 디스카운트의 원인 중 하나로 지적돼왔는데 기업의 불필요한 부담을 경감하고 자율적 지배구조 개선을 촉진해 기업 가치가 재고될 수 있도록 정책적으로 유도할 필요가 있다"고 강조했다.

금융위는 "기업 가치 제고 노력을 인정받아 '기업 밸류업 표창'을 받으면 지정 면제를 위한 지배구조 평가 시 가점 요소로 반영하고, 향후 감리 결과 조치 시에도 과징금 등 제재의 감경 사유로 추가할 것"이라고 밝혔다.

구체적인 내용은 추가 검토를 거쳐 올 2분기에 확정되고, 외부감사법 시행령 개정 등을 통해 2025년 중 시행된다.

기업 밸류업 지원 방안 인센티브를 확대하는 방안도 나왔다. '기업 밸류업 표창' 수상 기업에는 지난 2월 발표한 5종의 세정지원과 거래소 공동 IR, 밸류업지수편입 우대에 더해 회계 상장 공시 분야에서 감리 제재 조치 시 감경 사유로 고려하기로 했다.

여기에 더해 불성실공시 관련 거래소 조치 유예도 주어진다.

이러한 정부 정책에 대해서 최운열 한국공인회계사회 회장은 다음과 같이 반대 의견을 분명히 표명하였다.

매일경제신문. 2024.9.27. "밸류업 기업 혜택도 좋지만 회계 투명성도 중요한 가치"

최운열 한국공인회계사회 회장이 정부가 추진 중인 지배구조 우수 기업에 대한 주기적 지정제 면제와 관련해 반대의 목소리를 냈다. '면제'라는 단어를 언급하면 자칫 회계 투명성을 중시하지 않는다는 인상을 줄 수 있다는 이유에서다.

26일 최 회장은 취임 100일을 맞아 마련된 기자단 간담회에서 "정부가 증시 밸류업에 주기적 지정을 면제해 주겠다고 하는 것은 회계 투명성을 포기한다는 인상을 주기 때문에 적절하지 않다"고 밝혔다. 그는 "지정 기간이 돌아오더라도 한 번 정도 유예해 주는 주기적 지정제를 합리화하는 방안을 현재 정부와 협의 중"이라고 설명했다. 2019년 시행된 주기적 지정제는 기업이 6년 연속 자율적으로 회계감사인을 선임하면 다음 3년은 금융당국이 감사인을 지정하는 제도다.

금융위원회는 지난 4월 지배구조 우수기업을 선정해 일정 기간 '감사인 주기적 지정'을 면제하는 방안을 추진한다고 밝힌 바 있다. 또 밸류업에 동참하는 기업에 '밸류업 표창'을 부여하고, '지정 면제 여부를 심사할 때 가점을 부여하는 방안도 내놨다. 즉 정부가 주도하는 증시 밸류업 프로그램에 적극적으로 참여하는 기업에는 주기적 감사인 지정제를 일정 수준에서 면제하는 인센티브를 부여하겠다는 이야기다.

발표 당시부터 밸류업과 회계투명성은 둘 다 추구돼야 하는 가치인데 기업가치를 높인다고 회계 투명성에 대한 노력을 완화할 수 있도록 하는 게 적절한 것이냐는 논란은 있었다. 이번에는 공인회계사 업계를 대표하는 한공회 회장이 명시적으로 반대 의사를 표출한 것이다.

과거 감사인 강제 교체 제도가 시행 중인 기간에도 외국 증권시장에 상장되어 있는 기업에 대해서는 강제 교체 제도에 대해서 강제 교체를 적용하지 않는 예외적인 제도가 적용되기도 하였다. 그럼에도 불구하고 미국 증권시장에 상장되어 있던 한전과 같은 기업은 기업 외부의 힘에 의해서가 아니고, 한전 내부적으로 감사인 강제 교체를 시행하여서 예외를 적용받지 않았다.

10월 31일 회계의 날 행사에서 대통령 표창 등 여러 상훈을 수여 받는 공인회계사들에게는 감리 과정에서 분식회계로 지적되더라도 1회는 조치를 감경해주는 제도가 적용되는 것이나 같은 정신이다.

정부가 추진하는 밸류업 프로그램에는 기업과 정부 간에 온도 차이기 있는 것 같다. 민간에서는 기업 상속과 관련된 감세를 가장 중요한 value up 대상으로 보고 있는 반면, 정부는 기업의 배당과 관련 정책이 가장 주된 value up 책략이라고 판단하고 있는 듯하다.

한국경제신문. 2024.5.3. '기업 자율'에 맡긴 밸류업…매력적인 '당근책' 없어 실효성 의문

"기업가치 제고 계획을 괜히 공시했다가 '경영 족쇄'로 작용할까 우려됩니다." (기업 재무팀 임원)

"중견 중소기업은 밸류업 계획을 설계 관리할 인력을 확보하기도 쉽지 않습니다." (중견 지주사 재무팀 팀장)

상장사 재무 기업 설명팀(IR) 관계자들의 고민이 깊어졌다. 2일 금융당국이 공개한 '기업가치 재고 계획 가이드라인 안'에 대해 공시 부담만 키울 것이란 볼멘소리도 나온다. 이번 가이드라인의 골자는 지배구조 개편안 등이다. 하지만 매력적 '당근책'이 없는 만큼 실효성이 크지 않다는 지적도 있다.

후진적 지배구조 개선책 담아라

금융당국이 이날 공개한 가이드라인은 지배구조 개선안까지 담도록 한 것이 특징이다. 기업가치를 훼손하는 중복상장(물적 분할한 뒤 분할한 회사 재상장)과 오너 일가의 비상장 개인회사 보유와 같은 지배구조 문제를 어떻게 손질할 지 등을 포함하도록 권유했다. 지배구조 개선안의 하나로 감사 독립성 감사위원 분리 선출 현황과 향후 계획을 밝히는 방안도 담도록 제안했다. 한국거래소가 마련한 기업지배구조 15대 핵심 지표를 얼마나 준수하는지, 앞으로 준수율을 얼마나 높일지 등의 계획도 담도록 권고했다. 이 같은 지배구조 개선안은 상장사들이 판단해서 취사선택할 수 있도록 했다.

지배구조 개선안을 비롯한 비재무 지표 외에 주가순자산비율(PBR) 주가수익비율(PER) 자기자본이익률(ROE) 배당성향 배당수익률 같은 재무 관련 지표의 현황과 개선안도 담아야 한다. 예컨대 중장기 ROE 15% 이상이라는 목표치를 설정하고 이를 충족하기 위한 사업 부문별 투자, 연구개발(R&D) 확대, 사업 포트폴리오 개편, 자사주 소각과 배당 등 주주환원, 비효율적 자산 처분 등의 계획 등도 수립해야 한다.

금융당국은 상장사들에 연간 1회 이 같은 기업가치 제고 계획을 자율적으로 공시하도록 권고했다. 연1회 공시 사이에 어떤 노력을 이행했는지 잘 된 점과 보완이 필요한 사항을 기재해야 한다.

중견 중소기업 참여율 낮을 듯

상장사들은 금융당국 가이드라인의 실효성이 크지 않다는 반응을 보이고 있다. 정부 주주 눈치를 보는 대기업들은 '울며 겨자 먹기' 식으로 기업가치 제고 계획을 줄줄이 도입할 전망이다. 하지만 제고 계획 달성 압박이 커질 수 있는 만큼 계획을 보수적으로 잡을 것이라는 분석이 많다.

한 대기업 재무팀 관계자는 "올 들어서 중동 분쟁이 불거지는 등 대내외 변수가 많아 당장 1년 후 사업 계획과 예산을 편성하기도 쉽지 않다"며 기업가치 제고 계획을 달성하지 못할 경우 불어 닥칠 후폭풍도 상당할 것"이라고 했다.

형편이 상대적으로 열악한 중견 중소 기업은 불만이 더 크다. 관련 인력부터 부족하다. 중견 중소 기업들은 관련 공시 IR 담당자가 2~3명에 불과한 곳이 상당하다. 지난해 말 SNT홀딩스(10명), F&F홀딩스(8명), 농심홀딩스(7명) 등의 관련 직원은 10명 미만이었다. 관련 공시를 대신해 줄 컨설팅 회계법인 일감만 늘려줄 것이라는 지적도 있다. 한 중견기업 재무팀 관계자는 "기업가치 제고 계획 공시를 한다고 결정하면 인력 충원에 나서야 할 것"이라면서도 "인력 투자에 나설 만큼 인센티브가 크지 않아 제고 계획에 나설지는 미지수"라고 했다. 그만큼 중견 중소기업의 참여율이 크게 떨어질 것이라는 관측도 있다.

일본만 봐도 대기업 참여율은 40% 대에 불과했다. 일본거래소에 따르면 작년 말 한국의 유가증권시장 격인 프라임시장 상장사 중 39.9%만 기업 가치 제고안을 공시했다. 중견기업이 많은 일본 스탠다드 시장 상장사 가운데선 11.8%만 참여했다.

금융당국은 기업의 자발적 참여를 독려하기 위해 주기적 지정제 면제 심사 때 가점을 주거나 거래소 연부과금 등을 면제해준다는 인센티브를 제시했다. 하지만 기업들은 세제 혜택 등 더 강력한 지원책이 나와야 한다고 입을 모았다. 기획재정부는 '기업 밸류업 프로그램'의 일환으로 배당소득 분리과세를 추진하겠다는 계획이다.

매일경제신문. 2024.5.5. 기업 스스로 '밸류업'하라지만... 유인책 빠져 실효성 의문

금융위원회가 12일 공개한 기업가치제고 (밸류업) 계획 가이드라인을 공시할 내용과 목표, 심지어 공시 여부까지도 상장사가 알아서 선택하도록 자율성에 방점을 찍은 것이 장점이다.

현재 기업지배보고서나 사업보고서 같은 기존 공시정보에 산재해 있는 내용 중 '기업가치'와 관련된 내용을 한데 모으고, 이를 앞으로 어떻게 개선할 것인지 목표와 구체적인 계획까지 기재하도록 했다.

기업가치 제고 계획은 회사 홈페이지 등에게 공개하기 전에 누구나 볼 수 있도록 한국 거래소 상장공시시스템에 먼저 공시해야 하며 연 1회 영문공시 병행을 권장했다.

이날 공개된 가이드라인에서 금융위가 예로 든 주요공시 예상 지표에는 주가순자산비율(PBR) 같은 재무제표부터 기업 지배구조 관련 내용까지 총 망라돼 있다. 재무지표에는 PBR을 비롯해 주가이익비율(PER), 자기자본이익률(ROE), 투하자본이익율(ROIC), 주주자본비율(COE) 까지 자본효율성 관련 숫자부터 매출액 영업이익 자산증가율 등 성장성 관련 지표가 포함됐다. 또 배당금액과 배당성향, 주주환원율, 총주주수익률(TSR)과 자사주 보유분 및 소각내역까지 주주환원 관련 지표도 담겼다.

비재무재표로는 코리아디스카운트의 주원인으로 꼽히는 국내 상장사들의 고질적인 병폐까지 자발적으로 공시하도록 권고한 것이 주목된다.

사업성 있는 분야를 별도 자회사로 분사한 뒤 상장하는 모자회사 중복상장이 대표적으로, 해당 회사가 이런 계획이 있을 경우 모회사 주주의 권익을 보호할 수 있는 계획을 설명하도록 했다. 지배주주가 보유한 비상장 개인 회사와의 내부거래를 통해 상장사 이익을 이전하는 '터널링'이 의심되는 경우 정확한 사실관계를 설명해 이해상충 우려를 해소하도록 했다.

이 같은 지표를 향후 3~5년 안에 얼마나 개선할 지에 대한 목표와 계획은 계량화된 수치 등으로 명확히 제시하는 것이 좋지만, 이것이 어려우면 정성적인 목표나 구간을 설정하는 것도 가능하다.'2027년까지 ROE 15%, 배당금 1만 5000원 이상 달성' '3년 뒤부터 업계 평균 PBR 이상 달성' 등이 대표적이다.

공시는 매년하는 만큼 다음 공시 때는 직전에 제시한 목표의 달성 정도와 자체 평가, 보완이 필요한 사항 등을 기재하도록 했다.

만약 목표를 달성하지 못해도 기업이 목표치 예측에 대한 합리적인 근거를 대고 예측과 실제 결과가 달라질 수 있다는 공시 문구를 명시하면 불성실공시 제재를 받지 않도록 했다.

기업 자율만 강조해 정작 공시에 핵심적인 내용이 빠질 수 있다는 지적에 대해 금융위는 "공시를 의무화할 경우 형식적이고 의미 없는 공시만 양산될 수 있다"며 "필요한 기업이 제대로 된 내용으로 계획을 제시하고 투자자들이 여기에 호응해 증시에서 자본이 더 투입되는 선순환 구조를 만드는 게 중요하다"고 설명했다. 과거 자율공시로 시작했다 일부 의무공시로 바뀐 기업지배구조보고서처럼 향후 의무화로 전환될 가능성에 대해서는 "단계적 의무화 계획은 없다"고 선을 그었다.

대신 금융당국은 이달 중 거래소 상장공시시스템에 PBR, 배당수익률 등 주요 투자지표를 상장사 업종과 규모별로 비교해서 볼 수 있는 기업 밸류업 통합 페이지를 운영하기로 했다. 투자자라면 누구나 지표별로 상장사 순위를 매겨볼 수 있다. 높은 순위의 상장사들은 시장에서 주목받고 반대로 낮은 성적을 받은 곳들은 기업가치를 개선해야 한다는 압박을 느끼게 하는 '네임 앤드 셰임(name & shame)' 전략을 적용하는 셈이다.

공시에 참여하는 기업에 대한 각종 인센티브 방안도 내놓았지만 주기적 지정 감사제 적용 면제 같은 금융당국 차원에서 추진할 수 있는 유인책 외에 법 개정이 필수적인 세제 혜택의 경우 여소야대 정국으로 실제 도입할지 미지수다. 이 때문에 '자율'을 강조한 이번 가이드라인의 실효성에 대한 의무도 커지는 상황이다.

정용택 IBK투자증권 수석연구위원은 "밸류업 가이드라인 발표 내용이 기존의 원칙적인 틀에서 크게 벗어나지 않았고 법률적인 구속력이 있는 내용도 없어 일종의 캠페인 수준에 그쳤다"며 "이미 밸류업 기대감은 증시에 상당 부분 반영됐기에 큰 영향을 발휘하지 못한 것"이라고 말했다.

밸류업과 관련된 내용에 대해서 유관기관은 다음과 같은 방향성을 가진다.

* 상장기업 전체를 대상으로, 재무제표가 확정되는 매년 상반기 국·영문 공시 권장 (거래소 자율공시 항목)
* '24년은 첫 시행되는 만큼 준비되는 시점에 공시 후, 2년차('25년)부터는 사업보고서 공시시점(3월) 이후인 상반기 공시
* 공시 이후 잘못 기재된 사항 또는 사업·경영계획에 중대한 변경사항 등 발생 시 정정공시 필요

이사회 보고·심의·의결은 의무사항은 아니나, 계획의 신뢰도 제고를 위해 이사회 적극적인 참여를 권장한다.

즉, 거래소의 입장은 밸류업 관련된 내용을 거래소 수시공시인 자율공시와 사업보고서라고 하는 제도권 하에서의 내용으로 운영하려고 한다. 또한 보고, 심의, 의결 안건이 의무사항은 아니지만 이사회 안건으로 확인될 경우 조금 더 신뢰할 수 있는 정보로 무게감이 실리게 된다. 즉, 기업 가치 제고 계획 수립 과정에서 이사회의 적극적 참여를 권고하고 있다.

최근에는 밸류업에 대한 세제 지원도 도입을 고민 중인데 법인세와 배당소득세 경감을 고려하고 있다.

또한 정량화하는 수치에 부담이 있을 것이니 중장기 목표, 계량화된 수치 등으로 명료하게 표시하기를 권장하지만 동시에 정성적 서술도 가능하다.

한국경제신문. 2024.8.12. 막 나가는 '민주당판 밸류업' "분할 합병 때 주주 의결권 제한"

대기업 계열사 간 분할 합병 등을 결정하는 주주총회에서 주요 주주의 의결권을 3%로 제한하는 법안이 더불어민주당 주도로 나왔다. '코리아 디스카운트'를 해소한다는 명분으로 대주주의 재산권을 과도하게 제한하고, 중장기적으로 기업 가치도 훼손하는 과잉 입법이라는 비판이 제기된다.

11일 정치권에 따르면 오기형 민주당 의원과 차규근 조국혁신당 의원은 지난 9일 이 같은 내용을 담은 상법 개정안을 공동 대표 발의했다. 법안 발의에는 진성준 민주당 정책위원회 의장과 당내에서 '재벌 개혁'을 강하게 주장해온 김남근 의원 등 30명이 참여했다. 오의원은 "기업 지배구조 정상화를 위한 법안"이라고 주장했다.

법안은 기업 지배구조 개선을 앞세워 상장회사 주요 주주의 재산권을 침해하는 내용이 다수 담겼다. '합병 분할 등에 관한 특례' 조항을 신설한 게 대표적이다. –주식 교환 이전 –분할 합병, –자산 처분 양도 등의 자본거래를 할 때 모든 주주의 의결권을 3%로 제한하도록 했다. 최대주주는 특수 관계인을 포함해 3%로 제한했다. 재계에서는 "경영 환경 변화에 맞춰 이뤄지는 사업 재편을 아예 하지 말라는 얘기"라는 반응이 나왔다.

오 의원은 특례 조항을 적용받는 회사 규모는 시행령에서 정하도록 했지만, 공정거래법상 상호출자제한기업집단 소속 회사가 규제 대상이 돼야 한다고 주장했다. 공정거래위원회에 따르면 올해 상호출자제한기업집단은 48곳으로, 이들에 속한 계열사는 2213곳이다. 자산 규모가 국내총생산(GDP)의 0.5% 이상인 기업은 공정위가 상호출자제한기업집단으로 지정한다. 올해는 자산 총액 10조4000억원 이상이 대상이다.

법안은 집중투표제를 도입하지 않기 위해 정관을 바꾸는 경우 주주의결권을 3%로 제한해 집중투표제를 사실상 의무화하는 내용도 포함했다. 또 상장사 감사위원회 위원이 되는 이사는 전부 다른 이사들과 분리해 선출하도록 했다. 모든 감사위원에 대해 최대주주 의결권을 3%로 제한하겠다는 의미다.

감사위원을 선임하는 경우의 최대주주 3% 의결권 제한을 더 광범위하게 적용해야 한다는 주장이다. 기존의 감사위원 적용시의 3% 의결권 제한제도도 대법원에서 조차 '주주평등의 원칙'에 위배된다는 의견을 피력하는 가운데 이 제도를 다른 경우에도 확대 적용해야 한다는 주장이다. 의결권 제한은 매우 예외적이고 특별한 경우에만 적용되는 것인데 이를 많은 경우에 보편화하는 것은 자본주의의 근간을 위협하는 매우 위험한 발상이다.

chapter

82

사외이사의 감시의무

사외이사의 감시의무[62]

1962년 상법이 제정되면서 감사 제도가 우리 법 체계에 도입되면서 최대주주, 경영진, 이사회에 대한 감시 업무를 수행하게 된다. 감사위원회는 이와 같이 감시 및 모니터링에 특화된 위원회인데 그렇다고 하면 이사회에 소속된 사외이사도 경영진에 대한 감시 의무가 있는지에 대해서도 의문이 있다. 사외이사에 대한 법적인 책임과 관련된 관심이 높아지면서 이에 대한 내용을 기술한다.

사외이사의 감시의무는 다른 이사의 업무집행을 전반적으로 감시할 의무가 있는데 이에 대해서는 이미 40년 전에 대법원의 판례가 있다.

> **대법원 1985.6.25. 선고 84다카1954 판결**
> 주식회사의 업무 집행을 담당하지 아니한 평이사는 이사회의 일원으로서 이사회를 통하여 대표이사를 비롯한 업무담당이사의 업무집행을 감시하는 것이 통상적이긴 하나 평이사의 업무는 단지 이사회에 상정된 의안에 대하여 찬부의 의사표시를 하는 데에 그치지 않으며 대표이사를 비롯한 업무담당이사의 전반적인 업무집행을 감시할 수 있는 것이므로, 업무담당이사의 업무집행이 위법하다고 의심할 만한 사유가 있음에도 불구하고 평이사가 감시 의무를 위반하여 이를 방치한 때에는 이로 말미암아 회사가 입은 손해에 대해서 배상책임을 면할 수 없다.

1985년에는 사외이사 제도가 도입되기 이전이므로 위 판결문의 평이사는 사내외이사라고 이해해도 된다. 위의 판결문에서는 감사/감사위원회가 업무담당

---

62 장정애, 사외이사의 내부통제 감독의 의의와 시사점. 2024.6.3. 안진회계법인 기업지배기구발전센터 세미나 내용을 많이 참조한다.

이사에 대해서 감시 업무를 수행하는 것은 물론이며 사외이사도 이러한 감시 업무에서는 예외가 될 수 없다는 점을 기술하고 있다.

다음의 경우는 1심과 2심은 사외이사의 업무의 한계 때문에 면책을 선고했는데 대법원에서 동일한 사유로, 즉, 사외이사 직을 맡고 있으면서도 업무를 소홀히 처리한 점 때문에 면책이 될 수 없다고 판결이 완전히 뒤집히는 매우 흥미로운 판례이다. 즉, 동일한 사안에 대해서 법원의 유/무죄 완전히 다른 판결의 단초로 작용한 것이다.

> **코어비트 2014.12.24. 선고 2013다76253 판결**
> 피고가 회사에 출근하지도 않고 이사회에 참석하지도 않았다는 것은 사외이사로서의 직무를 전혀 수행하지 아니하였음을 나타내는 사정에 불과하고, 위 사정과 그밖에 원심이 들고 있는 사정들은 피고가 그의 지위에 따른 상당한 주의를 다하였다는 사정이 아님은 물론이며 상당한 주의를 다 하였더라도 허위기재 사실을 알 수 없었다고 볼 사정도 되지 아니한다.

이사의 내부통제 시스템 구축의무는 감시의무의 핵심적 내용이자 면책사유로 작용한다. 사외이사의 내부통제시스템 구축 운영 의무와 대표이사나 업무집행이사의 그것과는 다른 내용의 의무를 인정한다.

감시의무의 구체적인 내용은 회사의 규모나 조직, 업종, 법령의 규제, 영업상황 및 재무상태에 따라 크게 다를 수 없는 바, 고도로 분업화되고 전문화된 대규모의 회사에서 공동 대표이사와 업무담당이사들이 내부적인 사무분장에 따라 각자의 전문 분야를 전담하여 처리하는 것이 불가피한 경우라 할지라도 그러한 사정만으로 다른 이사들의 업무집행에 대한 감시의무를 면할 수는 없고, 그러한 경우 무엇보다 합리적인 정보 및 보고시스템과 내부통제시스템을 구축하고 그것이 제대로 작동하도록 배려할 의무가 있다.

4대강 담합 케이스 2022.5.12. 2021다279347

1. 사외이사에게 내부통제시스템 구축 운영 의무를 명확히 인정

주식회사의 이사는 담당업무는 물론 대표이사나 업무담당이사의 업무를 감시할 의무가 있으므로 스스로 법령을 준수해야 할 뿐 아니라 대표이사나 다른 업무담당이사도 법령을 준수하여 업무를 수행하도록 감시 감독하여야 할 의무를 부담한다. 이러한 감시 감독 의무는 사외이사 등 회사에 상무하지 않는 이사라고 하여 달리 볼 것이 아니다.

2. 사외이사의 내부통제시스템 구축 운영 의무의 범위

회사의 업무집행을 담당하지 않는 사외이사 등은 내부통제시스템이 전혀 구축되어 있지 않은데도 내부통제시스템 구축을 촉구하는 등의 노력을 하지 않거나 내부통제시스템이 구축되어 있더라도 제대로 운영되고 있지 않다고 의심할 만한 사유가 있는데도 이를 외면하고 방치하는 등의 경우에 감사의무 위반으로 인정될 수 있다.

chapter

83

통합형 회계법

통합형 회계법

한국경제신문. 2024.6.19. 회계법계 화두로 떠오른 '통합형 회계법'

주체	회계처리 근거법
민간기업	상법, 자본시장법, 외부감사법
공기업 기관	공공기관운영법
공익법인	상속세 및 증여세법
사립학교	사립학교법
의료기관	의료법

회계업계에서 '통합형 회계법' 논의가 급부상하고 있다. 민간기업, 공기업, 재단, 학교 등 분야마다 파편화돼 제각각인 회계 처리 근거법을 큰 갈래로 아울러 정비하자는 취지다. 18일 회계업계에 따르면 한국공인회계사회와 한국회계기준원은 각각 회계 통합법안 논의에 들어갔다. 한국공인회계사회는 지난달 설립한 회계정책연구원을 통해 통합형 회계법안 필요성을 따져볼 계획이다.

회계기준원은 자체 싱크탱크인 회계연구원을 통해 '기업회계 기본법' 검토에 나섰다. 회계 처리 주체인 기업을 중심으로 관련 회계 법을 재구성해야 기업의 권한과 책임을 강화할 수 있다는 문제의식에서다. 현재 기업 회계처리 기준에 가장 큰 비중을 차지하는 법은 외부감사법으로 감사인(회계법인) 위주로 설계돼 있다.

기존 회계처리와 감사는 민간기업, 공기업, 공익법인, 지방자치단체, 사립학교, 의료기관 등마다 서로 다른 근거법과 규정을 두고 있다. 민간 기업은 상법과 외부감사법, 자본시장법 등을 적용받는다. 비영리 공공기관을 비롯한 공익법인은 기획재정부가 주무관청인 상속세와 증여세법에 따라 공익법인 회계기준을 적용한다. 의료기관은 의료법에 근거해 의료기관 회계기준 규칙을 운영한다. 사립학교는 교육부 소관인 사립학교법에 근거해 사학기관 재무 회계규칙을 따른다. 이렇다 보니 회계 주제별로 주요 회계 처리 기준, 감사인 주기적 지정제 등 회계 제도 적용 여부가 제각각이다.

한 대형 회계법인 관계자는 "관련 법이 워낙 산재해 있다 보니 국가 회계 체계를 일관성 있게 개선하기도 힘든 구조"라며 "글로벌 변화에 맞춰 제도를 제때 바꾸기가 힘들다"고 지적했다. 가상자산과 플랫폼 경제 등 새로운 산업분야에 대한 회계처리나 ESG 관련 신규 사안을 신속하게 제도화하기가 어렵다는 얘기다.

재계에서도 통합형 회계법인 필요성을 꾸준히 제기하고 있다. 한 경제단체 관계자는 "사학 의료재단까지 당장 아우르기 어려울 경우 기업용 회계법이라도 만들어 달라는 입장"이라고 말했다.

정부 차원에서도 회계와 관련된 부서가 여럿이다. 민간기업의 규제 및 감독은 당연히 금융위원회/금융감독원 몫이고, 공기업의 경우는 대부분이 산업통상자원부일 것이며 사립학교는 교육부, 의료기관은 보건복지부 소관이다. 이렇게 정부 부처도 다양하게 분산되어 있으니 과거에도 이를 모두 아우를 수 있는 기관은 국무총리실 산하의 국무조정실밖에는 없다는 얘기도 있어왔다. 또한 영리기업에 대한 감리 권한은 금융위원회에 있지만 의료기관이나 학교 재단에 대한 감리는 누가 해야 하는지에 대해서도 복잡한 이슈가 발생할 수 있다.

chapter

84

이사 면책

이사 면책

밸류업 또는 이사의 충실의 의무를 회사로부터 주주로 확대하는 최근의 상법 개정의 내용과 맞물려서 다시 한번 이사 면책과 관련된 내용을 기술한다. 위에서도 기술하였듯이 이러한 문제는 포괄적으로는 배임죄의 존폐 여부와도 맞물리는 이슈이다. 2011년 4월 11일 상법 개정으로 인하여 도입된 제도이다.

제400조 제2항

회사는 정관으로 정하는 바에 따라 제399조에 따른 이사의 책임을 이사가 그 행위를 한 날 이전 최근 1년간의 보수액의 6배(사외이사의 경우는 3배)를 초과하는 금액에 대하여 면제할 수 있다. 다만, 이사가 고의 또는 중대한 과실로 손해를 발생시킨 경우 등은 제외한다.

상법상 이사책임 제한규정이다.

관련 법 규정의 도입 취지는 유능한 경영인의 영입 및 적극적·진취적 경영행위 장려를 위해 도입된 내용이다. 단, 사외이사가 이렇게 법적인 책임을 지는 직업이기는 하지만 이에 상응하는 경제적인 보상도 적지 않기 때문에 직을 제안받고 이를 고사하는 경우가 얼마나 많은지는 알 수 없다. 이렇게 이사 책임에 대한 제한을 두지 않는 경우, 이사들은 본인 각자를 보호하기 위해서 과도하게 소극적인 의사결정을 수행할 가능성이 높다.

이 면책 규정은 다음의 상법 제399조의 이사의 회사에 대한 책임에 대해서 이사를 보호하기 위한 책임 제한 규정으로 상법에 도입된 것이다.

* 제399조: 이사가 고의 또는 과실로 법령 또는 정관에 위반한 행위를 하거

나 그 임무를 게을리한 경우 그 이사는 회사에 대하여 연대하여 손해배상책임 부담

제400조 2항의 한도 범위 내 책임액 한도를 정해야 하며, 추가 요건 설정도 가능하다. 예를 들어 추가적인 주주총회나 이사회 의결 요구 등이 이에 해당된다. chapter 56에 인용된 강원랜드의 경우는 정관에 이사책임제한 규정이 도입되어 있지만 동시에 주주총회에서 이러한 면책이 결의되어야 이사 책임이 제한된다.

정관의 규정은 책임 감경의 근거이고, 누가 이사의 책임감경 여부를 결정할지에 대해서는 상법에는 명시되어 있지 않으며 그 주체는 이사회 또는 주주총회라고 할 수 있다. '상장회사 표준정관'은 책임 감경 남용 방지를 위해 '주주총회 보통결의'로 규정하고 있다.

책임감경의 대상은 상법 제399조 위반행위, 즉 이사의 회사에 대한 손해배상책임에 한정된다. 즉, 주주, 채권자 등 제3자에 대한 책임(상법 제401조)은 감경대상이 아니며, 회사에 대한 민법상 불법행위, 손해배상책임(민법 제750조)도 감경 대상이 아니다.(한국사법행정학회, "주석상법")

상장사 이사책임 제한 규정 정관 반영 현황은 다음과 같다. (2023년 한국상장회사협의회, KOSPI 상장 794개 대상)

- 반영   468개사(58.9%) 현대차, 한화
- 미반영   326개사(41%) 포스코홀딩스, 삼성전자, SK, LG, 롯데, HD현대, GS, 농협금융지주

시총 상위 50개사 정관 반영 현황은 다음과 같다.

반영회사는 11개사인데 이 중 7개 사는 상법 개정 직후 정기총회, 즉, 2012년 3월 주총시 도입하였고, 아모레퍼시픽만 2013년에 도입하였다. 2012/2013년 미 반영 이후 도입사는 셀트리온이 2016년 3월, 고려아연이 2018년, 한화오션이 2023년 5월 정기주총 시 도입했는데 이는 대우조선해양 인수 후 정관 전면 개정시 반영하였다.

카카오의 경우도 포스코 주총과 같이 정관 변경시 이사책임 제한 규정을 삭제하고 수정가결하였다. 즉, 매우 드물게 주총에서 안건이 부결되었던 경우이다.

포스코 홀딩스의 경우 2012년 3월 정기주주총회 시 이사의 책임감경 정관 개정 안건을 검토하여 주총 안건으로 상정했으나(사유: 개정 상법 반영, 이사의 책임 경감), 이사의 책임 회피로 오해될 수 있다는 일부 주주들의 우려로 인해 승인받지 못하였는데 당시 국민연금이 나서서 반대를 하였다.

반면 상법 제400조 제2항의 이사 책임감경의 대상은 상법 제399조 위반행위, 즉 이사의 회사에 대한 손해배상책임에 한정되므로 더 큰 이슈가 되는 주주 등 제3자에 대한 손해 배상 책임은 경감 대상이 아니므로 정관 반영의 실효성이 낮다고 할 수 있다.

특히나 최근 상법 개정 관련 하여 이사의 충실 의무를 회사에서 주주로 확대하는 것이 화두인데 주주로 확대된다면 상법 제399조의 위반행위, 즉 이사의 회사에 대한 책임보다도 더 확대된 차원에서의 책임이 문제가 될 것이니 상법 400조의 2항의 책임 감경은 감경의 수위 및 단계가 상대적으로 낮아지며 따라서 크게 실효성이 있는 감경이 아닐 수도 있다.

이사책임보험이 과실에 대해서는 이사들의 의사결정을 보호해 주고 있으며 대부분의 기업에서의 이사책임보험의 보상한도 금액이 이사 급여의 3배, 6배를 많이 초과하기 때문에 이러한 차원에서는 상법에서의 이사 면책의 개념은 그 효과가 큰 의미가 있는 내용은 아닐 수 있다.

전문 CEO가 책임 경영

전문 CEO가 책임 경영

매일경제신문. 2024.7.5. "전문 CEO가 책임 경영"... 한미, 머크 모델 도입한다.

한미약품그룹 경영권이 송영숙 한미약품그룹 회장과 임주현 한미사이언스 부회장 측에 다시 돌아온 가운데 한미약품그룹 오너 일가 모녀가 그릴 경영 전략에 관심이 쏠리고 있다. 임 부회장이 독일 제약 회사 '머크'의 경영 구조에 관심을 보인 가운데 송회장도 "창업자 가족 등 대주주(이사회 구성원)과 전문 경영인이 상호 보완하며 기업의 지속가능한 미래를 이끌어 나가는 형태의 '한국형 선진 경영 체제'를 확립"을 언급해 눈길을 끌고 있다.

한미약품 그룹은 이른 시일 안에 지주사 한미사이언스 임시주주총회를 소집하고 전문경영인을 대표로 선임하는 절차에 돌입할 예정이다.

4일 전자공시에 따르면 신동국 한양정밀회장은 최근 송회장 및 임 부회장과 이들의 한미사이언스 주식 6.5%를 매수하는 주식매매계약과 공동으로 의결권을 행사하는 의결권 공동행사 약정을 체결했다. 이번 계약으로 세 사람은 직접 보유하고 있는 한미사이언스 지분 34.79%에 더해 직계가족과 우호지분까지 총 48.19%를 확보했다. 신회장은 한미사이언스의 개인 최대주주로, 창업자인 고 임성기 회장의 막역한 고향 후배로 알려졌다.

당초 임종윤 임종훈 한미사이언스 이사 편에 섰던 신 회장은 한미약품 그룹 경영 체제를 바꾸기 위해 변심한 것으로 보인다. 신 회장은 "한국형 선진 경영 체제 도입을 통해 한미가 글로벌 제약사로 크게 도약할 수 있도록 적극적으로 역할을 다하고 지원토록 할 것"이란 입장을 밝히기도 했다.

신 회장이 송회장과 임 부회장의 손을 들어주면서 업계에서는 한미약품 그룹이 머크를 모델로 경영 구조 개편에 나설 것이라는 전망이 나온다. 송회장과 임 부회장은 평소 머크의 경영 구조에 관심을 보여왔다. 지난달 24일 임 부회장은 매일경제와의 인터뷰에서 "가족 주주들이 책임지고 회사를 지원하는 방식이 돼야 한다"며 "머크와 같은 성공적인 사례를 참고해 한미의 지속가능한 성장을 이뤘으면 좋겠다"고 밝혔다. 이어 "(고 임성기 회장이) 전문 경영인 체제를 도입해야 된다는 말씀을 굉장히 오랫동안 했다"며 "그 부분에 있어서는 저는 전적으로 동의한다"고 덧붙였다.

송 회장도 지난 3일 낸 성명문을 통해 "한미약품그룹은 기존 오너 중심 경영 체제를 쇄신하고 현장 중심 전문경영 체제로의 재편, 사업 경쟁력과 효율성 강화를 통해 경영을 시급히 안정화할 방침"이라면서 "대주주는 사외이사와 함께 참여형 이사회를 구성해 회사 경영을 지원하고 감독한다"고 선언하면 머크식 경영 구조를 언급했다.

머크의 지배구조는 가장 선진적인 가족 경영 형태로 꼽히고 있다. 1668년 독일 다름슈타트에서 프리드리히머크가 창업한 약방에서 시작한 머크는 세계에서 가장 오래된 제약 업체로, 356년이 지난 현재까지도 가족 경영을 통해 유지되고 있다.

일반적인 가족 기업에서 오너 경영진이 중대한 의사결정권을 가진 것과 달리 머크는 이사회를 통해 주요한 사안을 결정하는 이중 지배구조를 가지고 있다. 머크는 가족 기업으로서의 영속성을 유지하기 위해 현재 70%에 이르는 가족 보유 주식의 제3자 매각을 금지한다. 주식을 소유한 가족 구성원들은 '가족위원회'라는 기구를 통해 소유권을 행사하도록 하고 있다. 가족위원회 임원 중 5명은 외부 전문가 4명과 함께 이사회를 구성해 회사 경영을 감독한다.

머크는 기업에 대한 가문의 통제력을 유지하면서도 회사의 경영은 엄격하게 분리했다. 전문경영인에게 경영을 맡기면서도 관리 감독은 머크 가족이 하는 구조다. 소유와 경영이 분리돼 현재 머크의 C레벨급 경영진 가운데 머크 가문 사람은 단 1명도 없다. 전문 경영진은 전적으로 자신의 책임하에 자율적으로 업무를 추진한다. 인수 합병이나 사업부 매각 등 기업의 중요한 의사 결정이라고 해도 일정 금액을 넘지 않는 한 머크가의 간섭 없이 추진할 수 있다.

한미약품 그룹은 지분 보유 형태만 놓고 본다면 가족 구성원이 서로 협조하며 경영을 이어갈 수밖에 없는 구조다. 현재 한미사이언스 지분은 송영숙 회장 11.93%, 임종윤 이사 10.14%, 임주현 부회장 10.43%, 임종훈 이사 10.8% 등 오너 일가가 서로 엇 비슷한 비율로 가지고 있다. 업계 관계자는 "한미약품그룹이 머크식 지배구조를 만드는 데 성공한다면 국내 경영계에 신선한 충격이 될 것"이라며 "하지만 오너 일가의 화합을 전제로 하기 때문에 쉽지 않은 도전이 될 듯하다"고 설명했다.

머크의 지배구조
가족 주주협의회(주주협약서)
가족위원회(가족대표) 12명
가족총회(170명)

위이 기사에도 인용되고, 또한 최근 한미약품의 백기사로 떠오른 한양정밀 신동국 회장도 한미약품과 한미사이언스 모두 전문 경영인 체제로 가야 한다는 주장이다[63].

가족들은 이사회를 통해서 경영을 지원하고 감독하며 경영활동은 전문가 즉, 프로가 맡아서 하는 그러한 소유와 경영이 완전히 분리된 우리나라에서는 흔치 않은 경영 형태를 한미가 그리고 있고 이렇게 진행된다고 하면 매우 개혁적/획기적이며 많은 기업들이 고민해 볼 내용을 던져 준다고 할 수 있다. 단, 서구의 선진 기업들이 모두 이와 같이 소유와 경영이 분리되어 있는 것은 아니다. 이탈리아의 기업들은 전통적으로 가족 기업의 모습을 띄고 있어서 하물며 기업공개/상장에 대해서도 부정적이다.

즉, 소유와 경영이 분리된 매우 흥미로운 기업 경영의 형태를 한미약품이 추구하고 있다. 미국의 기업은 소유와 경영이 분리된 경우가 다수이며 우리의 경우, 대부분의 기업은 소유와 경영이 분리되지 않은 경우이다. 소유와 경영이 분리된 경우는 금융지주, 포스코, KT, KT&G 정도이다.

한국의 경우도 대한항공 조현아 사태 이후, 소유와 경영이 분리되는 형태로 가는 것은 아닌지에 대한 예측도 있었지만 우리의 최대주주들은 직접 경영에 참여하고 있다. 현대자동차 정의선 사장의 경우는 소유와 경영이 분리되지 않는 회사로서 정몽구 선대 회장 이후 가장 성공적인 사례를 보이고 있다.

2025년 1월 초, 현대자동차는 미국 본토에 트럼프 대통령 취임에 맞춰 10조 투자의 제철소를 건설하겠다고 발표하였다. 최대주주 CEO가 아니면 이런 통 큰 투자가 가능할까라는 생각도 해보게 된다. 소유와 경영의 분리만이 정답이 아닐 수 있고, 한국 경제는 모범 해답을 찾아가야 한다.

---

63 조선일보. 2024.9.4. "한미약품 백기사 할 만큼 했다, 이젠 경영권 적극 행사"

우리의 최대주주들은 경영을 전문 경영인에게 맡기고 최대주주는 감독의 역할만을 맡는 데 대해서 상당한 의구심을 가지고 있는 듯하다. 머크의 경우에서는 최대주주들이 이사회를 통해서 전문 경영인에 대한 완전한 감독권한을 행사하고 있다. 결국 우리나라의 최대주주들은 본인들이 이사회에 관여하면서 감독의 역할만을 수행하는 것으로는 만족스럽지 않으며 본인들이 직접 경영활동을 수행하여야 한다고 생각하고 있다.

내가 직접 대표이사를 맡으면서 회사를 경영할 수 있는데 왜 굳이 남에게 경영을 맡기고 뒷전에 앉아 있어야 하는지라고 생각할 수 있다. 물론, 이사회에서 등기 이사로 활동하는 것과 직접 경영활동을 대표이사로 수행하는 것에는 차이가 있을 수 있다. 세상 모든 일은 해당 업무를 가장 잘 할 수 있는 사람에게 맡겨 두어야 한다.

한미사이언스의 경우가 계기가 되어 우리나라의 경영의 형태가 최대주주 경영활동에서 전문경영인 중심의 경영으로 전환되는 계기가 되는지는 유심히 관찰하여야 하지만 그럼에도 우리의 경영 환경에서 쉽게 소유와 경영이 분리될 거 같지는 않다.

대리인 이론에서 최대주주가 principal이고 전문 경영진이 agent라고 하면 최대주주의 입장에서는 굳이 대리인문제를 감수하면서까지 경영활동에 대리인을 세울 정당성을 찾아야 하는데 최대주주 본인이 고용할 수 있는 전문경영인보다 경영 능력이 뒤지지 않는다고 생각하면 대리인을 세울 이유가 없다. 단, 전문 경영인의 능력이 최대주주보다 우월하다고 하면 대리인 문제를 해결할 수 있는 안전 장치를 채택하며 전문 경영인 도움을 받을 수 있다. 머크의 경우 안전 장치라 하면 이사회의 감독과 견제 기능이 된다.

우리의 선단식 재벌 경영 체제는 철저하게 최대주주가 직접 경영활동을 수행하는 경우이다.

결언

「기업지배구조와 회계의사결정」 저술을 간행하고 2년 만에 새로운 저술을 간행할 수 있어서 매우 기쁘다.

회계제도, 정책, 전략 등을 주제로 series로 진행된 14번째 저술이다. 감사위원회도 기업지배구조를 구성하는 중요한 한 축이므로 기업지배구조 관련된 저술도 포함된다. 2006년부터 시작한 이러한 저술을 18년간 지속할 수 있었다는 데 대해 주변의 모든 학생, 동료들에게 감사한다.

저자의 이러한 회계와 제도의 적용에 대한 제언이 우리나라 회계 및 회계제도 개선에 조금이나마 도움이 되었으면 하는 바람이 있다. 이러한 저술을 지속한다는 것이 저자에게는 큰 motivation과 자극이 되었다. 교수사회에서의 연차가 높아지면서 논문 위주의 순수한 학술적인 활동보다는 어느 정도 실무에 impact를 줄 수 있는 저술을 하고프다는 저자의 바람이 이러한 연속적인 저술로 오늘까지 이어지게 되었다. 또한 이러한 type의 저술은 거의 없으니 도움이 된다는 주변에서의 격려를 해 주신 분들께도 감사한다.

이러한 저술은 사회활동을 하면서 얻어진 지식도 많은 도움이 되었는데 이러한 기회를 가질 수 있도록 도움을 주신 분들에게도 감사한다. 저자가 그러한 활동을 하면서 공헌한 것보다 저자가 학습하고 배운 것이 더 많은 것 같다. 2022년 3월부터 포스코홀딩스의 사외이사와 감사위원장을 맡고 있다. 다른 10개 기업에서 사외이사/감사위원을 맡아 왔지만 지주회사의 감사위원은 기업지배구조에 대해서 학습하는 좋은 기회였으며, 동시에 철강, 소재, 종합상사, 케미칼, 건설, IT 등 여러 가지 사업을 진행하는 계열회사의 사업에 대해서도 동시에 배울 수 있는 좋은 기회이다.

경영학 교수에게 있어서 실무에 접할 수 있는 즉, 간접 경험을 할 수 있는 기회라는 것은 매우 소중하다. 다양한 산업에 대한 경험은 공통 부분도 있지만 한 특정 산업에만 적용되는 경험도 동시에 존재한다.

경영학(회계학)은 순수학문이 아니라 응용학문이며 동시에 현실적용 학문이다. 논의되는 많은 새로운 제도들이 실무에서 적용될 때 어떤 문제가 있고 어뜷게 적용에 한계가 있는지를 연구실에서 문헌으로만 접할 수 있는 것이 아니라 현업에 적용될 때, 실무적으로 어떤 문제가 있는지를 접해 보아야 한다. 책이나 이론만으로는 정리될 수 없는 것이 경영학/회계학이다.

그동안의 저술의 과정에서 실로 많은 분들의 자문이 큰 도움이 되었다. 더불어 살 때에 뭔가를 할 수 있음을 체득하는 과정이었다. 그동안의 저술 중에서 대한민국 학술원이 선정한 교육부 추천 사회과학 부문 우수 도서로 네 차례 선정될 수 있었던 점도 저자에게 큰 힘이 되었다. 저자가 하고 있는 저술 작업이 가치 있는 작업으로 인정받을 수 있다는 점이 저술 작업을 계속할 수 있는데 대한 자극이 되었다. 또한 한국회계학회 50주년 행사에서 수상한 저술상도 이러한 공헌이 인정받았다고 자부한다.

논문을 쓰는 것도 어렵지만 저술도 매우 긴 시간이 걸리는 외로운 작업이다. 공저 저술의 경우, 상대방 필자가 있게 되니 서로 격려도 하면서 시간을 맞추게 되는데 단독 저술은 본인 자신을 지속적으로 동기부여하면서 작업을 진행해야 한다.

실제로 경영활동에 관여할수록 법이 경영활동에 중요하다는 생각을 더하게 된다. 법에 무지해서 법 관련된 내용은 법 전문가들의 도움을 많이 받게 되지만 그럼에도 어깨 넘어 배운 법 지식에 많은 부족함을 느끼게 된다. 저술 작업 중에도 법 지식이 조금 더 있었으면 더 풍성한 내용이 될 수 있겠다고 생각하기도 하였다.

또한 졸저를 지속적으로 간행해 주신 박영사의 관계자분들께도 감사한다.

저자는 2025년 2월 말로 정년을 맞는다. 이제까지 저자가 받은 것을 어떻게 사회에 돌려주며 살아갈 지에 대해서 고민을 하고 있다.

코로나19 상황하에 빈 강의실에서 카메라를 앞에 두고 온라인 강의를 하면서 저자의 지식을 전달받을 수 있는 학생들을 만난다는 것이, 또한 학생이 있으니 교수가 있다는 너무 평범한 진리를 다시 몸으로 깨닫게 된 것이 얼마나 감사한 것인지를 다시 한번 느끼게 되었다.

대학 교수의 역할을 교육, 연구, 사회 봉사라고 일반적으로 분류한다. 연구만 수행하면 연구원이지 교수가 아니며, 연구 없이 교육만 맡게 되면 학원 강사가 된다.

우리가 항상 당연하게 받아들이는 우리 주변의 모든 것에 감사하며 이 모든 것이 가능하게 만들어 준 가까이의 가족, 모교 연세대학교와, 학생, 교직원, 대학의 동료 교수 및 회계학회 동료 교수 모든 주변 분들에게 감사한다.

2025년 2월
경영대학 연구실 512호에서 교정의 크리스마스 트리를 바라보며
저자

참고문헌

김두삼. 2023.7.13. 감사위원회 포럼

김화진, "이사회경영, 지배구조 이론과 사례" 제3판(2023), The Bell, P343~344

남상민. 2022. 2023년 도입예정 연결내부회계관리제도 감사 대응 방안. 삼정회계법인

노혁준, 송옥렬, 조명현. 2022.12.20. 지주회사 이사회와 사업자 회사의 바람직한 관계. 포스코홀딩스 용역 보고서

매경이코노미. 2024.1.5. 행동주의 = 소액펀드? '소액주주'도 있다.

매일경제신문. 2022.4.25. 공시번복 계약해지에 멍드는 코스피

매일경제신문. 2022.5.18. 내부거래 공시부담 10년만에 확 낮춘다.

매일경제신문. 2022.5.28. EY, 회계감사-자문 사업부 분할 추진

매일경제신문. 2022.6.3. 금감원 회계감리 기한 1년내로 제한... 기업 방어권도 강화

매일경제신문. 2022.11.2. 회계감사비 논란 정부, 적정성 조사

매일경제신문. 2022.11.18. 대우조선 우발채무 어쩌나 한화, 본계약 앞두고 고민

매일경제신문. 2022.12.1. 실권 없는 실무진만 제재하는 금융사고 '꼬리자르기' 차단

매일경제신문. 2022.12.1. 현대차 감사인 지정 '진통'…결국 한영회계법인

매일경제신문. 2022.12.2. 한공회 "교보생명 풋옵션 평가 공인회계사 부실 징계 아니다"

매일경제신문. 202212.23. '자산 1천억 → 천억' 회계 규제 비상장사 기준 완화

매일경제신문. 2022.12.29. "삼성생명의 삼전 지분 배당금 지금처럼 '부채' 처리해도 된다"

매일경제신문. 2023.1.3. 확 바뀐 '보험사 회계장부' 옥석가리기는 아직

매일경제신문. 2023.1.13. 노조 회계공시 의무 공공기관부터 적용

매일경제신문. 2023.1.27. 은행, 손실 준비금 더 쌓아야... 배당 줄어들 수도

매일경제신문. 2023.1.27. 공정위, 공시 의무, 일감 몰아주기 규제 대상 기업 확 줄인다.

매일경제신문. 2023.1.29. 중대재해법 1년... 첫 판결 앞두고 기업들 촉각

매일경제신문. 2023.2.1. 배당액 확정 후 투자 가능해진다.

매일경제신문. 2023.2.7. '교보생명 풋옵션 평가' 회계법인 2심도 무죄

매일경제신문. 2023.2.8. 대형 노조, 15일까지 정부에 회계장부 보고

매일경제신문. 2023.2.9. 회계투명성 해칠라… 도입 4년 '지정 감사제' 유명무실 위기

매일경제신문. 2023.2.9. 트러스톤 "태광산업, 이사회 구성 위법"

매일경제신문. 2023.2.10. 소유분산기업 논란에 … KT 구현모 연임 안갯속

매일경제신문. 2023.2.10. 소유분산기업 논란에 … KT 구현모 연임 안갯속

매일경제신문. 2023.2.10. "교보생명 회장 측 법원 판결 승복을"

매일경제신문. 2023.2.22. 노조 '셀프 회계감사' 못하게… 전문가로 못 박는다

매일경제신문. 2023.2.24. 구현모 연임 포기에… 소유 분산 기업 '술렁'

매일경제신문. 2023.2.26. 새 회계기준 반기는 보험株 … "올 순익 급증 기대"

매일경제신문. 2023.3.4. 미수금이 8.6조인데 영업이익 2.5조원?… 가스공사의 이상한 회계

매일경제신문. 2023.3.11. LG "이미 권리행사 기간 지나… 경영권 흔들기 용인 안돼"

매일경제신문. 2023.3.14. 노조에 전문 회계감사원 배치 조합원 과반 요구맨 공시의무

매일경제신문. 2023.4.3. 자산 10조 이상 대기업 내년 영문공시 의무화

매일경제신문. 2023.4.19. 회계부정도 AI가 찾아낸다. 빅4 회계법인 본격 서비스

매일경제신문. 2023.4.25. 내달부터 대형 비상장사 회계부담 감소

매일경제신문. 2023.5.19. 'ESG공시'놓고 회계법인 로펌 티격태격

매일경제신문. 2023.6.10. KT, 사외이사 후보 7인 추천

매일경제신문. 2023.6.12. 감사인 지정제 큰틀 유지했지만… 기업 부담 감안해 일부 완화

매일경제신문. 2023.6.17. '중기 내부회계' 구축 도와주는 회계업계

매일경제신문. 2023.7.12. 회장 아니어도 지배력 크면 '총수'로 인정

매일경제신문. 2023.7.31. 오늘부터 외국인도 영문공시 실시간 확인

매일경제신문. 2023.9.14. 지정 감사인 규제 완화 기업 회계 부담 줄인다.

매일경제신문. 2023.10.10. 두산에너빌리티 분식회계 논란… 금감원과 공방전

매일경제신문. 2023.10.13. 더 촘촘해지는 기업지배구조 보고서

매일경제신문. 2023.12.2. 한공회 "교보생명 풋옵션 평가 공인회계사 부실 징계 아니다"

매일경제신문. 2024.1.3. 건설사 부실 뇌관 '우발 부채' 공시 의무화

매일경제신문. 2024.1.11. 미기업 ESG와 속속 이별 이젠 '책임 경영'이 대세

매일경제신문. 2024.1.13. 부채비율 줄이기 고육지책 한전, 토지자산 재평가 착수

매일경제신문. 2024.1.22. 보험회계 위험경고. 이한상

매일경제신문. 2024.1.23. 주주제안에 "NO" 외친 미엑손모빌, ESG투자자 고소

매일경제신문. 2024.2.7. 두산에너빌리티 회계부정 의혹 역대 최대 200억대 과징금 추진

매일경제신문. 2024.2.8. 두산에너빌리티 회계부정 '중과실' 결론

매일경제신문. 2024.3.11. 미 SEC, 모든 상장사에 '탄소배출 공시' 의무화

매일경제신문. 2024.3.13. 금감원 '대표 해임' 권고에도 카카오모빌리티 재선임 추진

매일경제신문. 2024.3.20. 롯데, 사외이사 이사회 의장 제도 도입 "독립성 강화"

매일경제신문. 2024.4.3. 지배구조 개선한 기업엔 회계감사 부담 줄여준다

매일경제신문. 2024.5.5. 기업 스스로 '밸류업'하라지만... 유인책 빠져 실효성 의문

매일경제신문. 2024.5.23. "가스공사 미수금 14조... 요금 올려야

매일경제신문. 2024.5.30. '이사 충실 의무' 대상에 주주 포함... 상법 개정 속도낼 듯

매일경제신문. 2024.6.8. "K밸류업, 주주환원으로 ROE 높여야 가능"

매일경제신문. 2024.6.8. "이사도 소액주주에 충실해야" vs "소송 남발 막을 안전판 필요"

매일경제신문. 2024.6.10. 주식회사 근간 흔드는 상법 개정. 권재열

매일경제신문. 2024.6.12. 재계 "식물 이사회 전락할 판" 이사 충실의무 확대 강력 반발 ???

매일경제신문. 2024.6.13. 집중투표제 확대... 경영위축 우려

매일경제신문. 2024.6.13. 이복현 "합리적 경영은 면책" 이사 충실의무 확대 절충안

매일경제신문. 2024.6.14. 배임죄에 상법 개정까지... 외국 기업 한 등진다.

매일경제신문. 2024.6.15. 배임죄 걸릴라. 손배소 당할라... 이사 충실 의무 확대 땐 '이중고'

매일경제신문. 2024.7.5. "전문 CEO가 책임 경영"... 한미, 머크 모델 도입한다.

매일경제신문. 2024.9.27. "밸류업 기업 혜택도 좋지만 회계 투명성도 중요한 가치"

박종성. 2022.3.29. "회계제도, 미래로의 개혁혁신" 공정과 신뢰 회복을 위한 회계 개혁 제언 세미나. 한국회계학회 세미나

비즈워치. 2024.3.14. [인사이드 스토리]막판 뒤집기? 뒷말 무성한 포스코 장인화 체제

삼정KPMG ACI, 2024.6. 기업지배구조 핵심 지표 준수 현황 분석,

손성규. 회계감사이론, 제도 및 적용. 박영사. 2006

손성규. 수시공시이론, 제도 및 정책. 박영사. 2009

손성규. 금융감독, 제도 및 정책 – 회계 규제를 중심으로. 박영사. 2012

손성규. 회계환경, 제도 및 전략. 박영사. 2014

손성규. 금융시장에서의 회계의 역할과 적용. 박영사. 2016.

손성규. 2016년 7월 28일. 사내유보금과 관련된 오해와 진실. 세계일보,

손성규. 전략적 회계 의사결정. 박영사. 2017.

손성규. 시사적인 회계이슈들. 박영사. 2018.

손성규. 회계 문제의 대응과 해법. 박영사. 2019.

손성규. 기업 경영에서의 전략적 의사결정. 박영사. 2020.

손성규. 회계정보를 이용한 전략적 의사결정. 박영사. 2021.

손성규. 기업지배구조와 회계의사결정. 박영사. 2023

시사인. 2024.1.25. 포스코에서 반복된 '소유분산 기업' 잔혹사

시사저널. 2022. 11. 13. 감사원, '나라살림 결산' 회계법인에 의존 그런데도 수조원
    오류 반복

시사저널. 2023.2.18. 거센 비판에 마일리지 재검토 들어간 대한항공…부채 줄이기
    실패?

시사저널. 2024.7.11. ESG 경영, 글로벌 경기 불황에 '종말론' 확산…커지는 구조조
    정 공포

심정훈, 2024. 6. 감사위원회 역할과 책임. 포스코그룹 감사위원 교육 자료

심정훈. 2024.7. 삼정회계법인 ACI세미나. 이사와 감사(위원)의 준법 감독.

안태준. 2023.1.11. 한국공인회계사회 세미나

안진회계법인. 2024.6.3. 2024년 기업지배기구발전센터 세미나

안진회계법인. 2023,6.21 기업지배기구발전센터 세미나

오선영, 신일항. 공인회계사 윤리독립성 규정과 국제기준의 차이분석. 한국공인회계
    사회 윤리기준위원회 용역 2023.6.

오창택. 2024.9. 지속가능성과 영업손익 표시 변경에 대한 기업의 대응. EY한영 제
    5회 회계투명성 세미나

이영한, 선우희연, 이혜영. 2023.5.24 감사보고서 개편 영향 및 핵심 감사사항 보고

사례 연구. 한국회계학회/한국공인회계사회 세미나

이코노미스트 2023.1.2.－1.8. 말로만 책임 경영 대기업 총수일가 이사 등재 비율 down

이코노미스트. 2023.6.26.－7.2. '많게는 수백억원'... 고액 연봉 받는 미등기 오너 살펴보니

이코노미스트 2023.12.11.－17. 사외이사가 책임져야 할 법적 책임은 어디까지일까. 김기동

이코노미스트. 2024.1.8.~14. 배임죄가 기업에 '공포'가 된 이유. 김기동

장정애, 2024.6.3. 사외이사의 내부통제 감독의 의의와 시사점. 안진회계법인 기업지배기구발전센터 세미나

조선일보. 2022.6.13. 법원 "영화 특수효과비용은 연구개발비 아니다"

조선일보. 2022.9.20. 순익 배당률 영 56%, 미 41%... 한 27%로 하위권

조선일보. 2022.9.20. 주주배당금 지급 방식 선진국식으로 바꾼다.

조선일보. 2022.12.29. 회계사 모자라니, 1차 합격자 2배 늘려 '지원' 맡긴다는데

조선일보. 2023.2.17. 'ESG 경영 전도사' 파베르 회장의 해임.. 주주이익은 어디까지

조선일보. 2023.2.17. 공개경쟁이 과연 CEO 선임에 좋은 방법일까? 박병원

조선일보. 2023.2.22. 이 불황에 ESG경영까지...중소 중견 기업 등골 휜다

조선일보. 2023.3.30. 가스공 무배당 확정 소액주주들 반란

조선일보. 2023.5.12. '자본잠식' 가스공의 희한한 흑자 계산법

조선일보. 2023.7.12. 공정위, 쿠팡 김범석 겨냥..'총수' 판단 기준 5개 명문화

조선일보. 2023.12.27. 총수 일가가 책임 안지는 미등기 임원인 회사 136곳

조선일보, 2024.2.9. '자산 5조'인 대기업 지정 기준, 'GDP와 연동'으로 변경

조선일보. 2024.2.16. 잘나가던 ESG 경영 역풍 맞나

조선일보. 2024.6.15. 금감원장이 꺼낸 배임죄 폐지론

조선일보. 2024.7.4. 금융사고 땐 은행장까지 문책.... 지주 회장은 처벌 어려울 듯

조선일보. 2024.9.4. "한미약품 백기사 할 만큼 했다, 이젠 경영권 적극 행사"

한경비즈니스. 2023.2.8.－14. 1, 2대 주주의 충돌... 되짚어 본 교보생명 '풋옵션' 분쟁 일지

한경비즈니스. 2022.3.28.－4.3 뉴욕 증시 퇴출 위기에 몰린 중국 기업들

한경비즈니스. 2023.9.20.－26. 삼성 준법위, '워치독'과 '변호인' 갈림길..

한경비즈니스. 2024.7.31.−8.6. BBC(배터리 바이오 케미칼) → ABC(AI 배터리 반도체) 전환에 수펙스도 변화... SK 콘트롤타워 변천사

한국경제신문. 2022.2.18. 실적시즌에 울리는 '30% 공시' 사이렌... 주가 출렁

한국경제신문. 2022.2.25. 기업내부회계관리 비적정 사유 1위는 '재무제표 수정'

한국경제신문. 2022.3.24. 중, 미국 상장 자국 기업에 회계 자료 공개 준비 지시

한국경제신문. 2022.7.18. 자산 2조 넘는 상장사 지정감사, '빅4' 회계법인만 맡는다.

한국경제신문. 2022.9.23. 남양유업 백미당 주인, 한앤코로 바뀌나. 김앤장 쌍방대리는 무효

한국경제신문. 2022.10.12. 대법 "대한전선, 손해배상금 다시 따져라"

한국경제신문. 2022.11.17. 현대차 새 감사인에 안진... "독립성 문제로 교체될 수도"

한국경제신문. 2022.11.30. '중대금융사고' 터지면 CEO에 책임 묻는다.

한국경제신문. 2022.12.1. '금융판 중대재해법' 예고.. 거액횡령 불완전 판매 땐 은행장 제재

한국경제신문. 2022.12.2. 40개 회계법인만 상장사 감사

한국경제신문. 2022.12.20. 연임 적격에도 '경선 역제안' 승부수…KT 구현모의 '자신감'

한국경제신문. 2022.12.21. 중형회계법인, 품질관리 인력 확보 '발등의 불'

한국경제신문. 2022.12.23. "삼성생명 계약자 배당금은 부채" 금감원, 감독규정 개정키로

한국경제신문. 2022.12.28. 지속가능경영보고서 공시 128사로 1년만에 50곳 늘어

한국경제신문. 2022.12.29. 기업들 "감사인 지정제 완화 환영"

한국경제신문. 2022.12.29. 대기업 총수 친족 범위 줄인다.

한국경제신문. 2023.1.17. 삼정, 올 회계대전서 대약진... 1위 삼일 맹추격

한국경제신문. 2023.1.19. "최종 책임자, CEO냐 CSO냐" 대검 논문집에도 비판의견 나와

한국경제신문. 2023.1.19. '안전 확보' CEO 책임범위 모호... 기업−검 치열한 법리 다툼 예고

한국경제신문. 2023.1.19. 중대재해처벌법 1년 CEO만 덤터기 썼다

한국경제신문. 2023.2.6. 공인회계사 1차 합격자 2배로 늘리나

한국경제신문. 2023.2.7. 교보생명 "어피너티 무죄...풋옵션 국제중재와 무관"

한국경제신문. 2023.2.13. "ESG 공시 의무화 큰장 선다"... 회계업계 분주

한국경제신문. 2023.2.16. 금융지주 사외이사 큰장 섰는데... '하려는 사람이 없다'

한국경제신문. 2023.2.16. 기업인 사외이사 적극 영입하자. 최준선

한국경제신문. 2023.2.17. 노조 63%가 회계장부 제출 안했다.

한국경제신문. 2023.2.23. 기아 포스코 배당금 보고 투자... 내년부터 가능해진다.

한국경제신문. 2023.2.23. 현대차의 '주주친화' 깜깜이 배당 바꾼다.

한국경제신문. 2023.2.24. 외부 압박에 하차한 구현모 KT CEO '20년 수난사' 반복

한국경제신문. 2023.2.27. 새마을금고<중앙회－대구지역 금고> '충당금 분란'... 예금자들 불안

한국경제신문. 2023.2.28. 적자를 흑자 둔갑시킨 '마법'… 가스公 8.6조 미수금 논란

한국경제신문. 2023.3.3. "과도한 ESG 이제 그만"... 미 공화당, 바이든 핵심정책에 제동

한국경제신문. 2023.3.6. "금융지주 CEO후보, 이사회가 평소 검증해야"

한국경제신문. 2023.3.20. CEO 뽑고 억대 보수까지... 책임 많은 사내이사보다 '꽃 보직'

한국경제신문. 2023.3.27. '금융판 중대재해법' 강화하는 야

한국경제신문. 2023.4.12. "회계법인의 감사 실패가 SVB 사태 키웠다"

한국경제신문. 2023.4.21. 금융회사 임원 성과급 50% 5년간 나눠서 준다

한국경제신문. 2023.5.19. '회계착시' 보험사 역대급 실적... 금감원 "언제든지 손실 가능"

한국경제신문. 2023.5.19. "중간 배당 자제하라"

한국회계학회. 2023.2. 회계개혁제도 평가 및 개선방안

한국경제신문. 2023.5.29. 4년만에 지정 감사제 폐지 공방

한국경제신문. 2023.6.10. KT, CEO 요건서 'IT 전문성' 제외 논란

한국경제신문. 2023.6.12. 기업 부담 큰 '주기적 감사인 지정제' 그대로 간다.

한국경제신문. 2023.6.12. 기업 아우성에도... 회계비용 2배 늘린 세계 유일 '지정감 사제' 유지

한국경제신문. 2023.6.19. 보험사 "고무줄 회계 막으려다 소송 위기"

한국경제신문. 2023.7.19. 상고심 수년 더... 남양유업 경영권 '오리무중'

한국경제신문. 2023.8.17. 글로벌 회계법인 '빅3'로 재편되나

한국경제신문. 2023.9.12. 글로벌 회계법인 PwC, 미서 컨설팅 업무 중단 검토

한국경제신문. 2023.9.20. 보험사, 이익 늘어도 배당은 줄어드나

한국경제신문. 2023.10.10. 두산에너빌리티 '분식회계' 논란

한국경제신문. 2023.10.10. 금감원 "인도발전소 분식" vs 두산 "당시 손실 반영 불가"

한국경제신문. 2023.10.17. ESG공시, 2026년 이후로 연기

한국경제신문. 2023.10.17. "ESG 공시, 대기업부터 단계 도입 시행 초기엔 제재 수준도 최소화"

한국경제신문. 2023.10.28. 보험사 '배당 쇼크' 막는다.

한국경제신문. 2023.10.28. 미실현이익 손실 상계로 보험사 배당 안정성 높여

한국경제신문. 2023.11.7. "은행, 손실 대비 충당금 더 쌓아라"

한국경제신문. 2023.11.14. 동절기 가스료 동결에...

한국경제신문. 2023.11.22. 권영수 LG엔솔 부회장 물러날 듯

한국경제신문. 2023.12.13. 은행 CEO 후보 육성 때

한국경제신문. 2023.12.13. 은행 "CEO 선임 절차 개입은 관치금융"

한국경제신문. 2023.12.21. 은행 "CEO 선임 절차 개입은 자율경영 침해"

한국경제신문. 2023.12.28. 동생이 미 쿠팡 지분만 보유... 김범석 '총수 예외 기준' 다 충족할 듯

한국경제신문. 2024.1.3. '주주이익 보호'명시한 상법 개정 논의 급물상

한국경제신문. 2024.1.15. "ESG 금융 무시하면 큰코다쳐"

한국경제신문. 2024.1.23. 행동주의펀드에 '1조 소송'당한 KT&G 사외이사

한국경제신문. 2024.2.8. 금감원의 무리한 회계감리가 반복되는 이유

한국경제신문. 2024.2.19. 기업 우려에... 협력사 탄소배출 공시 3년 유예

한국경제신문. 2024.2.19. 'ESG 전쟁' 벌이는 엑슨모빌

한국경제신문. 2024.3.6. '양도제한부주식유닛' 기업 자율에 맡겨야. 최준선

한국경제신문. 2024.4.3. 밸류업 잘하는 기업, 감사인 지정 면제

한국경제신문. 2024.4.17. 13년만에 바뀌는 회계기준. 순수 지주사 '영업익 0원' 될 판

한국경제신문. 2024.5.1. 협력사 탄소배출 공시 '스코프3'

한국경제신문. 2024.5.3. '기업 자율'에 맡긴 밸류업... 매력적인 '당근책' 없어 실효성 의문

한국경제신문. 2024.5.29. 소액주주 보호 법제화한다는데... 기업들 "배임 소송 남발 우려"

한국경제신문. 2024.6.4. 기업엔 '기울어진 운동장'인 증선위

한국경제신문. 2024.6.6. "이사가 모든 주주를 한번에 챙겨야 한다"는 위험한 발상. 정우용 한국상장회사협의회 부회장

한국경제신문. 2024.6.7. 상법 개정안 또 낸 민주당

한국경제신문. 2024.6.11. "이사의 주주 충실의무는 소송 남발 부를 것"

한국경제신문. 2024.6.15. "배임죄 걸면 과도한 경영위축 상법 개정에 면책 조항 담아야"

한국경제신문. 2024.6.17.. '업무상 배임죄' 작년만 2174건

한국경제신문. 2024.6.19. 회계법계 화두로 떠오른 '통합형 회계법'

한국경제신문. 2024.7.6. 가스공사 미수금 13조...재무 정상화까지 시간 걸릴 듯

한국경제신문. 2024.7.8. 주주들 지지 못받는 'ESG 행동 주의'

한국경제신문. 2024.7.15. "소수자라고 뽑을 필요 없다" 미 기업 인사원칙서 '형평성 제외'

한국경제신문. 2024.7.26. '분식회계' 대우조선, 상고심도 배상 판결

한국경제신문. 2024.8.5. "미, 기업보고서에 재난 잠재 피해 규모 넣어라"

한국경제신문. 2024.8.12. 막 나가는 '민주당판 밸류업' "분할 합병 때 주주 의결권 제한"

한국경제신문. 2024.8.16. "이사 충실 의무 주주로 확대 땐 갈등만 초래"

한영세미나. 2023.9.1. 연말결산 및 내부회계관리제도 중점 관리사항

헤럴드경제. 2023.11.29. 교보생명 풋옵션 평가' 안진회계법인, 회계사법 위반 무죄 확정

저자약력

손성규

• sksohn@yonsei.ac.kr

경력

• 연세대학교 경영학과 졸업
• University of California – Berkeley, MBA
• Northwestern University, 회계학박사
• 뉴욕시립대학교 조교수
• 미국공인회계사
• 한국회계학회 상임간사
• 한국경영학회 상임이사
• 기획예산처 정부투자/산하기관 경영평가위원
• University of Southern California, visiting scholar
• 한국전력 출자회사/발전자회사 평가위원
• 금융감독원 감리위원회 위원
• 한국회계학회 회계학연구 편집위원장
• KT재무회계자문단위원
• YBM시사닷컴 감사
• 롯데쇼핑 사외이사/감사위원
• 회계기준위원회 비상임위원
• STX엔진 사외이사
• 한국거래소 유가증권시장 공시위원회 위원장
• 한국CFO협회 운영위원
• 한국회계학회 부회장
• 기획재정부 공공기관 국제회계기준 도입 자문단
• 금융위원회 증권선물위원회 비상임위원

- 국가보훈처 기금운영위원
- 국제중재재판소 expert witness
- 국가회계기준센터 자문위원
- 한국연구재단 전문위원
- 유니온스틸 사외이사/감사위원
- 삼일저명교수
- 서울보증보험 사외이사/감사위원장
- KB생명보험 사외이사/감사위원장
- 한국지방재정공제회 지방회계통계센터 제도연구심의위원회 위원
- 연세대학교 기획실 정책부실장
- 연세대학교 재무처장
- 연세대학교 감사실장
- 연세대학교 상남경영원장
- 한국경영학회 이사
- 한국회계학회장
- 미국회계학회 Global Engagement Committee member
- 국회예산정책처 사업평가 포럼 자문위원
- 한국조세재정연구원, 국가회계재정통계센터 자문위원
- 제주항공 사외이사/감사위원장
- 하나로의료재단 감사
- 삼정회계법인 감사위원회 지원센터 자문교수
- 한국기업지배구조원 등급위원회 위원장
- 한국경영학회 부회장
- 한국공인회계사회 심의위원회 위원
- 현대건설기계 사외이사/감사위원장
- 기업지배구조원, 기업지배구조위원회 위원
- 기업지배구조원, ESG 평가위원장
- 한국경제신문 독자위원회
- 서울의과학연구소(SCL)재단이사회 감사
- 가농학원 감사

- 한국식품안전관리인증원 비상임감사
- 전문건설공제조합 운영위원
- SK사회적가치연구원 SV회계연구회 위원

현
- 연세대학교 경영대학 교수
- 한국회계학회 명예회장
- 포스코홀딩스 사외이사/감사위원장
- 삼성자산운용 이사회 의장/감사위원장

- 사학법인미션네트워크 감사
- 한국공인회계사회, 회계인 명예의 전당, 운영위원
- 한국공인회계사회 윤리기준위원회 위원장
- 건설근로자공제회 투자심의위원
- 한국공인회계사회 회계투명성개선위원회 위원

보고서/용역
- 기획재정부, 금융감독원, 한국공인회계사회. 코스닥증권시장, 상장회사협의회,
- 한국거래소, 한국회계기준원, 삼정회계법인, 아이에이취큐, 삼일회계법인, 금융위원회,
- 리인터내셔널법률사무소, 김앤장, 국제중재재판소, 에머슨퍼시픽, 안진회계법인, 대우조선해양, 삼성바이오로직스, 법무법인 지평, 서울중앙지법 전문가 의견, 중소회계법인협의회, 어피니티컨소시엄 등

저서
- 회계감사이론, 제도 및 적용. 박영사. 2006
- 수시공시이론, 제도 및 정책. 박영사. 2009
- 회계정보의 유용성. 권수영, 김문철, 최관, 한봉희와 공저. 신영사. 2판. 2010
- 금융감독, 제도 및 정책 – 회계 규제를 중심으로. 박영사. 2012
- 회계환경, 제도 및 전략. 박영사. 2014

- 금융시장에서의 회계의 역할과 적용. 박영사. 2016.1
- 전략적 회계 의사결정. 박영사. 2017.1.
- 기업지배구조의 모든 것. 연강흠, 이호영과 공저. 클라우드나인. 2018.1
- 시사적인 회계이슈들. 박영사. 2018.5
- 회계문제의 대응과 해법. 박영사. 2019.5
- 기업경영에서의 회계의사 결정. 박영사. 2020.4
- 회계 정보를 이용한 전략적 의사 결정. 박영사. 2021.4
- 기업지배구조와 회계의사결정. 박영사. 2023.
- 회계원리. 이호영, 오명전과 공저. 법문사. 16판. 2023

논문

- Journal of Accounting and Economics, 회계학연구, 회계저널, 회계·세무와 감사연구, 경영학연구, 증권학회지 외 다수.

수상

- 상경대학 우수업적 교수상
- 한국공인회계사회 최우수논문상
- 한국공인회계사회 우수논문상
- 한국경영학회 우수논문상
- 2008년 대한민국 학술원 선정, 교육부 사회과학 부문 우수 학술도서, 회계감사이론, 제도 및 적용. 박영사
- 2013년 한국회계정보학회 최우수논문상
- 2018년 대한민국 학술원 선정, 교육부 사회과학 부문 우수 학술도서. 시사적인 회계이슈. 박영사
- 2021년 한국회계학회-한경 언론상
- 2021년 경영대학 우수업적교수상
- 2022년 대한민국 학술원 선정, 교육부 사회과학 부문 우수 학술도서, 회계 정보를 이용한 전략적 의사 결정
- 2023년 대한민국 학술원 선정, 교육부 사회과학 부문 우수 학술도서, 기업지배구조와 회계의사결정

- 2023년 한국회계학회 50주년 저술상
- 2023년 경영대학 우수강의교수
- 2023년 한국감사협회, 자랑스러운 감사인상 감사(위원) 부문 우수상
- 2023년 한국회계학회 수민송자 학술상
- 2024년 한국회계학회 연구 공로상

기업경영과 회계정보

초판발행	2025년 2월 28일
지은이	손성규
펴낸이	안종만 · 안상준
편 집	조영은
기획/마케팅	장규식
표지디자인	BEN STORY
제 작	고철민·김원표
펴낸곳	㈜ **박영사**
	서울특별시 금천구 가산디지털2로 53, 210호(가산동, 한라시그마밸리)
	등록 1959. 3. 11. 제300-1959-1호(倫)
전 화	02)733-6771
f a x	02)736-4818
e-mail	pys@pybook.co.kr
homepage	www.pybook.co.kr
ISBN	979-11-303-2204-9 93320

정 가   50,000원